중화의 지혜

受到中华社会科学基金
(Chinese Fund for the Humanities and Social Sciences) 资助

중화의 지혜
中华的智慧
장대년/장다이녠(张岱年) 주편(主编)
방립천/팡리톈(方立天) 부주편(副主编)
정의산/청이산(程宜山)·
유소감/류샤오간(刘笑敢)·
진래/천라이(陈来) 편찬
홍승직·서옥란 역자
學古房

| 역자 일러두기 |

1 표기의 통일과 검색의 편의를 위하여, 한자어 발음은 모두 한국 한자음으로 표기했다.

2 한자를 병기할 필요가 있을 경우, 한국 한자음과 한자가 같으면 ( ) 안에 표기했고(예: '한자(漢字)'), 한자음과 한자가 다르면 [ ] 안에 표기했다.

3 주요 개념 용어로 한자어가 많이 등장함에 따라, 《국어사전》에 등재되었는지 여부를 기준으로 한국어에 정착된 한자어인지 판단하고, 세 가지로 처리했다. 첫째, 한국어에 정착된 한자어지만 한자를 병기할 필요가 있을 경우 (2)와 같이 표기하되 각 장에서 처음 등장할 때만 표기했으며, 둘째, 비교·대조·대비·강조되는 다른 한자어와 함께 등장하여 혼동의 우려가 있을 경우 (2)와 같이 표기하되 모든 경우에 표기했으며, 셋째, 한국어에 정착되지 않은 한자어이면서 한국어에 정착된 한자어와 혼동의 우려가 있거나 강조할 필요가 있을 경우 ' ' 안에 표기했다(예: 의리(義理), '의리(義利)', '덕력(德力)', '리(利)').

4 이 책은 춘추전국시대 때부터 청나라 때까지의 '중국고대철학사' 성격을 띠고 있다. 그래서 현대중국어가 아닌 고대중국어[한문] 원문을 인용한 다음 이어서 현대중국어로 추가 해설하는 형식으로 서술한 부분이 많아서, 번역을 하면 원문을 인용한 부분과 해설한 부분의 내용이 같은 경우가 있으니, 이 경우 동어 반복이라고 할 만큼 내용이 완전히 같으면 해설 부분을 생략하기도 하였으며, 이는 번역 누락이 아님을 밝혀둔다.

| 목차 |

05. 주역대전(周易大傳)

06. 장자(莊子)

07. 혜시(惠施)

12. 양웅(揚雄)

13. 왕충(王充)

14. 왕필(王弼)

15. 상수(向秀)와 곽상(郭象)

16. 갈홍(葛洪)

17. 승조(僧肇)

18. 범진(范縝)

19. 법장(法藏)

24. 장재(張載)

25. 정호(程顥)

26. 정이(程頤)

27. 주희(朱熹)

28. 육구연(陸九淵)

29. 왕수인(王守仁)

30. 왕정상(王廷相)

31. 방이지(方以智)

32. 황종희(黃宗羲)

33. 왕부지(王夫之)

| 머리말 |

서양에서 말하는 철학(哲學: philosophy)의 원래 뜻은 '애지(愛智)', 즉 지혜를 추구한다는 것이다. 지혜란 무엇인가? 지혜는 진리에 대한 인식이다. 서양철학은 지혜를 추구하므로 서양철학이 얻은 성과는 '서양의 지혜'라고 할 수 있다. 중국 고대 철학자는 '문도(聞道)' 즉 도(道)를 듣는 것에 뜻을 두었다. '도'는 진리이며, 최고의 지혜이기도 하다. 이런 의미에서 중국 역대 철학자가 제시한 창조적 견해는 '중국의 지혜'라고 할 수 있다.

'지혜'에는 층차가 있다. 보통의 '지혜'는 실용적 지혜, 즉 일반적으로 문제를 처리하는 지혜라고 할 수 있다. 춘추시대 말기 진(晉)나라 귀족 지백(智伯)과 조양자(趙襄子)의 투쟁이 《전국책(戰國策)》에 기록되어 있다. 조양자가 지백의 요구사항을 거절하자, 지백은 강물을 터서 진양(晉陽)으로 물을 대고, 진양을 3년 동안 포위했다. 성 안에서는 식량이 바닥날 지경이었다. 조양자가 장맹담(張孟談)에게 말했다.

"식량이 다 떨어져서 성은 더 이상 버틸 수 없고, 사대부가 병이 들어 나는 더 이상 지킬 수 없소. 이제 항복하려고 합니다. 어떻게 생각하시오?"

장맹담이 말했다.

"제가 듣자 하니, 망할 지경에 처하여 생존하지 못하고, 위기에 처하여 안정되지 못하는 것은 지혜를 소중하게 여기는 인물이 없어서라고 합니다."[1]

그리하여 방법을 짜 포위를 뚫고 성을 나가서, 한·위의 군주를 만나서 함께 지씨를 공격하여, 승리를 거두고 지백을 멸망시켰다. 존망이 결정되는 위급한 때, 망해가는 나라를 구하여 생존하게 하고 위급한 상황을 안정된 상황으로 전환시키려면 지혜로운 인물의 지혜에 의지해야 한다는 것을 이 이야기는 말해준다. 위급한 상황을 안정된 상황으로 전환시키고 패배의 국면을 승리의 국면으로 돌려놓을 수 있는 것은 '지혜'를 통해서이기 때문에 '지혜'는 소중한 것이다. 위기와 난국을 해결하는 이런 지혜는 철학과 관계가 있기는 하지만, 철학이 추구하는 최고의 지혜는 아직 아니다. 이 책에서 말하는 '지혜'는 기본적으로 철학적 지혜에 한정한다.

철학이 추구하는 최고의 지혜는 우주와 인생의 근본 문제에 관한 해답이다. 이것이 바로 중국 고대 철학자가 말했던 '도(道)'이다. 중국 고대 철학에서 도와 관련된 학설에는 어떤 지혜가 포함되어 있나?

학술의 근본적 지향은 "도에 뜻을 두고, 덕(德)에 근거하고, 인(仁)에 의지하고, 예(藝)에서 노니는 것"[2]이라고 공자는 자술했다. 공자는 스스로 "배우기를 좋아한다"[好學]고 인정했고, 배우는 목적은 "도를 듣는"[聞道] 것에 있었다. 그는 "아침에 도를 들으면 저녁에 죽을 수도 있다"[3]고까지 하였으니, 도를 얼마나 중시했는지 알 수 있다. 공자는 당시에 박학한 것으로 알려졌고, 전국시대에 이르러서도 여전히 지식이 가장 많은 사람으로 알려졌다. 《장자(莊子)·추수(秋水)》의 하백(河伯)과 북해약(北海若)이 문답하는 우언에서 "나는 중니(仲尼)의 견문이 적다고 여

1) 《戰國策·趙策一·智伯帥趙韓魏而伐范中行氏》: "臣聞之, 亡不能存, 危不能安, 則無爲貴智士也!"

2) 《論語·述而》: "志於道, 據於德, 依於仁, 游於藝."

3) 《論語·里仁》: "朝聞道, 夕死可矣."

기고 백이(伯夷)의 의리가 가볍다고 여기는 말을 들은 적이 있었으니, 나는 믿지 않았다"고 하백이 말했다. 일반 사람들이 견문이 많은 사람의 전형으로 공자를 꼽았음을 알 수 있다. 그러나 공자 입장에서 박학다문(博學多聞)은 도를 추구하는 길일 뿐이다. 《논어·위령공》에 "'사(賜)야, 너는 내가 많이 배워서 안다고 생각하느냐?', '그렇습니다. 아닙니까?', '아니다. 나는 하나로써 꿰뚫는다'"[4]라는 내용이 실려 있다. 또한 "선생님께서 말씀하셨다. '삼(參)아, 나의 도는 하나로써 꿰뚫는다'"[5]라는 내용도 실려 있다. 공자의 도는 '하나로써 꿰뚫는 것'[一以貫之]에 있다. 공자는 또한 스스로 "밑에서부터 배워서 위에 도달했다"[6]고 말했다. 밑에서부터 배우는 것[下學]은 '많이 배워 아는' 것에 힘을 기울이는 것이고, 위에 도달하는 것[上達]은 하나로 꿰뚫는 도에 도달한 것이다.

노자 역시 '도를 듣는' 것을 선양했다. "상사(上士)는 도를 들으면 부지런히 실행하고, 중사(中士)는 도를 들으면 있는 듯 없는 듯 하고, 하사(下士)는 도를 들으면 크게 웃는다. 웃지 않으면 도가 되기 부족하다"[7]라고 했다. 장자 역시 '도를 듣는' 것을 말했다. 《장자(莊子)·대종사(大宗師)》에서 우화를 설정하여 "남백자규(南伯子葵)가 여우(女偊)에게 '귀하는 나이가 많은데 피부는 어린애같군요. 왜인가요?'라고 묻자 '나는 도를 들었지요'라고 대답했다"고 했다. 유가와 도가는 모두 '도를 듣는' 것을 목적으로 했다. 하지만 그들이 도를 추구하는 방법은 다르다. 유가는 '도'와 '배우는 것'[學]을 통일된 것으로 보아, 널리 배우는 것을 통해

4) 《論語·衛靈公》: "子曰 : '賜也, 女以予爲多學而識之者與?' 對曰 : '然, 非與?' 曰 : '非也, 予一以貫之.'"

5) 《論語·里仁》: "參乎! 吾道一以貫之."

6) 《論語·憲問》: "下學而上達."

7) 《老子》第41章 : "上士聞道, 勤而行之; 中士聞道, 若存若亡; 下士聞道, 大笑之. 不笑不足以爲道."

도를 추구해야 한다고 보았다. 도가는 '도'와 '배우는 것'을 대립되는 것으로 보았다. 노자는 "'배우는 것'[學]을 이루는 날이 늘어갈수록 도를 이루는 날은 줄어든다. 줄어들고 줄어들어, 무위(無爲)에 이른다"[8]고 했다. 《장자·외편》에서는 더 나아가서 "사고하지 않고 고려하지 않아야 비로소 도를 알게 된다"[9]고 했다. 도가는 이 '사고하지 않고 고려하지 않는'[無思無慮] 지혜가 바로 최고의 지혜라고 여겼다.

중국철학에서 말하는 '도'는 내포하는 의미의 층차가 다르다. 도는 진리를 가리키고, 또한 진리의 객관적 내용 즉 최고의 원리·원칙을 가리킨다. 이 최고의 원리·원칙은 또한 몇가지 층차로 나눌 수 있다. 인생의 도, 자연의 도, '치지(致知)'의 도이다.

인생의 도는 중국고대철학에서 중심 의제이다. 공자는 "방을 나갈 때 누가 문을 통하지 않고 나갈 수 있는가? 왜 이 도를 통하지 않는가?"[10]라고 했다. 이 '도'는 인생의 최고 원칙을 가리킨다. 인생의 '도'는 또한 바로 인생의 지혜이다. 공자는 '지(知)'를 논하면서, "사람이 행해야 할 옳은 일에 힘쓰고, 귀신을 공경하되 멀리 하면, 지혜롭다 할 수 있다"[11]고 했다. 이는 인생의 지혜는 도덕의 깨달음을 높이는 것에 달려 있으며, 귀신 문제에 주의를 기울일 필요 없다는 말이다. 공자의 이 말은 중요한 경향을 드러낸 것이다. 즉 종교신앙을 통해서 도덕을 이끌어내지 않고, 도덕은 귀신과 관계없다고 인식하는 것이다. 이것은 중국고대철학의 기본적 경향의 하나이다. 이는 높은 지혜를 나타낸 것이 확실하다.

공자가 제시한 최고 원칙은 '인(仁)'이다. '인'에 담긴 주요 뜻은 '사람

8) 《老子》 第48章 : "爲學日益, 爲道日損, 損之又損, 以至於無爲."
9) 《莊子·知北遊》 : "無思無慮始知道."
10) 《論語·雍也》 : "子曰 : 誰能出不由戶, 何莫由斯道也?"
11) 《論語·雍也》 : "務民之義, 敬鬼神而遠之, 可謂知矣."

을 사랑하는'[愛人] 것이다. 또한 '자기가 서고자 하면 다른 사람도 서게 하고, 자기가 도달하고자 하면 다른 사람도 도달하게 하는 것'이다. 이 원칙에는 기본 전제가 담겨 있다. 즉 다른 사람과 자기가 모두 사람이라는 것을 인정하는 것이다. 이는 동류의식이라고 할 수 있다. '자기가 서고자 하면 다른 사람도 서게 하고, 자기가 도달하고자 하면 다른 사람도 도달하게 하는 것'은 다른 사람도 사람이라는 것을 인정할 뿐 아니라 다른 사람과 협조하여 함께 생활을 향상시키려고 하는 것이다. 이것은 깊은 사상임을 인정해야 할 것이다. 공자는 "조수(鳥獸)와는 같은 무리가 될 수 없으니, 내가 이 사람들과 무리짓지 않으면 누구와 함께 한단 말이냐?"[12]라고 말한 적이 있다. 공자는 사람과 사람의 동류관계를 인정한 것이다. 하지만 공자는 사람과 사람의 동류관계를 인정한 동시에 사람과 사람 사이의 귀천 등급 차별을 인정하기도 했다. 이것은 인(仁)의 계급성을 드러낸 것이다. 맹자도 '인'을 선양하여, 사람과 사람은 동류임을 인정했다. 그러나 또한 "어떤 사람은 두뇌 노동을 하고, 어떤 사람은 체력 노동을 한다. 두뇌 노동을 하는 사람은 남을 통치하고, 체력 노동을 하는 사람은 남에게 통치를 받는다. 통치를 받는 사람은 다른 사람을 먹여 살리고, 통치하는 사람은 그 사람에게 의지하여 살아간다. 이것은 천하 어떤 곳에서든 공통 원칙이다"[13]라고 단언했다. 이것은 극복할 수 없는 유가학설의 모순이다. 그래서 유가가 말하는 '사람을 사랑하는 것'은 철저하지 않다. 비록 그렇지만 '인'이 도덕 원칙이 된 것은 역사적으로 여전히 중요한 긍적적 의미를 지닌다.

인생의 도를 밝히려면 필연적으로 인생의 가치 문제를 언급해야 한다.

---

12) 《論語 · 微子》: "鳥獸, 不可與同群, 吾非斯人之徒與, 而誰與?"
13) 《孟子 · 滕文公上》: "或勞心, 或勞力; 勞心者治人, 勞力者治於人; 治於人者食人, 治人者食於人, 天下之通義也."

사회에서의 귀천 등급은 세속적 가치 차별이다. 유가는 비록 사람과 사람 사이의 등급 구분을 인정했지만, 또한 한 사람의 가치와 사회에서의 귀천 지위는 결코 같지 않아서, 높은 지위에 있는 귀족이라고 해서 꼭 진정한 인격적 가치를 갖춘 것도 아니고 낮은 지위에 있는 평민도 높은 인격적 가치를 지닐 수 있다고 보았다. 맹자는 '천작(天爵)'과 '양귀(良貴)' 설을 제시했다. "'자연적 작위'[天爵]가 있고, '사회적 작위'[人爵]가 있다. 인의충신(仁義忠信)은 피로함과 권태함이 없이 선을 좋아하니, 이것이 '자연적 작위'이다. 공경대부(公卿大夫)는 '사회적 작위'이다"[14]라고 했다. 또한 "존귀하게 되고 싶은 것은 사람들의 공통 심리이다. 사람마다 모두 존귀하게 될 수 있는 것을 가지고 있는데, 다만 그것을 생각하지 않을 뿐이다. 다른 사람이 존귀하게 여기는 것은 진정으로 존귀할 만한 가치가 있는 것이 아니다. 조맹(趙孟)이 존귀하게 여긴 것은 조맹이 마찬가지로 천하게 여길 수도 있었다"[15]라고 했다. '천작'은 '인작'에 상대하여 말한 것이고, '양귀'는 '사람들이 존귀하게 여기는 것'에 상대하여 말한 것이다. '인작'은 사람들이 귀하게 여기는 것이다. 이런 '존귀함'[貴]은 박탈할 수 있다. 천작은 '자기에게 귀한' 것이다. 이것은 박탈할 수 없다. '양귀'는 도덕적 깨달음에 달려 있다. 이것은 관작의 고하로 바꿀 수 있는 것이 아니다. 맹자는 더더욱 대장부의 표준을 제시하여 "부귀함도 마음을 어지럽힐 수 없고, 빈천함도 뜻을 변하게 할 수 없고, 무력과 위엄도 절개를 굴복시킬 수 없다. 이렇게 해야만 비로소 대장부라고 한다"[16]고 했다. 이것은 숭고한 인격의 표본을 수립한 것으로, 역사에

14) 《孟子·告子上》: "有天爵者, 有人爵者. 仁義忠信, 樂善不倦, 此天爵也; 公卿大夫, 此人爵也."

15) 《孟子·告子上》: "欲貴者, 人之同心也. 人人有貴於己者, 弗思耳矣. 人之所貴者, 非良貴也. 趙孟之所貴, 趙孟能賤之."

16) 《孟子·滕文公下》: "富貴不能淫, 貧賤不能移, 威武不能屈, 此之謂大丈夫."

서 사람의 마음을 격려하는 데 큰 역할을 했다.

유가는 비록 천명(天命)을 인정했지만, 인사(人事)를 폐지하지 않았다. 공자는 자신의 생활 태도는 '분발하면 먹는 것도 잊고, 도를 알면 즐거워 걱정거리를 잊었다'[17]고 자술하여, 적극적 행위 및 실천의 정신을 나타냈다. 공자는 만년에 《역전(易傳)》(즉 《주역대전(周易大傳)》)을 저술했다고 전해진다. 근대 학자의 고증에 따르면, 《주역대전》은 전국시대의 저작으로 보아야 하며, 공자 학설이 한걸음 발전한 것이라고 한다. 《주역대전》에서는 대단히 중요한 인생 원칙 두 조목을 제시했다. 하나는 "하늘의 운행은 강건하니, 그래서 군자는 자강불식(自强不息)한다"[18]이고, 하나는 "대지의 형세는 곤덕이니, 그래서 군자는 후덕재물(厚德載物)한다"[19]이다. '자강불식'은 인류 생활의 내재적 본질을 제시한 것으로, 사람은 반드시 향상하고자 적극적으로 분발 노력하여 고유의 잠재적 능력이 충분히 실현되도록 해야 한다는 것이다. '후덕재물'은 인간관계의 기본 준칙을 나타낸 것으로 사람과, 사람 사이에는 마땅히 서로 관심을 가지고 돈후하고 관용해야 한다는 것이다. 《역전》의 이 두 명언은 중국의 정신적 발전을 추동하는 데 매우 중요한 역할을 했으며, 유가 학자의 깊은 지혜가 응축되어 있다.

선진(先秦) 철학에서 일찍이 정신생활과 물질생활의 관계 문제를 토론한 적이 있다. 《관자·목민》에서 "창고가 가득 차야 예절을 알고, 의식이 풍족해야 영욕을 안다"[20]는 명언을 제시했다. 《논어·자로》에 공자 이야기가 실려 있다. "선생님께서 위나라에 가실 때 염유가 수레를 몰았

17) 《論語·述而》: "發憤忘食, 樂以忘憂."
18) 《乾卦》: "天行健, 君子以自强不息."
19) 《坤卦》: "地勢坤, 君子以厚德載物."
20) 《管子·牧民》: "倉廩實則知禮節, 衣食足則知榮辱."

다. 선생님께서 말씀하셨다. '백성이 많기도 하구나!' 염유가 말했다. '백성이 많아졌으면, 또 무엇을 더해 주어야 합니까?', '부유하게 해주어야 한다.', '부유하게 되었으면, 또 무엇을 더해 주어야 합니까?', '가르쳐야 한다.'"[21] 이 이야기를 통해 보면, 공자는 국가를 다스릴 때 우선 '부유하게 하고' 난 다음에 '가르쳐야 한다'고 보았다. 즉 우선 물질 생활 문제를 해결하고 난 뒤 사람들의 정신생활을 향상시켜야 한다는 것이다. 사회생활 측면에서 말하자면 당연히 이래야 한다. 공자는 또한, 개인 수양 측면에서 말하자면, 자신의 정신적 수준을 향상시켜야 하며 우선 물질적 수요의 만족을 추구하면 안된다고 보았다. "사람이 진리를 추구하는 것에 뜻을 둔다면서 떨어진 옷 입는 것과 거친 음식 먹는 것을 부끄러워하면, 그런 사람과는 더 이상 얘기할 것이 없다"[22]고 했다. 또한 "나물밥 먹고, 물마시고, 팔굽혀 베고 눕더라도, 즐거움이 그 안에 있다. 옳지 않게 부귀하게 되는 것은 나에게는 뜬구름과 같다"[23]고 했다. 공자의 제자 안회가 공자의 이런 가르침들을 잘 따라서 실행하려고 노력하자, 공자는 안회를 찬미하여 "훌륭하구나, 안회야! 대그릇에 담긴 밥 한 그릇 먹고, 물 한 표주박 떠마시며, 누추한 마을에서 산다면, 사람들은 그 근심과 고통을 견뎌내지 못할텐데, 안회는 그 즐거운 마음이 변하지 않으니, 훌륭하구나, 안회야!"[24]라고 했다. 공자와 안회의 이런 생활 태도를 송대 철학가 주돈이는 '공안락처(孔顔樂處)'라고 했다. 주돈이는 해설을 추가했다.

---

21) 《論語 · 子路》 : "子適衛, 冉有僕. 子曰 : '庶矣哉!' 冉有曰 : '旣庶矣, 又何加焉?' 曰 : '富之.' 曰 : '旣富矣, 又何加焉?' 曰 : '敎之.'"

22) 《論語 · 里仁》 : "士志於道, 而恥惡衣惡食者, 未足與議也."

23) 《論語 · 述而》 : "飯疏食, 飮水, 曲肱而枕之, 樂亦在其中矣. 不義而富且貴, 於我如浮雲."

24) 《論語 · 雍也》 : "賢哉, 回也! 一簞食, 一瓢飮, 在陋巷, 人不堪其憂, 回也, 不改其樂. 賢哉, 回也!"

"부귀는 사람이 좋아하는 것이다. 안회가 (부귀를) 좋아하지 않고 추구하지 않고, 가난한 것에서 즐거워한 것은 무슨 마음에서였을까? ...... 부귀와는 달리 좋아하고 추구할 만한 지극히 귀한 것이 이 세상에 있기 때문이니, 작은 것은 잊고 큰 것을 보았기 때문일 뿐이다."[25] 또한 "성인의 업적을 발휘하여 만세에 끝없는 가르침을 전한 사람이 안회이다"[26]라고 했다. 주돈이의 제자 정호(程顥)는 "예전에 주무숙(周茂叔: 주돈이) 선생님에게 배울 때, 안회와 공자가 왜 그렇게 즐거워했는지 찾아보게 했다"[27](《이정집(二程集)·유서(遺書)》 2권 상)고 했다. '공안락처'는 송·명 시대 이학가가 늘 담론하던 중요한 주제였다. 이학가는 '공안락처'가 정신수양의 가장 높은 경지라고 보았다. 여기서 두 문제를 구별해야 한다. 하나는 사회생활 문제이고, 하나는 개인수양 문제이다. 사회생활에서는 물질생활이 정신생활의 기초라는 것을 인정해야 하며, 개인수양에서는 도덕적 자각을 강조해야 한다. 공자는 국가를 다스리는 것을 논하면서, 우선 '부유하게 해주고', 그 다음에 '가르쳐야 한다'고 주장했다. 도덕수양을 논할 때는 비록 가난하지만 즐거운 것을 찬양했다. 이 두 측면은 서로 보완하는 것이다.

묵가(墨家)가 논한 인생의 도는 유가의 도와 달랐다. 유가가 말하는 인(仁)은 자기로부터 시작하여 다른 사람에게 넓혀나가고, 가까운 곳으로부터 먼 곳에 이르는 것이다. 묵가는 '차등이 없는 사랑'인 겸애(兼愛)를 주장했다. 겸애의 원칙은 "다른 사람의 '국(國)'을 보기를 마치 자기 '국'처럼 보고, 다른 사람의 '가(家)'를 보기를 마치 자기 '가'처럼 보고,

---

25) 《通書·顏子第23》: "夫富貴, 人所愛也. 顏子不愛不求, 而樂乎貧者, 獨何心哉? ...... 天地間有至貴可愛可求, 而異乎彼者, 見其大而忘其小焉爾."

26) 《通書·聖蘊第29》: "發聖人之蘊, 教萬世無窮者, 顏子也."

27) 《二程集·遺書》 卷2上 : "昔受學於周茂叔, 每令尋顏子·仲尼樂處, 所樂何事."

다른 사람의 몸을 보기를 마치 자기 몸처럼 보는 것"[28]이다. 묵자는 비록 차등을 반대했지만, 등급 차별을 폐지해야 한다고 주장하지는 않았다. 겸애의 이상적 경지는 "천하 사람들이 모두 사랑하고, 강한 사람이 약한 사람을 구속하지 않고, 다수가 소수를 겁박하지 않고, 부유한 사람이 가난한 사람을 모욕하지 않고, 귀한 사람이 천한 사람에게 오만하게 굴지 않고, 사기꾼이 순진한 사람을 속이지 않는"[29] 것이다. 빈부귀천의 구별은 아직 존재하며, 다만 서로 속이거나 능멸하지 않고 화목하게 함께 지낼 뿐이다. 인생에 관한 묵가의 독특한 견해는 인류생활의 특징은 "자기 힘에 의지하면 살고, 자기 힘에 의지하지 않으면 살지 못하며",[30] 고라니 사슴 등 금수는 "깃털을 옷으로 삼고", "물과 풀을 음식으로 삼는데", 사람은 이와 달리 농부는 반드시 "갈고 심고" 해야 하고, 여성은 반드시 "실을 뽑고 천을 짜야" '입고 먹는 재원'을 얻을 수 있고, '사군자' 또한 반드시 '고굉(股肱)의 힘을 다하고, 사려의 지혜를 다 짜내서' '옥사를 듣고 정치를 해야' 국가의 안녕을 유지할 수 있으며, 그렇지 않으면 '국가가 어지러워지고 사직이 위태로워진다.'[31] 인류생활에서 노동의 중요한 의미를 묵자는 초보적으로 인식했다고 할 수 있으며, 이 또한 높은 수준의 지혜이다.

도가가 인생의 도를 논한 것은 또한 유가·묵가와 크게 다르다. 이른바 시비선악은 모두 상대적이라고 도가는 지적했다. 《장자·제물론》에서 "인의의 단서와 시비를 가리는 길은 어지럽고 혼란스러우니, 내가 어찌

28) 《墨子·兼愛中》: "視人之國若視其國, 視人之家若視其家, 視人之身若視其身."

29) 《墨子·兼愛中》: "天下之人皆相愛, 强不執弱, 衆不劫寡, 富不侮貧, 貴不傲賤, 詐不欺愚."

30) 《墨子·非樂上》: "賴其力者生, 不賴其力者不生."

31) 《墨子·非樂上》: "國家亂而社稷危矣."

그걸 분별할 줄 알겠는가?"[32]라고 하여, 인의시비의 표준은 확정하기 어렵다고 했다. 《장자·거협(胠篋)》에서 "갈고리를 훔친 자는 주벌을 당하고, 나라를 훔친 자는 제후가 된다. 제후의 문에 인의가 있으니, 이는 인의와 성지를 훔친 것이 아닌가?"[33]라고 했다. 인의를 훔칠 수 있고, 인의는 권세자가 이용하는 도구가 될 수 있으니, 그렇다면 언급할 만한 진정한 가치가 어디 있는가? 인생은 일체의 득실을 고려하는 것을 초탈해야 하며, 이를 통해 근심도 염려도 없는 정신적 자재(自在)에 도달해야 한다고 장자는 보았으며, 이런 경지를 장자는 '현해(縣解)'라고 했다. 장자는 "또한 (생명을) 얻는 것도 때를 따라서이고, 잃는 것도 때를 따라서이다. 때를 따르는 것을 편안히 여기며, 순순히 받아들여 자리잡으니, 슬픔도 기쁨도 들어올 수 없다. 이것이 옛날에 말하던 현해(縣解)이다"[34]라고 했다. '현(縣)'은 '현(懸)'과 통한다. 인생은 갖가지 속박을 받아서, 마치 거꾸로 매달린 것과 같다. 갖가지 속박에서 벗어나면 마치 거꾸로 매달린 것이 풀리는 것처럼 가장 큰 자유를 얻게 된다. 도가는 도덕의 상대성을 지적했다. 이것은 깊은 뜻을 지니고 있으며, 고도의 지혜를 나타낸 것이다. 다만 도가는 유가·묵가 학설을 대신할 구체적 방안을 제시하지 못했다. 비록 그렇지만 도가의 '현해'설은 사람들이 자유를 추구하는 깊고 절실한 바람을 표현한 것이다.

자연의 도에 관해 중국 고대 철학자는 어떤 깊은 관점을 제시했나?

춘추시대에 사람들은 이미 '천도(天道)'와 '인도(人道)'를 구별했다. 천도란 해·달·별이 운행하는 규칙을 가리킨다. 당시 천문학은 점성술과

32) 《莊子·齊物論》: "仁義之端, 是非之途, 樊然殽亂, 吾惡能知其辯?"

33) 《莊子·胠篋》: "彼竊鉤者誅, 竊國者爲諸侯, 諸侯之門而仁義存焉, 則是非竊仁義聖知邪?"

34) 《莊子·大宗師》: "且夫得者時也, 失者順也. 安時而處順, 哀樂不能入也, 此古之所謂縣解也."

결합되어, '천도'에는 천상(天象)의 변화와 인사(人事)의 화복이 연결되어 있다는 뜻도 포함하고 있었다. 춘추시대 정(鄭)나라 진보 정치가 자산(子産)은 "천도는 멀고, 인도는 가깝다"고 했다. 천상의 변화와 인사의 화복의 연결은 추측하기 어려우니 인도를 중시해야 한다는 뜻이다. 공자는 천도를 매우 적게 말하여, 자공은 "선생님께서 성(性)과 천도를 말씀하시는 것을 들을 수 없었다"[35]고 했다. 노자는 천도 관념을 근본적으로 개조했다. 인류는 하늘과 땅 사이에 생존한다는 것을 당시 일반 사람들은 모두 인정하여, '천(天)'은 가장 크고 높은 존재였다. 노자는 천(天)·지(地) 기원의 문제를 제시하여, 천·지도 시작이 있고, 천지보다 더욱 근본적인 것이 있다고 보았으며, 노자는 그것을 '도(道)'라고 했다. '천'에는 '천의 도'가 있고 '인(人)'에는 '인의 도'가 있고, '천도' 위에는 또한 '천지보다 앞서 생겨난' 영원한 '도'가 있다는 것을 노자는 인정했다. 천지만물은 모두 상대적인 것으로, 모든 상대적인 것 위에 또한 절대적인 것이 있으니, 그것이 바로 '도'이다. 모든 상대적인 것을 초월하는 절대적인 것을 노자는 제시하여, 이론적 사유를 새로운 높이로 끌어올렸다. '도'는 가장 높은 실체라고 노자는 보아서, "사람은 땅을 본받고, 땅은 하늘을 본받고, 하늘은 도를 본받고, 도는 자연을 본받는다"[36]고 했다. '도는 자연을 본받는다'는 것은 도는 자기를 법으로 삼고 도는 스스로 이와 같다는 말이다.

노자는 나아가 "반(反)이란 도가 움직이는 것"이라는 명제를 제시했다. '반(反)'은 '도'가 품고 있는 운동방식이라는 뜻이다. 여기서 '반(反)'에는 두 가지 뜻이 있다. 첫째는 상반된 방향으로 전환한다는 것이고, 둘째는 원래 시작점으로 돌아간다는 것이다. 노자는 사물이 상반상성(相

35) 《論語·公冶長》: "夫子之言性與天道, 不可得而聞也."
36) 《老子》第25章 : "人法地, 地法天, 天法道, 道法自然."

反相成)하는 관계를 밝혀서, "'유(有)'와 '무(無)'가 상생(相生)하고, '난(難)'과 '이(易)'가 상성(相成)하고, '장(長)'과 '단(短)'이 상형(相形)하고, '고(高)'와 '하(下)'가 상경(相傾)하여"[37], "그러므로 만물은 줄이면 늘어나기도 하고, 늘리면 줄어들기도 하며"[38], "화(禍)에는 복이 숨어 있고, 복(福)에는 화가 숨어 있다"[39]고 말하여, 대립하고 전환하는 많은 사례를 밝혀서, 깊은 지혜를 나타냈다.

노자는 '부드럽고 약한 것이 단단하고 강한 것을 이긴다'[40]고 강조했다. 물을 예로 들어, "천하에서 물보다 부드럽고 약한 것은 없으되, 견고하고 강한 것을 물이 공격하면 물을 이길 수 있는 것이 없다. 물을 대신할 만한 것이 없다. 약한 것이 강한 것을 이기고, 부드러운 것이 단단한 것을 이기는 것을 천하에서 모르는 사람이 없으되 실행할 수 있는 사람이 없다."[41] 일정한 조건에서 부드럽고 약간 것이 단단하고 강한 것을 이길 수 있으나, 다른 조건에서 단단하고 강한 것 또한 부드럽고 약한 것을 이길 수 있다. 노자는 '부드러움'[柔]으로 '강함'[强]을 이기는 책략사상을 제시하여, 지혜가 번쩍이기는 하지만 전면적이지는 않다.

《주역대전》에서 강(剛)·유(柔)에 관한 전면적 관점을 제시했다. 《주역대전·계사상》에서 강유(剛柔)는 마치 주야(晝夜)와 같아서 서로 전환된다고 보았다. "강유(剛柔)는 주야의 상(象)이다"라고 했다. 따라서 '유'가 '강'을 이길 수 있다는 것도 이해해야 하고, '강'이 '유'를 이길 수 있다는 것도 이해해야 한다. "군자는 은미한 것도 알고 드러난 것도 알고, 부드

37) 《老子》 第2章 : "有無相生, 難易相成, 長短相形, 高下相傾."
38) 《老子》 第42章 : "故物或損之而益, 或益之而損."
39) 《老子》 제58章 : "禍兮福之所倚, 福兮禍之所伏."
40) 《老子》 第36章 : "柔弱勝剛强."
41) 《老子》 第78章 : "天下莫柔弱於水, 而攻堅强者莫之能勝, 以其無以易之. 弱之勝强, 柔之勝剛, 天下莫不知, 莫能行."

러운 것도 알고 강한 것도 아니, 만인이 우러러본다."[42] 《주역》에서는 더욱이 강·유를 사물이 대립하는 두 측면의 통칭으로 보아 "동과 정이 항상 있어, 강과 유가 정해진다"[43]고 했다. 이리하여 대립하는 두 측면의 상호 추동이 변화의 근원이라는 깊은 관점을 제시하여, "'강'과 '유'가 서로 밀어 변화가 생긴다"[44]고 했고, "'강'과 '유'가 서로 밀어, 변화가 그 속에 있다"[45]고 했다. 《주역》에서 말하는 강·유는 《역경》에서 대립하는 괘상(卦象)을 가리키기도 하고, 사물 중의 대립하는 측면을 가리키기도 한다. 괘상은 본래 사물의 상징이기 때문이다.

《주역대전·계사상》에서 제시한 "한 번 음이었다가 한 번 양이었다가 하는 것을 도라고 한다"[一陰一陽之謂道]는 중요한 명제에서, 음양은 대립하는 두 측면을 가리키고, '일(一)' '일(一)'은 대립하는 두 측면이 서로 추동하고 변화하는 관계를 가리킨다. 여기서 말하는 도는 천지만물의 보편적 규칙을 가리킨다. 노자가 말한 도와는 뜻이 다르다. "한 번 음이었다가 한 번 양이었다가 하는 것을 도라고 한다"는 대립하는 측면의 상호 변화가 세계의 보편적 규칙임을 말한 것이다. 이것은 매우 깊은 사상으로, 지혜의 결정이다. 《주역대전》에서는 또한 "생기고 또 생기고 하는 것을 역이라고 한다"[46]고 했다. '역(易)'은 바로 변화이며, 변화는 생기고 또 생긴다. 장재(張載)는 "'생생'은 '진진(進進)'이라고 하는 것과 같다"[47]고 했다. 《주역》의 철학은 변역(變易)철학이라고 할 수 있다.

《주역대전》에서 "강(剛)과 유(柔)가 서로 추동되어 변화가 생긴다",

42) 《周易大傳·繫辭下》: "君子知微知彰, 知柔知剛, 萬夫之望."
43) 《周易大傳·繫辭上》: "動靜有常, 剛柔斷矣."
44) 《周易大傳·繫辭上》: '剛柔相推而生變化.'
45) 《周易大傳·繫辭下》: "剛柔相推, 變在其中矣."
46) 《周易大傳·繫辭上》: "生生之謂易."
47) 《橫渠易說·繫辭上》: "生生, 猶言進進也."

"한 번 음이었다가 한 번 양이었다가 하는 것을 도라고 한다"는 명제는 확실히 깊은 지혜가 응결되어 있다.

장재는 《주역대전》의 음양 학설을 한걸음 발전시켜서, 대립과 통일의 깊은 관점을 제시했다. "둘이 서지 않으면 하나도 볼 수 없고, 하나도 볼 수 없으면 둘의 쓰임은 사라진다. 두 본체는 허(虛)·실(實)이요, 동(動)·정(靜)이요, 취(聚)·산(散)이요, 청(淸)·탁(濁)으로, 하나를 추구할 뿐이다"48)라고 장재는 말했다. 또한 "감응한 이후 통함이 있다. 둘이 있지 않으면 하나도 없다. 그러므로 성인은 강·유로 근본을 세우며, 건·곤이 무너지면 역(易)을 볼 수 없다"49)고 했다. 둘은 대립되는 것이고, 하나는 통일되는 것이다. 대립이 없으면 통일이 없고, 통일이 없으면 대립이 없다. 대립과 통일 또한 서로 대립하고 통일하는 것이다. 장재는 또한 '양고화(兩故化)' 명제를 제시하여, 대립은 변화의 원천임을 인정했다. 이것이 "강·유가 서로 밀어 변화가 생기는" 것의 간명한 개괄이다.

중국 고대 철학자는 또한 '도'와 '기(器)'의 관계, '체(體)'와 '용(用)'의 관계 등 문제를 토론했다.

'도기(道器)' 범주는 《주역》에서 제시한 것이다. 《주역대전·계사상》에서 "형이상자(形而上者)를 도라고 하고, 형이하자(形而下者)를 기라고 한다"고 했다. '도'는 추상적 규칙이고, '기'는 유형의 실물이다. 송·명 시대에 이르러 '도'·'기' 관계는 중용한 철학적 문제가 되었다. 정이(程頤)는 "음양을 떠나면 도가 더 이상 없다. 그러므로 음양이 되는 것이 도이다. 음양은 기(氣)이다. 기는 형이하자(形而下者)이고, 도는 형이상

48) 《張載集·正蒙·太和》: "兩不立則一不可見, 一不可見則兩之用息. 兩體者, 虛實也, 動靜也, 聚散也, 淸濁也. 其究一而已."

49) 《張載集·正蒙·太和》: "感而後有通, 不有兩則無一. 故聖人以剛柔立本, 乾坤毁則無以見易."

자(形而上者)이다"[50]라고 하여, 형이상의 '도'는 형이하의 '기'가 그렇게 되는 요인이라고 보았다. 즉 '도'는 '기'의 근거임을 인정했다. 나중에 주희는 이 설을 발전시켰다. 명·청 시대 왕부지(王夫之)는 정·주의 이 설을 반대하면서 '천하유기(天下惟器)'의 명제를 제시하여, "천하는 오직 기(器)일 뿐이다. 도(道)는 기(器)의 도인데, 기(器)는 도의 기라고 할 수 없다"고 했다. 나아가 왕부지는 예를 들어 "활과 화살이 없으면 활 쏘는 도도 없다. 마차와 말이 없으면 말 모는 도도 없다. 뇌(牢)·예(醴)·벽(璧)·폐(幣) 등 예물과 종(鐘)·경(磬)·관악기·현악기 등 악기가 없으면 예악의 도도 없다. 즉 자식이 없으면 부모의 도도 없고, 동생이 없으면 형제의 도도 없다. 있을 수 있지만 없는 도가 많다"고 말했다.[51] '기(器)'는 구체적 실물이고, '도(道)'는 추상적 규칙이다. 규칙은 사물에 갖추어져 있고, 사물에 의탁하여 있는 것이지, 사물이 규칙에 의탁하여 있다고 할 수 없다. '도'와 '기'의 관계는 일반과 특수의 관계이다. 일반은 특수 속에 들어 있고, 특수를 벗어나 단독으로 존재한다고 할 수 없다. 일반과 특수는 깊은 철학 문제이다. '도는 기(器)의 도'라는 왕부지의 논단은 정확한 것이라고 인정해야 한다.

중국철학에서 말하는 '체용(體用)'은 사상가에 따라 다른 뜻이 내포되어 있다. 주로 두 가지 뜻이 있다. 첫째, 실체와 작용을 가리킨다. 둘째, 원리와 사물을 가리킨다. '체용'의 첫단계 의미에 관해서, 당나라 때 경학가 최경(崔憬)이 《주역탐현(周易探玄)》에서 다음과 같이 말했다. "천지 만물에는 모두 형질(形質)이 있다. 형질 안에는 '체(體)'가 있고 '용

50) 《二程集·遺書》 卷15 : "離了陰陽更無道, 所以陰陽者是道也. 陰陽, 氣也. 氣是形而下者, 道是形而上者."

51) 《周易外傳》 卷5 《繫辭上傳》 第12章 : "未有弓矢而無射道, 未有車馬而無御道, 未有牢醴璧幣鐘磬管弦而無禮樂之道. 則未有子而無父道, 未有弟而無兄道, 道之可有而且無者多矣."

(用)'이 있다. '체'는 바로 형질이다. '용'은 형질의 묘용(妙用)이다. ...... 가령 천지가 圓蓋方軫하여 '체'가 되고 '기(器)'가 되니, 만물이 이로써 시작되고 생성되어, '용'이 되고 '도'가 된다. 동물은 형체를 '체'로 삼고 '기(器)'로 삼고, '영식(靈識)'을 '용'으로 삼고 '도'로 삼는다. 식물은 가지와 줄기를 '기(器)'로 삼고 '체'로 삼고, '생성(生性)'을 도로 삼고 '용'으로 삼는다."[52]고 했다. 최경이 이른바 '체용'을 분석한 것이 매우 분명하다. '체용'의 두번째 단계 의미에 관해서, 정이는 "지극히 은미한 것이 '이(理)'이고, 지극히 드러난 것이 '상(象)'이다. '체용(體用)'은 근원을 하나로 하여, 드러나건 은미하건 차이없다"[53]고 했다. 정이는 이와 관계있는 말을 또 했다. "지극히 드러난 것으로 '사(事)'만한 것이 없으며, 지극히 은미한 것으로 '이(理)'만한 것이 없으되, '사'와 '리'는 일치하고, 은미한 것과 드러난 것은 근원을 하나로 한다. 옛날 군자가 학문을 잘한 것은 이것에 통달할 수 있었기 때문일 뿐이다."[54] 정이가 말한 '체'는 '리'를 가리켜 말한 것이고, 정이가 말한 '용'은 '상(象)' 혹은 '사(事)'를 가리켜 말한 것이다. 이런 의미에서의 '체용'은 지금 상용하는 명사로 말하자면, 본질과 현상의 관계이다. 정이는 '체용일원(體用一源)'을 인정하였으니, '체용'은 원천일 뿐으로, 통일되어 떨어질 수 없다는 것이다. 정이의 '체용일원' 명제가 후대 유학자에게 끼친 영향이 매우 컸다. 주희(朱熹)·왕수인(王守仁)·왕부지의 철학 관점이 각각 달랐지만, 모두 '체용일원'

52) 李鼎祚《周易集解》卷14引 : "凡天地萬物, 皆有形質. 就形質之中, 有體有用. 體者, 卽形質也. 用者, 卽形質上之妙用也. ...... 假令天地圓蓋方軫, 爲體爲器, 以萬物資始資生, 爲用爲道. 動物以形軀爲體爲器, 以靈識爲用爲道. 植物以枝干爲器爲體, 以生性爲道爲用."

53)《周易程氏傳·易傳序》: "至微者理也, 至著者象也. 體用一源, 顯微無間."

54)《二程集·遺書》卷25 : "至顯者莫如事, 至微者莫如理, 而事理一致, 微顯一源. 古之君子所謂善學者, 以其能通於此而已."

의 관점을 인정하여, '체용'은 둘로 나눌 수 없음을 강조하고, 본질과 현상의 통일관계를 인정했다. 이 또한 주의를 기울일 만한 깊은 지혜이다.

인생의 도를 논하려면 반드시 '사람을 알아야 하고'[知人], 자연의 도를 논하려면 반드시 '하늘을 알아야 한다'[知天]. 어떻게 해야 '지인'과 '지천'을 할 수 있나? 이에 '치지지도(致知之道)' 문제를 불러일으켰다. 장자는 말했다. "하늘이 하는 것을 알고 사람이 하는 것을 아는 것이 지극한 것이다. 하늘이 하는 것을 아는 것은 하늘로부터 생긴다. 사람이 하는 것을 아는 것은 그 지혜가 아는 것으로 그 지혜가 모르는 것을 양육하여, 타고난 수명을 누리고 중간에 요절하지 않으니, 이는 지혜가 풍성한 것이다. 비록 그렇지만 문제가 있다. 아는 것은 의거하는 것이 있고 나서야 타당하게 되는데, 다만 그 의거하는 것이 아직 안정되지 않았을 뿐이다. 하늘이 사람이 아니라고 내가 말한 것과 사람이 하늘이 아니라고 내가 말한 것을 어찌 알겠는가?"[55] 어떻게 해야 참된 지혜[眞知]를 얻을 수 있는가 하는 것이 철학가가 연구토론해야 하는 중요한 문제가 되었다.

장자는 보통 지식에 대해 회의를 품었다. 《관자(管子)·심술상(心術上)》 편의 작자는 정확한 인식이 가능하다고 인정했다. 《심술상》에서는 '소지(所知)'와 '소이지(所以知)'를 구별하여, "사람은 모두 알려고 하지만 '소이지'를 탐색하지 않는다. '소지'는 '彼'이고, '소이지'는 '此'이다"[56]. '소지'는 인식의 대상이고, '소이지'는 주체의 인식 기관(器官)이다. 주체의 인식 기관은 마음과 감각기관이 있다. "마음은 몸에서 군(君)

55) 《莊子·大宗師》: "知天之所為, 知人之所為者, 至矣. 知天之所為者, 天而生也; 知人之所為者, 以其知之所知以養其知之所不知, 終其天年而不中道夭者, 是知之盛也. 雖然, 有患. 夫知有所待而後當, 其所待者特未定也. 庸詎知吾所謂天之非人乎? 所謂人之非天乎?"

56) 인용문은 대망(戴望)의 《校正》에서의 왕념손(王念孫) 설에 근거함.

의 위치에 있다. 구규(九竅)가 맡은 바가 있는 것은 관(官)의 직분이다." 만약 "마음이 도(道)에 자리잡고 구규가 이치를 따르면" 정확인 인식을 얻을 수 있다. 《심술상》에서는 '정인(靜因)의 도'를 제시했다. 이른바 '인(因)'은 객관을 힘써 추구하는 것이다. "인(因)이란 더해지는 것고 덜어지는 것도 없는 것이요", "인(因)이란 자기를 버리고 외물로 법을 삼는 것이다." 《심술상》에서 말한 것은 비록 간단하지만, 사람의 인식을 어느 정도 분석한 것은 확실하다. 순자(荀子)는 '해폐(解蔽)' 설을 제시하여, "사람의 근심은 한 '곡(曲)'에 덮여서 큰 이치에 어두운 것에 있다"[57]고 하였으니, 치우치고 덮인 것이 있으면 진리를 인식할 수 없다는 것이다. 치우치고 덮인 것을 반드시 벗겨내야 정확한 인식에 도달할 수 있다. 치우치고 덮인 것을 어떻게 벗겨내는가? '허일이정(虛壹而靜)'을 할 수 있어야 한다. '허(虛)'는 '허심(虛心)'으로, 이미 아는 것으로 앞으로 받아들일 것을 방해하지 않는 것이요, '일(壹)'은 '전심(專心)'으로, 주의력을 집중하는 것이요, '정(靜)'은 '정심(靜心)'으로, 몽환과 상상이 인식을 흔들어 어지럽히게 하지 않는 것이다. 순자는 또한 '심(心)'과 감각기관의 관계를 논술했다. 인식론 문제를 상당히 상세하게 연구했다고 할 수 있다.

전국시대 말기 유가 학자가 저술한 《대학》에서 "지식과 지혜가 극치에 달하게 하는 것은 세상 모든 것의 이치를 찬찬히 따져보는 것에 달려있다"[致知在格物]고 말했다. 《대학》에서 "세상 모든 것에는 처음과 끝이 있고, 세상 모든 일에는 끝과 시작이 있으니, 먼저 해야 할 것이 무엇이고 나중에 할 것이 무엇인지 안다면, 최선의 경지에 가까워진다. 옛날 밝은 덕을 천하에 밝히고자 했던 사람은 먼저 자신의 나라를 잘 다스렸고, 자신의 나라를 잘 다스리고자 했던 사람은 먼저 자신의 집안을 가지런히 관리했고, 자신의 집안을 가지런히 관리하고자 했던 사람은 먼저

57) 《荀子 · 解蔽》: "凡人之患, 蔽於一谷而暗於大理."

자신을 수양했다. 자신을 수양하고자 했던 사람은 먼저 자신의 마음을 바로잡았고, 먼저 자신의 마음을 바로잡고자 했던 사람은 먼저 자신의 의지를 성실히 다졌고, 먼저 자신의 의지를 성실히 다지고자 했던 사람은 먼저 자신의 지식과 지혜가 극치에 달하게 했으니, 지식과 지혜가 극치에 달하게 하는 것은 세상 모든 것의 이치를 찬찬히 따져보는 것에 달려 있다"고 했다. 이후 격물에 대해서 해석한 내용은 없다. 이후 유가 학자들이 격물에 대해서 해석한 것이 매우 번잡하여, 확실한 해석이 없다고 할 수 있다. 《문선》에 나오는 이소원(李蕭遠)의 《운명론(運命論)》 이선(李善) 주에서 고대 자서(字書) 《창힐편(蒼頡篇)》을 인용한 것에 따르면 "'격(格)'은 헤아리다이다"라고 했다. 《대학》 '격물'에서 '격'은 '헤아리다'으로 해석해야 하니, '격물'은 사물의 본말과 선후를 헤아리는 것이다. 이어지는 《대학》 문장에서 "이런 것을 두고 근본을 안다고 하며, 이런 것을 두고 아는 것이 극치에 달했다고 하는 것이다"라고 한 것이 바로 앞 문장과 서로 호응하여 맞아떨어지는 것이다.

송명 이학에서 '격물치지'는 중요한 의제가 되었다. 정이·주희는 '즉물궁리(卽物窮理)' 설을 제시했다. 주희는 말했다. "이른바 아는 것을 투철히 하는 것은 세상 모든 것의 이치를 따져보는 것에 달려 있다는 것은 나의 아는 것을 투철히 하고자 하면 만물에 나아가 그 이치를 철저히 따지는 것에 달려 있다는 말이다. 사람의 마음이 영명하여 모르는 것이 없고, 천하 만물 중 이치 없는 것이 없으되, 다만 그 이치를 끝까지 따져보지 않는 까닭에 아는 것이 극치에 달하지 못하는 것이다. 그러므로 태학에서 처음 가르칠 때 배우는 자들로 하여금 반드시 천하의 만물에 나아가 이미 알고 있는 이치를 통하여 더욱 끝까지 따져나가서 극치에 이르기를 추구하지 않는 사람이 없게 하려고 하였다. 오랫동안 노력을 기울여 어느 순간 확 뚫리면 세상 모든 것의 겉이나 속이나 세밀한 것에나 소략한 것에나 이르지 않음이 없어서 내 마음의 온전한 본체와 커다란 쓰임이 밝아지지 않는 것이 없으리라. 이를 두고 세상 모든 것의 이치를 따지는 것이라고 하고, 이를 두고 아는 것이 투철하다고 하는 것이다."[58] 정·주의 '사물에 나아가 이치를 따지는 것[卽物窮理]'에 대한 설에서는 반드시 우선 천하의 만물에 나아가 만물에 있는 이치를 끝까지 연구하고 나서야 마음이 자아 인식에 도달할 수 있다고 여겼다. 이 설은 육구연(陸九淵)의 반대에 마주쳤다. 육구연은 '이치는 마음 속에 있음'을 강조하여, "사람에게는 모두 이 마음이 있고, 마음에는 모두 이 이치가 있으니, 마음이 이치이다[心卽理]. ...... 배우는 자에게 귀중한 것은 이 이치를 탐구하고 이 마음을 다하고자 하는 것이다"[59]라고 했다. 육구연은 밖에서 이치를 탐구하는 것을 굳게 반대했다. 이후 명나라 때 왕수인(王守仁)은 주희가 '마음과 이치를 둘로 나눈' 것을 더욱 굳게 반대하여, '마음 밖에 이치가 없음'을 강조했다. 여기서 정·주와 육·왕의 의견이 갈라지는 것은 주로 '배우는 방법'이 갈라지는 것에 있었다. 바로 인식론 문제에 관해서 갈라진 것이다. 명청 시대 왕부지는 '사물에 나아가 이치를 따질 것'을 제시하여, '사물에 나아가 이치를 따지는 것이 있지, 이치를 세우고 사물을 한정하는 것은 없다'[60]고 했다. 이것은 정·주의 설과 비교할 때 또 한 걸음 나아간 것이다. 대진(戴震)은 이치가 사물 안에 있음을 더욱 강조하여 "사물 밖에 따로 이치가 있지 않고"[61], "사물의 이치는 반드시 사물에 나아가 지극히 은미하게 분석한 이후에만 이치가 얻어진다"[62]고 했다. 정·주와도 다르고 육·왕과는 완전히 상반된다. 이런 변론들은 모두 인식론에 관한 변론이다. 육·왕 학파는 '사물에 나아

58) 《四書章句集注·大學章句》
59) 《陸九淵集·與李宰書》
60) 《續春秋左氏傳博議》 卷下 : "有卽事而窮理, 無立理而限事.'
61) 《孟子字義疏證》 卷上 《理》 : "非事物之外別有理義也."
62) 《孟子字義疏證》 卷下 《權》 : "事物之理必就事物剖析至微而後理得."

가 이치를 따지는 것'[卽物窮理]을 반대하여, 반(反) 과학적 경향을 드러냈다. 그러나 그들은 개인의 독립적 사고 능력을 충분히 인정하고 사람의 주관적 능동성을 강조하여, 일정한 공헌이 있는 부분도 있었다. 철학 발전 과정에서 이런 '상반상성' 현상에 주의를 기울일 만하다.

송·원·명·청 시대 철학에서 인식론에 관한 논쟁은 중요한 의의가 있음을 인정해야 한다.

중국 철학에서 인생의 도·자연의 도·치지의 도에 관해 전형적 의미를 지니는 중요한 사상을 이상과 같이 간략히 서술하고, 이를 빌어 몇몇 예를 들어 중국 철학자의 깊은 지혜를 약간 밝혔을 뿐이다.

중국 고대 철학자는 사물 사이의 연결을 중시하여, 천지만물을 서로 연결된 정체(整體)로 보고, 대립의 통일을 인정하여, '상반상성(相反相成)'·'물극필반(物極必反)'이 중국인의 상식이 되게 하기에 이르렀다. 이런 관점은 변증법적 사유라고 할 수 있다. '변증법(辨證法)'은 번역 명사로, 그리스 철학에서 나왔다. 중국 고유의 명사로 말하자면, '통변법(通變法)' 혹은 '반연법(反衍法)'이라고 할 수 있다. 《주역대전·계사하》에서 "변화에 통하게 하여 백성이 권태롭지 않게 한다"고 했고, 《장자(莊子)·추수(秋水)》에서 "도로써 보자면 무엇이 귀하고 무엇이 천하겠는가, 이를 반연(反衍)이라고 한다"고 했다. 반연(反衍)은 반대 방면으로 변화하는 것이다. 중국 고대 철학은 변증법적 사유가 풍부하니, 이것이 두드러진 장점이다. 그러나 장점은 단점과 밀접하게 연관되어 있다. 중국 고대 철학은 세밀한 분석을 중시하지 않아서 엄정한 논증이 부족하다는 중대한 결점을 보이기도 했다.

중국 철학자는 어떤 의미에서 탐색정신이 풍부하다. 《주역대전·설괘》에서 "궁리진성(窮理盡性)하여 천명에 이른다"고 했다. 이 말은 송·명 시대에 다수 사상가의 지도적 사상이 되었다. 주돈이·장재·정호·정이·주희·육구연 등이 저마다 세운 학설은 달랐지만, '궁리'의 필요성을 모두 인정했고, 세계에는 이치가 있으며 학문은 이 이치를 인식하는 것에 달려 있으며 생활은 이 이치를 체현하는 것에 있음을 모두 인정했다. 이런 의미에서, 중국철학은 이성정신이 풍부하다고 할 수 있다. 그러나 이런 '궁리'의 전통은 실증을 중시하는 태도와 결합하지 않아서, 근대 실증과학을 잉육해내지 못했다. 이것은 막대한 유감이다.

예로부터 지금까지, 철학자는 모두 진리를 추구하고 있다. 철학은 시대정신의 정화이다. 모든 시대의 철학은 모두 그 시대의 한계가 있다. 그러나 이전 사람이 발견한 진리는 이후 사람이 계속 전진하는 기초가 된다. 중국고대철학이 제공한 지혜는 이미 모두 과거 시대의 것이다. 그러나 현재에 이르러서도 지금 사람을 계발하는 점이 있다.

중국고대 철학자가 말한 '인생의 도'는 어떻게 사람노릇을 하느냐에 관한 지혜이다. '자연의 도'는 객관적 세계에 관한 지혜이다. '치지의 도'는 인식방법에 관한 지혜이다. 이런 지혜들을 깊이 이해하는 것은 어떻게 사람노릇을 하는가, 어떻게 세계를 인식하는가에 여전히 유익한 것이다. 현대인에게는 당연히 현대의 지혜가 있어서, 고대와 다른 점이 있다. 그러나 현대의 지혜는 이전 사람의 지혜의 기초 위에서 한걸음 한걸음 발전한 것임을 인정해야 한다.

영국의 저명한 철학자 루소는 《서양철학사》를 발표한 이후, 만년에 또 《서양의 지혜》를 썼다. 루소의 이 책은 나의 흥미를 깊이 일으켰다. 중국철학사를 연구하는 우리도 《중국의 지혜》를 써야 하는 게 아닐까 나는 생각했다. 그래서 몇몇 동지와 상의하여 이 책을 쓰기 시작했다. 방립천(方立天)·정의산(程宜山)·류소감(劉笑敢)·진래(陳來) 동지들이 집필 임무를 분담하여, 인물 중심으로 공자·노자로부터 안원(顏元)·대진(戴震) 등에 이르기까지 저명한 사상가의 철학이론 속에서의 지혜를 서술했다. 내가 주필을 맡고, 방립천 동지가 부주필을 맡았다. 이 몇 동지가 모두 내 의견을 상당히 존중하여, 집필 과정에서 많은 문제가 있었는데 모두 최대한 내 관점을 받아들였고, 마지막으로 내가 이 '머리말'을 쓰면서 중국의 지혜에 대해서 개괄적 설명을 하게 되었다.

1840년 이후 중국 서양 문화는 서로 충돌하기도 하고 점차 융합하기도 했다. 따라서 그 이후의 철학 지혜 역시 이전에 기본적으로 자체적으로 체계를 이룬 중국의 지혜와 구별이 있게 되었고, 중서 교융의 특징을 띠게 되었다. 이 특징과 우리의 집필 의도를 고려하여, 우리는 1840년 이후의 철학가·사상가의 지혜는 다루지 않았다.

루소의 《서양의 지혜》는 개인이 저술한 것이고, 우리의 이 책은 몇 사람이 공동 저술한 것이다. 루소의 《서양의 지혜》는 삽화가 풍부하고, 그림과 문장이 모두 풍부하다. 우리의 이 책은 그림이 겨우 조금만 있을 뿐이어서, 모든 점에서 루소의 책과 비교할 수 없다. 그러나 이 책의 집필 계기는 루소가 일으킨 것이다. 그러므로 여기에서 루소의 명저를 언급하지 않을 수 없었다. 이 책이 비록 공동 집필한 것이어서 오류를 면하기 어렵겠지만, 독자 여러분의 가르침을 희망한다.

장대년(張岱年)

1986년 9월 11일

01 공자(孔子)

공자(孔子)의 이름은 구(丘), 자는 중니(仲尼)이다. 주(周)나라 영왕(靈王) 21년(기원전 551년)에 태어나, 주나라 경왕(敬王) 41년(기원전 479년)에 세상을 떠났다. 춘추시대 말기 노(魯)나라 추읍(陬邑) 창평향(昌平鄕) 궐리(闕里: 지금의 산동 곡부(曲阜) 동남쪽) 사람이다. 중국 고대에서 가장 중요한 사상가·교육가·정치가이며, 유가(儒家) 학파의 창시자이다.

공자의 먼 조상은 상(商)나라 때 귀족의 후예이다. 그러나 공자가 태어날 무렵 공자 집안은 이미 몰락하여 빈천했다. 공자는 용모가 특이하였다고 한다. 정수리 중간은 낮고 사방 둘레는 높았고, 키가 9.6척(지금의 2.2미터)이나 되어, 당시 사람들은 모두 공자를 '키다리'라고 불렀다고 한다. 공자는 어릴 때부터 전통적 예의제도를 좋아하여, 친구들과 놀 때 항상 탁자와 식기를 늘어놓고 전례(典禮) 의식을 연습했다고 한다. 공자는 열다섯 살 때 공부하려는 뜻을 세워서, 사회와 인생의 근본 도리를 공부하기로 결심하였다. 그러나 공자는 육체적 근로를 경시하지는 않았다. 공자는 회계관리가 되었을 때는 장부를 성실하게 관리했고, 소와 양을 관리하는 작은 관리가 되었을 때도 역시 책임감있게 일했다.

대략 30여 세 때, 공자는 가르치는 것을 업으로 삼기 시작했다. 당시 사립학교를 개설한 유일한 사람이라고 할 수는 없지만, 제자를 대규모로 받아들인 첫 번째 교육가였다. 공자는 '유교무류(有教無類)'를 주장했다. 즉 사회적 지위를 따지지 않고 학생을 받아들였다. 그래서 공자의 학생 중에는 귀족 자제도 있었고, 빈천한 인물도 많았다. 학생이 매우 많아서, 3천여 제자를 받아들였고, 그 중 성취가 뛰어난 제자는 72명이었다고 한다. 자로(子路: 仲由)·자공(子貢: 端木賜)·자연(子淵: 顏回)·자유(子游: 言偃)·자하(子夏: 卜商) 등의 성취가 모두 상당히 두드러졌다. 공자는 상고시대의 많은 문화 전적을 정리했고, 《시》·《서》·《예》·《악》·《역》·《춘추》 등 책으로 제자들을 가르쳤다. 이는 이전에는 귀족이 전유하던 문화와 학술을 일반 평민에게 전해준 것으로, 귀족이 학술과 문화를 독차지하는 것을 타파했다. 공자의 교육 중점은 덕성을 배양하고, 성정을 도야하고, 학생들이 도를 듣고 세상을 구제하도록 격려하는 것이다. 공자와 학생의 수많은 문답은 모두 사회정치에 관계된 문제였고, 이는 서민이 정치에 참여하도록 이끌어 귀족이 정치를 농단하는 것을 타파하게 했다. 몇십 년 정치생애와 교육생애 속에서 공자와 공자의 제자는 점차 사회에 영향력이 아주 큰 유가학파를 형성하였고, 전국시대 백가쟁명의 서막을 열었다.

공자는 아주 큰 정치적 포부가 있었다. 공자는 직접 정치활동에 참여하여 정치사상을 관철할 기회를 줄곧 찾고 싶어했다. 그러나 공자는 50세가 되어서야 비로소 노나라의 중도재(中都宰)를 맡는 기회를 만났다. 이는 수도 경내의 공읍(公邑) 책임자였다. 공자는 일을 아주 잘 하여, 머지 않아 사공(司空: 공사 관리)으로 승진되었고, 머지 않아 또 사구(司寇: 사법 소송 관리)로 승진되었다. 그러나 귀족 집단 내부에 갈등이 생기고 그들의 개인적 이익이 침해받게 되자, 공자가 정견(政見)의 실현을 철저히 추진하도록 내버려두지 않았다. 공자는 이 점을 분명히 인지한 뒤 제자들을 데리고 노나라를 떠나 열국을 주유하기 시작했다. 14년간

유랑하는 동안 공자는 적지 않은 정견을 발표했다. 그러나 통치집단에게 중용되지 못했다. 노나라로 돌아가 병으로 세상을 떠날 때까지 만년에는 문화교육사업에 모든 정력을 쏟았다.

공자의 사상에 관한 자료는 주로 《논어》에 보존되어 있다. 《춘추좌전》에도 공자의 몇몇 어록과 사적이 실려 있다. 공자의 철학에서 최고 범주는 하늘[天]이다. 하늘은 '인간세상 일[人事]'의 최고 결정권자이다. "하늘이 이 '문(文)'을 잃으면 뒤에 죽는 사람은 이 '문'에 함께 할 수 없다. 하늘이 이 '문'을 잃지 않았다면 광(匡) 사람들이 나를 어찌하겠느냐!"[1] 라고 공자는 말했다. 공자가 여기서 말한 하늘은 의지가 있고 지혜가 있는 것처럼 보인다. 이에 근거하여 공자의 철학은 유심주의라고 정의하는 사람도 있었다. 유심주의는 '아이디얼리즘(idealism)'을 중국어로 번역한 것으로, 이 번역은 정확하지 않다. 사실상 공자가 말한 하늘은 때로 자연의 하늘에 접근할 때도 있다. "하늘이 무슨 말을 하는가? 사철이 운행되고 만물이 생장하되, 하늘이 무슨 말을 하는가?"[2]라고 말했다. 여기서 말한 하늘은 상·주 시기 전통관념에서 명령을 내리는 하늘이 더 이상 아니다. 공자가 말한 하늘은 주재하는 하늘에서 자연의 하늘로 옮겨가는 과도 형태라고 할 수 있다. 공자의 철학은 여러 측면에서 이렇게 옛것에서 새로운 것으로 혹은 소극적인 것에서 적극적인 것으로 가는 과도 형태를 보인다. 예를 들면 공자는 하늘을 믿되 귀신을 회의했다. 천명을 중시하되 사람이 하는 것을 강조했다. 공자는 '태어나면서부터 아는 것[生而知之]'이 최상이라는 것을 인정했으되 많이 듣고 많이 보는 것을 강조했다. 군주를 존중하는 것을 주장했으되 독재를 반대했다.

1) 《論語·子罕》: "天之將喪斯文也, 後死者不得與於斯文也. 天之未喪斯文也, 匡人其如予何?"

2) 《論語·陽貨》: "天何言哉? 四時行焉, 百物生焉, 天何言哉?"

공자 사상이 단순하지 않았기 때문에 후세 사람들은 공자 사상에 대해서 또한 많은 다른 해석을 내놓았다. 지금 사람들의 사상관념과 가치표준도 또한 2천 년 전과 크게 다른 점이 있어서, 이 모든 것이 공자 사상의 평가 문제를 상당히 복잡하게 했다. 공자의 학설에는 확실히 소극적 보수적 측면이 있는 듯하다고 우리는 알고 있다. 예를 들면 개혁과 창신을 독려하지 않고, 생산노동을 중시하지 않는 것 등이다. 그러나 공자의 학설이 역사에서 심원한 영향을 낳을 수 있었던 것은 우연이 아니다. 특히 선진시대에 통치자가 아직 공자의 학설을 이용할 뜻이 없었던 상황에서 공자의 학설이 광범위하게 퍼질 수 있었던 것에는 깊은 원인이 있다. 여러 학자의 학설과 비교할 때, 공자는 문화교육을 중시했고, '실용[用]에 가려져서 꾸밈[文]을 몰랐던' 묵가같은 편향이 없었다. 공자는 '적극적으로 실천하는 것[有爲]'을 주장했고, 도가처럼 상당히 소극적인 듯한 정서가 없었다. 공자는 민중의 바람을 상당히 중시했고, 법가처럼 감정없이 백성을 노예처럼 사역하는 전제주의가 없었다. 각 학파 학설의 오랜 기간 경쟁을 거쳐서 공자의 학설은 결국 가장 넓은 범위에 걸쳐서 그리고 가장 오래 퍼지게 되었고, 어느 정도 중국 민족의 공통 심리를 만든 격이 되었다. 이것은 개별 통치자가 주재할 수 있는 것이 결코 아니며, 공자 학설이 중국 문화의 발전에 가장 유리했기 때문이다. 물론 역대 통치자가 공자의 학설을 제창하기도 하고 왜곡하기도 한 것에 대해서도 별도로 분석할 필요가 있다.

(1) 자기가 서고자 하면 남도 서게 한다

중국 역사상 숭고한 인생 이상을 제시한 첫 번째 인물이 공자이다. 공자의 인생 이상은 '인(仁)'이다. '인'의 관념이 포함하는 내용은 매우 넓다. 그러나 기본적 의미는 간단하다. '인'의 사상적 경지는 아주 높다.

그러나 또한 간략하고 친근하다. 공자는 평소 '인'을 자주 말하지 않았다. 그러나 인에 관한 공자의 논술이 매우 중요하기 때문에 대부분《논어》에 수록되어 있다.《논어》 전체는 1만 자를 넘지 않는다. 그런데 '인'은 100번 이상 나타난다. 공자 문하의 제자는 공자의 인학(仁學)을 상당히 중시했음을 알 수 있다.

공자의 학생은 '인'에 관한 문제를 가르쳐달라고 공자에게 자주 청했다. 하루는 공자의 학생 자공이 공자에게 물었다. 만약 어떤 사람이 백성에게 은혜를 베풀고 모든 나라들을 구제할 수 있다면 어떤가, '인'이라고 할 수 있는가? 공자는 대답하기를, 만약 그렇다면 단지 '인'일 뿐 아니라 '성(聖)'의 경지에 도달했다고 할 수 있으니, 요순도 하기 어려웠을 것이라고 했다. 도대체 무엇이 '인'인가? 공자는 이어서 말했다. "인을 실천하는 사람은 자기가 서고자 하면 남도 서게 하고, 자기가 통달하고자 하면 남도 통달하게 한다"[3]고 했다. 여기서 말한 '립(立)'은 '삼십이립(三十而立)'에서의 '립(立)'으로, 성취한 바가 있어서 충분히 자립할 수 있다는 뜻이다. 여기서 말한 '달(達)'은 통달한다는 뜻으로, 매사에 대처하고 사물에 접촉하는 것이 막힘이 없이 순통하다는 뜻이다. 이른바 인이란 자기가 사회에서 자립하기를 희망하면 다른 사람도 사회에서 자립하게 하고, 자기가 일마다 성공하기를 희망하면 다른 사람도 일마다 성공하게 한다는 것으로, 이는 또한 바로 '장심비심(將心比心)'·'추기급인(推己及人)의 원칙이기도 하다. '자기가 서고자 하면 남도 서게 하는' 것은 공자가 '인'에 대해서 가장 완비되게 해설한 것으로, 이 해설은 '인'의 기본 내용과 기본 조건을 설명했을 뿐 아니라 '인'과 '성(聖)'의 구별 또한 설명했다. 천하에 은혜를 베푸는 것은 '성인'의 행위여서, 특수한 조건과 지위가 필요하여, 일반인이 할 수 있는 것이 아니지만, '인'의 원칙

3)《論語·雍也》: "夫仁者, 己欲立而立人, 己欲達而達人."

은 사람마다 모두 실행할 수 있는 것이어서, 일반인에 대한 보편적 요구가 될 수 있고, 인간관계를 조절하는 도덕 준칙이 될 수 있다고 공자는 보았다. 종합하여 말하자면, '성'은 완미한 인격이고, '인'은 최고의 도덕이다.

'자기가 서고자 하면 남도 서게 하는' 것은 적극적 측면에서 말한 것이다. 소극적 측면에서 말하자면, 즉 자기가 원하지 않는 측면에서 말하자면, 바로 '자기가 하고 싶지 않은 것을 남에게 시키지 않는' 것이다. 종신토록 행동 준칙이 될 만한 한 마디가 있느냐고 자공이 공자에게 물었다. 공자는 "그것은 '서(恕)'일 것이다! 자기가 하고 싶지 않은 것을 남에게 시키지 않는 것이다"[4]라고 말했다. 어떻게 해야 인에 부합하느냐고 다른 학생이 공자에게 묻자, 공자는 또한 '자기가 하고 싶지 않은 것을 남에게 시키지 않는 것'[5]이라고 했다. '자기가 하고 싶지 않은 것을 남에게 시키지 않는 것' 역시 '인'의 기본 원칙으로, '자기가 서고자 하면 남도 서게 하고, 자기가 통달하고자 하면 남도 통달하게 하는 것'의 또 다른 측면이거나 또 다른 표현임을 알 수 있다.

공자는 학생 증삼에게 "삼아, 나의 도는 하나로써 꿰뚫는다"라고 말한 적이 있다. 다른 학생들이 이게 무슨 뜻인지 잘 모르자, 증삼은 그들에게 "선생님의 도는 충서(忠恕)일 뿐이다"[6]라고 해설했다. 공자는 자기 학설에는 시종 관철하는 기본 관념이 있다고 보았으며, 증삼의 해석에 따르면 이 기본 관념은 바로 '충'과 '서'이다. '충'은 사람을 대하고 사람을 도와주는데 진심과 성의를 다하는 것이고, '서'는 관용과 양해로 사람을 대하는 것이다. 구체적으로 말하면, 공자가 말한 '충'은 바로 '자기가 서

---

4) 《論語 · 衛靈公》: "其恕乎! 己所不欲, 勿施於人."
5) 《論語 · 顏淵》: "己所不欲, 勿施於人."
6) 《論語 · 里仁》: "夫子之道, 忠恕而已矣."

고자 하면 남도 서게 하고, 자기가 통달하고자 하면 남도 통달하게 하는 것'이다. 공자가 말한 '서'는 바로 '자기가 하고 싶지 않은 것을 남에게 시키지 않는 것'이다. 충서의 도는 '인'의 두 측면을 개괄한 것으로, 공자 철학을 시종 꿰뚫는 도덕 규범이다.

'인'의 기본 종지는 '자기가 서고자 하면 남도 서게 하고, 자기가 통달하고자 하면 남도 통달하게 하는 것'으로, 근본으로부터 말하면 이것은 바로 '사람을 사랑하는' 원칙을 체현한 것이다. 공자의 학생 번지(樊遲)가 인의 내용을 물었을 때, 공자는 번지에게 '애인(愛人)' 두 글자를 말했다. 바로 사람들에게 동정심이 있어야 하고 다른 사람에게 관심을 가지는 진실된 감정이 있어야 한다고 요구한 것이다. 그러나 '인'은 또한 시비도 없고 원칙도 없는 사랑이 아니고, 고식적 사랑도 아니고, '사람을 덕으로 사랑하는 것'이다. 그러므로 인자(仁者)는 때로는 사람을 미워할 수도 있다. 이것이 바로 공자가 말한 "오직 인자(仁者)만이 사람을 좋아할 수 있고 사람을 미워할 수 있다"[7]는 것이다. 다른 사람을 좋아하고 싫어하는 것이 모두 일정한 준칙이 있어야 하니, 이 일정한 준칙이 바로 '예'이다. '예'는 사회생활에 관한 구체적 규범·준칙·의식이다. 공자는 '자기를 이기고 예를 회복하는 것이 인을 실천하는 것'[8]이라고 말한 적이 있어, 반드시 사회생활의 공공 준칙으로 자기를 단속해야만 '인'을 실현할 수 있음을 강조했다. 바로 "예가 아니면 보지 말고, 예가 아니면 듣지 말고, 예가 아니면 말하지 말고, 예가 아니면 행하지 말라"[9]는 것으로, 자기의 일체 언행이 모두 사회생활의 기본 준칙으로 받아들여지게 해야 한다.

7) 《論語·里仁》: "惟仁者, 能好人, 能惡人."
8) 《論語·顔淵》: "克己復禮爲仁."
9) 《論語·顔淵》: "非禮勿視, 非禮勿聽, 非禮勿言, 非禮勿動."

'인'은 공자의 가장 높은 도덕 규범으로, '인덕(仁德)'은 '지(智)·용(勇)·공(恭)·관(寬)·신(信)·민(敏)·혜(惠)' 등과 같은 다른 모든 덕을 통솔하고 있다. 하지만 '인덕'은 또한 다른 덕과 다르다. 공자는 '인·지·용' 세 가지를 여러번 병칭했으며, '어진 사람은 근심하지 않고, 지혜로운 사람은 미혹되지 않고, 용기 있는 사람은 두려워하지 않는다'[10]고 했다. 공자는 또한 자주 '인'과 '지(知)'를 짝으로 거론했다. "지혜로운 사람은 물을 좋아하고, 어진 사람은 산을 좋아한다. 지혜로운 사람은 동적이고, 어진 사람은 정적이다. 지혜로운 사람은 인생을 즐기고, 어진 사람은 장수한다"[11] 등이 그 예이다. 확실히 공자는 '인'은 '지'보다 높지만 '지'를 포함하지 않는다고 여겼다. 공자는 비록 인덕을 숭상했지만 지식과 학습을 경시하지는 않았다는 것에 주의를 기울여야 한다. 공자는 "인을 좋아하되 배우기를 좋아하지 않으면 그 폐단은 어리석음에 빠지는 것이다"[12]라고 하여, 인덕만 있고 학습을 중시하지 않으면 우둔함에 빠질 우려가 있어서 도덕 수양이 다른 측면의 학습과 단련을 대신할 수는 없다고 지적했다. 공자는 도덕교육을 중시하면서 지식 학습도 강조했고, 덕육으로 지육을 통솔할 것을 강조하면서 덕육으로 지육을 대체하는 것 또한 반대했다. 이 모두는 상당히 식견이 있는 것이다.

'인'을 최고의 도덕 규범으로 삼아서 '인'의 기본 내용을 밝히고, 도덕 행위에서 '인'의 중요한 의미를 강조했다는 것이 공자의 두드러진 공헌이다. 비록 '인'이 공자 자신이 창조한 도덕관념은 아니지만, 공자는 '인'에 새로운 명확한 도덕적 내용을 포함시켜, '인'으로 하여금 중국 전통적 윤리학 체계의 주춧돌이 되게 했다. 공자가 창립한 '인'을 핵심으로 하는

10) 《論語·憲問》: "仁者不憂, 知者不惑, 勇者不懼."
11) 《論語·雍也》: "知者樂水, 仁者樂山, 知者動, 仁者靜, 知者樂, 仁者壽."
12) 《論語·陽貨》: "好仁不好學, 其蔽也愚."

윤리관념은 당시 왜 그토록 많은 사람을 끌어들이고 나중에 그토록 깊은 영향을 탄생시킬 수 있었을까?

우선 '인'의 관념 경지가 숭고하면서도 또한 실행하기 쉬웠기 때문이다. '인'은 가장 높은 도덕규범이고 '어진 사람[仁人]'은 가장 도덕이 있는 사람으로, '인'을 실현하면 도덕 수양의 가장 높은 경지에 도달한다. 그러나 '인'은 또한 털끝만큼도 신비성이 없어서, '인'을 실천하는데 어떤 특수한 조건을 필요로 하지 않는다. 예를 들면 '지(智)'에 도달하려면 일정한 천부적 자질과 학습 조건이 필요하며, '성(聖)'에 도달하려면 특수한 기회와 특수한 재능이 더더욱 필요하다. 그런데 '인'에 도달하는 것은 '비근한 것에서 비유를 잘 파악하면' 된다. 바로 '장심비심(將心比心)', '추기급인'이다. 이는 일반인 누구나 하기 어렵지 않은 것이다. 그래서 '인'의 관념은 몇배로 추앙을 받을 수도 있고, 사람들에게 보편적으로 받아들여질 수도 있는 것이다.

다음으로, '인'의 관념은 상대방과 나 두 측면을 모두 고려하여, 사람과 사람 사이의 관계를 조절하는 데 가장 유리하다. '인'은 일방적으로 자기에게 요구하는 것도 아니고, 또한 일방적으로 다른 사람에게 요구하는 것도 아니다. '인'은 한편으로 자립(自立)·자달(自達)을 요구하니, 바로 자강불식이요, 나무를 심는 것이 있다. 다른 한편으로 또한 '남을 서게 하고', '남을 통달하게 하는 것'을 요구하니, 바로 "남을 돕는 것이 즐거움이 되며, 남의 장점을 성취하도록 하는"[助人爲樂, 成人之美] 것이다. 자기를 면려하고 단속하며, 또한 다른 사람에게 관심을 가지고 도와준다. 이와 같이 '인'의 관념은 이기주의를 극복하면서도 또한 고행승 방식의 이타주의와도 다르다. '인'을 실행하는 것이 모든 사람의 정상적 발전을 방해하지 않고, 다른 사람으로부터 지지와 도움을 얻는 것을 배제하지 않는다. 그러므로 일반 사람은 모두 즐겁게 '인'의 관념을 받아들인다.

마지막으로, 인의 관념은 '사람을 사랑하는' 원칙을 포함하고 있다. 이런 사랑은 비록 차별이 없을 수 없어서, 혈연관계를 기점으로 하는 원근친소의 층차는 있을지라도, 또한 일반 사람을 중시하는 것도 포함하고 있다. 공자는 "삼군에게서 우두머리를 빼앗을 수는 있어도, 필부에게서 의지를 빼앗을 수는 없다"[13]고 했다. 필부는 바로 서민이다. 일반 사람은 각각 자기 의지가 있다. 이 의지는 침범하면 안된다. 이와 같이 일반인의 독립 의지를 인정하고 중시하는 것은 중요한 의미가 있다. 종법사회에서 이른바 사람을 사랑하는 것은 필시 등급성이 있어서, 계층에 따라서 사랑하는 방식과 내용이 다르다. 통치계급 사람에 대한 사랑에서는 공경하고, 성실하고, 근면해야 하고, 노동계급 사람에 대한 사랑에서는 관용하고 인자해야 한다. 관용하면 백성들의 옹호를 받을 수 있고, 인자하면 백성을 통치하고 일을 시키는 것이 쉽다. 그러므로 '인'은 비록 착취와 압박을 완전히 없애라고 요구할 수는 없지만, 착취와 압박을 경감시킬 것을 요구한다. 이 또한 '인'의 관념이 광범위하게 퍼지게 된 중요한 원인이기도 하다.

기독교에도 도덕금률이 있다. 《성경》에서 다른 사람이 너에게 어떻게 대하기를 바란다면 네가 다른 사람을 그렇게 대해야 한다고 했다. 이는 "자기가 하고 싶지 않은 것을 남에게 시키지 않는 것"과 통하는 것이다. 이는 공자가 제시한 '인'의 도덕관념이 상당히 보편적 의미가 있어서 서양 국가의 도덕관념과 일치하는 부분이 있음을 말해준다. 하지만 공자가 개괄한 "자기가 서고자 하면 남도 서게 하고, 자기가 통달하고자 하면 남도 통달하게 하는" 태도는 더욱 적극적이고 내용 또한 더욱 풍부하여, 《성경》 속의 격언과 비교되지 않는다. 그리고 공자의 '인'의 도덕체계는 종교의 힘의 도움을 받지 않았는데도 이와 같이 광범위한 영향력을 생산

---

13) 《論語 · 子罕》 : "三軍可奪帥也, 匹夫不可奪志也."

할 수 있으니, 이 또한 중시할 가치가 있다.

(2) '인(仁)'을 실현하는 것은 자기로부터 시작된다

도덕과 법률은 모두 사회질서를 유지하고 사람과 사람의 관계를 조절하는 도구와 수단이다. 그런데 도덕과 법률의 작용방식은 또한 확연히 다르다. 도덕이 인간관계를 유지하는 작용은 사람의 자각적 의식에 의지한다. 그런데 법률이 사회질서를 유지하는 것은 외재적 강제 수단에 의지한다. 공자는 중국역사상 처음으로 윤리학 체계를 세웠을 뿐 아니라 도덕 관념이 사회에서 작용하는 방식을 제시했다. 이것은 2천여년 전에는 실로 어려웠던 일이다.

공자는 '인'을 최고 도덕규범으로 삼았다. 그렇다면 어떻게 '인'을 실현하는가? '인'을 실현하는 것은 주로 외부 조건 혹은 강제적 힘에 의지하는가 아니면 자신의 동력에 의지하는가? '인덕'을 실천하는 것은 자기의 능력으로 결정될 수 있는가 아니면 자기의 태도로 결정될 수 있는가? 이런 문제에 대해서 공자는 모두 명확한 논술을 했다. "인을 실천하는 것은 자기로부터 말미암는다. 남으로부터 말미암겠는가?"[14]라고 공자는 말했다. '인덕'을 이행하는 것은 완전히 자기로부터 결정되는 것이지 남으로부터 결정되지 않는다는 말이다. 공자는 또한 자기 역량으로 '인덕'을 실천하기로 일단 결심했는데 역량이 부족하다고 느끼는 사람이 있을까 스스로에게 묻고 나서 본 적이 없다고 자답하고, 혹시 '인'을 실행하기를 원하지만 힘이 부족한 사람이 있을까 스스로에게 묻고 나서 본 적이 없다고 자답했다. '인덕'을 실행하느냐 여부는 할 수 있느냐 없느냐 문제가 아니라 원하느냐 원하지 않느냐 문제라는 것을 공자는 확연하게

14) 《論語·顏淵》: "爲仁由己, 而由人乎哉?"

인식했다. 공자는 또한 "인이 멀리 있느냐? 내가 인을 실천하려고 하면, 이에 인이 이른다"[15]고 했다. '인덕'은 멀리 있어서 추구하기 어려운 것이 결코 아니며, 사람이 진심으로 '인'을 실천하기를 희망한다면 '인덕'이 그의 몸에서 체현되어 나온다고 인식했다. 여기서 공자는 간단한 동기론을 제창하는 것이 결코 아니다, '인'을 실천할 욕망만 있으면 바로 '인'이라고 인식한 것이 결코 아니다. 공자는 자기를 세우려면 다른 사람도 역시 서게 하고, 자기가 통달하려면 다른 사람도 역시 통달하게 할 것을 주장했다. 이 모두는 효과에 동기가 나타나야 함을 강조한 것이다. "내가 인을 실천하고자 하면 이에 인이 이르른다"고 공자가 말한 것은 주로 사람마다 도덕행위를 선택할 자유가 있음을 알려주기 위해서 말한 것이다. 몇몇 사람들이 '인덕'을 행하지 않는 것은 그들이 조건이 없거나 역량이 없어서가 결코 아니라 다만 그들이 정말로 '인덕'을 실행하려고 하는 것이 결코 아니기 때문이다. '인덕'이 요구하는 것은 자기가 하고자 하는 것으로 인하여 다른 사람이 하고자 하는 것으로 확충되게 하는 것에 불과하며, '인덕'을 실행하느냐 실행하지 않느냐에 능력이 충분하냐 충분하지 않느냐 문제는 존재하지 않는다. 이렇게 해서 '인덕'을 실행하지 않는 어떤 핑계도 박탈하고, 사람마다 미룰 수 없는 도덕 책임을 강조했다. 공자는 일반적으로 의지의 자유를 말하지는 않았다. 하지만 사람에게는 도덕 선택의 자유가 있다는 것을 충분히 인정했다. 이것은 정확한 것이다.

공자는 '인을 실현하는 것은 자기로부터 시작된다'는 것을 강조하고, 또한 '인자(仁者)는 인(仁)을 편안하게 생각한다'는 것을 제시했다. 공자는 "어진 사람은 인을 편안하게 생각하고, 지혜로운 사람은 인을 이롭다고 생각한다"[16]고 했다. '인덕'이 있는 사람은 어떤 상황에 있는지를 막

15) 《論語 · 述而》 : "仁遠乎哉? 我欲仁, 斯仁至矣."

론하고 '인'에 안심하고, 어떤 부도덕한 일도 하지 않을 것이라고 했다. 바로 '인을 편안하게 생각하는 것'이다. 총명한 사람은 '인덕'에 '이익'이 있다는 것을 알아서 '인'을 실천하니, 바로 '인을 이롭다고 생각하는 것'이다. 지혜로운 사람은 '인'에 '이익'이 있어서 인을 실천하면 이익을 얻는다고 생각한다. 그래서 '인'은 사람에게 실제로 크게 유익한 것이 있다. 하지만 진정으로 인덕을 실천하는 사람은 '인을 이롭다고 생각하는' 심리를 초월하여 '인을 편안하게 생각하는' 경지에 도달해야 하니, 바로 이해득실을 따지지 않고 인을 실천하는 것이다.

'어진 사람은 인을 편안하게 여긴다'는 설법은 도덕 행위는 외재적 목적이 있어서는 안되고 있을 필요도 없다는 것을 밝힌 것으로, 물질적 이익과 도덕의 충돌이 발생했을 때 무조건 물질적 이익의 추구를 포기하고 '인덕'을 성실히 지켜야 한다는 것이다. 사람은 누구나 부귀를 얻기를 희망한다. 그러나 도덕에 맞는 방법으로 얻을 수 없으면 받아들이면 안된다. 사람은 누구나 빈천을 싫어한다. 그러나 도덕에 맞는 방법으로 벗어날 수 없으면 벗어날 것을 요구하면 안된다. 그래서 군자는 설령 밥 한 끼 먹는 시간에 처해 있더라도 인덕과 떨어지지 않으며, 총망한 가운데에도 반드시 인덕을 실행해야 하며, 넘어지고 쓰러지는 때에도 반드시 인덕을 지켜야 한다.[17] 도덕행위와 빈부귀천은 필연적 관계가 없어서, 인덕을 행하는데 빈부귀천의 득실을 고려할 필요가 없으며, 부귀를 추구하고 빈천을 벗어나는 방법은 반드시 도덕에 맞아야 하니, 도덕 원칙이 명리 지위보다 더욱 중요하며, 이 점을 인정하느냐 인정하지 않느냐가 군자와 소인의 구별이다. 공자는 일률적으로 욕망을 반대하지는 않았고, 금욕주의를 제창한 것은 더더욱 아니며, 욕망의 실현은 자각적으로 '인'

16) 《論語 · 里仁》: "仁者安仁, 知者利仁."
17) 《論語 · 里仁》 참고.

을 지도원칙과 행위규범으로 삼아야 함을 강조한 것이다.

"아는 것은 좋아하는 것만 못하고, 좋아하는 것은 즐거워하는 것만 못하다"[18]고 공자는 말했다. 이 말에 따르면, 인덕을 이해하는 것은 인덕을 좋아하는 것만 못하고, 인덕을 좋아하는 것은 인덕을 즐거움으로 삼는 것만 못하다는 것이다. 사람은 '인'과 관련된 도덕의식이 있어야 할 뿐 아니라 '인'과 관련된 도덕감정이 있어야 하고, 인덕을 수양하고 인덕을 실천하는 과정에서 감정의 위로와 쾌락을 얻어야 한다고 공자는 여겼다. 이것이 '어진 사람은 인을 편안하게 여기는' 가장 믿을 만한 심리적 기초이다. 정말로 인을 실행할 수 있어서 '인'의 경지에 도달하면 지고무상의 쾌락을 얻을 수 있으며, 두려움도 없고 번민도 없다고 공자는 보았다. 이것이 바로 "어진 사람은 근심하지 않는 것"[19]이요, "진정으로 인의 실천에 뜻을 둔다면 나쁠 것이 없는 것"[20]이다. 어진 사람은 '인덕' 실천을 정신적 귀착지로 삼으니, 그러므로 눈앞의 빈부귀천과 이해득실을 초월하여, 일반 사람의 우려와 번뇌를 벗어나 심령의 편안함과 느긋함에 도달할 수 있다. 공자는 인을 실현하는 것은 자기로부터 시작되는 기초를 '인을 편안히 여기고[安仁]', '인을 즐겁게 여기는[樂仁]' 심리상태로 정착시켰다. 이것은 도덕 의지와 도덕 감정을 하나로 합한 기초 위에서 도덕 행위의 자각성을 강화한 것이다.

'인을 편안히 여기고', '인을 즐겁게 여기는' 공자의 학설은 도덕 가치에 관한 중요한 관점을 포함하고 있다. 즉 도덕 가치는 내재적 가치로, 도덕은 다른 가치를 추구하는 수단이 아니다. "인을 좋아하는 사람은 더 이상 좋을 수 없다"[21]고 공자는 말했다. '인'은 최고 가치임을 인정한

18) 《論語 · 雍也》 : "知之者, 不如好之者, 好之者, 不如樂之者."
19) 《論語 · 子罕》 : "仁者不憂."
20) 《論語 · 里仁》 : "苟志於仁矣, 無惡也."

것이다. 어진 사람은 인덕을 실행하는 것을 즐거움으로 삼는다. 그래서 필요할 때는 '인'을 위해서 개인의 생명을 희생할 수도 있다. 이것이 바로 "인에 뜻을 둔 사람과 인을 행하는 사람은 살기를 추구하여 인을 해치는 일이 없고, 자신의 몸을 죽여 인을 이루는 일은 있다"[22]이다. 공자는 생명의 의의를 보존하고 생명의 가치를 제고하는 것이 생명 시간의 연장보다 훨씬 중요하다고 보아서, 숭고한 도덕 이상을 위하여 개인의 생명을 희생하는 것을 아까워하지 말라고 주장했다. 공자가 제창한 이런 자아희생 정신은 비록 통치 계급이나 기득권 세력에 의하여 왜곡 이용되기는 했지만, 이런 정신 자체는 시민과 혁명에 매우 필요한 것이다. 중국 민족의 유구한 역사에서 많은 영웅들이 바로 이런 정신적 고무 아래 남달리 고통스러운 투쟁을 하고 생명을 바치기에까지 이르렀다. 도덕 이상은 개인 생명보다 소중하고 정신생활은 물질생활보다 더욱 중요하다고 본 공자의 관점은 오늘날에도 어느 정도 긍정적 의미가 있다.

공자는 이전에 없었던 윤리학 체계를 제시했고, 도덕 선택 중 개인 의지의 결정적 역할을 제시했고, 도덕 행위의 심리적 기초를 강조했다. 이는 확실히 공자의 깊은 사유와 지혜를 보여준 것이다.

(3) 지나친 것은 모자란 것과 같다

어떤 일이든 일정한 표준이 있어서, 일을 하는데 이 표준에 도달하지 못하거나 혹은 이 표준을 초과하면 예정했던 결과를 얻을 수 없다. 공자는 2천여 년 전 이미 이 이치를 제시했다. 한번은 자장과 자하 두 사람 중 누가 더 나으냐고 자공이 공자에게 묻자, 자장은 일을 하는데 자주

---

21) 《論語·里仁》: "好仁者無以尙之."
22) 《論語·衛靈公》: "志士仁人, 無求生而害仁, 有殺身而成仁."

지나친 감이 있고, 자하는 일을 하는데 자주 부족한 감이 있다고 공자가 대답했다. 그럼 자장과 같으면 좀 더 좋은 거 아니냐고 자공이 또 물었다. 공자는 '지나친 것은 모자란 것과 같다'[23]고 대답했다. '과(過)'는 지나친 것이고, '불급(不及)'은 부족한 것이다. 일을 지나치게 한 것과 모자라게 한 것의 효과는 늘 마찬가지이다. 예를 들면, 신체를 단련하지 않으면 몸은 허약하고 병이 많을 것이다. 그러나 운동량이 지나치면 신체의 부하능력을 초과하여 또한 새로운 질병을 가져올 것이니, 그 결과는 마찬가지다. 또한 위성을 발사하는 것과 같다. 로켓의 속도가 충분하지 않으면 위성을 궤도까지 보낼 수 없고, 로켓의 속도가 지나치게 높으면 예정된 궤도를 벗어날 것이니, 양자 모두 성공하지 못하는 것이다.

지나친 것과 모자란 것이 모두 좋지 않은 것이면, 어떻게 해야 지나치지도 않고 모자라지도 않을 수 있을까? 공자는 '중용(中庸)'을 제시하여, "중용의 덕은 지극하구나!"[24]라고 했다. '중용'이 최고의 품덕이라고 보았다. '중(中)'은 가운데 딱 맞는 것으로, 모자랄 수도 없고 지나치지도 않는다. '용(庸)'은 운용한다는 뜻이다. '중용'은 바로 '중'을 사용하는 것, 즉 '중'의 표준을 운용하는 것에 뛰어나서 수시로 가운데 딱 맞는 것이다. 어떤 일이든 모두 적당한 표준이 있으니, 이것이 바로 '중'이며, 이 표준을 초과하면 바로 '과'이고, 이 표준에 도달하지 못했으면 '불급'이라고 공자는 보았다. 대다수 상황에서 일을 처리할 때는 모두 표준에 맞아야 하니, 이것이 바로 "진실로 중정(中正)의 도를 잘 잡으라"[25]는 것이다. '중용'과 뜻이 가까운 것으로 또한 '중행(中行)'이 있다. "중용의 도를 행하는 사람을 만나 함께 할 수 없다면, 반드시 광자(狂者)나 견자

---

23) 《論語 · 先進》: "過猶不及."
24) 《論語 · 雍也》: "中庸之爲德也, 其至矣乎!"
25) 《論語 · 堯曰》: "允執厥中."

(狷者)와 어울릴 것이다. 광자는 앞으로 나아가려 하고, 견자는 나름대로 하지 않는 것이 있다"[26]라고 공자는 말했다. '중행'은 즉 중용에 딱 맞는 도이고, '광(狂)'은 조급하여 무모하게 돌진하는 것이요, '견(狷)'은 구속되고 위축된 것으로, 무모하게 나아가는 것과 두려워서 위축되는 것은 안 좋은 것이다. 가장 좋은 것은 역시 '중용'이다.

중용에는 두 가지 뜻이 있다. 첫째, 사물의 변화가 어느 한도를 초과하면 반대로 돌아가야 한다는 것을 인정하는 것이다. 둘째, 반대로 돌아가지 않도록 이 한도를 성실히 지켜야 한다는 것이다. 첫번째 뜻은 확실히 합리적이고 정확하다. 두번째 뜻 역시 많은 상황에서 합리적이다. 자연계나 인류사회 역사를 막론하고, 사물의 발전과정 중 일정한 조건에서 반드시 평형을 유지해야 반대로 가는 것을 피할 수 있고 사물의 존재와 발전을 유지할 수 있기 때문이다. 그런데 다른 조건에서는 반드시 평형을 타파해야 발전을 할 수 있다. 이런 상황에서는 중용을 견지하면 진보하기 어렵다. 즉 일반적 상황에서 사물이 상대적으로 안정적으로 발전하는 상황에서는 '중용'의 원칙이 사물의 평형 발전에 유리하고, 사물의 발전이 격렬한 변혁시기에는 '중용'의 원칙은 사물의 발전을 가로막는다는 것이다. '중용'의 방법은 사물 혹은 상황이 복잡하게 늘어선 가운데 양극단 사이의 과도 지역에서 적당한 표준을 찾는 것을 의미한다고 보는 것이 합리적이다. 여기에는 적당한 기준 혹은 정도를 장악하는 문제가 있으니, 따라서 상당히 보편적 의미를 지닌다.

공자는 '중용'을 말하고, 또한 '무고(毋固)'를 말했다. 《논어 · 자한》에서 공자는 '무의(毋意), 무필(毋必), 무고(毋固), 무아(毋我)'를 주장했다. 즉 주관적으로 멋대로 추측하는 것을 반대했고, 절대적으로 긍정하는 것을 반대했고, 고집을 부려서 변화하지 않는 것을 반대했고, 자기가 스

26) 《論語 · 子路》 : "不得中行而與之, 必也狂狷乎! 狂者進取, 狷者有所不爲也."

스로 옳다고 여기는 것을 반대했다. '중용'은 일정한 표준을 지킬 것을 요구하니, '무필, 무고'는 일체를 돌아보지 않고 어떤 하나의 고정된 표준을 굳게 지키는 것을 반대한 것이다. 이것은 적정한 정도의 원칙을 인정하면서 어느 정도 융통성을 또한 인정한 것이다. 따라서 역시 일정한 변증법적 관념이 담겨 있다.

(4) 많이 배워 알다, 하나로 꿰뚫다

중국철학사에서 공자는 처음으로 간단한 인식론 학설을 제시했다. 그러나 중국 고대에 담론한 지식 혹은 인식 문제는 주로 도덕지식을 위주로 한 것으로, 서양 인식론이 주로 외재 세계에 대한 인식을 말한 것과 다르다. 공자는 '나면서부터 아는 것[生而知之]'과 '배워서 아는 것[學而知之]'을 구별하여, '나면서부터 아는' 사람이 '배워서 아는' 사람보다 높다고 보았다. "나면서부터 아는 것이 최상이요, 배워서 아는 것이 그 다음이요, 막혀서 배우는 것이 또한 그 다음이다"[27]라고 말했다. 어떤 사람은 배우지 않아도 알 수 있다는 것을 공자는 인정한 것처럼 보인다. 그러나 누가 '나면서부터 안 사람'인지는 말한 적이 없다. 자기는 나면서부터 안 사람이 아니고 배워서 안 사람일 뿐이라고 공자는 단언했다. "나는 나면서부터 알던 사람이 아니라, 옛것을 좋아해 부지런히 추구하는 사람이다"[28]라고 공자는 말했다. 자기의 지식은 모두 고대문화를 좋아하고 부지런히 배워서 획득한 것이라고 보았다. 이것은 일반적 겸사가 아니라 진실을 말한 것이다. '나면서부터 아는 것이 최상'이라고 공자가 말한 것은 아마도 가설에 불과하고, 나면서부터 아는 사람이 정말로 있으리라

27) 《論語·季氏》: "生而知之者, 上也, 學而知之者, 次也, 困而學之, 又其次也."
28) 《論語·述而》: "我非生而知之者, 好古, 敏以求之者也."

고는 여기지 않았던 듯하다.

공자는 학습을 매우 중시했고, '알지 못하고 하는' 것을 반대했다. 알지 못하면서 무턱대고 하는 병통이 자신에게는 없다고 말했다. 공자의 학습은 '많이 듣고[多聞]' '많이 보는[多見]' 두 측면을 포함한다. "많이 들어, 그 중 좋은 것을 선택하여 따르고, 많이 보아 아는 것이 아는 것의 차선이다"29)라고 했다. '많이 듣는' 것은 이전 사람에게 이미 있는 지식을 선택하여 받아들이는 것으로, 간접지식에 속한다. '많이 보는' 것은 경험을 쌓는 것으로, 직접적 감성 인식에 속한다. 공자는 인식활동에서 귀와 눈의 감각기관의 역할을 인정했다. 이것은 정확하고 합리적이다. 공자는 감성 인식을 인정했다. 그러나 감성 인식이 최고 인식은 아니고, 감성 인식보다 더욱 중요한 것은 바로 '하나로써 꿰뚫는 것[一以貫之]'이라고 보았다. 공자가 한 번은 "너희들은 내가 '많이 배워 아는' 사람이라고 생각하느냐"고 자공에게 물었다. 자공은 "그렇습니다. 아니란 말씀입니까?"라고 대답했다. 공자는 "아니다. 나는 '하나로써 꿰뚫는다"라고 했다. '하나로서 꿰뚫는다'는 것은 통일된 원칙이 있어서 모든 지식을 꿰뚫는다는 것이다. '하나로써 꿰뚫는 것'은 이론적 사유의 결과이다. 그저 많이 듣고, 많이 보고, 보고 들은 것을 기억하는 것만으로는 충분하지 않고, 반드시 이성적 사고를 거쳐서, 개괄적 이론을 제련해내, 배운 지식을 꿰뚫고 통섭해야 한다고 공자는 보았다. 이것은 매우 식견이 있는 것이다.

'하나로써 꿰뚫는 것'은 '많이 배워 아는 것'보다 높다. 그러나 '많이 배워 아는 것'이 여전히 기초이다. '밑에서부터 배워 위에 도달했다'30)고 공자 자신이 말한 적이 있다. 많이 배워 아는 것은 '밑에서부터 배우는

29) 《論語·述而》: "多聞, 擇其善者而從之, 多見而識之, 知之次也."
30) 《論語·憲問》: "下學而上達."

것'이고, 하나로써 꿰뚫는 것은 '위에 도달한 것'이다. '밑에서부터 배워 위에 도달하는 것' 역시 경험에서 이론으로 상승하는 것에 해당된다. '하나로써 꿰뚫는 것'은 '많이 배워 아는 것'에 의지하고, '많이 배워 아는 것'은 '하나로써 꿰뚫는 것'을 기다린다. 이는 또한 이론 인식은 감성 경험의 기초에 의지하고 감성 경험은 반드시 이론 지식으로 상승해야만 새로운 의미를 얻는다고 말하는 것과 같다. '많이 배워 아는 것'과 '하나로써 꿰뚫는 것'에 관한 공자의 학설은 경험과 이론의 관계에 대한 견해를 포함하고 있다.

'많이 배워 아는 것'은 배우는 것이고, '하나로써 꿰뚫는 것'은 생각하는 것에 속한다. 공자는 배우는 것과 생각하는 것 두 측면을 모두 중시했다. 배우는 것과 생각하는 것에 관한 공자의 두 마디 명언이 있다. "배우기만 하고 생각하지 않으면 속임을 당하고, 생각하기만 하고 배우지 않으면 위태롭다"[31]고 했다. 즉 많이 듣고 많이 보는 학습만 알고 진지한 사고를 중시하지 않으면 멍하여 얻는 것이 없으며, 반대로 무턱대고 사고하기만 하고 학습을 중시하지 않으면 역시 미망에 빠질 것이라는 말이다. '배우는 것'과 '생각하는 것' 두 측면 모두 매우 중요하다. 하지만 '배우는 것'이 기초이다. "내가 하루 종일 먹지 않고, 밤새도록 자지 않고 생각을 했는데, 무익하다. 배우는 것만 못하다"[32]고 공자는 말했다. 견문이 없는 지식을 기초로 하여 무턱대고 명상하는 것은 소용이 없다는 말이다. 공자가 말한 '배우는 것'은 감성 인식의 과정에 해당되고, '생각하는 것'은 대체로 이성 인식의 과정에 해당된다. 감성인식은 이성인식까지 상승해야 하고, 이성인식은 감성인식의 기초를 결코 벗어날 수 없다. 2400여 년 전 공자가 말한 '배우는 것'과 '생각하는 것'의 관계는 비교적

31) 《論語 · 爲政》 : "學而不思則罔, 思而不學則殆."

32) 《論語 · 衛靈公》 : "吾嘗終日不食, 終夜不寢, 以思, 無益, 不如學也."

간단하지만 기본적으로 정확한 것이다.

공자는 2천여 년 전 역사 인물이다. 자기는 '예로부터 전해지는 것을 전술할 뿐 창작은 하지 않았다'면서, 자기가 창조한 것은 없다고 말했다. 그러면서 서주 시대 이래의 도덕과 역사문화 전통을 총정리하여 인을 핵심으로 하는 사상 체계를 제련해냈다. 비록 간단하게 보이지만 풍부한 내용을 담고 있어, 중국문명이 세계의 중심축으로 진입하는 시대의 표지이며, 또한 중국 문화와 지혜의 중요한 근원이다.

02 노자(老子)

노자(老子)는 대략 춘추시대 말기에 살았다. 도가사상의 창시자이며, 중국 고대에 영향력이 큰 사상가·철학자 중 하나이다.

노자의 생애에 관해서는 역사문헌에서 너무나 간단하게 기록되어 있고 내용도 조금씩 다르다. 하지만 선진시대 문헌을 통해서 볼 때, 노자가 노담(老聃)이라는 것에는 의문의 여지가 없다. 《한비자》·《여씨춘추》 등 책에서 모두 노담이 《노자》라는 책의 저자라고 보았고, 적지 않은 서적에서 공자가 노자에게 예(禮)에 대해 물어본 이야기를 실었다. 사마천은 《사기》를 쓸 때 몇몇 다른 이야기를 기록하였으나, 노자는 공자와 동시대 사람이면서 공자보다 나이가 많았다는 것과 공자는 확실히 노자에게 예에 대해 가르침을 청한 적이 있다는 것을 사마천도 인정했다. 이를 통해 우리가 대체로 알 수 있는 것은, 노자는 노담이며, 춘추시대 말기 주(周)나라에서 문헌을 관리하던 사관(史官)이었으며, 상·하 두 편으로 구성된 5천여 자 분량의 책을 저술했으며, 그것이 바로 지금까지 전해지는 《노자》이며, 또한 《도덕경》이라고도 한다는 것이다. 노자라는 사람은 확실히 있었지만 《노자》라는 책은 후인의 가탁이거나 여러 사람이 모아서 완성한 것이라고 보는 사람도 있다. 그럴 가능성은 매우 적다. 《노자》

에서 도(道)를 만물의 총체적 근원 및 총체적 근거로 본 것은 매우 독특한 용법이며, 노자에서 다섯 번 언급한 '자연(自然)'은 독창적 개념이며, 여러 차례 언급한 '무위(無為)'의 용법 및 '무위이무불위(無為而無不為)' 사상 역시 독창적이며, 반복적으로 천명한 운용의 '정반상생(正反相生)' 이론 역시 상당히 일관성이 있다. 독특한 사상을 많이 창조하였으되 많은 다른 측면이 또한 대체로 하나로 융합관통될 수 있었으니, 이는 일반사람들이 멋대로 위탁하거나 여러사람이 뒤섞은 결과라고는 볼 수 없다. 《노자》의 운문 부분을 볼 때, 구식(句式)·운식(韻式)·수사(修辭)·합운(合韻) 등 특징이 《시경》과 상당히 일치하며, 《초사》와 뚜렷이 다르다. 이는 《노자》가 일찍 출현했다고 추단할 수 있는 더욱 많고 더욱 강한 근거가 되었다.[1)]

최근 반세기 동안 곽점(郭店)에서 죽간본(竹簡本) 세 셋트, 마왕퇴(馬王堆)에서 백서본(帛書本) 두 종류, 북대장(北大藏)에서 전한(前漢) 죽간본이 출토되어, 그동안 세상에 전해지던 판본을 보완하게 되었다. 이를 통해 우리는 《노자》라는 책이 전해지는 과정에서 자주 나타나는 변화의 규칙을 볼 수 있게 되었다. 즉 각종 《노자》 텍스트는 전해지는 과정에서 개별 편집자가 자기 마음대로 아무렇게나 가공한 것이 아니라, 비록 그 가공이 모두 합리적이었던 것은 아니지만, 원서의 내용과 형식의 특징에 따라서 가공하고 강화시킨 결과라는 것을 알 수 있다. 대체로 텍스트의 원래 있던 특징에 따라 더 한층 개선하려는 바람에서 이런 가공이 나오며, 언어의 동질화, 사상의 집약화 두 가지 상황으로 나눌 수 있다.[2)] 종합하여 말하자면, 각 판본은 노담 본인의 학설을 기본적으로 보존하고 있다. 노자는 공자보다 나이가 많았지만, 노자의 사상과 저작은 공자보다

1) 劉笑敢, 《老子: 年代新考與思想新詮》第一·二章, 臺北東大圖書, 2005年.
2) 劉笑敢, 《老子古今》導論一, 中國社會科學出版社, 2009年。

늦게 영향력을 발휘했다.

《노자》라는 책은 겨우 5천 자에 불과하지만 담긴 철학 체계는 비교적 완정하다. 노자는 처음으로 '도(道)'를 세계의 본질로 보아, 의식 없고 의지 없는 '도'가 천지만물의 근원이며 만물의 존재와 발전을 결정한다고 보았다. 이것은 상(商)·주(周) 시기 상제(上帝)나 하늘의 전통과 완전히 다른 우주근본론이다. 중국의 근본론과 서양의 형이상학은 모두 우주만물의 기원과 근거 문제를 토론한다. 그러나 서양의 전통적 형이상학에서는 형이상 개념은 현실세계와 격리된 것임을 강조하는데, 중국의 근본론에서는 이런 괴리가 없어서, '도'는 형이상과 형이하의 세계를 관통하는 것이다. 인지(認知) 측면에서, 노자는 직각주의 인식방법을 처음으로 제창했고, 일반적 감각기관의 활동 혹은 사유작용을 반대하여, "멀리 나갈수록 아는 것이 적어진다"고 보아서, "문을 나서지 않고도 천하를 알고, 창을 통해 엿보지 않고도 천도를 본다"[3]고 주장하여, 문을 닫고 정관(靜觀) 체험하는 것으로도 세계의 근본원리를 직접 인식할 수 있다고 보았다. 이런 인지론은 어떤 감각기관이 직접 관찰할 방법이 없는 영역에서는 합리성이 있다. 그러나 모든 인지활동에 적용되는 것은 아니다. 노자는 직각인식의 작용을 과장한 것처럼 보이며, 신비주의적 색채가 있다. 중국철학사에서 노자의 또 다른 두드러진 공헌은 대립면의 상호의존과 변화를 충분히 긍정한 것으로, 충돌과 변화의 이론을 어떻게 이용하여 '하는 것이 없으나 하지 않는 것이 없는[無為而無不為]' 효과에 도달하는가 제시한 것이다. 노자의 이론과 학설은 중국고대 정반상생론(正反相生論)의 중요한 사상적 원천이 되었다. 이런 이론과 도의 특성이 자연(自然)·무위(無為)의 주장과 서로 표리를 이루는 것이 노자 사상체계의 유기적 성분이다. 정반상생(正反相生)은 흔히 얘기하는 서양의 변

3) 《老子》 제47장 : "不出戶, 知天下, 不窺牖, 見天道."

증법과 통하는 부분이 있다. 그러나 형식과 내용에서 중요하게 다른 점도 있다.

사회 정치 측면에서 노자는 계급의 압박과 착취를 반대하여 "백성이 죽음을 두려워하지 않으면, 어찌 죽음으로 두려워하게 할 수 있겠는가"[4] 라고 하고, "부족한 자들에게서 덜어내 여유있는 자를 부양하는"[5] 것을 반대하였으며, 아울러 "백성이 굶주리는 것은 그 위에서 세금을 받아먹는 자가 많기 때문"[6]이라는 것을 제시했다. 노자는 또한 통치계급이 인의도덕을 추진하는 허위성과 기만성을 폭로하여, "예(禮)란 충성과 신의가 없어 만들어진 것으로, 혼란이 생기는 하는 우두머리이다"[7]라고 지적했다. 노자가 관심을 둔 것은 천하의 질서, 만물의 상태, 백성의 생활이었다. 5천자로 이루어진 《노자》에서 59회 언급한 '천하(天下)'는 바로 당시 전세계로, 어떤 제후국이 아니었다. '만물(萬物)', '백성(百姓)', '민(民)'을 60회 언급했고, 후왕(侯王) 또는 왕후(王侯)를 언급한 것은 겨우 5회였다. 이것은 노자 사상의 중심이 천하, 만물, 백성의 생존상태에 있었고 후왕 등의 통치자를 위해 계책을 내는 것이 아니었음을 말해주는 것이다. 도가는 "군주가 남면하는 술책"이라고 한(漢)나라 때 말했는데, 이는 황로지술(黃老之術)을 말한 것으로, 노자에는 해당되지 않는다. 노자는 현존 군왕의 모신(謀臣)이 아니고, 성인(聖人)은 도의 '현덕(玄德)'을 체현한 사람이라고 보았으며, '도법자연(道法自然)'을 추구했다. 즉 '자연이연(自然而然)'의 사회질서를 이상으로 삼아서, 이것으로 전통적 통치술을 바르게 고치려고 했다. 당시 이른바 '국(國)'은 영역을 책봉하

---

4) 《老子》 제47장 : "民不畏死, 奈何以死懼之."
5) 《老子》 제47장 : "損不足以奉有餘."
6) 《老子》 제75장 : "民之飢, 以其上食稅之多."
7) 《老子》 제38장 : "夫禮者, 忠信之薄, 而亂之首."

여 나라를 세운 제후(諸侯)의 봉지(封地)였으며, 현대의 주권국가나 민족국가는 아니었다. 이른바 "소국과민(小國寡民)"의 사회이상은 이른바 "이웃나라가 보이고, 개나 닭의 소리가 들려도 백성은 늙어서 죽기에 이르기까지 서로 왕래하지 않는"[8] 상태로, 천하의 자연이연(自然而然)하는 질서 중 하나의 상황이다. 군주가 '소방과민(小邦寡民)'·'청담과욕(清淡寡欲)'의 경지를 편안히 여기는 것과 유사할 뿐, 노자의 사회정치 이상의 주체 혹은 핵심 부분은 아니었다.

(1) '도(道)'는 만물의 조종(祖宗)

중국고대철학에서 '도(道)'는 독특한 개념이 담겨 있다. 도에 담긴 뜻은 풍부하고 복잡하여, 사상가마다 상황에 따라 말한 도의 의미가 같지 않다. '道(도)'라는 글자의 처음 뜻은 길이었다가, 나중에는 일을 하는 경로·방법·원칙으로 파생되었다.《논어(論語)·술이(述而)》편에서 "도에 뜻을 두고, 덕에 의거한다[志於道, 據於德]"고 하였으니, 여기서 도는 도덕원칙을 말한다.《관자(管子)·임법(任法)》편에서 "그러므로 법은 천하의 지극한 도이다"라고 하였으니, 여기서 '도'는 정치원칙이다.《주역(周易)·계사상(繫辭上)》에서 "한 번은 음이고 한 번은 양이고 하는 것이 도이다[一陰一陽之謂道]"라고 하였으니, 여기서 도는 또한 기본규칙이다. 이밖에 춘추시대에는 '천도(天道)'라는 것도 있었다.《춘추좌전(春秋左傳)》에 자산(子產)이 "천도(天道)는 멀고 인도(人道)는 가까우니, 다가갈 수 있는 게 아니라"라고 말한 것이 실려 있다. '천도(天道)'는 하늘의 도로, 특히 천상(天象)과 관계있는 자연규칙을 가리킨다.

노자도 도라는 개념의 다양한 의미를 모두 사용했다. 하지만 동시에

8)《老子》제80장 : "隣國相望, 鷄犬之聲相聞, 民至老死不相往來."

노자는 도에 완전히 새로운 의미를 부여하였으니, 세계만물을 생산하고 결정하는 최고의 실재가 바로 도라고 간주한 것이다. 노자는 "도는 1을 낳고, 1은 2를 낳고, 2는 3을 낳고, 3은 만물을 낳았다. 만물은 음(陰)을 등에 지고 양(陽)을 앞에 안고, 기(氣)가 가득 차서 조화를 이룬다"[9)]라고 했다. 이것은 노자가 우주의 생성과정을 추측한 것이다. 노자는 도가 있어서 세계의 원시적 통일체가 있었고, 이 원시적 통일체로부터 "음(陰)·양(陽) 두 기(氣)"가 분화되어 나오고, 음양 두 기가 서로 부딪치고 솟구치고 격동하여 "화기(和氣)"를 탄생시켰으며, 이에 점차 만물이 생산되었다고 여겼다. 《노자》 제25장에서도 "(천지가 생기기 이전) 모든 것이 분화되지 않고 섞여 있어, 천지(天地)보다 앞서 생겨나서, 소리 없이 고요하고 형체 없이 아득하여, 홀로 서도 변함없고, 두루 통행해도 위태롭지 않아, 천지의 모태가 될만하니, 나는 그 이름을 몰라서 도(道)라고 하노라"[10)]라고 했다. 천지가 생기기 이전에 분화되지 않고 섞인 것이 있었으니, 그것은 소리 없이 조용하고, 형체 없이 아득하고, 홀로 서서 자존하고, 없어지지도 않아서, 순환하여 운행하며 영원히 사라지지도 쉬지도 않으며, 그것은 천지를 만든 것이 될 수도 있으니, 그 이름이 뭔지 몰라 '도(道)'라고 부르게 되었다는 것이다.

도는 천지만물의 총근원이라고 노자는 보았다. 그래서 노자는 또 "도는 비어 있어서, 쓰면 가득하지 않을 수도 있으며, 깊어 만물의 조종같기도 하다. …… 누구의 아들인지 나는 알 수 없으니, 제(帝)보다 앞서는 것 같다"[11)]고 했다. 원문에서의 '도충(道沖)'은 도의 본체는 적막하게 비

---

9) 《老子》 제42장 : "道生一, 一生二, 二生三, 三生萬物, 萬物負陰而抱陽, 沖氣以為和."

10) 《老子》 제25장 : "有物混成, 先天地生, 寂兮寥兮, 獨立而不改, 周行而不殆, 可以為天地母, 吾不知其名, 字之曰道." 통행본에서는 '地'가 '下'로 되어 있었는데, 백서(帛書) 갑본·을본에 의거하여 수정했다.

었다는 것이다. 도는 비록 적막하게 비었지만 그 작용은 끝없이 다하여, 마치 만물의 시조처럼 깊이 다다르고, 그것이 누구의 자식인지 모르니, 마치 상제(上帝)의 조상인 것같다. 노자는 상제의 지고무상의 지위와 권위를 도의 개념을 이용해 부정했다. 이것은 당시 사상 관념 중 중대한 변혁의 하나였다.

노자는 도는 천지만물을 생산할 뿐만 아니라 천지만물의 생존과 발전도 결정한다고 여겼다. 《노자》 제34장에서 "큰 도는 광범위하게 퍼져 상하좌우 닿지 않는 곳이 없어, 만물이 사양하지 않고 의지하여 태어나며, 공을 완성하되 명성을 누리지 않는다"[12]고 했다. 도는 이르는 곳이 광범위하여, 있지 않은 곳이 없고, 만물이 도에 의지하여 생존하고, 도는 만사를 성취시키고도 공을 세웠다고 스스로 여기지 않는다. 만물이 도에 의지하여 생긴다는 것은 도는 만물의 존재 발전 변화의 근거임을 말해준다. 공이 이루어지되 소유로 하지 않는다는 것은 도는 만물을 점유하거나 주재하지 않음을 말해준다.

도의 작용과 관련하여, 《노자》 제51장에서 다음과 같이 개괄했다. "도(道)가 낳고, 덕(德)이 양육하고, 물(物)이 형성되고, 기(器)가 완성되니, 그러므로 만물은 도를 존중하고 덕을 귀하게 여기지 않는 것이 없다."[13] 도가에서 또 하나의 중요한 개념이 '덕(德)'으로, 도와 덕의 관계는 매우 밀접하다. 그래서 한대(漢代)에는 도가(道家)를 도덕가(道德家)라고 하기도 했었다. 일반적으로 도와 덕의 관계는 '총(總)'과 '분(分)'의 관계이

11) 《老子》 제4장 : "道沖, 而用之或不盈, 淵兮似萬物之宗. ……吾不知誰之子, 象帝之先."

12) 《老子》 제34장 : "大道泛兮其可左右. 萬物恃之而生而不辭, 功成不名有."

13) 《老子》 제51장 : "道生之, 德畜之, 物形之, 器成之, 是以萬物莫不尊道而貴德." 통행본에서 '器'는 '勢'로 되어 있는데, 백서(帛書) 을본에 의거하여 고쳤다.

다. 도는 '총'이고 덕은 '분'이다. 만물은 도를 근본적 원인으로 하여 생성되고, 한 '물(物)'은 덕을 구체적 근거로 하여 생성된다. 한 '물'이 '도'를 통해 생성되어 그 '체(體)'를 완성시키는 것이 '덕'이다.

정리해보자면, '도'의 작용은 두 가지이다. 첫째, '도'는 세계의 총근원이 되어 천지 만물을 생성하고, 둘째, '도'는 세계의 총근거가 되어 천지 만물을 결정한다. '도'와 만물의 관계는 생성하는 것과 생성되는 관계이며 결정하는 것과 결정되는 관계이다.

근대 서양에서 우주 생성변화와 관계된 학설을 '우주론'이라고 하고 존재의 근거와 관계된 학설을 '본체론'이라고 했다. 이 두 개념은 나중에 나온 것이지만 이 두 학설은 옛날부터 이미 있어왔다. 서양에 있었을 뿐 아니라 중국에도 있었다. '도'에 관한 노자의 학설이 우주론 문제와 본체론 문제를 포함하고 있다. '도'가 만물을 생성변화시키는 것은 우주론 문제에 속하고, 도가 만물의 존재를 결정하는 것은 본체론 문제에 속한다. 노자의 논술은 비록 상당히 간결하지만, 이 두 측면의 문제를 이미 모두 제시했다. 이것이 중국철학사에서 노자의 두드러진 공헌이다. 노자는 중국역사에서 처음으로 종교 혹은 신화의 속박을 벗어나 철학의 각도에서 세계 기원 문제와 존재 근거 문제를 사고한 대사상가이다. 노자가 사고한 결론은 완전히 정확하지는 않지만 종교 혹은 신화의 그물에서 벗어나는 첫걸음을 내딛고 이론 사유의 새로운 세상으로 들어갔다. 이것은 중국의 인식능력과 인식수준의 비약을 말해주는 것으로, 중국철학사에서 중요한 의미를 지닌다.

(2) '도'는 자연을 본받다

노자는 도에 관해 많은 묘사를 했다. 이 묘사를 통해 우리는 도의 의미가 상당히 복잡하다는 것을 알 수 있다. 노자는 한편으로는 도가 진실로 존재한다고 말하고, 한편으로는 또한 도는 '황홀(恍惚)'하고 '무형무상(無形無象)'한 것이라고 말했다. "이 도(道)라는 것은 황황홀홀(恍恍惚惚)한 것이다. 황황홀홀한 가운데 형상이 있다. 황황홀홀한 가운데 실물이 있다. 그토록 심원하고 어두우니, 그 안에 정질(精質)이 있다. 이 정질(精質)은 가장 진실된 것이고, 그 안에 믿을만한 것이 있다. 지금으로부터 고대까지 거슬러 올라간다고 해도, 그 이름은 영원히 사라질 수 없고, 이에 근거하여 만물의 시작을 알 수 있다."[14] 이 말은 대체로 두 부분으로 나눌 수 있다. 원문에서 '유황유홀(惟恍惟惚)', '홀혜황혜(惚兮恍兮)', '황혜홀혜(恍兮惚兮)', '요혜명혜(窈兮冥兮)' 등은 모두 도가 황황홀홀하여 알기 어려운 특징을 형용한 것이다. '그 안에 형상이 있고', '그 안에 실물이 있고', '그 안에 정질이 있고', '그 정질이 가장 진실되고', '그 안에 믿을만한 것이 있다'는 등의 말은 또한 도의 실재성을 강조한 것으로, 도는 허황되지 않고 실제로 있음을 설명한 것이다. 도는 '형(形)'도 없고 '상(象)'도 없고 아득하여 일정하지 않다고 노자가 강조한 것은 도는 일반적 존재물이 아니어서 느껴서 알 수 있는 일반 사물의 특징을 지니고 있지 않으며, 현실세계 중의 만사만물과 다르며, 그러면서도 도는 세계의 총근거가 되고 또한 가장 진실되고 가장 근본적인 존재라는 것을 설명하기 위해서다. 그래서 노자는 또한 '정미하면 매우 참된 것이며 그 안에 믿음이 있다'고 강조하고자 했다.

도가 형체 없이 아득한 특징은 '무(無)'로 표현되고, 도가 진실로 존재하는 측면은 또한 '유(有)'로 표현된다. 그러므로 도는 있기도 하고 없기도 하다. 도는 유무(有無) 두 측면을 겸하여 갖추고 있는 것이다. 그러므

---

14) 《老子》 제21장 : "道之為物, 惟恍惟惚. 惚兮恍兮, 其中有象 ; 恍兮惚兮, 其中有物. 窈兮冥兮, 其中有精 ; 其精甚真, 其中有信. 自古及今, 其名不去, 以閱衆甫."

로 《노자》 제1장에서 "'언어로 묘사할 수 있는[可道]' 것은 영원한 도가 아니다. '일반적 개념으로 명명할 수 있는[可名]' 것은 영원한 이름이 아니다. '무(無)'는 천지의 시작을 일컫는 것이고, '유(有)'는 만물의 어머니를 일컫는 것이다. '상무(常無)'의 각도에서 우리는 만물 변화의 미묘함을 볼 수 있고, '상유(常有)'의 각도에서 우리는 만물 구별의 분계를 볼 수 있다. '상유(常有)'와 '상무(常無)'는 모두 똑같이 도에서 나오는 것이면서 명칭은 달라서, 또한 모두 현묘하다고 말할 수 있고, 현묘하고 또 현묘하여, 바로 모든 현묘한 변화의 근원이다"[15]라고 말한 것이다. 이는 도란 언어로 묘사하거나 명명하기가 어려움을 강조한 것이다. 종합하면, '도'는 세계의 근본적 원천으로, 일반적 '유(有)'와 다르고 또한 일반적 '무(無)'와 달라서, '유'의 측면도 있고 또한 '무'의 측면도 있으니, 도는 '유'와 '무'의 통일이다.

노자가 도는 '현묘하고 또 현묘하다[玄之又玄]'고 강조한 것은 한편으로 도는 세계만물의 작용의 크고 신묘함을 생산하고 결정하기 때문이며, 다른 한편으로 도는 감각기관이 파악할 수 없고 언어로 묘사할 수 없는 것이기 때문으로, '언어로 묘사할 수 있는 것은 영원한 도가 아니다[道可道, 非常道]'는 바로 도의 이 특성을 반영한 것이다. 《노자》 제14장에서 "보려 해도 보이지 않는 것을 '이(夷)'라고 하고, 들으려 해도 들리지 않는 것을 '희(希)'라고 하고, 만지려 해도 만져지지 않는 것을 '미(微)'라고 한다. 이 셋은 말로 따지고 형용할 수 없으니, 그래서 혼연히 하나가 되었다. 위가 밝은 것도 아니고, 아래가 어두운 것도 아니어서, 흐릿한 듯하여 뭐라고 명명할 수 없어, 결국 '무물(無物)'로 회귀하니, 이것을 '무상

15) 《老子》 제1장 : "道可道, 非常道. 名可名, 非常名. 無, 名天地之始 ; 有, 名萬物之母. 故常無, 欲以觀其妙 ; 常有, 欲以觀其徼. 此兩者同出而異名, 同謂之玄, 玄之又玄, 衆妙之門."

지상(無狀之狀)'·'무상지상(無象之象)'이라고 하며, 이것을 '황홀(惚恍)'이라고 한다. 맞이하려 해도 그 앞머리가 보이지 않고, 뒤따르려 해도 그 뒷꼬리가 보이지 않는다"[16]고 했다. '도'는 보려 해도 보이지 않고, 들으려 해도 들리지 않고, 만지려 해도 만져지지 않는다는 것은 '도'는 감각기관을 초월한 것이어서 사람의 보통 인식방법으로는 파악할 수 없다는 말이다. '도'는 혼연히 하나로 섞여 있어 끝없이 넓으며, 상·하의 구별도 없고, 전·후의 나뉨도 없고, 명·암의 다름도 없다. 이런 '도'는 이름짓지도 형용하지도 못하여, 마치 아무 것도 없이 텅 빈 듯하니, 이것이 바로 '무상지상(無狀之狀)'·'무상지상(無象之象)'이다. 이런 도는 확실히 상당히 신비한 것이다.

노자의 '도'는 매우 신비하지만 종교의 신(神)과는 완전히 다르다. 앞에서도 이미 말했듯이 노자는 도는 '상제보다 앞서는 것 같다'고 여겼으니, 상제(上帝)보다 더욱 근본적이고, 동시에 도 자체는 의지도 없고, 최고의 신은 결코 아니다. 노자는 "도는 높고 덕은 귀하니, 작위가 없어도 항상 저절로 그렇다. 그러므로 도는 낳고 덕은 양육하며 …… 낳아도 소유하지 않고, 만들었어도 자랑하지 않고, 양육했어도 주재하지 않으니, 이것을 현덕(玄德)이라고 한다"[17]고 했다. '도'의 지고무상한 지위는 '저절로 그런[自然而然]' 것이지, 무슨 작위가 있는 것도 아니며, '도'는 만

16) 《老子》 제14장 : "視之不見名曰夷, 聽之不聞名曰希, 搏之不得名曰微, 此三者不可致詰, 故混而為一. 一者, 其上不皦, 其下不昧, 繩繩不可名, 復歸於無物. 是謂無狀之狀, 無象之象, 是謂惚恍. 迎之不見其首, 隨之不見其後." '一者' 두 글자는 백서 갑본·을본에 의거하여 보충한 것으로, 왕필본(王弼本)에는 '一者'가 없다.

17) 《老子》 제51장 : "道之尊, 德之貴, 夫莫之爵而常自然. 故道生之, 德畜之 …… 生而不有, 為而不恃, 長而不宰, 是謂玄德." '爵'은 통행본에서는 '命'으로 되어 있고, 도장본(道藏本)에서도 '命'으로 되어 있는데, 여기서는 백서본(帛書本)을 따랐다.

물을 생산양육하되 만물을 차지하지 않고, '도'는 성취가 있어도 그 공을 스스로 자랑하지 않고, '도'는 만물이 성장하게 하면서도 만물을 주재하지 않으니, 이런 도는 의지나 목적이 있는 신이 아니라는 것은 분명하다.

노자의 매우 유명한 말로 "도는 항상 하는 것이 없으면서 하지 않는 것이 없다"[18]는 말이 있다. 도는 '하지 않는 것이 없다'는 것은 도는 천지만물을 생산하므로 모든 사물의 생산발전은 도의 작용과 떨어질 수 없다는 말이다. '도는 항상 하는 것이 없다'는 것은 도의 모든 작용은 목적이 없어서 저절로 그렇게 된다는 말이다. 《노자》 제35장에서 또한 "사람은 땅을 본받고, 땅은 하늘을 본받고, 하늘은 도를 본받고, 도는 자연을 본받는다"[19]고 했다. 사람은 땅을 본받고, 땅은 하늘을 본받고, 하늘은 도를 본받고, 도는 가장 근본적 존재요 최후의 근거로, 하늘이 도를 본받을 수는 있지만 도는 본받는 것이 없으니, 도는 저절로 그렇게 된다는 것이다. '도는 자연을 본받는다[道法自然]'에서 '자연(自然)'은 오늘날 말하는 자연계가 아니라 저절로 그렇게 된다는 뜻이다. '도는 자연을 본받는다'는 말이야말로 도는 신이 아니고 신의 의지나 주재작용이 없다는 것을 명확하게 나타낸 것이다.

도의 개념이 나타났다는 것은 중국 민족의 이론사유 수준이 깊고 높아졌음을 말해주는 것이다. 도에 관한 노자의 많은 묘사가 지금 보면 신비적 색채가 있기는 하지만, 인류의 인식 발전 역사의 각도에서 보면, 도의 개념에는 깊은 사상적 내용이 담겨 있다. 도는 '무상지상(無狀之狀)·무상지상(無象之象)'임을 노자는 강조했다. 도는 형체가 있고 모양이 있는 어떤 사물과도 다르면서, 형체가 있고 모양이 있는 만물과 마찬가지로 진실로 존재하는 것이면서, 아울러 삼라만상의 총근원이자 총근거

18) 《老子》 제37장 : "道常無為而無不為."
19) 《老子》 제35장 : "人法地, 地法天, 天法道, 道法自然."

라고 여겼다. 노자의 논리를 보면, 만물의 본원은 필시 만물 중 어떤 것과도 다르며, 만물을 생산한 세계의 본원은 어떤 구체적 형태의 사물일 수는 없다. 이는 마치 탁자가 의자를 생산할 수 없고 면화가 소맥을 생산할 수 없는 것과 같다. 어떤 구체적 존재도 일체의 존재를 생산할 수 없고, 어떤 구체적 사물도 '풍부하고 다채롭고, 형형색색이고 무궁무진'한 만물을 생산할 수 없다. 장자학파(莊子學派)의 말을 빌리자면, 이것을 '물물자비물(物物者非物)'이라고 한다.

노자의 사고방식은 고대 그리스인이 물이 만물의 근원이라고 여긴 것과 확연히 다르고, 고대 인도인이 땅·물·불·바람이 만물의 재료라고 본 것과도 다르다. 노자는 구체적 사물에서 만물의 본원을 찾지 않고, 만물의 근원과 공통적 본질은 어떤 구체적 존재물과도 다르다고 믿었다. 이 사상은 합리적으로, 더욱 높은 이론적 수준을 보여준다.

도는 신비한 것이고 감각기관을 초월한 것임을 노자는 강조했다. 이 또한 완전히 황당한 것은 아니다. 노자에게 도는 세계의 근본과 사물의 규칙을 의미하는 것이었고, 세계의 근본과 규칙은 모두 틀림없이 감각기관이 직접 파악할 수 있는 것이 아니기 때문이다. 하지만 노자가 정상적 인식능력을 완전히 부정한 것은 착오이다.

종합하면, 도는 매우 독특한 개념으로, 상제(上帝)와 다르고, 신(神)이 아니며, 서양철학에서의 절대관념이나 이념세계와도 다르다. 도는 세계의 본원에 관해 노자가 제시한 개념으로, 관념적 실체이다. 공자(孔子)가 귀신·상제에 대해서만 회의를 품었다면, 노자의 도는 상제의 보좌를 철저히 무너뜨리고 중국전통문화 속에서 무신론 전통을 열었다고 할 수 있다.

(3) '화(禍)'에는 '복(福)'이 숨어 있고, '복'에는 '화'가 숨어 있다

중국철학사에서 노자의 또 하나의 중대한 공헌은 변증법 사상을 풍부하게 제시했다는 것이다.

중국 고대 아주 일찍부터 변증법 전통의 싹이 텄다. 기록에 따르면, 서주(西周) 말기 누군가가 '화(和)'와 '동(同)'의 변증관계를 토론하여, "'화(和)'를 이루면 사물이 태어나고, '동(同)'하면 발전이 이어지지 않는다[和實生物, 同則不繼]"[20]는 명제를 제시하여, '화(和)'는 다른 사물의 배합이고 '동(同)'은 같은 사물의 단순한 중첩이라고 했다. 다른 사물의 배합은 새로운 사물을 창조할 수 있고, 같은 물건의 끊임없는 중복은 발전할 수 없다. 공자도 "군자는 다른 의견으로 다른 사람의 의견을 보충해야 하고, 소인은 다른 사람을 따르려고만 하여 다른 의견을 보여주려고 하지 않는다"[21]고 했다. 군자는 다른 사람의 잘못을 바로잡는 것을 도울 수 있고, 소인은 단지 다른 사람의 잘못을 조장하기만 한다는 것이다. 고대의 이 화동지변(和同之辯)에는 깊은 철학적 이치가 담겨 있다. 이밖에 복서용(卜筮用) 《역경(易經)》에서 음효(陰爻: --)와 양효(陽爻: —)의 대립과 배합 역시 세계에 보편적으로 존재하는 음양 두 측면의 대립과 결합의 상황을 드러낸 것이다. 《손자병법(孫子兵法)·세편(勢篇)》에서도 변증법 관념이 풍부한 많은 명제를 제시했다. "'난(亂)'은 '치(治)'에서 생기고, '겁(怯)'은 '용(勇)'에서 생기고, '약(弱)'은 '강(強)'에서 생긴다"[22] 등과 같은 것이다. 이러한 상황은 노자의 변증법 체계가 개별적으로 우연히 형성되고 나타난 것이 아니라, 중국 고대 변증적 지혜가 결집된 것임을 말해준다.

---

20) 《國語·鄭語》에 나오는 주(周) 태사(太史) 사백(史伯)의 말.
21) 《論語·子路》: "君子和而不同, 小人同而不和."
22) "亂生於治, 怯生於勇, 弱生於強."

노자는 대립면이 상호 의존하는 상황을 반복적으로 말했다. "'미(美)'가 '미'가 되는 까닭을 천하 사람들이 모두 알게 되면, 이에 '악(惡)'이 드러난다. '선(善)'이 '선'이 되는 까닭을 모두 알게 되면, 이에 '불선(不善)'이 드러난다. 그러므로 '유(有)'와 '무(無)'가 상생하고, '난(難)'과 '이(易)'가 상성(相成)하고, '장(長)'과 '단(短)'이 상형(相形)하고, '고(高)'와 '하(下)'가 상경(相傾)하고, '음(音)'과 '성(聲)'이 상화(相和)하고, '전(前)'과 '후(後)'가 상수(相隨)하니, 항상 그러하다."[23] 세상 사람들은 아름다운 것이 아름답다는 것을 알기만 할 뿐 그 자신은 아름답지 않으며, 세상 사람들은 선한 것이 선하다는 것을 알기만 할 뿐 그 자신은 선하지 않다. 미(美)와 추(醜)는 서로 마주하여 생겨나고 선(善)과 악(惡)은 서로 견주면서 드러나니, 이것이 심미판단과 도덕판단 중 대립되는 개념이 서로 의존하여 존재하는 실제 사례이다. 이밖에, 이미 있던 사물이 점차 사라질 수 있으니, '유(有)'가 '무(無)'로 변화하는 것이다. 아직 없는 사물이 진화하여 탄생할 수 있으니, '무'가 '유'로 전환하는 것이다. 개념으로 말하자면, '유'와 '무'도 상대적으로 말하는 것이어서, '유'가 있어야 '무'가 있고, '무'가 있어야 '유'가 있으며, '유'가 없으면 '무'도 없고 '무'가 없으면 '유'도 없으니, '유', '무' 둘은 서로 떨어지지 않고 의존하는 것으로, 이것이 이른바 '유무상생(有無相生)'이다.

마찬가지로 '난(難)'과 '이(易)'의 관계 역시 이와 같다. 방법이 타당하고 적극적으로 노력하면 본래 아주 어려웠던 일도 아주 쉬운 일로 변할 수 있다. 반대로 방법이 타당하지 않고 태도가 소극적이면 본래 어렵지

---

23) 《老子》 제2장 : "天下皆知美之為美, 斯惡已 ; 皆知善之為善, 斯不善已. 故有無相生, 難易相成, 長短相形, 高下相傾, 音聲相和, 前後相隨, 恆也." '形'은 왕필본에서는 '較'로 되어 있고, 하상공본(河上公本)에서는 '形'으로 되어 있고, 백서 갑본·을본에서는 '刑'으로 되어 있다. '形'와 '刑'은 고대에는 통용되었다. '恆也' 두 글자는 백서 갑본·을본에 의거하여 보충한 것이다.

않았던 일도 아주 복잡하게 변할 수 있다. 개념으로 말하자면 '난(難)'과 '이(易)'도 역시 서로 비교하여 존재하는 것으로, '난'은 '이'와 상대적으로 말하는 것이고 '이'는 '난'과 상대적으로 말하는 것이다. '난'과 '이'가 서로 비교하여 존재하고 서로 교체하여 나타나니, '난'만 있고 '이'는 없는 것은 불가능하고, 또한 '이'만 있고 '난'은 없는 것도 불가능하다. 이것이 이른바 '난이상성(難易相成)'이다. 시공(時空) 관계 측면에서 '장(長)'과 '단(短)', '고(高)'와 '저(低)', '전(前)'과 '후(後)' 역시 모두 상대적으로 말한 것으로, '장'이 있어야 '단'이 있고, '고'가 있어야 '저'가 있고, '전'이 있어야 '후'가 있는 것이다. 장·단, 고·저, 전·후가 모두 상반되면서도 서로 떨어질 수 없는 것이다.

노자는 또 '유'와 '무'가 배합되어 발휘하는 작용의 실제 사례를 많이 들었다. "30개 바퀴살이 바퀴축 구멍으로 모여드는데, 바퀴축 구멍이 비어 있어야만 축을 끼워넣어 수레를 만들 수 있다. 점토를 주물러 구워 도기를 만드는데, 도기 가운데가 비어 있어야 그릇으로 쓸 수 있다. 건물을 지을 때 문과 창을 내는데, 건물과 문과 창의 가운데가 비어 있어야 건물과 문과 창의 기능을 할 수 있다. 그러므로 '유'는 사람들에게 편리함을 제공할 수 있는데, '무'이어야 실제 쓰임을 드러낼 수 있다"[24]고 말했다. 유·무 관계에 관한 노자의 논증은 상당히 깊이있다. 일반사람들은 수레가 있는지, 그릇이 있는지, 집이 있는지 등과 같이 오직 '유'의 작용에만 주의를 기울이고 '무'의 작용에는 거의 주의를 기울이지 않는다. 하나의 사물은 '유'의 측면에서만은 작용을 발휘할 수 없고, '무'의 측면이 있어야만 '유'의 작용이 발휘될 수 있다는 것을 노자는 지적했다. 실제 있는 사물의 작용은 '비고 없는[空無]' 곳에 의지하고, '비고 없는[空無]'

---

24) 《老子》 제11장 : "三十輻共一轂, 當其無, 有車之用. 埏埴以為器, 當其無, 有器之用. 鑿戶牖以為室, 當其無, 有室之用. 故有之以為利, 無之以為用."

곳의 기능은 '실제 있는[實有]' 것에 의지하니, '유'와 '무' 두 가지가 떨어지지 않고 서로 의지한다. 대립하는 양 측면이 서로 의존하는 생동적 실제 사례가 이것이다. 노자는 보통의 일상생활현상에서 다른 사람이 보지 못한 철리를 발견하여, 사람들에게 주목을 받지 못했던 '무'의 기능과 가치를 제시하였으니, 비범한 관찰력과 사고력을 드러낸 것이다.

대립면이 서로 의존하는 이치를 가지고 사회생활을 관찰한 노자는 "'귀함[貴]'은 '천함[賤]'을 근본으로 하고, '높음[高]'은 '낮음[下]'을 기반으로 한다"[25]는 결론을 얻어서, '귀(貴)'와 '천(賤)', '고(高)'와 '하(下)'의 변증관계를 제시했다. 일반사람들은 '귀함'을 존숭하고 '천함'을 폄하하며, '높음'을 추구하고 '낮음'을 비하한다. 그런데 노자는 '천함'이 있어야 '귀함'이 있고 '낮음'이 있어야 '높음'이 있다는 것을 특별히 지적하였으니, 여기에는 저 높이 위에 있는 통치자는 반드시 광대한 민중을 자기 생존의 기초로 삼아야 한다는 이치를 포함하고 있어, 이 또한 일반인의 인식보다 높은 걸출한 견해이다.

노자는 대립면의 상호의존 관계를 보았을 뿐 아니라 대립면의 상호전환 가능성과 필연성도 보았다. 《노자》 제58장에서 "'화(禍)'에는 '복(福)'이 기대고 있고, '복'에는 '화'가 숨어 있다. 그 규칙을 누가 알까? 일정한 규칙이 없는 걸까? '정(正)'이 다시 '기(奇)'가 되고, '선(善)'이 다시 '요(妖)'이 된다. 사람이 미혹에 빠진 시일이 오래 되었다. 그래서 성인은 바르되 가르지 않고, 날카롭되 베지 않고, 솔직하되 방종하지 않고, 빛이 나되 자랑하지 않는다"[26]고 했다. 재난 속에 행복의 싹이 숨어 있고, 행복

---

25) 《老子》 제39장 : "貴以賤為本, 高以下為基."

26) 《老子》 제58장 : "禍兮福之所倚, 福兮禍之所伏, 孰知其極? 其無正也? 正復為奇, 善復為妖. 人之迷, 其日同久. 是以聖人方而不割, 廉而不劌, 直而不肆, 光而不耀." '也'는 백서 을본에 의거해 보충한 것이다.

속에 재난의 씨가 묻혀 있어, '화(禍)'는 '복(福)'으로 바뀔 수 있고 '복'도 '화'로 바뀔 수 있으며, '정상(正常)'은 '기이(奇異)'로 변화할 수 있고 '선단(善端)' 역시 '요얼(妖孽)'을 끌어낼 수 있으니, 이 모든 것은 사물이 발전과정에서 대립면을 향해 가는 상황이다. 이런 변화가 결국 어떻게 될지 누가 알겠는가? 이런 변화에 일정한 규칙이 없을까? 대답은 그럴 수 있다는 것이다. 노자는 사물이 반면을 향하여 변환하는 일정한 규칙을 자신이 파악했다고 여겼다. 그래서 노자는 이상적 인격은 '바르고 강함'을 이루었으되 '날끝'을 드러내지 말고, '모서리 날'이 있으되 사람을 다치게 하지 말고, 솔직하되 방종하지 말고, 빛이 나되 자랑하지 말아야 한다고 주장했다. 노자는 '사물은 극단에 도달하면 반드시 돌아간다[物極必反]'는 규칙을 보았다. 그래서 노자는 정확한 원칙을 견지하되 극단화를 피해야 한다고 주장했다. 그래서 반대의 결과를 얻거나 반면으로 향해 가는 것을 피해야 한다는 것이다.

대립면의 전환에 대해서 노자는 또 많은 해설을 했다. 예를 들면 "사물은 줄이려고 하는데 더 늘어나고 늘이려고 하는데 더 줄어드는 경우가 있다"[27]고 했다. 사물은 발전과정에서 직선으로만 전진할 리가 없어, 일정한 한계에 이르면 반대방향으로 전환하니, 본래 어떤 사물에 손해를 끼치려고 했는데 결과적으로 그것의 발전을 도와준 것이 될 수도 있고, 본래 어떤 사물을 도와주려 했는데 결과적으로 그것을 해친 것일 수도 있다. 이렇게 사물이 원하는 방향과 멀어지는 상황이 각 방면에서 자주 보이니, 이것이 바로 '손(損)'과 '익(益)'이 서로 전환되는 실제 사례이다. 이밖에 노자는 또 "위축되면 보전되고, 굽히면 곧게 되고, 낮으면 가득 차고, 해지면 새로와지고, 적게 가지려고 하면 얻고, 많이 가지려고 하면 미혹에 빠진다"[28]고 했다. 위축되는 것이 도리어 온전히 보존될 수 있고,

27) 《老子》 제43장 : "物或損之而益, 或益之而損."

굽히는 것이 일정 한도에 이르면 곧게 펴지며, 낮은 곳이 도리어 가득 차고, 조락하는 것이 일정한 한도에 이르면 새로운 모습이 나타날 것이고, 적게 가지면 얻는 것이 있고, 많은 것을 탐하면 미혹에 빠져서 얻는 것이 없을 수 있다. 노자는 많은 측면에서 대립면의 상호 전환을 논증했다.

"변증법은 대립면 통일의 학설이라고 간략히 정의할 수 있으니, 그러면 변증법의 핵심을 파악할 수 있다"[29]고 레닌은 말한 바 있다. 대립면 통일은 주로 두 측면을 포괄해야 한다. 첫째, 대립하는 쌍방이 상호의존하고 서로 상대방 존재의 조건이 되어야 한다. 둘째, 대립하는 쌍방이 일정한 조건에서 서로 전환되어 각자 자기 반면을 향해 갈 수 있어야 한다. 노자의 사상과 학설은 비록 변증법에 대해 이와같이 명확하고 완전하게 논술하진 않았지만, 《노자》 5천 자 중에서 대립면 상호 의존과 상호 전환의 관점은 이미 아주 충분히 표현되었으니, 노자의 사상은 변증법의 핵심을 이미 파악했다고 해야 한다. 노자는 중국철학사에서 처음으로 체계적으로 변증법 이론을 제시한 철학자이다.

(4) 부드럽고 약한 것이 단단하고 강한 것을 이긴다

사물은 충돌이 짝을 이룬 형식으로 나타나고, 충돌하는 쌍방은 상반되면서 서로 떨어지지 않고, 일정한 조건에서 '정(正)'은 '반(反)'으로 변할 수 있고 '반'도 '정'으로 변할 수 있다고 노자는 보았다. 이 변증법 관념에서 출발하여 노자는 두 측면의 상황을 연구했다. 첫째, 불리한 상황에서 어떻게 유리한 결과를 쟁취하는가, 부드럽고 약한 것이 어떻게 단단

28) 《老子》 제22장 : "曲則全, 枉則直, 窪則盈, 敝則新, 少則得, 多則惑."
29) 레닌, 《哲學筆記》, 《레닌전집(列寧全集)》 제55권, 人民出版社, 1990년, 192쪽.

하고 강한 것을 이기는가이고, 둘째, 유리한 상황에서 불리한 측면으로 전환하는 것을 어떻게 피하는가, 즉 '강해지는지 알면서도 부드러움을 지키는' 것을 어떻게 하는가이다.

부드럽고 약한 것이 단단하고 강한 것을 이기는 것에 관해 노자는 일찍이 "세상에서 물보다 부드럽고 약한 것은 없다. 그러나 물이 단단하고 강한 것을 공격하면 물을 이길 수 있는 것이 없다. 그 기세를 바꿀 수 없기 때문이다. 약한 것이 강한 것을 이기고 부드러운 것이 단단한 것을 이긴다는 것을 모르는 사람은 세상에 없으되 실행할 수 있는 사람은 없다"[30]고 말했다. 부드럽고 약한 물이 단단하고 강한 물건을 이길 수 있으니, 낙숫물이 돌을 뚫는 것과 같은 경우로, 이것은 사람마다 모두 아는 사실이지만 이 원칙을 실행할 수 있는 사람은 아주 적다. 부드럽고 약한 것이 어떻게 단단하고 강한 것을 이기는가? 노자는 "수축하려 하면 먼저 반드시 확장하고, 쇠약하려 하면 반드시 먼저 강성하고, 무너지려 하면 반드시 먼저 흥성하고, 빼앗으려 하면 반드시 먼저 주니, 이것을 '미명(微明)'이라고 하며, 부드럽고 약한 것이 단단하고 강한 것을 이긴다"[31]고 했다. 강대한 사물이 속히 반면으로 향하도록 촉진하여 약한 것이 강한 것을 이기는 목적에 도달할 수 있다. 노자는 또 "천지는 영원히 운행된다. 천지가 영원히 운행될 수 있는 것은 자신을 위하여 살지 않기 때문이니, 그러므로 영원할 수 있다. 그러므로 성인은 자신을 뒤로 하되 자신이 앞서게 되고, 자신을 밖에 두되 자신이 존재하게 된다. 사심이 없기 때문이 아니겠는가? 그러므로 사사로운 목적을 이룰 수 있는

---

30) 《老子》 제78장 : "天下莫柔弱於水, 而攻堅強者莫之能勝, 以其無以易之. 弱之勝強, 柔之勝剛, 天下莫不知, 莫能行."

31) 《老子》 제36장 : "將欲歙之, 必固張之 ; 將欲弱之, 必同強之 ; 將欲廢之, 必固興之 ; 將欲奪之, 必固與之, 是謂微明, 柔弱勝剛強."

것이다"[32]라고 했다. 영원한 삶을 위해 자신을 위하여 살지 않고, 자신이 앞서기 위하여 자신을 뒤로 하고, 자신이 존재하기 위하여 자신을 잊고, 사심이 없는 것으로 사심을 이루니, 이 모든 것 역시 대립전환의 실제 사례이다.

앞에서 말했던 가지려면 우선 주는 것은 상대방 변화를 촉진시키기 위해서이다. 그러면 이 상황에서 자기가 불리한 방향으로 전환하는 것을 어떻게 방지하는가? 혹은 완전하고 만족스런 상태에 어떻게 도달하는가? 노자는 미리 반면상태를 수용하는 방법을 제시했다. 《노자》 제45장에서 "가장 완전하고 만족스런 상태는 마치 결함이 있는 듯하지만 그 작용은 사라지지 않고, 가장 충실한 상태는 마치 공허한 듯하지만 그 작용은 도리어 끝이 없다. 가장 바른 것은 마치 약간 굽은 듯하고, 가장 똑똑한 것은 마치 바보스럽고, 가장 말 잘하는 것은 마치 어눌한 듯하고, 가장 충만한 것은 마치 부족한 듯하다"[33]고 했다. 어떤 사물이든 그 반면을 수용해야 가장 완비되고 가장 이상적인 상태이며, 또한 그래야만 '그 작용이 사라지지 않고', '그 작용이 끝이 없을' 수 있다. 즉 반면으로 향해 가는 것을 피할 수 있다.

정면상태에 반면성분이 수용되어 있는 것에 대해 노자는 더욱 많이 설명했다. 예를 들면 《노자》 제41장에서 "밝은 길이 어두워 보이고, 나아가는 길이 물러나는 것처럼 보이고, 평탄한 길이 울퉁불퉁해 보이고, 높은 덕이 낮은 골짜기처럼 보이고, 흰 덕이 티끌이 묻은 것처럼 보이고, 넓은 덕이 부족한 것처럼 보이고, 강건한 덕이 힘없는 것처럼 보이고,

---

32) 《老子》 제7장 : "天長地久, 天地所以能長且久者, 以其不自生, 故能長生. 是以聖人後其身而身先, 外其身而身存. 非以其無私邪, 故能成其私 ."

33) 《老子》 제45장 : "大成若缺, 其用不弊. 大盈若沖, 其用不窮. 大直若屈, 大巧若拙, 大辯若訥, 大贏若絀." "大贏若絀" 一句據帛書甲本補.

질박하고 참된 것이 경박한 것처럼 보이고, 큰 네모는 모서리가 없고, 큰 그릇은 늦게 완성되고, 큰 소리는 희미하고, 큰 형상은 형체가 없다"[34]고 했다. '밝은 길이 어두워 보이는[明道若昧]' 것이야말로 진정한 광명이요, '나아가는 길이 물러나는 것처럼 보이는[進道若退]' 것이야말로 진정한 전진이다. 마찬가지로 '평탄' 속에 어떤 '평탄하지 않음'이 포함되어 있고, '높음' 속에 어떤 '충분하지 않음'이 포함되어 있어야만 완전히 가득한 상태이다. 노자는 '정면(正面)' 속에 '반면(反面)'이 포함되어 있어야 비로소 원만한 정면이고 정·반이 결합되어야 한 단계 높은 '정'에 도달할 수 있고, 그래야만 '정'이 재빨리 '반'으로 변하지 않게 할 수 있다고 보았다. 이로부터 출발해서 노자는 '웅(雄)을 알아도 자(雌)를 지키고', '백(白)을 알아도 흑(黑)을 지키고', '영(榮)을 알아도 욕(辱)을 지킬'[35] 것을 주장했다. 즉 비록 강건한 기세가 있어도 약한 곳에 달갑게 거하고, 비록 자신은 희고 깨끗해도 검고 어두운 곳에 달갑게 처하고, 비록 영광을 알아도 낮은 치욕을 달갑게 받아들이라고 주장한 것이다. 이 역시 정면의 상황 속에서 반면의 요소를 포용하여 정반의 결합에 도달해서 반면을 향하여 가는 것을 피해야 하는 것이다. '정(正)'이 '반(反)'을 포용해야 '정'을 유지할 수 있으니, 정만 있고 반이 없으면 '정'은 '정'이 될 수 없다. 이 안에도 깊은 변증법 관념이 포함되어 있다.

약한 것에서 강한 것으로 변하는 것을 쟁취하든 강한 것에서 약한 것으로 변하는 것을 모면하든 노자의 기본 방법은 모두 '반'으로 착수하여 "'반'으로 '정'을 구하는" 것이다. 이런 방법은 지금도 여전히 현실적 의의가 있다. 현대화 건설을 가속화하려면 반드시 우선 기본 건설의 규

---

34) 《老子》 제41장 : "明道若昧, 進道若退, 夷道若纇, 上德若谷, 大白若辱, 廣德若不足, 建德若偷, 質真若渝, 大方無隅, 大器晚成, 大音希聲, 大象無形."

35) 《老子》 제28장 : "知其雄, 守其雌", "知其白, 守其黑", "知其榮, 守其辱".

모를 압축해야 한다. 국방역량을 강화하려면 반드시 우선 경제건설을 잘 해야 한다. 내륙의 발전을 가속화하려면 반드시 연해지역 경제기초를 충분히 이용해야 한다. 이런 것들이 모두 '반'으로 '정'을 구하는 변증법을 오늘날 발전시키고 운용한 것이다.

노자가 '이반구정'의 방법을 제시한 것은 노자의 변증법이 숙련에 도달했다는 지표이다. 이것은 노자가 충돌의 보편적 존재 및 대립면의 상호전환을 깊이 이해하고, 충돌의 전환 조건과 규칙을 어느 정도 파악했고, 따라서 이런 전환을 추동시켜 자기 목적에 도달할 것을 주장하기도 하였고, 이런 전환을 피하여 유리한 위치를 유지할 것을 주장하기도 했음을 말해준다. 노자는 대립 운동의 복잡성과 사물 발전 추세의 다양성을 파악하여 자유자재로 운용할 수 있었다. 이밖에 노자가 강조한 '하는 것이 없지만 하지 않는 것이 없는' 것 역시 그가 사물의 자체발전의 진행 과정을 충분히 믿었고, 사물 발전의 자체 규칙을 따를 수 있었음을 말해준다.

노자와 공자는 중화의 지혜의 두 산봉우리로, 멀리서 보면 두 봉우리가 나란히 서 있고, 가까이 보면 산맥이 이어져 있다. 민간에 흘러다니는 유·도 투쟁은 믿을 만한 역사문헌기록이 없다. 도가사상은 유가의 도덕윤리 체계 위에 '자연이연(自然而然)'의 가치 지향을 하나 더 올린 것이지, 유가윤리를 간단히 부정한 것이 아니다. 유가는 모든 개개인을 통해, 특히 군주의 개인적 도덕수양을 통해 천하태평과 만민행복에 도달하기를 희망하는 것이고, 노자는 사회의 통치자가 강제하는 수단을 단속해서 '자연이연(自然而然)'의 이상적 질서를 실현할 것을 추구하기를 희망한다. 양자는 모두 단번에 성취할 수 없는 것이면서, 모두 중요하고 원대하고 장기적인 계시의 의의가 있다.

03 묵자(墨子)와 묵가(墨家)

묵자(墨子)의 이름은 적(翟)이다. 대략 주(周)나라 정왕(定王) 원년(기원전 468년)에 태어나, 주나라 안왕(安王) 26년(기원전 376년)에 세상을 떠났다. 춘추 말기 전국 초기 유명한 사상가이다. 묵자는 당시 명망과 세력이 유가와 맞먹은 묵가(墨家) 학파를 창립했다. 이 학파는 전국시대 전체에 걸쳐서 활발하게 활약했다. 묵자가 창시하고 홍보한 사상으로 10가지를 들 수 있다. '겸애(兼愛)', '비공(非攻)', '상현(尚賢)', '상동(尚同)', '절용(節用)', '절장(節葬)', '비악(非樂)', '비명(非命)', '천지(天志)', '명귀(明鬼)' 등이다. 우주관 측면에서 묵자는 유심주의자로, 상제(上帝)와 귀신(鬼神)에 대한 신앙을 회복하려고 했다. 한편 묵자는 수공(手工) 기술과 관련된 많은 지식을 갖췄고, 과학적 정신과 인식론적 유물주의 경향도 지니고 있었다. 전국시대 중기에 이르러 묵가 학자들은 묵자의 과학지식을 발전시키고 묵자의 유심주의 사상을 포기하여, 유물주의 유파가 되었다.

묵가가 제시한 유물주의 인식론은 체계적이었다. 그 가치관이 매우 소중했고, 논리학·수학 및 자연과학 측면에서 중대한 발견과 논의가 많아서, 중국철학사·과학사에서 큰 열매를 주렁주렁 매단 학파가 되었다.

안타까운 것은, 이 학파는 진(秦) 왕조의 중국 통일과 봉건 전제제도의 확립에 따라서 중도에 단절되어, 이 학파가 내세운 가치관·논리학·수학 및 기타 자연과학 역시 함께 요절하였으니, 이는 중국학술사에서 크나큰 손실이다. 묵가와 묵학(墨學)이 중도에 단절된 근본 원인은 이들이 평민계급(당시 '국인(國人)'이라 호칭)의 지위에 있던 수공업자의 이익을 대표했다는 것에 있다. 춘추전국시대의 사회계급구조에서 평민계급은 귀족계급과 노역을 당하는 '야인(野人)'의 사이(성격상 노예와 농노의 사이)에 낀 계급으로, 이 계급은 조정의 회의에 참가하여 국가의 대사를 결정하는 권력을 누리고, 여론을 운용하여 군주·정치·귀족을 판단·결정하는 권력도 지녔다. 몇몇 특수한 상황의 경우 독립적 정치집단이 되어 귀족 혹은 군주와 '맹약'을 체결할 수 있었고, 경제적으로 곤궁할 때 국가와 귀족의 구제를 받을 권리도 있었다. 종합하면, 이들은 어느 정도 민주적 권리를 누리던 계급이었다. 봉건 전제제도가 확립되면서 봉건통치자가 '농업을 강화하고 공상업을 억제하고', '상인에게 과세를 무겁게 하여 곤경에 처하게 하는' 정책을 실행함에 따라 수공업자의 지위는 농민의 아래로 떨어지고 모든 민주적 권리를 상실했다. 이로 인해 묵가는 더 이상 존속하지 못하게 되었다.

묵자와 묵가가 중대한 학술을 세운 상황 몇 가지를 소개한다.

(1) '의(義)'와 '리(利)'를 통일하고 '덕(德)'과 '힘[力]'을 모두 중시하다

진(秦)·한(漢) 이후 중단된 묵자 사상 중 가장 중요한 것으로 '의(義)'와 '리(利)'를 통일하고 '덕(德)'과 '힘[力]'을 모두 중시한 가치관을 꼽아야 할 것이다. 가치관은 문화구조의 심층에 속하는 것으로, 세계관과 더불어 한 민족의 공통심리의 기본내용을 구성한다. 어느 민족 안에서 주도적 지위를 차지한 가치관은 그 민족의 발전에 매우 거대한 반작용을 지닌다.

중국전통철학에서 가치관 측면의 논쟁은 주로 '의(義)'와 '리(利)'의 관계와 '덕(德)'과 '힘(力)'의 관계 문제에 집중되어 있다. '의'와 '리'의 문제는 개인의 이익과 사회의 이익, 물질적 수요와 정신적 수요 등의 관계 문제를 포함한다. '덕'과 '힘'의 문제는 물질적 역량과 정신적 경지의 관계 문제를 포함한다. 선진시대에 유가는 '의(義)'를 중시하고 '리(利)'를 경시하여, 도덕을 최고의 가치로 여겼다. 유가는 또 '덕(德)'과 '힘(力)'을 대립시켜, '힘(力)'의 가치를 홀시했다. 예를 들면, 공자는 천리마의 가치를 선량한 성격에 두고 하루에 천 리를 달리는 능력에 두지 않았다. 활쏘기를 할 때도 (화살이) '과녁을 맞추는 것'을 중시하고 과녁 가죽을 뚫고 나가는 것에 중시하지 않았다. '과녁에 맞추는 것'은 마음이 바르다는 표현이고, 가죽을 뚫고 나가는 것은 단지 힘의 작용이기 때문이다. 유가와 대립한 도가는 '의(義)'도 '리(利)'도 '덕'도 '힘'도 모두 필요없다고 보고 오직 '생(生)' 하나만 중시하여, 오직 생존하는 것이 최고 가치라고 여겼다. 그중 가장 극단적인 양주(楊朱)는 심지어 머리카락 하나를 뽑아 천하를 이롭게 할 수 있다고 해도 이를 하지 않았다. 묵자와 묵가는 '의(義)'와 '리(利)'를 통일시키고 '덕(德)'과 '힘(力)'을 모두 중시할 것을 주장하여, '리(利)'와 '힘(力)'의 가치를 특히 중시했다.

묵자와 묵가는 공리(公利)가 최고의 가치라고 인정하여, "국가 백성 인민의 이익"[1]을 강조했다. 묵자는 "'어진 사람(仁人)이 일을 하면 반드시 천하의 이익이 일어나고 천하의 해악이 제거되니, 이것을 할 일로 여기는 것이다"[2]라고 말했다. '어진 사람(仁人)'의 임무는 천하의 이익

---

1) 《墨子 · 非命上》: "國家百姓人民之利."

2) 《墨子 · 兼愛中》: "仁人之所以為事者, 必興天下之利, 除去天下之害, 以此為

을 일으키는 것으로, 천하의 이익은 바로 최고 가치이다. 묵자는 또 말했다. "입론(立論)하려면 반드시 표준이 있어야 한다. 만약 표준이 없으면 빙빙 돌아가는 도자기 손물레에서 아침 저녁의 해그림자를 측량하는 것과 같이, 시비(是非)와 이해(利害)를 분명히 구별하지 못한다는 것이다. 입론(立論)에는 세 가지 표준이 반드시 있어야 한다. 세 가지 표준이란 무엇인가? 첫째, '내력을 따져보아야 하고', 둘째, '실정을 자세히 살펴야 하고', 셋째, '실제의 쓰임을 검증해보아야 한다'. 어디서부터 내력을 따지는가? 위로 고대 성왕(聖王)의 지난 일을 추적 연구해야 한다. 어디서부터 실정을 자세히 살펴야 하는가? 아래로 백성이 귀로 듣고 눈으로 보는 실정을 자세히 살펴야 한다. 어디서부터 실제의 쓰임을 검증하는가? 형법과 정치에 써서 국가와 국민의 이익에 부합하는지 보아야 한다. 이것이 입론의 세 표준이다."3) 이 세 표준 중 첫 번째는 전통의 표준이고, 두 번째는 경험의 표준이며, 세 번째는 공리(功利)의 표준이다. 묵자가 보기에 정확한 논설은 전통과 맞아야 하고, 백성이 보고 듣는 것에 뿌리를 두어야 하고, 국가와 국민의 이익과 맞아야 한다. 묵자는 자기의 열 가지 주장을 논증하고 잘못된 관점이라고 여기는 것을 비판할 때 언제나 이 세 가지 '표(表)'를 표준으로 삼고, 또한 최후에는 주로 '리(利)'로 귀결했다. 이는 묵자가 '시(是)'와 '리(利)', '비(非)'와 '해(害)'는 분리할 수 없으며, 진리를 추구하는 것은 또한 국가와 국민의 이익을 추구하는 것이기도 하며, 공공의 이익이 최고의 가치라고 여겼음을 말해주는

事者也."

3) 《墨子·非命上》: "必立儀. 言而毋儀, 譬猶運鈞之上而立朝夕者也, 是非利害之辨不可得而明知也. 故言必有三表. 何謂三表? 子墨子言曰: 有本之者, 有原之者, 有用之者. 於何本之? 上本之於古者聖王之事. 於何原之? 下原察百姓耳目之實. 於何用之? 發以為刑政, 觀其中國家百姓人民之利. 此所謂言有三表也."

것이다.

묵자와 묵가는 '리(利)'를 중시했고, 동시에 "'의(義)'를 귀하게 여기기도" 했다. 즉 도덕의 가치를 중시하여, "만사 중 '의'보다 귀한 것은 없다"[4]고 주장했다. 묵자는 '의'가 모든 시비(是非)를 재는 표준이라고 여겼다. '의'를 파악하면 바퀴를 만드는 사람이 컴퍼스를 가진 것과 같으며 목수가 곱자를 가진 것과 같다. 왜 '의'를 귀하게 여겨야 하는가? '의'는 백성에게 가장 유리한 것이기 때문이다. 묵자는 "그러므로 좋은 보물을 귀하게 여기면 백성을 이롭게 할 수 있다. '의'는 백성을 이롭게 할 수 있기 때문에 '의'는 천하의 좋은 보물이라고 하는 것이다"[5]라고 했다. 사람들이 좋은 보물을 중시하는 것은 백성을 이롭게 할 수 있기 때문이다. 그런데 '의'는 백성을 이롭게 할 수 있으므로 '의'는 천하의 좋은 보물이라고 하는 것이다. 묵자가 '의'의 가치를 인정한 이유는 순전히 '의'가 백성을 이롭게 할 수 있다는 것에 있으니, '의'와 '리'는 떨어질 수 없는 관계가 있으며, '불의'와 '해' 역시 이와 같다. 간단히 말하면, "'의'는 '리'이다."[6] '의'는 국가와 백성의 이익이다. 이는 '의'·'리'는 통일된 것이며 국가와 백성의 이익이 최고의 가치일 뿐 아니라 도덕의 최고 표준이라고 묵자와 묵가가 여겼음을 말해주는 것이다.

묵자와 묵가는 '의'·'리'의 통일을 주장했을 뿐 아니라 '지(志)'·'공(功)'의 통일도 주장했다. '지(志)'는 동기이고 '공(功)'은 효과이다. 《묵자》에 다음과 같은 이야기가 있다. 노(魯)나라 군주가 묵자에게 물었다. "내게 아들이 둘 있는데, 하나는 책 읽는 것을 좋아하고, 하나는 자기

---

4) 《墨子·貴義》: "萬事莫貴於義."

5) 《墨子·耕柱》: "所以貴良寶者, 可以利民也. 而義可以利人, 故曰: 義, 天下之良寶也."

6) 《墨子·經上》: "義, 利也."

재물을 다른 사람들에게 나누어주는 것을 좋아합니다. 누가 태자가 될 수 있겠습니까?" 묵자가 말했다. 이런 경우는 결정하기 어렵습니다. 왕자님들은 포상과 명예를 위해서 그러는 것일 겁니다. 낚시하는 사람이 공경스럽게 서 있는 것은 물고기의 이익을 위해서가 결코 아닙니다. 벌레를 미끼로 하여 쥐를 유인하는 것은 쥐를 좋아해서가 결코 아닙니다. 군주는 마땅히 "'지(志)'와 '공(功)'을 합해서 보아야 합니다"[7]라고 했다. 즉 동기와 효과를 결합하여 보아야 한다는 것이다. 여기서 '지(志)'·'공(功)' 두 윤리학 범주는 묵자가 처음으로 명확하게 제시한 것이다. 개인의 행위를 평가하려면 '지(志)'와 '공(功)'을 합해서 보아야 하며, 그렇다면 어떤 사람이 도덕이 있는지 여부를 보려면 그 사람이 어떻게 생각하고 어떻게 말하는지만 보아선 안되고, 그가 실행에 옮기는지 여부도 보아야 한다. 묵자와 후학은 모두 역행(力行) 정신이 매우 풍부하여, 거친 옷감으로 옷을 짓고, 짚으로 신발을 짜고, 양을 제한하여 식사하고 "밤낮으로 쉬지 않고 극도로 스스로를 고생시켜서"[8] 천하를 이롭게 할 수만 있다면 '정수리부터 닳아서 발꿈치까지 이른다' 해도 아끼지 않았다.

'의(義)'·'리(利)'와 '지(志)'·'공(功)'의 통일 사상에 근거하여, 묵가는 "'의(義)'란 천하의 일을 자기의 본분으로 삼아서 만민을 이롭게 할 수만 있다면, 굳이 높은 자리에 등용될 필요가 없다"[9]는 걸 제시했다.

묵가는 '힘[力]'이란 "'몸'에서 떨쳐 나오는 것이다"[10]라고 정의를 내렸다. 힘은 바로 인체의 생리적 효능이라는 것이다. '힘'은 또한 '로(勞)' 즉 '일하다'와도 어울린다. 농부나 여성의 생산노동도 '힘'이고, 통치자가

7) 《墨子·魯問》: "合其志功而觀焉."
8) 《莊子·天下》: "日夜不休, 以自苦為極."
9) 《墨子·經說上》: "義, 志以天下為芬, 而能能利之, 不必用."
10) 《墨子· 經上》: "刑(形)之所以奮也."

'옥사를 듣고 정치를 하고' '관리들을 다스리는' 것도 '힘'이며, 사인(士人)이 책을 저술하여 이론을 주장하는 것도 '힘'이다. 결국 '힘'은 우리가 오늘날 말하는 생산·노동·작업과 일치하는 것이다.

묵자는 '힘'을 숭상하여 '힘'이 사람과 동물을 구별하는 특징이라고 여겼다. 묵자가 보기에, 동물은 자기 몸의 깃털로 옷을 삼고, 자기 발의 발톱으로 신발을 삼고, 자연의 물과 풀로 먹이를 삼는데, 사람은 이와 달리 "자기 힘에 의지하면 살고, 자기 힘에 의지하지 않으면 살지 못한다"[11]고 여겼으니, 힘을 내서 노동생산하면 생존하고, 힘을 내서 노동생산하지 않으면 생존하지 못한다는 것이다. 생산노동을 사람과 동물이 구별되는 표지라고 여기는 이런 관점은 도덕이 사람과 동물이 구별되는 표지라고 여기는 유가의 관점보다 매우 깊이 있다. 마르크스주의에서도 노동을 사람과 동물이 구별되게 하는 근본 원인이라고 보았으니, 묵자가 일정 정도에서 진리의 몇몇 요소를 엿본 것은 그 당시 상황에서 위대한 발견이었다.

묵자는 또한 '힘(力)'은 '명(命)'과 대립되는 것이라고 보았다. 개인의 부귀나 국가의 치란안위는 모두 '힘' 즉 노동과 작업에 의하여 결정되는 것이지 미리 결정된 운명에 의한 것이 아니라는 것이다. 묵자는 또한 '운명론을 고집하는' 사람은 '어질지 않고 의롭지 않은' 사람이라고 했다. 이런 '운명론'은 국가를 위험과 혼란에 빠지게 하고 물자와 재정이 부족하게 하기 때문이다. 묵자는 '운명론'을 배척하고 '상력론(尚力論)'을 제창하는 것이 '의(義)를 실천하는 사람'의 책임이라고 보았다. 묵자는 또 남의 복숭아나 자두를 훔치고, 남의 소나 말을 빼앗고, 남을 침략하는 것은 모두 어질지 못하고 의롭지 못한 행위라고 했다. 이는 "남에게 피해를 입혀서 자기가 이롭게"[12] 하고, "그들의 근로에는 참여하지

11) 《墨子·非樂上》: "賴其力者生, 不賴其力者不生."

않고 그 열매만 얻으려"[13]는 곧 불로소득을 취하기 때문이다. 이를 통해 묵자와 묵가가 '덕(德)'과 '힘[力]'을 함께 중시하고, 사람의 도덕행위를 평가하는 척도를 노동이라고 보았으며, 육체노동·육체노역은 '의(義)'이고 '리(利)'이며, 그 반대는 '불의(不義)'이고 '해(害)'라고 여겼다는 것을 알 수 있다.

묵자와 묵가는 '의(義)'와 '리(利)'를 통일할 것과 '덕(德)'과 '힘(力)'을 모두 중시할 것을 주장했기 때문에, 물질생산을 발전시키는 것을 매우 중시했다. 묵자가 얘기한 '천하지리(天下之利)'의 구체적 내용은 '부(富)'와 '서(庶)' 즉 물질재부의 생산과 노동력의 생산이다. 묵자는 '절용(節用)', '절장(節葬)', '비악(非樂)', '비공(非攻)'을 주장하였는데, 그 중요한 이유 중 하나는 모든 불필요한 비용을 절약함으로써 노동력의 희생을 피하고, 생산에 차질을 빚지 않고, 그렇게 하여 재부와 인력이 배로 증가하는 목표에 도달할 수 있기 때문이라는 것이다. 묵자와 묵가는 또한 과학기술을 포함한 국가 경제와 민생에 관계된 지식 기능을 연구하는 것을 매우 중시했다. 묵가는 논리학·수학·물리학(역학·광학 등) 및 경제학에 이르기까지 모두 주의를 기울여 연구하였고, 각종 수공 기예(민간용 수공업과 군사용 기계업 포함) 연구에도 매우 주의를 기울였다. 이는 '의'와 '리'를 통일하고 '덕'과 '힘'을 모두 중시하는 그들의 가치관과 밀접한 관계가 있는 것이 분명하다.

묵가 학설은 상대적으로 어느 정도 독립된 문화가치 체계로 볼 수 있다. 유물주의적 인식론과 '덕'과 '힘'을 모두 중시하고 '의'와 '리'를 통일시키는 관점이 상대적으로 독립된 이 문화가치 체계의 핵심이고, 아울러 정치·경제·자연과학·논리 등의 지식을 외연으로 하고 있다. 지식을

12) 《墨子·非攻上》: "虧人自利."
13) 《墨子·天志下》: "不與其勞, 獲其實."

중시하고, '인재를 중시하고[尚賢]', 생산발전을 중시한 것이 그 중요한 특징이다. 이 체계는 비록 문학예술을 경시 또는 부정했다는 결점이 있기는 하지만, 당시의 유가 체계나 도가 체계에 비해서 구조상 뛰어난 부분이 있다. 안타깝게도 이 학파는 나중에 중도 단절되었고, 중화민족은 기나긴 역사에서 "'의(義)'를 중시하고 '리(利)'를 경시하고", "'덕'과 '힘'을 분리하는" 유가 가치관의 통치를 줄곧 받았다. 비록 나중에 또 몇몇 사상가가, 예를 들면 왕충(王充)이 "'덕'과 '힘'을 모두 중시"하는 사상을 제창하고, 장재(張載)가 "'의(義)'는 천하를 공평하게 하는 '리(利)'[義公天下之利]"라는 사상을 제창했지만, 별다른 영향을 끼치지 못했다. '의'를 중시하고 '리'를 경시하고 '덕'과 '힘'을 분리했던 이런 안 좋은 경향과 이에 뒤따랐던 논리학·과학기술의 경시가 16세기 이래 중국 과학기술 및 문화 전체가 점차 낙후되는 사상적 근원의 하나가 되었다. 역사의 경험과 교훈을 성실하게 정리하고 뿌리깊은 가치관념 체계를 변혁하여, '힘'과 '리'의 가치도 긍정하고 도덕의 가치도 소홀히 하지 않음으로써, 두 문명을 함께 자기 것으로 만드는 정확한 방침을 견지하여, 새로운 사회의 건설을 발전시키고 추동시켜야 한다.

(2) 배우기를 좋아하여 넓혀가다

《장자(莊子)·천하(天下)》 편에서 묵자는 "배우기를 좋아하고 박학하다"고 했다. 묵가는 확실히 박학한 인물들이다. 《묵자》에는 논리학·수학·자연과학·기술 등 분야의 지식이 매우 풍부하게 들어 있다. 다른 철학자나 철학유파의 저술에서는 이 지식이 철학 혹은 정치·윤리의 논술 속에 섞여 있어서 산발적으로 보이는 반면, 묵가의 저술에서는 독립된 편장을 이루고 있다. 묵가의 논리학·수학·자연과학과 인식론은 〈경상(經上)〉·〈경하(經下)〉·〈경설상(經說上)〉·〈경설하(經說下)〉·〈대취(大

取)〉·〈소취(小取)〉 여섯 편에 집중되어 있어, 통칭 〈묵변(墨辯)〉이라고 한다. 묵가의 구체적 과학기술 지식은 당시에는 매우 대단한 성취였다. 그러나 지금에 와서는 그 중 상당수가 이미 초·중등 학생이면 누구나 알고 있는 상식이 되었다. 이러한 지식을 발굴 연구하는 것은 역사학자의 작업이다. 중화의 지혜를 밝히는 것을 임무로 하는 이 책의 중요한 임무는 이 지식을 소개하는 게 아니라 이 지식의 형성을 통하여 묵가의 과학적 학풍을 탐구하고 그 안에서 가르침을 얻는 것이다.

묵가의 과학적 성취는 유물주의적 인식론과 '의'와 '리'의 통일, '덕'과 '힘'을 모두 중시하는 가치관과 밀접한 관계가 있으며, 그 외 또한 논리학·수학·자연과학·공예기술과 긴밀하게 결합된 과학적 학풍과도 밀접한 관계가 있다.

전국시대 중후기에 '명변(名辯)'의 기풍이 일시에 성행하여 모든 학술계를 풍미했다. 이런 '명변'의 기풍 속에서 논리학이 장족의 진보를 가져왔다. 후기 묵가는 논리학 연구에 적극 참가하여 중대한 성취를 얻었다. 묵가학파는 명확한 목적이 있어서 논리학을 연구했다. 〈소취(小取)〉에서 '변(辯)'을 논한 것이 바로 논리학의 효용과 목적에 관해 말한 것이다. "'변(辯)'이란 옳고 그른 것을 분별하고, 치란의 규칙을 분명하게 파악하고, 같고 다른 것의 소재를 명백히 알고, 명(名)·실(實) 관계의 원리를 고찰하고, 이해(利害)를 판별하고, 의혹을 해결하려는 것이다."[14] 이 여섯 가지가 '변(辯)'의 효용과 목적이다. 묵가의 변자(辯者)는 논리학이 옳고 그른 것을 분명하게 밝히고 이해를 판별하는 도구라고 명확하게 간주했기 때문에, 그들은 어떤 학문을 연구하든 논리를 매우 따졌다. 이는 그들이 수학 및 기타 자연과학에서 얻은 중대한 성취 중 하나이다.

14) 《墨子·小取》: "夫辯者, 將以明是非之分, 審治亂之紀, 明同異之處, 察名實之理, 處利害, 決嫌疑."

예를 들면, 기하학 방면에서, 묵가는 점·직선·직선의 중점·평면·원·사각형·두께 등 기하 개념에 매우 엄밀한 정의를 내렸다. 예를 들면 "원은 한 가운데로부터 길이가 같은 것"15)이고, "네모는 직선이 만난 것"16)이라고 했다. 이 정의는 오늘날 보아도 정확하다.

묵가 기하학은 에우클레이데스 기하학과 중요한 차이가 있다. 묵가 기하학은 크기가 없는 점·너비가 없는 선·두께가 없는 면·질료가 없는 '입체'를 말하지 않았다. 묵가는 점(點)을 '단(端)'이라고 하여, "단은 물체가 두께 없이 가장 앞에 있는 것"17)이라고 했다. 점은 부분 중 극히 작은 극한이요, '무간(無間)' 즉 충만하여 나눌 수 없는 것으로, 물체를 극한까지 나눈 것이다. 그들이 말한 '두께'는 부분이면서도 동시에 전체를 포함한다는 의미로, "입체가 체적을 지닌다"18)라고 말한 것과 같고, 또한 "가득 찬 것이 없으면 두께가 없다""19)고 말한 것과 같다. 손이양(孫詒讓)은 '가득 찬 것이 없으면 두께가 없다'는 말은 "사물은 속에 가득 찬 것이 있어야 두께가 있는 입체가 형성되며, 가득 찬 것이 없으면 두께가 형성되지 않는다"20)고 말한 것으로 보았다. 입체는 속에 질료가 가득 찬 것이다. 이를 통해, 순수하게 추상적 성질을 지니고 있는 에우클레이데스 기하학과 달리, 묵가 기하학의 기본개념은 상대적으로 구체적이면서 물리학과 결합한 특징이 있어서 명실상부한 '형학(形學)'이라는

---

15) "圜, 一中同長也." '圜'은 '圓'.

16) "方, 矩皃交也." '皃交'는 원문에서는 '見攴'로 되어 있는데, 譚戒甫의 《墨辯發微》에 근거하여 고쳤다.

17) 《墨子·經上》: "端, 體之無厚而最前者也." '厚'는 원문에서 '序'로 되어 있는데 왕인지(王引之)의 설에 의거하여 고쳤다.

18) 《墨子·經上》: "厚, 有所大也."

19) 《墨子·經說上》: "無盈無厚."

20) 《墨子閒詁·經說上》: "物必有盈其中者, 乃成厚之體; 無所盈則不成厚也."

것을 알 수 있다. 이는 후기 묵가의 유물주의적 특징을 보여주는 것이면서, 수학을 기타 자연과학과 결합한 학풍을 보여주는 것이기도 하다. 묵가의 기하 개념이 상대적으로 구체성을 지녔다는 것은 과학 측면에서도 비판 대상이 아니다. 점·선·면·체에 관한 에우클레이데스의 정의에 따르면, 점이 어떻게 쌓여서 면이 되고, 면이 어떻게 쌓여서 입체가 되는 문제에서 극복할 수 없는 난제를 만난다는 것을 현대 수학은 발견했고, 이 정의들을 그대로 자연과학에 운용하면 사카타 쇼이치(阪田昌一)가 말한 '평면의 논리'에 빠져서 이론 계산의 곤란과 사유의 착오를 가져오게 된다는 것을 현대 물리학에서도 발견했다. 이런 난제들을 해결하기 위해 '비표준분석(非標準分析)'이라는 수학이 나타났고, 그 출발점이 바로 어느 표준 부분(전통수학의 점에 대응)과 어느 비표준 부분이 결합하여 점이 이루어진다고 보는 것이고, 적분의 방법을 통하여 점으로부터 선을 추산할 수 있게 된 것이다. 이런 수학은 어느 정도 의미에서, 또한 높은 단계에서, 묵가 기하학으로 복귀하는 것으로 볼 수 있다.

논리학·수학과의 결합으로 인하여 묵가의 자연과학은 정밀하고 정량적이라는 특징을 갖추게 된다. 묵가는 물리학·광학·역학에서 사용하는 개념을 명확하게 정의했다. 예를 들면 묵가는 (시간으로서의) '오래'를 '다른 시간 사이에 가득 찬 것'[21], '예로부터 지금까지 아침부터 저녁까지'[22]라고 정의했다. 시간은 모든 특정 시간에 퍼져 있는 총시간이라는 것이다. (공간으로서의) '우(宇)'를 '다른 장소 사이에 가득 찬 것'[23], '동서남북에 자리잡은 것'[24]이라고 정의했다. 공간은 모든 특정 공간에 퍼

21) 《墨子·經上》: "彌異時也."
22) 《墨子·經說上》: "久, 古今旦暮."
23) 《墨子·經上》: "彌異所."
24) 《墨子·經說上》: "東西家南北."

져 있는 총공간이라는 것이다. '운동[動]'을 '영역에서 이동하는 것'[25]이라고 정의했다. 운동은 물체가 공간 안에서 이동하는 것이라는 것이다. 아울러 운동은 반드시 일정한 시간이 있어야 한다고 지적했다. "시간을 들여서 길을 간다"[26]라고 말한 것이 그 예이니, '수(脩)'는 원근을 말하는 것이고 '구(久)'는 시간을 말하는 것이다. 지금까지 말한 것을 통해, 묵가는 물체 위치이동을 묘사할 수 있는 완비되고 엄밀하고 뚜렷한 운동학 개념 체계를 이미 형성하였음을 알 수 있다. 이 기초 위에서 묵가는 물체의 운동에 대하여 초보적으로 정량적 연구를 했다. 묵경(墨經)에서 "공간과 구역이 변화한다는 이치는 공간이 길게 이어지면 시간도 오래된다는 점에 있다"[27]고 했고, "공간이 변화하면 장소가 존재하게 된다. 공간은 동서남북의 방위와 아침 저녁의 시간이 존재한다. 공간이 변화하면 시간도 변화한다"[28]라고 했다. 여기서 '사(徙)'는 운동을 가리키고, '장우구(長宇久)'는 운동에는 반드시 일정한 시간과 일정한 공간이 있어야 함을 가리킨다. '공간이 변화하여 장소가 생기니 동서남북의 방위가 존재한다'는 말에서 운동의 공간은 운동의 시작점과 종결점 사이의 거리로 계산함을 가리키니, 동쪽에서 서쪽으로 운행했다고 하는 것과 같으며, 시간은 운동을 시작할 때와 종결할 때 사이의 길이로 계산하니, 해뜰녘부터 해질녘까지 운행했다고 하는 것과 같다. 그러므로 운동의 양은 운동의 시간과 거리로 묘사한다. 운동을 계량하기 위해 묵가는 또 두 계량 단위를 도입했다. '부(敷)'(걸음)와 '구(久)'이다. 이런 성취들을 얕

25) 《墨子·經上》: "域徙也." '域徙'는 원문은 '或從'인데 孫詒讓의 설에 근거하여 고침.

26) 《墨子·經下》: "行脩以久."

27) 《墨子·經下》: "宇或徙, 說在長宇久."

28) 《墨子·經說下》: "長, 宇徙而有處, 宇南宇北, 在旦有在莫(暮), 宇徙久." 원문은 '宇宇南北'인데, 高亨의 설에 근거하여 고침.

보아서는 안된다. 이런 엄격하게 정의된 개념체계와 정량연구의 의식과 방법이 있어야 정밀한 역학이 탄생할 수 있다. 묵가가 정량연구에 관심을 기울인 또 하나의 예는 빛이 작은 구멍을 통과하여 상(像)을 이루는 것을 연구했다는 것이다. 묵가는 광원(光源) 자체의 길이 및 광원·격병(隔屏)·조벽(照壁) 세 가지의 거리에 따라 상의 길이를 계산할 수 있다는 것을 제시했다. 여기서 광학을 연구하면서 기하학 도구를 눈에 띄게 운용했다.

오늘날의 독자들은 논리학·수학과 기타 자연과학·공예기술을 결합하는 묵가의 이런 방법은 무슨 특이한 것이 없고 그저 일상적인 것이라고 여길 수도 있다. 하지만 이것이 바로 근대와 현대 자연과학이 생산되고 건강하게 발전하기 시작할 수 있었던 필요조건이다. 이런 결합이 없으면 근현대 자연과학도 없었다. 서양 과학과 서양 문화가 16세기부터 점점 빨리 중국의 과학과 문화를 초월할 수 있었던 중요한 원인 중 하나는 서양의 피타고라스 학파가 수학과 자연과학을 결합하는 전통을 열었기 때문이다. 이런 전통이 일단 근대 공상업의 대발전이라는 비옥한 토양을 얻게 되자 뿌리를 내리고 꽃을 피워 주렁주렁 열매를 맺은 것이다. 고대 그리스의 철인 대다수가 노예주 사상가이고, 비록 논리학·수학과 기타 자연과학의 결합을 중시했지만, 과학은 일종의 순수한 지혜의 추구라고만 본 반면, 묵가는 과학을 공예기술과 결합시키고 이것이 세상 사람들을 위해 이익을 꾀하는 학문이라고 보았다는 점에서 더 우수하다고 하겠다. 다만 안타깝게도 묵가 학문이 중간에 단절됨에 따라 묵가가 연 학술 전통도 전해지지 못했다. 진(秦)의 통일 이후 논리학·역학·기하학·광학 연구는 지지부진하게 되었고, 묵가의 저작 특히 《묵경(墨經)》을 찾는 사람이 없고, 간책(죽간 목책)이 어지럽게 뒤섞이고 글자의 소실과 와전이 마구 생겨, 알아볼 방법이 거의 없는 전설 상의 책[천서(天書)]이 되었다. 비록 16세기 이전까지 중국의 과학기술은 여전히 세계의 선도적 위치에 있었다지만, 수학(주로 대수학)과 기타 자연과학과 기술은 논리학과 결합하지 않고 서로 분리된 상황에서 각자 길을 가서(천문산학(天文算學) 예외), 자연과학은 엄밀한 개념 체계나 정량 연구도 없어서, 엄격한 의미에서의 진정한 실증과학이 아니었다. 중국에서 근대 자연과학이 발달하지 않은 중요한 원인 중 하나가 이것일 것이다. 이뿐만 아니라, 논리학이 쇠미함에 따라 중국철학과 사회과학은 논증을 중시하지 않고 깨달음만 중시하는 폐단이 형성되었고, 중국 철인의 문장은 종종 단편 수필이나 감상문같았고 형식상 조리와 계통이 서지 않았으며, 몇몇 철인은 심지어 문자로 기록을 하지 않아, 사람들은 그저 학생의 기록(어록)을 통하여 사상을 연구하기도 했다. 제자는 많아도 수준이 일정하지 않아서, 어록은 본래 모습을 잃고 내용의 충돌을 면할 수 없었다. 이것은 중국철학과 사회과학의 발전에도 확실히 불리한 것이었다. 이로써 보자면, 묵가 과학 전통의 단절은 중국학술사에서 실로 거대한 손실이었다. 묵가와 서양의 과학전통을 배우고 중국 전통문화의 시비득실을 반성하여 참신한 자세로 새로운 도전을 받아들여야 한다.

묵가의 체계적 유물주의 인식론은 중국철학사에서 긍정적 역할을 했다. 묵가는 생명·운동·영허(盈虛)·동정(動靜) 등 여러 문제를 고려할 때 언제나 '형(形)'을 기초로 삼았다. "생명은 형체가 지각(知覺)과 함께 하는 것"[29]이라고 했다. 또한 "힘은 형체가 움직여 일어나는 것"[30]이라고 하였으니, 운동은 바로 '형(形)'의 위치이동이라는 것이다. 또한 "실 사이 빈 곳", "가득찼다는 것은 있지 않은 곳이 없는 것"[31]이라고 하였으니, '허(虛)'는 '형'과 '형' 사이 아무것도 없이 빈 곳이고, '영(盈)'은

29) 《墨子·經上》: "生, 刑(形)與知處也."
30) 《墨子·經上》: "力, 刑(形)之所以奮也."
31) 《墨子·經上》: "纑(櫨), 間虛也." "盈, 莫不有也."

곳곳이 가득 찼다는 뜻이다. 전국시대 중후기는 '원기설(元氣說)'이 싹이 트고 무르익는 시기이다. 각 학파 철학자가 모두 '기(氣)'를 말했다. '기(氣)'는 형질이 이루어진 것인데, 묵가는 이에 대해 단 한 글자도 언급하지 않았다. 따라서 묵가의 우주관은 대체로 '형(形)'을 근본으로 한다. 무한한 시공(時空) 속에 형질이 있는 무수한 물체가 있는데, 그것들은 피차 간섭할 수 없지만, 분할하여 극한에 다다를 수는 있으니, 형질이 있는 물체는 힘의 작용으로 위치이동을 하고, 하나의 형체는 다른 형체를 향하여 변화할 수 있고, 형체 역시 몇몇 부분을 잃을 수도 있고 혹은 몇몇 부분이 증가될 수도 있다.

묵가의 이런 우주관은 자연과학기초(주로 기하학·역학·광학)와 밀접한 관계가 뚜렷이 있으며, 형식논리를 매우 중시하고 변증법은 매우 적었으며, 경험론적 유물주의 반영론과도 밀접한 관계가 있다. 이런 의미에서 묵가의 우주관은 중국 유물주의의 주류인 '원기설'과 큰 차이가 있으며, 또 하나의 다른 전통이다. 만약 중국 중앙전제정권의 제국이 공상업자를 정치권력이 조금도 없는 지경에 이르기까지 억압하지 않았다면, 만약 중국의 공상업이 고대 그리스처럼 발전했다면, 묵학이 계속 발전해서 중국 전통문화의 면모 역시 대대적으로 달라졌을 가능성이 있다.

04 맹자(孟子)

맹자(孟子)의 이름은 가(軻)이다. 대략 주(周)나라 안왕(安王) 17년(기원전 385년) 전후에 태어나, 대략 주나라 난왕(赧王) 11년(기원전 304년) 전후에 세상을 떠났다. 전국시대 중기 추(鄒)나라(지금의 산동(山東) 추현(鄒縣)) 사람이다. 중국 고대 사상가·철학자·정치가로, 공자가 창립한 유가 학파의 주요 계승자이다.

맹자는 본래 노(魯)나라 귀족 맹손씨(孟孫氏)의 후손으로, 맹자가 태어날 때 맹자의 선조는 이미 가세가 기울어 노나라에서 추나라로 이주했다. '맹자 어머니가 자식을 가르치기 위해 이웃을 가려 옮겨다녔다'는 '맹모삼천(孟母三遷)'의 전설은 그다지 믿을만하진 않지만 맹자가 유년 시절 어머니의 상당히 엄격한 가정교육을 받았음을 말해준다.

맹자는 줄곧 공자를 숭배했다. 맹자는 공자의 손자(자사(子思))의 문인으로부터 배운 적이 있다. 맹자는 마음속으로 엄청 공자의 학문을 추앙하였는데, 자기가 공자로부터 직접 가르침을 받을 수 없었던 것을 매우 유감스럽게 생각했다. 《맹자·이루하(離婁下)》에서 "나는 공자의 제자가 될 수 없었으니, 나는 사숙한 사람이다"[1]라고 말했다. 맹자는 공자를 존숭해마지 않아서, "인간이 존재한 이래 공자보다 훌륭한 사람은 없었다", "소원이 있다면 공자를 배우는 것이다"2)라고 했다. 맹자는 공자를 추앙하고 공자를 학습하여 결국 유가의 두 번째로 중요한 이론가가 되었고, 송명이학(宋明理學)에서의 실제 영향은 이미 공자를 훨씬 뛰어 넘었다.

맹자의 굳건한 믿음과 해박한 학문은 당시에 지대한 영향력을 끼치고 있었다. 전해지는 얘기에 따르면, 맹자가 위왕(魏王)·제왕(齊王)에게 유세할 때 "따르는 수레가 수십 승(乘), 따르는 사람이 수백 명"일 정도로 위세가 매우 컸다고 한다. 맹자는 아주 높은 정치적 포부를 가지고 있어서, 자기의 인정(仁政) 학설로 당시 대국의 군주가 국가를 다스리는 것을 보좌하고 나아가 '인정'으로 천하를 통일하는 것을 희망했다. 그러나 당시 몇몇 큰 제후국은 모두 이웃 나라의 정벌에만 정신이 팔려 있었고, 몇몇 작은 나라 또한 대국의 틈바구니에서 어떻게 생존을 도모하느냐만 염려했다. 따라서 이들 나라의 군주들은 비록 맹자를 매우 존경하여 두터운 예우를 해주긴 했지만, 결국엔 그들 모두 맹자의 학설을 채택할 수는 없었다. 맹자의 학설은 통치계급의 길고 먼 이익을 위한 것이었다. 그러나 당시 각 제후국의 당장 급한 수요에는 호응하지 못해, 현실과 동떨어져서 쓸모없다고 인식되었다. 그러나 맹자 사상의 이상주의의 불꽃은 역사에서 널리 빛을 비추었다.

맹자는 약 20년 동안 위(魏)·제(齊)·송(宋)·등(滕) 등의 나라를 돌아다녔으나, 결국 정치적 포부를 펼치지 못하고, 만년에 고향으로 돌아가 교육사업에 종사했다. 맹자는 교육활동으로부터 큰 위안을 얻었다. 맹자는 군자에게는 '삼락(三樂: 세 가지 즐거움)'이 있다고 했다. "부모 모두 건강하고 형제가 탈 없는 것이 첫 번째 즐거움이요, 고개 들어 하늘에

1) 《孟子·離婁下》: "予未得為孔子徒也, 予私淑諸人也."
2) 《孟子·公孫丑上》: "自生民以來, 未有盛於孔子也." "乃所願, 則學孔子也."

부끄러움이 없고 고개 숙여 사람에게 부끄러움이 없는 것이 두 번째 즐거움이요, 천하의 영재를 만나 가르치는 것이 세 번째 즐거움이다"[3]라고 했다. 맹자는 좋은 학생을 얻고 좋은 학생을 교육하는 것을 더없는 즐거움으로 삼았으니, 사실 이런 즐거움은 일반인은 얻지 못하는 것이다.

맹자는 정치적으로 도덕주의·개량주의 경향을 지녔다. 맹자는 천하통일을 주장했지만 천하를 통일하는 방법은 법가의 주장과 달랐다. 맹자는 우선 인정(仁政)을 통하여 민심을 얻은 후 '인의(仁義)의 군대'를 일으켜 천하를 정복해야 한다고 보았다. 각국의 제후는 법가의 이론을 채택하여 부국강병을 통해 천하를 정복하려는 경우가 많았다. 맹자는 급진적 혁명파도 아니었고 변혁을 반대하는 수구파도 아니었다.

맹자는 철학적으로 공자의 천명사상을 계승했다. 맹자가 말한 하늘도 객관적 의지의 의미가 있다. "군자가 창업수통(創業垂統)하는 것은 계승하기 위해서다. 공을 성취하는 것과 같은 것은 하늘에 달렸다"[4]라고 했다. 맹자는 군자가 사업을 개창하는 것은 후대가 계승하게 하기 위한 것이고, 사업이 성공하느냐 마느냐 하는 것은 하늘의 뜻으로 결정된다고 보았다. 요(堯)가 천하를 순(舜)에게 양도한 것과 우(禹)가 천하를 아들 계(啟)에게 양도한 것은 모두 하늘이 결정한 것이라고 보았다. 이로써 보자면 맹자의 사상은 마치 운명결정론 경향이 있는 것처럼 보인다. 그러나 맹자는 공자보다 더 사람의 주관적 능동성을 중시했다. 맹자는 '사(思)'의 작용을 강조하여 "생각하면 얻고, 생각하지 않으면 얻지 못한다"[5]고 했다. 이성적 인식의 중요한 지위를 인정한 것이다. 사람의 이성

3) 《孟子·盡心上》: "父母俱存, 兄弟無故, 一樂也 ; 仰不愧於天, 俯不怍於人, 二樂也 ; 得天下英才而教育之, 三樂也."

4) 《孟子·梁惠王下》: "君子創業垂統, 為可繼也. 若夫成功, 則天也."

5) 《孟子·告子上》: "思則得之, 不思則不得也."

은 사물의 규칙을 인식할 수 있다고 맹자는 여겼다. "하늘은 지극히 높고, 별은 지극히 멀어서, 그 소이연을 따질 수 있어야만, 천 년 후 동지도 앉아서 추산해낼 수 있을 것이다"[6]라고 했다. 여기서 말하는 '고(故)'는 사물이 그렇게 되는 까닭 즉 규칙이다. 하늘이 비록 지극히 높고, 별이 비록 지극히 멀어도, 그 규칙을 찾기만 하면 1천 년 이후의 동지도 앉아서 구할 수 있다는 것이다. 맹자는 객관적 규칙을 인정하고, 또한 주관적 능동성을 강조했다. 이것은 철학사에서도 중요한 의의를 지닌다. 맹자가 주관적 능동성을 강조했다고 해서 맹자가 주관적 유심주의자라고 할 수는 없다.

(1) 백성이 소중하고 군주는 소중하지 않다

맹자는 사회정치 생활에서 가장 중요한 것은 민중이라고 여겼다. 민중은 방국(邦國)·제후(諸侯)·天子(천자)가 존망하거나 변경되는 가장 근본적 요소이다. 이것이 바로 맹자가 말한 "백성이 가장 귀중하고, 사직이 다음이고, 군주는 귀중하지 않다[民貴君輕]"[7]이다. 여기서 말한 '민귀군경'은 백성의 지위와 작용이 군주보다 더욱 중요하는 것이다. 여기서 말한 '사(社)'는 토신(土神)이고 '직(稷)'은 곡신(穀神)으로, 토지와 식량을 대표한다. 토지와 식량은 고대농업사회에서 가장 중요한 물건이다. 따라서 국가 정권의 상징으로 여겨졌다. 맹자가 보기에, 한 나라에서 지고무상인 것처럼 보이는 군주가 사실은 그다지 중요하지 않고, 토신과 곡신이 군주 개인보다 훨씬 중요하고, 백성은 나라의 근본으로, 가장 중요한

6) 《孟子·離婁下》: "天之高也, 星辰之遠也, 苟求其故, 千歲之日至, 可坐而致也."

7) 《孟子·盡心下》: "民為貴, 社稷次之, 君為輕."

기초라는 것이다. 왜 그런가? “그러므로 백성으로부터 얻어 천자가 되고, 천자로부터 얻어 제후가 되고, 제후로부터 얻어 대부가 된다”[8]라고 맹자는 말했다. 백성의 마음을 얻어야 천자가 될 수 있고, 천자의 마음을 얻어야 제후가 될 수 있고, 제후의 마음을 얻어야 대부가 될 수 있다는 것이다. ‘백성으로부터 얻어 천자가 된다’는 것은 천자의 통치 기초는 민중(‘丘’는 ‘衆’, ‘丘民’은 ‘民衆’)에게 있음을 설명하는 것으로, 민중의 마음을 얻지 못한 천자는 조만간 실각당하게 되니, 그러므로 민중은 가장 근본적이고 가장 중요한 것이다. 맹자는 한 걸음 나아가, 만약 제후가 국가를 위험하게 하면 제후를 바꿔야 하고, 만약 토신 곡신에게 경건하게 제사했는데도 가뭄과 홍수가 그치지 않으면 토신과 곡신을 바꿔야 한다고 했다. 맹자가 보기에 천자·제후·대부·토신 곡신은 모두 다시 세울 수 있지만 민중은 바꿀 수 없으므로 민중이 가장 근본이라는 것이다. 백성·국민이 한 나라의 근본이라는 것이다.

군주와 백성의 관계에서 맹자는 ‘백성이 귀중하고 군주는 귀중하지 않다’는 것을 강조하여, 군주가 정책을 결정하려면 민중이 원하는 것으로부터 출발해야 한다고 강조했다. 예를 들어 어진 덕이 있는 사람을 선발하려면, 만약 좌우의 가까운 사람들이 모두 누가 좋은 사람이라고 해도 쉽게 믿으면 안되고, 대부들도 모두 누가 좋은 사람이라고 해도 쉽게 믿으면 안되고, 오직 국민 전체가 모두 누가 좋은 사람이라고 하고 나서야 그 사람을 살펴보고 임용해야 한다는 것이다. 또한 좌우의 가까운 사람이 모두 누가 안 좋은 사람이라고 하거나 누구를 죽여야 한다고 해도 쉽게 믿으면 안 되고, 대부들도 모두 누가 안 좋은 사람이라고 하거나 누구를 죽여야 한다고 해도 쉽게 믿으면 안 되고, 오직 국민 전체가

8) 《孟子·盡心下》: “是故得乎丘民而為天子, 得乎天子為諸侯, 得乎諸侯為大夫.”

모두 누가 안 좋은 사람이라고 하거나 누구를 죽여야 한다고 하면 상황을 파악한 이후에야 비로소 그 사람을 파면하거나 죽이거나 해야 한다는 것이다. 맹자가 보기에 최고통치자는 자기 하고 싶은대로 할 권리가 없으며, 오직 백성의 의지를 자기의 의지로 삼는 수밖에 없다고 여겼다. 기원전 315년, 제(齊)나라가 연(燕)나라를 공격하여 50일 만에 전승을 거두었다. 그래서 제나라 선왕(齊宣)이 맹자에게 물었다. 혹자는 제가 연나라를 병탄하라고 하고, 혹자는 제가 연나라를 병탄하면 안 된다고 합니다. 제가 보기에는, 저희처럼 전차 1만 대를 보유한 대국이 마찬가지로 전차 1만 대를 보유한 대국을 공격했는데 겨우 50일 만에 승리를 거둔 것은 인력에만 의지해서 할 수 있는 것이 아니니, 반드시 하늘의 뜻이 이와 같을 것입니다. 그러므로 만약 저희가 연나라를 병탄하지 않으면 하늘의 뜻을 어기는 것이 되리니, 하늘이 틀림없이 재난을 내릴 것입니다. 저희가 연나라를 병탄한다면 어떻겠습니까? 맹자는 "차지해서 연나라 백성이 기뻐하면 차지하십시오", "차지해서 연나라 백성이 기뻐하지 않으면 차지하지 마십시오"[9]라고 했다. 연나라를 병탄할지 여부가 연나라 백성의 태도에서 결정되어야, 즉 연나라 백성의 바람과 이익을 출발점으로 삼아야 한다는 것이다. 맹자는 한 나라의 군주는 자기 나라 국민의 이익을 고려해야 할 뿐만 아니라 전쟁 중인 적국 국민의 이익도 고려해야 한다고 여긴 것이다. 이것은 매우 철저한 민본주의 이론으로, 매우 깊이 있는 것이다. 아쉽게도 제나라 선왕은 맹자의 권고를 중시하지 않아서, 제나라 군대는 연나라 백성을 대대적으로 유린했고, 그래서 아주 빨리 연나라 백성에 의하여 쫓겨났다.

맹자가 생활했던 시대에 사람들은 보편적으로 '하늘'을 믿어서, '하늘'은 의지가 있고 하늘의 뜻이 인간의 길흉화복을 결정한다고 여겼다. 맹

9) 《孟子 · 梁惠王下》: "取之而燕民悅, 則取之", "取之而燕民不悅, 則勿取."

자 역시 '하늘의 뜻'의 결정 작용을 믿었다. 그러나 맹자는 또한 '하늘'은 백성의 의향에 따라 백성의 일을 결정한다고 믿었다. 학생이 "요(堯)가 '순(舜)'에게 천하를 주었다는데, 그런 일이 있습니까?"라고 묻자 맹자는 "아니다. 천자는 천하를 사람에게 줄 수 없다"라고 대답했고, "그렇다면 순이 천하를 가진 것은 누가 결정했습니까?"라고 묻자 "하늘이 주었다"라고 대답했다.[10] 맹자는 요가 천하를 순에게 양도한 것은 요 개인의 의지로 결정할 수 있는 것이 결코 아니라고 보았다. 천자는 사람을 '하늘'에 추천할 수는 있지만 천하를 이 사람에게 넘기라고 '하늘'에 강요할 수는 없다. 이는 마치 제후가 사람을 천자에게 추천할 수는 있지만 제후의 직위를 반드시 이 사람에게 주어야 한다고 강요할 수는 없는 것과 같다. 요가 순에게 천하를 양도한 것은 사실상 "하늘이 준 것이요, 백성이 준 것으로"[11], 천자 개인이 임의로 결정할 수 있는 것이 아니다. 맹자는 또 《상서(尙書)》의 말을 인용하여 "하늘이 보는 것은 우리 백성으로부터 보고, 하늘이 듣는 것은 우리 백성으로부터 듣는다"[12]고 총결했다. 이와 같이 '하늘을 존중하는' 것과 '백성을 중시하는' 것을 두 측면에서 조합하여, '하늘을 존중하는' 동시에 '민의'의 중요성을 충분히 인정했다.

백성이 가장 근본적이므로 통치자에게 가장 중요한 것은 '백성을 얻는[得民]' 것, 즉 백성의 지지를 얻는 것이다. 어떻게 백성을 얻는가에 대해 맹자는 명확하게 말했다. "걸·주가 천하를 잃은 것은 백성을 잃었기 때문이다. 백성을 잃은 것은 마음을 잃었기 때문이다. 천하를 얻는 것에 도가 있으니, 백성을 얻으면 천하를 얻는다. 백성을 얻는 것에 도가

10) 《孟子·萬章上》: "堯以天下與舜, 有諸?" "否, 天子不能以天下與人." "然則舜有天下也, 孰與之?" "天與之."

11) 《孟子·萬章上》: "天與之, 人與之."

12) 《孟子·萬章上》: "天視自我民視, 天聽自我民聽."

있으니, 마음을 얻으면 백성을 얻는다. 마음을 얻는 것에 도가 있으니, 갖고 싶어하는 것을 주고 갖기 싫어하는 것을 주지 않는 것이다."[13] 맹자는 지적하기를, 통치자가 민심을 얻는가 여부는 천하를 얻을 수 있는가의 열쇠이며, 민심을 얻는 열쇠는 백성이 자기의 소망을 실현하도록 돕는 것에 있으니, 백성의 소망을 위배하는 일을 해서는 안된다는 것이다. 맹자의 '백성이 귀중하고 군주는 귀중하지 않다'는 이론은 백성의 이익을 충분히 고려한 것이며, 허위의 설교가 아니다. 맹자는 또 "제후의 보물은 세 가지다. 토지, 백성, 정치이다. 주옥을 보물로 여기면 재앙이 반드시 그 몸에 미친다"[14]라고 했다. 백성을 보물로 여기고 주옥을 보물로 여기지 않는 것은 역대로 봉건 통치자가 모두 하기 어려웠던 것이다. 바로 이것 때문에 맹자의 이론은 식자층이 충분히 중시하였고 갈수록 소중한 빛을 더했던 것이다.

맹자는 '백성이 귀중하고 군주는 귀중하지 않다'는 이론에서 또한 군신 관계의 상대성 이론을 도출했다. "군주가 신하를 수족처럼 보면 신하는 군주를 복심처럼 본다. 군주가 신하를 개나 말처럼 보면, 신하는 군주를 동네 사람처럼 본다. 군주가 신하를 흙이나 풀처럼 보면 신하는 군주를 원수처럼 본다."[15] 맹자가 보기에 군신 관계는 절대복종 관계가 결코 아니었다. 군주가 신하를 존중하고 사랑해야 신하가 군주에게 충성할 수 있고, 군주가 만약 신하를 사람으로 보지 않으면 신하는 군주를 적대시할 수 있다는 것이다. 이런 이론은 전제주의자에게는 따끔한 일침이어

13) 《孟子·離婁上》: "桀紂之失天下也, 失其民也; 失其民者, 失其心也. 得天下有道: 得其民, 斯得天下矣; 得其民有道: 得其心, 斯得民矣; 得其心有道: 所欲與之聚之, 所惡勿施爾也."
14) 《孟子·盡心下》: "諸侯之寶三: 土地, 人民, 政事. 寶珠玉者, 殃必及身."
15) 《孟子·離婁下》: "君之視臣如手足, 則臣視君如腹心; 君之視臣如犬馬, 則臣視君如國人; 君之視臣如土芥, 則臣視君如寇仇."

서 적지 않은 폭군의 불안감을 불러일으켰다. 그래서 주원장(朱元璋)은 맹자의 위패를 공자의 사당에서 빼내라고 명령을 내렸다. 맹자는 또한 신하와 백성이 폭군에게 반항할 권리를 충분히 인정했다. 주(周)나라 무왕(武王)이 신하의 입장에서 자기의 군주인 상(商)나라 주왕(紂王)을 죽여도 되냐고 제나라 선왕(宣王)이 맹자에게 묻자 맹자는 "인(仁)을 해치는 것을 '적(賊)'이라고 하고, 의(義)를 해치는 것을 '잔(殘)'이라고 합니다. '의를 해치고 인을 해치는' 사람을 '일개 남자[一夫]'라고 합니다. 일개 남자 주(紂)를 '주(誅)'했다는 것을 들었을 뿐, 군주를 '시(弑)'했다는 것은 들은 적이 없습니다"[16]라고 대답했다. 고대에 신하가 군주를 죽이고 자녀가 부모를 죽이는 것을 '시(弑)'라고 하고, 범죄자를 토벌하고 죽이는 것을 '주(誅)'라고 했다. 맹자가 보기에 상나라 주왕은 인의와 도덕을 짓밟아서 이미 외롭고 덕 없는 사람이 되었으니, 무왕이 주왕을 토벌하는 것은 '주(誅)'라고 할 수 있을 뿐 '시(弑)'라고 할 수 없었다. 최근 새로 출토된 문헌인 《노목공문자사(魯穆公問子思)》에 따르면, 자사(子思)가 "군주의 잘못을 자주 말하는 사람이 충신이라고 할 수 있다"[17]고 했다. 이런 사람은 공적 정의만 추구할 뿐 '벼슬'을 추구하지 않기 때문이다. 보아하니 맹자의 사상은 그 내원이 있었던 것이다. 선진시대 유가는 민본사상이 매우 선명하여, 한대(漢代) 이후 '군위신강(君為臣綱)'이 수용된 유학과는 근본적으로 다르다.

맹자의 '백성이 귀중하고 군주는 귀중하지 않다'는 이론은 서양 자산계급이 봉건영주나 국왕을 반대한 것과 같은 인식의 높이에는 도달하지

---

16) 《孟子 · 梁惠王下》: "賊仁者謂之'賊', 賊義者謂之'殘', 殘賊之人謂之'一夫'. 聞誅一夫紂矣, 未聞弑君也."

17) "恆稱其君之惡者, 可謂忠臣矣." 李零, 《郭店楚簡校讀記》, 北京大學出版社, 2002年, 第85頁.

못했다. 이 이론은 군주의 권리를 제한하거나 폐지할 것을 요구하지는 않고 그저 군주는 백성을 국가를 세우는 근본으로 삼을 것을 요구한 것으로, 민본주의라고 부를 수는 있다. 민본주의 이론은 국민이 사회정치 생활에서 중요한 작용을 하는 것을 제시하고, 민심의 향배는 거역할 수 없는 역량임을 긍정한 것으로, 이것은 역사적 사실에 부합하며 사회 진보에도 유리하다. 맹자가 말한 "천시(天時)는 지리(地利)만 못하고, 지리(地利)는 인화(人和)만 못하다", "도를 얻은 자에게는 도와주는 자가 많고, 도를 잃은 자에게는 도와주는 자가 적다"[18] 등과 같은 사상도 모두 민심에 순응할 것을 강조한 천고의 명언이다. 2천여 년 동안 이들 명언은 역대 진보 인사들이 포악한 정치와 강압적 정권에 반대하는 이론적 근거가 되었다.

(2) '항산(恒産)'과 '항심(恒心)'

맹자는 정치 측면에서는 '백성이 귀중하고 군주는 귀중하지 않다'는 이론을 제시했고, 경제 측면에서는 '제민지산(制民之產)'을 주장했다. 이는 맹자의 민본사상을 구체적으로 체현한 것으로, 맹자가 소농(小農) 경제를 위해 설계한 이상적 생활 청사진이다.

맹자는 제나라 선왕의 자문에 대답하면서 '제민지산'을 주장했다. 전국시대 중기 제나라는 국력이 상당히 강성한 대국으로, 제나라 선왕은 정권을 쥔 이후 자기가 천하를 통일할 수 있기를 더욱 희망했다. 이에 맹자는 '인(仁)'의 정치로 천하를 통일할 것을 제나라 선왕에게 권장했다. 어떻게 인(仁)의 정치를 실행하는지 제나라 선왕이 물었을 때 맹자는

---

18) 《孟子 · 公孫丑下》: "天時不如地利, 地利不如人和." "得道者多助, 失道者寡助."

"'항산(恒産)'이 없는데 '항심(恒心)'이 있는 것은 오직 '사(士)'만이 할 수 있습니다. 일반 백성들 같으면 '항산'이 없으면 '항심'이 없습니다. '항심'이 없으면 해서는 안될 일을 멋대로 저질러 법을 어기고 기강을 어지럽히며 하지 않는 짓이 없습니다. 죄에 빠진 연후에야 형벌을 내리니, 이것은 백성을 그물질하는 것입니다"[19]라고 했다. 여기서 '항산(恒産)'은 '고정된 수입'이고 '항심(恒心)'은 '일정한 도덕관념과 행위 준칙'이다. 여기서 말한 '사(士)'는 관리만을 가리키는 것이 아니라 학식이 있고 수양이 있는 사람을 가리킨다. 일반인은 만약 고정된 수입이 없어서 안정적 경제 기반이 없으면 정상적 도덕의식이 있을 수 없으며, 법을 어기고 기강을 어지럽혀서 무슨 짓이든 하지 않는 게 없다고 맹자는 지적한 것이다. 만약 통치자가 백성의 고정된 수입을 보장해주지 않고 백성이 죄를 저지르고 나서 징벌을 한다면 백성을 함정에 몰아넣는 것이란 말이다. 맹자가 여기서 '사(士)'는 '항산'이 없어도 '항심'이 있을 수 있으나 '민'은 항산이 없으면 항심이 없다고 한 것은 '사(士)'는 특수상황으로 말한 것이고 '민'은 일반상황으로 말한 것이다. 맹자는 일반적 상황에서 물질생활과 정신생활의 밀접한 연관을 강조하였으니, 이 점은 정확한 것이다.

백성은 '항산'이 없으면 '항심'이 없다는 것을 논증한 이후 맹자는 '제민지산'을 주장했다. "그러므로 영명한 군주는 사람들의 생업을 일으켜, 반드시 그들로 하여금 위로는 부모를 봉양하고 아래로는 처자식을 부양하기 충분하게 해주고, 풍년이 들면 입을 것과 먹을 것이 풍족하게 해주고, 흉년이 들어도 굶어죽는 것을 면하도록 해줍니다. 그러한 연후에 그들이 선의 길을 가도록 유도하니, 그러므로 백성들도 아주 쉽게 따릅니

19) 《孟子·梁惠王上》: "無恆產而有恆心者, 惟士為能. 若民則無恆產, 因無恆心. 苟無恆心, 放闢邪侈, 無不為已. 及陷於罪, 然後從而刑之, 是罔民也."

다."[20] '제민지산'이란 백성의 일정한 재산을 정해줘야 한다는 것으로, 실질적으로는 당시 주요 생산기반인 토지를 말한다. 이를 통해 백성이 부모를 부양하고 처자를 부양하기 충분하도록 해줘야 하고, 백성이 풍년에는 입고 먹는 것이 풍족하고 흉년이더라도 굶어 죽는 지경에는 이르지 않을 것을 보장해야 하는 것이다. 그래야만 백성이 도덕을 따지도록 이끌 수 있으며 백성이 쉽게 받아들인다. 그렇지 않으면 사람들은 목숨을 부지하는 것도 제대로 못할까 걱정인데 예의도덕을 말할 겨를이 어디 있겠는가? 이어서 맹자는 소농(小農) 생활의 아름다운 모습을 그렸다. 매 가구마다 5무(畝)의 집과 뜰을 주어 주위에 뽕나무를 심고 누에를 키우면 50세 이상인 사람이 모두 비단옷을 입을 수 있고, 매 가구마다 모두 적시에 닭과 돼지를 키울 수 있게 하면 70세 이상인 사람이 모두 고기를 먹을 수 있고, 매 가구마다 100무(畝)의 밭을 주어 농사 때를 방해하지 않으면 여덟 식구의 한 가구가 배불리 먹을 수 있고, 그런 이후 학교를 세우고 예의를 익히게 하면, 부모는 자애롭고 자녀는 효도하고, 형제와 친구는 우애 있고, 노인을 부축하고 아이들 끌어주는 것이 기풍이 될 것이라고 했다. 여기까지 할 수 있으면 천하를 얻지 못할 수 없다고 맹자는 보았다. 맹자의 사상적 논리는 천하를 얻고 싶다면 반드시 민심을 얻어야 하고, 민심을 얻고 싶다면 반드시 '제민지산' 즉 백성의 기본적 재산을 보장해야 한다는 것이다. 백성의 기본생활 조건을 보장해서 백성이 충분히 편안히 살면서 즐겁게 생업에 종사할 수 있도록 해줄 것을 맹자가 통치자에게 요구한 것은 대다수 농민의 이익과 요구를 반영한 것으로, 어느 정도 진보성이 있다. 동시에 '고정적 수입이 없으면 도덕적 마음이 없다'는 사상은 사상의식과 도덕행위에 물질 생산활동이

20) 《孟子·梁惠王上》: "是故明君制民之產, 必使仰足以事父母, 俯足以畜妻子; 樂歲終身飽, 凶年免於死亡; 然後驅而之善, 故民之從之也輕."

결정적 역할을 한다는 것을 긍정한 것으로, 이 또한 매우 깊은 뜻을 지니고 있다.

사람의 사회의식과 도덕관념은 일정한 사회 존재로부터 오고 일정한 경제적 지위의 제한을 받는다고 마르크스주의는 보았다. 사회 물질생활을 벗어나서 도덕 원칙을 현란하게 말하는 것을 마르크스주의가 반대한 것은 바로 이 점에 있다. '고정된 수입이 없으면 도덕적 마음이 없다'는 맹자의 명제는 진리를 제시한 것으로, 사회 물질생활과 정신생활의 밀접한 관계를 인정한 것이다. 대략 전국시대 중기에 편집 완성된 《관자(管子)》라는 책의 제1편에서도 "국가가 부유해야 예의 문화가 있을 수 있고, 국민이 입고 먹는 것이 풍족해야 도덕의식이 있을 수 있다"[21]고 했다. 기본적 물질생활 조건이 문화 도덕에 결정적 작용과 제한적 작용을 한다는 것을 《관자》는 긍정 화법으로 인정했고, 맹자는 일정한 물질적 생활 기초가 없으면 안정된 도덕의식이 있을 수 없다고 부정 화법으로 말을 하여, 둘은 '이곡동공(異曲同工)' 즉 '노래는 다르게 불렀지만 그 내용은 같다.'

"국가가 부유해야 예의문화가 있다"는 《관자》의 말이든, "고정된 수입이 없으면 도덕적 마음이 없다"는 《맹자》의 말이든 모두 일반적 상황을 말한다. 이 명제들은 개별 현상을 말한 것이 아니라 일반적 상황을 말한 것이기 때문에 철학적 명제의 보편적 의미를 지니고 있다. 그러나 이 명제들은 또한 일반적 상황에서 말한 것이기 때문에 모든 개별 현상에 맞을 수는 없다. 어떤 나라는 부강하게 되었지만 오로지 강력한 권력만 믿고 신의를 따지지 않으며, 어떤 사람은 허리에 1만 관을 두르고 있지만 인색하고 탐욕스럽고, 어떤 사람은 찢어지게 가난해도 고상한 풍절을 지킨다. 맹자는 바로 재부와 도덕이 일치하지 않는 이런 상황을

21) "倉廩實則知禮節, 衣食足則知榮辱."

보고 "고정된 수입이 없어도 일정한 도덕의식이 있는 것은 오직 '사(士)'만 할 수 있다"는 명제를 제시하여, 도덕이 고상한 소수 사람들은 빈궁하다고 해서 도덕 원칙을 상실하지 않는다고 보았다. 이 또한 정확한 것이다. 이것은 물질생활과 도덕행위의 관계의 또 다른 측면을 보여준 것으로, 물질생활과 정신생활은 떨어질 수 없는 밀접한 관계가 있기도 하고, 또한 간단한 동일관계나 동보관계도 아니라는 것을 말해준다.

인류사회 역사발전의 전체적 각도에서 보자면, 물질생활은 일정한 범위 안에서 사람들의 도덕의식과 도덕행위를 제한하고 결정한다. 이로써 말하면 "고정된 수입이 없으면 도덕적 마음이 없다"는 명제는 일반적 규칙을 제시한 것이다. 특정 시기, 특정 지역, 특정 사람들로 보면, 물질생활 수준과 정신생활 수준이 조화를 이루지 않는 상황이 자주 나타난다. 이로써 말하면, "고정된 수입이 없어도 도덕적 마음이 있는" 상황은 찬양할 만하다. 다만 맹자는 이 두 측면을 각각 '민(民)'과 '사(士)' 두 부류에게만 귀결시켜서 간단화한 면이 있다.

(3) '생(生)'과 '의(義)'

맹자는 통치자가 백성의 기본적 물질생활 조건에 주의를 기울여야 한다고 반복해서 가르치고, 경제기초가 도덕의식의 결정에 작용한다는 것을 강조했다. 그러나 맹자는 사람이 물질적 이익을 추구하는 것을 목표로 삼아야 한다고 보지는 않았다. 반대로 맹자는 물질이익과 도덕 원칙 사이에서 도덕 원칙이 더욱 추구할 가치가 있는 것이라고 보거나, 정신생활이 물질생활보다 더욱 높은 의미과 가치가 있다고 보았다. 도덕 원칙과 물질이익의 관계를 고대에는 '의(義)'·'리(利)' 문제라고 일컬었다. '의(義)'와 '리(利)'의 관계 문제는 중국 고대 철학에서 중요한 문제로, 이 문제에서 유가의 기본 경향은 '의'를 숭상하고 '리'를 경시한 것이고,

이 경향은 공자로부터 비롯되어 맹자에게서 틀이 세워졌다.

공자는 처음으로 '의'와 '리'를 대조되는 것으로 본 사람으로, "군자는 '의'에 밝고, 소인은 '리'에 밝다"[22]고 했다. '의'는 행위의 도덕 규범 혹은 준칙이다. '리'는 이익으로, 사람의 물질적 요구를 만족시켜줄 수 있는 물건이다. 공자가 보기에 수양이 있는 사람은 도덕 원칙을 이해하고, 문화와 교양이 없는 사람은 오직 개인적 이익을 추구할 줄만 안다. 공자가 이미 '의'를 중시하고 '리'를 경시하는 경향을 보였고, 맹자는 이것을 더욱 깊게 드러냈다.

《맹자》 제1편 제1단은 맹자가 양(梁)나라 혜왕(惠王)을 만나는 이야기이다. 양나라 혜왕이 맹자를 만나서 꺼낸 첫 번째 말이 "귀하께서 천 리 길을 멀다 않고 오셨으니, 저의 국가에 틀림없이 이익이 있겠지요?"이다. 이 말을 들은 맹자는 그러면 안된다고 여기며 "왕께서는 왜 꼭 이익을 말씀하십니까? 인의(仁義)가 있을 따름입니다"라고 했다. 입만 열면 '리'를 말하는 것에 맹자는 매우 반감을 가지고, '인의'를 첫 번째 자리에 놓아야 한다고 강조한 것이다. '리'를 첫 번째 자리에 놓으면 왜 안되는가? 맹자는 풀이하기를, 만약 군왕이 "어떻게 내 나라를 이롭게 할까"라고 하면 대부는 "어떻게 내 영지를 이롭게 할까"라고 하고, 백성은 "어떻게 나 자신을 이롭게 할까"라고 하여, 이렇게 위 아래가 서로 개인적 이익을 따라갈 것이니, 그러면 국가가 위험해진다고 했다. 나아가 맹자는 해설하기를, 전차 1만 대를 보유한 국가에서 군주를 시해하는 자는 틀림없이 전차 1천 대를 보유한 대부일 것이고, 전차 1천 대를 보유한 국가에서 군주를 시해하는 자는 틀림없이 전차 1백 대를 보유한 대부일 것이다. 전차 1만 대 중 1천 대를 보유하고, 전차 1천 대 중 1백 대를 보유하면, 그 숫자가 많지 않다고 할 수 없다. 그러나 만약 모두가 "'의'

22) 《論語·里仁》: "君子喻於義, 小人喻於利."

를 뒤로 하고 '리'를 우선시하면" 약탈을 하지 않으면 만족하지 않을 것이 틀림없다. 그래서 맹자는 "역시 인의가 있을 따름입니다. 왜 꼭 '리'를 말씀하십니까"라고 했다. 맹자는 '리'를 우선시하고 '의'를 뒤로 하는 것을 반대하여, '인의'를 많이 얘기하여 사람들의 마음을 잡고 '이익'을 적게 얘기하여 사람들이 이익을 다투지 않게 할 것을 주장했다.

《맹자·고자하(告子下)》에 또 이런 이야기가 있다. 진(秦)나라와 초(楚)나라가 전쟁을 하려고 할 때, 당시 저명한 학자 송경(宋牼(宋銒))이 양국 군대를 철수하라고 설득하러 가려고 했다. 대략 그들을 어떻게 설득하려고 하는지 맹자가 물었다. 진나라 왕과 초나라 왕이 교전을 벌이는 것을 이롭지 않다고 말해주려고 한다고 송경이 대답했다. 맹자는 송경의 의도는 좋지만 이론은 맞지 않다고 했다. 송경이 '리'로 진나라·초나라의 왕을 설득하면, 진나라·초나라의 왕이 만약 이익이 있다는 이유로 기뻐하여 군대를 철수하면, 삼군의 장수와 병사는 군대 철수를 즐거워하여 더욱 이익을 좋아할 것이다. 만약 신하가 모두 이익을 구하는 관념으로 군주를 모시고, 자녀가 모두 이익을 구하는 관념을 품고 부모를 돌보고, 동생이 모두 이익을 구하는 관념을 품고 형장을 따르면, 그러면 군신·부자·형제 사이에 인의를 등져버리고 이익을 구하는 마음으로 서로를 대하니, 이런 사회는 망하지 않은 적이 없다. 이와 반대로 만약 '인의'로 진나라·초나라 왕을 설득하여, 두 왕이 인의를 좋아하여 군대를 철수하게 하고, 삼군의 병사가 군대가 철수되어 인의를 좋아하여, 군신·부자·형제가 모두 인의의 마음으로 서로를 대하면, 천하는 장차 인의의 천하가 될 것이다.

'의'를 중시하고 '리'를 경시하라고 맹자가 주장한 것은 주로 "위아래가 서로 '리'를 다투는" 사회현실을 겨냥하여 말한 것이다. 맹자는 "'의'를 뒤로 하고 '리'를 우선시하는" 것이 전쟁이 끊이지 않고 백성이 도탄에 빠지는 원인이라고 보고, 오직 '인의'를 첫 번째 자리에 놓아야 약탈과 폭압적 정치를 없애고 사회의 안정과 평안에 도달할 수 있다고 보았다. 동시에 '의'를 중시하고 '리'를 경시하는 원칙은 개인 수양에도 중요한 의미가 있다. 맹자가 보기에 인생 최고의 가치는 도덕을 실행하는 것 즉 도덕적 이상을 실현하는 것에 있었다. 생명은 고귀한 것이고 도덕 역시 고귀한 것임을 맹자는 인정했다. 그러나 생명과 도덕이 충돌했을 때는 마땅히 "생명을 버리고 도덕을 취해야"[捨生取義] 한다고 보았다. "생선 요리는 내가 좋아하는 것이다. 곰발바닥 요리 역시 내가 좋아하는 것이다. 두 가지를 모두 얻을 수 없다면 생선 요리를 포기하고 곰발바닥 요리를 선택한다. '생명' 역시 내가 원하는 것이고, '도덕' 역시 내가 원하는 것이다. 두 가지를 모두 얻을 수 없다면 '생명'을 포기하고 '도덕'을 선택한다."[23] 생명은 정말 중요한 것이다. 그러나 사람이 추구하는 것 중에는 생명보다 더욱 중요한 것이 있다. 죽음은 사람들이 싫어하는 것이다. 그러나 사람은 죽음보다 훨씬 싫어하는 것이 있다. 생명보다 더욱 중요한 것은 바로 '도덕'이고, 죽음보다 더욱 싫어하는 것은 바로 '불의'로, 도덕은 생명보다 숭고하고 진귀하다. 사람은 구차하게 살지 말고 도덕적 이상의 실현을 추구해야 한다.

도덕적 원칙이나 정신적 이상은 사람이 스스로 지니고 있는 것이지 다른 사람이 주어서 가장 소중한 것이 되는 것이 아님을 맹자는 강조했다. 이것이 바로 맹자가 말한 '양귀(良貴)'이다. 사람은 저마다 자기가 '존귀'하기를 희망한다. 그러나 사람들은 종종 자신의 가장 '소중한' 것을 보지 못한다. 다른 사람이 내게 '존귀한 지위'를 줄 수 있다. 그러나 역시 마찬가지로 내 '존귀한 지위'를 빼앗을 수도 있다. 그래서 이것은

23) 《孟子·告子上》: "魚, 我所欲也, 熊掌, 亦 我所欲也 ; 二者不可得兼, 舍魚而取熊掌者也. 生, 亦我所欲也, 義, 亦我所欲也 ; 二者不可得兼, 捨生而取義者也."

'양귀(良貴)'가 아니다. '양귀'는 자신이 지니고 있어서 다른 사람이 베풀어주는 것을 기다릴 필요도 없으며 다른 사람이 빼앗을 수도 없다. 이른바 '양귀'는 바로 도덕의식으로, 개인의 정신적 자각이다.

중국 봉건사회 후기로 갈수록 "'의(義)'·'리(利)' 논쟁"은 실제에 힘쓰지 않고 공허하게 '성(性)'과 '이(理)'만 얘기하고 심지어 "'이(理)'로 사람을 죽이는" 지경에 이르는 폐단으로 변화한다. 이런 폐단은 맹자가 "왜 꼭 '리(利)'만 말하는가"라고 말한 것과 관계가 있는 것처럼 보인다. 하지만 맹자는 사실상 '리(利)'를 완전히 홀시한 것이 결코 아니다. 맹자는 '백성의 기본적 재산 보장'을 주장하였고, 이것은 백성의 물질적 이익을 보장하는 것과 딱 맞아떨어진다는 것에 반드시 주의해야 한다. 맹자가 경시한 '리'는 주로 개인적 이익, 특히 통치계급이 약탈한 이익으로, 맹자는 백성의 이익은 상당히 중시했다는 것에도 동시에 주의를 기울여야 한다.

종합하면, 맹자의 '사생취의(捨生取義)' 이론은 중국 역사상 눈부신 빛을 보여, 무수한 지사(志士)·어진 사람(仁人)·충신·열사들이 진리와 정의를 위해 헌신한 장대한 의거는 모두 '사생취의'의 주된 선율에 메아리쳐서 중국의 영웅교향곡을 형성한 것이다.

(4) 인성(人性)은 선(善)하다

인성(人性) 문제는 중국 뿐 아니라 세계 각국의 철학사에서 모두 광범위하게 토론되었던 문제이다. 인성의 선악 문제는 중국철학사에서 특히 중시되었던 문제이다. 이 문제를 체계적으로 제시하고 토론한 첫 번째 사상가가 바로 맹자이다.

맹자 이전에 공자도 어쩌다 '성(性)'을 말한 적은 있다. 공자는 "사람의 천성은 모두 비슷하고 나중에 양성된 습관이 다르다"[24]고 했다. 공자는 인성의 선악 문제를 언급하지는 않았다. 인성이 선하다는 이론을 제일 먼저 제시한 사람은 맹자이다. 이 이론은 뜨거운 반응을 불러일으켜, 장장 2천여 년에 달하는 논쟁을 이끌어냈다. 당시 논쟁에서 맹자와 직접 마주하여 가장 격렬하게 논쟁한 사람은 고자(告子)이다. 고자가 보기에 인성은 급하게 흐르는 물과 같아서, 동쪽으로 물길을 트면 동쪽으로 가게 할 수 있고, 서쪽으로 물길을 트면 서쪽으로 가게 할 수 있다고 보았다. 인성은 본래 선악이 없으니, 마치 물이 흘러갈 방향이 본래 동쪽이니 서쪽이니 정해진 것이 없는 것과 같다는 것이다. 맹자는 "물이 동쪽으로 흐르는지 서쪽으로 흐르는지 구분되지 않은 것은 사실이다. 그러나 상하도 구분되지 않았단 말인가? 사람의 본성이 선한 것은 물이 아래로 흐르는 것과 같다. 사람은 선하지 않은 사람이 없고, 물은 아래로 흐르지 않는 물이 없다"[25]고 대답했다. 물이 비록 동쪽으로 흐를지 서쪽으로 흐를지 정해지지는 않았지만 반드시 위에서 아래로 흐르니, 사람의 본성이 선을 향하는 것은 바로 물이 아래로 흐르는 것과 같이 자연스러운 추세이며, 물이 흐르는 것을 사람이 쳐올리거나 막아서 튀어오르거나 거꾸로 산으로 흘러가게 할 수는 있지만, 물의 본성은 결코 위로 흐르는 것이 아니며, 사람 역시 나쁜 짓을 하기는 하지만, 사람의 본성은 결코 악을 행하는 것이 아니라는 것이다. 맹자의 성선(性善) 관점은 인간의 도덕의식의 보편성을 인정했다.

맹자와 고자의 관점이 갈라진 근본 원인은 그들이 말하는 '성(性)'의 실질이 다르다는 것에 있다. 고자가 말한 '성'은 인간이 태어나면서 지니고 있는 본능을 가리킨다. 즉 "생지위성(生之謂性)", "식색성야(食色性

24) 《論語·陽貨》: "性相近也, 習相遠也."

25) 《孟子·告子上》: "水信無分於東西, 無分於上下乎? 人性之善也, 猶水之就下也. 人無有不善, 水無有不下."

也)"라는 것이다. 음식을 먹고 남녀가 사랑하고 하는 것은 모든 사람이 그런 것으로, 본래 선악이라는 것이 없다는 것은 맞는 말이다. 그러나 고자가 말한 '성'은 사실 동물적 본능과 같다. 따라서 진정한 인성(人性)이 아니다. 맹자는 인성은 반드시 동물의 본성과 구별되는 것, 즉 '사람이 금수와 다른 것'[26]이어야 한다고 했다. 맹자는 '사람이 금수와 다른 것'은 도덕의식을 갖추고 있는 것에 있다고 보았다. 도덕의식은 '인의지심(仁義之心)'이기도 하고 '불인인지심(不忍人之心)'이기도 하다.

맹자는 말했다. "사람마다 모두 다른 사람을 가련히 여기는 심정이 있다고 말하는 이유는 다음과 같다. 비유를 들자면, 지금 한 어린 아기가 갑자기 우물 안으로 빠지려고 하는 것을 보았다고 하면, 어떤 사람이든 모두 깜짝 놀라서 동정하는 심정이 생길 것이다. 이런 심정이 생기는 것은 그 어린 아기의 부모와 사귄 정이 있어서도 아니고, 향리의 친구들 사이에서 명예를 얻으려고 하는 것도 아니고, 또한 그 어린 아기의 울음소리를 싫어해서 그런 것도 아니다. 이로부터 보면, 만약 동정하는 마음이 없다면 사람이 아니며, 만약 수치스러워하는 마음이 없다면 사람이 아니며, 만약 사양하는 마음이 없다면 사람이 아니며, 만약 시비를 따지는 마음이 없다면 사람이 아니다. 동정하는 마음은 인(仁)의 싹이요, 수치스러워하는 마음은 의(義)의 싹이요, 사양하는 마음은 예(禮)의 싹이요, 시비를 따지는 마음은 지(智)의 싹이다. 사람에게 이 네 가지 싹이 있는 것은 마치 그에게 수족 사지가 있는 것과 같다."[27] 맹자는 사람과

26) 《孟子·離婁下》: "人之所以異於禽獸者幾希, 庶民去之, 君子存之. 舜明於庶物, 察於人倫, 由仁義行, 非行仁義也."

27) 《孟子·公孫丑上》: "所以謂人皆有不忍人之心者, 今人乍見孺子將入於井, 皆有怵惕惻隱之心, 非所以內交於孺子之父母也, 非所以要譽於鄉黨朋友也, 非惡其聲而然也. 由是觀之 : 無惻隱之心, 非人也 ; 無羞惡之心, 非人也 ; 無辭讓之心, 非人也 ; 無是非之心, 非人也. 惻隱之心, 仁之端也 ; 羞惡之心, 義

사람이 아닌 것의 근본적 구별은 '인(仁)·의(義)·예(禮)·지(智)' 사단(四端)이 있느냐 없느냐에 있다고 했다. 인·의·예·지 등 도덕관념이 사람이 사람인 표지이며, 또한 맹자가 말한 '성(性)'의 기본내용이다.

맹자는 사람에게 인·의·예·지 사단이 있는 것은 마치 사람에게 사지가 있는 것과 같아서 태어나면서 지니고 있는 것으로 보았다. "인·의·예·지는 밖에서 내게 주어진 것이 아니라 내가 원래 가지고 있는 것이다"[28]라고 했다. 도덕관념은 사람의 마음에 원래 있는 것으로 여기는 듯하여, 혹자는 이 말을 도덕선험론으로 간주하기도 하는데, 이것은 분석이 필요하다. 하지만 맹자가 말한 '사단'은 사람이 태어나면서 지니는 도덕관념의 단서·맹아일 뿐으로, 잠재적 도덕의식이다. 이런 도덕의식은 후천적 배양과 발전을 거쳐야 하니, 즉 '확충'해야 하는 것이다. 사람에게는 도덕관념을 받아들일 잠재적 가능성이 있음을 인정하고, 또한 후천적 학습 수양의 필요성을 인정한 것이다. 이런 측면에서 말하자면, 맹자의 인성론은 상당히 합리적 근거가 있다.

맹자의 성선론(性善論)은 사람이 나면서부터 지니고 있는 측은지심(惻隱之心)에 기초했으며, 그 뿐 아니라 또한 군자 혹은 도덕을 지니고 있는 사람이 먹고 사랑하는 생리적 요구를 자기 본성으로 여기지 않고 의식적으로 도덕지심을 자기 본성으로 여겼다는 자주적 선택을 강조했다. 이것이 바로 맹자가 말한 "군자의 본성은 인의예지가 마음 속에 뿌리내린"[29] 것이다. 확실히 맹자는 자각적으로 도덕원칙을 자기 본성으로 삼을 것을 주장했다. 맹자는 두 가지 다른 성(性)의 선택을 명확하게

之端也 ; 辭讓之心, 禮之端也 ; 是非之心, 智之端也. 人之有是四端也, 猶其有四體也."

28) 《孟子·告子上》: "仁、義、禮、智, 非由外鑠我也, 我固有之也."

29) 《孟子·盡心上》: "君子所性, 仁義理智根於心."

구별했다. "입은 맛있는 것을 먹고 싶어하고, 눈은 아름다운 것을 보고 싶어하고, 귀는 좋은 소리를 듣고 싶어하고, 코는 향기로운 것을 냄새 맡고 싶어하고, 사지는 편안하고 싶어하는 것이 천성이다. 그러나 운명에 달려 있으므로 군자는 필연적 천성이라고 여기지 않는다. 부모 자식 사이에서의 인(仁), 군주 신하 사이에서의 의(義), 빈객 주인 사이에서의 예(禮), 현명한 자에게 있어서의 지(智), 성인에게 있어서의 천도는 운명에 속하면서도 필연적 천성이므로 군자는 운명에 속하는 것으로 여기지 않는다."[30] 사람이 생명과 함께 지니게 되는 것으로 '성(性)'이 있고 '명(命)'이 있다. 이것은 인간이 자기가 결정할 수 있는 것이 아니다. 그러나 무엇을 '성'으로 하느냐와 무엇을 '명'으로 하느냐는 자기가 선택할 수 있다. '성'과 '명'은 각각 도덕적 행위와 생리적 행위를 포괄하니, 그래서 맹자는 '성'과 '명'을 대조하여 말했다. 혹자는 귀·눈·입·코가 필요로 하는 것이 '성'이라고 했는데, 맹자는 찬성하지 않았다. 군자는 인의(仁義)와 이지(理智)를 자기의 '성'으로 삼아야 한다고 맹자는 보았다. '성'은 내재적인 것이어서 자기가 보존하고 양성할 수 있다. '명'은 외재적인 것이어서 개인이 어떻게 할 수 없다. 귀·눈·입·코의 욕망을 만족시킬 수 있느냐 하는 것은 외재적 조건이 결정하는 것이어서 군자가 추구해야 하는 것이 아니다. 인의와 이지는 내재적 도덕의 속성이어서 사람이 추구하고 실현할 수 있다. 군자 혹은 도덕적 생활을 추구하는 모든 사람은 당연히 인의와 이지를 자기의 '성'으로 삼아야 한다.

종합하면, "인성은 선하다"는 맹자의 명제는 인류 도덕생활의 가능성과 중요성을 인정하고, 인류와 동물의 근본적 구별을 제시하여, 역사상

30) 《孟子·盡心下》: "口之於味也, 目之於色也, 耳之於聲也, 鼻之於臭也, 四肢之於安佚也, 性也, 有命焉, 君子不謂性也. 仁之於父子也, 義之於君臣也, 禮之於賓主也, 智之於賢者也, 聖人之於天道也, 命也, 有性焉, 君子不謂命也."

광범위한 토론과 논쟁을 불러일으켜서 중국고대윤리학의 발전을 추동했다.

공자와 상대적으로 맹자의 사상은 내용이 훨씬 풍부하고 주도면밀하다. 맹자는 성선(性善)을 도덕 원칙과 도덕 실천의 기초로 삼아서, '의(義)'가 '리(利)'보다 높다고 보았으며, '의'는 군주가 백성을 위하여 제공하는 '고정된 수입'과 백성과 함께 누리는 물질적 '리'를 포괄한다. 맹자는 또한 백성이 귀중하고 군주는 귀중하지 않다는 이론을 제시하여, 백성은 군주를 좋아하지 않거나 심지어 군주를 몰아낼 이유가 있다고 보았다. 맹자의 '인정(仁政)' 주장은 또한 후세 유가가 군왕을 바로잡을 이유이기도 했고 백성이 폭정에 대항하는 이론적 무기이기도 했다. 여러 측면에서 맹자의 주장은 중국사상사에서 모두 중요한 이론적 의미를 지니고 있다.

05 주역대전(周易大傳)

중화의 지혜가 듬뿍 담긴 선진시대 철학저작이 있다. 바로 《주역대전(周易大傳)》이다. 《역대전(易大傳)》이라고도 한다. 《주역대전》은 《역경(易經)》을 해석한 열 편 〈단(彖)〉상하·〈상(象)〉상하·〈계사(繫辭)〉상하·〈문언(文言)〉·〈설괘(說卦)〉·〈서괘(序卦)〉·〈잡괘(雜卦)〉의 총칭이다. 이 열 편은 예로부터 십익(十翼)이라고 했으며, 공자가 지은 것이라고 전해졌다. 현대인의 고증에 따르면, 이 열 편은 일시에 만들어진 것도 아니고 한 사람이 만든 것도 아니며, 기본적 부분은 전국시대 중기에서 전국시대 말기의 작품이다. 《주역대전》은 이후 중국 철학사상 발전에 지대한 영향을 끼쳤다. 《주역대전》은 공자의 적극적 유위(有爲)의 생활태도를 발전시켰고, 중국사상문화의 주선율인 '강건자강(剛健自強)'의 기본정신의 기초를 놓았다. 선진시대의 변증법 사상을 총결하여 '음(陰)이었다 양(陽)이었다 하는 것이 도'라는 정밀하고 깊이 있는 명제를 제시하고, 중국고대 변증법의 대부분 범주를 확립했다. 《주역대전》은 또한 소박한 유물주의의 '태극음양(太極陰陽)' 설을 제시하여, 후세 유가학자의 본체학설의 기본적 틀을 설계했다. 서양 학자들은 종종 《역경》과 《주역대전》을 중화의 지혜의 근원으로 본다. 이것은 어느 정도 일리가 있다. 《주역

대전》의 사상은 풍부하고 정밀하고 깊다. 가장 중요한 몇 가지 포인트를 소개한다.[1)]

(1) 하늘의 운행은 꿋꿋하고, 군자는 자강불식하다

중국은 세계의 동방에서 5천 년 동안 우뚝 서 있었다. 중국의 문화는 성쇠와 변천을 겪기는 했지만 시종일관 끊어지지 않고 이어져왔다. 이는 무슨 역량에 의한 것인가? 우리가 보기에, 문화 자체로 본다면, 중국문화를 흥성·발전시키고 그것이 끊임없이 이어지게 하는 데 큰 작용을 한 것은 공자로부터 확립되어 《주역대전》에서 발전시킨 '강건자강(剛健自強)'의 정신이다.

공자는 '굳세고 의연할'[2)] 것을 주장했고, '실행에 옮기는 것에 싫증내지 않을'[3)] 것을 주장했고, '분발하면 먹는 것도 잊고, 도를 알면 즐거워 걱정거리를 잊고'[4)], '어진 사람은 근심하지 않는다'[5)]고 하여, 생활에 대하여 적극적·낙관적 태도를 가질 것을 주장했는데, 《주역대전》은 이런 적극적·낙관적·진취적 인생 태도를 더욱 드러내었다.

〈상전(象傳)〉에서 "천행건(天行健), 군자이자강불식(君子以自強不息)"[6)]과 "지세곤(地勢坤), 군자이후덕재물(君子以厚德載物)"[7)]을 제시했다.

---

1) 본문에서 인용하는 경우 모두 고형(高亨)의 《주역대전금주(周易大傳今注)》(齊魯書社, 1979年)에서 인용.
2) 《論語·子路》: "剛毅木訥, 近仁."
3) 《論語·述而》: "為之不厭."
4) 《論語·述而》: "發憤忘食, 樂以忘憂."
5) 《論語·子罕》: "仁者不憂."
6) 〈乾卦〉: "天行健, 君子以自強不息."
7) 〈坤卦〉: "地勢坤, 君子以厚德載物."

'건(健)'은 굳세고 강하여 굴복하지 않는다는 뜻이다. 천체는 쉬지 않고 운행하니, 그래서 '건(健)'이라고 했다. '곤(坤)'은 부드럽고 너그럽다는 뜻이다. 이 말은 '하늘'의 본성은 쉬지 않고 운행하고 굴복하지 않고 굳세고 강하니, 사람은 하늘을 본받아서 쉬지 않고 스스로 굳세게 노력하여 영원히 전진하고, 땅의 본성은 하늘을 따라 움직이는 것으로, 사람은 땅을 본받아서 너그럽게 사람을 대하고 두터운 덕으로 사람을 길러야 한다는 뜻이다. 〈단전(彖傳)〉에서 "사람은 하늘처럼 강건하고 산처럼 충실하고 두터워야 하니, 강건하고 충실함이 충족하여 빛이 나고, 덕행이 끊임없이 증가하고, 현명함과 유능함을 숭상하고, 경망하게 행동하지 않고 강건하면 크게 길하고 이롭다"[8]고 했다. 《주역대전》에서는 강건하고 굳세고 자율적으로, 두터운 덕망과 관용으로 사람을 대하는 생활 태도를 주장했음을 알 수 있다.

천체는 쉬지 않고 운행할 뿐 아니라 규칙이 있다. 이에 근거하여 《주역대전》에서는 사람이 '하늘'의 자강불식(自強不息)을 본받을 때 '중정(中正)'하고, '움직이고 정지함이 때를 잃지 않고', '하늘에 따르고 사람에게 반응'하게 된다고 말했다. 〈문언(文言)〉에서 "위대하도다, 건(乾)이여! 강건(剛健)하고 중정(中正)하니, 순수함의 정화구나"[9]라고 했다. 강건하면서도 지나치게 단단하지 않은 것이 이상적인 품덕이다. 〈단전(彖傳)〉에서 "덜고 보태거나 가득차고 비는 것이 모두 때에 맞게 행해지다"[10]라고 했고, "멈춰야 할 때는 멈추고, 움지역야 할 때는 움직여서, 동정(動靜)이 적절한 때를 잃지 않으니, 그 도(道)가 빛난다"[11]라고 했

8) 〈大畜卦〉: "剛健篤實, 輝光日新, 其德剛上而尚賢, 能止健, 大正也."
9) 〈文言〉: "大哉乾乎! 剛健中正, 純粹精也."
10) 〈損卦〉: "損益盈虛, 與時偕行."
11) 〈艮卦〉: "時止則止, 時行則行. 動靜不失其時, 其道光明."

다. 사람의 행위는 자연운행의 리듬에 맞아야 하고, 객관적 규칙을 따라야 한다. 〈단전(彖傳)〉에서는 또 "천지(天地)가 바뀌어 사시가 이루어진다. 탕왕과 무왕의 혁명은 하늘을 따르고 사람에 응한 것이었다. 바뀌는 때는 위대하도다"[12]라고 했다. 자연은 반드시 변혁이 있고, 사람의 일에도 반드시 변혁이 있다. 상나라 탕왕과 주나라 무왕이 하나라 걸왕과 상나라 주왕을 몰아낸 혁명은 천시(天時)를 따르고 인심(人心)에 호응한 업적이다.

'강건(剛健)'과 '중정(中正)'의 통일을 '강중(剛中)'이라고 한다. '때에 맞춰 행해지는' 것과 '중정(中正)'의 통일을 '시중(時中)'이라고 한다. '강중(剛中)'과 '시중(時中)'은 모두 《주역대전》에서 중요한 개념으로, 후세 유가가 매우 중시한 생활준칙이다.

《주역대전》에서는 또한 '낙천지명(樂天知命)하기 때문에 근심이 없다'[13]는 원칙을 제시했다. 선진 유가에서 말한 '명(命)'은 사람에게 가해지는 환경의 재단(裁斷)을 가리킨다. 사람이 모든 노력을 했는데도 효과가 없을 때, 사람의 일 밖에 있어서 사람의 힘으로 도달할 수 없을 때, 이것이 이른바 '명(命)'이다. 선진 유가가 보기에, 살고 죽고 장수하고 요절하는 것과 빈부귀천은 사람의 힘으로 어떻게 할 수 있는 것이 아니니, '명'이요. 그런데 도덕을 높이고 지혜를 발전시키는 것은 완전히 사람 자신의 노력에 달려 있다. 살고 죽는 것에는 명(命)이 있고, 부귀는 하늘에 달렸으니, 마땅히 태연하게 대처하고 사람의 힘으로 도달할 수 있는 것을 추구해야 한다고 유가는 주장했다. 이것이 바로 '낙천지명(樂天知命)'이다.

종합하면, 《주역대전》에서 주장한 생활 태도는 적극적이고 낙관적이

12) 〈革卦〉: "天地革而四時成. 湯武革命, 順乎天而應乎人. 革之時, 大矣哉."
13) 〈繫辭上〉: "樂天知命, 故不憂."

고 진취적인 것이다. 강건하고 스스로 힘쓰고 낙관적이고 위를 향하는 이런 인생관은 중국 역사에서 깊은 영향을 끼쳐서, 예로부터 지금까지 진보적 정치가·사상가·과학자가 모든 곤경과 위험을 무릅쓰고 용감하게 분발 전진하도록 격려했고, 아울러 피안 세계를 추구하지 않고 현실 인생을 중시하는 성격의 기조를 만들어냈다. 강건하고 스스로 힘쓰고 낙관적이고 위를 향하는 인생관을 주장했다는 측면에서는 중국문화의 우수성을 인정해야 할 것이다.

(2) 천지(天地)의 '도(道)'를 완성하고, 천지의 '의(宜)'를 보완하다

'천인(天人)' 관계는 중국철학에서 매우 중요한 문제이다. 이 문제에 대해 《주역대전》은 인위적인 것을 부정하고 모든 것을 '자연에 맡긴' 노자·장자와도 다르고, '자연을 통제'할 것을 주장한 순자(荀子)와도 다르게, 자연과 사람의 협조를 주장했다. 즉 한편으로는 자연에 적응하고 한편으로는 인도하고 개발하여 인류와 자연이 서로 협조하도록 해야 한다고 주장했다. 이 학설은 선진철학에서 중요한 위치를 차지하며, 후세 사상에도 깊은 영향을 끼쳐서, '천인' 관계에 관한 중국 고대 많은 철학가 학설의 기초를 세웠다.

《주역대전》은 "천지지도(天地之道)를 조절하여 완성하고, 천지지의(天地之宜)를 도와준다"라는 명제를 제시했다. 〈상전(象傳)〉에서 "천지(天地)가 서로 교차하여, 천지지도를 완성하고, 천지지의(天地之宜)를 보조하여, 백성을 이끈다[14]라고 했다. '재(財)'는 '재(裁)'와 통하여, '재성(裁成)'은 조절하여 완성한다는 것이다. '보상(輔相)'은 도와준다는 것으로, 나중에는 군주를 가리킨다. '좌우(左右)'는 지배하고 지휘하는 것

14) 〈泰卦〉: "天地交, 泰. 後以財成天地之道, 輔相天地之宜, 以左右民."

을 가리킨다. 천지지도(天地之道)는 천지(天地)의 사시 변화와 만물의 생장 규칙을 가리킨다. '천지지의(天地之宜)'는 비·이슬·서리·눈 등이 각각 마땅히 와야 할 때가 있음을 가리키고, 산천·구릉·평원은 각각 생산에 적합한 물품이 있음을 가리킨다. 이 부분은 하늘의 기는 하강하고 땅의 기는 상승하여, 하늘과 땅이 교차하여, 만물이 저마다 생장하고, 군주가 이에 의거하여 정령을 반포하고, 천지의 변화를 조절하고, 천지의 적절한 것을 보조하고, 만민이 생산에 종사하는 것을 지휘한다는 뜻이다.

《주역대전》에서는 "천지의 변화를 조절하되 지나치지 않고, 만물을 느긋하게 성취하되 누락시키지 않는다"는 명제를 제시했다. 〈계사(繫辭)〉에서 "《역경(易經)》에서 말하는 '도(道)'는 '천지(天地)'와 나란한 것이다. 그래서 천지지도(天地之道)를 분석·종합할 수 있다. 성인(聖人)의 덕은 천지(天地)와 비슷하다. 그러므로 천지의 도를 위배하지 않는다. 만물을 두루 알아 도덕으로 천하를 구제하니, 그러므로 과실이 없다. 행위가 방종하지 않고 정직하고 낙천지명(樂天知命)하니, 그러므로 근심 걱정이 없다. 거하는 곳에 편안하게 있으며 도덕이 두터워 사랑할 수 있다. 천지의 변화를 조절하여 지나치지 않을 수 있으며, 만물을 느긋하게 성취하되 누락시키지 않는다"[15]라고 했다.

《주역대전》에서는 또한 "자연의 앞에서 가면서 자연이 예견을 위반하지 않게 인도하고, 자연의 뒤에서 가면서 천시를 따라서 일을 처리한다"는 명제를 제시했다. 〈문언(文言)〉에서 "대인은 자기의 덕이 천지와 합하게 하고, 사람들이 각자 자기 삶을 편안히 누리고 부양될 수 있게 하

---

15) 〈繫辭〉에서 "《易》與天地準, 故能彌綸天地之道. ……與天地相似, 故不違 ; 知周乎萬物而道濟天下, 故不過 ; 旁行而不流, 樂天知命, 故不憂 ; 安土敦乎仁, 故能愛. 範圍天地之化而不過, 曲成萬物而不遺."

고, 자기의 총명함이 해와 달과 합하도록 하여, 모든 사물을 밝게 살피고 널리 비추며, 정령(政令)이 사시의 순서를 따르게 하고, 상주고 벌주는 것이 귀신이 선한 것에 복을 주고 악한 것에 화를 주는 것과 일치하게 한다. 자연의 앞에서 가면서 자연이 예견을 위반하지 않게 인도하고, 자연의 뒤에서 가면서 천시를 따라서 일을 처리한다"[16]라고 했다.

이상에서 이야기한 재성보상(裁成輔相)·범위곡성(範圍曲成)·선천후천(先天後天)의 기본사상은 하나이다. 즉 자연에 적응하고 아울러 자연규칙을 파악했다는 전제 하에 사람의 능동성을 발휘하여 자연을 절제·보조·인도·개발·조정하여 인류의 요구에 부합하게 하고, 그리하여 인류와 자연계의 상호 조화에 도달하도록 하는 것이다. 《주역대전》에서는 "한 번 음이었다 한 번 양이었다 하는 것을 도(道)라고 하며, 이를 계승하는 것이 선(善)이요, 완성하는 것이 성(性)이다"[17]라고 하여, 자연과 인류의 통일성을 매우 강조했고, 사람의 '선(善)'은 자연 규칙을 계승한 것이며 사람의 '성(性)'은 자연 규칙을 구체화한 것이라고 보았다. 사람이 만든 《역경》의 도가 천지의 도와 일치한다고, 즉 자연과 인류의 정신 역시 통일된 것으로 보았다. 《주역대전》은 우주에서 인간의 위치를 높게 평가하고, 인간의 주관적 능동성을 높게 평가하여, 사람과 하늘을 병렬시켜 '삼극(三極)', '삼재(三材)'라고 하였으니, '삼극(三極)'은 우주 만물에서 지극히 높은 것이고, '삼재(三材)'는 우주 만물에서 품질이 가장 우수한 것이다. 또한 "천지는 높고 낮은 위치를 설정하고 성인은 재능을 발전시켜, 성인이 일을 처리하려고 할 때 우선 군중과 상의를 하고, 이어 복서점을 쳐서 귀신에게 묻고, 이렇게 하면 백성의 옹호를 받을 수 있어

16) 〈文言〉: "夫大人者, 與天地合其德, 與日月合其明, 與四時合其序, 與鬼神合其吉凶, 先天而天弗違, 後天而奉天時."

17) 〈繫辭上〉: "一陰一陽之謂道, 繼之者善也, 成之者性也."

서 무슨 일이든 모두 성공할 수 있다"[18]고 했다. 하지만 《주역대전》에서는 동시에 대자연의 위대함과 풍부함의 높은 조화를 찬탄하기도 하여, "'하늘'은 높은 조화를 유지할 수 있어, 만물이 보편적으로 이롭게 할 수 있다"[19]고 했으니, 이것이 '하늘'의 정도(正道)가 된다. 바로 이렇기 때문에 《주역대전》은 사람의 작용을 자연을 절제·보조·인도·개발·조정하여 인류와 자연의 조화에 도달하도록 하는 것에 한정시키는 것이다. 《주역대전》의 이런 천인조화설은 상당히 깊고 전면적이다. 현대 인류의 실천 측면에서 볼 때, 자연을 정복하고 통치하려 하는 학설보다 합리적이어서, 환경오염과 생태 위기의 고통을 많이 받고 있는 서양 공업 국가 학자들이 중시하고 매우 높게 평가해왔음을 인정해야 할 것이다. 이런 합리적 사상을 우리는 계승하고 발전시켜 현대화 진행 과정에서 서양 공업 국가의 전철을 다시 밟지 않게 해야 한다. 물론 《주역대전》은 대중의 역량을 인식하지는 못하고, 주로 '대인'·'군자'에 한하여 인간의 주관적 능동성을 인정하였으니, 이런 시대적 한계는 당연히 제거해야 한다.

(3) '정의(精義)'·'이용(利用)'·'숭덕(崇德)' 세 가지의 통일

《주역대전》은 선진시대 유가의 다른 저작과 마찬가지로 도덕을 최고의 가치로 보았다. 그러나 사람의 지식과 물질생활도 중요하다고 보아서, '정의(精義)'·'이용(利用)'·'숭덕(崇德)'을 결합할 것을 주장했다. 〈계사하(繫辭下)〉에서 '지(知)'·'덕(德)'·'용(用)' 세 가지의 관계를 논할 때 "사물의 의리(義理)를 정밀하게 연구하여 신묘한 경지에 들어서는 것은 운용을 하기 위한 것이다. 지식을 운용하여 물질생활을 향상시키고

18) 〈繫辭下〉: "天地設位, 聖人成能, 人謀鬼謀, 百姓與能."
19) 〈乾卦〉: "保合太和, 乃'利貞'."

신체가 편안하게 하는 것은 도덕을 향상시키기 위한 것이다. …… 도덕이 고상하면 사물의 신묘함을 탐구할 수 있고, 사물의 변화를 알 수 있어, 덕이 완성된다"[20]라고 했다. 주희가 보기에 여기서 말하는 것은 '지식(知識)'을 '치용(致用)'의 근본으로 삼고, 물질생활을 향상시키는 것을 도덕적 자질을 향상시키는 것으로 삼아 "안팎이 서로 길러 서로를 발전시키는"[21] 것이었다. 현대식으로 말하면, '몸'과 '마음' 혹은 물질생활과 지식·도덕은 서로 배양하는 밑천이 되어서 서로를 촉진시킨다는 것이다. 주희의 이해는 정확했다. 중국에는 예로부터 도덕을 숭상하는 전통이 있으며, 이는 본래 좋은 전통이다. 도덕이 관념의 상층 건축이 되어서, 경제기초에 반영되고 기여한다. 하지만 그것은 인류 특유의 정신생활의 일부가 되어서, '진(真)'과 '미(美)'와 마찬가지로 독립적으로 존재할 가치가 있다. 우리가 오늘날 새로운 사회와 사상의 건설을 위하여 분투하는 것은 물질생활의 향상을 추구하기 위한 것만이 아니라 정신생활의 향상을 추구하기 위한 것이며, 사람이 저마다 자유를 얻어서 전면적으로 발전하게 하기 위해서이다. 이런 의미에서 《주역대전》에서 주장하는 심신 내외 상호배양·상호촉진과 지식·도덕·물질생활의 통일은 매우 깊이 있고 가치 있는 사상이다. 안타까운 것은 기나긴 중국 봉건사회 속에서 이 사상은 전면적 발전을 거두지 못하고, 이후 많은 사상가가 '숭덕'을 편향적으로 강조하고, '물질생활로 몸을 편안히 하는 것'을 최소한의 물질생활 수요를 유지하는 것으로만 겨우 이해하고, 심지어 어떤 사람들은 도덕과 지식을 대립시켜서, 도덕이 물질생활 기초와 지식 조건을 벗어나는 것으로 변하게 했다. 우리는 이런 편파성을 버리고 정의(精義)

20) 〈繫辭下〉: "精義入神, 以致用也. 利用安身, 以崇德也. …… 窮神知化, 德之盛也."

21) 朱熹, 《周易本義·繫辭下》: "內外交相養, 互相發也."

· 이용(利用) · 숭덕(崇德)을 통일한 우수한 전통을 회복하여, 물질문명과 정신문명이 협동하여 전진하도록 노력해야 한다.

(4) '역(易)'에 태극이 있고, 이것이 두 '의(儀)'를 낳다

천지 만물의 기원과 관련해 《역전(易傳)》에서는 '태극(太極)'과 '음양(陰陽)'의 학설을 제시했다. '극(極)'의 본래 뜻은 집에서 가장 높은 곳으로, 여기에서 파생되어 《주역대전》에서는 가장 높은 것이 되었다. 《주역대전》에서는 천(天) · 지(地) · 인(人)을 '삼극(三極)'으로 보고, 또한 '태극'의 관념을 제시했다. 태극은 천지(天地)가 아직 나뉘지 않은 태초의 상태로, 천지 만물의 최초 근원이다. 한(漢)나라 때 경학가(經學家)들은 이 태극이 '순화미분지기(淳和未分之氣)'라고 했다. 음양은 성질이 서로 대립되고 또한 서로 의존하는 두 가지 대립체이다. 《주역대전》에서는 양성(陽性)을 지니고 있는 물체를 '양물(陽物)'이라고 하고, 음성(陰性)을 지니고 있는 물체를 '음물(陰物)'이라고 했다. 가장 큰 양물은 하늘이고 가장 큰 음물은 땅이다. 이것들은 원시적 양기(陽氣: '乾元')와 원시적 음기(陰氣: '坤元')로 각각 구성되었고, 음양 두 기(氣)의 상호작용으로 연결된다. '양(陽)'의 특징은 강건하고, 쉬지 않고 운행하며, 주도적이고 진취적이다. '음(陰)'의 특징은 부드럽고, 정지(靜止)를 향하고, 소극적이고 순종적이다.

《주역대전 · 계사상》에서 천지 만물의 생성과정을 말했다. "역(易)에 태극이 있고, 이것이 양의(兩儀)를 낳고, 양의(兩儀)가 사상(四象)을 낳고, 사상(四象)이 팔괘(八卦)를 낳았다."[22] 변화의 총과정에 하나의 태극이 있어, 천 · 지 양의(兩儀)를 낳고, 양의가 춘 · 하 · 추 · 동 사시를 낳고,

---

22) 《周易大傳 · 繫辭上》: "易有太極, 是生兩儀, 兩儀生四象, 四象生八卦."

사상이 팔괘(八卦)를 낳았다. 태극은 세계 모든 총 과정의 시작이다. 팔괘는 천(天)·지(地)·뇌(雷)·풍(風)·수(水)·화(火)·산(山)·택(澤)을 상징한다. 그 중 천(天)·지(地)는 부모이고, 뇌(雷)·풍(風)·수(水)·화(火)·산(山)·택(澤)은 천·지의 삼남삼녀로, 천·지 사이 다른 사물의 기초이다. 태극이 천·지를 낳고, 천·지가 운행하여 '사시(四時)'가 있고, '사시'가 운행하여 뇌(雷)·풍(風)·수(水)·화(火)·산(山)·택(澤)을 낳고, 뇌(雷)·풍(風)·수(水)·화(火)·산(山)·택(澤)이 만물을 낳았다. 이것이 바로 《주역대전》의 세계생성 학설이다.

《주역대전》같은 소박한 유물주의 세계관의 가장 큰 특징은 천·지가 한 쌍의 원시적 부부라고 상상하여, 부모가 자녀를 낳는 방식으로 만물을 낳았다고 본 것이다. 《주역대전》에서는 건원(乾元)이 '만물자시(萬物資始)'라고 보았으니, 만물이 이에 의지하여 시작한 것으로 보았으며, 곤원(坤元)이 '만물자생(萬物資生)'이라고 보았으니, 만물이 이에 의지하여 탄생한 것으로 보았다. '시작'과 '탄생'의 구분은 부(父)와 모(母)의 구분이다. 《주역대전》에서는 사람과 기타 동물의 생식 활동을 건(乾)·곤(坤)의 활동에 대비했다. 〈계사상〉에서 "건(乾)은 정지했을 때는 둥근 모양이고, 움직이면 곧다." "곤(坤)은 정지했을 때는 닫혀 있고, 움직이면 열린다"[23]고 했다. 또한 "천(天)과 지(地)가 밀접하게 결합하여, 만물이 순수하게 변하고, 남녀의 정기가 배합되어, 만물이 변화하여 생성된다"[24]고 했다. 이에 의거하여 《주역대전》에서는 "천지(天地)가 있은 후에 만물이 있었고, 만물이 있은 후에 남녀가 있었고, 남녀가 있은 후에 부부가 있었고, 부부가 있은 후에 부자(父子)가 있었고, 부자가 있은 후에 군신(君臣)이 있었다"[25]고 보았다. 이는 중국 전통 결혼 의식에서 상

23) 〈繫辭上〉: "夫乾, 其靜也專, 其動也直." "夫坤, 其靜也翕, 其動也辟."
24) 〈繫辭下〉: "天地絪縕, 萬物化醇. 男女媾精, 萬物化生."

제 신령에게도 절하지 않고 군주 장관에게도 절하지 않으면서, 천지에 절하고 부모에 절하는 이유를 설명해준다. 원래 천지는 만물·남녀·부부의 시조인 것이다.

《주역대전》의 이런 세계관은 비록 단순하고 소박하지만 인류의 감성적 경험에 뿌리를 두고 있어서 많은 영향을 낳았다. 중국전통문화는 많건 적건 이런 세계관의 지배 혹은 영향 아래 발전했다. 철학·윤리학·문학·예술·과학 및 종교에 이르기까지 그 낙인이 찍혀 있지 않은 것이 없다. 중국전통문화를 이해하려면 사실 이런 세계관에 특별히 주의를 기울이지 않으면 안된다. 예를 들면, 중국 사상가는 도덕의 기원과 작용을 토론할 때 대부분 도덕은 상제(上帝)의 명령이 아니고 인성(人性)은 신성(神性)의 일부분이 아니라, 자연의 규칙에서 근원했고 자연 규칙의 구체화라고 여긴다. 《주역대전》의 이런 도덕기원설은 비록 이후 유심주의자에 의하여 왜곡되기는 했지만, 여전히 비종교적이다. 도덕을 수양하고 도덕을 실천하는 목적은 영혼이 육체를 벗어나 천국에 들어가 하나님에게 복귀하려는 것이 아니라, '자연과 일치 협조'하기 위한 것이요, 사람이 자연계와 사회에서 마땅히 이행해야 할 책임을 이행하기 위한 것이요, 천지가 만물을 낳은 위대한 업적을 '성취'하기 위한 것이다. 고대 사상가가 자연 규칙에서 도덕 준칙을 끌어온 관점은 잘못된 것이었지만, 하나님으로부터 도덕 준칙을 끌어온 관점과는 달랐다.

(5) 한 번 '음'이었다 한 번 '양'이었다 하는 것이 '도'

《주역대전》의 가장 중요한 공헌은 상당히 정밀한 변증법적 관념들을

25) 〈序卦〉: "有天地然後有萬物, 有萬物然後有男女, 有男女然後有夫婦, 有夫婦然後有父子, 有父子然後有君臣."

제시했다는 것이다. 이 변증법적 관점들은 《주역대전》의 소박한 유물주의 세계관과 긴밀하게 결합하여 자체의 특색을 갖추었다.

《주역대전》에서는 '태화(太和)'의 관념을 제시했다. 중국 고대의 이른바 '화동지변(和同之辯)' 즉 '화(和)'와 '동(同)'의 구분에서 '동(同)'은 같은 사물이 쌓이는 것 즉 구별이 없는 것의 단순한 동일화이고, '화(和)'는 많은 종류의 다른 사물이 어울리는 것 즉 구별과 충돌이 있는 다양성의 통일을 말한다. 《주역대전》에서 말하는 '태화(太和)'는 일반적 '화(和)'가 아니라 우주의 '화(和)'이다. 그래서 '태화(太和)'라고 한다. 이는 《주역대전》이 구별과 충돌이 있는 다양성이 조화를 이룬 전체가 우주라고 보았다는 것을 말해준다. 《주역대전》에서 건원(乾元)은 "우주의 조화를 보전하는"[26] 작용이 있어서 특별히 추앙하고 본받을 필요가 있다고 보았다. 또한 천지와 덕을 합한 성인(聖人) 역시 하늘과 사람의 조화와 인간관계의 조화를 추구하는 데 노력해야 한다고 보았다. 《단(彖)》에서 "성인이 사람의 마음을 감화시켜서 천하가 화평해진다"[27]고 했다. 《주역대전》에서 이와 같이 우주를 조화의 전체로 보는 사상과 '태화'의 관념은 나중에 장재(張載)·왕부지(王夫之) 등의 철학자에 의해 상세하게 발휘되었다. 대립 면의 조화를 중시하는 것이 중국 전통 변증법의 특징 중 하나라고 할 수 있는데, 조화의 관점을 우주 전체에 사용한 것은 《주역대전》에서 처음이라고 할 수 있다.

《주역대전》에서는 '역(易)' 즉 변화에 정의를 내려서, "'생생(生生)'을 역(易)이라고 한다"[28]고 했다. 변화의 근본 요지는 '생생(生生)' 즉 끊임없는 창조이다. 《주역대전》에서 "천지의 덕행과 사업은 참으로 성대하기

---

26) 〈乾卦〉: "保合太和".

27) 〈彖〉: "聖人感人心, 而天下和平."(〈咸卦〉)

28) 〈繫辭上〉: "生生之謂易."

짝이 없다. 만물이 풍부하게 있으니, 이것이 바로 천지의 대업이다. 날마다 새로운 사물이 태어나니, 이것이 바로 천지의 성덕(盛德)이다. 끊임없이 창조하고, 새것과 옛것이 교체되고, 끊임없이 이어지니, 이것이 바로 역(易)이다"[29]라고 했다. 우주는 신진대사가 끊임없이 진행되는 무한한 과정이라는 것을 《주역대전》은 인정했다. 이 사상과 앞에서 얘기한 전체조화의 사상이 함께 중국전통변증법에서 특색을 지닌 기본 관념이 되었다.

《주역대전》 변증법의 가장 기본 범주는 음양(陰陽)이다. 《주역대전》 중 각종 대립되는 것의 예를 들면, 천지(天地)·건곤(乾坤)·강유(剛柔)·건순(健順)·동정(動靜) 등은 모두 음양 대립이다. 음양이란 모든 통일체의 두 대립 측면을 개괄한 추상적 개념이다. 《주역대전》은 충돌하는 쌍방의 상호대립·상호배척·상호연결·상호전환·상호관통·상호의존 등에 대하여 모두 논술했다. 그러나 가장 중시한 것은 대립면의 조화통일이다.

《주역대전》은 대립 면의 상호배척과 상호관통의 관계를 논하면서 "'규(睽)'는 괴리(乖離) 즉 대립 면의 상호배척이다. 괘 모양은 불이 위에 있고 연못이 아래에 있어, 양자의 운동 방향이 상반되고 서로 괴리된다. 이 괘 모양은 또한 두 여자가 함께 살고 있어, 그 마음과 뜻이 필연적으로 서로 통하지 않고, 그 행동이 필연적으로 서로 괴리된다. 그러나 이 괘 모양은 신하가 중정(中正)의 도를 얻어, 조화롭고 기쁜 태도를 취하고, 군왕의 빛에 의하여 아름답고, 군상(君上)에게 순응하여 일을 하여, 이로부터 지위가 오르니, 그래서 '작은 일에 길하다'고 한 것이다"[30]라고 했다. 《주역대전》에서는 대립 면의 상호 배척과 괴리에 대해서 부정

29) 〈繫辭上〉: "盛德大業至矣哉! 富有之謂大業, 日新之謂盛德, 生生之謂易."
30) 〈睽卦〉: "睽, 火動而上, 澤動而下; 二女同居, 其志不同行. 說而麗乎明, 柔進而上行, 得中而應乎剛, 是以'小事吉'."

적 태도를 취한다는 것을 알 수 있다. 설령 대립되는 한쪽이 순응하여 굽힌다고 하더라도 그저 작은 일이 이로움을 달성할 수 있을 따름이다. 《주역대전》은 이어서 말했다. "천지가 괴리되어도 그 사업은 같다. 남녀가 괴리되어도 그 심지는 서로 통한다. 만물이 괴리되어도 생성과 운동은 유사하다. 괴리의 관계는 우주 만물에 아주 큰 작용을 한다."[31] 여기서 '규(睽)'는 동일함 안에서의 괴리, 조화로움 안에서의 충돌을 가리킨다. 천지의 차이와 대립은 바로 동일함 안에서의 차이이므로 서로 교감하고 서로 결합하여 만물을 변화 생성시키는 사업을 성취할 수 있는 것이다. 남녀의 차이와 대립은 바로 동일함 안에서의 차이이기 때문에 마음과 뜻이 통하고 결합하여 자녀를 생육할 수 있는 것이다. 이를 통해 알 수 있는 것은, 《주역대전》은 조화 중의 충돌을 매우 중시하여, 그것은 조화의 중요 조건이며, 이런 차이와 충돌이 없으면 오직 '같음'만 있고 '조화'는 없다고 여기는 것이다. 바로 이렇기 때문에 〈상(象)〉에서 군자는 마땅히 규(睽) 괘의 '같으면서 다른' 원리에 의거하여 같으면서 다른 것을 보존하는 것에 발을 디뎌야 한다고 본 것이다. 《주역대전》에서는 또 "천지가 결합하면 '태(泰)'를 이루고"[32], "천지가 결합하면 만물이 서로 통하고, 상하가 결합하면 뜻이 같아지며"[33], "천지가 결합하지 않으면 막히고"[34], "천지가 결합하지 않으면 만물이 통하지 않고, 상하가 결합하지 않으면 천하에 국가가 없어진다."[35]고 했다. 〈태(泰)〉의 상(象)은 아래가 건(乾)이고 위가 곤(坤)으로, 천지 두 기가 서로 결합하여, 만물이

31) 〈睽卦〉: "天地睽而其事同也. 男女睽而其志通也. 萬物睽而其事類也. 睽之時用大矣哉."
32) 〈泰卦〉: "天地交, 泰."
33) 〈泰卦〉: "天地交而萬物通也, 上下交而其志同也."
34) 〈否卦〉: "天地不交, 否."
35) 〈否卦〉: "天地不交而萬物不通也, 上下不交而天下無邦也."

각각 자기 삶을 완수하고, 상하가 단결하고, 국가가 흥성하는 것을 의미한다. 〈비(否)〉의 상(象)은 아래가 곤(坤)이고 위가 건(乾)으로, 천지 두 기가 서로 괴리되어, 만물이 순조롭게 생장할 수 없고, 상하가 단결하지 않고, 국가가 위망함을 의미한다. 이런 것들이 모두 《주역대전》은 대립면의 조화와 통일을 중시한다는 것을 말해준다.

《주역대전》에서는 만물 변화의 원인이 음양 두 측면의 상호 추이(推移)와 마찰에 있다고 보았다. "'강(剛)'과 '유(柔)'가 서로 밀어 변화가 생기고"[36], "'강'과 '유'가 서로 밀면, 그 안에 변화가 있고"[37], "'강'과 '유'가 서로 마찰하고, 팔괘가 서로 뒤섞이고, 뇌정(雷霆)으로 고무하고, 비와 바람으로 윤택하게 하고, 해와 달이 운행하여, 한 번 춥고 한 번 덥게 되면, 건도(乾道)는 남자를 이루고 곤도(坤道)는 여자를 이룬다."[38] 그러나 이런 상호작용은 대립 면 조화의 조건 아래 진행되는 것이다. "건(乾)과 곤(坤)이 변화의 근원인가? 건은 양물(陽物)이고 곤은 음물(陰物)이다. 음양은 통일된 것이지만, 천(天)은 강(剛)하고 지(地)는 유(柔)하여, 각기 체성(體性)이 있다."[39] 여기서 말한 "음양은 통일된 것이지만, 천(天)은 강(剛)하고 지(地)는 유(柔)하여, 각기 체성이 있다"와 앞에서 말한 "천지가 괴리되어도 그 사업은 같다"에 담긴 뜻은 기본적으로 같다. 모두 음양 쌍방이 통일하기도 하고 충돌하기도 하는 관념을 강조한 것이다.

《주역대전》은 또한 대립 면의 투쟁이 격렬하여 형세 상 양립할 수 없

36) 〈繫辭上〉: "剛柔相推而生變化."
37) 〈繫辭下〉: "剛柔相推, 變在其中矣."
38) 〈繫辭上〉: "剛柔相摩, 八卦相蕩, 鼓之以雷霆, 潤之以風雨, 日月運行, 一寒一暑, 乾道成男, 坤道成女."
39) 〈繫辭下〉: "乾坤其易之門邪? 乾, 陽物也. 坤, 陰物也. 陰陽合德, 而剛柔有體."

는 상황을 고찰했다. 예를 들면 혁(革) 괘의 모양은 물이 불 위에 있다. 물은 아래로 내려가는 성질이 있고, 불은 위로 올라가는 성질이 있어서, 두 가지가 서로 가까이 다가가면 필시 "물과 불이 서로 소멸시키니", 즉 한쪽이 다른 한쪽을 소멸시키는 형세가 이루어진다. 《주역대전》에서는 이런 상황에서는 오직 "변혁하고 변혁하여 합당하게 해야 근심과 걱정을 벗어날 수 있다"[40]고 보았다. 《주역대전》은 충돌하는 쌍방이 격렬하게 너 죽고 나 죽자는 식으로 투쟁하는 것은 좋지 않다고 보고, 변혁하는 방식으로 사물의 통일과 조화를 회복할 것을 주장하였음을 알 수 있다. 또한 곤(坤) 괘의 상육(上六) 효(爻)는 음(陰)이 극성한 상(象)으로, 《주역대전》에서는 음양 두 측면에서 양은 주도하는 측면이어서 시종일관 음보다 강대해야 대립면의 조화와 통일을 유지할 수 있는데, 현재 음이 극성에 달하면 양과 격렬한 충돌이 발생할 수 있다고 보아서, 이것을 "음(陰)이 양(陽)에 필적하면 반드시 싸운다"[41]고 하였으니, 원문의 '의(疑)'는 대비·필적의 뜻이다. 《주역대전》에서는 이는 "사물이 막다른 길에 이르렀다"[42]는 것을 나타낸다고 보았다. 《주역대전》에서는 "사물이 막다른 길에 이르면 변해야 하니, 변혁한 뒤에 통할 수 있고, 발전의 길이 통해야 오래 갈 수 있다"[43]고 했다. 《주역대전》은 대립면 사이의 격렬한 대항과 너 죽고 나 죽자 식의 투쟁 상황을 보고, 아울러 이런 상황은 필연적으로 사물의 변혁을 가져온다고 보았다. 하지만 이런 상황 자체는 좋은 것이 아니며 변혁을 거쳐 조화와 통일을 회복해야 한다고 보았다. 즉 최우선적으로 관심있는 것은 대립면의 조화와 통일이라는

40) 〈革卦〉: "革而當, 其悔乃亡."
41) 〈坤卦〉: "陰疑於陽必戰."
42) 〈坤卦〉: "其道窮也."
43) 〈繫辭下〉: "窮則變, 變則通, 通則久."

말이다.

《주역대전》은 '중(中)'의 개념을 매우 중시했다. '중'은 딱 알맞은 정도에 도달해서 지나침도 없고 모자람도 없는 상태이다. 그렇다면 어떠해야 딱 알맞은 정도에 도달했다고 할 수 있을까? 사물이 조화와 통일의 상태를 유지하는 것이 딱 알맞은 정도에 도달한 것이다. 《주역대전》에서는 사물은 극점까지 발전하면 그 반대측을 향하여 전환하니까, 사물 자신을 보호하기 위해 사물이 지나친 것도 없고 모자란 것도 없는 상태에 처하게 해야 한다고 보았다. "하늘의 도가 아래로 구제하여 빛이 밝으며, 땅의 도는 낮으면서 위로 행한다. 하늘의 도는 가득 차면 이지러지게 하여서 겸손으로 더해주고, 땅의 도는 가득 차면 변하게 하여 겸손으로 흐르며, 귀신은 가득 차면 해롭게 하여서 겸손으로 복되게 하고, 사람의 도는 가득 차면 미워하여서 겸손함을 좋아한다. 겸(謙)은 높으면서 빛나고, 낮아도 넘을 수 없으니, 군자의 끝마침이다."[44] 천(天)·지(地)·인(人)은 모두 겸허함으로 길리(吉利)를 얻으며, 교만하면 화를 만나는 것을 피할 수 없고, 사람이 겸허할 수 있으면, 높은 자리에 처하면 영광스럽고 낮은 자리에 처해도 존엄을 유지할 수 있으니, 이것이 바로 겸허의 좋은 결과이다. 《주역대전》에서는 대립면의 조화와 통일을 '중(中)'으로 보았기 때문에, '중'과 '화(和)'는 밀접하게 연관되어 있다.

《주역대전》에서는 "한 번 음이었다 한 번 양이었다 하는 것을 도(道)라고 한다"[45]는 말로 대립통일 사상을 개괄했다. 여기서 '한 번 음이었다 한 번 양이었다' 하는 것은 앞에서 얘기한 것처럼 통일된 사물의 대립

44) 〈謙卦〉: "天道下濟而光明, 地道卑而上行, 天道虧盈而益謙, 地道變盈而流謙, 鬼神害盈而福謙, 人道惡盈而好謙. 謙, 尊而光, 卑而不可逾, 君子之終也."

45) 〈繫辭上〉: "一陰一陽之謂道."

쌍방이 피차 대립하기도 하고 또한 상호 연결되고, 피차 전환하고 상호 추동하는 등의 상황을 가리키는데, 음양의 상호 전환과 상호 추동에 중점을 두었다. 《주역대전》에서는 이른바 도(道)란 한 번 음이었다가 한 번 양이었다가 하며 상호 전환하고 상호 추동하는 규칙이라고 보았다. 따라서 '한 번 음이었다가 한 번 양이었다가 하는 것을 도라고 한다'는 것은 《주역대전》이 대립통일규칙을 개괄한 것이다. 중국철학사에서 이와 같이 가장 일반적 서술을 한 것은 이것이 첫번째이다.

《주역대전》에서는 음양 두 측면의 상호작용이 일으키는 변화는 매우 복잡미묘하고 그 끝을 탐구할 수 없고 완전히 예측할 수 없다고 보았다. 《주역대전》은 변화가 미묘하고 예측할 수 없다는 것을 한 가지 전문 단어로 표시했다. 그 단어는 '신(神)'이다. 《주역대전》에서는 "음양의 상호 작용은 매우 복잡하여 예측할 수 없으니, 이것을 신(神)이라고 한다"고 했다. 또 "신(神)이란 만물의 미묘한 것을 말한다"[46]고 했다. 만물 변화의 미묘한 점을 표현하기 위해 '신(神)'을 쓴 것이다. 또 "변화의 과정을 이해한 사람은 신이 한 것을 이해한다"[47]고 했다. 춘추전국시대 일반 사람들이 말했던 신(神)은 원시종교의 신령으로, 《주역대전》에서는 '신(神)'이라는 단어를 이용하여 그 의미를 변화시켜서, 무신론적 경향을 드러냈다.

《주역대전》이 대립통일 규칙을 연구한 것은 아주 높은 수준에 도달했고, 다른 규칙에 대해서도 논술한 적이 있다. 예를 들면, 《주역대전》은 '적(積)'과 '점(漸)'을 중시했다. "선(善)이 쌓이지 않으면 명성을 이룰 수 없고, 악(惡)이 쌓이지 않으면 멸신(滅身)에 이르지 않는다"[48]고 했다.

46) 〈說卦〉: "神也者, 妙萬物而為言者也."
47) 〈繫辭上〉: "知變化之道者, 其知神之所為乎!"
48) 〈繫辭下〉: "善不積, 不足以成名. 惡不積, 不足以滅身."

또한 "선(善)을 쌓은 집은 반드시 경사가 넘치고, 불선(不善)을 쌓은 집은 반드시 재앙이 넘친다. 신하가 군주를 시해하고 자식이 부모를 시해하는 것은 하루 아침저녁 사이에 그렇게 된 것이 아니라, 그 요소가 점점 쌓여온 것이다"[49]라고 했다. 선악이 쌓이는 것은 오랜 기간에 걸친 완만한 과정으로, 선악이 일정 정도까지 쌓이면 중대한 사변을 조성할 수 있다. 이것은 질량상호변화 규칙의 초보적 인식임이 분명하다. 또한 《주역대전》에서는 사물 발전의 주기성을 발견하고 이를 매우 중시했다. "반복 즉 주기성은 자연변화 역정의 주재 원칙이다."[50] 또한 이런 주기성은 일련의 혁(革: 부정(否定))에 의하여 형성된다. 예를 들어 "천지가 변혁하여 사시(四時)가 이루어진다"고 하면, 일년 사계절이 반복하며 다시 시작하는 변화는 몇몇 부정(否定)의 환절(環節)이 연결되어 이루어지는 것으로, 뚜렷한 단계성을 나타낸다. 이것은 부정의 부정 규칙을 초보적으로 인식한 것이다. 아쉬운 것은 《주역대전》에는 부정의 부정은 전진성과 주기성이 통일된 것이라는 관념이 부족하여, '반복' 사상은 최후에 순환론으로 귀결된다는 것이다.

《주역대전》에는 변증법 사상이 매우 풍부하다. 여기서는 단지 가장 중요한 몇가지만 언급했다. 《주역대전》의 변증법은 일반 변증법과 공통되는 것이 있고, 또한 그것만의 특징도 있다. '화(和)'와 '중(中)'을 중시하는 것, 전체와 과정을 중시하는 것, 대립통일규칙·음양을 핵심으로 하는 관념 등이 두드러진 특징이다. 후세 사상가에게 《주역대전》의 영향이 매우 크기 때문에 이런 특징들도 중국전통변증법의 특징이 되었다. 현대변증법 즉 유물변증법과 비교하면 소박성·직관성을 지니고 있음은

49) 〈坤卦〉: "積善之家必有餘慶, 積不善之家必有餘殃. 臣弑其君, 子弑其父, 非一朝一夕之故, 其所由來者漸矣."
50) 〈復卦〉: "復其見天地之心乎!"

물론이고 또한 투쟁을 소홀히 한 편파성을 지니고 있다. 하지만 중국의 특색을 지닌 몇몇 사상들은 여전히 주의를 기울일 가치가 있다.

06 장자(莊子)

장자(莊子)는 성이 장(莊)이고 이름이 주(周)이다. 전국시대 중기 송(宋)나라 사람이다. 대략 주(周)나라 열왕(烈王) 7년(기원전 369년) 무렵에 태어나 주나라 난왕(赧王) 29년(기원전 286년) 무렵에 세상을 떠났다. 장자는 노자 이후 도가의 가장 중요한 대표 인물이며, 중국 고대의 유명한 철학자이자 문학자이다.

장자의 일생에 관련된 기록은 역사서에 아주 간략하게 실려 있다. 현재까지 전해지는 자료에 따르면, 장자는 몽(蒙)이라는 지방의 칠원리(漆園吏)를 지냈다고 한다. 칠원리는 칠수원(漆樹園) 즉 옻나무 수목원을 관리하는 작은 관직이다. 장자는 사회적 지위가 계속 높지 않았다. 이는 그가 통치계층의 내막을 알 기회가 있게 해주었을 뿐 아니라 사회 하층계층과도 폭넓은 접촉을 할 수 있는 기회가 있게 해주었다. 장자는 재능이 뛰어났으나 통치자로부터 등용을 받지 못했다. 전설에 따르면, 초(楚)나라 위왕(威王)이 사신을 보내서 귀중한 예물을 가지고 장자를 찾아가 재상을 맡아달라고 초빙하려고 하자, 장자는 "저는 차라리 흙탕물 구덩이에서 놀면서 스스로 만족해하며 살지언정 나라를 다스리는 자들에게 얽매여 살지는 않겠으니, 종신토록 벼슬하지 않으면서 제 마음에 흡족하게 살려고 합니다"[1]라고 말했다고 한다. 이 전설이 반드시 믿을만한 건 아니지만, 아니 땐 굴뚝에 연기가 날 리는 없으니, 이를 통해 장자는 통치자와 함께 일하는 것을 원하지 않았다는 것을 대략 알 수 있다.

장자는 살림이 줄곧 매우 빈궁하여, 기운 천이 덕지덕지 달린 옷을 입고 떨어진 신발을 띠로 묶어 신고, 위(魏)나라 왕을 만나러 갔다. 자기가 빈궁한 것은 통치자가 어리석고 무능하기 때문으로, 뜻있는 인물이 "무능한 군주와 혼란한 재상의 사이에 처하면" 빈곤하지 않을 수 없다고 그는 여겼기 때문에 자기가 빈궁한 것에 대해 조금도 수치를 느끼지 않았다. 한번은 장자가 밥 지을 쌀이 없어, 할 수 없이 감하후(監河侯)를 찾아가 양식을 빌려달라고 했다. 감하후는 교활하게 "좋소. 내가 세금을 거두면 큰 돈을 빌려주겠소. 어떤가요?"라고 했다. 장자는 매우 분노해서 곧장 다음과 같은 얘기를 했다. "제가 어제 오는 길에, 울부짖는 소리를 들었습니다. 이리저리 살펴보니, 물고기 한 마리가 수레바퀴 자국에 고여 말라가는 물 속에 있었습니다. 거기서 뭐 하는 거냐고 제가 묻자, 물고기가 '저는 동해의 수관(水官)이온데, 제게 물을 조금 주어 저를 좀 살려주세요'라고 하기에, 제가 '좋습니다. 내가 지금 오나라와 월나라에 가야 하니, 거기 가서 서강(西江)의 물을 끌어다 주면 어떻겠습니까?'라고 했더니, 물고기는 아주 화가 나서 '저는 물을 떠나 몸을 둘 곳이 없어서, 한 되 한 말 물만으로 제 목숨을 살릴 수 있거늘, 당신은 여기서 헛소리만 하니, 일찌감치 건어물 시장에 가서 저를 찾는 것이 낫겠군요'라고 했습니다." 이 이야기는 장자의 생활이 매우 어려웠다는 것을 말하기도 하고, 부자들에 대한 장자의 멸시와 분노를 말하기도 한다. 장자의 만년 생활은 더욱 비참해서, 누추한 거리에 살면서 얼굴은 누렇게 뜨고

1) 《史記·老子韓非列傳》: "我寧游戲污瀆之中自快, 無為有國者所羈, 終身不仕, 以快吾志焉."

몸은 비쩍 말라서, 부득불 짚신을 엮어서 생계를 꾸렸다. 장자의 생활경력과 정치 태도로 보자면, 장자는 참으로 평민 지식인 사상을 대표한다고 할 수 있을 것이다.

장자 철학은 노자 철학의 기본 입장을 계승했지만, 체계는 더욱 커지고, 내용은 더욱 풍부해지고, 형식은 더욱 활발해졌다. 장자는 늘 우언·이야기·비유 등 형식으로 철학적 이치를 밝혔다. 구상이 신기하고, 생각이 깊이 있고, 언어가 정교하여, 선진(先秦) 제자(諸子) 중 우열을 겨룰 만한 사람이 없었다. 역사적으로 도가학파는 거대한 영향을 끼쳤으니, 장자로부터 힙입은 바가 매우 컸다.

장자 역시 '도(道)'를 가장 중요한 철학 개념으로 여겼다. 장자는 "'도'는 진실되고 믿을만한 것이면서, 또한 '무위(無爲)'하고 '무형(無形)'한 것이다. 느낄 수는 있지만 말로는 전해줄 수 없고, 얻을 수는 있지만 눈으로 볼 수는 없다. 그 자체가 근본으로, 천지가 나타나기 이전부터 이미 존재했다. 귀신과 상제를 신령하게 하여, 하늘을 낳고 땅을 낳았다"[2]고 했다. 이것은 노자가 말한 세계의 본원이 되는 '도'와 다른 것이 아니다. 다른 점이라면, 장자는 때때로 '도'를 최고의 인식 즉 차별없는 인식의 경지로 간주했다는 것으로, 도가 최고의 인식이 되면 '작은 성취 때문에 숨어버리고' 시비가 드러나는 데서 무너지게 되니, 이는 '스스로를 근본으로 하고 스스로를 뿌리로 하는' 세계의 본원과 중요하게 구별되는 점이다.

어쩔 수 없는 현실에 어떻게 적응하느냐가 장자 철학의 출발점이다.

---

2) 《莊子·大宗師》: "夫道, 有情有信, 無為無形; 可傳而不可受, 可得而不可見; 自本自根, 未有天地, 自古以固存; 神鬼神帝, 生天生地." 이 책에서 장자의 말을 인용할 경우 기본적으로 왕선겸(王先謙)의 《장자집해(莊子集解)》 중화서국(中華書局) 1987년 판본을 따랐으며, 고친 곳이 있으면 그때마다 설명했다.

복잡한 사회생활에는 사람의 의지로 돌이킬 수 없는 어떤 필연성이 있으며 사람은 단지 이런 필연성에 무조건 순응할 수밖에 없다는 것을 장자는 발견했다. 그러나 장자는 일반 운명론자처럼 그렇게 근근히 아무렇지도 않은 듯 운명에 따르는 것을 결코 달가워하지 않았다. 장자는 운명을 편안히 여기는 기초 위에서 모든 번뇌를 벗어난 정신적 자유 즉 소요유(逍遙遊)를 추구했다는 것에 그 특징이 있다. 이것은 순수한 현상(玄想)의 자유이며, 이런 자유는 필연을 인식하고 이용하는 것이 아니고, 사회생활에서 개인이 선택하는 것도 아니고, 통상적 의지의 자유가 아니라, 개인 심령의 초탈과 자재(自在)이다. 이는 또한 인류의 넓은 의미의 자유 중에서 없어서는 안되는 자유의 형태이기도 하다.

장자는 노자의 정반관(正反觀)을 계승했다. 그러나 장자는 대립 면의 통일을 극단으로까지 밀어올려, '만물이 하나가 되는[萬物為一]' 결론을 얻기에 이른다. 장자는 또한 노자의 직각적 인식방법도 계승했다. 그러나 많은 양에 걸쳐서 회의주의를 드러내, 사람의 인식 중 유한과 무한의 충돌을 제시했다. 종합해보자면, 장자 철학 체계의 내용은 상당히 복잡하여, 비관주의도 있고 이상주의도 있고, 편안히 운명을 따를 것을 말하기도 하고 절대자유를 말하기도 하고, 회의주의도 있고 직각주의도 있고, 변증법도 있고 궤변론도 있고, 남들과 다투지 않고 그때그때 편안히 여기며 순응하는 측면도 있고 권세가들에게 오만하게 굴고 거침없이 제멋대로 하는 측면도 있고, 현실에 대한 깊은 관찰과 비판도 있고 현실에 대한 냉담과 초탈도 있다. 하지만 어떻든 간에 장자는 깊은 대립을 확실히 많이 제시하고, 계발성이 풍부한 문제를 상당히 많이 제시하여, 중국의 이론적 사유를 발전시켰다.

장자는 철학에서 중요한 공헌을 했을 뿐 아니라, 문학과 미학에서도 중요한 뿌리를 내려서, 그의 우언과 산문은 선진문학사에서 남다른 광채를 발산했고, 그의 낭만주의 풍격은 2천여 년 동안 많은 위대한 문호와 예술가에게 영향을 끼쳐서, 중국 전통문화 중 낭만주의의 중요한 원천이 되었다. 장자는 중국 고대에서 가장 뛰어난 유머 대가였다.

현존하는 《장자(莊子)》라는 책에는 '내편(內篇)'·'외편(外篇)'·'잡편(雜篇)' 세 부분이 포함되어 있다. 책의 각 부분의 관계에 대해서 학자마다 관점이 다르다. 하지만 《장자》라는 책의 수많은 언어자료를 대비 통계하고 여러 종류 형식으로 고증해본 결과에 따라서, '내편'은 비교적 이른 시기의 작품이거나 기본적으로 장자의 작품이라고 믿게 해주는 더욱 많고 더욱 믿을만한 문헌과 역사의 근거가 있다. '외편'과 '잡편'은 주로 장자 후학의 작품이라고 믿을만한 이유가 있다. 《장자》 '외편'과 '잡편'을 볼 때, 장자 후학의 사상 역시 깊고 뛰어난 점이 많다. 혹자는 "허리띠 버클을 훔친 자는 사형을 당하고, 나라를 훔친 자는 제후가 된다"[3]는 명언을 제시하여 현실을 맹렬하게 공격했고, 혹자는 "군주는 무위(無爲)하고 신하는 유위(有爲)한다"[4]는 주장을 제시하여 도가사상을 현실정치에 끌어들였다. 혹자는 도가의 인성론을 제시하여 인성은 선악을 초월한다고 보아서 인성본귀론(人性本貴論)을 제시했다. 이것들은 중국문화의 소중한 보물이다.

(1) 소요유(逍遙游)

장자 사상 중에서 사람들 입에 가장 많이 오르내리는 것이 '소요유(逍遙游)'이다. '소요유'는 우리에게 넓고 경이로운 그림을 펼쳐주었다. 장자는 말했다. "나는 이제 조물주와 동반자가 되어 노닐려고 하니, 그러다가 싫증나면 한없이 큰 새를 타고, 육극(六極)의 밖으로 나가, 세상 어디

3) 《莊子·胠篋》: "竊鉤者誅, 竊國者為諸侯."
4) 《莊子·天道》: "君無為而臣有為."

에도 없는 마을에 들러 노닐고, 드넓은 들판에서 묵으려고 한다."[5] 조물주와 친구가 되고, 가볍고 허령한 기(氣)를 새처럼 타고 올라, 육극의 밖과 세상 어디에도 없는 마을과 드넓은 들판을 날아다닌다는 말로, 얼마나 대담하고 신기한 상상인가. 장자는 또 말했다. "구름을 타고, 해와 달에 걸터앉아, 사해 밖을 노닐고"[6], "천지(天地)의 정기를 타고, 육기(六氣)의 변화를 따라, 끝없는 세계를 노닐고"[7] 그밖에 또 "끝없는 세계를 모두 체험하고, 피아 없는 곳에서 노닐며"[8], "말한 것이 없는데도 말한 것이 있는 듯하고, 말한 것이 있는데도 말한 것이 없는 듯하여, 티끌 밖에서 노닌다"[9]고 했다. 이 모두는 장자가 지향하는 인생의 이상적 경지를 표현한 것이다.

그러면 장자는 도대체 어디에서 노니는가? 이른바 '육극'의 밖·'티끌'의 밖·'사해'의 밖·세상 어디에도 없는 마을은 도대체 무엇을 말하는 것인가? 장자는 정말로 구름에 올라타고 안개를 몰아서 푸른 하늘로 올라가려고 했는가? 아니면 봉래(蓬萊) 선경(仙境)에 들어가는 환상을 품었나? 모두 아니다. 장자가 말한 '육극'의 밖·세상 어디에도 없는 마을은 모두 상상 속의 세계이다. 장자의 '소요유'는 사실 자유로운 상상의 세계를 달리는 것이다.

상상의 세계에서 자유롭게 달릴 수 있는 것은 사람의 육체가 아니라 단지 '마음' 뿐이다. 그래서 장자의 '소요유'를 '유심(游心)'이라고도 한다. 〈인간세(人間世)〉에서 "외물의 변화에 순응하여 유유자적하고, 부득

---

5) 《莊子·應帝王》: "予方將與造物者為人, 厭, 則又乘夫莽眇之鳥, 以出六極之外, 而游無何有之鄉, 以處壙埌之野."
6) 《莊子·齊物論》: "乘雲氣, 騎日月, 而游乎四海之外."
7) 《莊子·逍遙游》: "乘天地之正, 而御六氣之辯, 以游無窮者."
8) 《莊子·應帝王》: "體盡無窮, 而游無朕."
9) 《莊子·齊物論》: "無謂有謂, 有謂無謂, 而游乎塵垢之外."

이한 것에 의탁하여 속마음을 양성하면 훌륭한 것이다"[10]라고 했다. '유심(游心)'이 바로 마음이 노니는 것이고, '승물(乘物)'과 '탁부득이(托不得已)'는 모두 외물을 따라서 어쩔 수 없는 현실에 안주하는 것으로, '유심(游心)'과 '양중(養中)'은 내심의 자유와 평화를 유지하는 것이다. 이밖에 장자가 말한 "귀나 눈이 어떤 소리나 색깔을 좋아하는지 따지지 말고 덕이 조화를 이룬 곳에서 마음이 노닐고"[11], "담담한 것에서 마음이 노닐고, 덤덤한 것에서 기가 합해지고, 사물의 자연스러운 본성을 따라서 사심을 용납하지 않는"[12]다는 것도 역시 장자의 '유(游)'는 '마음이 노니는' 것임을 말해주는 것이다. 이른바 소요유란 상상 속에서 심령이 자유롭게 비상하는 것이다.

장자의 정신적 자유는 소요유를 체험하는 것 이외에 또한 '도와 하나가 되고', '천지 만물과 하나가 되는]' 신비로운 체험이 있다. 〈대종사(大宗師)〉에 나오는 이야기이다. 남백자규(南伯子葵)가 여우(女偊)라는 사람에게 물었다. 나이가 많은데, 안색은 아직도 아이 같습니다. 원인이 무엇입니까? 여우가 말했다. 나는 '도(道)'를 들었어요. 남백자규가 또 물었다. '도'를 배울 수 있습니까? 여우가 대답했다. 안됩니다. 당신은 도를 배우는 사람이 아닙니다. …… 하지만 도를 배우는 방법을 알려드리죠. "사흘 이후 천하를 잊을 수 있으면, 이미 천하를 잊은 것이니, 나는 또한 지킨다. 이레 이후 외물을 잊을 수 있으면, 이미 외물을 잊은 것이니, 나는 또한 지킨다. 아흐레 이후 삶을 잊을 수 있으면, 이미 삶을 잊은 것이니, 그런 뒤에 '조철(朝徹)'할 수 있다. '조철'한 이후 '견독(見獨)'할 수 있고, '견독'한 이후 고금(古今)이 없을 수 있고, 고금이 없은 이후

10) 〈人間世〉 : "且夫乘物以游心, 托不得已以養中, 至矣."
11) 《莊子 · 德充符》 : "不知耳目之所宜, 而游心於德之和."
12) 《莊子 · 應帝王》 : "游心於淡, 合氣於漠, 順物自然而無容私焉."

불사불생(不死不生)의 경지에 들어갈 수 있다". '외(外)'란 사실상 잊는 것이다. 사흘 뒤에 천지의 존재를 잊고, 7일 이후 만물의 존재를 잊고, 9일 이후 자신의 존재를 잊고, 그러면 새로운 경지에 진입하여, 마치 새벽빛이 처음 열려 암흑에서 갑자기 빛을 보는 것과 같으니, 이것이 바로 '조철(朝徹)'이다. '조철' 이후 '견독(見獨)'할 수 있으니, 바로 유일무이한 '도'의 존재를 체험하여 자신과 '도'가 혼연일체가 되는 것이다. 그러면 고금이 없고 생사가 없는 경지에 진입하여 개인의 최고의 자유를 얻게 된다.

이밖에 장자는 또 '좌망(坐忘)'과 '심재(心齋)'를 말했다. 좌망(坐忘)이란 무엇인가? "지체(肢體)를 포기하고, 총명을 제거하고, 형(形)과 지(知)를 떠나 대통(大通)과 같아지는 것이 좌망(坐忘)"[13]이다. '지체를 포기하는' 것과 '형을 떠나는' 것은 망신(忘身)이고, '총명을 제거하는' 것과 '지를 떠나는' 것는 '망신(忘神)'으로, 간단히 말하면, 좌망은 바로 '나와 외물을 모두 버리고 육체와 정신을 다 잊어' 도와 합일되거나 혹은 우주만물과 합일되는 것이다. '물을 잊는' 것과 '좌망'은 정신의 '허정(虛靜)'을 필요로 하니, '심재(心齋)'는 정신의 '허정' 문제를 더욱 명확하게 제시했다. 〈인간세〉에서 "만약 뜻이 하나로 모이면, 귀로 듣지 않고 마음으로 들으며, 마음으로 듣지 않고 기(氣)로 듣는다. 듣는 것은 귀에서 멈추고, 마음은 부(符)에서 멈춘다. 기(氣)란 '마음을 비워 사물을 기다리는' 것으로, 오직 도(道)가 '허(虛)'를 모은다. '허'란 '심재(心齋)'이다"[14]라고 했다. '귀로 듣지 않는' 것은 감각기관을 닫고 오직 내심의 영정(寧靜)에 집중하는 것이다. '마음으로 듣지 않는' 것은 모든 생각을 배제하고

---

13) 《莊子 · 大宗師》: "墮肢體, 黜聰明, 離形去知, 同於大通, 此謂坐忘."

14) 〈人間世〉: "若一志, 無聽之以耳, 而聽之以心; 無聽之以心, 而聽之以氣. 聽止於耳, 心止於符. 氣也者, 虛而待物者也, 唯道集虛. 虛者, 心齋也."

한가닥도 매인 것이 없는 '허정(虛靜)' 상태로 만물의 자연을 듣는 것이다. '심재(心齋)'의 열쇠는 '허(虛)' 한 글자로, '허'하면 무념무상이다. '심재'는 정신이 만물 밖에 초월하게 하여 절대적 안녕을 유지하는 것이다.

분명한 것은, 장자가 추구한 것은 현실 생활 중 행동의 자유가 아니라, 현실을 초탈한 현상(玄想)의 자유·내심의 자유로, 외부인이 보기에는 신비한 체험이다. 장자는 왜 현실 밖에서 자유를 찾아야 했나? 현실 생활에는 개인의 의지로 변화시킬 수 없는 필연으로 가득 차 있어서 사람은 현실 생활에서 진정한 자유를 얻을 수 없다는 것을 느꼈기 때문이다. 생활 속에는 충돌과 다툼으로 가득 차 있어서 사람들이 서로 음으로 양으로 다투어서 밤낮으로 편안하지 않다고 장자는 여겼다. 사람은 저마다 이 세상에 오면 너 죽고 나 죽자 하는 투쟁에 휘말려들어 "서로 베고 서로 마모하는 행위들이 모두 말을 타고 이리 달리고 저리 달리듯 하면서도 멈출 수가 없다."[15] 사람은 저마다 이 세상에 오면 맹목적 필연성 속에 빠져든다는 것이다.

장자는 현실 속의 필연성을 통절하게 느꼈지만 이런 필연성을 표현할 적절한 개념을 찾지 못해, 전통적 '명(命)'이라는 개념을 빌어서 현실 생활 속의 필연성을 표현했다. 그는 "죽고 사는 것은 명(命)이요, 밤과 낮이 있는 것은 천(天)이다. 사람이 여기에 참여할 수 없는 것이 만물의 실정이다"[16]라고 했다. 죽고 사는 것에 명(命)이 있는 것은 마치 낮과 밤이 있는 것처럼 어찌 할 수 없는 것이며, 만물의 실정 역시 사람이 간여할 수 없는 것이다. 그는 또한 "사생(死生), 존망(存亡), 궁달(窮達), 빈부(貧富), 현명함과 불초함, 비난과 칭찬, 굶주림과 목마름, 추위와 더위 등은

15) 《莊子·齊物論》: "與物相刃相靡, 其行盡如馳, 而莫之能止."

16) 《莊子·大宗師》: "死生, 命也, 其有夜旦之常, 天也, 人之有所不得與, 皆物之情也."

모두 변화하는 세상일로, 명(命)의 흐름이다. 밤낮으로 서로 교체되고 변화하되, 그 시종(始終)을 살펴볼 수 없다"[17]고 했다. 한 마디로 모든 것이 '명(命)'으로, '명'은 사람의 힘으로 어찌 할 수 없는 것이다.

장자가 말한 '명'은 전통 종교 혹은 미신 속의 '명'과 다르다는 것에 주의를 기울여야 한다. 장자는 "어쩔 수 없다는 것을 알고 마치 명(命)인 것처럼 편안히 받아들인다"[18]고 했다. '마치 명(命)인 것처럼 편안히 받아들인다[安之若命]'는 말에서 '마치 ~처럼'이란 뜻의 '약(若)'이 비유 혹은 가차의 의미가 있음을 말해준다. 장자의 제자는 "그렇게 되는 까닭을 모르는데 그렇게 되는 것이 명(命)이다"[19]라고 했다. '명'은 단지 원인을 모르는 외재적 필연성일 뿐이다. 모든 것이 명의 흐름이라면, 모든 것이 바꿀 수 있는 것이 아니라면, 현실의 모든 변화는 "본성의 조화를 어지럽히지 못하고 사람의 마음에 들어갈 수 없다"[20]는 것을 알아야 하니, 나의 타고난 본성의 조화를 방해할 수 없고 마음의 평정을 방해할 수 없어, 그러면 정신의 자유를 얻을 수 있는 것이다. 장자는 필연성의 속박을 벗어나는 방법을 '현해(懸解)'라고 하였으니, "편안한 마음으로 시운을 따라서 만사 만물의 발전과 변화에 적응하여, 슬픔과 기쁨의 정서가 심신에 침투할 수 없으니, 이것이 옛날에 현해(縣解)라고 일컬었던 것이다"[21]라고 했다. 원문에서 '현(縣)'은 '현(懸)'으로, 현해(懸解)는 거꾸로 매달린 고통에서 벗어나는 것이며, "편안한 마음으로 시운을 따라서 변화에 적응하는" 것은 필연을 순순히 따르는 것이다. 필연을 순순히 따르

---

17) 《莊子·德充符》: "死生、存亡、窮達、貧富、賢與不肖、毁譽、飢渴、寒暑, 是事之變, 命之行也. 日夜相代乎前, 而知不能規乎其始者也."

18) 《莊子·人間世》: "知其不可奈何而安之若命."

19) 《莊子·達生》: "不知吾所以然而然, 命也."

20) 《莊子·德充符》: "不足以滑和, 不可入於靈府."

21) 《莊子·大宗師》: "安時而處順, 哀樂不能入也, 此古之所謂縣解也."

면 정서의 파동을 피해서 정신의 자유를 얻을 수 있다. 여기서 주의해야 하는 것은, 장자가 말한 명은 간여할 수 없는 낮과 밤과 사계절의 변화 등 자연현상에 자주 비유되며, 원인을 모르고 규칙이 없는 것으로, 이것은 통상 운명론의 명과 완전히 다르다는 것이다. 어쩌면 장자의 명은 사실 어찌 할 수 없는 이미 정해진 모든 경우이며, 어떤 외재적 의지가 결정하는 것도 아니고 어떤 도덕적·종교적·정치적 의미도 없는 것이라고 할 수 있다.

장자의 '자유(自由)'는 '현상식(玄想式) 자유'이다. 장자는 필연성에 대해 편안하게 명에 순응하는 태도를 취하였으니, 이로써 보자면 명에 순응하라는 장자의 자유관은 현실도피적이고 소극적이다. 하지만 장자 사상의 전체를 보아, 인류가 자유를 쟁취한 역사 속에 장자의 자유관을 놓고 보면, 장자의 자유관은 마멸될 수 없는 가치가 있음을 발견할 수 있다. 그것은 바로 장자는 객관적 필연성을 인정하면서 동시에 자유를 적극적으로 추구하여, 현실 속에서 의지의 자유를 추구할 수 없어도, 현실을 초월한 자유자재를 여전히 추구하려고 했다는 것이다. 이는 자유와 필연의 통일이기도 하다. 그는 외재적이고 비의지적이고 어찌 할 수 없는 현실을 순순히 따르는 것 위에 자유의 실현을 두어, 어찌 할 수 없는 필연성 앞에서 자유자재를 어떻게 실현하는가 문제를 선명하게 제시했다. 이것은 중국사상사에서 가장 이를 뿐 아니라 세계문화사에서도 매우 두드러지는 것이다.

(2) 생명은 유한한데 인식은 무한하다

장자는 중국철학사에서 사람의 인식능력의 유한과 무한 문제를 처음으로 제시하고, 사람의 인식능력의 한계성을 제시했다. 장자는 "내 생명은 유한한데 인식은 무한하다. 유한한 것으로 무한한 것을 따르려고 하니, 위태롭다. 그럼에도 인식을 추구한다면 위태로울 따름이다"[22]라고 했다. 사람의 생명은 유한한데 인식 대상은 무궁하니, 유한한 인생으로 무궁한 대상을 인식할 것을 추구하면, 필연적으로 곤경에 빠진다. 이와 같은데도 또한 세계를 인식할 것을 추구하니, 그러면 필연적으로 무궁무진한 번뇌에 빠진다. 장자는 어쩌면 자기의 회의주의를 논증하면서, 사람은 세계를 인식하려는 꿈을 꾸지 말고 모든 인식 활동을 버려야 한다고 설명한 듯하다. 물론 이것은 오류이다. 그러나 장자는 인류의 인식 활동 중 대단히 중요하면서 대단히 풀기 어려운 모순을 단도직입적으로 제시했다. 그 시대에 이건 매우 소중한 것이다.

서양 근대에 사람의 인식능력이 유한한가 무한한가 문제가 많은 열띤 토론을 불러일으켰다. 흄과 칸트의 철학은 바로 사람의 인식능력의 한도를 연구하는 것으로부터 출발하여, 그들의 이론은 구미에서 중대한 영향을 끼쳤고, 오늘에 이르기까지 많은 서양 철학자의 사상체계 역시 여전히 인식능력의 한도 문제에 자기 논의의 출발점을 두고 있다. 이는 "생명은 유한한데 인식은 무한하다"는 장자의 논점이 인류 인식사에서 지극히 중요하고 깊은 문제를 건드렸다는 것을 말해준다. 이후 중국 사상가 중 이 문제를 토론한 자가 매우 적다는 것이 아쉽다.

이밖에 장자는 또한 가치표준 문제를 제시했다. 이 또한 인식론에 관한 매우 중요한 문제이다. 《장자·제물론》에서 "사람은 축축한 곳에서 자면 허리가 아파 병이 나지만, 미꾸라지는 오로지 축축한 환경에서만 생활한다. 사람은 나무에 올라가면 벌벌 떨며 두려워하지만, 원숭이는 전문적으로 나무에 올라가 뛰어다니며 생활한다. 셋 중 누가 가장 좋은 거처를 제대로 아는 것인가?"[23]라고 했다. 〈제물론〉에서는 또 "사람은

22) 《莊子·養生主》: "吾生也有涯, 而知也無涯. 以有涯隨無涯, 殆已, 已而為知者, 殆而已矣."

가축을 먹고, 사슴은 풀을 먹으며, 지네는 뱀을 맛있게 먹고, 올빼미와 까마귀는 쥐를 즐겨 먹는다. 이 넷 중 누가 제맛을 알고 있는 것인가?"[24] 라고 했다. 사람이 가축을 먹고, 지네가 뱀을 먹으며, 올빼미와 까마귀가 쥐를 즐겨 먹는데, 누가 무엇이 가장 맛있는 거라고 알고 있는 건가? "원숭이가 긴팔원숭이와 짝을 맺고, 큰 사슴은 사슴과 짝을 맺고, 미꾸라지가 물고기와 짝을 맺는다. 모장(毛嬙)과 여희(麗姬)는 인간세계에서 미인인데, 물고기가 보면 물에 깊이 들어가버리고, 새가 보면 하늘 높이 날아가버리고, 사슴이 보면 후다닥 달아난다. 넷 중 누가 천하일색을 아는 것인가?"[25]

동물과 사람을 함께 거론하는 것이 좀 황당하기도 하고, 동물이 미녀를 보고 달아나는 것으로 미의 표준은 다르다는 것을 증명하려고 한 것은 더욱 오류지만, 장자의 본뜻은 매우 뚜렷하다. 장자가 보기에 만물은 각각 자기 생존의 조건과 습성과 기호가 있어서, 피차간 시비고하를 결정할 하나의 공통된 표준이란 없다. 사람으로 따지자면, 각각 다른 사람들이 저마다 자기의 애호와 선택이 있어서, 어떤 사람의 시비애호도 공통된 가치표준이 될 수 없다. 장자는 가치판단의 주관성 문제와 가치표준의 상대성 문제를 명확하게 제시했다. 이는 철학사에서도 매우 의미 있는 것이다.

장자는 또 '변론(辯論)'의 작용 문제를 토론했다. 〈제물론〉에서 "너와 내가 변론을 벌여서 한 사람이 이기고 한 사람이 졌다면, 이긴 사람이

---

23) 《莊子·齊物論》: "民濕寢則腰疾偏死, 鰍然乎哉? 木處則惴慄恂懼, 猿猴然乎哉? 三者孰知正處?"

24) 《莊子·齊物論》: "民食芻豢, 麋鹿食薦, 蝍蛆甘帶, 鴟鴉耆鼠, 四者孰知正味?"

25) 〈齊物論〉: "猿猵狙以為雌, 麋與鹿交, 鰍與魚游, 毛嬙、麗姬, 人之所美也, 魚見之深入, 鳥見之高飛, 麋鹿見之決驟, 四者孰知天下之正色哉?"

반드시 옳은 것인가? 진 사람이 반드시 그른 것인가? 반드시 한 사람은 옳고 한 사람은 그른 것인가? 모두 옳거나 모두 그른 건 아닌가? 이건 알 방법이 없다"[26]고 했다. 원문에서 '약(若)'과 '이(而)'는 모두 '너'이다. "누가 옳고 누가 그른지를 너와 나 쌍방이 확정할 수 없다면, 다른 사람도 미혹에 빠져서 확정하지 못할 것이니, 그렇다면 옳고 그름을 누가 판정할 수 있겠는가? 너와 의견이 같거나 나와 의견이 같은 사람은 모두 쌍방의 옳고 그름을 판정할 수 없고, 너와 나와 의견이 모두 같거나 모두 다른 사람도 누가 옳고 누가 그른지 판정할 수 없다. 변론하는 쌍방과 제삼자가 모두 다른 사람을 납득시킬 방법이 없으면, 옳고 그름을 어떤 사람이 판정하길 더 기대할 수 있는가?"[27]라고 했다.

앞에서 얘기한 장자의 관점에 대하여 후기 묵가는 "변론에 승자가 없다고 하는 것은 필시 타당하지 않다"[28]고 했다. 이것은 장자를 비판한 것이 분명하다. 묵가학파는 진상(眞相) 혹은 진리는 알 수 있다고 여겼고, 옳고 그름은 판정할 수 있다고 여겼다. 이는 상식 범위 안에서는 정확한 것이다. 그러나 '변론에 승자가 없다'는 장자의 관점을 비판하는 것은 타당하지 않다. 장자는 변론은 이기고 지는 것이 있을 수 있다고 보았으나, 이기고 지는 것이 반드시 옳고 그름을 의미하지는 않는다. 네가 나를 이겼다고 해서 네가 틀림없이 옳고 내가 틀림없이 그르다는 것을 의미하

---

26) 〈齊物論〉: "既使我與若辯矣, 若勝我, 我不若勝, 若果是也? 我果非也邪? 我勝若, 若不吾勝, 我果是也, 而果非也邪? 其或是也, 其或非也邪? 其俱是也, 其俱非也邪?"

27) 〈齊物論〉: "我與若不能相知也, 則人固受其黯暗. 吾誰使正之? 使同乎若者正之, 既與若同矣, 惡能正之? 使同乎我者正之, 既同乎我矣, 惡能正之? 使異乎我與若者正之, 既異乎我與若矣, 惡能正之? 使同乎我與若者正之, 既同乎我與若矣, 惡能正之? 然則我與若與人俱不能相知也, 而待彼也邪?"

28) 《墨子·經說下》: "謂辯無勝, 必不當."

지 않으며, 내가 이겼다고 해서 내가 반드시 옳고 네가 반드시 그르다는 것을 의미하지 않는다. 변론은 이기고 지는 것이 있을 수 있다. 그러나 이기고 지는 것이 진상 혹은 진리의 표준 문제를 최종적으로 해결할 수 없다. 이렇게 보자면 장자의 논증은 일리가 있다. 장자의 착오는 일반적 인식 활동과 시비 표준을 부정하려고 한 듯한 것에 있으니, 이것은 마땅히 비판을 받아야 한다. 하지만 그가 논변의 승부가 무엇이 진리인지 결정할 수 없다는 것을 논증하고, 사람의 주관적 인식 속에서 진리를 판단할 객관적 표준을 찾을 수 없음을 본 것은 매우 깊이 있는 것이다.

(3) 피차 상생하다

장자의 관점 중 매우 유명한 것으로 '만물은 하나다[萬物爲一]'라는 것이 있다. 이는 마치 대립과 구별을 말살하는 궤변적 이론처럼 보인다. 그러나 장자는 대립과 충돌로 가득 찬 현실 세계를 벗어날 것을 주관적 측면에서 시도한 것으로, 현실 세계에 대한 그의 인식은 변증법적 관점으로 가득 차 있다는 것을 보아야 한다.

장자는 자연현상·사회생활·인류인식 속에 있는 대립을 깊고 세밀하게 관찰했다. 그는 대립이 보편적으로 존재한다는 것을 보았고, 대립되는 개념 사이의 상호관계를 중시했고, '피(彼)'와 '시(是)', '시(是)'와 '비(非)', '사(死)'와 '생(生)', '유(有)'와 '무(無)', '허(虛)'와 '실(實)', '대(大)'와 '소(小)', '성(成)'과 '훼(毁)', '연(然)'과 '불연(不然)', '가(可)'와 '불가(不可)' 등과 같은 많은 대립 측면을 반복해서 언급했다. 장자는 대립의 보편성을 보았을 뿐만 아니라 대립의 통일성도 보았다. 현실 세계로 말하면, 장자는 변증론자였다.

장자는 '피(彼)'와 '시(是)'의 관계 문제를 제시했다. '피(彼)'는 저쪽·상대방이고, '시(是)'는 이쪽·자기쪽으로, '피·시'는 보편적으로 존재하는 대립하는 쌍방을 두루 칭한다. '피·시'는 장자의 대립 관념이다. 장자는 '피·시' 쌍방의 대립은 보편적으로 존재하고 또한 서로 기인하고 서로 의지한다고 보았다. 《장자·제물론》에서 "만물은 저쪽 아닌 것이 없고, 만물은 이쪽 아닌 것이 없다. 저쪽으로부터 보면 보이지 않고, 이쪽으로부터 보면 알게 된다"[29]고 했다. 어떤 사물이든 모두 '피·시'의 대립 속에 처해 있어, 모든 사물은 대립의 이쪽이기도 하고 또한 대립의 저쪽이기도 하다. 사물 자체의 각도에서 보면 자기는 대립의 이쪽이고, 사물의 대립 면의 각도에서 보면 자기는 대립의 저쪽이다. '피'와 '차'의 개념은 대립되는 것이기도 하고 또한 일체로 통일되는 것이기도 하다. "저쪽으로부터 보면 보이지 않고, 이쪽으로부터 보면 알게 된다"는 것은 모든 사람은 대립의 이쪽이기도 하고 또한 대립의 저쪽이기도 한데, 자기가 이쪽이라는 것은 모두가 생각하지만, 자기가 저쪽이기도 하다는 것은 종종 보지 못하니, 사람은 모두 대립 속에 처해 있어서, 모두가 대립의 한쪽이고, 대립의 한쪽은 모두 이쪽이라고 할 수도 있고 저쪽이라고 할 수도 있어, 저쪽과 이쪽은 상대적으로 말한 것으로, 문제를 보려면 이쪽으로부터 볼 뿐만 아니라 저쪽으로부터 또한 봐야 하니, 두 측면으로부터 보아야만 피차의 상대성을 알 수 있고, 전면적으로 알 수 있다는 것이다.

〈제물론〉에서는 이어서 "저것은 이곳에서 나오고, 이것 또한 저곳에서 나오니, 이것이 피시방생(彼是方生)의 설이다"[30]라고 했다. '피시방생(彼是方生)'은 피차가 상호 전환하는 것이다. 대립하는 '저쪽'은 '이쪽'

29) 《莊子·齊物論》: "物無非彼, 物無非是. 自彼則不見, 自是(知)則知之." '是'는 원래 '知'로 되어 있었는데, 여기서는 엄영봉(嚴靈峰)의 설에 근거하여 바꿈. 陳鼓應《莊子今註今譯》, 中華書局, 1983年, 55쪽 참조.

30) 〈齊物論〉: "彼出於是, 是亦因彼, 彼是方生之說也."

에서 나오고, 대립하는 '이쪽' 또한 대립하는 '저쪽'에 의지하니, 대립하는 쌍방은 서로 떨어지지 않고 의지하고, 상호 전환한다. '피시방생(彼是方生)' 이론은 대립 쌍방이 서로 전환한다는 관점이기도 하다. 〈제물론〉에서는 또 "출생해야 사망하고, 사망해야 출생한다. 할 수 있어야 할 수 없고, 할 수 없어야 할 수 있다"[31]고 했다. 출생이 있음으로써 사망이 있고, 사망이 있음으로써 또한 새로운 출생이 있게 된다. '할 수 있다'라고 해야만 '할 수 없는' 것이 있고, '할 수 없다'라고 해야만 또한 '할 수 있는' 것이 있다. 사물의 긍정적 측면과 부정적 측면은 형체와 그림자가 서로 따라다니듯 하여, 일순간이라도 한 측면만 있는 때가 없다. '출생해야 사망한다[方生方死]'는 설은 장자의 독창적인 것은 아니다. 〈천하〉편 기록에 따르면, 혜시(惠施)가 "해는 가운데 오면 기울고, 만물은 태어나면 사망한다"[32]라는 말을 했다. 그 요지는 만물은 모두 변한다는 것이다. 만물은 모두 자기의 반면(反面)을 향하여 가니, 붉은 해가 하늘에 있으면 반드시 서쪽으로 기울게 되어 있고, 만물이 태어나면 반드시 사라지게 되어 있다. 그러므로 어떠한 현상도 모두 자기의 부정적 측면을 포함하고 있고, 출생의 개념은 사망의 가능성을 포함하고 있는 것이고, 출생의 과정은 사망의 추세를 포함하고 있는 것이다. '출생해야 사망한다'는 설은 대립 면의 상호 포용과 전환을 긍정했고, '할 수 있어야 할 수 없다'는 설은 긍정명제와 부정명제 사이의 통일성을 긍정했다.

장자는 〈제물론〉에서 또한 "인시인비(因是因非), 인비인시(因非因是)"[33]라고 했다. '시(是)'로부터 '비(非)'를 얻고, '비'로부터 '시'를 얻어, '시'와 '비'는 상반되면서 서로 통한다는 것으로, 시비의 한계를 부정하

31) 〈齊物論〉: "方生方死, 方死方生 ; 方可方不可, 方不可方可."
32) 〈天下〉: "日方中方睨, 物方生方死."
33) 〈齊物論〉: "因是因非, 因非因是."

여, 궤변에 빠졌다. 하지만 '시비'의 전환을 인정하는 시각에서 보면 변증법적 관념이다. 장자는 또 "이것 또한 저것이고, 저것 또한 이것이다"[34]라고 했다. 여기서는 이것과 저것의 구별을 말살하여 황당한 듯 보이지만, 이것 저것 쌍방 모두 네게 내가 있고 내게 네가 있어 피차 상호 전환하니, 역시 깊은 정반 변증법적 관점이다. 장자는 또 "저것 또한 하나의 시비이고, 이것 또한 하나의 시비이다"[35]라고 했다. 시비의 객관적 표준을 부정한 것으로 보면 회의론과 궤변론인 것처럼 보이지만, 인식 표준의 상대성을 보고, 언제 어디에는 언제 어디의 상황이 있음을 지적하고, 일단 만들어지면 변하지 않는 시비의 표준을 부정하여, 또한 중요한 의미를 지닌다. 장자 철학의 중요한 특징은 바로 종종 황당하거나 황당한 듯하게 보이는 논제에 깊은 지혜가 담겨 있다는 것이다. 장자는 또 길고 짧은 것과 장수하고 요절하는 것 등 개념의 상대성을 제시했다. 장자는 말했다. "조균(朝菌)은 회삭(晦朔)을 모르고, 매미는 춘추(春秋)를 모른다. 이들은 수명이 짧기 때문이다. 초나라 남쪽에 명령(冥靈)이라는 나무가 있으니, 5백 년을 봄으로 하고 5백년을 가을로 한다. 아주 먼 옛날에 대춘(大椿)이라는 나무가 있었으니, 8천년을 봄으로 하고 8천년을 가을로 했다. 그런데 팽조(彭祖)는 지금도 장수한 것으로 알려져, 사람들이 필적하고 싶어하니, 또한 슬프지 아니한가!"[36] '조균(朝菌)'은 아침에 태어나 저녁에 죽는 버섯의 일종이며, '회삭(晦朔)'은 달이 한 번 차고 기우는 시간이다. '혜고(蟪蛄)'는 매미의 일종, '명령(冥靈)'과 '대춘(大椿)'은 나무 이름, 팽조(彭祖)는 전설에 나오는 장수 인물이다. 조균은

34) 〈齊物論〉: "是亦彼也, 彼亦是也."

35) 〈齊物論〉: "彼亦一是非, 此亦一是非."

36) 《莊子 · 逍遙游》: "朝菌不知晦朔, 蟪蛄不知春秋, 此小年也. 楚之南有冥靈者, 以五百歲為春, 五百歲為秋 ; 上古有大椿者, 以八千歲為春, 八千歲為秋 ; 而彭祖乃今以久特聞, 衆人匹之, 不亦悲乎!"

수명이 하루가 되지 않고, 혜고는 수명이 반 년이 되지 않는다. 팽조(彭祖)는 수명이 800년에 달했다고 하니, 확실히 오래 살긴 했지만, 명령은 500년이 한 계절이고 2000년이 1년이니, 그 수명은 팽조 또한 감히 바라보지도 못한다. 그런데 대춘은 8000년이 한 계절이고 32000년이 1년으로, 명령 또한 비교가 안된다. '산 밖에 산이 있고[山外有山]', '하늘 밖에 하늘이 있어[天外有天]', 크고 작고, 길고 짧고, 장수하고 요절하는 것은 모두 상대적으로 말한 것이니, 자만할 필요가 없다. 장자는 이로써 크고 작은 것의 구별을 잊고 크고 작은 것을 같게 보아야 한다고 논증했다. 이것은 황당하지만, 크고 작고, 장수하고 요절하고, 길고 짧은 것의 상대성을 인정하고 사물의 무한한 층차를 구별할 것을 주장하여, 사람들의 생각과 시야를 넓혔으니, 변증법적 요소를 담고 있으며, 이는 '자신의 주제를 모르고 과대망상에 빠지는' 것과 '익숙한 것에 안주하면서 스스로를 한계짓는' 사람에게 처방을 내린 것에 불과한 것만이 아니었다.

(4) '기(氣)'가 변하여 생명이 있다

'기(氣)'는 중국 고대철학에서 매우 중요한 관념이다. '기' 관념은 아주 일찍 생겼고, '기'로 자연현상이나 생명현상을 해석한 것이 장자로부터 시작되지는 않았으나, 현재 전해지는 선진시대 문헌을 통해 볼 때, '기'로 생명의 기원 및 생사 관계를 가장 명확하게 해석한 것은 아무래도 《장자(莊子)》라는 책이다.

장자는 생명의 기원에 관해서 재미있는 설명을 했다. 《장자(莊子)·지락(至樂)》편 기록에 따르면, 장자의 아내가 죽자 장자의 친구 혜시(惠施)가 조문하러 갔는데, 장자는 두 다리를 벌리고 땅바닥에 앉아 와분(瓦盆)을 두드리며 노래를 부르고 있었다. 혜시가 "네 아내는 너와 서로 의지하고 살며 자녀를 낳아 키웠는데, 아내가 죽어서 울지 않는 건 그렇다쳐도, 세상에 그릇을 두드리며 노래를 부르다니, 이건 너무 과한 거 아닌가?"라고 장자를 비판했다.[37] 장자가 대답했다. "그렇지 않다네. 아내가 막 죽었을 때는 나라고 어떻게 슬픔을 느끼지 않을 수 있었겠는가? 그러나 가만히 따져보니, 세상에는 본래 생명이 없었고, 심지어 형체 있는 사물조차 없었으며, 심지어 기(氣)조차 없었지. 모호하고 아득한 상태에서 점점 변화하여 기(氣)가 나오고, 기가 변하여 형체가 있는 사물이 되고, 형체가 있는 사물이 또한 점점 변화하여 생명이 나왔네. 만물은 모두 변화 속에 있으니, 오늘 아내가 변화하여 죽은 것은 춘하추동 사계절과 마찬가지로 변화 속에 처한 것에 불과하네. 아내는 천지 사이에서 편안하게 자고 있는데 나는 슬프게 운다면, 이것은 명(命)이 오고가는 것을 모르는 것이란 생각이 들어서 울지 않게 되었다네."[38]

장자의 말에는 세 가지 요점이 있다. 첫째, 생명은 점차 변화하여 형성된 것으로, 본래 있었던 것이 아니다. 둘째, 기(氣)는 생명의 물질적 기초로, 사람의 형체와 생명은 모두 기가 응집한 결과이다. 셋째, 출생이 있으면 죽음이 있어, 생사의 변화는 저절로 그런 것으로, 사람은 죽으면 대자연으로 돌아간다. 장자의 이 사상을 장자의 제자가 계승하여, 《장자 · 지북유(知北游)》의 작자는 명확하게 말했다. "사람이 태어난 것은 기가 모인 것이다. 모이면 태어나고 흩어지면 죽는다. 삶과 죽음을 같은 무리로 여기면 내가 또한 무엇을 근심하겠는가? 그러므로 만물은 하나이다.

---

37) 《莊子 · 至樂》: "莊子妻死, 惠子弔之, 莊子則方箕踞鼓盆而歌. 惠子曰 : '與人居長子, 老身死, 不哭亦足矣, 又鼓盆而歌, 不亦甚乎!'"

38) 《莊子 · 至樂》: "不然. 是其始死也, 我獨何能無慨然? 察其始而本無生; 非徒無生也, 而本無形; 非徒無形也, 而本無氣. 雜乎芒芴之間, 變而有氣, 氣變而有形, 形變而有生, 萬物皆化. 今又變而之死. 是相與為春秋冬夏四時行也. 人且偃然寢於鉅室, 而我噭噭然隨而哭之, 自以為不通乎命, 故止也." '萬物皆化' 네 글자는 《莊子闕誤》에 근거하여 보충함.

…… 천하를 통털어 하나의 기일 따름이다."[39] 사람의 생명은 기가 모여 변화한 결과로, 기가 모이면 태어나고, 기가 흩어지면 죽으며, 사람과 만물은 모두 '기'로 구성되었다.

중국 고대철학에서 '기(氣)'는 기본물질 혹은 원초 물질에 해당되는 개념이다. 생명의 기초가 기에 있다고 장자학파가 강조한 것은 또한 생명의 물질적 본질을 긍정한 것으로, 생명의 신비주의 관념을 타파하였고, 출생과 사망은 단지 물질세계 변화과정 중의 형식과 단계임을 제시하고, 죽음에 대한 공포와 우려를 비판한 것이다. 근대과학이 생명체의 본질을 파헤치기 훨씬 이전인 2천여 년 전에 이런 사상이 있었다는 것은 정말 어려운 것이다. 이런 천부적 재능은 유심주의를 비판하고, 유신론을 비판하고, 영혼불멸의 관점을 비판하는 데 모두 긍정적 작용을 일으켰다.

인생은 기가 모인 것이고 생사는 기가 모이고 흩어지는 것이라고 장자는 보았기 때문에, 장자는 생사 문제에 대해서 달관의 태도를 취할 것을 주장했다. 장자가 세상을 떠나려고 할 때, 제자들이 가장 좋은 관곽(棺槨)을 마련하여 장자를 안장하려고 하자, 장자는 극력 반대하며 말했다고 한다. "나는 천지(天地)를 관목으로 삼고, 일월성신(日月星辰)을 부장하는 보물과 옥기로 삼고, 만물을 순장하는 예물로 삼으니, 내 장례 물품이 모두 갖추어진 것 아니겠는가! 여기에 무엇을 보태려 하는가?"[40] 이 얼마나 독특하고 달관적인 상상인가! 그러면 까마귀나 매가 선생님 시신을 먹을까 걱정된다고 제자들이 말하자, 장자는 말했다. "천지 사이에 나장

39) 《莊子·知北游》: "人之生, 氣之聚也. 聚則為生, 散則為死. 若死生為徒, 吾又何患?故萬物一也. ……通天下一氣耳."

40) 《莊子·列御寇》: "吾以天地為棺槨, 以日月為連璧, 星辰為珠璣, 萬物為齎送, 吾葬具豈不備邪? 何以加此!"

(裸葬)하면 매나 까마귀에게 먹히고, 땅에 매장하면 땅강아지 개미에게 먹힐 것이니, 까마귀나 매는 못 먹게 하면서 땅강아지나 개미는 먹게 하다니, 왜 이렇게 편파적인가!"[41] 장자가 보기에 사람은 물질세계의 일부분으로, 죽으면 대자연으로 돌아가니, 따라서 어떻게 안장하든 결과는 마찬가지다. 사람이 죽으면 귀신이 된다든가 영혼불멸이라든가 하는 종류의 미신관념이 장자에게는 전혀 없었다. 생명의 물질적 본질에 관한 장자의 논증과 죽음에 대한 장자의 낙관적 태도는 중국문화사에서 매우 큰 영향을 끼쳤고, 종교 미신의 생사관을 어느 정도 억제했다.

(5) 사람에게는 변하지 않는 '성(性)'이 있다

《장자 · 외편(外篇)》에서 '민유상성(民有常性)' 명제를 특히 선명하게 제시했다. 민지상성(民之常性)은 또한 '성명지정(性命之情)'이라고도 하며, 또한 바로 성지자연(性之自然)이기도 하다. 그들은 상성(常性)에 안주하거나 혹은 성명지정(性命之情)에 맡길 것을 주장했고, 자연지성(自然之性)에 대한 어떠한 파괴나 속박도 반대했다. 그들의 관점은 〈병무(騈拇)〉 · 〈마제(馬蹄)〉 · 〈거협(胠篋)〉 · 〈재유(在宥)〉 등 편에 집중적으로 표현되어 있다. 그 내용은 장자의 제자 중 한 파가 편찬했을 가능성이 있다. 이 파는 어떤 형식의 통치든 모두 반대하여, 역사상 무군론(無君論)의 선성(先聲)이 되었다. 따라서 그들은 장자 제자 중에서 무군파(無君派)라고 일컬을 수 있다.

무군파(無君派)는 사람의 자연 본성이 최고의 출발점이며, 자연지성을 파괴하거나 손상시키는 어떤 것도 모두 잘못이라고 보았다. 〈마제(馬蹄)〉 편에서 "백성에게는 상성(常性)이 있고, 옷감 짜서 옷 해 입고, 밭

---

41) 《莊子 · 列御寇》: "在上為烏鳶食, 在下為螻蟻食, 奪彼與此, 何其偏也!"

같아서 밥 먹으니, 이것을 동덕(同德)이라고 한다. 하나도 치우치지 않으니, 이런 상태를 천방(天放)이라고 한다"[42]고 했다. '천방(天放)'은 자유자재의 경지이다. 〈병무(駢拇)〉편에서 말했다. "갈고리·줄·곱자·굽자는 각각 곡선·직선·원형·호형을 그리는 공구로, 이런 외재적 공구를 표준으로 삼아 사물을 교정하려고 하면 사물의 자연지성을 해친다. 줄로 묶고 칠을 하고 해서 물건을 고정시키는 것 역시 사물의 본연지정을 손상하고 파괴한다. 그런데 유가(儒家)는 인의(仁義)로 허풍을 떨면서 천하 사람들의 마음을 위무(慰撫)하니, 이 또한 사람의 본연지성을 파괴한다. 이는 일정한 본연을 잃은 것이다."[43] 그러므로 사람의 자연 본성을 보호하려면 굽은 것은 저절로 굽혀지고, 곧은 것은 저절로 곧게 되고, 저절로 둥글게 되어 굽자를 쓸 필요가 없고, 저절로 각지게 되어 곱자를 쓸 필요 없어, 천하의 만물이 "자기도 모르게 모두 출생하되 출생의 이유를 모르고, 함께 모두 얻되 얻는 이유를 모르게"[44] 해야 하니, 이것이 바로 만물의 자유 발전이다.

무군파가 사람의 자연지성(自然之性)을 보호할 것을 강조한 것은 성명지정(性命之情)이 저절로 합리적이어서 천하에서 가장 바른 것은 "그 성명지정(性命之情)을 잃지 않는" 것에 있다고 보았기 때문이다. 모든 것은 본연의 상태에서 나온 것은 모두 자연스러운 것을 편안히 여길 것이니, 들오리의 다리가 비록 짧다고 해도 결코 부족한 것이 아니어서 억지로 길게 하려고 하면 필시 근심과 해침을 가져오고, 선학(仙鶴)의 다리가 비록 길다고 해도 결코 여유가 있는 게 아니어서 억지로 짧게

42) 〈馬蹄〉: "彼民有常性, 織而衣, 耕而食, 是謂同德. 一而不黨, 命曰天放."

43) 〈駢拇〉: "且夫待鉤繩規矩而正者, 是削其性者也; 待繩約膠漆而固者, 是侵其德者也; 屈折禮樂, 呴俞仁義, 以慰天下之心者, 此失其常然也." '者也'는 郭慶藩의 《莊子集釋》에 근거하여 추가보충함.

44) 《莊子·駢拇》: "誘然皆生, 而不知其所以生; 同焉皆得, 而不知其所以得."

하려고 하면 필연적으로 고통이 따른다. 손가락이 나란히 자라나 쓸모없는 살로 연결되어 있다 해도, 손에 손가락이 옆으로 더 생겨 비록 쓸모없는 손가락이 있다 해도, 이는 모두 자연스럽게 생긴 것이다. 그러므로 나란히 자라난 손가락을 자르면 안되고, 남은 손가락을 잘라버리면 안된다. 그래서 모든 착오는 사람들이 자기의 자연 본성을 파괴하고 성(性)에 없는 부귀영화를 추구하는 것에 있다.

무군파는 '민지상성(民之常性)' 혹은 '성명지정(性命之情)' 개념으로부터 출발하여, 전통 가치표준을 비판하고, 최대의 선(善)은 "성명지정에 맡기는 것" 혹은 "자신에게 적합한 것을 적합하게 구하는 것", 즉 자기 자연지성(自然之性)이 자유롭게 발전할 수 있도록 하는 것보다 더한 것이 없다는 것을 제시했다. 사람의 본성과 인의(仁義)를 대립시켜, 성명지정에 맡겨야 비로소 진정한 선(善)이라고 보았다. "내가 말하는 최선은 인의(仁義) 같은 것이 아니라, 천성(天性)에 맡기고 진정(真情)을 유지하는 것일 뿐이다. 내가 말하는 총(聰) 즉 귀가 잘 들린다는 것은 다른 사람이 뭐라고 하는 것을 잘 들을 수 있는 것이 아니라, 자기를 잘 살펴볼 수 있는 것을 가리킬 뿐이다. 내가 말하는 명(明己) 즉 눈이 잘 보인다는 것은 다른 사람의 어떤 것을 볼 수 있다는 것을 말하는 것이 아니라, 자기를 분명히 볼 수 있는 것을 가리킬 뿐이다. 자기를 분명히 볼 수 없으면서 다른 사람만 분명히 보고, 자기가 얻는 것에 만족하지 못하고 다른 사람에게서 찾는 사람이 바로 다른 사람이 얻은 것을 찾고 자기가 얻은 것에 만족하지 못하는 사람이요, 다른 사람이 가는 곳에 가고 자기가 가야 하는 곳에 가지 않는 사람이다."[45] 무군파가 말

45) 《莊子·騈拇》: "吾所謂臧者, 非所謂仁義之謂也, 任其性命之情而已矣; 吾所謂聰者, 非謂其聞彼也, 自聞而已矣 ; 吾所謂明者, 非謂其見彼也, 自見而已矣. 夫不自見而見彼, 不自得而得彼者, 是得人之得而不自得其得者也, 適人

하는 선(善)은 "자연지성에 맡긴 것"으로, 그들은 자기가 얻을 것을 얻고 자기가 가야 하는 곳에 가는 자유로운 상태를 추구한다. 자기가 얻을 것을 얻고 자기가 가야 하는 곳에 가는 것은 어떤 외재적 견제와 속박을 받지 않는 것이고, 또한 사람의 자연지성이 해방된 것이다.

무군파가 사람의 자연지성의 파괴를 반대한 핵심은 어떠한 형식의 통치와 압박도 반대한 것에 있다. 그들은 말을 비유로 들어, 말이 자연환경에 있으면, 발굽은 눈과 서리도 밟고 다닐 수 있고, 털은 바람과 추위를 막을 수 있고, 풀을 먹고, 물 마시고, 달리고, 뛰어오르는 것을 자유자재로 할 수 있으니, 이것이 바로 말의 자연스러운 본성이다. 백락(伯樂)이 나타나, 말을 잘 다스린다고 스스로 인정하면서, 말의 갈기를 다듬고, 낙인을 찍고, 말굽을 깎고, 징을 박고, 고삐를 매고, 망을 씌우고, 철작(鐵嚼)을 씌우고, 마굿간에 묶어놓으니, 이렇게 되면 말은 20-30%는 괴로워서 죽어갈 것이다. 이후 말은 또 기갈을 만나고, 달리도록 내몰리고, 혹은 대열을 지어서 전진과 후퇴를 훈련받고, 앞은 철작(鐵嚼)이 입에 물려 있고, 뒤에서는 가죽 채찍으로 위협을 받으니, 이렇게 되면 말의 반은 괴로워서 죽어갈 것이다. 그러므로 백락이 말을 다스리면 필시 말의 진성(眞性)을 해치니, 통치자가 천하를 다스린 결과 역시 사람의 자연 본성을 파괴한다.

이 파는 '성명지정(性命之情)'은 바로 사람의 본래의 진실한 자연지성이라고 했다. 이는 무군파의 가장 높은 사상 관념이다. 이로부터 출발하여, 그들은 백락이 말을 다스리면 공이 없을 뿐 아니라 도리어 죄를 짓는 것으로 보았다. 마찬가지로, 사람의 본성도 본래 매우 순박한데, 성인(聖人)이 천하를 다스려 예악(禮樂)으로 사람의 행동을 구속하고 인의(仁義)로 사람의 마음을 위무하여, 이에 백성이 '멈출 줄 모르고 다투어 이

之適而不自適其適者也." '者也'는 郭慶藩의 《莊子集釋》에 의거하여 보충함.

익을 향해 달려가는' 것을 배워 할 수 있게 되니, "이 또한 성인(聖人)의 잘못이다."[46] 무군파가 보기에 성인이 인·의·예·악을 추진하는 것은 천하에 이익이 없을 뿐 아니라, 도리어 천하에 죄를 짓는 것으로, 인·의·예·악은 시대의 폐단을 바로잡는 좋은 처방이 아닐 뿐만 아니라 도리어 갖가지 폐단을 일으키는 화근이다. 백락이 말을 다스리는 것은 비록 말의 진성(眞性)에는 위배되지만 사람에게는 공이 있고, 성인이 인·의·예·악을 추진하는 것은 근로자에게는 일종의 통제로, 사회문화의 발전에 또한 어느 정도 공적이 있으니, 무군파가 백락을 전면 부정하고 인의예악을 부정한 관점은 사실상 상식에 위배된다. 하지만 이는 또한 그들이 압박받는 계급의 정치적 입장을 대표한다는 것을 나타내기도 한다. 사실 모든 좋은 관념·풍습·방법이 보편적으로 유행하는 규범·원칙이 되면 교조적이고 속박하는 것이 되어 극단을 향하여 치닫고 불행을 가져올 수 있다.

사람의 자연지성을 중심관념으로 하는 무군파의 이런 사상 학설은 중국 고대에 상당히 드문 것이다. 중국 고대의 유가·묵가·법가가 강조한 것은 모두 사회질서로, 사람의 개성의 발전에는 별로 주의를 기울이지 않았다. 이런 배경 아래에서 장자 제자 중의 무군론(無君論)이 자연 본성에 맡기라는 주장을 명확히 내세워 개성해방의 경향을 드러냈으니, 따라서 인류 역사 발전과정에서 진보적 의미를 지닌다.

장자는 위대한 사상가일 뿐 아니라 문학가이기도 하다. 장자의 이론과 문자 풍격은 모두 독특하다. 그는 외부의 어찌 할 수 없는 이미 정해진 경우를 인정하여, 운명에 안주하는 것처럼 보이기도 했다. 또한 소요유 방식의 초월과 자재(自在)를 적극 추구하여, 아주 높은 생명의 자각의식을 드러냈다. 명(命)에 안주하는 것에서 소요(逍遙)로의 초월을 실

46) 《莊子·馬蹄》: "此亦聖人之過也."

현하기 위해 그는 또한 만물을 하나로 보는 각종 논증을 세웠고, 또한 인류 인지능력의 유한성과 현실 인생 중 많은 알 수 없는 각 측면을 지혜롭게 논증하기도 했다. 이런 측면들이 유기적으로 결합하여 독특하고 복잡한 사상 체계를 이루어, 중국철학에 기이하고 아름다운 꽃 한 송이를 피웠다.

07 혜시(惠施)

혜시(惠施)는 주(周)나라 열왕(烈王) 6년(기원전 370년) 전후 태어나, 주나라 난왕(赧王) 5년(기원전 310년)에 세상을 떠났다. 전국시대 중기 송(宋)나라 사람으로, 유명한 정치활동가이며, 공손룡(公孫龍)과 함께 '변자(辯者)'의 대표 인물이다. 혜시는 지식이 해박하고, 저술이 풍부하고, 명성이 매우 컸고, 장주(莊周)의 좋은 친구이자 논변(論辯)의 주요 상대였다. 그의 저작은 이미 모두 산실되었고, 일부 행적과 사상이 《장자(莊子)》·《순자(荀子)》·《한비자(韓非子)》·《여씨춘추(呂氏春秋)》 등 책에 남아 있다.

혜시는 정치적으로 '거존(去尊)'[1]·'언병(偃兵)'[2] 즉 전쟁을 멈추고 '만물을 모두 사랑할'[3] 것을 주장하여, 묵가와 정치적 주장이 같은 부분도 있고 다른 부분도 있다. 그러나 혜시는 묵가는 결코 아니어서, 명변(名辯) 문제에서 그는 '합동이(合同異)'를 주장하여, 묵가 변자(辯者)의

---

1) 《呂氏春秋·愛類》: "去尊."
2) 《韓非子·內儲說上》: "偃兵."
3) 《莊子·天下》: "泛愛萬物."

'별동이(別同異)'와 대립되는 파를 형성했다. 《장자》의 기록에 따르면, 혜시는 위(魏)나라 재상을 지낸 적이 있다. 장주와 혜시가 사람은 '정이 있어야' 하는가 아니면 '정이 없어야' 하는가, '생명을 더'해야 하나 아니면 '생명을 더'하지 말아야 하나 하는 문제를 토론한 적이 있다. 혜시는 사람은 마땅히 '정이 있어야'하고 '생명을 더'해야 한다고 주장했다.

혜시는 학술과 정치 면에서 창의적 정신이 있었다. 순자(荀子)는 혜시가 "선왕을 본받지 않으니, 예의가 아니다"[4]라고 비판한 적이 있다. 혜시는 사람들과 변론하는 것을 좋아했다. 그러나 자기 논적(論敵)을 존중하여, "각자 자기가 옳게 여기는 것을 옳게 여기면"[5] 된다고 보았다. 혜시가 죽자 장자는 그를 매우 그리워하고 탄식하면서 모르는 것을 토론하고 물어볼 만한 오랜 친구 하나를 잃었다고 했다.

혜시의 학술은 오로지 '명변(名辯)'에만 한정되지는 않는다. 그는 지식이 해박하여, 자연 만물 모든 것의 연구에 관심이 충만했다. 《장자(莊子)·천하(天下)》 기록에 따르면, 황료(黃繚)라는 사람이 하늘은 왜 무너지지 않으며, 땅은 왜 꺼지지 않으며, 바람·비·천둥·번개는 어떻게 만들어지는지 혜시에게 물었다. 혜시 역시 겸손 떠는 말로 응대하지 않고, 거리낌없이 대답했다. 그는 만물의 이치를 광범위하게 해설하면서, 구구절절 끊임없이 말을 했고, 그래도 부족하다고 여길 지경이었다. 혜시가 논리를 연구한 목적은 만물을 연구하기 위해서였음을 알 수 있고, 만물을 중시하는 그의 이런 과학 정신은 아주 소중한 것이다. 안타깝게도 저술이 사라져, 혜시 학설의 구체적 내용을 오늘날 우리는 알 길이 없다.

4) 《荀子·非十二子》: "不法先王, 不是禮義."
5) 《莊子·徐無鬼》: "各是其所是."

(1) '끝없이 큰 하나[大一]'와 '끝없이 작은 하나[小一]'

전국시대 변자(辯者)의 공통 특징은 "'불가(不可)'한 것을 '가(可)'하게 하려 하고, '그렇지 않은' 것을 '그렇게' 하려 했다"[6]는 것으로, 상식으로는 받아들일 수 없는 판단들을 극력 증명하려고 했던 것이다. 《장자·천하》에 혜시의 10가지 판단 '십사(十事)'가 전해지니, 역시 이런 성질을 많이 지니고 있다.

"끝없이 큰 것은 밖이 없으니, 대일(大一)이라고 하고, 끝없이 작은 것은 안이 없으니, 소일(小一)이라고 한다."[7] 이것은 혜시의 '십사' 중 첫 번째이다. '지대(至大)'는 끝없이 큰 것이고, '지소(至小)'는 끝없이 작은 것이다. 혜시가 보기에, 모든 공간을 포괄한 체적이어야 끝없이 큰 것이고, 이런 체적을 '대일(大一)'이라고 한다. 어떠한 공간도 포함하지 않은 체적이어야 끝없이 작은 것이고, 이런 체적을 '소일(小一)'이라고 한다. '소일(小一)'은 물질의 더 이상 나눌 수 없는 가장 작은 부분으로, 원자론자들이 말하는 원자에 해당된다. 혜시가 이 '대일'·'소일' 설을 세운 의도는 두 측면이 있다. 첫째는 모든 유한물은 체적의 크기상 상대성이 있다는 것을 설명하려는 것이고, 둘째는 이로써 만물의 통일성을 설명하려는 것이다.

《관자(管子)》에 정기(精氣)가 "미세한 것은 안이 없고, 큰 것은 밖이 없다"[8]라고 말한 것이 있고, 《장자》에도 "세상에서 논의하는 자들은 …… 지극히 정미한 것은 형(形)이 없고, 지극히 큰 것은 둘러쌀 수 없다고 한다"[9]는 말이 있다. 장자 일파가 이런 관점을 반대한 것은 정(精)

---

6) 《莊子·天地》: "可不可, 然不然."
7) 《莊子·天下》: "至大無外, 謂之大一; 至小無內, 謂之小一."
8) 《管子·內業》: "其細無內, 其大無外."
9) 《莊子·秋水》: "世之議者皆曰: 至精無形, 至大不可圍."

· 조(粗) · 대(大) · 소(小)는 형체가 있는 사물에 대하여 말한 것이므로, 이것으로 말하면 안된다고 보았다. 이를 통해 〈추수〉에서 비판한 '세상에서 논의하는 자들'은 혜시를 포함한 것일 가능성이 매우 높다고 추측할 수 있다. 혜시의 '대일(大一)', '소일(小一)' 설은 한편으로는 모든 것은 '대일' 속에 있다는 것으로부터 만물의 통일을 논증한 것이고, 한편으로는 모든 것은 '소일'로 구성되었다는 것으로부터 만물의 통일을 논증한 것이다.

혜시의 이런 '대일' · '소일' 설은 '大'와 '小'의 상대성 · 상호전환의 사상 · 우주무한의 사상 · 원자의 사상 · 만물통일의 사상과 더불어 매우 가치가 있다. 결함이라면, 어느 정도 의미에서 대 · 소 구별의 확정성을 소홀히 했다는 것이다.

(2) '후(厚)'가 없어서 쌓을 수 없되, 그 크기가 천 리

전국시대에는 일반적으로 기하학에서의 '체(體)'를 '후(厚)'라고 하고, '면(面)'을 '무후(無厚)'라고 했다. 《묵경(墨經)》에서 "'후(厚: 體)'는 체적(크기)이 있다"[10]를 제시하고, 또한 "가득 찬 것이 없으면 '후(厚)'가 없다"[11]를 제시했다. '체(體)' 안에 반드시 형질(形質)이 가득 차야 '후(厚)'가 될 수 있다는 말이다. 혜시의 "'후(厚)'가 없으면 쌓일 수 없으니, 그 크기는 천 리에 이른다"[12]는 설은 《묵경》의 "'입체[후(厚)]'는 체적이 있다" 및 "가득 차지 않으면 후(厚)가 없다"의 반명제(反命題)와 아주 유사하다. 이 명제의 의미는 '후(厚)'가 없는 면적은 아무리 더해도 '후'가

10) 《墨子 · 經上》: "厚, 有所大也."
11) 《墨子 · 經說上》: "無盈無厚."
12) 《莊子 · 天下》: "無厚不可積也, 其大千里."

될 수 없지만, 면적은 천 리에 달하도록 클 수 있다는 것이다.

(3) 하늘과 땅은 낮고, 산과 연못은 평평하다

"하늘과 땅은 낮고, 산과 연못은 평평하다."[13] 이것은 혜시가 제시한 세 번째 '사(事)'이다. 이 명제의 글자 그대로의 뜻은 '하늘'과 '땅'은 똑같이 낮고 '산'과 '호수'는 똑같이 평평하다는 것으로, 뚜렷한 패론(悖論: 독설)이다. 이 명제에 대한 혜시의 논증은 끝없이 높은 것에 상대해서 말하자면 하늘과 땅의 고도 상 구별은 따지지 않고 무시해도 되니, 하늘과 땅은 높이가 같다는 것이다. 끝없이 평평한 것에 상대해서 말하자면 '산'과 '연못'의 평평도나 경사도는 따지지 않고 무시해도 되니, 산과 연못은 평평도가 같다는 것이다. 이런 결론은 상식과 어긋나지만, 철학과 과학에서는 중요한 가치가 있다. 철학 측면에서 이 명제는 높은 것과 낮은 것, 평평한 것과 경사진 것의 상대성·동일성·상호전환을 인정했다. 과학 측면에서 이 명제는 '수량급(數量級)' 개념을 제시한 것에 해당된다. 현대과학에서 수량급이 다른 사물을 비교하려고 할 때, 한 수량급 혹은 몇 수량급 낮은 사물 사이의 수량 차이는 따지지 않고 무시한다. 예를 들면 천문학에서 천체 사이의 거리가 천체의 반경보다 아주 많은 수량급 크면, 이런 상황에서는 태양과 지구의 반경 차이가 아주 커도 수학적으로는 모두 점 하나로 대표할 수 있다. 혜시의 결함은 수량급 개념을 명확히 제시하지 않았다는 것에 있으니, 그러므로 그의 설은 상식상 받아들여질 수 없었다.

13) 《莊子·天下》: "天與地卑, 山與澤平."

(4) 해는 중천에 뜨면 기울기 시작하고, 만물은 태어나면 죽기 시작한다

"태양은 중앙에 오면 기울어지고, 만물은 태어나면 사망한다."[14] 이 명제는 태양이 막 정중앙까지 올라오면 동시에 또한 서쪽으로 기울기 시작하고, 어떤 것이 막 생겨나면 동시에 또한 죽기 시작한다는 말이다. 이 명제는 운동 변화의 절대성을 통해 '정(正)'과 '편(偏)'·'생(生)'과 '사(死)'의 상대성·통일성과 상호전환을 논증했다. 이 명제는 생(生)·사(死) 사이의 구별과 대립은 사물 자신 속의 모순임을 제시했다. 사물은 변화의 과정이기 때문이다. 끊임없이 변화하므로 사물은 동시에 이 점 위에 있으면서 또한 이 점 위에 있지 않기도 하다. 이 명제는 비록 형이상학의 한계로 인해 상식적으로는 받아들여지지 않았지만, 변증법의 진리에 접촉했다는 점에서 매우 가치가 있다.

(5) '작은 다름[小同異]'과 '큰 다름[大同異]'

"크게는 같으면서도 작게는 다른 경우, 이를 소동이(小同異)라고 한다. 만물은 모두 같거나 모두 다르다. 이것을 대동이(大同異)라고 한다."[15] 이것은 혜자의 '십사(十事)' 중 다섯번째로, 혜자의 '십사' 중 핵심이기도 하다.

'대동이(大同異)'와 '소동이(小同異)'는 당연히 두 다른 층차의 동이(同異)이다. 장자는 "다른 측면에서 보면, 간(肝)과 담(膽)도 초나라 월나라처럼 다르고, 같은 측면에서 보면, 만물이 모두 하나이다"[16]라고 했고,

14) 《莊子·天下》: "日方中方睨, 物方生方死."

15) 《莊子·天下》: "大同而與小同異, 此之謂小同異; 萬物畢同畢異, 此之謂大同異."

16) 《莊子·德充符》: "自其異者視之, 肝膽楚越也; 自其同者視之, 萬物皆一也."

《여씨춘추(呂氏春秋)·유시람(有始覽)》에서는 "천지와 만물은 한 사람의 몸과 같다. 이것을 대동(大同)이라고 한다. 수많은 이목구비와 수많은 오곡한서(五穀寒暑) 등 이것을 중이(衆異)라고 한다"[17]고 했다. 장자는 혜시의 영향을 상당히 받았고, 〈유시람(有始覽)〉에서는 혜시의 관점을 인용한 것인지 확증은 없다. 앞서 말한 혜시의 명제는 다음과 같이 해석할 수 있다. 혜시가 말한 소동이(小同異)는 상식 범위 안의 동이(同異)에 속하며 사람들이 모두 아는 것이다. 그가 말한 대동이(大同異)는 상식 범위를 초월한 것으로, 철학 영역에 속한다. 혜시가 두 가지를 구별하여 사람들이 철학 영역으로 깊이 들어가도록 이끌 수 있었던 것은 중요한 공헌이다.

(6) 남방은 끝이 없으되 끝이 있다

혜시가 말한 '대일(大一)'은 동·서·남·북·상·하 여섯 방향이 무한하게 뻗어나간 것으로, 이것은 무궁한 총체이다. 남방이라는 방향 자체가 무한하게 뻗어나간 것을 남방무궁이라고 할 수 있다. 그러나 '끝없이 커서 밖이 없는' '대일(大一)'의 시각에서 보면, 남방은 단지 사방상하 중 한 방향일 뿐이어서, 다른 방향의 제한을 받으니, 그러므로 남방은 끝이 있다고 할 수 있다. 이와 같이 혜시는 무한과 유한의 통일성을 논증했다. 현대 수학에서 무한은 높고 낮은 다른 층차가 있는 것에 따르면, 혜시가 말한 대일(大一)은 최고 층차의 무한대에 해당되고, 무한한 남방은 한 층차 낮은 무한대에 해당된다. 비록 혜시는 이렇게 명확한 인식에 도달하지는 못했지만, 그의 "남방은 끝이 없으면서도 끝이 있다"[18]는 명제는

17) 《呂氏春秋·有始覽》: "天地萬物, 一人之身也; 此之謂大同. 衆耳目鼻口也, 衆五穀寒暑也, 此之謂衆異."

무한을 다른 층차로 구분하는 사상을 확실히 포함하고 있고, 아울러 높은 층차의 무한과 상대적으로 낮은 층차의 무한은 유한이 된다고 인식했다. 이것은 깊이있는 변증법 사상이다.

(7) 오늘 월나라에 가서 어제 오다

"오늘 월나라에 가서 어제 오다[今日適越而昔來]"[19]에서, '적(適)'은 간다는 뜻으로, '래(來)'와 상대적이다. 하나의 행동에 '적(適)'을 쓰느냐 아니면 '래(來)'를 쓰느냐는 진술자가 있는 지점 혹은 설정한 지점을 봐야 한다. '적(適)'은 오직 목적지 이외의 지점에 적용되고, '래(來)'는 오직 목적지에 적용된다. '적(適)'과 '래(來)'로 동일한 행동을 진술할 때, 이런 구별은 실질적으로 동사 시태의 구별로, '적(適)'은 진행할 때이고, '래(來)'는 완성할 때이다. 예를 들어 어떤 사람이 어느날 출발하여 북경(北京)에 도착한다면, 그가 북경에 도착하기 전에는 "今天往北京去"라는 문장으로 그의 행동을 진술해야 하고, 그가 북경에 도착한 후에는 "今天來到北京"이라고 말해야 한다. '적월(適越)'은 월(越)나라에 도착한다는 뜻으로, 그 시간은 진행할 당시에 따라 말한 것이고, '래(來)'는 월나라에 도착한 뒤 월나라에 간 상황을 뒤따라 기술한 용어로, 그 지점은 월나라에 있으며, 그 시간은 당연히 월나라에 있는 날에 추억한 것이다. 예를 들어 어떤 사람이 북경에 도착하여, 언제 북경에 도착했냐고 누가 그에게 물으면 그는 '오늘'이라고 대답하는데, 북경에 도착한 후 언제 북경으로 이동했느냐고 누가 그에게 물으면 '어제'라고 대답해야 한다. 이것은 오늘과 어제의 추이를 통해 오늘과 어제의 통일을 논증한

18) 《莊子 · 天下》: "南方無窮而有窮."
19) 《莊子 · 天下》: "今日適越而昔來."

것이다.

혜시가 "오늘 월나라에 가서 어제 오다"의 판단을 제시한 것은 '적(適)'·'래(來)' 두 동사의 시태 차이를 의식하고 '금(今)'과 '석(昔)'을 사용하여 이 구별을 서술하려고 한 것으로 보인다. 비록 혜시의 상대주의에 깊이 동감했던 장주 역시 상식과 어긋난 괴이한 논리로 보았지만, 혜시는 이 명제를 통해 '금(今)'·'석(昔)' 구별의 상대성과 같은 행동을 다른 각도에서 진술함으로써 '금(今)'·'석(昔)'의 구별이 드러날 수 있음을 깊이 있게 제시했다.

(8) 연결된 고리를 풀 수 있다

한 외국 사신이 제(齊)나라 위왕(威王) 왕후에게 (옥고리 두 개가 연결된) 옥련환(玉連環)을 선물하면서, 풀어보라고 했다. 제나라 위왕 왕후는 망치로 옥련환을 부수고, 사신에게 "연환을 풀었습니다"라고 했다. 이것도 일종의 해법이라고 할 수는 있다. 그러나 또 다른 "풀지 않는 것으로 푸는[以不解解之]" 해법이 있다. 진(晉)나라 사마표(司馬彪)가 이 조목을 해석하여 "형체 밖의 허공은 사물이 아니다. 연환이 서로 연결된 곳은 고리의 가운데 빈 곳이지, 고리 자체가 아니다. 고리 두 개 자체는 서로 연결되지 않았으니, 그렇다면 비록 고리가 연결되었다 해도 본래 풀 수 있다"[20]라고 했다. 연환을 푸는 어려움은 분리할 수 없이 연속되어 있는 것을 분리하는 것에 있다. 하지만 연환 자체가 형성된 방식으로 보자면, 이어진 가운데 끊어짐이 있고 끊어진 가운데 이어짐이 있다. 끊

20) 《莊子集釋·天下》에서 陸德明의 〈釋文〉 인용 : "夫物盡於形, 形盡之外, 則非物也. 連環所貫, 貫於無環, 非貫於環也, 若兩環不相貫, 則雖連環, 故可解也."

어짐의 시각에서 보면 연환은 본래 끊어진 것으로, 인위적으로 풀 필요가 없다. 이것이 바로 '풀지 않는 것으로 푸는' 것이다. 사마표의 이 설은 혜시의 본뜻에 상당히 부합하는 것으로 보인다. 혜시는 각종 상식적 비논리를 해결할 때 늘 시각을 바꾸어 문제를 보는 방법을 채택하기 때문이다. 사마표의 주석이 방법론상 들어맞는다. 연환은 한 몸의 물건이지만, 한 몸 안에 끊어짐이 있다. 혜시는 '소일(小一)'이 만물을 구성하는 질료라고 보았으니, 이 설은 필시 '소일'과 '소일' 사이에 끊어짐이 있다는 결론을 도출하기에 이르며, 이 결론은 연환은 허공을 관통하였기 때문에 풀 수 있다는 형상화 비유로 표현할 수 있다. 혜시가 여기서 말한 것은 연속과 간단의 통일과 상대성이다. 연속과 간단이라는 이 모순은 철학사와 과학사에서 수천 년 동안 사람들을 곤혹스럽게 했고, 서양에서는 헤겔에 이르러서야 물질은 연속된 것이기도 하고 분리할 수도 있다는 명제를 비로소 제시하게 되었다. 혜시의 이 설이 깊은 변증법 사상을 포함하고 있다는 것은 매우 소중하다.

(9) 천하의 중앙은 연나라 북쪽이요 월나라 남쪽이다

"나는 천하의 중앙을 알고 있다. 연(燕)나라의 북쪽, 월(越)나라의 남쪽이다."[21] 혜시의 이 판단은 많은 곳에서 상식과 어긋난다. 첫째, 동·남·서·북·중(中)은 중국의 전통적 다섯 가지 방위 개념으로, 혜시는 송(宋)·위(魏) 등지에서 활동하였으니, 연(燕)·월(越)과 상대적으로 보면 의심할 바 없이 중(中)이다. 그런데 혜시는 천하의 중앙이 연나라의 북쪽과 월나라의 남쪽에 있다고 하여, 방위의 상대성을 제시했다. 둘째, 중국인은 습관적으로 자기는 천하의 중앙에 있고 이(夷)·적(狄)은 밖에

21) 《莊子·天下》: "我知天下之中央, 燕之北, 越之南是也."

있다고 보았다. 연·월은 모두 화하(華夏)의 나라이고, 연의 북쪽과 월의 남쪽은 이·적 지역으로 나뉜다. 혜시는 천하의 중앙이 중국에 있지 않고 이·적에 있다는 것을 제시하여, 이·적과 화하의 구별을 상대화했다. 셋째, '중(中)'은 방위개념으로, 중심지역을 가리키는데, 혜시는 연속되지 않은 두 점이 모두 '중'이라는 것을 제시하여, 중앙과 변방이 상대적이라고 여겼다. 역대로 이 조목을 해석한 사람들은 기본적으로 앞에서 말한 몇 가지 측면을 통해서 혜시의 논점을 추측했다. 혜시의 저작이 이미 사라졌기 때문에 도대체 어떤 것이 혜시의 원뜻에 부합하는지 판정을 하기가 쉽지 않다. 혜시의 이 판단은 여러 측면에서 논증되었을 것이다. 만물이 모두 같고 모두 다르다[畢同畢異]는 것을 혜시가 논증하려면, 상식적으로 같지 않고 다르다고 알고 있는 것을 통일하고, 동시에 상식적으로 다르지 않고 같다고 여기는 것을 구별해야 할 것이다.

(10) 두루 만물을 사랑해야 하니, 천지는 한 몸이다

"두루 만물을 사랑해야 하니, 천지는 한 몸이다."[22] 이 조목은 혜시의 인생사상이요 또한 철학의 귀결이기도 하다. 혜시는 '거존(去尊)'·'언병(偃兵)'을 주장하고, 존비 등급 구분을 반대했다. 그래서 그가 말한 '두루 만물을 사랑하는' 것은 차별없는 사랑으로, 묵가의 겸애(兼愛)와 비교해서 지나치면 지나쳤지 모자라지 않은 면이 있다. 묵가는 겸애를 주장한 동시에 또한 '상동(尙同)'을 주장했고, 혜시는 평등을 주장하여, 사람에 대한 사랑을 사물에 대한 사랑으로까지 확장했기 때문이다. 두루 만물을 사랑하는 철학의 근거는 '천지일체(天地一體)' 즉 천지 만물은 하나의 유기적 전체라는 것이다.

22) 《莊子·天下》: "泛愛萬物, 天地一體也."

'천지일체'는 천지 만물은 하나의 총체라는 것이다. 만물은 각기 형체가 있고, 형체와 형체 사이에는 끊어짐이 있는데, 어떻게 해서 천지 만물은 일체라고 할 수 있는가? 이는 당시에도 독설로 받아들여졌다. 묵가·순자(荀子) 모두 이런 학설을 반대하여, 천지 만물은 함께 우주 속에 있다는 점에서 단지 유동(類同)·합동(合同)만을 말할 수 있을 뿐, 일체(一體: 體同)라고 할 수는 없다고 여겼다. 장자학파는 혜시의 관점에 동의했다. 그러나 그들은 "도통위일(道通為一)"[23]이라고 보아서, 만물은 도로 통일된다고 보았다. 혜시의 방법은 장자와 다르다. 이상 각 조목 서술에 의거하면, 혜시는 형(形)과 형(形) 사이에 간단(間斷)이 있음을 결코 부정하지 않았으니, 예를 들면 '연환' 조목에서 이것을 논리의 근거로 삼아서, '만물은 모두 다르다'는 것을 그 역시 인정했다. 따라서 혜시가 일체를 논증하는 벙법은 우주는 끝없이 크므로, 물(物)과 물(物) 사이의 작은 간단은 그야말로 아무것도 아니라고 본 것일 수 있다. 그러면 이체지물(異體之物) 역시 동체(同體)로 볼 수 있다.

만물일체설은 이후 중국사상사에 깊은 영향을 끼쳤다. 혜시(惠施)·장주(莊周)에서 발단하여, 송·명 시대에 이르러 장재(張載)·정호(程顥)·왕수인(王守仁) 등 대가들이 모두 천지 만물 일체를 강조했다. 이학가가 이 명제를 논증한 것이 혜시와는 달랐지만, 하여튼 혜시의 설과 학술적 연원 관계가 있다.

이상 서술한 '십사(十事)'를 종합해서 살펴보면, 혜시 학설의 요지는 '합동이(合同異)'라는 것을 알 수 있다. 즉 한편으로 상호 구별·대립되는 모든 것 사이의 동일함을 강조하고, 한편으로 동일한 것 중의 내부 다름과 대립을 강조한 것이다. 그가 사용한 주요 방법은 문제를 관찰하고 사고하는 시각을 바꿔서 상식의 한계를 뛰어넘는 것이다. 혜시가 도달한

23) 《莊子·齊物論》: "道通為一."

결론과 사용한 방법은 모두 변증법적으로, 다만 아직은 단지 변증법의 한 측면 즉 상대성 측면이었다. 레닌은 "변증법은 상대주의·부정(否定)·회의론 요소를 포함하고 있지만 결코 상대주의로 귀결되지 않는다"[24]고 했다. 상대주의를 충분히 발전시킨 것이 혜시의 공헌이다. 하지만 그는 상대와 절대의 통일을 인식하지 못하여 철리와 상식의 통일에 이르지 못했다.

24) 〈唯物主義和經驗批判主義〉, 《列寧選集》 제2권, 人民出版社, 2012년, 97쪽.

08 공손룡(公孫龍)

공손룡(公孫龍)은 대략 주(周)나라 현왕(顯王) 44년(기원전 325년)에 태어나 진(秦)나라 효문왕(孝文王) 원년(기원전 250년)에 세상을 떠났다. 전국시대 조(趙)나라 사람이다. 혜시(惠施)와 함께 명변론으로 유명한 '변사(辯士)'이다. 당시 변사들은 주로 논리학과 인식론 문제 토론에 열중했다. 선진(先秦)시대 이후 논리학이 쇠락하여, 변사들의 저작이 사라졌고, 보존되어 전해지는 것도 착간(錯簡)이 많고 글자는 누락되고 용어는 특수하여 이해하기가 매우 어렵다. 공손룡의 저작은 〈백마론(白馬論)〉 등 다섯 편이 전해지며, 공손룡 전기 한 편과 더불어 《공손룡자(公孫龍子)》라고 일컬어진다.

공손룡이 토론한 것은 주로 '명(名)'과 '실(實)'의 관계와 '지(指)'와 '물(物)'의 관계 두 문제였다. '명(名)'은 명사(名詞)이고, '지(指)'는 명사의 내함(內涵) 즉 개념이다. 공손룡은 명·실 관계에서는 유물주의적 경향을 보여서, "명(名)은 실(實)의 호칭이다"[1]라고 했다. '명'은 객관적 사물의 호칭일 뿐이다. 그리고 지(指)·물(物) 관계에서는 오히려 유심주

1) 《公孫龍子·名實論》: "夫名, 實謂也."

의적 경향을 보여서, 개념은 실물을 떠나서 존재할 수 있다고 보았으니, 이런 존재는 잠재된 가능성의 존재이다. 공손룡은 논리학과 인식론에 어느 정도 공헌을 했지만, 명백한 궤변도 있었다. '명변(名辯)'의 학문이 중간에 단절된 것은 중국철학 발전 중 커다란 손실로, 그 중 정수가 되는 사상의 계승과 발양에 주의를 기울여야 한다.

(1) '명(名)'은 '실(實)'의 호칭이다

춘추전국시대에는 사회에 대변동이 발생했다. 사물에도 변화가 발생했지만, 명칭은 옛날 그대로였다. 까닭에 '명(名)'과 '실(實)'이 부합하지 않는 문제가 발생했다. 춘추전국시대 많은 사상가가 이 문제에 대해 의견을 발표했는데, 이 방면에서 공손룡의 의견이 비교적 깊이가 있어서, 주의를 기울일만하다.

공손룡은 명·실의 관계를 토론했다. 그는 "명은 실의 호칭이다"[2]라고 했다. 사물은 제일성(第一性)이고 명칭은 제이성(第二性)이라는 말이다. 공손룡은 또 '정(正)'의 함의도 토론했다. 어떤 사물이든 시간적 공간적으로 일정한 위치를 차지하고 있어, 어떤 사물이 그 사물이 차지해야 할 위치에 마침 딱 있다면, 그것이 바로 '정(正)'이고, 그렇지 않으면 '부정(不正)'이라고 보았다. 이에 의거하여 그는 이른바 정명(正名)은 사물 자체의 위치를 바르게 정리하도록 노력하는 것으로, 사물 자체의 위치가 바르게 정리되기만 하면 바로 정명(正名)이라고 보았다. 그는 또 "그 사물이 그와 같지 않음을 알게 되고 그 사물이 그곳에 있지 않음을 알게 되면 원래의 '명'으로 그것을 일컫지 말아야 한다"[3]고 했다. 이것을 일러

---

2) 《公孫龍子·名實論》: "夫名, 實謂也."

3) 《公孫龍子·名實論》: "知此之非此也, 知此之不在此也, 則不謂也." '非此也'

"명과 실을 잘 살펴서 호칭을 신중히 해야 한다"[4]는 것이다. 종합하면, 공손룡 정명설(正名說)의 기본 관점은 명실이 마땅히 상응해야 한다는 것이다. 정명(正名) 작업은 사물 자체의 위치를 바르게 정리하는 방법을 통하여 진행해도 되고, 명을 바꾸는 방법을 통하여 진행해도 된다. 요점은 명실상부(名實相符)해야 한다는 것이다. '실'을 제일성으로 하고 '명'을 제이성으로 하는 기초 위에 세워진 이런 정명학설(正名學說)은 분명히 유물주의적이다. 그 중 '명'은 '실'의 변화를 따라 변화해야 한다는 사상은 당시 신흥세력의 요구가 반영되어 있어서, 정치적으로는 진보적이기도 하다.

공손룡은 《명실론(名實論)》에서 또한 명사 전일화(專一化) 방법으로 명과 실이 부합하지 않는 문제를 해결할 것을 제시했다. 그는 이렇게 말했다. "저 '피(彼)'라는 호칭이 저 물건에 부합하면 저 물건에만 사용한다. 그러면 저 물건에 대한 저 호칭이 성립된다. 이 '차(此)'라는 호칭이 이 물건에 부합하면 이 물건에만 사용한다. 이러면 이 물건에 대한 이 호칭이 성립된다. 적당한 호칭으로 각각 다른 사물을 호칭하면 명·실이 적당함을 얻는 결과를 반드시 얻게 될 것이다."[5] 이런 주장은 두 측면에서 의의가 있다. 첫째는 명사를 규범화·분명화해야 한다는 것으로, 이것은 정확하고 긍정적인 의의이다. 둘째는 명·실 대응의 관계를 확정화하여 명·실이 상호 대응하게 해야 한다.

에서 '此'는 道藏本에는 없는데, 子匯本·守山閣本·繹史本에 의거하고 俞樾의 설을 따라 보충했다. '則'은 道藏本에서는 '明'으로 되어 있는데, 子匯本·守山閣本·繹史本에 의거하고 俞樾의 설을 따라 바꾸었다.

4) 《公孫龍子·名實論》: "審其名實, 慎其所謂."

5) 《公孫龍子·名實論》: "故彼彼當乎彼, 則唯乎彼, 其謂行彼; 此此當乎此, 則唯乎此, 其謂行此. 其以當而當也, 以當而當, 正也."

(2) 흰 말은 말이 아니다

‘백마비마(白馬非馬: 흰 말은 말이 아니다)’[6]는 천하에 유명한 공손룡의 논리이다.

공손룡의 말에 따르면, ‘백마비마(白馬非馬)’라는 이 판단에서 ‘비(非)’는 사실 이중적 함의가 있다. 첫 번째 층위의 함의는 ‘아니다’이다. “말[馬]은 형체를 일컫는 것이고, 백(白)은 색깔을 일컫는 것이다. 색깔을 일컫는 것은 형체를 일컫는 것이 아니다. 그러므로 ‘흰 말은 말이 아니다’라는 것이다”[7]라고 공손룡은 말했다. 또한 “백마(白馬)는 마(馬)와 백(白), 혹은 백(白)과 마(馬)이다. 그러므로 ‘백마(白馬)는 마(馬)가 아니다.’”[8] 여기서 ‘비(非)’는 ‘아니다’의 뜻이 아니다. 공손룡의 관점에 따르면, 모든 하나하나의 ‘실(實)’은 모두 전용 ‘명(名)’이 있고, 말이라는 명사는 어떤 특정한 형체를 호칭하는 것이고, 백(白)이라는 명사는 어떤 특정한 색깔을 호칭하는 것으로, 두 가지는 합해서 하나의 실(實)을 가리킬 수 없다. 백마(白馬)는 마(馬)와 백(白) 두 명사 혹은 백(白)과 마(馬) 두 명사로, 마(馬)와 백(白)은 각각 실(實)이 있다. 그러므로 백마(白馬)는 마(馬)가 아니다.

공손룡이 이런 의미에서 ‘흰 말은 말이 아니다[白馬非馬]’라고 주장한 것은 분명하게 오류이다. 공손룡은 추론을 할 때 논리에 위배된 궤변수법을 사용한 것이 명백하다.

‘백마비마(白馬非馬)’ 설의 두 번째 층위의 함의는 ‘백마(白馬)’는 ‘마(馬)’와 다르다는 것이다. 공손룡은 말했다. “‘말[馬]’이 있는 것은 ‘황마’

---

6) 《公孫龍子 · 白馬論》 : “白馬非馬.”

7) 《公孫龍子 · 白馬論》 : “馬者所以命形也, 白者所以命色也; 命色者非命形也, 故曰‘白馬非馬’.”

8) 《公孫龍子 · 白馬論》 : “白馬者, 馬與白也. 馬與白馬也. 故曰: ‘白馬非馬也.’”

가 있는 것과 다르다는 것을 인정하면, '황마'는 '말'과 다르다는 것을 인정하는 것이다. '황마'가 '말'과 다르다는 것을 인정하면 이는 황마는 말이 아니라고 하는 것이다. 황마는 말이 아니라고 하는데 백마는 말이 있는 것이라고 하면, 이는 날아다니는 동물이 물 속에서 활동한다고 하는 것과 같거나 혹은 관(棺)과 곽(槨)이 다른 곳에 묻힌다고 하는 것과 같으니, 천하의 황당한 말이다."[9] 여기서 공손룡은 '황마'는 '말'과 다르다와 '황마'는 '말'이 아니다를 등가판단으로 간주하였으니, '비(非)'에는 '~과(와) 다르다[異於]'의 함의가 있음을 말해주는 것이다.

'백마'와 '말'은 구별이 있음을 인정한 것은 정확한 것이다. 그러나 공손룡은 여기서 멈추지 않고, '백마'와 '말'의 구별을 인정한 이후 '백마'는 '말'에 속하지 않는다는 것을 증명하려고 했다. 그는 '황마는 말이 아니다'와 '백마는 말이 있는 것이다' 이 두 판단은 동시에 성립할 수 없다고 보았기 때문에 말과 다른 것 역시 말이 없거나 말이 아닌 것으로 보았다. 〈적부(跡府)〉편에서 이 뜻을 발휘하여 "마굿간에서 백마를 찾는데 없고 검은 말만 있으면, 백마가 있기를 요구하는 것에 대응할 수 없다. 백마가 있기를 요구하는 것에 대응할 수 없으면 찾는 말이 없는 것이다. 없으면 백마는 결국 말이 아니다"[10]라고 했다.

〈백마론〉의 결론은 비록 궤변에 속하지만, 의의가 없는 것은 아니다. 철학에서 볼 때 이것은 사실상 일반과 특수의 관계 문제를 토론한 것이다. '말'은 일반이고, '백마'는 특수이다. 일반은 특수 속에 깃들어 있다고 유물변증법이 여기나, 일반과 특수는 통일된 것이기도 하면서 또한 구별

9) 《公孫龍子·白馬論》: "以有馬為異有黃馬, 是異黃馬於馬也; 異黃馬於馬, 是以黃馬為非馬. 以黃馬為非馬, 而以白馬為有馬, 此飛者入池, 而棺槨異處, 此天下之悖言亂辭也."

10) 〈跡府〉: "如求白馬於廄中, 無有, 而有驪色之馬, 然不可以應有白馬也. 不可以應有白馬, 則所求之馬亡矣; 亡則白 馬竟非馬."

이 있는 것이다. 공손룡의 〈백마론〉은 일반과 특수를 구별하는 한 측면을 보여준 것으로, 이것은 그의 공헌이다. 하지만 그는 이 구별을 과장하여, 일반과 특수는 구별이 있다는 것을 빌어 일반과 특수의 통일을 부정했다. 따라서 오류의 결론을 이끌었다. 공손룡은 '아니다' 속에 '~과(와) 다르다'의 뜻이 들어 있음을 발견하였으되 '~과(와) 다르다'와 '~에 속하지 않다'를 구별하지는 않았으니, 이는 그의 논의 전체가 남의 입은 굴복시킬 수 있으되 남의 마음을 굴복시킬 수는 없는 궤변이 되게 했다. 비록 그렇지만 공손룡의 궤변은 묵가가 이런 논리 문제를 연구토론 하도록 직접적으로 자극했다. 《묵경(墨經)》에서는 '명(名)'을 '달(達)·류(類)·사(私)' 세 부류로 구별했다. '달명(達名)'은 '물(物)'과 같이 가장 보편적인 '명(名)'으로, 여러 종류 물체에 통용되는 명칭이다. '류명(類名)'은 '마(馬)'와 같이 특수한 '명(名)'으로, 이는 말의 모양을 지니고 있는 어느 한 동물 모두에 대한 명칭이다. '사명(私名)'은 전용 명칭으로, 어떤 구체적 사물의 전용 명칭이다. 이런 기초 위에서 '동(同)'을 '중(重)·체(體)·합(合)·류(類)' 네 부류로 구별했다. 그 중 '중동(重同)'은 하나의 실체에 명(名)이 둘인 경우로, 예를 들면 '구(狗)'와 '견(犬)'이고, '류동(類同)'은 한 부류에 속하는 것이다. 이와 같이 '백마비마(白馬非馬)'의 '궤변'은 해결이 되었다. 그리고 이 '궤변'의 제시와 해결은 논리학의 장족의 발전을 의미한다. 이런 의미에서 공손룡은 논리학 발전에 중요한 공헌을 했다고 할 수 있다.

(3) 견(堅)·백(白) 분리

《공손룡자(公孫龍子)·견백론(堅白論)》에서 공손룡은 "견(堅)·백(白) 분리[離堅白]"의 관점을 제시했다. 공손룡은 돌이 '단단한 성질[堅]'과 '하얀 성질[白]' 두 가지는 분리되는 것으로 보았다. 돌 하나를 눈으로 보면 단지 '그것이 하얗다는 것만 알게 되어' 하얀 돌만 얻게 되고, 손으로 만지면 '그것이 단단하다는 것만 알게 되어' 단단한 돌만 얻게 된다고 보았다. 하얀 것을 느낄 때는 단단한 것을 느낄 수 없고, 단단한 것을 느낄 때는 하얀 것을 느낄 수 없다. 사람의 감각으로 보면, '단단한' 돌만 있고, '하얀' 돌만 있으며, '단단하고 하얀 돌'은 없다. 그러므로 '단단한 성질'과 '하얀 성질'은 분리된 것이다. '단단함·하얀 것'이 분리된 것이면, 단단한 돌과 하얀 돌이라는 두 명칭으로 각각 호칭해야지, '견백석(堅白石)'이라고 호칭할 수 없다. 공손룡은 "단단함은 없고 하얀 것만 얻으면 '거(擧)'가 둘이고, 하얀 것은 없고 단단함만 있으면 '거(擧)'가 둘이다"[11]라고 했다. '거(擧)'는 명명(命名)을 뜻한다. 공손룡은 '정거(正擧)'와 '광거(狂擧)'를 구별했다. 그는 '명(名)·실(實)'이 서로 합당하면 '정거'이고 '명'이 '실'에 부합하지 않아서 혼란이 생기면 '광거'라고 보았다. (《묵자·소취(小取)》에 "이명거실(以名擧實)"이라는 말이 있고, 〈경상(經上)〉에서도 "거(擧)는 실(實)에 의거한다"고 하였으니, '거(擧)'가 명명(命名)이고 '명(名)'이 '실(實)'을 일컫는 뜻을 알 수 있다.)

이런 견(堅)·백(白) 분리 논리에 따르면, '백마비마(白馬非馬: 흰 말은 말이 아니다)' 명제를 쉽게 이해할 수 있다. 견·백이 분리되는 것이면 '백'과 '마' 역시 분리되는 것이다. 그러므로 공손룡은 "백마(白馬)는 백(白)과 마(馬)요, 마(馬)와 백(白)이다"[12]라고 한 것이다. '백'과 '마'가 분리되는 두 사물이면, '색(色)'을 말할 때 '형(形)'을 말할 수 없으며, '형'을 말할 때 '색'을 말할 수 없으니, 그러므로 '흰 말은 말이 아니다'라 하는 것이다.

공손룡은 '단단함'과 '하얀 것'이 분리되는 것이라고 보았을 뿐 아니라

11) 《公孫龍子·堅白論》: "無堅得白, 其擧也二; 無白得堅, 其擧也二."
12) 《公孫龍子·名實論》: "白馬者, 白與馬, 馬與白."

'단단함'과 '돌', '하얀 것'과 '돌' 역시 분리될 수 있다고 보았다. 그는 "단단함이 아직 돌과 결합하여 단단함이 되지 않았을 때는 아직 물체와 결합하지 않은 단단함을 모든 물체가 공유하며, 단단함은 물체와 결합하여 단단함이 되지 않았을 때도 단단하다"[13]라고 했다. 이는 단단함이 돌과 결합하여 돌의 단단한 성질이 되지 않았을 때, 그 단단함은 모든 물체가 공유한 것이다. 단단함이 어느 물체와 결합하여 물체의 단단한 성질이 되지 않았을 때에도 여전히 단단하다. 이와 같이 '돌'의 '단단함'과 '하얀' 성질은 '돌에 영역지워지지' 않으면 '돌' 속에 깃들어 있는 것이 아니라, 단지 '돌에 있는' 것이다.

공손룡은 분명하게 의식했다. 하얀 색은 결코 혼자서 '스스로' 하얀 색이 된 것이 아니고, 천하에는 어떤 사물과도 결합하지 않고 혼자서 '스스로' '단단함'이 되는 것도 없으니, 항상 정해진 자리가 있어야 '하얀 색'으로 드러날 수 있고 '단단함'으로 드러날 수 있다. 이 난제를 벗어나기 위해 공손룡은 나아가 제시했다. 정해진 자리가 없는 '하얀 색'과 '단단함'은 없는 것이 결코 아니라 감추어져 있다. 그리고 이런 감추어진 것은 사람이 느낄 수 없는 것이 아니고, 스스로 감춘 것이다. 이 또한 바로 "저절로 감춰진 것이지 감추려고 감춘 것이 아니다."[14]

공손룡의 이런 '견·백 분리' 관점은 분명히 오류이다. 그러나 의의가 없는 것은 아니다. '견·백 분리'에서 토론한 것은 두 측면의 문제를 담고 있다. 첫째는 감각과 객관 사물의 실제 상황과의 관계 문제이다. 둘째는 실체와 속성의 관계 문제이다. 공손룡은 귀와 눈의 감각기관은 각각 맡

13) 《公孫龍子·堅白論》: "堅未與石為堅, 而物兼未與物為堅, 而堅必堅其不堅." '未與物'에서 道藏本에는 '物'이 없은데, 屈志清 설에 의거하여 보완했다. 屈志清 설은 《讀公孫龍的〈指物論〉》, 《中山大學學報》 1976년 제3기 참조.

14) 《公孫龍子·堅白論》: "有自藏也, 非藏而藏也."

은 것이 있어서 서로 대체할 수 없다는 것을 발견했다. 이것은 사람들에게 다른 감각기관이 각각 획득한 대상의 속성이 대상 측면에서 통일되는 것을 어떤 방식을 통하여 증명하는가 하는 문제를 제시했다. 공손룡은 뚜렷하게 오류인 방식으로 이 문제를 제시하여, 사람들이 이 문제를 해결하도록 재촉하는 효과를 일으켰다. 그래서 이 문제는 나중에 《묵경(墨經)》에서 정확한 해결을 얻었다. 공손룡은 '하얀' 색이나 '단단한' 성질은 많은 사물이 공통으로 가지고 있는 것이어서, 정해진 것이 있는 '단단함'과 '하얀 색' 이외에 정해진 것이 없는 '단단함'과 '하얀 색' 즉 '단단함'과 '하얀 색'의 추상적 개념 또한 당연히 있음을 발견하여, '단단함'·'하얀 색' 등의 명사가 지칭하는 '실체'와 소·말 등의 형태를 명명한 명사가 지칭하는 '실체'가 다르다고 보았으니, 이는 바로 사람들에게 구체명사와 추상명사의 관계 문제·'실체'와 '속성'의 관계 문제를 제시한 것이다. 공손룡은 이 문제를 해결할 때 오류에 빠졌지만, 그가 제시한 이 문제 역시 철학과 논리학에 중요한 공헌을 했다.

(4) 물(物)은 지(指)가 아닌 것이 없으되, 지(指)는 지(指)가 아니다

공손룡이 말한 '지(指)'는 명사에 내함된 뜻을 가리킨다. 공손룡은 '물(物)'·'명(名)'·'지(指)'를 구별했다. '명'의 외연이 '물'이다. 예를 들면 말[馬]의 외연은 모든 구체적 말로, 황마(黃馬)·흑마(黑馬) 모두 말이며, 하얀 색의 외연은 모든 각종 물체 중의 구체적 하얀 색이며, '명'의 내함은 '지(指)'가 되니, 순수한 단단함, 순수한 하얀 색, 일반적 말, 일반적 돌 등이다.

공손룡은 '단단함'과 '하얀 색'은 분리되는 것으로 보았고, '단단함'과 '돌'·'하얀 색'과 '돌' 역시 분리되는 것으로 보았다. 이런 분리된 '단단함'·'하얀 색'·'돌'이 공손룡이 '지(指)'라고 일컫는 것이다. 공손룡은 또한 단단함·하얀 색이 돌에 있지 않을 때는 나타나지 않고 감추어진 것으로 보았다. 이런 관점과 대응하여, 공손룡은 또 "물(物)은 지(指)가 아닌 것이 없으되, 지(指)는 지(指)가 아니다"[15]라는 명제를 제시하여, 모든 '물(物)'은 모두 '지(指)'가 모여서 이루어지고, '물'은 모두 '지'라고 보았다. 예를 들면 하나의 '돌'은 단지 '단단함·하얀 색' 등의 '지'일 뿐이다. '단단함·하얀 색' 등 '지'를 제거하면 '돌'이 있는 것이 보이지 않는다. 그러나 '지'는 다른 '지'로 이루어지는 것이 아니다. '단단함'은 '단단함'이고, '하얀 색'은 '하얀 색'이지, 다른 것이 아니다.

공손룡은 "또한 지(指)는 천하가 공유하는 것이다"[16]라고 했다. '지(指)'는 모든 물(物)이 공유하는 것이다. '지'는 모든 물(物)에 두루 존재한다. 그렇다면 모든 물(物)을 떠나면 '지'는 존재하지 않는가? 그렇지도 않다. 이때 '지'는 저절로 깊이 감추어진다.

공손룡의 이런 물·명·지 삼자의 관계에 관한 학설은 어느 정도 합리적 측면이 있다. 명사(名詞)에는 외연 이외에 또 내함이 있다는 것, 명사의 내함은 일반(一般)이라는 것을 발견하고, 이런 일반은 특수와 연결되지 않았을 때는 직접적 현실성이 없다는 것도 발견했다. 이것은 철학과 논리학에서 공손룡의 가장 중대한 공헌이다. 공손룡의 선구자, 후계자를 막론하고 일반적으로 모두 '명·실' 관계만을 말하고 '명·지'와 '지·물' 관계는 말하지 않았으며, 공손룡의 이런 핵심적 사상도 중간에 끊어져 전해지지 않았으니, 실로 중국사상사에서 중대한 손실이다. 그러나 공손룡은 '일반'은 오직 '특수'를 통해서만 존재할 수 있다는 이치를 모르고, 특수를 벗어난 일반은 단지 사람들 두뇌 속에 형성된 사물에 관한 공성(共性)일 뿐이라는 것을 몰랐다. 아울러 그것은 잠재하는 형식으로 객관

15) 《公孫龍子·指物論》: "物莫非指, 而指非指."
16) 《公孫龍子·指物論》: "且指者, 天下之所兼."

적으로 존재하고 현실의 '물'은 바로 그것이 모여서 이루어진다고 여겼다. 이것은 사유와 존재의 관계를 뿌리로부터 뒤집어 플라톤의 이념론(관념론)과 유사한 객관적 유심주의에 빠졌다. 이뿐만 아니라, 공손룡은 또한 개념의 분리(이런 분리는 실제로는 사람의 분석의 결과)로부터 물 속에 있는 '지'도 분리되고 서로 다가가지 않는다는 결론을 도출하고, 아울러 이에 의거하여 '흰 말은 말이 아니다[白馬非馬]'와 '단단함·돌', '하얀 색[白]·돌[石]'은 분리된다는 결론을 얻었다. 〈통변론(通變論)〉에서 공손룡은 또한 '청색(青色)'과 '백색(白色)'이 혼합되어 '벽색(碧色)'이 된다는 사실을 인정하는 것을 거절했다. 이런 색은 단지 '청(青)·백(白)' 두 색이 서로 다투어 드러낸 결과라고 여기고, 이렇게 다투어 드러내는 것은 정상이 아니어서 마치 군주와 신하가 경쟁하는 것은 정상이 아닌 것과 마찬가지라고 보았다. 만약 '벽색(碧色)'이라는 명칭을 인정하면 '명·실'의 혼란을 가져올 뿐이고, 오직 한쪽이 이겨야 정상이라고 보았다. 이와 같이 공손룡은 '명'의 외연이 되는 '물'과 '명'의 내함이 되는 '지'와 혼동을 일으켜, 논리학적으로 놀라운 혼란만 가져올 수 있었을 뿐이다.

공손룡의 관점 전부를 총괄해보면, 그 핵심은 '지물론(指物論)'이고, '백마론(白馬論)'·'견백론(堅白論)'은 단지 이 핵심 관점의 실례 또는 실증일 뿐이다. 따라서 공손룡 철학의 기본 경향은 객관적 유심주의이다. 공손룡의 학설은 중국철학사에서 번쩍 빛을 발했으나 발전하지는 못했다. 그 원인을 따져보면, 한편으로는 그 학설의 편향적 오류 때문이고, 다른 한편으로는 중국철학의 전통 정신과 관계가 있다. 중국 고대 각 학파가 저마다 다른 학설을 세웠으나, 정치와 현실을 위하여 봉사하는 것을 강조하여, 순수이론적 색채를 지닌 학설은 발전하기 쉽지 않았다. 예를 들면 순자(荀子)는 '견백동이(堅白同異)'와 같은 류의 변론에 대해 비록 매우 명쾌하지만 군자는 참여하지 않는다고 했다. 이런 것을 "몰라도 군자에게 피해가 없고, 알아도 소인에게 피해가 없고, 기술자가 모른다고 기술에 해가 되지 않고, 군자가 모른다고 정치에 해가 되지 않고, 왕공(王公)이 좋아하면 법이 어지러워지고, 백성이 좋아하면 일을 어지럽히기 때문"[17]이라고 보았다. 이와 같이 수신과 치국에 도움이 되는지 여부에 근거하여 각 학파의 변론을 모두 부정했다. 이론이 마땅히 현실을 위하여 봉사해야 한다는 것을 당연히 인정하지만, 이론의 실용적 가치를 지나치게 강조하는 중국 전통 철학의 이런 정신은 편협함이란 잘못을 벗어날 수 없다. 이론과 현실의 관계는 복잡하고, 많은 이론이 일시적으로는 실용적 가치가 있는 것으로 보이지 않으니, 진리이기만 하다면 혹은 직접적으로, 혹은 간접적으로, 혹은 지금, 혹은 앞으로 실제적 효용이 나타날 것이다. 따라서 공리에 급급한 중국 전통 철학의 편협한 기풍에는 마땅히 깊은 반성이 있어야 할 것이다.

17) 《荀子·儒效》: "不知無害為君子, 知之無損為小人. 工匠不知, 無害為巧. 君子不知, 無害為治. 王公好之則亂法, 百姓好之則亂事."

09 순자(荀子)

순자(荀子)는 이름이 황(況)이고, 자가 경(卿)이다. 손경(孫卿)이라고도 한다. 주(周)나라 난왕(赧王) 2년(기원전 313년) 전후에 태어나, 진왕(秦王) 정(政) 9년(기원전 238년)에 세상을 떠났다. 조(趙)나라 순(郇: 지금의 산서(山西) 임의현(臨猗縣)) 사람이다. 그는 제(齊)나라에서 유학하여, 제나라 직하학궁(稷下學宮)의 선생님이 되었으며, 나중에 이 학궁의 우두머리[좨주('祭酒')]가 되었다. 순자는 선진시대 유가(儒家) 유물주의의 대표적 인물로, 봉건사회 전기 학술계에서 줄곧 매우 높은 명망을 누렸다. 다만 봉건사회 중후기에 접어들어 이학가들이 맹자(孟子)를 높이고 순자를 깎아내려, 이른바 '도통(道統)'에서 그를 배척하여, 그의 명망은 점차 쇠락해갔다. 학술 측면에서 순자는 여러 부문에서 중대한 뿌리를 내렸다. 그는 철학가이자 대학자였다. 진(秦)·한(漢) 시대 고대 문헌과 전적을 전수하고 주해했던 학자 대부분이 순자와 그의 제자 밑에서 나왔다. 순자의 많은 철학적 관점은 지금까지도 지혜의 빛을 반짝이며 사람들을 이끈다.

(1) 하늘과 사람의 구별에 밝다

"하늘과 사람의 구별에 밝으면 고명한 사람이라고 할 수 있다"[1]는 말은 순자의 철학 명편《천론(天論)》에 나온다. 자연과 사람은 구별되는 것이어서, 자연과 사람의 구별을 잘 아는 사람이 가장 고명한 사람이라는 뜻이다.

순자는 자연과 사람의 연결을 부정하지는 않았다. 그는 사람 역시 만물 중 하나로 보았으며, 사람의 감정·감각기관·사유기관은 모두 자연이 생성한 것으로 보고, 이를 각각 '천정(天情)'·'천관(天官)'·'천군(天君)'이라고 일컬었다. 그는 또한 인류는 반드시 자연계의 만물을 이용하여 자기를 양육해야 한다고 여겼는데, 이것을 '천양(天養)'이라고 했다. 자연계의 만물을 이용하여 자기를 양육할 때, 또한 자연법칙의 제약을 받아들여야 하니, 이것을 '천정(天政)'이라고 보았다. 종합하면, 사람은 자연의 산물이며, 자연에 의존하고 자연법칙의 제약을 받는다. 하지만 순자가 특별히 강조한 것은 자연과 사람의 관계가 아니라 구별이었다. 순자의 논술로부터 다음 세 가지 구별을 귀납할 수 있다.

우선, 자연계에는 사람의 의지를 따르지 않고 돌아가는 객관적 규칙이 있고, 인류사회에도 특유의 나름대로의 규범 법칙이 있어서, 사회의 치란이 이런 법칙을 따를 수 있느냐 여부에서 결정되지만, 자연의 변화와는 관계가 없다. 순자 자신의 말을 빌리면 "하늘에는 상도(常道)가 있고, 땅에는 상수(常數)가 있고, 군자에게는 상체(常體)가 있다"[2]고 했다. 자연과정의 규칙성에 관해 그는 '천행유상(天行有常)'[3]이라는 유명한 논제를 제시했다. '천행유상(天行有常)'은 천체와 천시(天時)의 변화는 규

---

1)《荀子·天論》: "明於天人之分, 則可謂至人矣."
2)《荀子·天論》: "天有常道矣, 地有常數矣, 君子有常體矣."
3)《荀子·天論》: "天行有常."

칙이 있고, 자연의 과정은 사람의 의지로 돌아가지 않는 객관적 규칙이 있다는 것이다. 예를 들면 일월성신의 운행, 춘하추동 사계절의 교체, 음·양 두 기의 상호작용과 전환, 그리고 홍수·한발·혹한·혹서 등에 이르기까지 자연현상은 모두 각각의 규칙이 있는데, 이런 규칙은 영명한 제왕이 세상에 있다고 해서 존재하는 것도 아니고, 포학한 군주가 집정해서 사라지는 것도 아니다. 또한 예를 들면 사람은 추운 것을 싫어하지만, 하늘은 사람이 추운 것을 싫어한다고 해서 겨울을 취소하지 않으며, 땅은 사람이 먼 것을 좋아하지 않는다고 해서 광대함을 폐기하지 않는다. 자연재해는 두려워할 것이 결코 안되며, 진정으로 두려운 것은 '인요(人妖)'이다. 예를 들면, 사람이 힘을 다하여 농업생산을 하고 낭비하지 않고 절약하면 홍수나 가뭄 등과 같은 재해가 사람을 빈궁하게 할 수 없고, 사람이 규칙성있게 휴식을 취하면 혹한이나 혹서가 사람을 병들게 할 수 없다는 것이다. 사람들이 도덕을 실천하고 객관적 규칙을 위배하지 않으면 자연은 사람이 재해를 만나게 할 수 없다는 것이다. 반면에 사람이 노력하려 하지 않고, 멋대로 난동을 부리고, 법령이 명확하지 않고, 도덕이 땅에 떨어지면, 이게 바로 '인요(人妖)'이다. '인요'가 나타나면, 홍수나 가뭄이 없어도 기근이 들 수 있다. 춥지도 덥지도 않아도 질병이 발생하여 국가에 동란이 일어나 쇠망하게 할 수 있다. 종합하면, 국가의 안정과 문란은 인사(人事) 즉 인류사회 특유의 규범·범칙에 따라 집행했는지 여부로 결정되는 것이지, 자연변화와는 무관하다.

다음으로, 자연과 사람은 각각 맡은 직무가 있어서, 서로 대신할 수 없다. 다만 사람은 자신의 직무를 완성하는 방식으로 자연의 과정에 참여할 수 있다. '하늘'의 직무는 그 규칙적 변화로 만물을 만들어내는 것이고, '땅'의 직무는 그 자원으로 만물을 양육하는 것이고, '사람'의 직무는 만물을 다스려서, 즉 자연과 사회를 다스려서 천지 사이의 만물이 모두 가장 아름다운 것으로 변하여 모두 최대의 효용을 발휘하도록 하는 것으로, 사람은 만물을 다스리는 방식으로 자연 과정에 참여하는 것이다. 순자 본인의 말을 빌어 말하자면 "하늘은 시령의 변화가 있고, 땅은 풍부한 자원이 있고, 천시와 지리를 이용하는 능력이 있으니, 이것을 '능참(能參)'이라고 한다"[4]고 했다. '참(參)'은 참여한다는 뜻이다. 천·지·인의 상술한 직무는 서로 대신할 수 없는 것이라고 순자는 보았다. 천지가 만물을 생육하는 직능을 사람은 대체할 방법이 없고, 사람 역시 "하늘과 직무를 다툴"[5] 수 없다. 그러나 "하늘은 만물을 낳을 수는 있지만 만물을 분별할 수는 없고, 땅은 사람을 실을 수는 있지만 사람을 다스릴 수는 없다. 우주 속의 만물과 사람의 무리는 성인을 기다린 이후에 나누어지니"[6], 사회와 자연을 다스리는 직무는 사람이 아니면 할 수 없다.

끝으로, 자연과 사람이 직무를 완성하는 방식이 각각 다르다. 하늘은 규칙적 변화가 있는 것을 만물의 탄생 창조의 조건으로 삼아, 만물은 하늘의 각종 변화의 조화를 통해 탄생되고, 땅은 그 자원을 만물의 발전 창조의 조건으로 삼아, 만물은 각각 필요한 자원을 얻어서 자란다. 그러므로 천지가 만물을 탄생하고 양육하는 방식은 "하지 않았는데도 이루어지고, 구하지 않았는데도 얻게 된다."[7] 즉 무목적적이고 무의식적이다. 천지는 의식이나 목적이 있어서 만물을 탄생하고 양육하는 것이 아니기 때문에 사람은 천지가 어떻게 하는지 볼 수 없고, 다만 그 결과만 볼 수 있을 뿐이다. 이것이 바로 '신(神)' 즉 '천직(天職)'·'천공(天功)'이다. 사람이 자기 직무를 완성하는 방식은 그렇지 않아서, 사람은 사유기관의 청명함을 유지하고, 감각기관의 단정함을 유지하고, 또한 자기의

---

4) 《荀子·天論》: "天有其時, 地有其財, 人有其治, 夫是之謂能參."
5) 《荀子·天論》: "與天爭職."
6) 《荀子·禮論》: "天能生物, 不能辨物也; 地能載人, 不能治人也; 宇中萬物, 生人之屬, 待聖人然後分也."
7) 《荀子·天論》: "不為而成, 不求而得."

감정을 조절하고 수양해야 한다. 이렇게 해야만 사람은 자기가 무엇을 할 수 있고 무엇을 해야 하는지, 무엇을 할 수 없고 무엇을 하면 안되는지 알 수 있고, 그래야만 만물을 다스려 천지가 인류를 위해 복무하게 하고 만물이 인류의 사역을 받게 할 수 있다. 그래서 '인위(人為)'라고 하며, 의식이 있고 목적이 있는 것이다.

순자의 이런 '하늘과 사람의 구분에 밝아야 한다'는 사상은 당시 종교 유심주의 그리고 자연 앞에서 소극적이고 아무 것도 하지 않으려는 사상을 비판하는 데 중요한 의미가 있어서, 적극적 유물주의 사상의 빛을 반짝였고, 이후 중국의 유물주의에 깊은 영향을 끼쳤다. 사람은 자기 방식으로 자연의 과정에 참여한다고 그가 말한 사상은 지금에 이르러서도 계시를 준다. 마르크스주의에 따르면, 인류가 탄생한 이래 인류는 자기의 힘으로 자연을 끊임없이 개조하고 변화시켜, 천연(天然)·자연(自然)을 '인화자연(人化自然)'으로 변화시켜, 자연의 과정을 인류의 통제와 조절 아래 두었다. 이는 매우 깊은 사상이다. 서양에서 마르크스주의가 탄생하기 이전에는 많은 철학자와 과학자가 종종 자연과 인류사회·자연과 의식을 완전히 분리시키고 대립시켰다. 그런데 《주역대전(周易大傳)》 이래 중국의 전통 철학에서는 사람은 "참천지(參天地), 찬화육(贊化育)", 즉 자연의 과정에 참여하고 함께하고 자연의 과정을 보조할 수 있다는 것을 강조했다. 중국고대 철학자의 이런 지혜는 매우 소중하게 여길 만한 가치가 있다.

(2) 천명을 만들어 이용하다

순자가 말한 '만물을 다스린다'는 것은 자연 규칙을 이용하여 자연계의 상태를 바꿔서 인류의 목적에 더욱 적합하도록 하는 것이다. 순자는 이에 대해 믿음과 열정이 충만했다. 그는 말했다. "하늘을 추앙하고 사모하기만 하는 것보다 하늘을 사물로 여겨서 양육하고 조절하는 것이 낫지 않겠는가? 하늘에 순종하고 하늘을 찬송하기만 하는 것보다 자연의 변화 규칙을 파악하여 이용하는 것이 낫지 않겠는가? 하늘의 때를 바라며 베풀어주기를 기다리기만 하는 것보다 계절의 변화에 순응하여 하늘의 때가 사람을 위하여 일하게 하는 것이 낫지 않겠는가? 만물을 그대로 따르고 맡기며 찬탄하기만 하는 것보다 사람의 재능을 펼쳐서 만물을 변혁시키고 발전시키는 것이 낫지 않겠는가? 만물이 자기를 위해 사용되도록 생각하기만 하는 것보다 만물을 다스려 만물이 모두 충분히 합리적으로 이용되게 하는 것이 낫지 않겠는가? 만물이 어떻게 만들어지라고 생각하고 희망하기만 하는 것보다 이미 생성된 만물이 더 잘 생장하도록 촉진하는 것이 낫지 않겠는가? 그러므로 사람의 노력을 포기하고 하늘을 생각하는 것은 만물의 실정(實情)을 잃는 것이다."[8] 자연계는 의지가 없다. 그러므로 자연에 대하여 추앙하고, 앙모하고, 순종하고, 기대하는 것은 모두 아무 결과도 있을 수 없고, 오직 사람의 역량을 충분히 발휘하여 자연을 조절하고 이용해야만 만물의 실정을 안다고 할 수 있다.

이렇게 열정이 넘치고 믿음이 충만한 순자의 논의를 통해서 자연을 정복하는 인류의 위대한 힘을 순자가 찬양한 것을 볼 수 있다. 생산수준이 아직 매우 낮고 사람들이 대자연에 대해 아직 공포와 경외의 마음을 상당히 보편적으로 품고 있던 고대에 이런 생각을 하기란 매우 어려운 것이다. '사람은 반드시 하늘을 이긴다[人定勝天]'는 순자의 이런 사상은 현대에 이르기까지 사람들이 대자연을 향해 진군하도록 격려하고 있다.

---

8) 《荀子·天論》: "大天而思之, 孰與物畜而制之? 從天而頌之, 孰與制天命而用之? 望時而待之, 孰與應時而使之? 因物而多之, 孰與騁能而化之? 思物而物之, 孰與理物而勿失之也? 願於物之所以生, 孰與有物之所以成? 故錯人而思天, 則失萬物之情."

물론, 고대를 살았던 순자가 이를 의식하지는 않았지만, 자연에 순응하는 것이나 자연과 협조하는 것에 주의를 기울이지 않고, 오직 자연을 정복할 것만 강조하는 것은 단편적 관점이다. 오늘날 우리가 사람과 자연의 관계를 처리하는 문제에서는 전면적 관점을 지녀야 한다.

(3) 천지가 합하여 만물이 생기다

순자는 우주관 문제를 체계적으로 연구하는 것을 찬성하지 않았다. 따라서 우주관의 체계를 제시하지도 않았다. 하지만 그는 만물의 구성과 사물의 기본 유별에 대해서도 역시 중요한 유물주의 견해를 발표했고, 아울러 이 기초 위에서 사람의 정신은 사람의 신체를 기초로 한다는 유물주의적 관점을 제시했다.

순자는 말했다. "천지가 결합하여 만물이 태어나고, 음양이 교접하여 변화가 일어난다."[9] 천지 사이의 만물은 모두 천지가 결합한 산물이며, 음양 두 기의 접촉과 뒤섞임 속에서 변화한다. 순자는 또 말했다. "물과 불은 기(氣)가 있으나 생명이 없다. 초목은 기가 있고 생명도 있으나 지각이 없다. 금수는 기가 있고 생명이 있고 지각도 있으나 도덕이 없다. 사람은 기가 있고 생명이 있고 지각이 있고 또한 도덕도 있다. 그러므로 가장 가치 있고 가장 중요하다."[10] 이러한 논술은 철학적으로 두 측면에서 의의가 있다. 첫째, 만물의 공통성 측면에서 만물을 구성하고 있는 '기(氣)'를 추상화하여 끄집어냈다. 기는 우리가 오늘날 말하는 물질에 해당되니, 이는 중국 고대철학의 물질 개념이다. 둘째, 만물의 차이성 측면에

9) 《荀子·禮論》: "天地合而萬物生, 陰陽接而變化起."

10) 《荀子·王制》: "水火有氣而無生, 草木有生而無知, 禽獸有知而無義; 人有氣、有生、有知, 亦且有義, 故最為天下貴也."

서 생명과 지각은 기를 기초로 한다는 것을 제시했다. '형(形)·신(神)' 문제에 관한 순자의 유명한 논제 "'형(形: 형체)'이 갖추어지고 '신(神: 정신)'이 생겼다"[11]는 것이 바로 여기에서 발전해 나왔다. 사람은 하늘의 '기'가 결합한 산물로, '기'가 결합하여 사람의 형체가 이루어지고, 형체가 갖추어진 뒤에 비로소 정신이 생겼다. 비록 순자는 이 유물주의 관점에 대해 상세한 논증을 전개하지는 않았지만, 이 관점 자체는 매우 깊고 정확해서, 이후 유물주의 형신관(形神觀) 발전에 깊은 영향을 끼쳤다.

(4) 사람은 태어나 무리 짓지 않을 수 없으되, 구분이 없으면 다툰다

순자는 '의(義)가 있는' 것을 '사람'과 '동물'이 구별되는 표지로 삼아서, '사람'의 가장 가치 있는 표준으로 삼았다. 이런 관점은 전면적인 것은 아니다. 도덕이 있는 것은 확실히 '사람'과 '동물'이 구별되는 특징이다. 그러나 '사람'과 '동물'의 가장 본질적 구별은 노동이다. 하지만 순자는 예의의 기원과 작용을 토론할 때 매우 깊은 견해를 발표했다. 순자가 보기에 인류의 생존은 사회조직과 떨어질 수 없고, 사회조직은 분업과 등급 명분 제도와 떨어질 수 없고, 예의는 분업과 등급 명분 제도가 유지될 수 있는 조건이었다. 그래서 예(禮)·의(義)는 인생에서 잠시라도 떨어지거나 폐기해서는 안되는 것이었다.

순자는 우선 인류가 다른 자연물을 이긴 각도에서 사회조직·등급명분·예의 삼자의 관계를 논증했다. 그는 말했다. "소는 사람보다 힘이 세고, 말은 사람보다 잘 달린다. 그런데 소와 말은 왜 사람에게 부림을 당할까? 사람은 무리를 지을 수 있고, 저들은 무리를 지을 수 없기 때문이다. 사람은 어떻게 무리를 지을 수 있을까? 구분되기 때문이다. 구분은

---

11) 《荀子·天論》: "形具而神生."

어떻게 해서 이루어질 수 있을까? 의(義) 때문이다. 그러므로 의(義)로 구분하면 화합하고, 화합하면 하나가 되고, 하나가 되면 힘이 많아지고, 힘이 많아지면 강해지고, 강해지면 동물을 이긴다. …… 그러므로 사람은 태어나서 무리를 짓지 않을 수 없고, 무리 짓되 구분이 없으면 다투고, 다투면 혼란해지고, 혼란해지면 분리되고, 분리되면 약해지고, 약해지면 동물을 이길 수 없다."[12] 여기서 순자는 사람은 사회적 동물이라는 것을 명확하게 지적했고, 또한 인류가 연합하여 활동에 종사하고 자연과 싸워 이긴 것으로 인류사회의 기원을 해석했다. 이런 관점은 역사유물주의에 부합하며, 역사유물의의 맹아이다.

순자는 인류의 분업 협동의 필요성으로부터 사회조직·등급명분과 예의 삼자의 관계를 논증했다. 그는 말했다. "사람들이 좋아하고 증오하는 것은 같다. 욕구는 많고 물자는 적으니, 물자가 적으면 다투게 된다. 한 사람의 생활에 필요한 것은 각종 기예로 만든 물품의 공급에 의지해야 하니, 비록 능력 있는 사람이라고 해도 각종 기예에 두루 능통할 수는 없으며, 한 사람이 각종 사무를 겸하여 관리할 수도 없다. 만약 사람들이 서로 의지하지 않으면 생활해나갈 수 없고, 무리 지어 거주하면서 등급의 구분이 없으면 또한 다툼이 발생하게 된다. 이런 결함과 환난을 없애려면 가장 좋은 방법은 상하 직분과 등급의 구별을 명확하게 하여 사회조직을 세우는 것이다."[13] 역사유물주의 시각에서 볼 때, 생산력 발전의

12) 《荀子·王制》: "力不若牛, 走不若馬, 而牛、馬為用, 何也? 曰: 人能群, 彼不能群也. 人何以能群? 曰: 分. 分何以能行? 曰: 義. 故義以分則和, 和則一, 一則多力, 多力則強, 強則勝物. ……故人生不能無群, 群而無分則爭, 爭則亂, 亂則離, 離則弱, 弱則不能勝物."

13) 《荀子·富國》: "欲惡同物, 欲多而物寡, 寡則必爭矣. 故百技所成, 所以養一人也. 而能不能兼技, 人不能兼官; 離居不相待則窮, 群而無分則爭. 窮者患也, 爭者禍也. 救患除禍, 則莫若明分使群矣."

일정 단계에서 분업은 생산 발전의 가장 강력한 버팀목이며 분업은 또한 계급 구분의 기초이다. 이로 인해, 사회발전의 일정 단계에서 분업과 계급 구분은 필연적이고 합리적이다. 순자는 이것을 어느 정도 간파하였으니, 이는 참으로 귀한 것이다. 하지만 그는 이런 현상을 항구화하여, 계급과 시대에 대한 그의 한계성을 드러냈다.

순자는 또한 사람의 욕망은 무궁한데 물자는 유한한 갈등을 통하여 예·의의 기원을 분석했다. 그는 말했다. "예(禮)는 어떻게 생겨났는가? 사람은 태어나면 욕구가 생긴다. 욕구가 있는데 채우지 못하면 요구하지 않을 수 없고, 요구하는 것에 한도와 경계가 없으면 다투지 않을 수 없다. 다투면 혼란해지고, 혼란해지면 궁핍해진다. 선왕은 혼란을 싫어하여 예·의를 만들어 구분을 지어서 사람의 욕구를 다스리고 사람의 수요를 채워주었다. 욕구가 사물의 한도를 넘게 하지 않고, 사물이 욕구에 굴복하지 않게 하여, 양자가 서로 지탱하여 자라게 했다. 이렇게 해서 예가 생겼다."[14] 순자는 등급을 구분하여 등급에 따라서 소비의 많고 적음을 확정해야만 수요와 물자의 갈등을 해결할 수 있다고 보았다. 이는 특권계급의 이익을 보호하는 이론의 일종으로, 그가 예·의의 창제권을 완전히 선왕(先王)에게 돌린 것은 또한 단편적이다. 하지만 그가 사회 자체의 수요 속에서 예·의의 기원을 찾으려고 힘써 시도한 것은 그래도 긍정적이고 유물주의 원칙에도 부합한다.

종합하면, 순자의 역사관은 비록 총체적으로는 유심주의적이지만 그 안에는 역사유물주의의 싹이 적지 않게 포함되어 있다. 이참에 지적해야

14) 《荀子·禮論》: "禮起於何也？曰: 人生而有欲, 欲而不得, 則不能無求, 求而無度量分界, 則不能不爭. 爭則亂, 亂則窮. 先王惡其亂也, 故制禮、義以分之, 以養人之欲, 給人之求. 使欲必不窮乎物, 物必不屈於欲, 兩者相持而長, 是禮之所起也."

하는 것은, 도덕의 기원과 작용 문제에서 중국고대철인의 관점이 비록 각각 다르지만, 기본적으로 일치되는 경향이 하나 있으니, 바로 사회의 수요에서 혹은 사람의 자연 본성에서 도덕의 본원을 찾고, 사회를 유지하거나 혹은 개인의 생활을 향상시키는 가운데 도덕의 작용과 가치를 찾았으며, 도덕을 상제·신령과 연결시킨 것은 매우 적었다는 것이다. 이는 중국 민족이 기나긴 고대에 도덕교육과 무신론 경향을 결합시킨 우수한 전통을 형성하여 종교에만 의지하지 않는 인생 가치와 인생 이상 체계를 형성하게 했다. 이런 우수한 전통과 가치체계는 성실하게 정리·계승·발양할 가치가 있다. 이와 비교해서, 서양 사람들은 정신적 부담을 우리보다 많이 짊어져서, 그들은 줄곧 덕육(德育)을 종교 안에 두어, 하나님 신앙이 동요함에 따라 가치체계가 본원과 기둥을 잃고 붕괴하는 정신적 위기가 나타났다. 사르트르의 실존주의는 바로 "하나님은 죽었다"는 의식 아래 정신 위기에 빠진 것의 표현이다. 순자의 시대에 도덕을 원시종교와 연결시킨 것이 적지 않은데, 순자는 이 두 가지의 분리를 추동한 철인들 중 선행자이며 중요한 인물이라고 할 수 있으니, 그의 공적은 대서특필할만하다.

(5) '성(性)'을 변화시켜 '위(僞)'를 일으키다

인성(人性) 혹은 사람의 본질 문제는 중국 고대 철인들이 매우 중시한 문제이다. 처음으로 성(性)을 말한 사람은 공자이다. 공자와 순자는 각각 성선(性善)과 성악(性惡)을 말하였고, 성(性)의 선악(善惡)은 이후 성(性)을 논하는 데 주요 논쟁거리가 되었다. 시대와 계급의 국한성으로 인하여 중국 고대 철인의 성(性)에 대한 연구토론은 진리의 열매를 맺지는 못했지만, 그들의 이론 경험·교훈·사유 방법은 비춰볼 가치가 여전히 있다.

맹자와 순자의 성론(性論) 사상은 비록 형식상 확연히 대립되지만, 실제적으로는 다른 점 가운데 같은 점이 있으며, 서로 득실이 드러난다. 쌍방이 형식상 창끝을 마주 댄 원인의 상당 부분은 '성(性)'이라는 개념에 대해 내린 정의가 달랐다는 것에 있다. 맹자는 인성(人性)은 사람이 동물과 구별되는 내재적 규정성을 가리킨다고 보았고, 이 정의는 기본적으로 정확하다. 실제로 인성(人性)은 당연히 사람이 동물과 구별되는 여러 내재 규정성 중 가장 근본적 규정성이다. 그러나 맹자는 단지 사람에게 도덕이 있다는 각도에서만 사람과 동물의 구별을 규정하였으니, 이것은 근본을 파악하지 못한 것이다. 이 규정의 내재성을 강조하기 위해 그는 또한 사람의 도덕의 싹을 하늘(인격적으로 주재하는 신)이 사람에게 부여하여 사람이 태어나면서 원래 있는 것으로 여겼으니, 이는 유심주의적 선험론에 빠진 것이다. 도덕은 사람이 동물과 구별되는 근본적 규정성이라는 것은 순자도 인정했다. "사람이 사람인 것은 두 발이 있고 털이 없기 때문이 결코 아니라, 사람과 사람 사이에 상하(上下)·귀천(貴賤)·장유(長幼)·친소(親疏)의 등급 구분이 있기 때문이다"[15]라고 했다. 하지만 그는 이것이 인성(人性)이라고 인정하지 않았다. 순자가 보기에 도덕은 인간 사유의 축적을 거치고 관능이 반복 운용된 뒤에 형성된 언행 규범이다. 이런 규범은 태어나면서 갖추어진 것이 아니라 인위적인 것으로, 천부적이지 않고 원래 있었던 것이 아니라는 것이다. 그는 인위적인 것을 '위(僞)'라고 하여, 이른바 성(性)과 위(僞)의 구분을 강조했다. 순자가 보기에 사람이 태어나면서 갖춘 원래 있는 것은 단지 몇몇 자연스러운 욕망 뿐으로, 예를 들면 "굶주리면 배부르고 싶어하고, 추우면 따뜻하기를 바라고, 힘들면 쉬고 싶어하는"[16] 것이요, 또한 "눈은 좋은 색을 좋아하고, 귀는 좋은 소리를 좋아하고, 입은 좋은 맛을 좋아하고,

15) 《荀子·非相》: "故人之所以為人者, 非特以其二足而無毛也, 以其有辨也."
16) 《荀子·性惡》: "飢而欲飽, 寒而欲暖, 勞而欲休."

마음은 이로운 것을 좋아하고, 골격과 피부는 편안한 것을 좋아하는"17) 것과 같은 것으로, 그가 보기에는 이것이 바로 사람의 본성이다. 따라서 그는 인성을 "배울 수도 없고, 일할 수도 없이 사람에게 있는 것을 성이라고 한다"18)고 정의했다. 도덕은 사람의 창조라고 단언한 점에서 순자의 관점은 정확하며, 맹자의 천부도덕론을 비판한 것이다. 그러나 순자가 인성을 정의한 것은 취할 것이 못된다. 그런 정의에 따르면 인성은 사람이 동물과 구별되는 규정성이 아니라 사람이 동물과 같은 규정성이다. 보아하니 순자는 '성(性)'의 정의를 고찰할 때 성은 마땅히 태어나면서 갖추어지는 것, 같이 가지고 있는 것이라는 한 측면을 지나치게 중시하여, 성은 또한 사람이 동물과 구별되는 규정성이어야 한다는 한 측면을 소홀히 한 듯하다. 사실 문명인은 비록 원시인과 마찬가지로 먹고 마시고 남녀가 사랑하는 수요가 있지만, 문명인은 원시인처럼 날로 먹고 피를 마시지도 않고, 또한 원시인처럼 군혼(群婚)을 실행하지도 않았을 것이니, 이것들이 고쳐지고 자연스런 관습으로 충분히 굳어진 뒤에, 사람과 동물·문명인과 원시인이 구별되는 내재 규정성이 된 것이다.

순자는 인성은 악하다고 여겼지만, 이런 인성은 고칠 수 없다고 여기지는 않았다. 그는 "'성(性)'을 변화시켜 '위(僞)'를 일으키다"19)을 주장하고, "'성(性)'과 '위(僞)'가 합치되어 천하가 다스려진다"20)고 주장했다.

순자는 비록 '성(性)'이 '악(惡)'하고 '위(僞)'가 '선(善)'하다고 보았지만, 그가 토론한 '성(性)'·'위(僞)' 문제는 또한 도덕 문제에만 국한되지 않았다. 그는 "성(性)은 목재의 다듬지 않은 원초적 질박함이요, 위(僞)

17) 《荀子·性惡》: "目好色, 耳好聲, 口好味, 心好利, 骨體膚理好愉佚."

18) 《荀子·性惡》: "不可學、不可事而在人者謂之性."

19) 《荀子·性惡》: "化性起僞."

20) 《荀子·禮論》: "性僞合而天下治."

는 다듬고 가공한 뒤의 융성함이다"[21]라고 했다. 배고프면 밥을 먹고 목마르면 물 마시는 것이 성(性)이고, 듣기 좋고 보기 좋고 편한 것을 좋아하는 것이 성(性)이고, 귀가 밝고 눈이 밝은 것도 역시 성(性)으로, 사람이 저절로 갖추고 있는 모든 것이 성(性)이다. 위(僞)는 본래 저절로 있었던 것을 사람이 바꾼 모든 것으로, 생각을 거쳐서 선택하고 조정한 것, 학습을 거쳐서 얻게 된 것 모두가 '위(僞)'요, 사회의 제도·도덕·문화가 모두 '위(僞)'이다. 위(僞)는 사람의 마음의 선택에 근거하여 나날이 다달이 쌓인 것이다. 이렇게 쌓여서 극치에 달하면 순자 마음 속의 이상적 인격인 '성인(聖人)'이 된다. 순자가 토론한 '성(性)'·'위(僞)' 문제는 총체적으로 보면 사람 자체의 자연과 문명의 관계 문제라는 것을 이를 통해 알 수 있다. 성(性)·위(僞)는 비록 엄격한 구별이 있지만 통일된 측면 또한 있다고 순자는 여겼다. "성(性)이 없으면 위(僞)가 더해질 수 없고, 위(僞)가 없으면 성(性)은 완미해질 수 없다. 성(性)과 위(僞)가 합해져야 성인(聖人)이 이루어진다."[22] '성'이라는 자연의 재질이 없으면 '위'는 가공·개조의 대상을 잃게 된다. 이런 자연의 재질은 자발적으로 좋은 쪽으로 바뀌지 못한다. '성'과 '위'가 통일되어야 비로소 성인이 성취된다. 이런 '화성기위(化性起僞)'설은 매우 깊은 철리가 담겨 있다. 엥겔스는 "사람이 최초에 자연계에서 탄생할 때, 사람 역시 단지 순수한 자연물일 뿐 사람이 아니었다. 사람은 사람·문화·역사의 산물이다"[23]라는 포이어바흐의 명언을 언급한 적 있다. 순자 역시 어느 정도 이런 인식에 도달했다. 안타깝게도 순자는 '성'·'위' 관계 문제에서 변증법을

---

21) 《荀子·禮論》: "性者, 本始材樸也; 僞者, 文理隆盛也."

22) 《荀子·禮論》: "無性則僞之無所加, 無僞則性不能自美. 性僞合, 然後聖人之名一."

23) 《路德維希·費爾巴哈和德國古典哲學的終結》, 《馬克思恩格斯選集》 제4권, 人民出版社, 2012년, 244쪽.

끝까지 관철하지 않았다. 마르크스는 "사람 자신이 일종의 자연력이 되어 자신 밖의 자연에 작용하고 자연을 바꿀 때, 또한 동시에 그 자신의 자연도 바꾼다"[24]고 했다. 플레하노프는 이 사상이 마르크스 역사이론의 본질 전부를 포괄하고 있어, 코페르니쿠스의 발견과 충분히 병립할 수 있다고 극히 높게 평가했다. 순자도 포이어바흐와 마찬가지로 이 사상에 어느 정도 접근하였으나 충분히 발휘하지는 못했다.

(6) '허(虛)'와 '일(壹)'로 평정을 구하다

순자는 여러 측면에서 유물주의 인식론의 나무를 심었다. 사람은 인식능력이 있어서 물질세계를 알 수 있음을 그는 긍정했다. "인식할 수 있는 것은 사람의 성(性)이고, 인식될 수 있는 것은 사물의 이(理)이다."[25] 그는 인식의 과정을 분석하여, 인식은 감각기관의 감각의 기초 위에 '마음'의 작용의 결과를 더한 것이라고 보았다. 그는 또한 '지(智)'와 '능(能)'에 유물주의적 정의를 내렸다. "사람에게 본래 있는, 객관 사물을 인식하는 능력을 지(知) 즉 지력(智力)이라고 하고, 사람의 인식능력과 객관 사물이 접촉한 뒤 생긴 인식과 '지식(知識)'을 지(智) 즉 지혜(智慧)라고 한다. 사람의 지혜에 본래 있는 잠재능력을 '능(能)'이라고 하고, 이런 능력이 객관 사물과 접촉한 뒤 형성된, 만사를 처리하는 능력 역시 '능(能)'이라고 한다."[26] 순자가 지식과 재능에 내린 정의는 지금 보아도 정확한 것이다.

---

24) 《資本論》 제1권, 《馬克思恩格斯全集》 제42권, 人民出版社, 2016년, 168쪽.
25) 《荀子 · 解蔽》 : "凡以知, 人之性也; 可以知, 物之理也."
26) 《荀子 · 正名》 : "所以知之在人者謂之知. 知有所合謂之智. 智所以能之在人者謂之能. 能有所合謂之能."

순자는 인식론 측면에서 유물주의 반영론을 견지했을 뿐 아니라, 전면적 사상 방법을 특별히 강조했다. 사상 방법을 순자는 '심술(心術)'이라고 했다. 사람의 사상 방법은 항상 한쪽 면에 빠져 있다고 그는 보아서 "사람의 단점은 한쪽 면에 가려져서 큰 이치에 어둡다는 것이다"[27]라고 했다. 원문에서의 일곡(一曲)은 편면(片面)으로, 한쪽 면에 가려져 진리를 인식할 수 없다는 것이다. 순자는 "만물이 다르면 서로 가리지 않는 경우가 없으니, 이는 심술(心術)의 걱정거리이다"[28]라고 했다. 모든 사물은 차이가 있어서, 사물의 한쪽 면만 보면 인식의 편파성이 조성될 것이니, 이는 사유 방식 상 공통된 병통이다. 예를 들면 "욕(欲)에 가려지고, 악(惡)에 가려지고, 시(始)에 가려지고, 종(終)에 가려지고, 원(遠)에 가려지고, 근(近)에 가려지고, 박(博)에 가려지고, 천(淺)에 가려지고, 고(古)에 가려지고, 금(今)에 가려진다."[29] 인식주체의 호오(好惡)가 편파성을 조성할 수 있고, 인식주체의 각종 갈등의 대립 면 예를 들면 '시종(始終)'·'원근(遠近)'·'고금(古今)' 등이 모두 인식의 편파성을 조성할 수 있다. 그렇다면 어떻게 해야 이런 편파성를 극복할 수 있나? 순자는 "만물을 두루 펼치고 중앙에 균형추를 매다는"[30] 식의 해결 방법을 제시했다. '만물을 두루 펼치는' 것은 각 방면에서 문제를 보는 것이고, '중앙에 균형추를 매다는' 것은 전면적 객관적 '도(道)'를 판단표준으로 삼는 것이다. "도(道)란 상(常)을 본체로 삼아서 변화를 다한다"[31]는 것은 각 측면을 포용하는 것으로, 이 '도'와 상대적으로 말하면, "만물은 도의 한

27) 《荀子·解蔽》: "凡人之患, 蔽於一曲, 而暗於大理."

28) 《荀子·解蔽》: "凡萬物異則莫不相為蔽, 此心術之公患也."

29) 《荀子·解蔽》: "欲為蔽、惡為蔽, 始為蔽、終為蔽, 遠為蔽、近為蔽, 博為蔽、淺為蔽, 古為蔽、今為蔽."

30) 《荀子·解蔽》: "兼陳萬物而中縣(懸)衡焉."

31) 《荀子·解蔽》: "夫道者體常而盡變."

쪽이 되고, 한 사물은 만물의 한 쪽이 되니"[32], 즉 각종 구체적 사물은 단지 도의 일부분·한 측면일 뿐이다. 그렇다면 사람은 또 어떻게 해야 판단표준이 될 수 있는 이 '도'의 인식에 도달할 수 있는가? 순자의 대답은 마음이 '허일이정(虛壹而靜)'[33]하는 방법을 통하여 얻는다고 했다. '허(虛)'는 허심(虛心)으로, 이미 있는 지식이 이후 접촉하는 새로운 지식의 장애가 되지 않게 하며, 선입견이 주도하게 하지 않는 것이다. '일(壹)'은 한 마음으로 전심전력해야 한다는 것으로, 어떤 사물에 대한 인식으로 인하여 다른 사물에 대한 인식에 장애가 되지 말아야 한다는 것이다. '정(靜)'은 평정(平靜)·진정(鎭靜)으로, 임의의 상상과 제멋대로의 생각이 인식을 방해하게 하지 않는 것이다. 순자는 "도(道)를 추구하는 사람은 허심(虛心)할 수 있어야 도를 받아들일 수 있고, 도를 학습하는 사람은 한 마음으로 전심전력할 수 있어야 도를 전면적으로 인식할 수 있고, 도를 연구하는 사람은 편안하고 고요함을 유지할 수 있어야 도를 밝게 살필 수 있다"[34]고 했다.

순자가 주장한 '허일이정(虛壹而靜)'은 가린 것을 푸는 데 확실히 좋은 방법이다. 인식 중의 주관성·편파성, 예를 들면 경험주의·교조주의 등 때문에 비워지지 않고, 한 뜻으로 전심전력하지 않고[不壹], 편안하고 고요하지 않은 상태가 종종 조성된다. 순자가 '도'를 가지고 인식의 전면성·객관성의 기준을 보장한 사상은 물론 맞지 않는 것이다. '도' 자체가 또한 인식의 일종이기 때문에, 인식의 표준이 될 수 없으며, 오직 실천만이 인식의 진리성을 점검하는 기준이다.

---

32) 《荀子·天論》: "萬物為道一偏, 一物為萬物一偏."
33) 《荀子·解蔽》: "虛壹而靜."
34) 《荀子·解蔽》: "將須道者之虛則入; 將事道者之壹則盡; 盡將思道者靜則察."

10 한비(韓非)

한비(韓非)는 대략 주(周)나라 난왕(赧王) 35년(기원전 280년)에 태어나 진왕(秦王) 정(政) 14년(기원전 233년)에 세상을 떠났다. 한(韓)나라 공자(公子)로, 이사(李斯)와 함께 순자(荀子)의 제자였다. 한비가 저술한 책을 진시황(秦始皇)이 보고 매우 기뻐하여, 한비를 데려오기 위해 군대를 일으켜 한나라를 공격했다. 한비는 진나라에 도착하여 제대로 임용되지도 못하고 이사의 시기를 받아서 옥중에서 자살하도록 핍박받았다. 그러나 그의 사상은 진시황·이사·진 이세황제의 추앙을 받아서, 진왕조의 지도 사상이 되었다.

한비는 전국시대 마지막 중요한 철학자이자 정치사상가이다. 철학 측면에서 한비는 상앙(商鞅)의 '법(法)'·신불해(申不害)의 '술(術)'·순자의 유물주의 관점을 계승했다. 《노자(老子)》의 학설을 개편하여 자기의 유물주의적 자연관·인식론·유물주의적 역사관을 형성했다. 정치사상 측면에서 그는 '법(法)'·'술(術)'·'세(勢)'를 하나로 융합한 봉건 전제 중앙집권주의 학설을 세웠다. 이런 정치 학설은 당시 역사발전의 조류에 부응한 것으로, 진보적 의의를 지닌다. 그러나 오늘날에 와서는 그 중 법치사상만이 여전히 어느 정도 본받을 만한 의미가 있을 뿐, 다른 것은 기본적으로 시대 상황에 맞지 않는다. 그리고 당시에도 이런 정치 학설은 편파성이 매우 컸다. 예를 들면 '법(法)'과 '힘'을 편파적으로 강조하고 도덕의 가치를 완전히 부정하고, 인성(人性)은 태어날 때부터 개인적·이기적이라고 공공연히 내세웠으며, 군신(君臣)·부자(父子) 및 기타 인간 관계는 모두 금전관계·이해관계라고 보고, 문화획일주의와 사상전제주의를 공공연히 주장했으며, 우민정책(愚民政策)을 주장하고, 또한 전제군주가 사치와 욕망을 궁극으로 추구할 것을 공공연히 주장하기도 했다. 진왕조가 중국 통일을 성공한 것이 한비의 정치 학설이 역사발전의 조류에 부응한 일면을 증명했다면, 진나라 이세황제의 멸망 또한 한비의 정치 학설이 치국에 부족하다는 일면을 증명한 것이라고 할 수 있다.

한비의 사상 중 가치 있는 부분이나 측면을 간략하게 소개한다.

(1) 도는 만물의 이치를 모두 아우른다

한비는 《노자(老子)》를 연구한 적이 있다. 그는 '도(道)'에 대한 노자의 관념을 바꿔서 자기만의 해석을 내놓았다. 한비는 하나의 철학 범주가 되는 '이(理)'에 대해 독특한 견해를 발표하고 비교적 상세하게 설명하여 '도는 만물의 이치를 모두 아우른다'는 학설을 세웠다.

노자는 도(즉 최고원리)는 천지(天地)에 앞서서 생기고 천지 만물을 낳는 것으로 여겼다. 객관 규칙을 객관 사물에서 추출하여 우주 본원으로 보는 이런 관점을 객관 유심주의라 한다. 그러나 한비는 이런 관점을 채택하지 않았다. 그는 "천지가 갈라지면서 함께 생성되고, 천지가 흩어져 사라지기에 이르러서도 죽지 않고 쇠락하지 않는 것을 상(常)이라고 한다"[1]라고 했다. 여기서 '상(常)'은 '상도(常道)'를 가리킨다. 이는 바로

1) 《韓非子·解老》: "唯夫與天地之剖判也俱生, 至天地之消散也不死不衰者謂

'상도(常道)'는 천지보다 앞서 생기는 것이 아니라 천지와 함께 생겨나고 존재하는 것이라는 말이다. 이렇게 도는 만물의 보편규칙이 된다.

한비가 말한 '이(理)'는 사물의 성질·이치·규칙 등 의미를 담고 있다. 그는 "이(理)란 모남 둥금, 길고 짧음, 거친 것·고운 것, 단단함·취약함 등이 나뉘는 것"[2]이라고 했고, 또한 "길고 짧음·크고 작음·모남 둥금·단단함 취약함·무거움 가벼움·흑백 등을 이(理)라고 한다"[3]고 했다. 이것은 사물의 성질을 이(理)로 삼은 것이다. 한비는 또한 "이(理)는 사물을 완성시키는 이치"[4]라고 했다. 이(理)는 이미 형성된 사물의 문리(紋理), 즉 조리·질서·구조이다. 또한 "네모나 동그라미를 만들려면 곧은자나 컴퍼스를 따라 하면 모든 모양이 이루어진다. 만물에는 곧은자나 컴퍼스가 없는 것이 없다"[5]고 했다. 종합하면, 이(理)는 사물의 형식과 규칙이다.

한비는 도(道)·이(理)·사물 세 가지의 관계를 말했다. "'도(道)'는 만물이 존재하는 근거이고, 모든 이(理)의 종합이다. '이(理)'는 사물을 이루는 조리이고, '도'는 만물이 형성되는 근거이다. 그러므로 도는 만물을 총괄하는 것이다. 사물은 각각 이(理)가 있어서 서로 충돌하지 않으니, 그러므로 사물은 이(理)의 통제를 받는다. 만물의 이(理)는 각기 달라서, 도가 만물의 '리'를 총괄하니, 그러므로 변화하지 않을 수 없다. 변화하지 않을 수 없으니, 도는 한 번 이루어지면 변하지 않는 격식이 결코 아니다."[6] 이 논술에는 많은 깊은 사상이 포함되어 있다. 첫째, '도'는

常."

2) 《韓非子·解老》: "凡理者, 方圓､短長､粗靡､堅脆之分也."

3) 《韓非子·解老》: "短長､大小､方圓､堅脆､輕重､白黑之謂理."

4) 《韓非子·解老》: "理者, 成物之文也."

5) 《韓非子·解老》: "欲成方圓而隨其規矩, 則萬事之功形矣. 而萬物莫不有規矩."

사물의 총규칙이요, 모든 '리(理: 구체적 규칙)'의 종합으로, 구체적 규칙은 영원불변하는 것이 아니다. 따라서 모든 '리'의 종합이 되는 '도'는 유동적이고 변한다. 이는 매우 깊은 변증사상이다. 보편적 규칙은 구체적 규칙을 벗어나 독립하여 존재할 수 없음을 인정하고, 보편적 규칙은 유동적이라는 것을 인정했다. 둘째, '도리(道理)'는 사물의 안에 있어, 사물은 '도리'를 드러내며, 도리는 만물 형성의 근거가 되면서 만물을 제약한다. 이는 상당히 깊은 유물주의 관점이다. 셋째, 만물의 구체적 규칙은 각각 다르다. 이 점을 인식하는 것은 구체적 문제를 구체적으로 분석하고 구체적으로 대처하는 데 적극적 의의를 갖는다.

'도리'는 사물의 안에 존재하고 아울러 만물을 통제하기 때문에, 한비는 객관적 규칙에 따라 일을 처리할 것을 매우 강조했다. 그 자신의 말로 하면, '필연리(必緣理)'[7]이다. "사물의 규칙을 이해하면 사물을 통제할 수 있고"[8], "규칙에 따라 일을 처리하면 반드시 성공할 수 있다"[9]고 순자는 보았다. 그는 사물의 객관적 규칙을 따르지 않고 주관적 의견을 따라 일을 처리하는 것을 반대하여, "개인적 지혜를 쓰는 것을 좋아하여 도리를 버리면, 법망의 발톱과 뿔이 해치게 된다"[10]고 했다. '법망의 발톱과 뿔'은 복잡하게 뒤얽힌 사물을 가리킨다. 그것은 규칙을 따르지 않고 주관적 의견을 따라 일을 처리하는 사람을 곤경에 처하여 죽게 한다.

6) 《韓非子·解老》: "道者, 萬物之所然也, 萬理之所稽也. 理者, 成物之文也; 道者, 萬物之所以成也. 故曰: '道, 理之者也. '物有理, 不可以相薄, 物有理不可以相薄, 故理之為物之制. 萬物各異理, 萬物各異理而道盡. 稽萬物之理, 故不得不化, 不得不化, 故無常操."
7) 《韓非子·解老》: "必緣理."
8) 《韓非子·解老》: "理定而物易割也."
9) 《韓非子·解老》: "夫緣道理以從事者, 無不能成."
10) 《韓非子·解老》: "好用其私智而棄道理, 則網羅之爪角害之."

사람은 반드시 객관적 규칙을 따라 일을 처리해야 성공할 수 있고 그렇지 않으면 실패한다는 것을 한비는 인식했다.

(2) 비교하고 실증하다

《관자(管子)》에는 〈심술(心術)〉이 있고, 순자의 저작에는 〈해폐(解蔽)〉가 있다. 모두 사유 방식을 강구한 것이다. 한비는 순자의 제자로, 역시 사유 방법의 연구에 매우 주의를 기울였다. 그는 〈심술(心術)〉과 〈해폐(解蔽)〉 중의 유물주의 관점을 진보시켜 '참험(參驗)'을 중시하는 사유 방식을 제시했다.

한비는 유(儒)·묵(墨) 두 학파를 비판하여 "공자·묵자가 모두 요·순을 말하면서, 취사선택이 달랐는데도 모두 자기가 말하는 것이 진짜 요·순이라고 하였다. 요·순이 다시 태어나지 않으면, 누가 유·묵의 진실을 판정할 것인가? …… 누구도 '확신'할 수 없다. 비교와 실증이 없이 확신하는 것을 '어리석다'고 하며, 확신할 수 없으면서 이에 의거하는 것을 '속인다'고 한다. 분명하게 선왕에게 의거하려고 하면서 반드시 요·순으로 결정하면 어리석든가 속이는 것이든가 둘 중 하나이다"[11]라고 했다. '참(參)'은 비교이고, '험(驗)'은 실증이다. '참험(參驗)'은 비교를 통하여 실제의 증명을 얻는 것이다. 반드시 '참험'이 있어야만 정확한 결론을 내릴 수 있다고 한비는 보았다.

한비는 "참오지험(參伍之驗)에 의하여 진언지실(陳言之實)을 구하는"[12] 방법을 제시했다. 그는 '진언(陳言)' 즉 어떤 사람이 한 말이 실제

---

11) 《韓非子·顯學》: "孔子、墨子俱道堯舜, 而取捨不同, 皆自謂真堯舜, 堯舜不復生, 將誰使定儒墨之誠乎? ……意者其不可必乎? 無參驗而必之者, 愚也; 弗能必而據之者, 誣也. 故明據先王必定堯舜者, 非愚則誣也."

상황과 맞는지 알려면 '참오지험)'의 방법을 써야 한다고 보았다. '참(參)'은 많은 측면의 상황을 수집하여 비교 연구하는 것이다. '오(伍)'는 각 측면의 상황을 배열·정리하는 것이다. '참오지험'은 많은 측면의 상황을 수집하고, 배열 정리하고, 비교 연구하여, 어떤 사람의 말이 사실과 부합하는지 살펴보는 것이다. '참오지험'은 사물의 본래의 면모와 객관 규칙에 따라 말을 살펴볼 것을 힘써 추구하여 편파성과 주관성을 피하는 것으로, 이것은 뚜렷이 유물주의적이다.

한비는 또한 "말을 들으면 실제 행동을 추구하여, 그가 몸으로 직접 움직여 성과를 내라고 요구해야 한다"[13]고 주장했다. 여기서 원문의 '당(當)'과 '공(功)'은 실천 효과의 뜻이다. 어떤 말이 정확한지 혹은 어떤 사람이 재간이 있는지 판단하려면 단지 논쟁에만 의거해서 결정할 수 있는 것이 아니며, 실제의 효과를 통해서만 단정할 수 있다는 것이다. 그는 생동적이고 웅변적인 예를 많이 들어서 이 이치를 설명했다. 예를 들어, 어떤 검이 날카로운지 둔한지 판단하는데, 만약 금속원료의 색에만 의지한다면, 구야(區冶)같은 검 주조 전문가도 표준에 맞는지 인정할 수 없고, 그 검으로 사람을 죽이는 실험을 해봐야만 보통 사람도 그 검이 날카로운지 둔한지 판별할 수 있다. 만약 어떤 말의 형상·나이만을 보면, 백락(伯樂)같은 말 관상 전문가도 그 말의 우열을 판정할 수 없고, 마차에 매고 한 번 달려보아야만 좋은 말인지 아닌지 일반인도 분별할 수 있다. 또한 예를 들어, 모두 자고 있을 때는 누가 장님인지 분별할 방법이 없고, 모두 정숙 침묵하고 있을 때는 누가 벙어리인지 분별할 방법이 없다. 깨어난 이후에 보게 해서 문제를 내면서 대답하게 하면, 장님·벙어리는 감출 방법이 없게 된다. 실천 효과로 언행이 정확한지

12)《韓非子·備內》: "偶參伍之驗, 以責陳言之實."
13)《韓非子·六反》: "聽其言而求其當, 任其身而責其功."

여부를 점검하려면, 그 효과에 대해 미리 규정을 해놓아야지, 사후에 이르러 제멋대로 할 수는 없다고 한비는 또한 지적했다. 예를 들어, 만약 되는대로 화살을 하나 쏘면 그 화살은 어딘가에는 반드시 맞을 것이다. 그곳은 아주 작은 점이다. 하지만 이것은 활을 잘 쏘는 것으로 칠 수 없다. 그 작은 점은 미리 지정한 것이 아니기 때문이다. 만약 5치 짜리 표적을 10보 밖에 놓고, 이 '표적'이 앞에서 말한 작은 점보다 훨씬 크다면, 이런 '표적'을 맞출 수 있어도 활을 잘 쏜다고 할 수 있다. 이 '표적'은 미리 확정한 것이기 때문이다. 실천 효과로 언행을 점검하는 것도 이와 같아, "언행이란 효용을 표적으로 삼아야 한다"[14]고 했다. 언행을 점검할 때는 먼저 미리 확정한 효과를 표준으로 삼아야 한다. 한비의 이런 사상은 뚜렷하게 유물주의적이다. 그러나 실천으로 언행의 진리성을 점검하는 문제는 매우 복잡해서, 한비가 생각한 것처럼 그렇게 간단하지는 않다.

(3) 시대가 다르면 상황이 다르고, 상황이 다르면 해법도 다르다

춘추전국시대는 중국 역사에서 대변혁의 시대로, 격렬한 요동 속에서 경제·정치 제도가 빠르게 변화했고, 백가쟁명 속에서 사상문화 역시 끊임없이 변화했다. 춘추전국시대는 또한 원고(遠古) 시대와 멀리 떨어지지 않은 시대로, 하(夏)·상(商)의 문헌이 아직 남아 있고, 옛 나라가 아직 존재하고, 아직 개화되지 않은 많은 원시부족(이른바 '이적(夷狄)')이 선진적 문화의 여러 화하(華夏) 국가 사이에 섞여 있었다. 이 부족들 중에는 심지어 아직 모계군혼제를 실시해서 "어머니만 알 뿐 아버지는 모르는" 경우도 있었다. 따라서 이 시대의 사상가들은 많든 적든 역사는 변

14) 《韓非子·問辯》: "夫言行者, 以功用為之的彀者也."

화한다는 관점을 지니고 있었고, 다만 정치 경향이 달라서 이런 변화에 대한 해석과 태도가 달랐다. 유가·도가·묵가는 각각 정도는 달랐지만 지나간 시대에 대한 찬미와 미련이 있었다. 그러나 법가는 이런 경향에 찬성하지 않았다. 그들은 이런 역사 변화를 진화의 필연적 과정으로 해석하려고 힘써 추구했고, 현시대의 실제에 근거하여 치국의 방안을 제정할 것을 주장했다. 한비는 이 점에서 대표성을 지닌 인물이다.

한비는 역사를 상고(上古)·중고(中古)·근고(近古)·당세(當世)로 구분하거나, 혹은 상고(上古)·중세(中世)·당금(當今)으로 구분했다. 상고시대에는 사람이 적고 금수(禽獸)가 많아서, 사람은 금수와 독충·독사 등을 이길 수 없었다고 그는 말했다. 어떤 성인(聖人)이 나무를 엮어서 둥지 모양의 거처를 만들어 금수·독충·독사의 피해를 피하게 하자, 사람들이 매우 좋아하여 그를 천하의 왕으로 뽑고, 유소씨(有巢氏)라고 했다. 당시 사람들이 먹던 것은 야생 채소 과일과 비린내 나는 조개 등이어서, 위장에 매우 해로웠기 때문에 질병이 많았다. 어떤 성인이 나무를 비벼 불을 얻어서 음식을 불 위에 올려 굽거나 익혀, 비린내와 누린내를 제거하자, 사람들이 매우 좋아하여 그를 천하의 왕으로 뽑았다. 중고(中古)시대에는 천하에 대규모 수해가 발생하여, 강물의 흐름을 소통시키는 일을 우(禹)의 부친 곤(鯀)과 우가 대를 이어 맡았다. 근고(近古) 시대에는 하(夏)의 걸(桀)과 상(商)의 주(紂)가 천하를 통치하는데 잔인하고 난폭하여 혼란스러워서, 상(商) 탕왕(湯王)과 주(周) 무왕(武王)이 군대를 일으켜 토벌했다.[15] 같은 글에서 그는 또한 지적하기를, 고대 사람들은 초목의 열매를 먹었고 금수의 가죽을 입었다. 요(堯)가 제왕일 때는 살던 초가집 지붕이 가지런히 정돈되고 장식되지 않았고, 서까래가 빛나게 깎이지 않았고, 거친 식량을 먹었고, 야채국을 마셨다. 우(禹)가 제왕일

15) 《韓非子·五蠹》 참조.

때는 직접 호미와 삽을 들고 사람들 앞에 나서서 힘든 일을 해서, 그들의 생활은 심지어 지금의 문지기나 노예만도 못했다. 순(舜)이 제왕일 때는 묘인(苗人)이 복종하지 않아, 순이 이에 교육과 감화 작업을 강화하여, 3년이 지나서 사람을 파견해서 방패와 도끼를 들고 묘인 앞에서 춤을 한 번 추게 하여, 묘인이 항복하였고, 공공(共工: 여러 전설이 있는데, 한비의 앞뒤 문장 문맥에 따르면 비교적 후대의 인물인 듯)과의 전쟁에서 전투가 격렬해져 짧은 철제 무기로 서로 육박전을 하기에 이르러, 투구와 갑옷이 견고하지 않아 신체에 부상을 입기까지 했다. 이를 통해 알 수 있는 것은, 한비는 역사의 변화를 보았을 뿐 아니라 인류사회가 몽매하고 야만스런 상태에서 문명이 변화한 구체적 상황 또한 보았다. 인류와 자연의 관계에 변화가 발생하고 물질생활이 끊임없이 개선되었지만, 빈부귀천의 대비가 나날이 강렬해지고, 전쟁 또한 상징적인 성격에서 너죽고 나죽자 식의 살륙으로 변하였다. 한비의 서술이 세세한 조목에서는 결함이 적지 않지만, 당시로서는 대단한 것이었다.

역사는 변화하는 것이라고 한비는 여겼을 뿐 아니라 역사 변화의 원인에 대해서도 탐구했다. 역사 변동의 주요 원인 중 하나는 인구의 증가라고 그는 보았다. 인구는 갈수록 증가하자, 자연 자원은 갈수록 부족해지고, 이에 따라 사회의 상황도 변했다. 고대에는 인구는 적고 자연 자원은 많아서, 초목의 열매·금수의 가죽이 공급에 여유가 있었고, 있는 힘을 다해 밥을 먹을 필요가 없어서, 사람들은 재물과 이익을 다투지 않았다. 현재(전국시대)에는 인구는 많고 자원은 적어, 사람들은 죽어라 일해도 생활은 여전히 힘들어서, 사람들은 재물과 이익을 다투게 되었다. 한비의 이런 관점은 역사 변동의 원인이 하늘의 뜻 혹은 사람의 의지에 있다는 것을 인정하지 않고, 사람의 사상 관념으로 역사를 해설하지 않고, 인류 물질생활의 갈등 속에서 역사 변동의 원인을 찾으려고 시도하였으니, 유물주의적 요소가 담겨 있고 하겠다. 그는 인류 물질생활의 갈등을 인구와 자연자원·생활자원의 갈등으로 귀결시켰다. 이것은 정확하지 않으며, 맬서스의 인구론과 유사한 점이 있다. 엥겔스는 맬서스를 엄하게 비판한 동시에 역사적 공적을 긍정하기도 하여, 맬서스의 이론은 성경의 교의를 위배하여 "우리가 끊임없이 전진하도록 추동하면서도 절대적으로 필요한 환승역이 되었다"[16]고 보았다. 맬서스의 이론과 정치경제학으로 말미암아 "비로소 토지와 인류의 생산력에 주의를 기울였고 …… 우리는 맬서스의 이론 속에서 사회변혁을 위하여 가장 유력한 경제적 논거를 길어올렸으니"[17] 엥겔스의 이 논술에 따라 우리는 한비의 이론에 마땅히 있어야 할 역사적 지위를 부여해야 한다.

역사 변화 및 그 원인에 대한 상술한 인식에 기초하여, 사람의 도덕 품질은 역사 변천에 따라 갈수록 낮아진다고 유가·도가가 제시한 관점을 한비는 비판했다. 그가 보기에는, 고대 제왕이 다른 사람에게 가볍게 왕위를 넘겨준 것은 제왕의 생활 대우는 매우 형편없고 일은 매우 힘들었기 때문이며, 오늘날 현령이 차마 직위를 내려놓지 않으려고 하는 것은 대우가 두텁고 권력이 크기 때문이다. 산에 사는 사람들이 새해를 맞고 명절을 보낼 때면 물을 선물했던 것은 물이 너무 적었기 때문이고, 호수 근처에 사는 사람들이 사람을 고용하여 물을 배출시킨 것은 물이 너무 많았기 때문이다. 보릿고개 때는 어린 동생조차 돌봐주려 하지 않은 것은 양식이 너무 적었기 때문이요, 수확이 풍성할 때는 멀리서 온 손님에게조차 밥을 제공하려고 했던 것은 식량이 너무 많았기 때문이다. 이 모든 것은 도덕 품질의 높고 낮음과는 관계가 없다. 한비의 이런 말들에 담긴 뜻은 인자하다든가 예의·겸양이라든가 하는 류의 도덕 행위는

---

16) 《國民經濟學批判大綱》, 《馬克思恩格斯全集》 제3권, 人民出版社, 2002년, 468쪽.

17) 앞과 같음.

인간이 처한 물질생활 상황이 결정하는 것이지 사람의 본성으로 결정되는 것이 아니라는 것이다. 이 역시 소박한 유물주의적 관점이다.

한비는 또한 시대가 다름에 따라 생활 속의 문제 역시 다르고 해결하는 방법 또한 다르다고 보았다. 상고시대의 문제는 야수의 침해를 피하는 것이었고 음식물을 가공하여 바꾸는 것이었다. 이런 문제들은 역사시대의 변화에 따라 이미 과거의 것이 되었다. 만약 중고시대에 아직도 사람들이 나무를 엮어 둥지를 만들고 나무를 비벼 불을 얻는다면 비웃음을 당할 것이다. 마찬가지로, 만약 지금에 이르기까지 요(堯)·순(舜)·우(禹)·탕(湯)의 공덕과 사업을 칭찬하려고 한다면 역시 비웃음을 당할 것이다. 정확한 태도는 마땅히 "옛 법을 따르지 않고, 기성의 법규를 무조건 고수하지 않고, 현실 생활이 직면한 문제에 근거하여 상응하는 조치를 취해야 한다"[18]는 것이다. 한비의 이 사상은 매우 깊어서, 지금도 사람들에게 계발과 교훈을 줄 수 있다.

(4) 법으로 나라를 다스리고, 법은 귀족에게 아부하지 않는다

'법(法)'·'술(術)'·'세(勢)'를 결합한 한비의 정치 학설 중에서 법치 사상은 우리에게 여전히 귀감의 의미가 있다. 한비는 법치를 '상현(尙賢)'·'임지(任智)'와 대립시키고, 문화교육을 발전시키는 것과 대립시켰다. 이것은 제대로 비판을 받아야 한다. 법치와 관련된 한비의 상당수 구체적 내용 및 엄형준법(嚴刑峻法)의 주장은 이미 때에 맞지 않았다. 하지만 한비의 법치 사상의 기본정신은 합리성이 있다.

한비는 비록 군주전제를 주장하였으나, 동시에 군주는 법률의 범위 안에서 일을 해야지 "법을 무시하고 제멋대로 하면"[19] 안되고, "법술을

---

18) 《韓非子·五蠹》: "不期修古, 不法常可, 論世之事, 因為之備."

포기하고 마음 내키는 대로 다스리면"[20] 안된다고 주장했다. 한비가 보기에, '도'는 '시비(是非)의 기준'[21]으로, 군주는 "자연의 도를 지키고"[22], "개인적 지혜로 마음에 누가 되게 하지 않고, 개인적 이익이 자기에게 누가 되게 하지 않고, 치란을 법술에 맡기고, 시비를 상벌에 맡기고, 경중을 저울에 맡겨서 …… 형성된 이치를 지키고, 자연에 따라서"[23], 법률이 순결순박하게 만물에 빠짐없이 보급되게 해야 한다고 주장했다. 이와 같이 그는 '법'을 자연 규칙인 '도'와 맞물리게 하여, 군주조차 침범할 수 없는 것으로 보았다. 한비가 법으로 나라를 다스려야 한다고 철저히 주장한 것과 동시에 군주전제 집권주의를 주장한 것 사이에는 모순이 존재한다. 이 모순에 대해 한비는 살펴 깨달은 바가 있다. 그는 군주를 매우 사나운 용에 비유하여, 그 목에 한 자 길이의 거꾸로 난 비늘 즉 '역린(逆鱗)'이 있어서, 누구든 자칫 잘못 건드리면 목숨을 잃게 되니, 군주에게 말을 하는 사람은 군주의 역린을 절대 건드리면 안된다고 충고했다.[24] 그러나 만사를 지극히 세심히 살피라고 했던 바로 이런 인물이 도리어 진시황의 칼 밑에 죽었으니, 대역사가 사마천이 팔을 움켜쥐고 탄식했다. 이는 한비 개인의 비극이 아니라 역사의 비극이라고 할 수 있다. 모든 사람은 법률 범위 안에서 일을 해야 한다고 한비가 말한 것은 정확한 것이다. 그러나 이 주장은 오직 민주제 아래에서만 실현할 수 있는 것이다.

---

19) 《韓非子 · 有度》: "釋法用私."
20) 《韓非子 · 用人》: "釋法術而任心治."
21) 《韓非子 · 主道》: "是非之紀."
22) 《韓非子 · 主道》: "守自然之道."
23) 《韓非子 · 大體》: "不以智累心, 不以私累己; 寄治亂於法術, 托是非於賞罰, 屬輕重於權衡; ……守成理, 因自然."
24) 《韓非子 · 說難》 참조.

한비는 “법으로 나라를 다스려야 한다”[25], “법은 귀족이라고 해서 아첨하지 말아야 한다”[26], “형벌은 대신이라고 해서 피해가지 말아야 하고, 포상은 보통사람이라고 해서 누락시키지 말아야 한다”[27], “내부에서 선발할 때는 (오직 능력만을 기준으로 하여) 친척도 피하지 않고, 외부에서 선발할 때는 (오직 능력만을 기준으로 하여) 원수도 피하지 않고”[28], 징병을 할 때는 “고관귀족을 피하지 않고, 비천한 자들에게 덮어씌우지 않고”[29], “자기 힘으로 부를 이루고, 일을 잘하여 귀족이 되고”[30], “진정 공을 세웠으면 비록 멀고 천한 사람이라고 해도 반드시 상을 주고, 진정 잘못이 있으면 비록 가깝고 아끼는 사람이라고 해도 반드시 벌을 준다”[31]라고 주장하였으니, 이것들은 은·주 이래 종족 귀족정치에서 줄곧 받들었던 “천한 자가 귀한 자를 방해하고, 어린 자가 나이 많은 자를 능멸하고, 관계가 먼 자가 관계가 가까운 자를 이간하고, 새로운 자가 오래된 자를 이간하고, 약소한 자가 강대한 자를 핍박하고, 음란한 것이 의로운 것을 파괴하는”[32] 것을 허용하지 않는 신조와 정면으로 맞붙은 것으로, 그 기본정신은 귀족제를 반대하고 법률 앞에서 모든 사람은 평등하다는 것을 주장한 것이다. 진(秦) 왕조는 비록 주(周)나라의 제후로 시작했으나, 한비의 이런 주장들을 매우 굳고 철저하게 관철시켜, 아버지는 부유하여 천하를 가졌으면서도 그 자제는 보통 사람이 되는 현상이

25) 《韓非子·有度》: “以法治國.”
26) 《韓非子·有度》: “法不阿貴.”
27) 《韓非子·有度》: “刑過不避大臣, 賞善不遺匹夫.”
28) 《韓非子·說疑》: “內舉不避親, 外舉不避仇.”
29) 《韓非子 ·難一》: “不避尊貴, 不就卑賤.”
30) 《韓非子·六反》: “以力得富, 以事致貴.”
31) 《韓非子·主道》: “誠有功則雖疏賤必賞, 誠有過則雖近愛必誅.”
32) 《左傳》隱公三年 : “賤妨貴、少陵長、遠間親、新間舊、小加大、淫破義.”

나타났으니, 이는 중국 고대 역사에서 유일한 것이다. 진 왕조가 멸망함에 따라 귀족제의 사그라진 재가 다시 타올라서, 중국 봉건사회 경제·정치의 무서운 종양이 되었다는 것은 불행한 일이다. 종족귀족제는 그 본성을 살펴보면 원시사회 말기 가부장제의 산물로, 문명 민족의 일정한 발전 단계에 모두 존재했었다. 그러나 오직 중국에서만 고대사회(은주사회)의 정치 상층건축이 되고 아울러 종양 형식으로 줄곧 봉건사회에 존재하여, 중국 사회의 발전을 지연시켰으니, 이는 실로 매우 유감스러운 것이다. 이런 의미에서 한비가 주장한 법치 정신이 실현되지 못한 것은 중국 역사 발전에서 커다란 손실이었다.

11 동중서(董仲舒)

동중서(董仲舒)는 한(漢) 문제(文帝) 전원(前元) 원년(기원전 179년)에 태어나, 한 무제(武帝) 태초(太初) 원년(기원전 104년)에 세상을 떠났다. 지금의 하북성(河北省) 조강현(棗強縣) 광천진(廣川鎮) 사람이다. 한 왕조 관방 철학 체계의 기초를 세운 사람으로, 중요한 정론가이자 유심주의 철학자이다. 《한서(漢書)》의 기록에 따르면, 동중서의 저작은 모두 123편으로, 지금까지 남아 있는 것은 유명한 《거현량대책(擧賢良對策)》 세 편과 《춘추번로(春秋繁露)》 82편이다.

동중서는 어릴 때부터 《공양춘추(公羊春秋)》를 학습 연구하여, 나중에 관방에서 유가 경전을 강의 전수하는 '박사관(博士官)'에 임명되었다. 한 경제(景帝) 때, 황제(黃帝)·노자(老子) 도가사상을 숭상하는 두태후(竇太后)가 한 황실(皇室)의 황위 계승 제도를 '부자상속'에서 '형제상속'으로 대체하려고 하여, 경제와 충돌이 발생했다. 한 경제는 《공양춘추(公羊春秋)》에 나오는 "적자는 현명함 여부를 따지지 않고 연장자를 세우고, 아들 중에서는 나이를 따지지 않고 정부인 소생을 세운다"[1]는 설로

1) 《公羊春秋》: "立嫡以長不以賢, 立子以貴不以長."

두태후의 주장을 부정하고 '아들을 후계로 세울' 것을 굳게 주장하여, 한 무제가 이로 인해 황위를 계승할 수 있었다. 두태후와 한 경제 사이에 발생한 이 싸움은 공양학파(公羊學派)가 정치무대에 등장할 기회를 제공해주었다. 한 무제 즉위 6년 전, 승상(丞相) 전분(田蚡) 등이 유가 학설을 무기로 두태후가 정권을 쥐고 있는 것을 반대하는 싸움을 전개했다. 이 싸움은 두태후가 세상을 떠나는 것으로 끝났다. 이로부터 유가는 정통의 지위를 얻었고, 제자백가는 '쫓겨나는' 신세가 되어, 공양학은 한 무제 50여 년 통치의 근본 법전이 되었다. 바로 이런 역사 배경 아래 공양학가인 공손홍(公孫弘)이 공경(公卿)의 지위로 올라갔고, 동중서 역시 《거현량대책(擧賢良對策)》 세 편으로 한 무제의 인정을 받아서 강도왕(江都王)의 '상(相)'으로 임명되었다. 그러나 동중서의 벼슬길은 결코 순조롭지 않았다. 그는 우선 음양(陰陽)과 재이(災異)를 말하는 글을 올렸다가 한 무제의 분노를 사서 거의 목이 달아날 지경에 처했으며, 나중에 또 상황에 따라 이렇게 저렇게 처신을 잘 하는 공손홍의 배척을 받아서, 불법으로 제멋대로 대신을 여러 차례 죽인 일로 세상에 알려진 교서왕(膠西王)의 '상(相)'으로 고의로 임명되었다. 동중서는 시일을 끌다가 죄를 얻게 될까봐 두려워 병을 핑계로 사직하였고, 이후 다시는 관리가 되지 않았다. 조정에서 큰 일을 의논할 때 자주 사람을 보내서 그의 의견을 묻기는 했지만, 그를 기용하지는 않았다. 동중서의 이런 조우는 그의 철학과 정치사상이 당시 통치 계급의 수요에 맞는 일면도 있지만 한편 통치자의 구미에 부합하지 않는 일면도 있었음을 말해준다.

철학 측면에서 동중서는 공양설(公羊說)을 뼈대로 하고, 선진 제자들이 저마다 내세운 '천명(天命)'·'천지(天志)' 사상·형명 법술(刑名法術) 사상 및 진한(秦漢) 방사(方士)들이 신비화했던 음양오행 학설을 광범위하게 흡수하고, 또한 당시 천문(天文)·역법·기후 등 자연과학의 새로운 성과를 이용하여, '천인감응(天人感應)'을 중심으로 하는 유심주의 목적론 체계를 구성했다. 그는 또한 "하늘이 변하지 않으면 도(道) 역시 변하지 않는다"[2]는 형이상학 관점을 내세워, 봉건의 '대강인륜·도리·정치·교화·습속·문의(文義)' 등 영원하고 항구적인 합리성을 논증했다. 그는 또한 "의(義)를 바르게 하기 위한 것이지 이익을 위한 것이 아니며, 도를 밝히기 위한 것이지 공을 세우려는 것이 아니라는"[3] 가치 관념을 제시하여, 도덕의 중요성을 편파적으로 강조하고 공리를 경시하여, 중국 사상 문화사에서 편파적이고 유해한 영향을 만들어냈다. 정치 측면에서 그는 '대일통(大一統)'의 원칙을 강조하고 아울러 이를 통해 '모든 학파를 몰아내고 오직 유가만 존중하는' 문화 전제주의 정책을 논증했다. '삼강오상(三綱五常)'의 봉건 등급 질서와 이에 상응하는 도덕 원칙을 체계적으로 제시하고 논증하여, 백성을 통치하는 신권(神權)·정권(政權)·족권(族權)·부권(夫權) 네 밧줄을 당시 및 후대의 봉건 통치자에게 짜주었고, 덕치와 형벌을 함께 사용하되 덕치를 위주로 하는 통치원칙을 내세워 지주계급 전제정치에 '인의도덕(仁義道德)'이라는 유화물감을 한 층 칠해주었다. 이는 지주계급의 근본이익과 당시 봉건 통치를 단단하게 굳히려는 직접적 수요에 눈에 띄게 적응한 것이다. 그가 제시한 많은 조치, 예를 들면 다른 학파를 몰아내고 오직 유가만 존중하고, 학교를 세우고, 주군(州郡)에서 살펴서 추천한 '무재(茂材)'·'효렴(孝廉)'으로 관리를 충원하는 정책 등이 통치자에게 채택되어, 중국 봉건 사회의 중요한 제도가 되었다. 이러한 것들은 그가 당시 통치자에게 존중받고 아울러 한대 유가 학자들에게 '제왕을 보좌할 재목', '유자 중의 우두머리', '유자 중의 종사'로 추앙받는 것이 우연이 아님을 말해준다.

그러나 동중서의 사상에는 당시 통치자의 생각과 일치하지 않는 면도

2)《漢書·董仲舒傳》: "道之大原出於天, 天不變, 道亦不變."
3)《漢書·董仲舒傳》: "正其誼不謀其利, 明其道不計其功."

있었다. 철학 측면에서 천인감응을 중심으로 하는 그의 유심주의 목적론은 확실히 군권신수(君權神授)를 선양하고 군주 전제 집권주의를 선양하는 측면이 있었다. 그러나 군주의 권력 남용을 제한하는 측면 또한 있었다. 그는 "백성은 굽히고 군주는 펼치고, 군주는 굽히고 하늘은 펼치는 것이 《춘추》의 대의"[4]라고 했다. 또한 "하늘이 백성을 태어나게 한 것은 왕을 위한 것이 아니지만, 하늘이 왕을 세운 것은 백성을 위한 것이다. 그러므로 왕의 덕이 백성을 편하고 즐겁게 해줄 수 있으면 하늘은 그에게 권력을 주지만, 왕의 악이 백성을 괴롭히고 해치기만 한다면 하늘은 그 권력을 빼앗는다"[5]라고 했다. 《춘추》의 근본원칙 중 하나는 백성이 군주에게 복종하게 하고 군주가 하늘에 복종하게 하는 것이다. 하늘은 군주의 이익을 위하여 만민을 창조한 것이 아니라, 만민의 이익을 위하여 군주에게 권력을 준 것이다. 만약 군주의 덕행이 만민을 안락하게 해줄 수 있으면 하늘은 그에게 권력을 주고, 만약 군주가 악행으로 만민을 해치면 하늘은 그의 권력을 박탈한다. 이렇게 '하늘'로 황제를 단속하고 제한하는 것을 노신(魯迅)은 '우군정책(愚君政策)'이라고 놀렸다. 노신은 말했다. "황제가 일단 지고무상의 자기 권력을 깨닫게 되면, 상황은 어려워진다! 이왕 '넓은 하늘 아래 왕의 땅 아닌 곳 없으니'[6], 제멋대로 하게 되며, 그러면서 '내 손으로 얻고 내 손으로 잃었으니, 또한 무엇을 한탄하리오'라고 하게 된다. 이에 성인의 무리도 그에게 시금치를 먹게 하는 수밖에 없다. 이것이 이른바 '하늘'이다. 천자가 일을 할 때는 제멋대로 하면 안되고 모두 하늘에 뜻에 따라야 한다고 하는데,

4) 《春秋繁露 · 玉杯》: "屈民而伸君, 屈君而伸天, 《春秋》之大義也."
5) 《春秋繁露 · 堯舜不擅移湯武不專殺》: "且天之生民非為王也; 而天立王, 以為民也. 故其德足以安樂民者, 天予之; 其惡足以賊害民者, 天奪之."
6) 원문에서는 "普天之下, 莫非皇土"라고 했는데, 《詩經 · 小雅 · 谷風之什 · 北山》에서는 "普天之下, 莫非王土"라고 함.

이 '하늘의 뜻'이라는 것은 또한 오로지 유자(儒者)들만 알고 있는 것이다. 그러니 황제를 하려면 그들에게 가르침을 부탁하지 않으면 안되는 것으로 결정이 났다."[7] 노신 선생의 앞 글은 잡문으로, 비록 말투는 약간 날카롭긴 하지만, 유가가 하늘을 존숭한 목적의 하나는 전제군주가 '제멋대로 하는' 것을 제한하는 데 있었다는 그의 분석은 매우 깊이가 있다고 할 수 있다. 일반적으로 유가는 법가와 다르다. 그들은 봉건전제주의를 무조건 고취하고 옹호하는 자들이 결코 아니다. 그들이 봉건전제주의를 옹호하는 데에는 조건이 있었다. 그것은 바로 봉건제왕은 '하늘의 뜻'을 따라야 한다는 것이다. 이 '하늘의 뜻'은 사실 유가의 사회정치이상으로, 바로 지주계급의 영원한 이익과 근본적 희망이었다. 모두가 알고 있듯, 한 무제는 웅대한 지략과 재능이 있는 군주이지만 또한 강팍하고 포학하고 '제멋대로 하는' 것을 좋아하는 군주이기도 했다. 까닭에 동중서가 '하늘'을 명분으로 '간쟁'하는 것을 용인하기 어려웠다. 동중서 역시 '시무(時務)'를 알았다. '재난과 이변'을 말했다가 하마터면 머리가 달아날 뻔한 이후 "더 이상은 감히 재난이나 이변에 대해 말하지 못했다". 정치 측면에서 동중서는 하늘을 받들고 옛것을 본받아 진나라가 남긴 폐단을 혁파한다는 것을 명분으로, 지주의 토지점유 수량을 제한하고, 토지겸병의 길을 막고, 소금과 철강의 국영을 취소하고, 노예를 해방하고, 주인이 노예를 죽이는 권력을 박탈하고, "세금 부담을 줄이고, 요역 징발을 줄여서, 백성이 여유가 있게 하는"[8] 등 주장을 제시했다. 그는 또한 관리로 봉록을 받아 사는 사람은 사업을 하지 말 것을 주장했다. 한 무제가 후기에 '《춘추》 대복수'를 이유로 삼아서 국내의 겹겹이 쌓인 갈등을 돌아보지 않고 흉노 대거 토벌을 계속할 것을 견지한 것에 대해

7) 《華蓋集續編 · 談皇帝》, 人民文學出版社, 1981년, 70쪽.

8) 《漢書 · 食貨志》: "薄賦斂, 省徭役, 以寬民力."

동중서 역시 반대의 태도를 가졌다. 동중서의 이런 정치 주장들은 비록 봉건통치를 공고하게 하는 데 근본 목적이 있었지만, 국민의 부담을 경감하고 노예제 폐습을 없애려고 했던 점 등은 진보적 의미가 있다.

종합하면, 동중서는 당시 최고 봉건통치자와 일치하는 부분도 있었고, 충돌도 있었다. 이런 충돌은 통치계급 내부에서 사상가로서 나타난 부류와 실제 통치에 종사하는 부류 사이의 충돌이다.

동중서의 철학 사상 체계는 중국 고대 철학 발전사에서 중요한 마디로, 시대의 특색과 민족의 지혜를 체현했다. 비록 총체적으로 말하면 유심주의적·형이상학적이지만 유물주의적·변증법적 요소도 약간 포함하고 있다. 이런 요소들을 우리는 세심하게 분리해야 할 것이다.

(1) 하늘과 땅 사이는 빈 듯하지만 차 있다

동중서는 우주의 최고 주재자는 '하늘'이라고 여겨, '하늘'에는 의지가 있고, 의식이 있고, 목적이 있고, 감정이 있고, 욕망이 있다고 보았다. '하늘'을 최고 주재자로 보는 이런 관념은 서주(西周) 이래 원시 종교사상의 회복이었다. 그러나 동중서는 또한 '하늘'의 의지·의식 및 만물을 주재하는 작용 등은 '음양(陰陽)'·'사시(四時)'·'오행(五行)'의 기를 통해 표현된다고 보았다. 그는 말했다. "봄의 기(氣)는 사랑하고, 가을의 기는 엄하고, 여름의 기는 즐겁고, 겨울의 기는 슬프다. 사랑의 기로 만물을 낳고, 엄한 기로 공을 이루고, 즐거운 기로 생명을 기르고, 슬픈 기로 생을 마친다. 하늘의 뜻이다."[9] 기(氣)는 사랑할 수 있고 미워할 수 있을 뿐 아니라 희(喜)·노(怒)·애(哀)·락(樂)의 감정이 있어서, 봄·여름·가

9) 《春秋繁露·王道通三》: "春氣愛, 秋氣嚴, 夏氣樂, 冬氣哀. 愛氣以生物, 嚴氣以成功, 樂氣以養生, 哀氣以喪終. 天之志也."

을·겨울 네 기의 작용으로 만물이 싹이 트고, 생장하고, 성숙하고, 조락하니, 이 모든 것들이 하늘의 의지의 표현이다. 이와 같이 동중서는 서주 이래 원시 종교사상을 단순하게 회복시킨 것이 아니라, 천지의 기로 만물을 낳는다는 유물주의 학설을 받아들였다. 그는 한편으로는 이런 학설을 왜곡하여 유심주의 체계에 봉사하고, 다른 한편으로는 왜곡한 형식 속에서 또한 기(氣) 학설을 발전시킨 점이 있다.

첫 번째 발전은 기(氣)란 합해지기도 하고 분리되기도 하는 다양성의 통일체라고 본 것이다. 동중서는 말했다. "하늘과 땅의 기는 합하여 하나가 되고, 나뉘어 음양이 되고, 분리되어 사시가 되고, 늘어서서 오행이 된다."10) 기는 합하면 통일되고 분리하면 각각 음양 두 기가 되어, 춘·하·추·동 네 가지 기가 되기도 하고, 금·목·수·화·토 다섯 가지 기가 되기도 한다. '기'는 통일된 것이면서 또한 다양한 것이다. 동중서 이전의 철학 문헌에서 기에 관해 여러 가지 설이 있어서, '천하에 통하는 하나의 기'도 있었고, 천지의 기·음양의 기·사시의 기·오행의 기 등 여러 가지 명목도 있었다. 그러나 각각의 관계에 대해서 동중서처럼 간단하고 명확하게 말한 적이 그동안 없었다. 동중서가 기를 음양·사시·오행 등 관념과 연결시켜, 후대 사람들이 기의 학설을 《주역대전(周易大傳)》 등 저작 중의 음양태극 학설과 음양가가 선전한 오행학설과 결합시키는 데 편의를 제공했고, 또한 이들 학설에서 기의 통일성과 분리성을 결합시켜 후대 사람들이 음양 대립통일학설과 기의 일원 관념을 결합시키는 데 계시를 주었다. 그래서 동중서의 이 설은 기(氣)와 원기(元氣) 학설의 탄생과 발전에 역할을 하였다.

두 번째 발전은 기는 천지 사이 광대한 허공에 가득 찬 '연속된' 물질

10) 《春秋繁露·五行相生》: "天地之氣, 合而為一, 分為陰陽, 判為四時, 列為五行."

의 일종이라는 것을 명확하게 제시하고, 아울러 이에 근거하여 '하늘과 땅 사이는 빈 것 같지만 차 있다'는 명제를 제시한 것이다. 동중서는 말했다. "하늘과 땅 사이에는 음양의 기가 가득 차 있어서, 마치 물이 물고기에게 스며들 듯 사람에게 스며들어 있다. 그것은 또 물처럼 끊김이 없으니, 물과 다른 점이라면 희박하고 부드럽고 보이지 않는다는 것에 있다. 물과 기의 관계는 마치 진흙탕과 물의 관계와 같다. 따라서 하늘과 땅 사이는 마치 비어 있는 것 같지만 사실은 가득 차 있다."[11] 원문에서 '점(漸)'은 '스며들다'이고, '리(離)'는 '달라붙다'이고, '뇨(淖)'은 '젖어들다'이다. "기무간약기이뇨어수(其無間若氣而淖於水)"에서의 '기(氣)'는 '수(水)'의 오자로 보인다. 이 학설의 철학적 의의 중 첫째는 물질 내용이 없는 공간은 어떤 것도 존재하지 않는다고 본 것이며, 둘째는 기는 '사이가 없는' 즉 연속된 물질이라는 것을 명확하게 제시한 것이며, 셋째는 없는 곳이 없이 연속된 이런 '기'로 먼 거리에서 유형물 사이의 상호작용 가능성을 논증한 것이다. 동중서는 말했다. "땅에 무엇을 던지면 죽거나 다쳐도 움직일 수 없고, 진흙탕에 던지면 움직여서 가까이 다가갈 수 있고, 물에 던지면 움직여서 더욱 멀어진다. 이로써 보자면, 사물은 진흙탕에 던질수록 더욱 쉽게 움직이고 요동칠 수 있다."[12] 이는 흙탕물과 물은 유형물의 작용으로 진동할 수 있다는 것과 두 가지 진동폭 크기를 통하여 기 역시 진동될 수 있고 진동되기 아주 쉽다는 것을 추론한 것이

11) 《春秋繁露·天地陰陽》: "天地之間有陰陽之氣, 常漸人者, 若水常漸魚也. 所以異於水者, 可見與不可見耳, 其澹澹也. 然則人之居天地之間, 其猶魚之離水, 一也. 其無間若氣而淖於水. 水之比於氣也, 若泥之比於水也. 是天地之間若虛而實."

12) 《春秋繁露·天地陰陽》: "今投地死傷而不騰相助, 投淖(泥沼)相動而近, 投水相動而愈遠. 由此觀之, 夫物愈淖而愈易變動搖蕩也."(孫詒讓은 "不騰相助"는 "不能相動"이어야 한다고 보았음)

다. 동중서는 이에 근거하여 천인감응(天人感應)은 가능하다고 단언하였을 뿐 아니라 또한 이에 근거하여 악기가 공명을 일으키고 자석이 쇠를 끌어당기는 등의 감응 현상에는 "그렇게 하도록 하는 것이 있으며"[13], 이 "그렇게 하도록 하는 것"이 바로 '기'이며, '기'는 모든 감응의 매개라는 것을 제시했다. '천인감응'은 원칙적으로는 맞지 않는 것이다. 그러나 악기가 공명을 일으키고 자석이 쇠를 끌어당기는 등의 감응에는 무형의 물질이 매개가 된다고 지적한 것은 뛰어난 것이다.

이상 몇 가지는 중국 원기학설의 특색에 닿았으며, 원기론은 서양의 원자론과 뚜렷이 다르다. 동중서가 이런 사상들을 먼저 명확하게 표현한 것은 중요한 공헌이다.

(2) 천·지·인이 수족을 이루어 합하여 한 몸을 이룬다

'천인감응'의 유심주의 목적론과 "백성은 굽히고 군주는 펼치고, 군주는 굽히고 하늘은 펼치는"의 《춘추》 대의를 논증하기 위해 동중서는 방대하고 복잡한 철학 체계를 정성들여 구축했다. 총체적으로는 황당무계한 이 체계 속에 소박한 변증법 색채를 띤 합리적 내핵이 하나 있으니, 동중서 자신의 말을 빌자면, 천(天)·지(地)·인(人) "세 가지는 서로 수족(手足)이 되어, 합하여 한 몸을 이루니, 하나라도 없으면 안된다"[14]는 것이다. 지금의 말로 하자면, 우주는 서로 연결되고 서로 제약하는 하나의 요소로, 주로 천·지·인 세 요소로 구성된 체계이다. 여기서 '몸[體]'의 본뜻은 사람의 신체로, 여기에서 파생되어 우주 전체를 말하며, 이 명제는 동중서가 우주 전체를 보편적으로 연결된 하나의 유기체 전체로

13) 《春秋繁露·同類相動》: "有使之然者."
14) 《春秋繁露·立元神》: "三者相為手足, 合以成體, 不可一無也."

보는 사상을 형상적으로 표현한 것이다.

동중서가 말한 '하늘'은 세 가지 복합적 의미가 있다. 첫째, 하늘은 '백신지대군(百神之大君)'[15], 즉 각종 신 중의 최고신이다. 둘째, 감지할 수 있는 우주 전체이다. 셋째, 우주 전체에서 하나의 유기적 구성 부분이다. 동중서는 말했다. "하늘에는 열 단(端)이 있으니, 열 단일 뿐이다. 천(天)이 한 단이 되고, 지(地)가 한 단이 되고, 음(陰)이 한 단이 되고, 양(陽)이 한 단이 되고, 화(火)가 한 단이 되고, 금(金)이 한 단이 되고, 목(木)이 한 단이 되고, 수(水)가 한 단이 되고, 토(土)가 한 단이 되고, 인(人)이 한 단이 된다. 모두 10단이 전부로, 하늘의 수(數)이다."[16] '단(端)'은 부분을 뜻한다. 인용문에서 '하늘에 열 단이 있다'에서의 '하늘'은 넓은 의미의 하늘로, 열 개 요소로 구성된 우주 전체이다. 그런데 '천이 한 단이 된다'에서의 '천'은 좁은 의미의 하늘로, 우주 전체에서 하나의 유기적 구성 부분이다. 동중서는 또 하늘은 비록 열 개 부분으로 구성되었지만 '음양(陰陽)'과 목(木)·화(火)·금(金)·수(水)·토(土) '오행(五行)'은 사실 모두 천지에서 파생되어 나온 것이다. 따라서 결국 우주의 주요 요소는 바로 천·지·인 세 개이다.

위에서 말한 '천'의 세 가지 의미는 구분되기도 하고, 또한 연결되기도 한다. '각종 신의 최고신'이 되는 '천'과 '10단(端) 중 하나'인 '천'은 대응 관계가 있다. 10단 중 하나인 '천'은 '지(地)'와 상대하여 말한 것이고 '각종 신의 최고신'이 되는 '천'은 '지지(地祇)'·'산천(山川)의 신' 등과 상대하여 말한 것이기 때문으로, 이 '천'은 바로 '천신(天神)'이다. 따라

15) 《春秋繁露·郊語》: "百神之大君."

16) 《春秋繁露·官制象天》: "天有十端, 十端而止已. 天為一端, 地為一端, 陰為一端, 陽為一端, 火為一端, 金為一端, 木為一端, 水為一端, 土為一端, 人為一端, 凡十端而畢, 天之數也."

서 10단 중 하나인 ‘천’은 대체로 ‘지’와 상대되는 물질천(物質天)을 가리키고, 백신(百神)과 상대되는 ‘천’은 대체로 물질을 주재하는 하늘의 신령을 가리킨 것이다. 10단의 ‘천’은 10단 중 첫머리 자리에 있고, 신령의 ‘천’은 모든 신 중 제왕의 자리에 있기 때문에 10단으로 구성된 총체적 ‘천’은 10단의 ‘천’을 머리로 하는 동시에 신령의 ‘천’의 주재를 받는 전체로 볼 수 있다. 이 전체는 의지가 있고, 의식이 있고, 감정이 있고, 동시에 또한 실제로 보이는 형체도 있으니, 동중서가 말한 우주는 하나의 온전한 의인화된 물질세계 시스템이다.

동중서는 이 시스템의 구조에 대해서 견강부회식 묘사를 했다. 천(天)·지(地)는 이 구조의 윤곽이고, 오행은 이 구조의 틀이고, 음양은 이 틀 안에서 운행되는 두 세력이다. 공간 측면에서 보면, 목(木)은 동방에 있고, 화(火)는 남방에 있고, 금(金)은 서방에 있고, 수(水)는 북방에 있고, 토(土)는 중앙에 있다. 이 다섯 가지 ‘기’는 마치 다섯 가지 지주(地柱)·지유(地維)처럼 전체 우주를 지탱한다. 시간 측면에서 보면, 5행 중의 목·화·금·수 4행은 각각 1년 4시 중 한 계절의 기를 주관하여, ‘목’은 춘기(春氣)를 주관하고, ‘화’는 하기(夏氣)를 주관하고, ‘금’은 추기(秋氣)를 주관하고, ‘수’는 동기(冬氣)를 주관하고, ‘토’는 모두를 겸한다. 음·양 두 기는 이 시공간 틀 속에서 일정한 노선을 따라 운행한다. 양기는 처음에 동북으로 나와 남으로 향하고, 서로 향하고, 북으로 향하여, 한 여정을 완성하고, 음기는 처음에 동남으로 나와 북으로 향하고, 서로 향하고, 남으로 향하여, 한 여정을 완성한다. ‘양’에게는 남방이 기능을 발휘하는 곳이고, 북방이 휴식하는 곳이며, ‘음’은 반대이다. 각각 한 때의 목·화·금·수 4행을 주관하는 것을 협조하여 하나의 계절을 형성하는 것이 기능이다.

음양오행은 각각의 기능이 있다고 동중서는 보았다. ‘양’은 ‘생(生)’을 주관하여, 생장 양육하는 것을 일로 삼는다. ‘음’은 ‘살(殺)’을 주관하고,

금·수는 사물의 숙성·수확 저장을 촉진하고, '목'은 '낳는 것'을 주관하고, '화'는 '기르는 것'을 주관하고, '금'은 '숙성'을 주관하고, '수'는 저장을 주관한다. 음양오행은 '천'에 속하니, 따라서 음양오행의 모든 기능은 바로 '천'의 기능으로, '천'의 의지·의식·감정의 표현이다. "하늘은 만물을 덮어 키워, 변화하여 태어나게 하고, 또한 길러서 성숙하게 하니, 그 공적이 끝이 없어, 끝났는가 하면 다시 시작한다."17) 동중서는 또한 만물(사실상 동식물)은 '천'의 '10단' 안에 있지 않아, 그것들은 이 '10단'의 창조물로서 '10단'의 통제를 받으며, 음양오행의 운행에 따라 생장하고 사라지며, 이뿐만 아니라, 음양오행이 만물을 창조하고 통제하여, 그 성질에 따라 기능 역시 음의 부류, 양의 부류, 오행의 부류로 나눌 수 있다고 보았다.

동중서는 또한 음양오행 및 이에 상응하는 부류 사이에는 보편적인 상호연계와 상호작용이 존재한다고 보았다. 다른 부류 사이에는 '상생(相生)'·'상승(相勝)'하는 상호연계와 상호작용이 존재한다. 상생(相生)은 목생화(木生火), 화생토(火生土), 토생금(土生金), 금생수(金生水), 수생목(水生木)으로, 목·화·토·금·수는 차례대로 앞의 것에서 뒤의 것이 생기니, 이것을 '비상생(比相生)'이라고 하며, '비(比)'는 서로 이웃한다는 뜻이다. 상승(相勝)은 금승목(金勝木), 목승토(木勝土), 토승수(土勝水), 수승화(水勝火), 화승금(火勝金)으로, 수·금·토·화·목은 하나 건너 하나가 하나를 이기니, 이것을 '간상승(間相勝)'이라고 하며, '간(間)'은 하나 건넌다는 뜻이다. 비상생(比相生)은 하나씩 이어서 나타나는 일종의 '천차지서(天次之序)'를 형성한다. 간상승(間相勝)은 서로 제약하고 극복하는 '능(能)' 즉 기능을 형성한다. 같은 부류 사이에는 '동류상동

17) 《春秋繁露·王道通三》: "天覆育萬物, 既化而生之, 又養而成之, 事功無已, 終而復始."

(同類相動)'하는 일종의 상호감응 작용이 존재한다. "평지에 물을 부으면 물은 건조한 곳을 떠나 습기가 있는 곳으로 가며, 고르게 장작을 깔고 불을 붙이면 습기찬 곳을 떠나 건조한 곳으로 간다. 모든 사물은 다른 것이 있는 곳을 떠나 같은 것이 있는 곳으로 가려고 하니, 그러므로 기가 같으면 모이고 소리가 같으면 서로 호응하여 모인다. …… 따라서 만물은 같은 부류로 서로 부른다."[18]

이상의 내용을 종합하면, 동중서 마음속의 우주는 10대 요소 및 그 산물로 구성되어 상호 연결되고, 상호 작용하고, 상호 제약하는 유기적 시스템이다. 이런 시스템 이론을 형성한 동시에 그는 또한 '체(體)'·'단(端)'·'서(序)'·'능(能)'·'상생(相生)'·'상승(相勝)'·'동류상동(同類相動)' 등 개념과 명제를 제시 또는 운용했다. 이 개념들은 현대 시스템 이론 중의 시스템·요소(要素)·유서(有序)·기능 등 개념과 서로 대응하는 것이다. 이와 같이 동중서는 이전 사람들의 사상적 성과를 기본적으로 계승하였고, 직관과 억측의 기초 위에 세운 일종의 원시 계통론을 제시했다고 할 수 있다.

동중서의 우주 시스템, 그 중에서 사람, 특히 전제군주는 매우 중요한 요소라는 것을 강조해야 한다. 사람은 만물과 똑같이 모두 '음양'과 '천지'가 교류하여 생겨난 것으로, 따라서 '하늘'은 만물의 조부(祖父)일 뿐 아니라 또한 사람의 '증조부'이기도 하다고 동중서는 여겼다. 사람이 만물과 다른 점은, 사람은 하늘의 부본(副本)으로, 사람은 하늘과 같은 부류라는 것이다. 사람은 하늘과 같은 부류의 형체가 있을 뿐 아니라 사람과 비슷한 의지·의식·감정이 있다. "사람의 형체는 하늘의 숫자가 변화

18) 《春秋繁露·同類相動》: "今平地注水, 去燥就濕, 均薪施火, 去濕就燥. 百物去其所與異, 而從其所與同, 故氣同則會, 聲比則應類之相應而起也. …… 物故以類相召也."

하여 이루어졌다. 사람의 혈기는 하늘의 의지가 변화하여 인(仁)이 되었다. 사람의 덕행은 하늘의 이치가 변화하여 의(義)가 되었다. 사람의 호오(好惡)는 하늘의 따뜻함과 차가움이 변화한 것이다. 사람의 희노(喜怒)는 하늘의 추위와 더위가 변화한 것이다. 사람이 사명을 받은 것은 하늘의 사시가 변화한 것이다. …… 하늘의 부본이 사람에게 있다."[19] 천자(天子)는 바로 사람 중에서 '덕이 천지와 짝한 자'로, 그는 '하늘'로부터 명을 받고, '하늘'의 보호를 받고, "부모는 하늘을 섬기고 자손은 만민을 기른다"[20]. 사람은 하늘의 부본(副本)이므로, 우주 시스템에서 천지와 나란히 참여하는 지위를 차지하며, 매우 중요한 기능을 갖고 있다. "사람은 초연히 만물의 위에 있어, 천하에서 가장 귀하다. 사람은, 아래로는 만물의 우두머리이고, 위로는 천지와 함께 한다"[21]. "천·지·인은 만물의 근본이다. 하늘이 낳고, 땅이 키우고, 사람이 완성한다"[22]. 사람은 만물보다 높아 천지와 함께 나란히 하여 셋이 되니, 사람은 천지와 함께 만물의 생성을 결정한다.

하늘과 사람은 동류이기 때문에 하늘과 사람은 서로 감응하고 서로 제약할 수 있다. 이런 상호감응은 음양의 기를 통해 중개된다. 동중서는 말했다. "천지 사이에 음양의 기가 있어, 항상 사람에게 젖어드니, 마치 물이 항상 물고기를 적시는 것과 같다. …… 이와 같이 천지 사이는 빈 듯하면서 가득 차 있다. 사람은 항상 이 보이지 않게 젖어든 기 속에

19) 《春秋繁露·為人者天地》: "人之形體, 化天數而成. 人之血氣, 化天志而仁. 人之德行, 化天理而義. 人之好惡, 化天之暖淸. 人之喜怒, 化天之寒暑. 人之受命, 化天之四時. ……天之副在乎人."

20) 《春秋繁露·郊祭》: "父母事天而子孫畜萬民."

21) 《春秋繁露·天地陰陽》: "人之超然萬物之上, 而最為天下貴也. 人, 下長萬物, 上參天地."

22) 《春秋繁露·立元神》: "天、地、人, 萬物之本也. 天生之, 地養之, 人成之."

잠겨 있고, 치란의 기가 함께 흐르며 섞인다. 그러므로 사람의 기가 조화를 이루면 천지의 변화가 아름답고, 악에 섞여들면 맛이 부패한다."[23] 사람이 음양의 기 속에 있는 것은 마치 물고기가 물 속에 있는 것과 같아서, 물고기가 물 속에서 움직이면 물의 진동을 일으킬 수 있고, 사람의 치란(治亂)의 기 역시 음양의 기에 변화가 발생하게 할 수 있으며, 음양의 기는 나쁜 방향으로 변화하면 각양각색의 자연재해를 불러올 수 있고, 좋은 방향으로 변화하면 하늘과 사람이 조화롭게 발전하게 할 수 있다는 말이다.

천자는 만민을 기르는 존재이므로 천하를 호령할 수 있고, 하늘의 뜻을 따라 만민을 교화하고 봉건 통치 질서를 유지하는 사명을 지고 있으니, 그러므로 그 지위와 작용이 특히 중요하다. "천자는 천지와 짝한다고 이미 말했으니, 천지와 짝한다는 것은 바로 변화이다. 어찌 단지 천지의 정기일 뿐이겠는가! 천자 역시 천지와 짝하여 정기가 뒤섞이게 하니, 무사하고 평안하면 바른 기가 천지의 변화와 섞이도록 하고, 동란이 생기면 나쁜 기가 천지의 변화와 섞이도록 하여, 같은 것은 서로 보태주고, 다른 것은 하늘의 운명을 깎으니, 의심할 것이 없다."[24] 왕은 천지의 변화의 한 요소로, 그 일거일동이 음양에 손익을 줄 수 있으며, 만약 인간의 군주가 나쁜 기가 천지의 변화에 섞여들게 하면 자연재해가 일어날 것이며, 그 반대이면 "천지의 변화가 잘 이루어져 만물의 아름다움이 드러날 것"[25]이라는 말이다.

---

23) 《春秋繁露·天地陰陽》: "天地之間有陰陽之氣, 常漸人者, 若水常漸魚也. ……是天地之間若虛而實. 人常漸是澹澹之中, 而以治亂之氣, 與之流通相淆也. 故人氣調和而天地之化美, 淆於惡而味敗."

24) 《春秋繁露·天地陰陽》: "人言既曰王者參天地矣. 苟參天地, 則是化矣, 豈獨天地之精哉? 王者亦參而淆之. 治則以正氣淆天地之化, 亂則以邪氣淆天地之化. 同者相益, 異者相損之數也."

이를 통해, 동중서의 우주계통론은 또한 '천인감응' 관념을 중심으로 한다는 것을 알 수 있다. 다시 말하자면, 사람과 인간의 군주는 우주라는 큰 시스템 속에서 탁월한 지위와 특수한 기능을 갖추고 있고, 동시에 또한 하늘의 제약을 받아서, 하늘의 의지를 위배할 수 없다. 이 기초 위에서 동중서는 나아가 재이경고(災異警告) 설을 제시했다. "천지의 만물 중 평상적이지 않은 변화가 있는 것을 '이(異)'라고 하며, 작은 것을 '재(災)'라고 한다. '재(災)'가 항상 먼저 오고, '이(異)'가 뒤따른다. '재(災)'는 하늘의 경고이다. '이(異)'는 하늘의 위협이다. 경고해도 알아차리지 못하면 위협으로 두려워하게 한다. …… 재이(災異)의 뿌리는 모두 국가의 실수에서 생긴다. 국가의 실수가 처음 싹이 트면 하늘은 재이(災異)를 내려서 경고하고, 경고해도 변할 줄 모르면 '괴이(怪異)'를 보여서 놀라게 하고, 놀라게 해도 두려워할 줄 모르면, 결국 징벌의 재앙이 이른다."[26] 재이(災異)는 하늘이 천자에게 경고하는 수단으로, 하늘이 천자를 구하려고 한다는 표시이다. 그런데 재이 자체는 국가행정의 잘못으로 생겨난다. 만약 천자가 하늘의 뜻에 잘 순응하여 제 때 과오를 바로잡으면 재이를 없앨 수 있다. 만약 천자가 변할 줄 모르면 하늘은 멸망시킨다. 동중서는 정성을 다하여 천·지·인이 '서로 수족을 이루고, 합하여 형체를 완성하는' 우주계통론를 구성했고, 그 최종 목적은 "백성이 군주에게 복종하고, 군주가 하늘에게 복종하게" 하려는 것이며, 그가 〈천인삼책(天人三策)〉에서 제시한 "하늘과 사람이 서로 관련된 것을 연구해 보면 참으로 매우 두렵다"는 주제를 논증하려고 했다는 것을 알 수 있

25) 《春秋繁露·天地陰陽》: "天地之化精, 而萬物之美起."

26) 《春秋繁露·必仁且智》: "天地之物有不常之變者, 謂之異, 小者謂之災. 災常先至, 而異乃隨之. 災者, 天之譴也; 異者, 天之威也. 譴之而不知, 乃畏之以威. ……凡災異之本, 盡生於國家之失. 國家之失乃始萌芽, 而天出災異以譴告之, 譴告之而不知變, 乃見怪異以驚駭之, 驚駭之尚不知畏恐, 其殃咎乃至."

다. 문제의 실질은 확실히 노신이 말한대로 '하늘'은 황제에게 바쳐진 '시금치'라는 것이다.

동중서의 이런 우주계통론의 근본적 착오는 쉽게 알아볼 수 있다. 그것은 자연계를 의인화하고, 자연계에 의지·의식·감정·도덕의 속성을 부여하고, 의인화를 거친 자연계를 인류사회의 주재자로 삼아, 사람은 하늘의 부본(副本)이라고 보고, 아울러 자연계와 인류의 상호연계·상호작용을 일종의 목적 있고 의식 있는 행위로 이해하였으니, 이는 뚜렷하게 유심주의적이고, 또한 조잡한 신학목적론적 유심주의이다. 그러나 이 우주계통론에는 소홀히 할 수 없는 변증법적 요소를 여전히 갖추고 있다. 그 전체 관점, 보편적 상호연계·상호작용·상호제약 관점, 운동은 상호작용을 통하여 (상생(相生)·상승(相勝)·상감(相感)이) 일어난다는 관점 및 우주의 질서는 상호작용으로 규정된다는 관점은 모두 변증법에 부합된다. 사람을 우주라는 큰 시스템 속의 하나의 요소로 보고 아울러 그 작용을 매우 강조한 관점 역시 매우 가치 있는 것이다. 동중서는 이 구조를 묘사하면서 많은 주관적 허구적 억측 수단을 채택하지 않을 수 없었지만, 또한 어느 정도 과학적 사실을 기초로 한 것도 있다. 우주는 하나의 전체라는 관념 및 이 시스템을 구성한 음양오행학설은 비록 동중서의 독창적 견해는 아니지만, 하여튼 그는 이런 우주계통론의 펼친 사람이다. 그러므로 우리는 그가 저지른 오류로 인하여 그의 공헌을 모두 없앨 수는 없다. 정체(整體) 관념은 일종의 변증 관념으로, 현대 계통론의 고대 선행사상이 되어, 현대 계통론자의 중시를 이미 받았다. 예를 들면, 현대 과학혁명은 실험·분석·정량공식 묘사를 강조하는 서양과학과 '자발적 조직적 세계'를 강조하는 중국 전통철학과 결합시켜 새로운 종합에 도달해야 한다고 소산 구조이론 창립자 프리고진은 주장했다. 정체 관념은 중국 전통철학의 중요 특징 중 하나로, 중국적 지혜의 결정임이 증명된다고 하겠다.

12 양웅(揚雄)

양웅(揚雄)의 자는 자운(子雲)이다. 한 선제(宣帝) 감로(甘露) 원년(기원전 53년)에 태어나 왕망(王莽) 천봉(天鳳) 5년(18년)에 세상을 떠났다. 촉군(蜀郡) 성도(成都) 사람이다. 서한(西漢) 말년 저명한 학자·철학자·문학가이다. 그는 전답 100무(畝)를 소유한 소지주 가정에서 태어나, 어릴 때부터 부지런하고 배우기를 좋아하여, 지식이 해박하고 생각이 깊었다. 젊었을 때 사마상여(司馬相如)의 사부(辭賦)를 흠모하여, 사마상여의 부(賦)를 모델로 삼아서 시어가 화려한 부를 많이 썼다. 그 중 몇몇 편이 궁정까지 전해져서, 한 성제(成帝)가 매우 좋아하여, 이에 양웅은 수도로 부름 받아 황문시랑(黃門侍郎)이라는 작은 관직에 임명되었다. 당시 한 성제를 필두로 하는 통치자들은 사치와 욕망을 궁극까지 추구했다. 예를 들면, 한 성제는 금수가 많다는 것을 호인(胡人)에게 자랑하려고, 추수로 엄청 바쁜 계절에 농민을 징발하여 산에 올라가 각종 야생동물을 잡아 장양궁(長楊宮) 사웅관(射熊館)에 보내고, 호인(胡人)에게 야수와 격투하게 한 후, 한 성제는 이를 직접 참관하며 즐겼다. 이 모든 것을 본 양웅은 매우 찬성하지 않아, 《감천부(甘泉賦)》·《하동부(河東賦)》·《교렵부(校獵賦)》·《장양부(長楊賦)》 등 유명한 부 네 편을 써서,

통치자에게 완곡하게 만류했다. 그러나 어리석은 통치자들은 그가 궁실·사냥·행차 등의 장면을 묘사한 화려한 단어에만 도취되었다. 이로 인해 양웅은 더 이상 이런 작품을 쓰지 않았고, 오로지 학술연구에만 온힘을 쏟았다. 그는 《주역(周易)》을 모방하여 《태현경(太玄經)》을 짓고, 《논어(論語)》을 모방하여 《법언(法言)》을 지었으며, 아울러 《훈찬(訓纂)》·《방언(方言)》·《주잠(州箴)》 등 저작을 써서, 서한 시대에 가장 사상이 깊은 학자가 되었다. 양웅은 당시 사회 갈등이 첨예하게 대립하고, 관계(官界)가 어둡고 부패하며, 왕망(王莽)이 한 왕조 통치권을 탈취하는 활동을 한걸음 한걸음 추진하는 것을 보고, 권세가에게 빌붙어 함께 어울리며 오염되는 것을 원하지 않아서, 저술에만 몰두하여 부지런히 학문을 닦았다. 그는 성제(成帝)·애제(哀帝)·평제(平帝) 세 황제를 거치면서 줄곧 황문시랑을 지내어 생활이 매우 청빈했고, 노년에야 비로소 중산대부(中散大夫)로 승진되었는데, 시작하자 동료 왕망(王莽)·유흠(劉歆)·동현(董賢) 등과 함께 곧장 상승가도를 달렸다. 비록 양웅은 청정(清靜)을 추구하고 적막(寂寞)을 즐겼으나, 재난을 피해갈 수는 없었다. 유흠(劉歆)의 아들 유분(劉棻)이 왕망에게 잘 보이려고 '부명(符命)'을 위조하여 왕망에게 바쳤으나, 뜻밖에도 왕망은 부명 관련자를 처벌하고 부명 관련 계획을 은폐하려고 하여, 벽지로 추방당하는 처지가 되었다. 유분(劉棻)이 일찍이 양웅에게 기자(奇字)를 배운 적이 있어서, 이번 사건이 양웅에게도 연루되어, 법무관이 양웅을 체포하려고 했다. 양웅은 그때 '천록각(天祿閣)'에서 책을 교열하고 있었는데, 연루된 걸 벗어날 수 없을까 두려워하여 천록각 위에서 뛰어내려, 하마터면 죽을 뻔했다. 그래도 당시 여론은 그를 그냥 놓아두지 않아서, 그가 "적막을 좋아한다더니 천록각에서 투신하고, 청정을 즐긴다더니 부명을 위조했다"[1]고 풍자했다. 양웅

1) 《漢書·87卷下·揚雄傳下》: "王莽時, 劉歆、甄豐皆為上公, 莽既以符命自立,

의 처지가 얼마나 어려웠는지 알 수 있다.

양웅 철학의 최고 범주는 '현(玄)'이다. '현'은 '천도(天道)'·'지도(地道)'·'인도(人道)'를 포괄하는 최고의 '도'를 가리킨다. 양웅의 저작도 '원기(元氣)'·'기(氣)'의 개념을 사용한 적이 있다. '현'과 '기'의 관계에 대해서 그는 명확하게 말하지 않았고, 이로 인해 양웅 철학의 성격에 대해서도 학술계에서 의견이 분분하다. 어떤 학자들은 '현'이 바로 원기라고 보아, 양웅 철학은 유물주의적이라고 보았고, 다른 어떤 학자들은 '현'은 기의 내원으로 관념적 실체의 일종으로 보아, 양웅의 천지본원(天地本原) 학설은 객관 유심주의라고 보았다. 양웅 마음속의 '현'은 직자·굽자·줄·먹 등과 같은 것으로, "은밀하게 만물을 펼치고 열어서 형체나 자취가 드러나지 않고, 허공을 빚어서 원형[하늘]이 되게 하고, 하늘과 땅을 연결하고 구획과 판별을 확정하고, 고금을 관통하고 만물의 종류를 구분하고, 음양의 기를 분별하고 운동하기 시작하게 하는"[2] 작용이 있다.

양웅 마음 속의 기(氣)는 "만물이 형체를 이루고"[3], "만물을 형성하는"[4] 작용을 한다. 이로써 보자면, 양웅의 '현'과 '기'의 관계는 고대 그리스 철학자 아리스토텔레스의 형식인(形式因)·동력인(動力因)·질료인(質料因)의 관계와 유사한 점이 있다. '현'은 천지·음양·만물이 구별

即位之後, 欲絕其原以神前事, 而豐子尋、歆子棻復獻之. 莽誅豐父子, 投棻四裔, 辭所連及, 便收不請. 時雄校書天祿閣上, 治獄使者來, 欲收雄, 雄恐不能自免, 迺從閣上自投下, 幾死. 莽聞之曰 : '雄素不與事 , 何故在此?' 閒請問其故, 迺劉棻嘗從雄學作竒字, 雄不知情. 有詔勿問. 然京師為之語曰 : '惟寂寞, 自投閣; 爰清靜, 作符命.'"

2) 《太玄·太玄攡》: "玄者, 幽攡萬類而不見形者也. 資陶虛無而生乎規, 攔神明而定摹, 通同古今以開類, 攡措陰陽而發氣."

3) 《太玄·玄首都序》: "萬物資形."

4) 《法言·問明》: "萬物作類."

되고 연결되고 움직이게 하는 근원으로, 그 작용은 주로 '구분'하고 '분별'하는 것이다. '기'는 만물의 형체를 구성하는 근원으로, 그 작용은 주로 '형체를 이루고' '형성'하는 것이다. 이에 따라 양웅의 철학은 유심주의와 유물주의 사이에서 동요한다. 그는 '현'의 관념에 중점을 두었기 때문에 전체 체계에서 유심주의가 가장 중요한 위치를 차지한다.

양웅의 철학 체계에는 유물론·변증법·무신론 사상의 요소가 많이 포함되어 있어, 양한 시대 가장 중요한 유물주의자이자 무신론자인 왕충(王充)의 주요 사상 내원 중 하나이다. 그 중 비교적 깊은 것을 간단히 살펴본다.

(1) 하늘에서 '무위'가 하는 걸 보다

한대(漢代)에는 '하늘'에 의지가 있다고 하는 '천인감응(天人感應)'의 유심주의 목적론 철학이 성행했고, 양웅이 생활한 시대는 바로 이런 유심주의 목적론에서 더 나아가 참위신학(讖緯神學)으로 변화하고 아울러 신속히 범람하기 시작한 시대이다. 한 선제(宣帝)는 재이(災異)와 상서(祥瑞)의 종교 미신에 깊이 빠져들어, 부서(符瑞)에 가탁하여 6·7차례나 개원(改元)을 했고, 한 애제(哀帝)는 심지어 "한나라 왕가의 운명이 중도에 쇠하였으니 다시 천명을 받아야 한다"는 요언(妖言)을 믿어서, 건평(建平) 2년을 태초(太初) 원장(元將) 원년(元年)으로 바꾸고 '진성유태평황제(陳聖劉太平皇帝)'라고 자호를 지었다. 그 본뜻은 종교 미신을 이용해 계급충돌을 완화하고 사회질서를 안정되게 하여 흔들흔들 추락하려는 한 왕조의 통치를 다시 일으켜 세우려는 것이었으나, 오히려 한 왕조 통치자의 자신감을 흔드는 작용을 일으키기도 했다. 왕망(王莽)이 이 점을 이용하여, 기린·봉·거북·용 등의 '상서(祥瑞)'와 이른바 '부명(符命)'을 대량으로 만들어 여론을 조성하여, 한나라의 최고 통치권력을 야금야금 빼앗아서 '한(漢)'을 '신(新)'으로 바꾸고 황제의 자리에 올랐다. 양웅은 이런 시대에 살면서 시종일관 맑게 깨인 두뇌를 유지했다. 그는 '부명'을 이용하여 왕망을 옹립하여 부귀를 취하는 비열한 행동에 참가하는 것을 거부했을 뿐 아니라 이런 활동의 근거가 된 유심주의 목적론·천명론을 이론적으로 반박했다.

양웅은 "나는 자연계에서 '무위지위(無為之為)'를 보았다"[5]는 명제를 제시했다. '무위지위(無為之為)'는 의지가 없고 목적이 없는 자연 변화과정이다. 만물의 천만 가지 형상은 하늘이 '조각'한 것 아니냐고 누군가 그에게 묻자, 그는 "천지가 주고받아서 만물이 생겼다"[6]고 대답했다. 바로 하늘이 조각하지 않았기 때문에 만물은 천지의 상호작용 속에서 저절로 태어날 수 있었던 것이다. 만약 모든 사물을 '하늘'이 하나하나 조각해야 한다면, 하늘이 어떻게 그렇게 큰 힘이 있겠는가? 양웅의 이 말은 천인감응 유심주의 목적론의 요해처를 건드렸다. 나중에 왕충의 천도(天道)는 자연무위(自然無為)하다는 학설은 바로 양웅의 이 설을 발전시킨 것이다.

진(秦)·한(漢) 교체 시기, 유방(劉邦)과 항우(項羽)는 최고통치권을 갖기 위해 격렬한 전쟁을 벌였다. 항우는 탁월한 군사가였으나, 또한 서투른 정치가이기도 했다. 그는 유방과 전쟁에서 싸울 때마다 이겨서 가는 곳마다 위세를 떨쳤지만 최후에 해하(垓下) 전투에서 전군이 궤멸당하여 자살하고야 말았다. 항우는 자기의 실패에 대하여 아무리 생각해도 해답을 찾지 못하고, 죽기 직전 자기의 실패를 하늘 탓으로 돌렸다. 이 역사적 사실이 한대에 널리 퍼져, 천명을 믿는 사람에게 늘 증거로 인용되었다. 양웅이 보기에, 유방은 여러 사람의 책략과 능력의 작용을 충분

5) 《法言·問道》: "吾於天與, 見無為之為矣."
6) 《法言·修身》: "天地交, 萬物生."

히 발휘해서 승리를 얻을 수 있었고, 항우는 여러 사람의 책략을 쓰지 않고 오직 자기 힘만 다해서 실패했다. 여러 사람의 책략과 능력을 발휘한 자는 승리하고, 자기 힘만 다한 자는 패배한 것으로, 하늘과는 관계가 없다. 양웅의 이 설은 항우의 실패는 천명과 관계가 없음을 지적했을 뿐 아니라 유방의 승리 역시 천명과 관계가 없다는 사상을 사실상 포함한 것이다. 양웅은 또한 "왕도정치를 행하는 자가 500년마다 반드시 나타나고, 그 사이에도 걸출한 인재가 반드시 있다"[7]고 맹자가 말한 천명론 관점에 대해서도 이의를 제기했다. 요(堯)·순(舜)·우(禹)는 같은 시대를 살았고, 문왕·무왕·주공도 같은 시대에 있었고, 우(禹)로부터 탕(湯)까지, 주공으로부터 공자까지는 수백 년의 차이가 있으니, 왕자(王者)와 성인은 천 년에 한 명 태어나기도 하고 1년에 한 명 태어나기도 하여, 예측할 수 없다고 그는 지적했다. '명(命)'에 관한 양웅의 논의는 유물주의 경향을 드러내, 중요한 긍정적 의미가 있다. 한 황제가 '천명'의 미신에 빠져 개원을 하고 왕망이 '부명'을 핑계로 정권을 찬탈하는 한나라 말기에 이런 논의가 나왔다는 것은 그야말로 귀한 것이라고 할 수 있다.

(2) 삶이 있으면 반드시 죽음이 있고, 시작이 있으면 반드시 끝이 있다

진(秦)·한(漢) 시기에는 신선괴이(神仙怪異)의 설이 매우 성행하여, 진·한의 군주 중 상당수가 신을 믿었고, 진시황(秦始皇)·한무제(漢武帝) 모두 장생을 추구하고 신선을 믿었다. 예를 들면, 진시황은 방사(方士) 서복(徐福)의 요언을 믿고, 동남 동녀 수천 명을 데리고 바닷가에 가서 신선이 거주하는 삼신산(三神山)을 찾으라고 했고, 방사 노생(盧

7) 《孟子·公孫丑下》: "五百年必有王者興, 其間必有名世者."

生)이 올린 "진나라를 망하게 할 것은 호(胡)이다"라는 참언을 믿고, 장군 몽염(蒙恬)을 파견하여 병사 30만을 징발하여 흉노(匈奴)를 공격하도록 했다. 장생불사의 약을 얻기 위하여, 진시황은 자칭 '진인(真人)'이라고 하였고, 속임을 당한 것을 발견하기에 이르러서는 또한 유생 방사 460여 명을 잔혹하게 파묻어 죽였다. 진시황의 이런 미신 활동은 많은 인력과 물자를 소비하여 백성의 고통을 심화시켰고, 진 2세 때 망하는 원인의 하나가 되었다.

양웅은 신선괴인(神仙怪人)의 미신관념을 선명하게 반대하는 기치를 들었다. 그는 "신선이니 괴인이니 하는 것은 애매모호하여, 있는 것도 같고 없는 것도 같아, 성인은 말하지 않았다"[8]고 했다. 신괴(神怪)는 모두 허무맹랑하여 믿을 수 없으니, 그러므로 성인인 공자는 "괴력난신(怪力亂神)을 말하지 않았다"는 것이다. 그는 또한 "생명이 있는 모든 것은 필연적으로 죽음이 있고, 만들어진 모든 것은 필연적으로 종결이 있으니, 이것은 자연의 규칙이다"[9]라고 했다. 따라서 장생(長生)은 불가능하며, 전설 속의 신선은 모두 허망한 말이다. 양웅의 이 "생명이 있으면 반드시 죽음이 있고, 시작이 있으면 반드시 종결이 있다"는 명제는 세계관의 높이에서 신선장생의 설을 비판하여, 깊고 정확하며, 소박한 유물주의 변증법 지혜의 빛이 반짝이고 있다. 이 명제는 동한의 왕충에게 계승발전될 뿐만 아니라 또한 후세 사람들이 도교의 장생불사설을 비판하는 주요 무기가 되었다. 신선장생의 설이 황당무계하다는 것을 논증한 것에 그 의의가 있을 뿐 아니라, 모든 사물은 탄생·발전·소멸의 과정이 있다는 것을 명확하게 단언한 것이 더욱 중요하다. 18세기 독일의 위대한 문학가 괴테는 "탄생한 모든 것은 반드시 멸망하게 되어 있다"[10]라고

8)《法言·重黎》: "神怪茫茫, 若存若亡, 聖人曼雲."
9)《法言·君子》: "有生者必有死, 有始者必有終, 自然之道也."

하여, 변증 자연관의 명언이라고 엥겔스가 인증했다. 괴테보다 17세기 앞선 양웅이 제시한 "생명이 있으면 반드시 죽음이 있고, 시작이 있으면 반드시 종결이 있다"는 명제는 괴테의 명언과 동등한 이론적 가치를 지니고 있으며, 역사적 가치는 더욱 높다.

(3) 도는 계승도 있고 개혁도 있다

양웅은《태현(太玄)》에서 "도는 계승과 개혁이 있다"는 견해를 제시했다. 이것은 역사변화에 대한 관점으로, 역사 변화 과정 속에서 후대와 선대의 사이에 계승도 있고 변혁도 있다고 보았다. 그는 말했다. "도(道)에는 인(因)이 있고 순(循)이 있고, 혁(革)이 있고 화(化)가 있다. 인(因)하고 순(循)하여, 도와 합해지고, 혁(革)하고 화(化)하여, 때에 어울린다. 그러므로 인(因)하되 혁(革)할 수 있어서 하늘의 도를 얻고, 혁(革)하되 인(因)할 수 있어서 하늘의 도에 다다른다. 만물은 인(因)하지 않으면 생기지 않고, 혁(革)하지 않으면 이루어지지 않는다. 그러므로 인(因)만 알고 혁(革)을 모르면 만물은 그 규칙을 잃고, 혁(革)만 알고 인(因)을 모르면 만물은 그 균형을 잃게 된다. 혁(革)하는 것이 제 때가 아니면 만물은 그 기(基)를 잃고, 인(因)하는 것이 이치가 아니면 만물은 그 기(紀)를 잃게 된다. 인(因)과 혁(革)이여, 인(因)과 혁(革)이여, 국가의 규범이로다. 규범이 움직여 성패의 결과가 나타난다."[11] 이 말의 대의는,

---

10) 《浮士德》 제1부 제3장 〈浮士德的書齋〉 : "一切產生出來的東西, 都一定要滅亡."

11) 《太玄·玄瑩》 : "夫道有因有循, 有革有化. 因而循之, 與道神之; 革而化之, 與時宜之. 故因而能革, 天道乃得; 革而能因, 天道乃馴. 夫物不因不生, 不革不成. 故知因而不知革, 物失其則; 知革而不知因, 物失其均. 革之匪時, 物失其基; 因之匪理, 物喪其紀. 因革乎因革, 國家之矩範也. 矩範之動, 成敗之效

인(因: 계승)이 있고 혁(革: 변화, 개혁)이 있는 것은 보편적 규칙이다. 계승하되 개혁할 수 있어야 자연 규칙에 부합할 수 있다. 개혁하되 계승할 수 있어야 자연 규칙을 따를 수 있다. 새로운 사물은 옛 사물에서 생겨난 것으로, 계승이 없으면 생산할 수 없다. 그러나 개혁이 없으면 새로운 사물도 새로운 것이 되지 않는다. 계승할 줄만 알고 개혁할 줄 모르면 신구 교체의 규칙을 위반한 것으로, "만물은 그 규칙을 잃는다". 그러나 개혁할 줄만 알고 계승을 모르면, 역시 균형을 잃어서, "만물은 그 균형을 잃는다". 개혁은 반드시 시의에 맞아야 하니, 그렇지 않으면 원래의 기초를 잃게 되어, "물실기기(物失其基)"한다. 계승은 반드시 도리에 맞아야 하니, 그렇지 않으면 변화의 규칙을 위반하여, "물상기기(物喪其紀)"한다. 계승과 개혁은 국가의 잣대가 되는 법칙으로, 국가의 흥망성쇠에 관계된다. 여기서 양웅은 계승과 개혁의 관계에 대해서 유물주의와 변증법 정신이 가득한 논술을 했다. 그가 보기에 계승과 개혁은 모두 자연규칙에 부합해야 하며, 시의와 도리에 맞아야 하니, 이것은 유물주의적 태도이다. 계승과 개혁은 상반상성(相反相成)하고 상호 연결된 것이다. 양자를 결합해야만 신구 교체의 규칙을 어기지 않을 수 있으며, 균형도 잃지 않을 수 있으니, 이것은 변증법적 사상이다.

역사의 변화를 논증하기 위해 양웅은 이왕의 역사를 돌아보았다. 과거 성인의 방법을 사수하여 장래를 다스리는 것은 '교주고슬(膠柱鼓瑟)'[12]과 같다고 보았다. 요·순은 '선양(禪讓)'의 방법으로 정권교체를 실현하고, 하(夏)·상(商)·주(周)는 자식에게 전해주는 방법으로 정권계승을 실현하고, 요·순은 상징적 형벌을 사용하고, 하나라 때에는 머리를 자르고 수족을 자르는 등의 '육형(肉刑)'을 사용하고, 요는 평화적 방법으로 각

也."

12) 《法言·先知》: "膠柱而調瑟."

부족을 단결시키고, 상(商) 탕왕(湯王)과 주(周) 무왕(武王)은 말 안 듣는 부족을 무력으로 정복하고, 서주(西周) 때는 예악정벌의 권력을 주왕(周王)이 장악하고, 춘추시대에는 제(齊)·진(晉) 등 대국이 실제적으로 대신하였으니, 이 모두는 '교주고슬'하지 않아서, 즉 용감하게 개혁하여 성과를 거둔 예라고 지적했다. 양웅은 또한 복희(伏羲)·요·순 이전 시대에는 예의가 없어서 사람과 금수는 차이가 없었기 때문에 추앙할 가치가 없다고 보았다.

종합하면, 양웅은 역사의 변화와 전진을 인정하고 개혁의 필요를 긍정했다. '계승과 개혁'에 관한 그의 논의는 깊은 사상을 포함하고 있다. 중국 봉건사회의 장기성·정체성으로 인하여 일반적으로 사상가들은 동중서의 "하늘이 변하지 않으면 도 역시 변하지 않는다"는 형이상학적 관점을 믿는 경향이 많았다. 그들은 단지 구체적 사물·구체적 제도 예를 들면 조대(朝代) 관제(官制) 등의 변화만 인정할 뿐, 봉건통치의 제도 질서에는 어떤 변화가 있음을 인정하지 않았다. 양웅처럼 이렇게 역사에 변화와 전진이 있어서 '도' 즉 봉건통치의 법칙 질서는 마땅히 계승과 개혁이 있어야 한다는 것을 지적한 사상가는 별로 보이지 않았다. 사실상 명청(明淸) 시대의 왕정상(王廷相)·왕부지(王夫之) 등에게 이르러서야 이런 사상이 비로소 반향을 얻게 된다. 이로 인해 양웅의 "도는 계승이 있고 개혁이 있다"는 관점은 두드러진 이론적 가치를 지니고 있어서, 양웅의 철학 중 특별히 창조성을 지닌 것 중 하나이다.

(4) 창작자는 근거를 가지고 자연을 체현하는 것을 귀하게 여긴다

양웅과 저명한 유물론·무신론 학자 환담(桓譚)은 좋은 친구로, 많은 주제에서 관점이 같았다. 하지만 우주 모형 문제에서는 양웅은 본래 '개천설(蓋天說)'을 주장했고, 환담은 '혼천설(渾天說)'을 주장하여, 두 사람은 이 문제로 논쟁을 벌였다. '개천설'은 하늘은 커다란 우산처럼 네모난 대지 위를 덮고 있고, 우산 덮개가 끊임없이 좌로 회전하고, 일(日)·월(月)·성신(星辰)도 따라서 움직인다고 여기는 것이다. 이것은 오랫동안 사람들의 추앙을 받았지만 또한 잘못된 천문학설이다. '혼천설'은 천지가 마치 계란 같아서, 하늘은 계란 껍질이고 땅은 계란 노른자라고 여기는 것으로, 이런 학설은 당시에는 아직 성숙하지 않아서, 믿는 사람이 많지 않았지만, 개천설보다는 진리에 접근했고, 아울러 천문 역법 측면에서 '개천설'보다 훨씬 실용성을 드러냈다. 한 번은 양웅과 환담이 함께 백호전(白虎殿) 앞에서 햇빛을 쬐고 있었는데, 햇빛이 이동하는 사실로 '개천설'의 오류와 '혼천설'의 정확함을 환담이 지적하여 결국 양웅을 설복했다. 양웅은 '개천설'을 논증한 자기 저작을 즉시 폐기하고, 이로부터 '혼천설'의 선전가가 되었고 글을 써서 '개천설'을 비판했다. 이와 같이 종선여류(從善如流)하는 양웅의 정신은 사상사에서 미담으로 전해진다.

양웅이 용감하게 오류의 관점을 버리고 정확한 관점을 수용할 수 있었던 것은 책을 저술하고 학설을 세울 때는 반드시 "근거를 갖추고 본래 그러한 것[자연]을 체현해야" 한다고 그가 주장한 결과이다. 이는 사상 학설은 객관적 실제의 상황을 따르고 실제 상황을 근거로 해야 한다는 것이다. 저작가들은 마땅히 근거가 있어야 하고 학설은 마땅히 '자연'을 내용으로 해야 한다고 그는 지적했다. 객관적 사물이 원래 가지고 있던 것을 박탈해서도 안되고 본래 없었던 것을 더해서도 안된다. 예를 들어 우리 몸에 한 덩어리가 더해지면 종기이고, 한 덩어리를 베어내면 장애자이다. 그러므로 '자연'이 뼈대이며, 사람의 일은 점을 좀 찍는 것에 불과하다. 자연에 마음대로 가감해서는 안된다. 그는《태현(太玄)·현영(玄瑩)》에서 말했다 "창작자는 근거가 있고 본래 그러한 바를 체현하는 것을 귀하게 여긴다. 근거하는 것이 크면 그 체현해 내는 것 역시 웅장하다. 근거하는 것이 작으면 그 체현해 내는 것 역시 수척하다. …… 그러므로 있는 것을 깎아내지 않고, 없는 것을 억지로 더하지 않는다. 몸에 비유하면, 없는 것을 억지로 더하면 종기이고, 억지로 자르면 불구이다. 그러므로 바탕이 훌륭한 것은 자연에 달렸고, 개화가 화려한 것은 인사에 달렸다. 빼거나 더할 수 있겠는가?"[13] 유물주의는 세계의 본래 모습에 따라 세계를 인식하는 것으로, 어떤 환상적 성분을 첨가하지 않는 것이라고 마르크스주의는 여겼다. 양웅이 주장한 "창작자는 근거가 있고 본래 그러한 바를 체현하는 것을 귀하게 여긴다"는 명제는 '자연'은 사상 학설의 근거라는 것을, 사상 학설은 반드시 객관성이 있어야 한다는 것을 지적한 것으로, 과학적 유물주의의 관점이 뚜렷하다. 양웅은 종교 미신이 창궐하는 시대적 조건에서 이런 관점을 제시하여 이후 유물주의 발전에 길을 개척하였으니, 이것은 중요한 공헌이다.

양웅이 오류의 관점을 용감하게 포기하고 정확한 관점을 수용한 것은 또한 그가 '말은 반드시 증험이 있어야 한다'는 것을 주장한 결과이기도 하다. 그는 "군자가 하는 말은, 어두운 것을 말할 때는 반드시 밝게 드러나는 것을 증거로 삼아야 하고, 먼 것을 말할 때는 반드시 가까운 것을 증거로 삼아야 하고, 큰 것을 말할 때는 반드시 작은 것을 증거로 삼아야 하고, 은미한 것을 말할 때는 반드시 현저한 것을 증거로 삼아야 한다. 증거가 없는데 말하는 것을 거짓이라고 한다"[14]고 했다. 말한 것이 있으면 반드시 증험이 있어야 한다는 것이다. 어둡고 은미한 문제를 검토할 때는 반드시 훤히 드러나는 사실을 증험으로 삼아야 한다. '멀거나' '큰' 문제를 토론할 때는 반드시 '가깝거나' '작은' 사실을 증험으로 삼아야

13) 《太玄·玄瑩》: "夫作者貴其有循而體自然也. 其所循也大, 則其體也壯; 其所循也小, 則其體也瘠. ……故不攫所有, 不強所無. 譬諸身, 增則贅而割則虧. 故質乾在乎自然, 華藻在乎人事也. 其可損益與?"

14) 《法言·問神》: "君子之言, 幽必有驗乎明, 遠必有驗乎近, 大必有驗乎小, 微必有驗乎著. 無驗而言之謂妄."

한다. 양웅이 햇빛이 이동하는 사실에 근거하여 '개천설'을 포기한 것이 바로 "먼 것을 말할 때는 반드시 가까운 것을 증거로 삼아야 하고, 큰 것을 말할 때는 반드시 작은 것을 증거로 삼아야 하는" 이론의 실제 운용이다. 양웅은 또한 '사물과 그 사물을 일컫는 말은 서로 어울려야 한다'는 설을 제시하여, "말이 사물을 충분히 표현할 수 없으면 엉성하다는 폐단이 있고, 말이 사물을 넘어서 표현하면 허황한 폐단이 있으니, 사물과 말은 서로 맞아야 표준이다"15)라고 했다. 양웅의 이런 '말은 반드시 증험이 있어야 한다'는 사상과 '사물과 그 사물을 일컫는 말은 서로 어울려야 한다'는 유물주의 사상은 이후 왕충에게 계승 발전되어, 철학사에서 중대한 영향을 낳았다.

(5) 극에 도달하면 반드시 돌아가고, 극에 도달하지 않으면 돌아가지 않는다

양웅의 《태현》에는 또한 '변(變)'과 '반(反)'에 관한 학설이 있다. '변'은 현상의 추이(推移)이고, '반'은 대립으로의 전환이다. 이 학설에는 변증법적 관점이 포함되어 있다.

대립 전환에 관한 양웅의 학설에는 특징이 있으니, 전환의 조건을 강조한 것이다. 사물은 일정한 한도까지 발전하면 그 대립 면으로 전환한다고 그는 보았다. 만약 일정한 한도에 아직 이르지 않았으면 그 대립 면으로 전환할 수 없다. 그는 말했다. "양이 극에 달하지 않으면 음은 싹트지 않고, 음이 극에 달하지 않으면 양은 싹트지 않는다. 찬 것이 극에 달하면 열이 생기고, 열이 극에 달하면 찬 것이 생긴다. 펼치는 길은 굽히는 것이 극에 달해야 하고, 굽히는 길은 펼치는 것이 극에 달해야

15) 《法言·吾子》: "事勝辭則伉, 辭勝事則賦, 事辭稱則經."

한다. 움직임이란 날마다 없는 것을 만들어 새로운 것을 좋아하고, 고요함이란 날마다 있는 것을 줄여 이루어진 것을 줄여나간다."[16] 양(陽)이 극한까지 발전하지 않으면 음(陰)은 싹트지 않으며, 음(陰)이 극한까지 발전하지 않으면 양(陽) 역시 싹트지 않는다. 추위와 더위·굽힘과 펼침이 모두 그렇다. 발전할 때는 날마다 새로운 내용이 더해진다. 일정한 한도에 이르면 날마다 감소된다. 여기서 '극(極)'은 한도가 전환한다는 뜻이다. 이 말은 극한에 이르면 반드시 돌아오고, 극한에 이르지 않으면 돌아오지 않는다는 뜻이다. 이런 관점은 대립 면의 상호 전환은 내부 조건이 있어야 한다는 것을 지적한 것으로, 그 조건은 바로 대립되는 한쪽이 더이상 발전할 수 없는 극한까지 발전하는 것이다. 양웅은 또 말했다. "복을 누리면서 악을 행하지 않으면 화를 만나기에 이르지 않으며, 화를 만났는데 선을 행하지 않으면 역시 복을 얻을 수 없다."[17] 화복이 전환하려면 조건이 있다는 것으로, 이는 외부 조건이다. 양웅은 전환의 내부·외부 조건에 대해서는 설명하지 않았다. 그러나 그는 전환에는 일정한 조건이 필요하다는 것을 지적하였으니, 이것은 매우 가치 있는 것으로, 《노자》·《주역》 중의 대립 전환 학설에 대한 발전이다.

16) 《太玄·玄摛》: "陽不極則陰不萌, 陰不極則陽不牙(同"芽"). 極寒生熱, 極熱生寒. 信(同"伸")道致詘(同"屈"), 詘道致信. 其動也日造其所無而好其所新, 其靜也日減其所有而損其所成."

17) 《太玄·玄瑩》: "福不丑不能生禍, 禍不好不能成福."

13 왕충(王充)

왕충(王充)의 자는 중임(仲任)으로, 한(漢) 광무제(光武帝) 건무(建武) 3년(27년)에 태어나, 대략 한 화제(和帝) 영원(永元) 9년(97년)에 세상을 떠났다. 지금의 절강(浙江) 상우(上虞) 사람이다. "권세도 재물도 없는 빈천한 집안 출신으로, …… 농업과 잠업에 종사했고, …… 장사로 생계를 해결한"1) 가정 출신으로, 소지주 계층에 속한다. 왕충의 집안은 대대로 임협(任俠)의 전통이 있어서, 그의 증조부와 부친 세대가 힘있는 호족과 싸움을 벌였다가 적지 않은 원한을 맺어 여러 차례 이사를 해야만 했다. 왕충은 어릴 때부터 발분하여 부지런히 공부하여, 각고의 노력을 거쳐서 해박한 지식을 지닌 학자가 되었다. 그는 가족의 전통을 계승하여, 붓을 무기 삼아 힘있는 호족과 계속 투쟁을 했다. 그는 고향 현(縣)·군(郡)·주(州)에서 공조(功曹)·종사(從事)·치중(治中) 등 작은 관리를 지냈다. 백성의 고통에 관심이 많아서, 정치 문제에 대해서 비판적 건의를 자주 제시했다. 이 때문에 상사의 환심을 얻지 못해, 여러 번 배척을 당하여, 만년에는 '몸 하나 눕힐 곳 없이 가난하고', '한 말 한 섬의 식량

1) 《論衡·自紀》: "……以農桑為業. ……以賈販為事. ……細族孤門."

도 못 받을 만큼 비천한' 처지가 되었다. 그러나 그는 결코 이 때문에 기가 꺾이지 않았다. 퇴직하고 집에 있을 때는 문을 닫고 방문객을 사절하고 오로지 저술에 힘써서 《논형(論衡)》 등 많은 논저를 편찬했다.

왕충은 양한(兩漢) 시대 가장 위대한 유물주의 철학자이자, 전투적 무신론자이다. 그는 '효험을 중시하고' '허구를 미워하는' 실사구시 정신으로 동한 통치자가 대대적으로 선양했던 '천인감응'·'참위' 미신을 날카롭게 폭로 비판했고, 천도(天道)는 자연무위(自然無為)하다는 등 유물주의 관점들을 논증했다. 그는 '모든 학술을 배척하고, 오직 유가 학설만 존중하고', 경학이 성행한 시대에 살면서, 과감하게 일가지언(一家之言)·장구지학(章句之學)을 고수하지 않고, 여러 학파의 독립적 사고를 널리 채택하고, 경전의 책과 성인의 말의 시비득실을 과감하게 논의했다. 중국 전체 봉건사회에서 이토록 대대적으로 두려움이 없는 과학적 정신은 매우 두드러지는 것이며, 또한 특히 소중하게 여길만한 것이기도 하다.

왕충의 저작은 《논형(論衡)》 이외에는 모두 사라졌다. 《논형》이 세상에 나온 이후에도 단지 강동(江東) 일대에서만 유통되어서 광범위한 영향력을 낳지는 못했다. 동한 말기의 저명한 학자 채옹(蔡邕)이 강동에 갔다가 이 책을 발견하고, 마치 최상의 보물을 손에 넣은 것처럼 혼자 공부하고 다른 사람에게는 비밀로 하고 보여주지 않았다. 사람들은 채옹의 학문이 크게 발전한 것을 보고, 그가 혹시 '기인'을 만난 건 아닐까 즉 '이서(異書)'를 손에 넣은 건 아닐까 추측했다. 어떤 사람이 채옹의 집에 가서 수색을 하여, 결국 《논형》이 전해지게 되었다. 동한 말기는 바로 양한의 '천인감응'·'참위' 미신이 저물어가고 노장(老莊)의 자연주의 학문이 부흥하려는 때로, 《논형》의 유통은 양한 유심주의 목적론의 기초를 뒤흔들고, 양한의 신학(神學)을 종결시켜 위진(魏晉)의 현학(玄學)을 여는 획기적 역할을 했다. 그래서 위진 시대부터 수(隋)·당(唐)에 이르기까지 많은 학자가 모두 일대의 위대한 저작으로 여겼다.

(1) 천도(天道)는 자연무위(自然無為)하다

왕충이 살았던 시대에는 '천인감응'·'참위' 미신이 극도로 성행했다. 일찍이 한 무제 때 동중서가 중앙 전제 집권의 봉건통치를 굳게 다지기 위하여 '백성이 군주에게 굴복하게 하고 군주가 하늘에게 굴복하게 하는' 데 뜻을 둔 천인감응 학설을 창립했고, 한 나라 말기에 이르러 이런 학설이 변화하여 참위지학(讖緯之學)이 일시에 범람했다. 당시 많은 '참위' 서적이 등장했으니, 한 종류는 신의 계시에 의탁하여 정치 사변을 예고하는 책으로, 이를 '참(讖)'이라고 하고, 다른 한 종류는 공자의 이름을 빌려 유가의 경전을 해석하는 책으로, 이를 '위(緯)'라고 한다. 왕망(王莽)은 "안한공 왕망이 황제가 되어야 함을 알림"[2], "왕망이 진짜 천자임" 등의 '부명(符命)'을 이용하여 황제의 자리에 올랐다. 왕망이 농민 봉기로 몰락한 뒤, 유수(劉秀) 역시 "유씨가 부흥하고, 이씨가 보좌가 된다" "유수가 군대를 일으켜 무도한 자들을 체포하고, 4·7 때 화(火)가 주인이 된다"는 등의 '도참(圖讖)'을 이용하여 황제의 자리에 올랐다. 동한 개국 이후 '천하게 도참을 선포하여' 이후 장제(章帝) 건초(建初) 4년(79년)에 백호관(白虎觀) 회의를 소집하여, '천인감응'·'참위' 미신은 국가 지정 지도 사상과 국가 법전으로 변했다.

왕충은 '천인감응'·'참위' 미신을 전면적으로 깊이 있게 비판했다. 그는 많은 사실을 끌어와 증명하여 유력한 논리로 갖가지 '천인감응'·'참위' 미신의 구체적 설법을 반박 논증했을 뿐 아니라, 천인관계의 높이에 더욱 착안하여, '천도'는 '자연무위'하다는 학설로 '천인감응'·'참위' 미신의 이론적 기초가 된 유심주의적 목적론을 비판했다.

한대(漢代) 유심주의 목적론에서는 천지가 뜻이 있어 인류를 낳았고,

2)《漢書·王莽傳上》: "告安漢公莽為皇帝."

만물 역시 천지가 뜻이 있어 인류를 위해 일하라고 만들었다고 여겼다. 예를 들면 하늘이 오곡을 생산한 것은 사람에게 먹을 것을 공급하기 위한 것이고, 하늘이 비단과 삼베를 생산한 것은 사람에게 의류를 공급하기 위한 것이라고 여겼다. 인류는 천지의 부본(副本)이기 때문에 하늘과 사람은 동류이고, 또한 황제는 하늘을 대표하여 인류를 통치하는 것이며, 그러므로 '천인'은 서로 감응할 수 있고, 군주의 희노(喜怒)는 외계 기후의 변화를 직접 일으킬 수 있으며, 군주의 과실(過失)은 자연재해를 일으킬 수 있으며, 상서(祥瑞)가 나타나는 것은 하늘이 상을 주는 것이며, 재이(災異)가 나타나는 것은 하늘이 벌을 주는 것이라고 여긴 것이다.

왕충이 보기에 하늘과 땅은 모두 '옥(玉)'·'돌'과 같은 류의 물질적 실체이며, 하늘과 땅은 모두 물질성의 '기(氣)'를 가지고 있으며, 하늘과 땅이 움직이는 과정에서 함유된 기가 방출되어, 하늘과 땅의 기가 합해져서 사람과 만물을 탄생시켰다. 이것을 "하늘과 땅이 기를 합하여, 만물이 태어났다"[3]고 했다. 왕충은 천지가 만물을 낳은 방식은 부부가 함께 살며 자녀를 낳는 것과 같다고 같다고 보았다. 부부가 함께 사는 것은 아이를 낳기 위한 것이 아니지만, 정욕이 솟구쳐 자연스럽게 아이를 낳게 된다. 마찬가지로 천지가 만물을 낳는 것도 역시 의식이 있고 목적이 있는 것이 아니라 저절로 그렇게 생성된 것이다. 왕충은 말했다. "하늘이 목적이 없이 움직여서 만물을 낳고, 만물은 저절로 태어났으니, 이것이 바로 자연(自然)이다. 목적이 없이 기(氣)를 넣어주어 만물이 만들어져서, 만물은 저절로 만들어졌으니, 이것이 바로 무위(無為)이다."[4] 하늘이 움직이고 기를 주는 것은 목적이 없고 의식이 없다. 이것이 바로 "천도

3) 《論衡·自然》: "天地合氣, 萬物自生."

4) 《論衡·自然》: "天動不欲以生物, 而物自生, 此則自然也. 施氣不欲為物而物自為, 此則無為也."

는 자연무위"[5]한 것이다. 여기서 '도'는 과정이라는 뜻으로, '천도'는 '자연무위'하다는 것은 자연계의 변화과정은 목적이 없고 의식이 없다는 것이다.

왕충은 나아가 사람과 만물은 모두 천지가 목적 없고 의식 없이 낳은 것으로, 따라서 사람 역시 만물 중 하나이지 하늘의 부본이 아니라고 지적했다. "사람은 물(物)이다. 만물 중 지혜가 있는 것이다. 하늘로부터 명(命)을 받고 원(元)으로부터 기(氣)를 받은 것은 다른 사물과 다를 것이 없다."[6] "사람은 물(物)이다. 비록 왕후(王侯)의 귀한 신분이 되었어도 그 성질은 물(物)과 다를 것이 없다."[7]

종합하면, "천도는 자연무위하다"와 "사람 역시 만물 중 하나의 물(物)"이라는 관점은 왕충이 '천인감응'·'참위' 미신을 비판 반박하는 주요 이론적 무기이다. 이 두 가지가 왕충의 독창적 견해는 아니라는 것을 마땅히 지적해야 할 것이다. 노장은 일찍부터 "도는 자연무위하다"와 "사람 역시 만물 중 하나의 물"이라는 설을 제시했다. 노장의 사상을 상세하게 논증하고 유물주의적으로 개선하고 발전시킨 것에 왕충의 공헌이 있다.

"도가는 자연을 논하면서, 사물을 인용하여 자기 설을 증명할 줄 몰랐다. 그래서 자연의 설이 믿음을 받지 못했다"[8]고 왕충은 말했다. 이것은 도가 자연설의 단점을 확실히 지적한 것이다. 왕충은 많은 사실을 수집하여 상세한 변론을 해서, 자연계는 목적도 없고 의식도 없다는 것을

5) 《論衡·譴告》: "天道自然無為."

6) 《論衡·辨祟》: "人, 物也, 萬物之中有智慧者也, 其受命於天, 稟氣於元, 與物無異."

7) 《論衡·道虛》: "夫人, 物也. 雖貴為王侯, 性不異於物."

8) 《論衡·自然》: "道家論自然, 不知引物事以驗其言行, 故自然之說, 未見信也."

증명하고 유심주의 목적론을 반박했다. 예를 들면, 왕충은 말했다. "하늘은 '저절로 그렇다'는 것을 어떻게 아는가? 하늘은 입과 눈이 없기 때문이다. 유위(有為)라는 것은 입·눈 같은 것에 있다. 입은 먹고 싶어하고 눈은 보고 싶어하여, 안에 욕망이 있어서 밖으로 피어나, 입과 눈이 추구하여 얻는 것을 이롭게 여기니 욕망이 그렇게 한 것이다. 입과 눈의 욕망이 없어 사물을 추구하는 것이 없으니, 어떤 인위적인 것이 있겠는가?"9) 또한 "봄에 만물이 태어나는 것을 보고, 가을에 성숙하는 것을 보면, 천지가 그렇게 하는가? 만물이 저절로 그렇게 되는 것이다. 천지가 그렇게 한다면, 그렇게 하려면 손을 사용해야 하는데, 천지가 어떻게 천 개 만 개 손이 있겠으며, 천 개 만 개 만물을 어떻게 하겠는가?"10)라고 했다. 이는 목적이 있고 의식이 있는 행위는 인류의 특징으로, 사람에게는 지혜가 있고, 물질 수요가 있고, 손이 있으니, 그래서 사람은 목적 있고 의식 있게 행동할 수 있다는 것이다. 천지 및 천지의 기는 아무 수요도 없고, 입·귀·손도 없으니, 목적 있고 의식 있게 행동하는 것이 어떻게 가능하겠는가? 또한, 왕충은 지적하기를, 만약 하늘이 뜻이 있어 만물을 낳았으면, 만물이 서로 사랑하라고 해야지 서로 해치라고 하면 안된다고 했다. 《논형·물세(物勢)》에서 "만약 하늘이 이유가 있어 만물을 낳았으면, 서로 사랑하고 친하라고 해야 마땅하지, 서로 해치라고 해서는 안된다"11)고 했다. 사실상 만물은 서로 투쟁하고 서로 살해한다. 호랑이·늑대·뱀·벌은 모두 사람은 해친다. '하늘'은 이것들을 위해 사람을 낳았단

9) 《論衡·自然》: "何以(知)天之自然也？以天無口目也. 案有為者, 口、目之類也. 口欲食而目欲視, 有嗜欲於内, 發之於外, 口目求之, 得以為利, 欲之為也. 今無口目之欲, 於物無所求索, 夫何為乎？"

10) 《論衡, 自然》: "春觀萬物之生, 秋觀其成, 天地為之乎？物自然也. 如謂天地為之, 為之宜用手, 天地安得萬萬千千手, 並為萬萬千千物乎？"

11) 《論衡·物勢》: "如天故生萬物, 當令其相親愛, 不當令之相賊害也."

말인가?

도가의 자연무위 학설을 왕충이 개선한 것은 주로 두 가지가 있다.

첫째, 노장이 말한 '도'는 유심주의의 본체이다. 왕충은 물질적 '하늘'의 운동을 '천도(天道)'로 보았다. 이렇게 해서 '천도는 자연무위하다'는 학설은 유물주의 성격을 명확하게 띠게 되었다.

둘째, 천지는 자연무위하다고 노장은 보았을 뿐 아니라, 사람 역시 자연무위해야 한다고 요구했다. 왕충은 "천도는 무위(無為)하고" "인도(人道)는 유위(有為)하다"[12]고 보았다. 의식이 있고 목적이 있다는 것과 의식이 없고 목적이 없다는 것이 사람의 일과 자연 과정의 근본적 구별이다. 사람의 행위는 단지 자연을 보조할 수 있을 뿐, 자연을 대체하지는 못한다고 왕충은 지적했다. 그는 "비록 저절로 그렇게 된다지만, 또한 보조가 있어야 한다. 쟁기로 밭을 갈고 봄이 되어 씨를 뿌리는 것은 사람이 하는 것이다. 곡식이 땅으로 들어가 밤낮으로 자라는 것은 사람이 어떻게 할 수 없다. 혹시 어떻게 개입하려고 하면, 곡식을 망치는 길이다"[13]라고 했다. 왕충은 또 "만물이 저절로 태어나고, 씨앗이 저절로 성장한다. 하늘과 땅이 부모라지만 어찌 알고 참견하겠는가? 태어난 후에는 인도(人道)로서 가르치는 의(義)가 있다지만, 천도(天道)는 무위(無為)하고 본성대로 놓아둔다"[14]라고 했다. 그는 농업생산과 인류 자신의 생산을 예로 들어, 자연의 과정과 인간사의 구별 및 사람이 자연의 보조가 될 필요성을 설명했다. 이런 '천도무위(天道無為)'·'인도유위(人道有為)' 관점에 근거하여, 왕충은 인생에 대한 도가의 소극적 태도를 비판하

12) 《論衡·說曰》: "天道無為" "人道有為"

13) 《論衡·自然》:"然雖自然, 亦須有為輔助. 耒耜耕耘, 因春播種者, 人為之也. 及谷入地, 日夜長大, 人不能為也. 或為之者, 敗之道也."

14) 《論衡·自然》: "物自生, 子自成. 天地父母, 何與知哉? 及其生也, 人道有教訓之義; 天道無為, 聽恣其性."

고, 공자·묵자처럼 사회생활에 적극 투신할 것을 주장했다. 그는 말했다. "욕심 없이 담담하고, 벼슬하는 것에 뜻을 두지 않고, 구차하게 몸을 보전하고 성정을 키우는 것이 현명한 것인가? 이것은 노담의 무리이다. 도인은 현인과 너무 많이 다르다. 혼란한 시기에 세상을 걱정하고 백성을 구제해야 하니, 그러므로 공자는 노심초사하고 묵자는 동분서주했다. 공자와 묵자의 경지에 들어가 함께 힘을 쓰지 않고, 황·노의 사상에 동조하려 하니, 현명한 것이 아니다."[15] 도가가 관리가 되기를 원하지 않고 오직 몸을 보전하고 성정을 키우기만 하려고 하는 것은 옳지 않으며, 공자·묵자처럼 '세상을 걱정하고 백성을 구제하는' 것에 게으름피우지 않고 분주해야 현명한 사람이라는 것이다.

(2) 자연감응

중국 고대에 천지 만물의 보편 연결과 상호작용에 관한 소박한 학설이 있었다. 바로 '감응론(感應論)'이다. '감(感)'이란 상호작용 중 주동적인 쪽의 작용이고, '응(應)'이란 수동적인 쪽의 반응이다. 예를 들어 자석이 철을 끌어당기면, 자석 쪽에서 끌어당기는 운동이 '감(感)'이고, 철이 끌어당겨지는 것이 '응(應)'이다. 감응은 바로 상호작용이다. 대체로 선진 시대의 음양오행가(陰陽五行家)가 감응 사상을 가장 일찍이 제기했다. 만물은 성질에 따라 (음양, 오행 등과 같이) 각기 다른 '부류'로 구분할 수 있고, "같은 '부류'끼리는 끌어당기고, 기(氣)가 같으면 합하여지고, 성(聲)이 비슷하면 호응"[16]하는 감응 관계가 존재한다고 그들은 보았다.

---

15) 《論衡·定賢》: "恬憺無欲, 志不在於仕, 苟欲全身養性為賢乎? 是則老聃之徒也. 道人與賢殊科者, 憂世濟民於難; 是以孔子棲棲, 墨子遑遑. 不進與孔、墨合務, 而還與黃、老同操, 非賢也."

이런 사상은 전국시대 말기의 《여씨춘추(呂氏春秋)》, 서한(西漢) 시기의 《회남자(淮南子)》·《춘추번로(春秋繁露)》에서 충분히 발전되어, 진(秦)·한(漢) 시기의 시대사조가 되었다. 감응론의 주요 관점은 다음과 같다. 각종 물질 형태의 모든 상호작용은 모두 '감'과 '응'이다. 유형물(有形物)이 서로 감응하게 하는 매개가 '기'이다. 유형물이 서로 감응하는 속도는 매우 빨라서, 공간 거리의 제한도 받지 않고, 막을 수 있는 것도 없다. 감응의 매개가 되는 '기'는 연속성 물질로, 간극이 없어서, 우주 공간에 가득 채워져 있고, 만물의 내부에도 스며들어 있다. 천지 만물은 기를 내보내 이어져서 서로 연결된 정체(整體)를 이룬다. 악기가 공명하는 것, 자석이 철을 끌어당기는 것, 호박(琥珀)이 마찰로 풀을 당기는 것(정전기 현상), 각양각색의 생물종(生物鐘) 현상 등을 감응론의 증거로 들었다. 중국 고대 사상가는 이미 자장(磁場)·전장(電場) 등과 같은 류의 장(場) 물질의 존재를 추측해냈다는 것을 이런 감응론이 말해주니, 자연과학사에서 중요한 가치가 있다. 철학 측면에서 감응론은 보편 연결을 견지하면서 천지 만물의 상호작용을 운동의 원인으로 보았다. 이것은 소박한 변증법 관점의 일종이다. 그러나 진·한 시기 감응론은 매우 큰 한계를 지니고 있었다. 첫째, 각양각색의 견강부회·억측·미신으로 가득했다. 예를 들면 추연(鄒衍)이 죄없이 감옥에 갇혀서 하늘을 올려다보고 탄식하자 하늘이 감동받아 여름에 서리가 내렸다거나, 기량(杞梁)이 군대에 갔다가 돌아오지 않아 그의 처가 성을 향해 통곡하자 성이 무너졌다는 것 등이 그것이다. 감응론자는 모두 감응설로 해석하고 그것들을 감응론의 증거로 삼았다. 심지어 《회남자》에서는 최고통치자는 '중용을 지키고 조화를 품기만' 하면 가슴에 바른 기(氣)가 생겨, 그 정성이 천지 만물과 백성 만민을 감동시켜, 어떤 구체적 일을 하지 않아도 천하를 다스릴

16) 《呂氏春秋·應同》: "類同則召, 氣同則合, 聲比則應."

수 있다고 여겼다. 둘째, 서한의 동중서(董仲舒)는 한술 더 떠 '감응'에 목적론 의미를 부여하여, 자연계의 갖가지 감응현상을 유심주의 목적론의 근거로 여겼으며, 따라서 감응론에 유심주의 목적론의 낙인을 찍게 했다. 셋째, 감응론자는 또한 감응현상은 신비하기 짝이 없다는 것을 강조하여, "현묘하고 은미하여, 지혜로 따질 수 없고, 변론으로 풀 수 없다"17)고 하여, 감응론에 신비주의의 짙은 안개를 덮어씌웠다.

천도는 '자연무위'하다는 유물주의적 입장을 감응론에 관철시켜, 감응론 중에서 유심주의 목적론을 버리고, 감응론에 섞여 있던 대부분 미신적 요소와 신비주의 색채를 깨끗이 씻어내고, 유물주의의 자연감응 학설을 확립하여, 중국고대 유물주의 자연관의 중요한 구성 부분이 되게 한 것이 중국철학사에서 왕충의 커다란 공헌이다.

왕충은 맨 먼저 감응의 자연무위한 성질을 명확하게 지적했다. 그는 말했다. "동풍이 불어오고, 술이 익어 넘치고, 고래가 죽고, 혜성이 나타나고 하는 것은 천도(天道)를 따라서 저절로 그렇게 되는 것이지 인간사가 아니다."18) "만물 중 같은 부류가 서로 모이는 것은 유위(有為)가 아니다."19) 동풍이 불어오고, 술이 익어 넘치고, 고래가 죽고, 혜성이 나타나는 것은 감응론자들이 만물 사이에 상호작용과 상호관계가 존재한다는 것을 증명할 때 자주 사용되는 사례이다. 이런 종류의 감응 현상은 모두 자연무위한 것 즉 목적도 없고 의식도 없는 것이라고 왕충은 보았다.

왕충은 또 매우 큰 정력을 쏟아서 감응론 중 미신적 요소를 청소했다. 그는 많은 폭을 할애하여, 사실을 열거하고 도리를 설명하여, 추연(鄒衍)이 장탄식하자 여름에 서리가 내렸다거나, 기량(杞梁)의 아내가 통곡하

17) 《淮南子·覽冥訓》: "玄妙深微, 知不能論, 辯不能解."
18) 《論衡·亂龍》: "夫東風至, 酒湛溢, 鯨魚死, 彗星出. 天道自然, 非人事也."
19) 《論衡·感虛》: "物類相致, 非有為也."

자 성이 무너졌다거나 하는 류의 전설은 허망한 말이며, 인간 세상의 치란·개인의 억울 등은 절대 천지를 감동시킬 수 없다는 것을 증명했다. 예를 들면, 기량(杞梁)의 아내가 울어서 장성이 무너졌다는 전설을 왕충은 다음과 같이 반박했다. "전설에 따르면, 기량씨(杞梁氏)의 아내가 성을 향해 통곡하자 성이 무너졌다고 한다. 이것은 기량이 군대에 갔다가 돌아오지 않자 그의 아내가 애통해하며 성을 향해 통곡하여, 지극한 정성이 비통하여 성이 무너졌다는 말이다. 성을 향해 통곡한 것은 사실이다. 성이 무너졌다는 것은 허위이다. 성은 흙으로 이루어진 것이다. 사람의 뱃속에 있는 심장이 없는데, 슬프게 통곡하는 것에 어찌 감동할 수 있는가? 지극한 정성의 소리가 성의 흙을 감동시킬 수 있다면, 숲의 나무에 통곡을 하면 풀과 나무를 부러뜨릴 수 있는가? 물과 불을 향해 통곡하면 물이 솟구치고 불이 꺼지는가? 풀과 나무와 물과 불은 흙과 다를 것이 없으니, 그러므로 기량의 아내는 성을 무너뜨릴 수 없는 것이 분명하다."[20] 이 논술에서 왕충은 흙과 나무 등 물질은 심장이 없어서 사람의 감정과 상호작용이 발생할 수 없다는 사실을 기본 논거로 하고, 아울러 논리학에서 귀류법(歸謬法)을 운용하여 비판했다. 이는 일상생활 경험을 지닌 어떤 사람에게든 강한 설득력을 지닌다. 왕충은 이처럼 평이하고 소박한 언어와 사람마다 모두 경험할 수 있는 사실과 매우 엄밀한 논리 추리 방법을 사용하여 각종 미신을 깨끗이 청소했다. 이는 감응론 중 각종 미신적 요소가 마른 가지가 꺾이고 썩은 뿌리가 뽑히듯 하게 하는 위력을 확실히 발휘했다.

---

20) 《論衡·感虛》: "傳書言: 杞梁氏之妻向城而哭, 城為之崩. 此言杞梁從軍不還, 其妻痛之, 向城而哭, 至誠悲痛, 精氣動城, 故城為之崩也. 夫言向城而哭者, 實也. 言城為之崩者, 虛也. 今城, 土也. 無心腹之藏, 安能為悲哭感慟而崩? 使至誠之聲能動城土, 則其對林木而哭, 能折草破木乎? 向水火而泣, 能涌水滅火乎? 夫草木水火與土無異, 然杞梁之妻不能崩城, 明矣."

천인감응론 중 각종 미신적 요소를 깨끗이 청소하는 과정에서 왕충은 자연감응의 규칙을 탐색했다. 예를 들면, 그는 하늘과 땅의 기(氣)는 사람과 만물을 감동시킬 수 있지만 사람과 만물의 기는 하늘과 땅의 기를 감동시킬 수 없다고 보았다. 하늘과 땅의 기는 '본(本)'이고 사람과 만물의 기는 '말(末)'로, '본(本)'은 거대하고 '말(末)'은 미세하여, "미세하고 작은 감동은 큰 것을 움직일 수 없다"[21]고 했다. 사람은 '서로 알아보는 마음'[22]을 통하여 도덕이 고상한 사람의 지성(至誠)스런 마음으로부터 감화를 받을 수 있지만, 이런 지성(至誠)스런 마음은 인류가 아닌 자연의 사물에게는 조금도 작용을 일으키지 않는다. 그는 자연감응과 우연사건을 구별하여, 자연감응론을 위해 적용 범위를 확정하려고 힘써 시도했다. 예를 들면 "하늘에서 달이 기울어 이지러지면 조개 소라 같은 수생 무척추동물이 따라서 사라지거나 수척해지는" 생물종(生物鐘) 현상은 자연감응이지만, 건물이 낡아 무너져서 사람이 깔려 죽는 것은 우연사건으로, 건물의 기와 사람의 기의 상호작용으로 일어난 것이 절대 아니다. 그는 또한 물(物)과 기(氣), 물(物)과 물(物)의 상호작용에 대한 정량적 연구에 주의를 기울였다. 예를 들면 물고기가 물 속에서 움직이면 곁의 물이 진동하게 할 수 있으나, 이런 물의 파동은 일정한 범위가 있어서, "1리 밖은 잠잠하고 고요하여"[23], 결코 무한으로 뻗어나갈 수 없다는 것을 제시했다. 사람이 자연감응을 무한으로 과장하고 적당하지 않은 영역까지 넓히려는 것은 "물(物)과 기(氣)의 상호작용의 규칙을 모르기 때문"[24]이라고 지적했다. 이렇게 왕충은 감응론을 덮어씌운 베일을 걷

21) 《論衡·感虛》: "微小之感不能動大鉅也."
22) 《論衡·感虛》: "相知心."
23) 《論衡·變虛》: "一里之外, 澹然澄靜."
24) 《論衡·變動》: "不達物氣之理."

어내, 자연감응현상이 무엇인지 사람들이 알 수 있는 길을 열어주었다.

(3) 덕과 힘을 모두 갖추어야 하며, 아는 것이 힘이 된다

중국철학 학설 중 문화 발전과 관계가 가장 밀접한 것은 가치관 사상이다. 유가·묵가·도가·법가 각 학파는 모두 자기 가치관이 있었고, 아울러 '의(義)'와 '리(利)', '힘[力]'과 '덕(德)' 두 문제를 둘러싸고 논쟁을 벌였다. '힘[力, 무력]'과 '덕(德)'의 관계 문제에서 유가는 '덕'을 숭상하고 '힘'을 천시하여, '힘'을 '덕'과 대립시키고, '힘'의 가치를 홀시했다. 예를 들어, 공자는 천리마의 가치는 하루에 천 리를 가는 것에 있지 않고 성질이 선량한 것에 더 가치가 있다고 여겼다. 맹자는 '덕(德)'으로 사람을 감복시키는 '왕도(王道)' 정치를 숭상했고, '힘'으로 사람을 굴복시키는 '패도(霸道)' 정치를 비판했다. 묵자는 힘의 중요성을 강조했다. 인류 생활의 특징은 "자기 힘에 의지하면 살고, 자기 힘에 의지하지 않으면 살지 못한다"[25]고 하여, 반드시 힘을 써야 생활을 유지할 수 있다고 했다. 법가 한비(韓非)는 덕을 숭상하고 힘을 숭상하는 것은 시대에 따라 다르다고 보아, "상고(上古)시대에는 도덕을 경쟁했고, 중세에는 지모(智謀)를 경쟁했고, 지금은 기력(氣力)을 다툰다"[26]고 했다. 상고시대에는 도덕을 따지면 해결할 수 있었지만, 전국시대에 이르러서는 오직 힘에 의지해서 다른 사람과 싸워 이겨야 했다. 한비의 관점은 맹자와 상반되었지만, 그 역시 '덕'과 '힘'을 대립시켰다.

왕충은 한비가 편파적이라고 비판하고 '덕력구족(德力具足: 덕과 힘을 모두 갖출 것)'을 주장했다. 그는 말했다. "나라를 다스리는 도를 말해

---

25) 《墨子·非樂上》: "賴其力者生, 不賴其力者不生."
26) 《韓非子·五蠹》: "上古競於道德, 中世逐於智謀, 當今爭於氣力."

보자면, 두 가지를 길러야 한다. 하나는 '양덕(養德)' 즉 덕을 길러야 하고, 하나는 '양력(養力)' 즉 힘을 길러야 한다. 덕을 기른다는 것은 명성이 높은 사람을 부양하여, 현명한 사람을 공경할 수 있다는 것을 보여주는 것이다. 힘을 기른다는 것은 기력이 뛰어난 사람을 길러서 용병에 뛰어나다는 것을 밝히는 것이다. 이것이 이른바 문무장설(文武張設)·덕력구족(德力具足) 즉 문과 무를 모두 준비하고 덕과 힘을 모두 갖춘다는 것이다. 덕으로 품을 수 있는 일이 있고, 힘으로 밀어부쳐야 하는 일이 있다. 밖으로는 덕으로 스스로 서고, 안으로는 힘으로 스스로 대비한다. 덕을 사모하는 자는 싸우지 않고 굴복하고, 덕을 어긴 자는 병력이 두려워 뒤로 물러난다. 서(徐) 나라 언왕(偃王)이 인의(仁義)를 갈고 닦아, 육지에서 32개 나라가 조회를 하였는데, 강한 초나라가 이를 듣고 군대를 출동시켜 멸망시켰다. 이는 덕을 지켰으되 힘을 갖추지 않았기 때문이다. 오직 덕에만 의지하여 나라를 다스릴 수 없고, 오직 힘에만 의지하여 적을 막을 수 없다. 한비자의 설은 덕을 기르지 않았고, 언왕은 힘을 키우지 않았다. 둘은 모두 편파적이어서 각각 부족한 부분이 있다. 언왕은 힘이 없어 화를 당하였고, 한비자는 반드시 덕이 없는 환난을 당할 것을 알았다."[27] 여기서 왕충이 말한 '덕'은 도덕을 가리키고, '힘'은 기력·물질적 역량을 가리킨다. 왕충은 덕과 힘은 각각 쓰임이 있어서 모두 중시해야지 한쪽을 없애서는 안된다고 보았다. 이것이 이른바 '덕력구족

27) 《論衡·非韓》: "治國之道, 所養有二: 一曰養德, 二曰養力. 養德者, 養名高之人, 以示能敬賢; 養力者, 養氣力之士, 以明能用兵, 此所謂文武張設, 德力具足者也. 事或可以德懷, 或可以力摧. 外以德自立, 內以力自備. 慕德者不戰而服, 犯德者畏兵而卻. 徐偃王修行仁義, 陸地朝者三十二國, 強楚聞之, 舉兵而滅之. 此有德守, 無力備者也. 夫德不可獨任以治國, 力不可直任以禦敵也. 韓子之術不養德, 偃王之操不任力. 二者偏駁, 各有不足. 偃王有無力之禍, 知韓子必有無德之患."

(德力具足)'이다. 이런 관점은 매우 깊고 전면적인 것이다.

왕충은 나아가 '지위력(知為力)' 즉 아는 것이 힘이 된다는 관점을 제시했다. 그는 "사람이 지식과 학문이 있으면 힘이 있게 된다"[28]고 말했다. 지식 학문은 '풀을 베고 곡식을 키우는' '농부의 힘'과 '용맹하게 공격하여 싸우는' '병사의 힘'과 '짓고 설치하고 파고 깎는' '장인의 힘'과 마찬가지로 역시 힘의 일종이며 게다가 더욱 중요한 힘이다. 이런 힘이 유난히 특별히 중요한 까닭은 농부·병사·장인의 근골의 힘이 모두 그의 지휘를 받아야 하기 때문이다. 예를 들면, 유방(劉邦)은 건국 이후 공신들을 책봉하고 포상할 때, 우선 소하(蕭何)를 책봉하고, 이후 번쾌(樊噲)·역상(酈商)을 포상했다. "소하는 지혜를 힘으로 하였고, 번쾌·역상은 힘으로 공을 세웠기 때문이다"[29]. 소하는 관중에 들어간 후 진(秦) 왕조의 문서를 수집하고 형세를 파악하여 전략을 짤 수 있었고, 여러 장수들이 남북에서 전투를 벌일 때 모두 소하의 지휘를 받았다. 왕충이 지식 학문을 말하면서 비록 자연 지식은 아직 언급하지 않고 주로 사회 지식에 국한된 것이었지만, 지식이 힘이라는 학설을 고대에 제시할 수 있었다는 것만 해도 정말 귀한 것이었다.

중국 고대에 '덕'과 '힘'을 분리하여 '덕을 숭상하고' '힘을 천시했던' 유가 사상의 영향은 매우 컸다. 사람들은 지식을 추구하면서 지식으로 도덕의 완비를 촉진시키는 것에 대부분 치중했고, 지식을 힘 측면으로 전환하는 것에는 주의를 기울이지 않았다. 왕충이 제시한 '덕과 힘을 모두 중시'하는 것과 '지식이 힘이 된다'는 관점은 충분히 중시받지 못했다. 이것은 중국철학사와 문화사에서 매우 안타깝게 여길만한 큰 일이다. 가치관에서의 편파성이 문화 발전의 방향에 영향을 끼쳐서, 이후 중

28) 《論衡·效力》: "人有知學, 則有力矣."

29) 《論衡·效力》: "蕭何以知為力, 而樊、酈以力為功也."

국이 과학기술에서 낙후되고 가난과 나약이 쌓여간 것은 덕과 힘을 분리하여 '덕을 숭상하고' '힘을 천시했던' 가치관과 큰 관계가 있고, 지식을 힘으로 전환하는 것을 중시하지 않은 것과도 큰 관계가 있기 때문이다. 또한 바로 이 때문에 오늘날 우리는 '덕과 힘을 모두 중시'한 것과 '지식이 힘이 된다'는 왕충의 이 두 숨은 지혜의 진주를 특히 소중히 여기지 않으면 안된다.

(4) 마음으로 살피고 사실을 표준으로 삼다

《논형》의 기본정신은 '질허망(疾虛妄)'[30]라고 왕충은 자술했다. '질허망(疾虛妄)'이란 '허위와 가식을 몹시 미워한다'는 것이다. 이에 상응하여, 그가 유심주의 목적론과 각종 미신을 비판하고 정확한 관점을 논증하는 데 사용한 기본 방법은 "고지이심(考之以心), 효지이사(效之以事)"[31]이다. '고지이심(考之以心)'이란 '마음으로 살핀다'는 것이고, '효지이사(效之以事)'란 '사실을 언론의 근거와 진리의 표준으로 삼았다'는 것이다. '효(效)'는 '효험(效驗)'·'증험(證驗)'으로, 감각 경험상의 증명이다. 《논형》이라는 책은 이 표준을 사용하여 사상 학설의 진위와 고하를 나누었다. 그는 "만사는 효험보다 명확한 것은 없고, 논설은 증험보다 확실한 것은 없다"[32]고 보았다. 허망한 말은 사실의 증험을 통과할 수 없고, 정확한 논술이라고 해도 사물을 이끌어 논거로 삼지 않으면 사람들은 또한 믿지 않을 것이다. 왕충은 입론을 하든 논박을 하든 상관없이 사실을 근거로 하는 것에 언제나 주의를 기울였으니, 그래서 뚜렷이 견실하고

---

30) 《論衡·佚文》: "疾虛妄."
31) 《論衡·對作》: "考之以心, 效之以事."
32) 《論衡·薄葬》: "事莫明於有效, 論莫定於有證."

힘이 있다.

왕충이 말한 효험은, 자세히 분석해보면, 사물 자체에 대한 실제 고찰과 실험을 말하기도 하고, 간접적 유추 혹은 모의실험을 말하기도 한다. 예를 들면, 왕충은 "우레는 불이다"[33]라는 명제를 논증할 때 다섯 가지 '효험'을 제시했다. 첫째, 번개에 맞아 죽은 사람은 수염과 머리가 탔고, 혹은 피부가 타기도 했고, 시체에서 '화기(火氣)'가 발산된다. 둘째, 번개에 탄 돌을 우물 속에 던지면, 돌은 뜨겁고 물은 차가워 천둥치는 듯한 소리가 난다. 셋째, 상한병(傷寒病)에 걸린 사람의 뱃속에서는 뜨겁고 차가운 두 기가 서로 싸워 천둥치는 듯한 소리가 난다. 넷째, 천둥소리와 번개가 서로 뒤를 따라, 번개 빛은 마치 불빛처럼 번쩍인다. 다섯째, 번개가 치면 종종 건물과 초목을 불태운다. 이 다섯 가지 '효험' 중 첫째, 넷째, 다섯째는 실제 고찰에 속하고, 둘째, 셋째는 유추와 모의실험이다. 고대에는 자연과학이 발달하지 않았기 때문에 실험에 많은 곤란이 있었다. 그래서 왕충이 말한 효험은 유비추리와 모의실험에 속한 것이 많으며, 유비추리와 모의실험의 결과는 혹연성(或然性)을 지니고 있다. 이렇게 해서 왕충의 입론과 논박은 오늘날 과학의 눈으로 보면 아직 유치함이 뚜렷하다. 하지만 그 당시 그가 효험을 근본 방법으로 삼아 실험과 실제 고찰을 중시할 수 있었다는 것은 매우 귀한 것이다. 안타까운 것은 왕충이 제창한 이런 과학적 방법이 나중에 확대 발전하지 못한 것이다. 이 또한 중국의 실증과학이 발전하지 않은 원인 중 하나이다.

'고지이심(考之以心)'은 또한 '전정어내(詮訂於內)', '이심의의(以心意議)', '이심원물(以心原物)'[34]이라고도 한다. '전(詮)'은 전면적으로 파악한다는 뜻이고, '정(訂)'은 비교를 통하여 결정한다는 뜻으로, '전정(詮

---

33) 《論衡·雷虛》: "雷者火也."
34) 《論衡·薄葬》: "考之以心" "詮訂於內" "以心意議" "以心原物"

訂)'은 전면적으로 살펴보고 분석하여 허실을 결정한다는 뜻이다. 왕충은 '심의(心意)'에 '전정(詮訂)'의 작용이 있음을 인정했다. 이른바 '심의(心意)'는 오늘날 우리가 말하는 '이성(理性)'에 가깝다. 왕충은 '고지이심'과 '효지이사'를 결합해야 함을 강조했다. 사물에는 '허상(虛象)' 즉 가상(假象)이 있고 귀와 눈은 착각할 수 있다는 것에 그는 주의를 기울였기 때문이다. 또한 묵가가 경험에 치우쳐 조성된 오류를 총결 흡수했기 때문이다. 이런 '고지이심' 방법은 갖가지 미신을 비판하는 데도 매우 큰 역할을 했다. 예를 들면 그는 사람의 심리작용이 환각을 가져오는 관점을 이용하여 이른바 '귀신을 보는' 현상을 해석했다. 환자·미치광이·비몽사몽인 사람은 정신이 착란되어, 질병과 고통의 공포로 인하여 눈에는 헛것이 보이고 귀에는 헛것이 들리는 현상을 가져온다고 그는 지적했다. 미신적 심리가 깊은 고대에는 심리 작용에 의하여 이렇게 헛것을 보고 듣는 현상이 드물지 않게 자주 보였고, 만약 오직 단순하게 '효험'에만 의지하면, 귀신론자는 자칭 귀신을 본 적이 있다는 사람을 많이 찾아내서 증거로 삼을 수 있으니, 이와 같이 "보고 들은 것만을 믿으면, 비록 효험이 밝게 드러난다고 해도 오히려 실상을 그르치게 될"35) 것이다.

왕충이 비판하고 반박한 많은 미신, 예를 들면 귀신·택지·세시·길흉미신 등과 같은 것은 지금도 민간에서 시장성이 상당히 있다. 이런 갖가지 미신은 일종의 정신적 부담으로, 생산건설과 사회생활에 영향을 끼칠 뿐 아니라 심지어 비극과 악성 사건을 조성하기까지 한다. 이런 미신들을 깨끗하게 씻어내는 것이 우리의 임무 중 하나이다. 이런 측면에서 왕충의 《논형》에 나오는 많은 문장 및 과학적 방법은 지금까지도 여전히 가치가 있다. 우리는 마땅히 이 진귀한 정신적 유산을 잘 계승하여 새로운 정신문명을 건설하는 사업에 새로운 공헌을 하게 해야 할 것이다.

35) 《論衡·薄葬》: "苟信聞見, 則雖效驗章明, 猶為失實."

(5) 통(通)·용(用)·작(作)을 귀하게 여기다

중국철학은 한대(漢代)부터 풍우란(馮友蘭) 선생이 말한 '경학(經學) 시대'에 들어가기 시작했다. 이 시대에는 많은 좋지 않은 전통이 철학과 사회의 발전을 심각하게 가로막았다. 예를 들면 성인(聖人)을 숭배하고, 경서를 존중하고 옛것을 신봉하고, 스승의 학설을 무조건 따르고, 장구에 얽매이고, 창조를 하지 않고, '깨달음'을 중시하고 '논증'을 중시하지 않은 것 등이다. 이런 전통들이 이미 형성된 동한 초기에 살았던 왕충은 두려움이 없는 실사구시 정신으로 비장하게 반항했다. 그의 대담한 행위는 비록 뒤이은 사람들의 이해를 얻지 못했고 심지어 갖가지 비난을 마주했지만, 오늘날에 와서 보면 매우 대단한 것이고, 또한 깊이 반성하게 하기도 한다.

왕충은 "성현께서 말씀하신 것은 모두 잘못이 없다"거나 "반드시 성현께서 가르치고 알려주신 것만 감히 말"하는 성인 숭배를 반대하고, 진리를 추구하고 학설을 발전시키기 위해서는 '스승을 거역하고' '스승을 공격하는'[36] 것도 무방하다고 주장했다. 이 주장을 실천하기 위해 그는 〈문공(問孔)〉·〈자맹(刺孟)〉을 써서 공자·맹자의 몇몇 관점을 비판했다. 송·명·청 시대에 이르러 왕충의 이러한 태도는 '경서를 어기고 도를 배반하고' '성인을 비난하고 법을 업신여기는' 것으로 비춰졌다. 사실 왕충은 공자의 위대함과 공로를 결코 부정하지 않았으며, 유학의 가치 또한 결코 부정하지 않았다. 그가 반대한 것은 성현에 대한 미신이었다. 왕충은 말했다. "성인이 문장을 쓸 때는 주도면밀하게 고찰해도 한 구절 한 구절이 다 실제에 맞는 말을 할 수 없는데, 하물며 일상생활에서 갑작

36) 《論衡·問孔》: "以為賢聖所言皆無非" "必須聖人教告乃敢言" "距師" "伐聖"

스럽게 말을 하면 어떻게 모두 정확할 수 있겠는가?"[37] 이것은 깨어난 과학적 태도가 분명하다. 왕충은 또 말했다. "학문의 방법은 재능의 유무에 있지 않다. 스승에게 반문하여 도(道)를 파헤치고 의(義)를 실증하여 시비를 증험하여 확정하는 것에 어려움이 있다. 어려운 것을 묻는 길은 꼭 성인이 살아 있을 때 해야 하는 것은 아니다. 세상에서 사람들에게 해설을 해주는 사람은 꼭 성인이 가르쳐준 말로만 말해야 하는 것은 아니다. 정말로 이해하지 못하는 것을 묻는데, 공자에게 묻는 것이 어찌 의를 상하게 하는 것인가? 정말로 성인의 지혜를 전하는 것이 있다면 공자의 말에 반박한다고 해서 어찌 이치에 어긋한 것인가?"[38] 이것은 공자를 반대한 것이 분명히 아니며, 진리를 추구하는 성실한 태도로 성인의 말을 대할 것을 주장한 것으로, 그 목적은 성인이 개창한 사업을 더욱 잘 계승하기 위해서이다.

비록 성인은 매우 신중하게 살펴서 말을 하고 경전은 '만세토록 변하지 않지만' 말이 실제보다 지나친 곳도 또한 있다고 왕충은 보았다. 그는 많은 뚜렷한 예증을 들어서 말이 실제보다 지나친 갖가지 원인을 분석했다. 어떤 경우에는 성현이 '지성을 들여서 그렇게 여겼기' 때문이라고, 즉 성현의 인식이 실제를 벗어난 곳이 있다고 보았고, 어떤 경우에는 "상고시대 제왕들 시대가 너무 멀어, 현인들이 나중에 호평으로 서술하여, 실상을 잃고 뿌리를 잃었기" 때문이라고, 즉 시대가 너무 오래 되어서 기록하는 데 실상을 잃었다고 보았다. 어떤 경우에는 어떤 목적을

---

37) 《論衡·問孔》: "夫賢聖下筆造文, 用意詳審, 尚未可謂盡得實; 況倉卒吐言, 安能皆是?"

38) 《論衡·問孔》: "凡學問之法, 不為無才; 難於距師, 核道實義, 證定是非也. 問難之道, 非必對聖人及生時也, 世之解說說人者, 非必須聖人教告乃敢言也. 苟有不曉解之問, 追難孔子, 何傷於義? 誠有傳聖業之知, 伐孔子之說, 何逆於理?"

위하여 일부러 말을 과장했으나, "내심은 꼭 그런 것이 아니다"[39] 즉 성현의 내심은 진정으로 그렇지는 않았다고 보았다. 그도 비록 같은 시대 사람들과 마찬가지로 경전은 '만세토록 변하지 않는다'고 보았으나, 그는 경전 또한 완전히 오류 없이 정확한 것은 아니라고 보았다. 이런 실사구시적 과학적 태도는 당시 역시 매우 귀한 것이었다.

왕충은 '옛것을 믿고' '경서에 집착하는 것'을 반대했고, 또한 한대 경학가가 "허황된 설을 헛되이 내는"[40] 것도 반대했다. 예를 들면, 《춘추》는 본래 노나라 역사서의 명칭으로, 공자는 그 옛이름을 답습한 것이지, '기이한 의미'니 '깊은 아름다움의 근거'니 하는 것은 전혀 없다고 그는 지적했다. 《춘추》에서 몇몇 역사 사실의 기록은 연도는 있고 월일은 없으니, 사관이 기록을 빠트린 것인데, 《공양전》·《곡량전》에서는 이 점에 대해서 대서특필하여 《춘추》의 책 이름과 몇몇 사건의 연월일 기록 방법에 무슨 은미한 말에 대의가 있는 것으로 보았으니, 이것은 '공자의 마음'[41]에 부합하지 않는다고 보았다. 살펴보면, 왕충이 지적한 이런 경전 해석 방법은 양한(兩漢) 금문학파(今文學派: 동중서 포함)가 유가 경전에서 그들의 철학 정치 학설을 이끌어낸 기본 방법이다. 그래서 왕충의 비판은 이 학파의 방법론을 부정한 것과 다를 바가 없다.

왕충은 한대 경학 스승이 스승의 학설을 무조건 따르고, 장구에 얽매이고, 창조를 하지 않는 학풍에 날카로운 비판을 제시했다. 그는 당시의 학자를 네 등급으로 나누었다. "경서 하나를 해설할 수 있으면 유생(儒生)이 되고, 고금의 서적을 널리 보았으면 통인(通人)이 되고, 전해지는 책을 채록하여 상서(上書)와 주기(奏記)를 작성할 수 있으면 문인(文人)

39) 《論衡·藝增》: "內未必然."
40) 《論衡·正說》: "空生虛說."
41) 《論衡·正說》: "孔子之心."

이 되고, 정밀하게 생각하고 글을 써서 여러 편을 연결할 수 있으면 홍유(鴻儒)가 된다."[42] "통인이 유생보다 낫고, 문인이 통인보다 낫고, 홍유가 문인보다 나으니 …… 홍유는 세상의 보배이다"[43]라고 했다. 왕충이 말한 '유생'은 스승의 설에 얽매이고 장구에 얽매인 경학 스승을 가리킨 것으로, 이런 사람을 가장 무시했다. 그가 보기에 이런 사람은 두 가지 큰 결함이 있었다. 첫째, 단지 경전을 해석할 줄만 알 뿐, 위로 먼 옛날을 모르고, 아래로 진(秦)·한(漢)을 모르는 꽉 막히고 우매하기 짝이 없는 사람이다. 둘째, 경전 하나를 굳게 지키고 꽉 막혀서 '불통'하여, 즉 유가 이외의 경전은 모르고, 제자백가의 말은 더더욱 모른다. 그는 유생의 이 두 가지 큰 결함이 "스승의 설을 믿고 지키며, 널리 살펴보지 않기"[44] 때문이라 결론내렸다. 그가 말한 '통인'은 오경과 백가의 말을 두루 보고 옛것과 지금을 두루 아는 박학한 학자를 가리킨다. 그는 이런 사람은 유생보다 높다고 보았다. 그는 "통(通)을 귀하게 여기는 것은 사용할 줄 아는 것을 귀하게 여기는 것이다"[45]라고 했다. 암송만 할 줄 알고 응용할 줄을 모르면 '앵무새가 말을 잘 하는' 것과 다를 바가 없다. 따라서 경전에 근거하여 정치상의 득실을 분석하고 건의를 제출하고 아름다운 문학작품을 써낼 수 있는 '문인'이 또한 '통인'보다 높다. 육가(陸賈)·동중서(董仲舒)처럼 "세상 일을 논하고, 자기 뜻에 따라 문장이 나오고, 밖에서 빌어오지 않을"[46] 수 있으면 바로 홍유이며, 양웅처럼 "《태현경》

42) 《論衡·超奇》: "能說一經者為儒生, 博覽古今者為通人, 採掇傳書以上書奏記者為文人, 能精思著文連結篇章者為鴻儒."

43) 《論衡·超奇》: "通人勝儒生, 文人逾通人, 鴻儒超文人……鴻儒, 世之金玉也."

44) 《論衡·謝短》: "守信師法, 不頗博覽." 原文作"斯則坐守何言師法, 不頗博覽之咎也", 據劉盼遂《論衡集解》引吳承仕說改.

45) 《論衡·超奇》: "凡貴通者, 貴其能用之也."

을 지어 원대한 생각을 담고 깊이를 다할"[47] 수 있는 철학가라면 바로 홍유 중에서도 공자같은 성인과 견줄만한 사람이다. 왕충이 이와 같이 학자 등급을 구분한 것을 통해 학술에서 '통(通)'을 귀하게 여기고, '용(用)'을 귀하게 여기고, '창조성'을 특히 중시하고, 경서 하나만 굳게 지켜서 배운 것을 응용할 줄 모르는 것을 반대하고, 옛것을 그대로 따르는 것을 반대했다는 것을 알 수 있다. 이런 주장들은 당시로서는 아주 탁월한 것이었고, 오늘날까지도 계발과 교훈을 준다.

'작(作)'은 "이전에 없었던 더욱 나은 것을 만든다"[48]는 뜻으로 왕충은 보았다. '작'은 바로 창조 발명이다. 한대 사람들은 '작'은 성인(聖人)의 특권이고 현인(賢人)의 임무는 단지 '술(述)'이라고 보았다. 왕충이 《논형》·《정무(政務)》를 쓴 것은 '현인이면서 창작을 한 것'[49]으로, "성인이 창작하고 현인은 전술한다"는 원칙을 위반했다고 당시 어떤 사람이 공격했다. 왕충은 이런 편견을 반박했다. 그는 양웅이 "전술하지 않고 창작"한 정신을 찬양하고, 창조 발명이 인류 생활에 끼치는 공헌을 높게 평가하여, "말에 도움되는 부분이 있으면 창작이 무슨 해가 되는가"[50]라고 했다. 창힐(倉頡)은 문자를 창조하고, 해중(奚仲)은 수레를 발명하고, 백여(伯餘)는 의상을 발명하고, 하걸(夏桀)은 기와집을 발명하여, 인류는 이들 발명과 창조로부터 많은 좋은 점을 얻었으니, 만약 "이해득실을 따지지 않고 창작했다고 비판하기만" 하면, 창힐·해중 이런 사람들도 옳지 않다는 것인가? "성인은 창작하고 현인은 전술한다"는 것을 주장

46) 《論衡·超奇》: "論說世事, 由意而出, 不假取於外."

47) 《論衡·超奇》: "作《太玄經》, 造於眇思, 極窅冥之深." '眇'는 원문에서는 '助'로 되어 있는데 孫詒讓의 설에 근거하여 바꾸었다.

48) 《論衡·對作》: "造端更為, 前始未有."

49) 《論衡·對作》: "以賢而作."

50) 《論衡·對作》: "言苟有益, 雖作何害?"

하는 논자들에게 "《시경》에 수록된 시는 민간에서 창작된 것인데, 성왕(聖王)이 '너희는 일반 백성인데 어찌 창작을 했느냐'라며 그들을 가두고 벌을 주고 그 시를 없애버렸는가?"[51]라고 반문한 것이 가장 주의를 기울일 만하다. 이것은 사실상 오직 성인에게만 '창작'의 권리가 있다는 것을 부정하고 '백성'도 창작할 수 있다는 것을 인정한 것이다. 이런 논의는 중국 봉건사회에서 보기 힘든 것으로, 오늘날에도 진지하게 음미해볼 만한 가치가 있다.

51) 《論衡·對作》: "《詩》作民間, 聖王可雲'汝民也, 何發作？'囚罪其身, 殁滅其詩乎？"

14 왕필(王弼)

왕필(王弼)[1]의 자는 보사(輔嗣)이다. 위(魏) 문제(文帝) 황초(黃初) 7년(226)에 태어나 위제(魏帝) 방(芳) 정시(正始) 10년(249)에 세상을 떠났다. 지금의 산동(山東) 금향(金鄕) 사람으로, 저명한 사족(士族) 가정 출신이다. 그는 소년 시절 매우 총명하여, 10여 세 때 노자를 좋아하였고, 변론에 능통하고 말을 잘하여, 당시 저명한 학자 배휘(裴徽)·부하(傅嘏) 등의 칭찬을 받았다. 나중에 하안(何晏)에게 발탁되어, 당시 정권 실세로 조정을 장악한 대장군 조상(曹爽)에게 추천되어, 상서랑(尚書郎)을 지냈다. 서기 249년, 사마의(司馬懿)가 정변을 일으켜 조씨의 위(魏) 나라 정권을 통제하자, 조상(曹爽)·하안(何晏)은 피살되고, 왕필 역시 연좌되어 관직에서 쫓겨나, 같은 해 가을에 병으로 죽었다. 왕필은 겨우 24세를 살았다. 그러나 그가 남긴 《주역주(周易注)》·《노자주(老子注)》·《논어석의(論語釋疑)》 등의 저작은 중국철학사에서 깊은 영향을 끼쳤다. 그는 탁월한 재능과 부지런한 저술로 위진(魏晉) 현학(玄學)의 주요 창시자가

1) 여기서 인용하는 王弼의 말은 樓宇烈의 《王弼集校釋》(中華書局, 1980年)을 따랐다.

되었다.

‘현학(玄學)’이란 말 그대로는 ‘현원지학(玄遠之學)’이라는 뜻이다. 위진 현학과 양한 철학의 뚜렷한 구별을 들자면, 진(秦)·한(漢) 철학은 주로 사물의 표면 현상과 외부 연결에 머무른 경우가 많았고, 위진 현학은 사물의 본질과 내부 연결에 깊이 들어가려고 힘써 시도했다는 것에 있다. 위진 현학이 토론한 중심은 ‘본말(本末)·유무(有無)’ 문제였다. 위진 현학은 현원(玄遠)을 귀하게 여기고, 구체적 사물에 소략하고, 추상적 원리에 심취하고, 또한 ‘삼현(三玄: 《주역(周易)》·《노자(老子)》·《장자(莊子)》)’을 기본 경전 저작으로 삼았기 때문에 현학(玄學)으로 불리게 되었다. 왕필은 하안과 함께 ‘무(無)’를 세계의 근본으로 하는 철학을 제창했다. 만물은 모두 ‘무’에서 나오고 ‘무’에 의지하여 존재한다고 그는 보았다. 왕필이 말한 ‘무’는 질적으로 규정된 성질이 아무것도 없는 추상적 존재물로, ‘모든 상대적 존재를 초월한 절대’이며, 사실상 일종의 사유의 허구이다. 따라서 이런 철학은 실질적으로 객관 유심주의이고, 총체적으로는 근본적으로 잘못된 것이다. 하지만 이 총체적으로 잘못된 철학 체계 속에도 진리의 알갱이가 들어 있어서, 음미해볼 만한 철학 문제를 제시하고 있고, 오늘날에도 사람들의 지혜를 계발하는 작용을 여전히 지니고 있다.

(1) ‘의(意)’를 얻는 것은 ‘언(言)’을 잊는 것에 있다

중국 경학의 발전은 동한 시대에 이르러 이미 절망의 미궁에 빠져들었다. 나날이 번쇄한 쪽으로 나아가, 경전을 주해하는데 종종 한 글자에 만 마디를 첨가하여, 경전 한 구절에 주해가 백만 자에 달하여, 경학 스승들이 필생의 정력을 소진하게 했다. 어떤 사람은 경의 주해만 죽도록 읽다가 결국 등불 밑에서 갑자기 죽기도 했다. 중국철학 발전에서 왕필의 가장 큰 공헌은 동한 학술의 폐단을 지적하고 참신한 방법론을 제시하여 사람들의 사상을 해방시키고, 사람들이 양한 철학과 경학의 미궁에서 벗어나도록 이끌었다는 것에 있다. 그 방법은 바로 왕필이 《주역대전(周易大傳)》의 선행 사상을 계승 발전시켜 《주역약례(周易略例)·명상(明象)》의 '득의재망언(得意在忘言)'설에서 밝힌 것이다.

《명상(明象)》은 《주역》을 해석하는 방법을 전문적으로 토론한 것이다. 여기서 토론한 '상(象)'·'언(言)'·'의(意)'는 그 본래의 특정한 의미가 있다. '상(象)'은 괘상(卦象)과 괘상의 뜻을 상징하는 사물을 가리킨다. 예를 들어, '건괘(乾卦)'의 괘의 뜻은 '건(健)'이고, 이 괘상의 뜻을 상징하는 사물은 하늘·조정·군(君)·부(父)·머리·옥·금·추위·얼음·대적(大赤)·말·목과(木果)·용·옷 등이다. '언(言)'은 한 괘의 괘사(卦辭)·효사(爻辭)를 가리킨다. 예를 들어, 건괘의 괘사는 "건(乾), 원형리정(元亨利貞)"이고, 그 첫 효의 효사는 "초구(初九): 잠룡물용(潛龍勿用)"이다. '의(意)'는 괘상 및 그것이 나타내는 사물에 담긴 뜻을 가리킨다. 예를 들어, 건괘에 포함된 뜻은 강건(剛健)으로, 이런 뜻은 성인이 괘를 만들 때 괘상 속에 포함시켰다고 여겨졌다. 왕필의 《명상》은 먼저 '상'·'언'·'의' 세 가지의 관계를 토론하는 것으로 시작한다.

왕필이 보기에, 파생의 관계로 보자면 '괘언(卦言)'은 '괘상(卦象)'으로부터 파생되었고, '괘상'은 또 '괘의(卦意)'로부터 파생되었다. 따라서 '괘의'는 한 괘의 뿌리이다. 기능의 각도에서 보면, 괘언은 '괘상'을 설명하는 것이고, '괘상'은 '괘의'를 상징하는 것이고, '괘언'과 '괘상'의 관계는, 예를 들면 토끼를 잡는 기구와 토끼의 관계와 같아서, '제(蹄)'는 토끼를 잡는 도구이고, '괘언'은 괘상을 표현하는 것이다. '괘상'과 '괘의'의 관계는 물고기를 잡는 기구와 물고기의 관계와 같아서, '전(筌)'은 물고기를 잡는 도구이고, 괘상은 괘의 뜻을 표시하는 것이다. 왕필은 여기서 제토(蹄兎)·전어(筌魚)의 관계로 '괘언'과 '괘상'·'괘상'과 '괘의'의 관계를 비유하였으니, 이중적 의미가 있다. 첫째, '괘언'에는 '괘상'을 충분히 표현하는 기능이 있고 '괘상'에는 '괘의'를 충분히 표현하는 기능이 있다는 것을 밝힌 것으로, 즉 "괘의를 다 밝히려면 괘상 만한 것이 없고, 괘상을 다 밝히려면 괘언 만한 것이 없으며", "괘의는 괘상으로 다하고, 괘상은 괘언으로 드러난다". 둘째, '괘언'과 '괘상'은 '괘의'에 대해서 하나의 도구요 하나의 수단일 뿐으로, 이런 도구와 수단은 목적에 이미 도달하면 즉 이미 '득의(得意)'한 뒤에는 폐기물이 되고, 심지어 장애물이 될 수도 있으니 잊어도 되고 또한 잊어야 한다는 것을 밝힌 것이다.

'상'·'언'·'의' 세 가지의 관계에 대해 위에서 말한 학설에 기초하여, 왕필은 《역》을 풀이하는 자신의 방법을 제시했다. 그 요점은 두 가지이다. 첫째는 '괘언을 살펴서 괘상을 보고' '괘상을 살펴서 괘의를 보는' 것으로, 바로 '괘언'에 근거하여 '괘상을 얻고' '괘상'에 근거하여 '괘의를 얻는' 것이다. 예를 들면, '곤괘(坤卦)'의 괘사는 '원형(元亨), 리빈마지정(利牝馬之貞)'으로, 왕필은 "말은 밑에서 다니며, 또한 암컷이니, 지극히 순하다. 지극히 순하고 나서야 누리니, 그러므로 오직 암말에게만 이로운 것이 정(貞)이다"[2]라고 했다. 이는 바로 우선 '괘언'으로부터 '암말'의 상(象)을 얻고, 다음으로 암말은 위에 있지 않고 아래에 있으며, 하늘에서 날지 않고 땅을 다니며, 또한 암컷이라는 성질로부터 '지극힌 순하다'는 괘의를 파악한 것이다. 둘째는, 상(象)을 얻은 뒤 '괘언'을 잊고, 의(意)를 얻은 뒤 '괘상'을 잊는 것이다. 예를 들면, '건(乾)'의 괘의가 '건(健)'이라는 것과 '곤(坤)'의 괘의가 '순(順)'이라는 것을 이해했으면, 이들 의미를 상징하는 데 쓰였던 말·소의 상(象)과 이들 '괘상'을 설명하는 데 쓰였던 괘사·효사 및 ☰·☷ 등과 같은 부호는 잊어도 되고 잊어야

2) 《周易注·坤》: "馬, 在下而行者也, 而又牝焉, 順之至也. 至順而後乃亨, 故唯利于牝馬之貞."

한다는 것이다.

상술한 왕필의 학설에서 '상(象)'은 단지 '언'과 '의'의 매개일 뿐이므로, 따라서 이런 방법이 '득의재망언(得意在忘言)' 설이라고 간단히 부를 수 있는 것이다.

'득의재망언(得意在忘言)'의 《역》 해석 방법을 제시한 이후, 왕필은 이어서 한대 유학자의 《역》 해석 방법에 대한 비판으로 돌아섰다. 한대 유학자의 《역》 해석 근본 오류는 '존상망의(存象忘意)'에 있다고 그는 보았다. 예를 들면, 그들은 '말'이라는 '괘상'과 '건괘'의 관계를 고정시켜 '문자를 살펴서 괘를 찾았으니', 만약 한 괘에 '말'는 있는데 '건'은 없으면 견강부회하여 '호체(互體)'·'괘변(卦變)'·'오행(五行)' 등 왜곡된 방법을 만들어내, 결과적으로 요령을 얻지 못하고 지극히 번쇄하게 되었다.

왕필이 《역》을 해석하는 방법으로 '득의재망언' 설을 채택한 것은 합리성이 매우 크며 그가 한대 유학자를 비판한 것도 요해처를 맞춘 것이라고 인정해야 할 것이다. 《역경》은 본래 점복서(占卜書)로, 체계적 철학 사상은 없었다. 《주역대전》 작자들은 그것이 '연구가 매우 깊고' '천하의 도를 포괄한' 철학서라고 해석하고, 경(經)을 주석하는 방식을 통하여 '태극' '음양'을 핵심 관념으로 하는 전체적 철학 체계를 완성했다. 그들이 사용한 방법은 다양했지만 주요 방법은 '괘획' 및 괘사와 효사가 미치는 사물 속에서 뜻을 이끌어내는 것이었다. 《주역대전·계사상》에서 "성인은 괘상을 세워서 뜻을 모두 표현하였으며, 괘를 만들어서 진실과 거짓을 모두 드러냈다. 계사(繫辭)란 그 말을 다 한다는 것이다"[3]라고 했다. 또 "건(乾)은 강건하여 사람들에게 평이함을 보여주고, 곤(坤)은 유순하여 사람들에게 간략함을 보여준다. 효(爻)는 이것을 본받은 것이고, 상(象)은 이것을 모방한 것이다"[4]라고 했다. 《주역대전》 작자들이 보기

3) 《周易大傳·繫辭上》: "聖人立象以盡意, 設卦以盡情僞. 繫辭焉, 以盡其言."

에 '괘획'·'괘상'·'괘효사' 등은 바로 성인이 철학의 의미를 밝히는 도구로, '상'·'언'·'의'의 관계는 일반적 의미에서의 '사물 현상과 언어'·'언어와 사상'의 관계가 아니라, '유체(喻體)'·'유체(喻體)의 뜻을 보여주는 언어 및 유의(喻義)' 사이의 관계이다. 이런 의미에서 왕필의 토끼와 물고기를 잡는 비유는 정확한 것이며, 그가 주장한 '득의재망언'설 역시 《주역대전》의 방법을 계승하고 발전시킨 것이라 하겠다. 《주역대전》의 이런 방법은 옛사람을 숭배하는 기풍이 만연한 고대사회에서 사상을 해방시키는 중요한 수단으로, 경학의 형식 범위 안에서 철학을 발전시킬 천지(天地)를 사람들에게 제공해주었다. 한대 유학자의 방법은 이와 정반대로, '괘상'·'괘사'에 파묻혀서, '역학'을 번쇄한 철학의 진흙 구덩이로 끌어들이고, 《주역대전》이 개창한 전통이 중간에 거의 끊어지게 하기에 이르렀다. 왕필의 방법은 철학과 경학의 다리를 다시 건설하여, 중국철학 발전에 대해 매우 심원한 의미를 갖게 되었음을 알 수 있다.

'득의재망언'설은 《역》을 해석하는 방법일 뿐만 아니라, 왕필 쪽에서는 또한 《논어》·《노자》등 고대 전적을 주석하는 방법과 일반적 철학의 방법으로 사용되었다. 하지만 이 경우 왕필은 상·언·의의 의미와 관계에 대해서 모두 다른 해석을 했다.

고대 전적을 주석하는 방법의 하나로, 왕필은 '상'을 버리고 단지 '언'·'의'의 관계만을 논했다. 여기서 '언'은 언어·문자를 가리키고 '의'는 생각을 가리킨다. 왕필이 보기에 성인이 책을 저술하고 학설을 세운 것은 언어에 생각을 깃들이는 것이었다. 왕필은 "이론 및 주장을 세우고 세상에 남기는 것은 성(性)을 통하게 하려는 것이고", "문장을 남겨서 뜻을 담아 전달하는 것은 나쁜 것을 바로잡기 위함이다"[5]라고 여겼다.

---

4) 《周易大傳·繫辭下》: "夫乾, 確然示人易矣; 夫坤, 隤然示人簡矣. 爻也者, 效此者也; 象也者, 像此者也."

이에 근거하여 왕필은 고대 전적을 주석할 때 문자에 구애받지 않고 그 뜻을 통하는 것에 주의를 기울였다. 예를 들어, 《논어》에 "선생님께서 '군자이면서 어질지 않은 사람은 있을지라도, 소인이면서 어진 사람은 없다'고 말씀하셨다"[6]는 말이 나온다. 글자의 표면상 의미로 보자면 공자는 어질지 않은 군자가 있는 것을 인정한 것으로 보인다. 한대 유학자는 글자의 뜻에 얽매여서, 이 말을 주석할 때 매우 곤란을 느꼈다. 그러나 왕필은 "군자의 경우를 과장하여 소인을 질책한 말로, 군자는 어질지 않은 사람이 없다"[7]고 했다. 공자가 여기서 사용한 것은 '가언(假言)' 즉 비유·과장의 말로, 진실한 의미는 글자의 표면적 의미와 달라서, 군자는 불인한 경우가 없다는 것이다. 왕필은 이렇게 뜻이 통하는 것을 중시하는 방법으로 《논어》·《노자》를 주석하여, 한대(漢代) 경학 스승들이 오랜 관습을 고집하느라 번쇄하게 늘어놓은 것을 쓸어버리고, 뜻이 통하면서 글자로 의미를 해치지 않는 새로운 기풍을 개척했다. 이런 방법은 왕필과 다른 위진 현학가가 유가·도가 두 학파의 학문을 이해하는 편리한 법문이 되어, 위진 철학이 한대 경학의 울타리를 깨고 스스로 발전하는 데 적극적 영향을 끼쳤을 뿐 아니라, 이후 불교학자와 유가학자가 불학을 중국화하고 송명이학을 일으키는 데 영향을 끼치는 역사적 계기의 하나가 되었다.

철학의 방법으로서 왕필은 '의(意)'·'상(象)'·'언(言)'의 파생 관계 순서를 '상'·'언'·'의'의 파생 관계 순서로 바꾸었다. 즉 '언'은 '상'에서 생기고, '언'에는 각각 '의'가 있다. 예를 들면 그는 "명칭은 형상에서

---

5) 《王弼集校釋·論語釋疑·陽貨》: "立言垂教, 將以通性. …… 寄旨傳辭, 將以正邪".

6) 《論語·憲問》: "子曰: '君子而不仁者有矣夫, 未有小人而仁者也.'"

7) 《王弼集校釋·論語釋疑·憲問》: "假君子以甚小人之辭, 君子無不仁也."

생기고, 호칭은 이르러 구하는 데에서 나왔다"[8]고 했고, "도(道)·현(玄)·심(深)·대(大)·미(微)·원(遠)의 말은 각각 그 뜻이 있다"[9]고 했다. 여기서 '형상(形狀)'은 바로 '상(象)'으로, 형상이 있는 구체적 사물을 가리키며, 이것들은 '명(名)'의 근거이며, '출의(出意)'의 도구가 아니다. 명칭·호칭은 바로 '언(言)'으로, 주로 명사·개념을 가리킨다. '의(義)'는 '의(意)'로, 명칭·개념의 의미를 가리킨다. 왕필이 보기에, '언'은 '상'에서 생기기 때문에 "'언'은 반드시 모두 있어야 하고"[10], 어떠한 명칭·언사(言辭)든 모두 '형'이 있고 '상'이 있는 사물에 미쳐야 하고, "그 명칭이 있으면 반드시 그 형체가 있고, 그 형체가 있으면 반드시 그 구분이 있어"[11], 일정한 명사 개념은 일정한 구체적 사물과 연결되어 있고, 일정한 구체적 사물은 또한 세계의 일부분일 뿐이다. 이와 같이 명칭 및 그 의미 역시 세계의 어느 일부분만 반영할 수 있을 뿐으로, 모두 '불겸(不兼)' 즉 전면적이지 않고 '부진(不盡)' 즉 모두 포괄하지 않는 폐단이 있어서, 무형무상의 만물 본체인 '무(無)'를 완전하고 진실되게 표현할 수 없다. 왕필이 보기에 이 본체는 동시에 세계의 전체이기도 하다. 이에 근거하여 왕필은 정확한 인식은 '상(象)'·'언(言)'·'의(意)'에서 머물거나 집착할 수 없고, 마땅히 '언(言)으로 하지 않는 것을 주로 하고', '명(名)으로 하지 않는 것을 상(常)으로 하고'[12], '명(名)'·'언(言)'을 향도로 삼아 "그것이 귀착할 곳을 찾아서"[13] "항상 사물의 극한에서는 반드시 그 말미암

8) 《王弼集校釋·老子指略》: "名號生乎形狀, 稱謂出乎涉求."
9) 《王弼集校釋·老子指略》: "道、玄、深、大、微、遠之言, 各有其義."
10) 《世說新語·文學》: "言必及有." 《王弼集校釋·附錄》(中華書局, 1980년) 645쪽에서 재인용.
11) 《王弼集校釋·老子指略》: "有此名必有此形, 有此形必有其分."
12) 《王弼集校釋·老子指略》: "不以言為主", "不以名為常".
13) 《王弼集校釋·老子指略》: "尋其所歸."

은 바의 종지를 밝혀야 한다"[14]는 목적에 도달해야 한다고 생각했다. 즉 '유상(有象)'으로부터 '무상(無象)'에 이르고, '유명(有名)'으로부터 '무명(無名)'에 이르고, 각각 그 뜻이 있는 것에서 여러 뜻이 모여드는 것에 이르고, 이에 따라 '상(象)'·'언(言)'·'의(意)'의 한계를 초월하여, '언(言)을 초월하고 상(象)을 끊어버려' '무(無)'를 직각하는 것에 도달해야 한다고 보았다. 왕필의 이러한 방법은 실질적으로 감각·지각·표상(表象)으로부터 추상적 사유로 들어가고, 다음으로 추상적 사유로부터 추상적 사유를 초월한 '직각'의 경지로 들어가는 방법임이 매우 뚜렷하다. 왕필의 이러한 방법은 어느 정도 진리의 알갱이를 포함하고 있다. 예를 들면 명사 개념이 세계 전체를 파악하는 측면에서의 한계성을 정확하게 지적하고, 사유의 추상적 한계성을 돌파하여 더욱 높은 수준에서 세계를 파악하고 객관적 실재를 파악할 것을 요구했다. 이런 생각은 당시에는 매우 깊고 매우 귀한 것이었다. 그러나 왕필은 명사 개념 의미의 확정성 측면을 지나치게 강조하여, 개념의 융통성 측면을 보지 못했고, 따라서 왕필은 사유의 추상성에서 사유의 구체성으로 상승하는 정확한 방법을 찾지 못하고, 단지 직각(直覺)에 도움을 요청할 수 있을 뿐이었다. 직각이 창조성 사유가 된다는 면에서 없앨래야 없앨 수 없는 지위와 작용이 있다는 것은 의심의 여지가 없다. 그러나 왕필은 그것을 세계 전체를 인식하는 기본 방법으로 보아, 사람들에게 '근본을 닦고 말을 폐기'[15]할 것을 요구했다. 즉 명사 개념을 사용하지 않고 순전히 직각에 맡기어 세계 전체를 파악하였으니, 이것은 신비주의와 몽매주의에 빠지지 않을 수 없었다.

---

14) 韓康伯《繫辭注》에서 王弼의 《大衍義》를 인용 : "常於有物之極, 而必明其所由之宗." 《王弼集校釋·周易注附》(中華書局, 1980년) 548쪽에서 재인용.
15) 《王弼集校釋·論語釋疑·陽貨》 : "修本廢言."

왕필의 '득의재망언' 설은 그 당시 및 후대의 경학·철학·종교 신학에 영향을 끼쳤을 뿐 아니라 또한 그 당시 및 후대의 문학예술에도 영향을 끼쳤다. 위진 문학예술은 '준영(雋永)'·'은수(隱秀)'·'전신(傳神)'을 앞다투어 숭상하였으니, 그 이론적 근거는 모두 '득의재망언' 설이다. 형상사유에 속하는 문학예술 영역 안에서 '득의재망언' 설은 매우 정확하고 생명력이 있어, 중국 문학예술 풍격의 형성에 거대한 긍정적 작용을 했다는 것을 인정해야 한다.

(2) '본말'과 '체용'

중국 고대철학은 내용이 매우 풍부하다. 그 중 가장 중요한 부분으로 세 가지를 들 수 있다. 첫째는 '우주론' 즉 세계관, 둘째는 '인생론' 즉 사회역사관·인생관·윤리학, 셋째는 '치지론(致知論)' 즉 인식론·방법론이다. 그 중 우주론은 또한 두 측면의 큰 문제를 포함하고 있다. 하나는 세계 만물의 본원·존재의 근거와 통일성 문제로, 이것을 서양철학의 옛 명사로 말하면 우주본체론이고, 중국철학의 옛 명사로 말하면 본근론(本根論)이다. 또 다른 하나는 세계 만물의 발생·변화·규칙 문제로, 이것을 서양철학의 옛 명사로 말하면 우주발생론이고, 중국철학의 전통 명사로 말하면 대화론(大化論)이라고 할 수 있다. 중국철학에서 상술한 내용이 형성되기까지 역사적 과정이 있다. 그중 우주론 부분은 기본적으로 노자(老子)에게서 창시되었다. 노자는 도(道)가 천지 만물의 본원과 존재의 근거라고 보았다. 그의 학설에는 우주본체론 학설도 있고 우주발생론 학설도 있다. 한대 철학은 우주발생론 연구에 비교적 치중하여, 우주본체론에 대해서는 깊은 토론이 없었다. 위진(魏晉) 현학(玄學)은 이와 반대로 우주발생론 연구를 중시하지 않고 우주본체론 연구를 중시했다. 특히 천지 만물의 존재 근거와 통일성 연구를 중시했다. 왕필은 이 변화를 촉진시킨 주요 인물이다. 왕필이 보기에, '무(無)'는 천지 만물의 본원과 존재의 근거로, '무'에 '만유(萬有)'도 포함되어 있어 모든 것을 포용하니, '무'는 또한 '전(全)'이기도 하다. 왕필의 이런 관점은 비록 최종 결론으로 보면 오류지만, 그가 이 우주 본체 문제를 철학의 가장 중요한 문제로 두드러지게 드러내 깊이 토론한 것은 중국철학 발전에 큰 공헌이 아닐 수 없다. 동시에 왕필은 이 문제를 논증할 때 '본말(本末)'·'체용(體用)' 범주를 끌어들여, 진리의 요소가 포함된 몇몇 관점을 발표하여, 이 역시 중국철학에 끼친 중요한 공헌이다.

'본말(本末)'의 본뜻은 나무의 뿌리와 우듬지이다. 왕필은 '본말'의 이 본뜻으로부터 여러 가지 의미를 이끌어내, '무'와 '유' 사이의 다양한 관계를 서술했다. 예를 들어, 나무의 가지와 잎은 뿌리에서 자라난 것으로, 따라서 본말 관계는 우선 본원과 파생의 관계이다. 나무의 줄기는 오직 뿌리 하나이고 가지와 잎은 수천 수만으로, 따라서 본말 관계는 또한 '일(一)'과 '다(多)'의 관계이다. 나무의 뿌리는 나무의 주체로, 가지와 잎에 비교하면 훨씬 중요하므로, 따라서 본말 관계는 또한 주체와 종속·종주(宗主)와 부용(附庸)의 관계이다. 나무의 가지와 잎은 뿌리에 의존하여 존재하고 뿌리 자체는 의존할 것이 없으므로, 따라서 본말 관계는 또한 독립 존재와 의존 존재의 관계이다. 나무의 주간(主幹)은 또한 수천 수만 가지와 잎을 연결하여 하나의 완전체를 이루는 작용을 하니, 따라서 본말 관계는 또한 뿌리를 위주로 통일된 관계이기도 하다. 왕필은 "자연지도(自然之道)는 또한 나무와 같다"[16]고 했다. 이를 통해, 왕필의 마음속의 세계는 '무'를 뿌리로 하고 '유'를 가지와 잎으로 하는 정체(整體)라는 것을 우리는 알 수 있다. 왕필이 '무'를 세계 만물의 본체로 본 것은 분명히 오류이다. 하지만 그가 이 '본말'이라는 범주로 중국철학

16) 《老子注》 제22장 : "自然之道, 亦猶樹也."

중 본체의 함의와 본체와 사물의 관계를 빠짐없이 포괄시킨 것은 하나의 공헌이다. 동시에 그는 '무'와 '유'는 동일한 실재의 다른 부분이고, '무'와 '유'는 모두 진실로 존재하는 것이고, 아울러 분리할 수 없이 연결된 것임을 인정했다. 따라서 이런 유심주의 본체론은 서양의 유심주의 본체론과 다르다. 서양의 유심주의 본체론은 종종 현상(現象)은 실재하지 않는 허황된 것이고 유일한 실재는 현상을 초월한 본체라고 여긴다. 이런 유심주의 본체론과 비교하면, 왕필이 견지한 오직 하나의 통일된 세계가 있다는 관점, '본말' 모두 진실로 존재한다는 관점, 본체는 현상 속에 있다는 관점은 모두 진리의 알갱이라고 할 수 있으며, 유심주의 체계 속에 포함된 유물주의 요소라고 할 수 있다. 왕필의 이런 정확한 관점은 위로는 진·한의 기풍을 이어받고 뒤로는 송명의 학풍을 열어, 중국의 특색을 지닌 본체론 전통의 형성에 중요한 공헌을 했다.

'체(體)'의 본래 뜻은 '일단(一端)'과 '형체(形體)'이다. 삼태기 쓰고 지팡이 짚은 노인이 공자를 "사지를 부지런히 움직이지 않고, 오곡을 분별할 줄 모른다"[17]고 비판했다고 《논어》에 기록되어 있는데, 원문의 '체(體)'는 지체(肢體)의 뜻으로, 두 팔과 두 다리이며, 합해서 사체(四體)라고 했다. 《예기(禮記)·대학(大學)》에서 "심광체반(心廣體胖)"이라고 했는데, 이 '체(體)'는 신체를 말한다. 왕필이 말한 '체'는 각종 뜻이 있다. 예를 들면 신체(身體)의 체(體), 형체(形體)의 체(體)로, 이런 '체'는 모두 형상이 있는 것이다. 왕필은 또 '무(無)'의 '체'를 말하였으니, 이런 '체'는 무형무상의 것으로, 파생 의미로서의 '체'이며, '무형지체(無形之體)'라고 할 수 있어, 그 의미는 오늘날 우리가 말하는 '존재(存在)'와 같다고 할 수 있다. 왕필이 보기에, '무'는 비록 말할 수 있는 형체가 없지만 모든 형체 있는 사물의 '본(本)'이다. 따라서 만물은 모두 '유형의 체'와

17) 《論語·微子》: "四體不勤, 五穀不分."

'무형의 체' 두 부분으로 구성된다. 그가 "청(淸)은 청(淸)이 될 수 없고, 영(盈)은 영(盈)이 될 수 없으니, 모두 그 모(母)가 있어서 그 형체가 존재하며", "만물은 모두 각각 이 일(一)을 얻어서 이루어진다"[18]라고 말한 것과 같다. 인용문 중에서 '모(母)'·'일(一)'은 모두 '무(無)'를 가리킨다. 왕필은 또 이런 상황은 고정불변하는 것이 아니어서, 만약 사물이 "이루어졌으되 일(一)을 버리고 이루어진 상태로 있으려고" 하면 "그 모(母)를 잃어서"[19] 사망을 향하여 간다고 보았다. 이런 "일(一)을 버리고 이루어진 상태로 있으려고 하는" 물(物)이 "체(體)가 형(形)에서 다한 것"[20] 즉 체를 잃은 무형의 물(物)이라고 왕필은 보았다. 종합하면, 왕필이 보기에 '체'가 형(形)에서 다하지 않으면 존재하고, '체'가 형에서 다하면 사망하니, 이것이 바로 이른바 "만물이 비록 귀하지만, 무(無)를 용(用)으로 삼으니, 무(無)를 버리고 체(體)가 될 수 없다"[21]는 것이다. 이런 사상을 형상적으로 말하면, 만물은 '무'라는 주간(主幹)에 총생(叢生)하는 가지와 잎이며, 만물은 만물 자체와 '무'로 구성되며, 만물의 존재는 '무'라는 이 주간을 벗어나 존재할 수 없고, 일단 벗어나면 가지와 잎이 근간을 벗어난 것처럼 필시 사망하게 되어 있다는 것이다. 이런 사상은 명백히 오류이다. 그러나 왕필이 이 '체'라는 개념을 명확하게 추상적 의미로 사용한 것은 중국철학 범주 발전사에서 일정한 의의를 지니는 동시에 또한 구체적 사물은 오직 만물과 서로 관계된 속에서 존재할 수 있다는 사상을 왜곡된 형식으로 표현하였으니, 이런 사상 또한 인정해야 할 것이다.

18) 《老子注》 제39장 : "淸不能爲淸, 盈不能爲盈, 皆有其母, 以存其形", "物皆各得此一以成".
19) 《老子注》 제39장 : "旣成而舍一以居成", "失其母".
20) 《老子注》 제39장 : "體盡於形."
21) 《老子注》 제38장 : "萬物雖貴, 以無爲用, 不能舍無以爲體也."

'체·용'은 한 쌍의 범주로, 한 사물의 실체와 작용을 가리킨다. 왕필이 보기에, 만물은 무형의 '체'를 포함하고 있고, 이 무형의 '체'는 또한 만물이 작용을 가지고 있는 근거이기도 하다. 그는 "유(有)가 이익이 되는 것은 모두 무(無)에 의지하여 쓰이기 때문이다"22)라고 했다. 이와 같이 '체·용' 관계에서 왕필은 자연스럽게 '체·용' 통일의 경향을 표현했다. 그가 보기에 만물의 '체'는 '무'이며, 작용을 일으키는 것 역시 '무'이다. 이런 경향은 당대(唐代) 최경(崔憬)·공영달(孔穎達) 등을 거치면서 점차 명확해져서, 송대(宋代) 정이(程頤)에 이르러 비로소 "체용일원(體用一源), 현미무간(顯微無間)"23)의 명제로 명확하게 개괄되었다. 이런 '체용일원'의 관점은 또한 중국 고대철학이 일관되게 견지하는 우수한 전통이기도 하다. 비록 유물주의와 유심주의자 각자가 말하는 '체용일원'은 구체적 의미상 본질적 구별이 있지만, 이 명제로 말미암아 '본체'와 '사물'·'본체'와 '기능'의 밀접한 관계를 인정하였으니, 따라서 설령 유심주의에서라도 긍정적 의미가 있다.

(3) '명교(名教)'와 '자연(自然)'

위진 현학은 유가·도가 두 학파의 학설을 융합하는 과정에서 곤경을 만났다. 유가는 '명교(名教)'를 귀하게 여기고, 도가는 '자연(自然)'을 추구한다는 것이다. '명교'란 우리가 흔히 말하는 봉건 예교로, 정명(正名)·정분(定分)을 중심으로 한다. 그러므로 '명교'라고도 하는 것이다. 정명(正名)은 군신(君臣)·부자(父子)·형제(兄弟)·부부(夫婦)·붕우(朋友) 등의 '명(名)'에 근거하여 상응하는 신분을 지닌 사람들 하나하나를 살피고

22) 《老子注》 제11장 : "有之所以為利, 皆賴無以為用也."
23) 《程氏易傳序》 : "體用一源, 顯微無間."

규정하고 그들에게 요구하여, 해당 신분에서 갖추어야 할 권리 의무와 도덕 성품을 성실하게 지키게 하는 것이다. '정분(定分)'은 군신·부자·형제·부부·붕우 등의 '명'에 근거하여 한 사람 한 사람의 사회에서의 지위 및 지켜야 할 도덕을 규정하는 것으로, 예를 들면 군주는 신하에게 어질어야 하고, 신하는 군주에게 충성해야 하고, 부모는 자녀에게 인자해야 하고, 자녀는 부모에게 효도해야 하는 것 등이다. 유가는 이런 정명·정분의 방법으로 세상 사람들을 교화하여, 위배하는 사람은 징벌하고 잘 지키는 사람은 표창하고 장려하여, 봉건적 사회 정치 제도와 종법적 가정 질서를 유지 보호하자고 주장한다. 왕필의 저작에서 '자연(自然)'은 사람의 의식적 가공과 개조를 거치지 않은 저절로 그런 상태를 가리키며, 이것이 만물의 본성이라고 보았다. 유가는 정명·정분의 방법으로 나라를 다스릴 것을 주장하고, 도가는 무위이치(無為而治) 즉 자연에 순응할 것을 주장한다. 하나는 유위(有為)이고 하나는 무위(無為)이니, 자연스럽게 충돌이 발생한다. 위진 현학은 왕필로부터 시작하여 이 충돌을 해결할 것을 힘써 도모했다. 왕필의 관점은 대체로 다음 몇 가지 뜻이 있다.

첫째, 등급 명분은 성인이 '질박함이 흩어져서 기물이 만들어지는' 자연 상황에 순응하여 만들어진 것이다.

왕필은 《노자》 제28장 "박산즉위기(樸散則為器), 성인용지즉위관장(聖人用之則為官長)"이라는 말을 주해할 때 "박(樸)은 진(真)이다. 진(真)이 흩어지면 '모든 행태'가 나오고, 온갖 다른 부류가 생기니, 마치 기물과 같다. 성인은 그것들이 분산됨에 따라 장관을 세운다. 선한 자를 스승으로 삼고, 선하지 않은 자를 대상[資]으로 삼아, 풍속을 바꾸도록 하여, 다시 하나로 돌아가도록 한다"고 했다. 《노자》 제32장 '시제유명(始制有名)'이라는 말을 주해할 때 "시제(始制)란 박(樸)이 흩어져서 처음으로 장관을 만들 때를 말한다. 처음으로 장관을 만들 때는 명분을 세우고 존비를 정하지 않을 수 없다. 그러므로 시제(始制) 때 명(名)이 있었다"고 했다. 이 두 말의 대의를 정리하자면, 인류는 원시의 순박한 상태를 벗어난 이후 분화가 생겨서, 각양각색의 도덕 품행과 각종 유형의 사람이 생기고, 천 가지 만 가지 유형의 만물이 생겼으니, 이것이 바로 '박(樸)이 흩어져서 기(器)가 된' 것이다. 성인은 이런 분화에 순응하여 각종 장관을 설립해서, 선한 사람이 스승이 되어 선하지 않은 사람을 교화하여 선으로 돌아가게 하여, 이로써 풍속을 바꾸어 원시의 순박한 상태를 회복하게 하는 목적에 도달하게 한다. 장관이 있으면 갖가지 다양한 '명분'을 세워서 사람의 존비 등급을 규정하지 않으면 안된다. 왕필은 '형(形)'·'명(名)'·'분(分)' 세 가지 관계를 다음과 같이 규정했다. "명(名)은 형(形)에서 생기고", "명(名)은 반드시 분(分)이 있다"[24]. '명'은 한 사물의 고유한 '형'에 근거하여 정하고, '형'은 일정한 대(大)·소(小)·장(長)·단(短) 범위가 있으니, 그러므로 '명'에도 일정한 의미가 있다. 인류사회로 말하면, '형'은 사람의 품행·유별이고, '명'은 성인이 이런 '형'에 근거하여 세운 신분 등급이고, '분'은 각종 신분 등급이 저절로 지닌 권리 의무이다. 종합하면, 등급 명분은 성인이 인류의 분화상태와 고유한 상태에 근거하여 창립한 것이며, 또한 등급 명분은 인류 분화의 자연 상태를 근거로 한 것이라고 왕필은 보았다.

둘째, '명분'은 비록 '존비(尊卑)를 결정'하는 작용이 있지만, 국가를 다스리는 근본은 아니다. 따라서 "형명(形名)을 세워서 만물을 제한"[25] 해서도 안되고, '상명(尙名)'해서도 안되고, 명분으로 사람을 고찰하고 징벌하는 도구로 삼아도 안되고, 표창하고 장려하는 방법으로 명분을 유지해도 안되며, 반대로 오직 '불언지교(不言之教)를 실행'해야만 등급

---

24) 《王弼集校釋·老子指略》: "凡名生於形", "名必有所分".

25) 《老子注》 제27장 : "立形名以檢於物."

명분을 유지할 수 있고, 도덕 준칙을 준수할 수 있다. 왕필은 말했다. "형(形)으로 용(用)하지 않고, 명(名)으로 어(御)하지 않으니, 그러므로 인의(仁義)가 드러날 수 있고, 예경(禮敬)이 밝혀질 수 있다. 무위(無為)의 '도'로 만물을 두루 포용하고, 무명(無名)의 '박(樸)'으로 전체 국면을 진중하게 지키면, 사람들은 허위의 명(名)을 숭상하지 않고 분(分)하지 않은 이(利)를 추구하지 않고, 각자 해야 하는 일을 하고, 아울러 진심으로 할 것이니, 그러면 인덕(仁德)이 두터워지고, 행의(行義)가 바르게 되고, 예경(禮敬)이 맑게 된다. 만물을 두루 포용하는 큰 도를 버리고, 자기가 살게 한 근본을 버리고, 기성의 등급과 명분을 가지고 총명한 자에게 시키면, 인(仁)은 숭상하고, 의(義)는 경쟁하고, 예(禮)는 다투려고 한다. 그러므로 인덕(仁德)의 두터움은 인(仁)을 사용하여 할 수 있는 것이 아니며, 행의의 바름은 의(義)를 사용하여 이룰 수 있는 것이 아니며, 예경의 맑음은 예를 사용하여 성취할 수 있는 것이 아니다. 도(道)로 싣고 모(母)로 제어하니, 그러므로 드러나되 숭상하는 것이 없고, 빛이 나되 경쟁하는 것이 없다. 무명(無名)을 사용하므로 명(名)이 두터워지고, 무형(無形)을 사용하므로 형(形)이 이루어진다. 모(母)를 지켜서 자(子)가 존재하게 하고, 본(本)을 숭상하여 말(末)을 키우면, 형(形)과 명(名)이 모두 있으면서 사(邪)가 생기지 않고, 대미(大美)가 하늘에 짝하면서 화(華)가 일어나지 않는다."[26)]

26) 《老子注》 제38장 : "用不以形, 御不以名, 故仁義可顯, 禮敬可彰也. 夫載之以大道, 鎮之以無名, 則物無所尚, 志無所營. 各任其貞, 事用其誠, 則仁德厚焉, 行義正焉, 禮敬清焉. 棄其所載, 舍其所生, 用其成形, 役其聰明, 仁則尚焉, 義則競焉, 禮則爭焉. 故仁德之厚, 非用仁之所能也; 行義之正, 非用義之所成也; 禮敬之清, 非用禮之所濟也. 載之以道, 統之以母, 故顯之而無所尚, 彰之而無所競. 用夫無名, 故名以篤焉; 用夫無形, 故形以成焉. 守母以存其子, 崇本以舉其末, 則形名俱有而邪不生, 大美配天而華不作."

셋째, 이른바 '불언지교(不言之教)를 행한다'는 것은 주로 도덕의 시범을 뜻한다. 왕필은 여러 곳에서 '대도(大道)로 싣고, 무명(無名)을 억누르며', '어미를 지켜 자식을 보존하고, 근본을 숭상하고 말단을 살리며', '말하지 않는 가르침을 행한다' 등을 주장했는데, 모두 이해하기 쉽지 않은 말들이다. 사실 이 말의 주요 의미는 '선인(善人)'·'장관(官長)' 본인들의 진실되고 정성되고 모범적인 도덕행위로 선하지 않은 사람을 인도하고 감화하라는 것이다. 예를 들면 그는 《노자》 제58장 "성인방이불할(聖人方而不割), 렴이불귀(廉而不劌), 직이불사(直而不肆), 광이불요(光而不耀)"[27]라는 말을 해석하면서 "방(方)으로 백성을 해치는 것이 아니라, 방(方)으로 백성을 이끌어 나쁜 것을 없애도록 하며", "렴(廉)은 청렴(清廉)이고, 예(劌)는 베어 다치게 하는 것으로, 청렴으로 백성을 베어 상처를 주는 것이 아니라, 청렴으로 백성을 이끌어 더러운 것을 없애도록 하며", "정직으로 백성을 격분하게 하지 말고, 정직으로 백성을 이끌어 나쁜 것을 버리게 하며", "드러내지 말아야 할 것을 빛으로 비추는 것이 아니라, 어떻게 길을 잃었는지 빛을 비추어 알게 한다는 것이다"라고 했다. 원문에서 '물(物)'은 '민(民)'을 가리키고, 사(邪)·오(汚)·벽(僻)·은닉(隱匿)은 각종 부도덕한 행위를 가리킨다. 위 말은 정직과 청렴의 미덕으로 백성을 이끌어서, 그들이 스스로 부도덕한 행위를 없애게 해야지, 정직과 청렴이 백성을 찌르고 상해를 입혀서 백성과 충돌하는 도구로 변하도록 하지 말아야 하며, 지혜의 빛으로 백성을 이끌어서 도덕에서 길을 잃은 원인을 알게 해야지, 백성이 도덕상 공개할 수 없는 과오를 발견하도록 하면 안된다는 것이다. 왕필은 "내가 사람을 가르치는 것은 억지로 그렇게 하도록 하는 것이 아니라, 저절로 그렇게 되게 한다"[28]고

27) 《老子》 제58장 : "聖人方而不割, 廉而不劌, 直而不肆, 光而不耀."
28) 《老子注》 제42장 : "我之教人, 非強使從之也, 而用夫自然."

했다. 하라고 억지로 요구하지 않고 이끄는 것을 귀하게 여기는 것이 바로 '용부자연(用夫自然)'이요, 또한 '불언지교를 실행'하는 것이요, '근본을 숭상하고 말단을 쉬게 하는' 것이기도 하다.

종합하면, 왕필은 도가 무위이치(無為而治)의 방법으로 유가 명교의 목적에 도달하려고 했다. 이런 주장은 도가가 인·의·예·지를 공격하고 부정한 것과도 다르고, 유가가 등급·명분을 교화의 도구로 삼은 것과도 달라서, 유가와 도가를 융합한 특징을 갖추고 있다.

양한 위진 시대 통치계급은 '효(孝)로 천하를 다스리는' 것을 고취하여, '효도하고 우애 있고 농사에 열심인' 사람은 갖가지 표창과 장려를 받고 관리가 될 수 있었으며, 불효자는 엄정한 징벌을 받고 심지어 죽임을 당하기도 했다. '명교'로 천하를 다스리는 이런 방법은 갖가지 폐단을 낳았다. 한편으로 사람들은 널리 명리(名利)를 취하기 위하여 주무르고 조작했고 심지어 가짜를 만들어내기도 하여, 봉건 도덕을 허위의 것으로 변화시켰다. 다른 한편으로 '명교'는 통치자가 자기와 다른 사람을 죽이는 구실이 되었다. 조조(曹操)가 공융(孔融)을 죽이고, 사마의(司馬懿)가 혜강(嵇康)을 죽인 것이 모두 '불효'를 구실로 한 것이었다. 이런 상황에서 위진 시대에는 기이한 현상이 나타나, "예교를 숭상하고 떠받드는 것이 얼핏 보기에는 아주 괜찮은 것 같지만 사실은 예교를 무너뜨리는 것이었고, 예교를 믿지 않는 것이 얼핏 보기에는 예교를 무너뜨리는 것 같았지만 사실은 예교를 받아들이고 예교를 너무 믿는 것이었다."[29] 왕필은 예교가 명리의 도구가 된 것에 매우 반감을 가졌고, 따라서 앞에서 말한 주장을 제시하여, 이런 상황을 바꾸고 여론을 조성하려고 힘써 시도한 것이다.

---

29) 魯迅, 《而已集·魏晉風度及文章與藥及酒之關係》, 人民文學出版社, 1980년, 109쪽.

왕필이 자연 무위의 방법으로 도덕의 순박한 목적에 도달하려고 시도한 것은 물론 공상에 불과한 것이었다. 그러나 그가 등급·명분을 인류사회 발전과정 중의 필연적 산물로 보고 오직 참되고 성실한 도덕 행위가 있어야 가치가 있다고 여겨서 신교(身教)를 제창한 것은 중국철학사에서 긍정적 영향을 낳았다. 한대의 동중서(董仲舒)는 등급 명분을 '하늘의 뜻'으로 귀결시켜, 신의 의지로 봉건제도·봉건도덕의 기원을 해석했다. 왕필은 등급 명분을 '자연'에 귀결시켜, 인류사회 고유의 분화 현상을 등급 명분의 근거로 삼았으니, 상호 비교하면 왕필의 관점이 비교적 합리적임이 뚜렷하다. 왕필의 이런 관점은 도덕을 종교화하려는 양한의 잘못된 경향을 바로잡았고, 도덕으로 종교를 대신하고 배척하는 선진 이래 우수한 전통을 견지했다. 나중에 송명 이학가가 도덕은 천리 자연이라고 여긴 것은 왕필의 관점과 일부 상통한다. 선진 유자(儒者)는 '어진 사람은 인(仁)을 편안히 여기고, 지혜로운 사람은 인(仁)을 이롭게 여긴다'는 것을 제시하여, 도덕 실천 중 '성(誠)'의 중요성을 강조했고, 왕필은 '사(邪)'를 없애고 '성(誠)'을 존속시킬 것을 주장했고, 송명 유가 역시 '성(誠)·경(敬)으로 존속시킬' 것을 주장했다. 이 학설들은 모두 도덕 행위를 재는 최고표준이 진성(真誠)임을 강조하고, 도덕을 단지 공리를 추구하는 도구로 보는 것을 반대했다. 이는 윤리학 수립에 긍정적이었다. 도덕 생활은 정신생활의 중요 내용으로, 그 내재적 가치가 있으며, 또한 사람과 사람의 관계를 조절하는 효용적 가치도 물론 있다. 그러나 만약 어떤 사람의 도덕 생활이 진실되고 성실하지 않으면 그 도덕은 내재적 가치가 없고, 인간관계를 조절하는 작용도 일으키지 못한다. 왕필은 언어를 사용하지 않는 교육 즉 '신교(身教)'를 '언교(言教)'와 대립시켜, 편파성이 있다. 그러나 그가 신교(身教)를 중시하고 인도(引導)를 중시한 방법은 긍정할 만하다. 도덕은 일반적으로 강제적 방법으로 추진하면 안되며, 사람들이 자각적으로 따르는 것이 필요하다. 왕필은 도덕의

이 특징을 보았으니, 역시 긍정할 만하다. 봉건사회의 도덕은 노동자에게는 기본적으로 정신적 족쇄였고, 통치계급은 자기의 개인적 이익을 위하여 가능하기만 하면 도덕을 위배하려고 했다. 이런 사회에서 도덕의 진실됨을 제창하고, 통치계급이 진실된 도덕 행위로 백성을 감화할 것을 제창하는 것은 사실상 불가능하다. 그러나 왕필은 이런 이론들을 제시하였으니, 새로운 윤리학 체계를 세우려는 오늘날에 와서도 여전히 귀감이 될 만한 의의가 있다.

15 상수(向秀)와 곽상(郭象)

상수(向秀)의 자는 자기(子期)이다. 위(魏)나라 명제(明帝) 태화(太和) 2년(227) 전후에 태어나, 진(晉)나라 무제(武帝) 함녕(咸寧) 3년(277) 전후에 세상을 떠났다. 지금의 하남(河南) 무척현(武陟縣) 사람이다. 위나라 말기 유명한 '죽림칠현(竹林七賢)' 중 하나로, 혜강(嵇康)·여안(呂安)과 친한 친구였다. '죽림칠현'은 당시 통치자 특히 사마의(司馬懿) 부자가 봉건 예교의 명분을 빌어 개인적 이익을 도모한 위선 행위에 매우 불만을 품고 격분하여, 예교를 말하지 않고 예교를 믿지 않고 심지어 예교를 반대하는 입장으로 변했다. 그들은 술을 마실 때 옷을 입지 않고 모자도 쓰지 않았고, 상(喪)을 치를 때 관례로 하던 곡을 하지 않으려고 했고, 아들이 아버지 이름을 직접 불러도 되었다. 그들 중 가장 격렬했던 혜강(嵇康)은 심지어 "탕왕과 무왕을 비난하고 주공과 공자를 가볍게 본다"[1]거나, "명교(名教)를 초월하여 자연(自然)에 내맡긴다"[2]는 주장을 내세우기도 했다. 이 주장은 사마소(司馬昭)가 왕위를 찬탈하는 데

1) 《嵇康集·與山鉅源絕交書》: "非湯武而薄周孔."

2) 《嵇康集·釋私論》: "越名教而任自然."

사상적 걸림돌이 되었다. 이에 사마소는 혜강의 친구 여안이 불효하다는 것을 핑계로 혜강과 여안을 죽였다. 혜강이 피살된 이후, 상수는 자기 군(郡)의 추천에 응하여 조정에 들어가 관리가 되어 사마씨에게 의탁했다. 그러나 그는 혜강·여안과의 우정을 잊지 못해, 《사구부(思舊賦)》를 지어서 깊은 애도를 표했다. 혜강과 왕래하던 기간에 그는 왕필의 '기언출의(寄言出意)' 방법을 채택하여 《장자》를 주석했고, 이를 《장자은해(莊子隱解)》라고 한다.

곽상(郭象)의 자는 자현(子玄)이다. 위제(魏帝) 방(芳) 가평(嘉平) 4년(252) 전후에 태어나 진 회제(懷帝) 영가(永嘉) 6년(312) 전후에 세상을 떠났다. 젊었을 때 노장(老莊)을 좋아하여, 주군(州郡)에서 불러 관리를 하라고 하였으나 하지 않았고, 글을 쓰며 스스로 즐겼다. 나중에 곽상은 진 동해왕(東海王) 사마월(司馬越)의 부름을 받아 태부주부(太傅主簿)를 지내면서 매우 신임을 받아서, '권력을 가지고 내외로 멋대로 행사하여', 여론의 비판을 받았다. 상수가 죽은 이후 곽상은 상수의 《장자은해》의 기초 위에 추가하고 확충하여 《장자주(莊子注)》를 완성하였으나 상수의 이름은 거론하지 않았다. 오늘날 연구에 따르면, 곽상의 주석은 근본적 문제에 대해서 상수의 주석에 근거하였으나 상수의 주석에 비하여 훨씬 원만하고 면밀하다. 따라서 《장자주》는 마땅히 상수와 곽상 두 사람의 작품이라고 해야 한다.

《장자주》는 왕필의 《노자주》·《주역주》의 뒤를 잇는 또 하나의 중요한 현학(玄學) 저작이다. 현학이 《노자》와 《주역》을 밝히는 것을 위주로 하는 첫 번째 단계로부터 《장자》를 밝히는 것을 위주로 하는 두번째 단계로 발전하게 하였을 뿐 아니라, 현학의 지반을 확대하여, "유묵(儒墨)의 자취가 비루해지고, 도가의 말이 드디어 왕성"[3]해지는 작용을 일으키도록

3) 《晉書·向秀傳》: "儒墨之跡見鄙, 道家之言遂盛."

하였다. 《장자주》는 기서(奇書)로, 많은 빼어난 논의와 신선한 견해가 있을 뿐 아니라, 동시에 또한 많은 잘못된 관점과 황당한 결론도 있다. 그 중 합리적 진보적 사상은 열심히 계승하고, 유심주의와 형이상학에 빠진 것에 대해서는 진지하게 분석하여 경험과 교훈을 정리해야 할 것이다.

(1) 만물은 자연을 바른 준칙으로 한다

전국시대에 계진(季真)이라는 사상가가 있었다. 그는 '막위(莫為)'를 주장했다. 바로 자연계의 변화는 인위적인 것이 없으며 어떤 목적도 없다고 여기는 것이다. 이것은 중국 역사상 처음으로 목적론을 반대한 것이다. 또 다른 사상가 접자(接子)는 '혹사(或使)'를 주장했다. 바로 자연계의 변화는 주재 작용을 하는 어떤 것이 있다고 여기는 것이다. 《장자·칙양》에서 이 두 사상가의 관점을 평론했다. 상수와 곽상은 이 평론을 주석할 때 계진의 '막위' 설을 긍정하고 접자의 '혹사' 설을 부정했다. 그들은 "만물은 스스로 그렇게 되는 바가 있으니, 억지로 한다고 하여 잘 할 수 있는 것이 아니다", "만물은 모두 인위적으로 하지 않아도 지나가는 것이다"[4)]라고 제시했다. 만물은 모두 자연의 본성이 있으며, 이 본성은 유위(有爲)가 결정할 수 있는 것이 아니며, 모든 '물'은 자연무위의 길을 통하여 자기의 존재 역정을 완성한다는 것이다. 그들은 또 "천지는 만물을 본체로 삼으며 만물은 반드시 자연(自然)을 바르게 여긴다. 자연이란 억지로 하지 않아도 저절로 그렇게 되는 것이다"[5)]라는 것을 제시했다. 천지는 바로 만물의 집합이고, 자연무위(自然無為)는 만물의

4) 《莊子注·則陽》: "物有自然, 非為之所能也." "凡物云云, 皆由莫為而過去."
5) 《莊子注·逍遙游》: "天地以萬物為體, 而萬物必以自然為正. 自然者, 不為而自然者也."

진상과 본성이라는 것이다. 이와 같이 상수와 곽상은 자연무위를 세계관의 기본 원칙으로 삼았다. 자연무위를 기본 원칙으로 하는 이런 철학을 자연주의라고 할 수 있다.

자연주의는 상수·곽상이 처음 창시한 것은 아니다. 하지만 그들은 '자연무위' '유위(有為)' 등 개념의 의미를 새롭게 규정하여 자연주의에 새로운 내용을 부여했다. 상수·곽상이 보기에, 만물(사람 포함)의 형식·성질과 운동·변화의 규칙은 모두 저절로 갖추어져 있고, 고정불변하는 것으로, 여기서 형식과 성질은 크고 작음, 각진 것 둥근 것, 길고 짧음, 아름다움 추함, 장수 요절 등을 포함하며, 또한 사람이 귀하고 천한 것, 빈부, 도덕이 높은 것 낮은 것, 총명한 것 우둔한 것 등도 포함한다. 이와 같이 저절로 갖추어지고 고정불변하는 형식·성질·규칙을 상수·곽상은 '성(性)'·'분(分)'·'이(理)'·'명(命)'이라고 했다. 상수·곽상이 보기에, 모든 사물의 운동과 작위는, 사람의 행위를 포함하여, 오직 '성분(性分)'의 안에 있으며, 모두 자연무위에 속하는 것으로, 이런 성분 안의 작위를 상수·곽상은 '자위(自爲)'라고 했다. 예를 들면, 사람은 소의 코에 물건을 끼우고 말에게 농두(籠頭)를 씌워서 소·말이 사람을 위해 일하게 한다. 이것은 한편으로는 인류의 자연본성에 부합하고, 다른 한편으로는 또한 소와 말의 자연본성에 위배되지 않으니, 그러므로 자연무위이다. 이런 자연무위는 노자·장자의 자연무위의 원뜻과 아주 다르다. 여기에는 자신의 본성에 기초하고 또한 대상의 자연본성에 위배되지 않는 모든 작위(作為)가 포함된다. '위(為)' 혹은 '유위'는 자연무위의 반대이다. 운동의 주체 입장에서 보자면, 동작이 본성을 통하여 일어나거나 또한 성분(性分)의 제한을 넘지 않으면 자연무위에 속하며, 반대로, 예를 들어 동작이 본성을 통하여 일어나지 않거나 혹은 성분의 제한을 벗어나면 유위이다. 예를 들어, 천지는 만물을 덮고 싣는 본성이 있으며, 배는 항상 수면에 떠 있는 본성이 있다. 이것은 자연무위이다. 또한 성현의 일부는 사람의 본성이고, 이주(離朱)의 눈은 특별히 좋고, 사광(師曠)의 귀는 특별히 영민하다. 이 또한 그들 고유의 천성이다. 성현의 본성을 갖추지 않고 이주의 시력을 지니지 않고 사광의 청력을 가지지 않은 사람이 만약 자기 성분의 제한을 넘어서서 성현의 덕망과 이주·사광의 시력과 청력을 추구하면, 이것이 바로 '유위'이다. 대상 입장에서 말하자면, 그 자연본성에 순응하여 작용을 가하는 것은 '자연무위', 그 자연본성에 순응하지 않고 작용을 가하는 것이 '유위'이다. 예를 들면, 소와 말에게 일을 시키는데, 소와 말의 자연 감당 능력에 맞게 사용하면 '자연무위'에 속하며, 반대로 자연 감당 능력을 넘어서서 사용하면 '유위'이다. 또한 소는 소를 낳고 말은 말을 낳아, 만물은 모두 '종을 바꾸어 낳지 못하니', 이것은 '무위'이다. 반대로 만약 어떤 사물의 생사를 자신 이외의 어떤 요소가 주재한다면, 이런 주재 작용이 바로 유위이다. 상수·곽상이 말한 '유위'는 실제적으로는 행위자의 자유의지에서 나오고 대상자의 자연본성을 위배한 행위를 가리킨다는 것을 알 수 있다. 이런 '유위'는 바로 '마음이 하고자 하는 바를 따르는' 것이기도 하다. 상수·곽상이 '자연무위' '유위' 등의 개념에 새로운 의미를 부여함으로써, 무위를 주장하고 유위를 반대한 자연주의 철학은 유심주의 목적론을 비판하는 날카로운 무기가 되었다.

만물 자연무위의 자연주의 원칙에 근거하여, 상수·곽상은 '무(無)는 유(有)를 낳을 수 없다'는 것과 '유(有)'의 영구성을 논증했다. 《장자주·제물론》에서 "'무'는 이미 '무'이므로 '유'를 낳을 수 없다"[6]고 했다. 이는 '무(無)'는 무(無), 즉 아무것도 없는 것이니, 그러면 어떤 작용도 없다는 것으로, 바로 '불능생유(不能生有)'이다. 여기서 '생(生)'은 창조한다는 뜻이다. 그들은 "'무'가 '유'로 변화될 수 없을 뿐 아니라 '유'도

---

6) 《莊子注·齊物論》: "無既無矣, 則不能生有."

또한 '무'로 변화될 수 없다. 이 때문에 '유'라는 물(物)은 비록 천변만화하여도 한 번도 '무'가 될 수 없다. 단 한 번도 '무'가 될 수 없기 때문에 예로부터 '유'가 아닌 때는 아예 없이 '유'가 늘 존재했다"[7]라고 했다. '무'는 '유'로 변화될 수 없을 뿐 아니라 '유' 또한 '무'로 변화될 수 없다는 말이다. 그러므로 '유'는 수천 수만 번 변화를 거친다 해도 '무'로 변할 수 없다. '유'는 '무'로 변할 수 없으므로, 예로부터 '유'가 아닌 때는 아예 없었고, '유'는 영원히 존재하는 것이다. 이는 존재는 영원하고 불멸의 것이라고 본 것이다. 존재는 비록 항상 변화 과정에 있지만 소멸되지는 않는다는 것이다. 이것은 존재의 영원성을 긍정한 것이다. 존재는 변화가 있지만 소멸은 없다는 이런 관점을 상수·곽상은 기일원론(氣一元論) 사상과 결합시켰다. 예를 들면 그들은 "하나의 기(氣)로 만 개의 형상이 생겨나니, 변화는 있지만 낳고 죽는 것은 없다"[8]라고 했고, "비록 변화하여 서로 대체된다 해도 그 기(氣)의 근원은 하나이다"[9]라고 했다. 이는 만물의 형상은 비록 각자 다르고 끊임없이 변화하지만, 모두 기를 본원으로 하니, 존재는 변화만 있고 생성되고 사라지는 것은 없다는 것을 증명한 것이다. 상수·곽상은 또 말했다. "일(一)이란 '유'의 처음으로, 지극히 묘한 것이다. 지극히 묘하기 때문에 만물의 이치의 형체가 없다. 저 일(一)이 일어나는 것은 지일(至一)에서 일어나는 것이지 '무'에서 일어나는 것이 아니다."[10] 여기서 '지일'은 자연을 가리키고, 만물의

7) 《莊子注·知北游》: "非唯無不得化而為有也, 有亦不得化而為無矣. 是以(夫)有之為物, 雖千變萬化, 而不得一為無也. 不得一為無, 故自古無未有之時而常存也." 원문에서는 "無有之為物"이라고 했는데, '無'는 군더더기이다.

8) 《莊子注·至樂》: "一氣而萬形, 有變化而無死生也."

9) 《莊子注·寓言》: "雖變化相代, 原其氣則一."

10) 《莊子注·天地》: "一者, 有之初, 至妙者也. 至妙, 故未有物理之形耳. 夫一之所起, 起於至一, 非起於無也."

이치의 형체가 없는 것에서의 '일(一)'은 뚜렷하게 기(氣)를 가리킨다. 이 부분 말의 뜻은 무형의 '기'가 모든 '유'의 시원으로, 이 무형의 기는 저절로 존재하는 것이지 '무'가 낳은 것이 아니라는 것이다. 상수·곽상은 또 "죽고 낳고 나타나고 사라지는 것은 모두 갑작스러우나 저절로 그렇게 되는 것이니 일부러 한 것은 전혀 없다. 그러나 모였다 흩어지고 사라졌다 나타나기도 하기 때문에 출입한다고 하는 것이며, 다만 이름만 있을 뿐이지 끝내 나타나고 사라지고 하는 것은 없다"[11]라고 말했다. 이는 만물이 탄생하고 소멸하고 나타나고 사라지는 것은 모두 갑작스럽지만 저절고 그렇게 되는 것으로, 그것들을 창조하고 주재하는 아무 것도 없다는 것이다. 기(氣)는 모이고 흩어지고 드러나고 사라지기 때문에 '출입(出入)'한다고 말한다. 그러나 '출입'이란 단지 '헛되이 그 이름만 존재'하는 것일 뿐, 실제로 이른바 출입하는 것은 결코 없다. 이 설들은 기(氣)의 존재의 영원성과 기와 유형의 만물이 상호 전환하는 것의 자연무위 성질을 긍정하고, '허와 무가 기를 낳는다'거나 기는 목적과 의식이 있게 만물로 전환된다는 관점을 비판하여, 기일원론 학설을 발전시켰다는 데 어느 정도 의미가 있다.

만물 자연무위의 자연주의 원칙에 근거하여, 상수·곽상은 '조물주'에 관한 사상을 비판했다. 그들은 "저 조물주는 있는가 없는가? 없다면 어떻게 만물을 만들 수 있는가? 있다면 (자신도 하나의) 물(物)로 다른 형상을 만들 수 없을 것이다."[12] 조물주는 '유'인가 '무'인가? 만약 '무'라면 어떻게 만물을 창조할 수 있었나? 만약 '유'라면 그 자체도 하나의

11) 《莊子注·庚桑楚》: "死生出入, 皆欻然自爾, 未有為之者也. 然有聚散隱顯, 故有出入之名; 徒有名耳, 竟無出入."

12) 《莊子注·齊物論》: "請問夫造物者有耶, 無耶? 無也, 則胡能造物哉? 有也, 則不足以物衆形."

물(物)로, 만물의 창조자와 주재자가 될 수 없다. 그들이 보기에, 세계에는 조물주가 없고, 모든 사물은 각각 저절로 창조된 것이다. 사물 하나하나는 각각 저절로 창조된 것으로, 어떤 특정한 외부 조건에 의지할 필요가 없으니, 이것이 바로 천지의 진상이다. 《장자주·제물론》에서 "그러므로 조물주는 (만물의 생성에) 주재하는 것이 없고 만물이 각각 스스로를 만들 뿐이다. 만물이 각각 자신을 만들기에 (외부에) 기대하는 것이 없다. 이것이 천지의 바름이다"[13]라고 했다. 원문에서 '자조(自造)'는 '자연(自然)' '자생(自生)' '자득(自得)' '자위(自為)' '자지(自知)' '자이(自爾)' 등 용어와 같아서, 그 중 '자'는 저절로 그렇게 된다는 뜻이다. 자조는 자연생산, 자연생성과 같은 말이다. '기다리지 않는다'는 어떤 특정한 외부 조건에 의지하지 않는다는 것이다. 상수·곽상의 이 견해는 조물주를 부정한 것으로, 이것은 정확한 것이다. 그러나 그들의 표현 중에는 심각한 오류가 포함되어 있다. 물질세계 중 모든 물체의 탄생에는 그 원인과 조건이 있다는 것을 그들은 비록 부인하지는 않았지만, 객관세계의 어떤 물체도 어떤 물체의 생성변화에 대해서 반드시 없어서는 안된다고 그들은 보았다. 만약 한 물체의 탄생의 근인(近因)에만 주의를 기울이고 이 물체가 저절로 그러한 본성을 잊으면 '외부에서 사물의 근원을 찾는' 상태를 가져오고 아울러 최종적으로 조물주를 끌어들이게 된다고 그들은 보았다. 그들은 하나의 물체와 모든 물질세계의 보편적 연결을 편파적으로 강조하고, 어떤 사물 탄생의 원인 혹은 조건의 특정성을 부인하고, 또한 사물 탄생의 내재 근거를 편파적으로 강조하고 외부 조건의 작용을 경시하여, "만물은 (외부에) 기대하는 바가 없이 각각 스스로 만들어진다"는 잘못된 결론을 이끌었다.

13) 《莊子注·齊物論》: "故造物者無主而物各自造. 物各自造而無所待焉. 此天地之正也."

만물 자연무위라는 자연주의 원칙에 근거하여, 상수·곽상은 또한 '선물자(先物者)'의 관념을 비판했다. '선물자'란 물질이 존재하기 앞서 물질 존재의 근원이 되는 것이다. 상수·곽상은 말했다. "무엇이 선물(先物: 다른 사물에 우선하는 존재)이 될 수 있겠는가? 나는 음양을 선물로 생각하나 음양은 곧 이른바 물(物)일 뿐이다. 무엇이 또 음양에 앞서는 것일까? 나는 자연이 앞선다고 생각하나 자연은 곧 만물이 스스로 그렇게 될 뿐이다. 나는 지도(至道)를 앞선 것이라 생각하나 지도란 곧 지무(至無)이다. 이미 아무 것도 없는데 또한 어찌 (다른 사물에) 앞서게 되겠는가? 그렇다면 선물자란 누구인가? 이는 물(物)이 있으나 주재함이 없는 것과 같으니 만물이 스스로 그렇게 되는 것이고 그렇게 되도록 주재하는 것이 없다는 것이다."[14] 무엇이 선물이라고 할 수 있을까? 음양의 기가 선물이라고 나는 생각한다. 그러나 음양의 기는 물(物)이다. 음양보다 먼저 또 무엇이 있었을까? 자연이 음양보다 먼저 있었다고 나는 생각한다. 그러나 자연은 물(物)이 저절로 그렇다는 뜻이다. '지도(至道)'가 음양보다 먼저 있었다고 나는 생각한다. 그러나 '지도(至道)'는 '지무(至無)'이다. '무'인데 또한 어떻게 선물일 수 있는가? 그렇다면 선물이란 도대체 무엇인가? 이것이 바로 '물'은 자연이며 주재하는 것이 결코 없음을 증명하는 것이다. 이 논의는 '물'이 가장 근본적인 것이고 선물이라는 것은 존재하지 않는다는 것을 인정한 것이다.

만물 자연무위라는 자연주의 원칙에 근거하여, 상수·곽상은 또한 만물 상호작용을 목적론으로 해석한 것을 비판했다. 그들은 우선 만물의

---

14) 《莊子注·知北游》: "誰得先物者乎哉? 吾以陰陽為先物, 而陰陽即所謂物耳. 誰又先陰陽者乎? 吾以自然為先之, 而自然即物之自爾耳. 吾以至道為先之矣, 而至道者乃至無也. 既已無矣, 又奚為先? 然則先物者誰乎哉? 而猶有物無已. 明物之自然, 非有使然也."

보편 연결과 상호작용을 인정했다. 그들은 말했다. "사람이 살아가는데 형체가 비록 7척에 불과하나 오상(五常)이 반드시 갖추어져 있다. 그러므로 비록 작디작은 몸이지만 천지를 들어 받든다. 까닭에 천지만물로 무릇 존재하는 것은 하루라도 없어서는 안되는 것이다. 하나의 사물이라도 갖추어지지 않으면 생명이 있는 것은 말미암아 태어날 수 없다. 하나의 이치라도 갖추어지지 않으면 천 년의 세월이 지나도 자연의 인연을 마칠 수 없다."[15] 이는 사람의 생명은 비록 단지 7척 형체 안에 존재하지만 금·목·수·화·토 다섯 가지 원소 전부를 갖추고 있다는 것이다. 작디 작은 몸 하나를 천지만물 전체로부터 봉양해야 한다는 것을 알 수 있다. 천지만물은 모두 존재하는 것으로, 어느 것도 없어서는 안된다. 한 가지가 갖추어지지 않으면 생명은 탄생할 방법이 없다. 한 가지 도리가 갖추어지지 않으면 생명은 그 자연의 역정을 완성할 방법이 없다. 그들은 또 이런 상호관계와 상호작용은 상호연결된 '물'의 자유 의지에 기초한 것이 아니라고 지적했다. 그것들은 자신 본성에 기초한 '자위(自爲)' 속에서 자연무위하게 상호연결되고 상호작용한다. 이것이 바로 "서로 사귀지 않는 것을 사귀는 것으로 여기고 서로 도와줌이 없는 것을 서로 도와준다고 여기는 것"[16]이다. 이 점을 설명하기 위해 상수·곽상은 많은 예를 들었다. 예를 들면, 봄의 태양은 저절로 따뜻해지는 것이지, 만물을 사랑해서 따뜻하게 해주는 것이 결코 아니다. 그러므로 만물은 태양의 따뜻함을 받고 응수나 감사를 할 필요가 없다. 가을의 차가운 서리는 저절로 내리는 것이지, 만물을 원수처럼 미워해서 얼어죽게 하려

15) 《莊子注·大宗師》: "人之生也, 形雖七尺, 而五常必具. 故雖區區之身, 乃舉天地以奉之. 故天地萬物, 凡所有者, 不可一日而相無也. 一物不具, 則生者無由得生; 一理不至, 則天年無緣得終."

16) 《莊子注·大宗師》: "相與於無相與, 相為於無相為."

는 것이 결코 아니다. 그래서 꺾이고 부러져 손상을 입은 만물은 결코 원망하거나 미워하지 않는다. 또한 말하기를, 입술은 이를 사랑해서 보호하는 것이 결코 아니지만, 입술이 없어지면 이가 시리다고 했다. 사람의 수족과 오장은 의식이 있어서 서로 교류하고 서로를 위해 일하는 것이 아니다. 그러나 인체의 각 기관은 저절로 그렇게 조화통일과 상호공급의 관계를 유지한다. 이 사례들은 모두 상수·곽상이 만물의 상호연결과 상호작용은 자연 본성에서 나오는 것이며 자유의지에 기초한 것이 아니라고 생각했음을 설명한다. 만물은 "서로 사귐이 없는 것을 사귄다고 생각하고 서로 도와주지 않는 것을 도와준다고 생각한다"는 판단은 만물 상호연결·상호작용의 자연무위 성질을 인정하였음을 알 수 있다. 그 비판의 창끝은 천인감응의 유심주의 목적론을 향한 것이었다.

만물 자연무위의 자연주의 원칙에 근거하여, 상수·곽상은 '도(道)는 만물로부터 도망가지 않는다'[17]는 관점을 제시했다. 상수·곽상은 도는 '물이 말미암아 행하는 것'[18]의 뜻이라고 여겼고, 이 '소유(所由)'는 바로 자연무위로, 도는 바로 만물이 자연무위한 성질이다. 따라서 도는 실체가 아니어서 만물의 밖에 먼저 존재할 수 없고, 만물의 속에서 존재한다. 이것을 바로 '도부도물(道不逃物)'이라고 한다.

이상의 분석은 상수·곽상은 자연무위 원칙을 이용하여 자연관 측면의 여러 가지 유심주의 특히 유심주의 목적론을 날카롭게 비판했고, 아울러 일련의 문제에서 유물주의적 결론을 얻었음을 말해준다. 이는 상수·곽상의 자연주의 철학이 자연관 영역 안에서는 기본적으로 유물주의적임을 말해준다. 그들이 유물주의 자연관의 논증과 유심주의 비판에서 지혜의 빛을 반짝인 것은 소중히 여길 만한 철학 유산이다.

17) 《莊子注·知北游》: "道不逃物."
18) 《莊子注·則陽》: "物所由而行."

(2) 천지만물은 변하지 않는 때가 없다

상수·곽상은 긍정 세계는 변화하는 세계로, 천지만물은 모두 시시각각 변화하고 있는 중이라는 것을 인정했다. 그들은《장자주·대종사》에서 천지는 '새로운 것을 향하여 가고' 산악은 '낡은 것을 버린다'고 지적했다. "천지 만물은 어느 때고 변화하지 않음이 없다"는 결론은 상수·곽상이 변화일신을 그들 세계관의 기본원칙으로 삼았음을 말해준다. 이 원칙은 초보적 변증법 원칙이다. 하지만 그들의 이 사상에는 몇몇 착오와 미비가 포함되어 있다. 우선, 그들은 변화의 절대성을 지나치게 강조하고, 사물의 상대적 안정성을 소홀히 했다. 예를 들면 그들은 "잠시도 머무르지 아니하고 홀연히 이미 새로운 것이 되었다", "과거의 나는 지금의 나가 아니다. 나와 지금의 시간은 함께 가니 어찌 과거의 모습을 그대로 간직하겠는가!"[19]라고 했다. 낡은 것은 잠시도 멈추지 않고 잠깐 사이에 새로운 것으로 변하고, 과거의 나는 오늘의 나가 아니며, 나와 당시의 '지금'은 모두 지나갔으니, 어떻게 원래 모양을 유지할 수 있겠느냐는 것이다. 그들은 또 "사람의 일생은 마치 말이 저잣거리를 지나가는 것과 같으니 항상 잠시도 머무르지 아니한다. 새로운 것과 과거의 것이 서로 이어져 잠시도 쉬지 않는다"[20]라고 했다. 사람의 일생은 말이 순간도 멈추지 않고 시장을 나는 듯이 달려 지나가는 것처럼 새로운 것과 오래된 것의 교체가 진행되지 않는 순간이 없다는 것이다. 다음으로, 그들이 말한 새로운 것과 낡은 것의 의미가 비교적 피상적이어서, 이전과 다른 모든 것은 새로운 것이라고 하여, 실질적인 새로운 것을 말하지

---

19)《莊子注·大宗師》: "故不暫停, 忽已涉新", "向者之我, 非復今我也. 我與今俱往, 豈常守故哉!"

20)《莊子注·田子方》: "人之生, 若馬之過肆耳, 恆無駐須臾, 新故之相續, 不舍晝夜也."

않았다. 마지막으로 그들은 만물은 비록 쉬지 않고 변하지만 성(性)의 규정에 만족하기만 한다면 존재시간의 길고 짧음은 구별이 없다고 보았다. 그들은 또 사람은 사물의 변화가 무궁한 본성을 알고, 삶을 연모하지 않고, 죽음을 미워하지 않으며, 자연에 내맡기면, 죽지도 않고 살지도 않는 경지에 도달할 수 있다고 여겨서, "비록 지극한 변화를 겪었어도 처음부터 내가 아닌 것이 없다"[21]고 했다. 즉 어떻게 변화하든 나는 여전히 나라고 보았다. 이런 관점은 뚜렷하게 주관주의적이다.

만물 변화일신의 원인 문제에서 상수와 곽상은 역시 자연무위의 원칙을 관철하려고 노력하였다. 그들은 말했다. 천지만물은 날마다 새롭게 변화하는데, 무엇이 이렇게 되도록 하는가? 이 변화들은 모두 저절로 그렇게 된다는 것이다. 《장자주 · 제물론》에서 "저 천지만물은 변화하여 날로 새로워지고 시간과 더불어 흘러가니, 어떤 사물이 그것을 발생시키겠는가? 저절로 그렇게 될 뿐이다"[22]라고 한 것이다. 그들은 또 "만물은 만 가지 감정이 있고, 취사(趣捨)가 같지 않으니 마치 '진재(眞宰: 주재자)'가 있어서 그렇게 시키는 것 같다. 진재(真宰)의 자취를 찾아보았으나 또한 끝내 찾지 못하였으니, 만물이 모두 저절로 그렇게 된 것이지 (누군가가) 만물이 그렇게 되도록 시킨 것은 없다"[23]고 했다. 각종 사물이나 각종 감정과 의식이 있는 생물이 취사선택하는 것이 모두 달라서, 마치 '진재'가 있어서 그것들이 그렇게 하도록 주재하고 시키는 듯하지만, 이 '진재'의 종적을 찾아보았으나 끝내 찾지 못했다는 것이다. 이는 만물의 취사선택은 모두 저절로 그렇게 된 것으로 아무 '진재'도 없다는

21) 《莊子注 · 齊物論》: "雖涉至變而未始非我."

22) 《莊子注 · 齊物論》: "夫天地萬物, 變化日新, 與時俱往, 何物萌之哉? 自然而然耳."

23) 《莊子注 · 齊物論》: "萬物萬情, 趣捨不同, 若有真宰使之然也. 起索真宰之眹跡, 而亦終不得, 則明物皆自然, 無使物然也."

것을 말해준다. 이 두 논의에서 만물의 변화와 취사선택은 무슨 '진재'가 보이지 않는 곳에서 주재하고 시켜서 그런 것이 아니라고 인정한 것은 정확한 것이다. 그러나 각양각색의 변화를 통털어 자연으로 귀결시킨 것은 너무 공허한 것으로 흐른 것을 면하지 못했다.

(3) 자연을 따르는 것이 무위이다

중국고대철학에서 '유위'와 '무위'에 관한 논쟁은 자연관 영역에서만 전개된 것이 아니라 인생론 영역에서도 전개되었다. 자연관 영역에서의 자연무위 학설은 비록 상황은 천차만별이지만 모두 종교를 반대하고 유심주의 목적론을 반대했다. 따라서 모두 정확성을 갖추고 있었다. 그 중 왕충·상수·곽상의 자연무위설은 유물주의 성격을 갖추고 있다. 그러나 인생론 영역의 자연무위 학설은 상수·곽상 이전까지는 모두 기본적으로 잘못된 것이고 소극적이었다. 이런 자연무위 학설은 사려(思慮)를 제거하고, 지식을 제거하고, 정욕을 제거하고, 작위를 제거하여 원시생활로 돌아갈 것을 주장했다. 이런 주장들은 사람들이 명리 사상을 벗어나고, 욕망을 줄이고, 정력을 보양하도록 하는 측면에서는 어느 정도 합리성이 있었고, 계급사회의 갖가지 위선적이고 불합리한 현실을 드러내는 측면에서는 어느 정도 작용을 했다. 그러나 총체적으로 보면, 인류 생활의 자연 추세를 위반하고 사회발전의 객관적 규칙을 등지고 다른 길을 갔다.

상수·곽상은 노자·장자와 마찬가지로 모든 영역에서 자연무위를 주장했다. 그러나 그들은 자연무위에 새로운 의미를 부여하였기 때문에, 그들의 자연무위 학설은 노자·장자와 본질적 구별이 있다. 특히 인생론 영역에서 그들의 자연무위 학설은 실질적으로 일종의 변형된 유위론이다. 그들은 사람의 본성에서 나온 모든 작위를 무위로 보았기 때문이다.

상수는 《난양생론(難養生論)》에서 "오곡을 끊고, 기름진 음식을 먹지 않고, 정욕을 줄이며, 부귀를 억누르는" 주장을 반대했다. 그가 보기에, 사람에게 사려와 지혜가 있는 것은 사람이 만물 중 가장 영험한 것임이 체현된 것이며, 이는 인류가 해로운 것을 피하고 이로운 것으로 나아갈 수 있도록 도와준다. 사람에게 감정이 있는 것은 사람이 생명이 있는 사물임이 체현된 것이다. 사람에게는 기호와 욕망이 있어, 부귀를 희망하고 궁핍과 치욕을 싫어하니, 이런 기호와 욕망 역시 '저절로 생겨난' 것이다. 따라서 "오곡을 끊고, 기름진 음식을 먹지 않고, 정욕을 줄이며, 부귀를 억누르는" 방법은 "정을 등지고 본성을 잃고" 자연을 위반하는 것이다. 《장자주》에서 상수·곽상은 발로 다닐 수 있고, 손으로 집을 수 있고, 귀로 들을 수 있고, 눈으로 볼 수 있고, 마음으로 알 수 있는 것은 모두 천리자연으로, 손·발·귀·눈·마음이 자연적으로 갖춘 기능을 충분히 발휘하는 것이요, 천성과 본분 이외의 것을 추구하지 않는 것이 바로 자연무위라고 지적했다. 인의도덕은 사람의 본성으로, 사람들이 자기의 도덕본성을 따라서 생활하기만 하면 되니, 어질다거나 의롭다거나 효성스럽다거나 우애있다거나 하는 등의 명성을 추구하지 않는 것이 바로 자연무위라는 것이다. 군신의 상하관계같은 봉건사회 질서 역시 천리자연이다. 《장자주·제물론》에서 말한 "군신의 상하관계나 수족의 내외관계도 모두 천리의 자연스러운 것이니 어찌 진인이 한 것이겠는가?"[24]라고 말한대로이다. 군주가 '자기 한 몸으로 천하를 제멋대로 다스리지'[25] 않고 구체적 사무를 백관에게 맡기고 백성이 '스스로 할 수 있게' 하여, 신하들은 저마다 자신의 직분을 잘 맡아서 하고 백성들도 자신의 임무에 편안하면, 그게 바로 자연무위인 것이다. 상수·곽상은 인위가 자연이고

24) 《莊子注·齊物論》: "君臣上下, 手足外內, 乃天理自然, 豈真人之所為哉?"
25) 《莊子注·在宥》: "以一己而專制天下."

인위를 떠나서 자연으로 돌아가면 반자연(反自然)이라는 것을 인정했다. 이런 관점은 정확한 것이고 정밀한 것이다. 사람에게 사려가 있고, 지식이 있고, 정욕이 있고, 작위가 있는 것이 사실은 모두 저절로 그렇다는 것을 인정해야 하는 것이다. 유위는 인류 생활의 자연추세이다.

그러나 상수·곽상의 이런 자연무위설에도 심각한 오류가 있다. 그들은 자연과 인위의 변증법적 대립과 통일을 몰라서, 인위는 자연에서 나오면서 또한 자연의 활동을 개조하기도 한다는 것을 이해하지 못했다. 다음으로, 상수·곽상이 말한 자연에는 필연·우연·부지기소이연이연(不知其所以然而然: 왜 그런지 모르면서 그렇게 됨) 등의 의미가 포함되어 있다. 그들은 필연이 우연이기도 하고 우연이 필연이기도 하다고 생각했고, 주관 능동성과 객관 규칙성의 변증법적 대립통일을 이해하지 못해서, 자연명정론(自然命定論)에 빠져들었다. 예를 들면 그들은 "내가 태어난 것은 내가 태어나게 한 것이 아니니 일생의 백 년 가운데 '앉는 것 일어서는 것 가는 것 멈추는 것', '움직이는 것 조용한 것 선택하는 것 버리는 것', 정(情)과 성(性)과 아는 것과 할 수 있는 것, 내게 있는 모든 것, 내게 없는 모든 것, 내가 행한 모든 것, 내가 만난 모든 것이 모두 내가 아닌 것이고, 이치가 스스로 그렇게 한 것일 뿐이다. 그 안에서 뒤엉켜 살아가면서 기쁘하거나 슬퍼하는 것은 이 또한 자연을 거스르고 (도리를) 잃은 것이다"[26]라고 했다. 이는 나의 탄생은 자신이 주도한 것이 결코 아니므로 백 년 이내 일생 동안 가고 멈추는 모든 것, 감정·품성·지식·재능, 갖춘 모든 것, 갖추지 않은 모든 것, 작위한 모든 것, 만난 모든 것이 자기가 주도한 것이 아니라 모두 천리자연이 이렇게 되

26) 《莊子注·德充符》: "夫我之生也, 非我之所生也, 則一生之內, 百年之中, 其坐起行止, 動靜趣舍, 情性知能, 凡所有者, 凡所無者, 凡所為者, 凡所遇者, 皆非我也, 理自爾耳. 而橫生休戚乎其中, 斯又逆自然而失者也."

게 한 것이다. 만약 이 모든 것에 대해 누구는 즐거워하고 누구는 슬퍼한다면 자연을 위반한 것이다. 이런 자연명정론은 사회에 확실히 부정적 효과를 낳는다. 마지막으로 상수·곽상은 사람과 사람 사이에 존재하는 군신과 같은 상하의 등급 구분 및 빈부, 귀천, 현명함과 모자람, 지혜로움과 어리석음 등 차별은 모두 천리에 의하여 저절로 그렇게 된 것이므로 바꿀 수 없는 것이라고 보았다. 이런 등급 구분과 개인 지위를 바꾸려고 의도하는 어떠한 행위도 모두 자연무위 원칙을 위반한 것이다. 반대로 사람들은 저마다 자신의 임무를 편안히 여기고, 저마다 자신의 분수에 합당하여, 현실사회제도가 각 개인을 위해 안배한 지위에 따라 생활하면 소요자재(逍遙自在)의 이상적 경지에 도달할 수 있고, 이런 소요자재는 지위의 차별 때문에 달라지지 않는다. 이렇게 상수·곽상은 자연무위 학설을 봉건사회제도의 자연합리를 논증하는 이론으로 변화시켰다. 상수와 곽상이 나중에 당시의 통치자에게 귀순한 것은 그들의 이런 이론과도 관계가 있다.

상수·곽상의 이런 무위의 학설은 도가의 자연무위 학설이 새로운 단계로 발전하였음을 말해준다. 이 단계에서 그것은 유가의 유위학설로 접근하고 아울러 융합하여 하나가 되는 것으로 나아가서, 자기 발전의 역사를 종결지었다. 이 발전은 이중적 의미를 지니고 있으니, 자연 본성에서 나오고 아울러 자연 규칙에 순응하는 사람의 작위 역시 자연에 속한다는 것을 제시한 의미에서는 이론 사유의 거대한 진보이다. 그러나 계급과 시대의 한계로 인하여, 또한 이 학설 자체의 갖가지 오류로 인하여, 원래 봉건제도를 비판하고 폭로하는 작용을 지니고 있었던 자연무위 학설이 이런 제도를 변호하는 이론으로 변화되었니, 이런 의미에서는 또한 퇴보라고 할 수 있다.

16 갈홍(葛洪)

갈홍(葛洪)의 자는 치천(稚川), 호는 포박자(抱朴子)이다. 단양(丹陽) 구용(句容: 지금의 강소(江蘇)에 속함) 사람이다. 진(晉) 무제(武帝) 태강(太康) 5년(284)에 태어나, 동진(東晉) 애제(哀帝) 흥녕(興寧) 2년(364)에 세상을 떠났다. 동진의 도사(道士)·도교학자·철학자·연단술가(煉丹術家)·의학자이다. 갈홍은 강남의 유명한 사족(士族) 가정 출신으로, 조부 갈계(葛繫)는 오(吳)나라에서 중앙 요직을 역임하였고, 부친 갈제(葛悌) 역시 조정의 신임을 깊이 받았다. 그러나 오나라가 망한 뒤 서진(西晉) 왕조에서는 요직에 임용되지 않았다. 갈홍은 13세 때 부친을 잃어, 집안이 중도에 쇠락했다. 갈홍은 어려서부터 배우기를 좋아했고, 교류를 좋아하지 않았다. 초기에는 유가 경전을 널리 읽어서 '유학(儒學)으로 유명해졌다'. 이후 초청에 응하여 장병도위(將兵都尉)를 맡아서, 석빙(石冰) 농민 봉기군 진압에 참여하여 '전공'을 세워서 복파장군(伏波將軍)으로 옮겼다. 사마예(司馬睿)가 승상이 되었을 때 연(掾)이 되었고, 이후 자의(諮議)·참군(參軍) 등의 보좌 직무에 임용되었다. 그러나 포부를 실현하기 어려웠다. 교지(交趾)에서 단사(丹砂)가 나온다는 소식을 듣고, 구루령(勾漏令)이 되겠다고 요청했다. 자녀와 조카를 데리고 광주(廣州)를 지나던 중 자사(刺史) 등악(鄧岳)의 만류로 나부산(羅浮山)에 머물러 연단(煉丹)하여, 산에서 세월을 보내고 세상을 떠났다. 갈홍의 인생은 대체로 두 가지 다른 단계가 있다. 전기에는 발분하여 오경(五經)을 정성껏 연구하여, 유자(儒者)가 되려는 뜻을 세우고 유학을 진흥하는 것을 종지로 삼았다. 나중에 사회가 혼란에 빠져, 왕조가 바뀌고 가세도 몰락하여 평소 뜻을 펼치기 어렵게 되자, 세상의 명예와 지위와 권세와 이익에 깊이 느낀 바 있어, "(인생은) 봄날의 꽃 같으니 금방 시들어 떨어지네. (권세를) 얻어도 기뻐하지 않으니 잃은 들 어찌 슬퍼하리오?"라는 심정으로 처량하게 슬퍼하여 "온갖 근심이 애틋한 마음을 후벼파고 여러 의문들이 집안으로 몰려드니 세상살이가 이와 같으니 미련 둘 게 없다"라고 하여, 세간에 미련을 가지지 않았다. 결국 적극적으로 '세상에 쓰이고자' 하던 것에서 소극적으로 '세상을 피하는' 방식으로 전환하여, 벼슬길에 뜻을 끊고, 유(儒)를 버리고 '도(道)'를 따라서, 장생지도(長生之道)를 추구하는 데 전심전력했다.

갈홍은 저작이 매우 풍부하여, 총 60여 종류가 있다. 중요한 것으로 《포박자외편(抱朴子外篇)》·《포박자내편》·《주후비급방(肘後備急方)》·《신선전》 등이 있다. 《포박자외편》은 인간의 득실, 정치의 성패, 세사의 착함과 그렇지 못함, 풍속의 우열 등에 대해 모두 평론한 것이다. 《포박자내편》은 금단대약(金丹大藥)으로 신선의 장생지도를 추구하는 것을 선양한 것으로, 연단술(煉丹術) 연구에 종사한 성과를 기록하고, 아울러 신선 도교를 위하여 철학 이론의 기초를 세웠다. 갈홍은 도교사상을 체계화·이론화하여, 완정한 신비주의적 도교신학 세계관을 건립했고, 아울러 유가의 도덕관념과 결합하게 하여, "안으로는 양생의 도를 보배로 여기고 밖으로는 세상 사람과 함께 하며 내 몸을 수양하여 내 몸이 길러지고 나라를 다스리니 나라가 태평해진다. 육경(六經)으로 세상의 선비들을 가르치고 방술(方術)로 친구들을 가르친다"[1]는 것을 선양했고, 이를 통해 도교가 봉건 통치에 직접 복무하게 했다. 동시에 그는 정치를 평론하고 역사 경험 교훈을 총결할 때 역시 몇몇 합리적 진보적 견해를 밝혔다.

(1) 장점을 찾아 맡기면 망칠 일이 없고, 단점을 피하면 버려질 재목이 없다

갈홍은 《태평경》과 조조(曹操)·서간(徐幹) 등 사람들의 사상을 계승하고 아울러 이전 역사 현상과 경험 교훈을 관찰 총결하여, 인재를 알아보고 적재적소에 맡겨야 하는 문제를 매우 중시했다. 그는 《외편》에서 이 문제에 대해 자세하게 논술하고, 몇몇 빼어난 견해를 밝혔다.

갈홍은 '인재를 알아보고 잘 쓰며 현명한 사람을 선발하여 그의 재능을 활용하는' 것의 중요성을 강조했다. 그는 말했다. "과거 권력을 멋대로 한 무리들을 살펴보면 대체로 그들이 천거한 사람은 모두 자기에게 아부하는 자들이었으며. 추천받은 사람들도 자기를 이용하는 것을 우선시하는 자들로, 부리기 어려운 사람은 버리고 부리기 편한 사람만 썼다. 부리기 꺼려지는 이는 지극히 공정한 사람이고 친밀하게 대하는 이는 사특한 무리이다. 지극히 공정한 이가 등용되면 간사한 무리들이 사라질 것이며 간사한 무리들이 벼슬 자리에 있으면 군주의 권위가 무너질 것이다. 간사한 무리들이 사라지면 태평성대가 시작되는 것이고 군주의 권위가 무너지면 국가 존망의 위기가 점차 시작될 것이다."[2] 역사상 간신이

1) 《抱朴子內篇·釋滯》: "內寶養生之道, 外則和光於世. 治身而身長修, 治國而國太平. 以六經訓俗士, 以方術授知音."

2) 《抱朴子外篇·名實》: "每觀前代專權之徒, 率其所舉, 皆在乎附己者也. 所薦者, 先乎利己者也, 毀所畏而進所愛. 所畏, 則至公者也. 所愛, 則同私者也. 至公用, 則奸黨破; 衆私立, 則主威奪矣. 奸黨破, 則升泰之所由也; 主威奪, 則危

권력을 좌지우지하고, 무리를 결탁하여 사익을 추구하고, 자기와 다른 자들을 배척한 것이 국가 위망(危亡)의 시작이고, 간사한 무리를 격파 제거하고 현인을 요직에 등용하는 것이 국가가 융성하는 데 반드시 가야 할 길이라고 보았다. 그는 당시 사람들의 말을 인용하여 "수재라 등용하였는데 글도 제대로 못 읽고, 효렴으로 뽑혔는데 부모와 별거하네. 가난하고 검소하다는 청백리는 진흙처럼 더럽고, 우수하고 훌륭하다는 장수는 닭처럼 겁쟁이네"[3)]라고 기롱했다. 동한 말기의 간신들이 정사를 맡아 벼슬자리를 사고 팔며 인의를 가장하여 거짓을 일삼는 추악한 정치를 폭로하고 편달했다. 나아가 그는 황제의 첫 번째 중요한 임무는 훌륭한 인재를 불러모아 등용하는 것이라고 강조했다. "임금이 비록 해와 달처럼 밝고 일어나기 전의 일도 알아챌 만큼 지혜로와도 모든 업무를 혼자서 다 다스릴 수는 없으며 자잘한 업무를 직접 총괄할 수는 없다. (신하의) 눈을 빌어 멀리까지 내다봐야 하며 귀를 빌어 널리 들어야 한다. 진실로 실무관리를 기다려 업무처리를 하게 되면 나라가 태평스러워지고 빛날 것이다. 까닭에 성군은 늘 마음속 깊이 현명한 인재를 초빙할 것을 생각하여 훌륭한 인재를 천거하는 것을 첫 번째 임무로 삼았다."[4)] 갈홍은 군주의 첫 번째 중요한 임무는 인재를 알아보고 임무를 맡기는 것이라고 제시하였으니, 여기에는 풍부하고 깊은 역사의 교훈이 담겨 있다.

어떻게 인재를 대우할 것인가? 갈홍은 재지(才智)가 덕행보다 더 중요

亡之端漸矣."

3) 《抱朴子外篇·審舉》: "舉秀才, 不知書; 察孝廉, 父別居; 寒素清白濁如泥, 高第良將怯如雞."

4) 《抱朴子外篇·審舉》: "人君雖明並日月, 神鑒未兆, 然萬機不可以獨統, 曲碎不可以親總, 必假目以遐覽, 借耳以廣聽, 誠須有司, 是康是贊, 故聖(君)莫不根心招賢, 以舉 才為首務."

하다고 보았다. 그는《인명(仁明)》편을 지어 "명(明)은 재지(才智)이며, 인(仁)은 덕행이다"[5]라고 했다. 명은 재지를 가리키고, 인은 덕행을 가리킨다는 것이다. 또한 다음과 같이 말했다. "차마 하지 못하는 어짐을 가지고서 무엇이 착한지를 가릴 현명함이 없다면 거짓에 마음이 미혹되고 간색(間色: 사이비)에 정신이 혼란해질 것이며 생각하는 바가 분명치 못하고 옳고 그름을 제대로 알지 못하고 (나라의) 안위를 제대로 붙잡지 못하게 된다면 제 한 몸도 제대로 보존하지 못하니 어느 겨를에 세상을 다스릴 수 있겠는가? 옛날에 희공은 지애를 우애하지 않음이 없었으나 눈물을 흘리며 친족을 죽였으며 석작은 본디 자식을 사랑하였으나 (대의를 위해) 부모 자식의 사사로운 정을 끊고 공도(公道)를 수행했다. 인자함을 버리고 현명함을 쓰며 상황을 헤아려 인자함을 억누르기도 한다. 인자함은 잠깐 폐할 수 있어도 현명함은 없어서는 안되는 것이다. 탕왕(湯王)과 무왕(武王)이 정도를 거스르고 천하를 취하고서는 정도를 따라 나라를 지켜낸 것은 진실로 어질지 못하나, 하늘에 응하여 혁명을 한 것은 현명한 것이다. 서(徐)의 언(偃)왕이 인자함을 닦아 다른 제후국을 조공하게 하였으나, 밖으로 험난한 성과 해자를 무너뜨리고 안으로 무기를 갖추고 외침에 대비하지 않아서 국가가 망하게 하였으니, 현명하지 못한 화이다."[6] 이는 역사상 몇몇 사례를 들어 사업의 '성패와 유불리'는 마땅히 재지가 있느냐 없느냐로 결정된다는 것을 설명했다. 예를 들면,

5) <仁明> : "明者, 才也; 仁者, 行也."

6)《抱朴子外篇·仁明》: "夫體不忍之仁, 無臧否之明, 則心惑僞真, 神亂朱紫, 思算不分, 邪正不識, 不逮安危, 則一身之不保, 何暇立以濟物乎? 昔姬公非無友於之愛, 而涕泣以滅親. 石碏非無天性之慈,, 而割私以奉公, ……舍仁用明, 以計抑仁, 仁可時廢, 而明不可無也. 湯武逆取順守, 誠不仁也; 應天革命, 以其明也. 徐偃修仁以朝同班, 外墜城池之險, 內無戈甲之備, 亡國破家, 不明之禍也."

상탕(商湯)이 하걸(夏桀)을 토벌하고, 주 무왕이 은주(殷紂)를 토벌한 것은 모두 '역취순수(逆取順守)'한 것으로, '불인(不仁)'한 행위라고 할 수 있다. 그러나 그들은 '하늘에 응하여 혁명'하여 백성을 위로하고 못된 통치자를 징벌하였으니, 재지의 표현이요 합리적 행동이다. 갈홍은 도덕관념과 역사 수요가 충돌이 생길 때, 도덕관념을 버리고 과단성 있는 행동을 채택하여 폭군을 몰아내서 '인을 버리고 현명함을 사용'하는 것은 마땅히 인정해야 한다고 보았다. 갈홍이 보기에 "성질이 굳고 깨끗하기만 하고 통치에 대한 책략이 없는 사람은 난리를 평정하여 질서있는 세상을 회복할 그릇이 못 되고, 풍류는 있으되 통치의 책략이 결핍된 자는 임금을 도와 천하를 다스릴 인재가 못 되는"[7] 것이니, 단지 덕행만 있고 통치의 책략이 없으면 난리를 다스려 정상으로 돌아오게 할 수 없고, 세상을 구하고 백성을 살릴 수 없으니, 진정한 인재가 결코 아니었다.

사람의 재능과 지혜는 각각 길고 짧음이 있다고 갈홍은 보았고, 길고 짧음 역시 상대적으로 말한 것이었다. 예를 들면, "회음후(淮陰侯) 한신은 으뜸가는 장수였으나 백성들에게 농사와 장사를 가르쳐 굶주림에서 벗어나도록 하지는 못했으며, 주발은 사직을 안정시킬 수 있는 신하였지만 재정 정책에 대해 답하거나 판결문을 쓰는 일은 잘 하지 못했다."[8] 곧 한신(韓信)은 전쟁에는 뛰어났지만 국가를 다스리는 재능은 부족했고, 주발(周勃)은 사직을 안정시킬 수는 있었지만 대답하는 말재주는 부족했다는 것이다. 갈홍은 또한 당요(唐堯)와 하걸(夏桀)을 예로 들어, 세상 사람들은 "말 재주가 뛰어나 요 임금을 칭찬하지 않을 수 없어도 요

7) 《抱朴子外篇·博喻》: "介潔而無政事者, 非撥亂之器; 儒雅而乏治略者, 非翼亮之才."

8) 《抱朴子外篇·備闕》: "淮陰, 良將之元也, 而不能修農商免飢寒; 周勃, 社稷之鯁也, 而不能答錢穀責獄辭."

임금의 정사가 모두 다 잘한 것만은 아니며 온 세상 사람이 모두 걸 왕을 욕해도 걸 왕의 정사가 모두 다 잘못 된 것은 아니다"라고 말했다. 세상 사람들이 찬미하는 성제(聖帝) 당요(唐堯) 역시 과실이 있고, 세상 사람들이 입에 담으려고 하지 않는 폭군 하걸(夏桀) 역시 모든 것이 과실은 아니다. 인재를 대할 때, 주로 그 장점을 보아야 하니 "작은 하자가 큰 그릇을 훼손할 수는 없으며 자잘한 흠이 좋은 재주에 누가 될 수는 없으며"[9], 사람은 완전한 사람이 없으니, 인재 역시 모든 면에서 뛰어날 수는 없으므로, 주(主)와 차(次)를 분명하게 구분해서, 단점을 가지고 완전하지 못하다고 혼내면 안된다. 인재를 사용하는 경우에도 그 단점을 피하고 장점을 사용해야 하니, 단점으로 인하여 장점을 버리면 절대 안 되는 것이다. "만약 단점이 있다고 하여 장점이 있는 자를 버리게 된다면 군계일학의 재능을 가진 인재가 등용되지 못할 것이다."[10] "장점을 찾아 맡기니 망칠 일이 없고, 단점을 피해주니 세상에 버릴 인재는 없다."[11] 만약 인재의 단점으로 인하여 그 장점을 이용하지 않으면, 무리에서 출중하여 발탁한 인재도 매몰될 것이다. 만약 인재의 장점을 발휘하고 인재의 단점을 피하는 것을 잘한다면 대업을 이루고 또한 인재를 낭비하지 않을 수 있을 것이다. 이것은 정확하고도 깊이 있는 인재학 관점임을 인정해야 할 것이다.

갈홍은 또한 인재를 식별하고 사용하는 데 개인의 선입견을 피하여 개인의 애증 또는 호불호를 표준으로 인재를 선발하지 말 것을 강조했다. 그는 "자기와 같은 사람이라고 해서 꼭 등용할 것도 아니고, 자기와 다른 사람이라고 해서 꼭 소홀히 할 것도 아니다"[12]라고 했다. 이 역시

9) 《抱朴子外篇·博喩》: "小疵不足以損大器, 短疢不足以累長才."
10) 《抱朴子外篇·備闕》: "若以所短棄所長, 則逸儕拔萃之才不用矣."
11) 《抱朴子外篇·務正》: "役其所長, 則事無廢功; 避其所短, 則世無棄材矣."

매우 깊이 있는 관점이다. 갈홍은, 오직 공정무사해야만 사람을 적절히 등용할 수 있으니, "인재를 등용하였는데 마땅한 사람이 아니라면 그 까닭은 다른 것이 아니다. 지극히 공평한 정이 행해지지 않고 사사로운 뜻을 거스르지 않았기 때문이다"[13]라고 했다. 사사로운 마음으로 하면 반드시 오직 가까운 사람만 임용하니, 이것이 인재를 적절히 사용하지 않는 근본 원인이다.

(2) 뒤에 만든 것이 먼저 것보다 뛰어나다

갈홍은 일시적 걱정거리가 아니라 오랫동안 쌓여왔던 옛날을 귀하게 여기고 지금을 천하게 여기는 귀고천금(貴古賤今) 사조를 비판하는 것을 중시하여, 사회생활·역사변천·과학기술 등 각 방면에서 진화 관념을 강조했다. 그는 말했다. "세상은 대체로 과거를 신성시하고 귀히 여기고 지금을 천하게 여긴다. 비록 추풍오(追風烏)와 같은 준마가 있어도 오히려 조보(造父)가 몰던 말보다 못하다 할 것이며, 비록 조나라의 화씨벽이 있어도 초나라 사람이 울던 보배만 못하다 할 것이다. 비록 의단(疑斷)의 검이 있어도 구야자가 주조한 검보다 못하다 할 것이며, 죽은 자를 살리는 약이 있어도 화타와 편작이 제조한 약보다 못하다 할 것이며, 무리를 뛰어넘는 인재가 있어도 책에 실려 있는 인물만 못하다 할 것이다."[14]

---

12) 《抱朴子外篇·清鑒》: "同於己者, 未必可用; 異於我者, 未必可忽也."

13) 《抱朴子外篇·百里》: "用之不得其人, 其故無他也, 在乎至公之情不行, 而任私之意不違也."

14) 《抱朴子外篇·尚博》: "世俗率神貴古昔而黷賤同時, 雖有追風之駿, 猶謂之不及造父之所御也; 雖有連城之珍, 猶謂之不及楚人之所泣也; 雖有疑斷之劍, 猶謂之不及歐冶之所鑄也; 雖有起死之藥, 猶謂之不及和、鵲之所合也; 雖有超群之人, 猶謂之不及竹帛之所載也."

세속에 일종의 편견이 있으니, 현세의 준마·진보(珍寶)·이검(利劍)·약물·인재는 모두 고대에 미치지 못하다고 보는 것이다. 더욱 전형적인 것은 "세속의 선비들이 말하기를 '지금의 산은 옛날의 산처럼 높지 않고 지금의 바다는 옛날의 바다처럼 넓지 않으며 지금의 해는 그 옛날의 해처럼 뜨겁지도 않고 지금의 달빛은 과거의 달빛만큼 밝지도 않다. 자신이 들은 것만 중시하고 본 것은 경시하니 한 세대만의 걱정거리가 아니다"[15]라는 것이다. 오늘의 달조차 옛날 달만큼 밝지 않다고 여겼다 하니, 이런 숭고사상은 얼마나 황당한가! 갈홍은 옛것을 숭상하는 이런 논조를 폭로하고 날카롭게 비판했다. 갈홍은 "배와 수레가 걷거나 물을 건너는 수고로움을 대신해주고 글자가 노끈을 묶어 기억하는 것을 개선한 것과 같이 나중에 만들어진 것이 먼저 것보다 뛰어나 그 업적이 천만 배나 차이나는 것을 일일이 이루 헤아릴 수 없을 정도"[16]라는 것을 강조하여, 배와 수레와 문묵 등의 발명과 사용은 모두 나중 것이 낫고 지금 것이 옛날 것보다 뛰어나다는 것을 보여준다고 논증했다. '나중에 만들어진 것이 먼저 것보다 뛰어나다'는 진화관은 숭고·복고 사상에 대한 유력한 비판이었다.

《포박자외편》의 <힐포(詰鮑)> 편에서 포경언(鮑敬言)의 무군론(無君論)을 인용하여 공격을 가했다. 포경언의 일생 사적과 저작은 이미 살펴볼 수 없다. <힐포(詰鮑)> 편에 실린 내용에 따르면, 옛날과 지금을 대비하여, 고대의 모든 것을 긍정하고 현재의 모든 것을 부정하는 것이 포경언의 기본 주장으로, 고금 우열의 근본 구별은 군주가 있었는가 여부에

---

15) 《抱朴子外篇·尚博》: "俗士多云, 今山不及古山之高, 今海不及古海之廣今日不及古日之熱, 今月不及古月之朗. 何肯許今之才士, 不減古之枯骨. 重所聞, 輕所見, 非一世之所患矣."

16) 《抱朴子外篇·鈞世》: "若舟車之代步涉, 文墨之改結繩, 諸後作而善於前事, 其功業相次千萬者, 不可復縷舉也."

있어서, "옛날에는 군주가 없어서 지금보다 좋았고" 사회의 모든 죄악은 "모두 군주가 있어서 생겨난 것"이라는 것이다. 포경언이 군신 등급 구분 이전에는 군신의 구분이 없고 통치와 피통치의 구분이 없는 사회가 존재했었다는 것을 지적하여 계급사회 통치자가 사람들에 대한 착취와 압박을 폭로한 것은 모두 정확하다는 것을 긍정해야 한다. 그러나 그렇다고 해서 원시사회가 계급사회보다 낫다고 여겨 원시사회로 돌아갈 것을 주장하는 것은 오류로, 역사의 복고경향이다. 갈홍은 현재 사회 백성의 물질 생활과 문화 수준 등 측면이 향상된 사실로부터 나중의 계급사회가 이전의 원시사회보다 낫다는 것을 지적하여, 역사 발전의 관점을 드러냈다. 갈홍의 역사진화론은 사회발전규칙에 합치되며 포경언의 이론보다 훨씬 뛰어나다는 것을 인정해야 할 것이다. 물론 갈홍의 관점에 '군신의 도'·군주제 영원화 경향을 포함하고 있다는 것은 또한 옳지 않은 것이다.

(3) 천지만물 중 기를 받아 태어나지 않는 것이 없고, 기가 다하면 생명도 끝이 난다

갈홍은 이전의 기(氣)에 관한 관점을 계승 이용하고, 자연현상을 직접 관찰하고 자연과학 실험을 진행하여, 자신의 도교 신학 체계에 '기'의 관념을 집어넣어, '기'가 천지만물을 낳는다는 것과 기가 다하면 생명이 끝난다는 등의 유물주의 관점을 드러냈다.

갈홍은 "사람은 기 속에 있고, 기는 사람 속에 있다. 천지(天地)로부터 만물에 이르기까지 기(氣)를 기다려서 생기지 않는 것이 없다"[17]고 했

17) 《抱朴子內篇·至理》: "夫人在氣中, 氣在人中. 自天地至於萬物, 無不須氣以生者也."

다. '기'는 원시 물질을 가리킨다. 사람은 '기' 속에 있고, '기'는 또한 사람의 몸 속에 있다는 뜻이다. 천지로부터 만물에 이르기까지 '기'에 의지하여 생성되지 않는 것이 없다. 기는 우주 사이에 충만한 물질이 되어 천지만물을 생성하는 처음 기틀이다. 소중한 것은, 방금 말한 갈홍의 철학 관점은 자연과학의 실험을 통하여 얻은 것으로, 자연현상 변화의 원리를 근거로 했다는 것이다. 그는 "구름과 비 서리와 눈은 모두 천지의 기로 말미암은 것이다. 약으로 만들면 진짜와 다를 바 없다"[18]라고 했다. 구름·비·서리·눈은 모두 '기'가 변하여 이루어진 것으로, 인공적 방법으로 인공비·인공눈 등을 만들면 천연비·천연눈과 똑같다. 갈홍은 실험을 통하여 자연현상은 모두 기로 구성되었다는 관점을 인정했다.

갈홍은 나아가 인공변화가 자연변화를 대체하는 것으로부터 추론하여 물종 변화의 논단을 도출했다. 동한(東漢)의 왕충(王充)은 《논형(論衡)·무형(無形)》에서 청개구리가 메추라기가 되고 참새가 조개가 되는 등 자연 변화 현상을 예로 들어 "세월은 점차 옮겨가고 기가 변하여 만물이 함께 변화한다"는 관념을 명확하게 제시했다. 갈홍은 여기에서 한 걸음 더 나아가, 실제 관찰과 화학실험을 통하여, "변화는 천지의 자연스러움"[19]임을 인식하고, 자연현상 변화의 규칙을 파악하고 과학적 인공방법을 채택하면 하늘의 조화로운 재주를 빼앗을 수 있어서, 본래 그것이 아닌 것으로부터 그것을 만들어낼 수 있으니, 예를 들면 인공비·인공눈을 만들 수 있으며, 사람들은 구리로 만든 오목거울로 태양을 향해 불을 채취할 수 있고, 네모난 구리거울로 달 밑에서 물을 채취할 수 있다. 금·은·납·단(丹) 등도 다른 재료를 이용하여 제련해 낼 수 있다. 이는 물종은 변화하고 변화는 무궁함을 인정하는 것이다. 갈홍은 또한

18) 《抱朴子內篇·黃白》: "雲雨霜雪, 皆天地之氣也, 而以藥作之, 與真無異也."
19) 《抱朴子內篇·黃白》: "變化者, 乃天地之自然."

'만물은 저마다의 고유한 종이 있다'는 고정불변의 형이상학 관점을 명확하게 비판했다. '만물은 저마다의 고유한 종이 있다'는 것은 어느 한 종(種)은 오직 그 한 종만을 낳을 수 있다는 것이다. 말은 말을 낳고, 나귀는 나귀를 낳는 것 등으로, "노새는 나귀와 말이 낳은 것임을 믿지 않았다"[20]. 연(鉛)은 연(鉛)이고, 황단(黃丹)은 황단(黃丹)으로, "황단과 호분(胡粉)이 연(鉛)을 변화시켜 만든 것임을 믿지 않았다"[21]. 갈홍은 지적하기를, 나귀와 말이 교접하면 나귀도 아니고 말도 아닌 노새를 낳을 수 있고, 연(鉛)을 변화시켜서 황단과 호분을 만들 수 있으니, 물류 변화를 부정하는 관점은 어리석은 사람의 식견이 좁아서라고 했다. 당시 누군가 "수정은 본디 자연에서 만들어진 것으로 옥석의 종류이다"[22]라고 했다. 갈홍은 "외국에서 수정으로 된 사발을 만들었는데 실은 5종의 재를 잘 화합하여 만든 것이다. 지금 교(交)와 광(廣)에서 그 방법을 터득하여 빚고 있는 자들이 많다"[23]라고 하여, 사실을 가지고 물종불변설을 논박했다. 갈홍의 물종불변설 비판은 자연변증법의 승리이다.

갈홍은 기(氣)가 천지만물을 낳는다는 세계관에서 출발하여, 사람은 장생불사하여 "육체가 날아올라 신선이 될 수 있다"고 여겼다. 신선이 되면 정신과 형체가 떨어지지 않는 것을 전제조건으로 하여, 형체와 정신이 떨어지지 않을 수 있는 것도 또한 기의 작용에 의한 것이라고 보았다. 그는 "정기(正氣)가 쇠하지 않게 할 수 있으면 형과 신이 서로 지켜주어 상하게 할 수 없다"[24]고 했고, 그래서 "장생불사(長生不死)하며 도

20) 《抱朴子內篇·論仙》: "不信騾及駏驉是驢馬所生."
21) 《抱朴子內篇·論仙》: "不信黃丹及胡粉是化鉛所作."
22) 《抱朴子內篇·論仙》: "水精本自然之物, 玉石之類."
23) 《抱朴子內篇·論仙》: "外國作水精碗, 實是合五種灰以作之. 今交、廣多有得其法而鑄作之者."
24) 《抱朴子內篇·極言》: "苟能令正氣不衰, 形神相衛, 莫能傷也."

를 깨우친 자는 모두 단약을 복용하고 양기를 삼켜서이다"[25]라고 하고, "양생의 이치를 다 한 자는 이미 신약을 복용하고 아울러 기를 운행함에 나태함이 없어 아침저녁으로 운동을 하여 온 몸의 피를 잘 돌게 하여 막힘이 없게 한다"[26]고 했다. '탄기(呑氣)' '행기(行氣)'는 바로 '양기(養氣)'로, '형체와 정신이 서로 보위하고', '날개로 변하여 신선의 세계로 올라가는' 중요한 방법이다. 여기에는 사람의 육체와 정신이 모두 기로 구성된다는 사상을 논리적으로 포함하고 있다. 그러나 갈홍은 정신 자체가 바로 기라는 설을 직접 주장하지는 않았고, 신(神)에는 '성(姓)·자(字)·복(服)·색(色)이 있고', 길고 짧음과 크고 작음이 있고, 즉 형체가 있고 형상이 있는 것이라고 했고, 아울러 이것을 지키면 장생불사할 수 있다고 하였으니, 이것을 '수일존진(守一存真)'이라고 했다. 이것은 갈홍 사상이 혼란되고 모순된 점으로, 형체와 정신은 모두 사라지지 않는다는 그의 도교신학사상의 표현이기도 하다. 그러나 갈홍은 정신을 바로 기(氣)로 보지는 않았으니, 또한 이론적 사유의 진보이기도 하다.

형신 관계 문제에서 갈홍은 중요한 논술을 했다. 그는 "'유'는 '무'로 인하여 생기고, '형'은 '신'에 의하여 세워진다. '유'는 '무'의 궁(宮)이고, '형'은 '신'의 집이다. 그러므로 둑에 비유되니, 둑이 무너지면 물은 머물지 않는다. 초에 비유되니, 초가 닳으면 불은 남지 않는다. '형'이 피로하면 '신'은 흩어지고, '기'가 다하면 '명'은 다한다"[27]고 했다. 갈홍은 형신 관계는 유무 관계라고 보고, '무'가 '유'를 낳는다는 관점에서 "형은 신에

25) 《抱朴子內篇·雜應》: "長生得道者, 莫不皆由服藥吞氣."

26) 《抱朴子內篇·雜應》: "養生之盡理者, 既將服神藥, 又行氣不懈, 朝夕導引, 以宣動榮衛, 使無輟閡."

27) 《抱朴子內篇·至理》: "夫有因無而生焉, 形須神而立焉. 有者, 無之宮也. 形者, 神之宅也. 故譬之於堤, 堤壞則水不留矣. 方之於燭, 燭糜則火不居矣. 形勞則神散, 氣竭則命終."

의지하여 선다"는 명제를 추론하여, 정신은 형체의 주재이고 형체는 정신에 의지해야만 존재할 수 있다고 보아, 정신의 작용을 지나치게 과장하여, 유심주의적 관점이다. 그러나 그는 또한 형체는 정신이 깃들어 사는 집이고, 정신은 형체에 의존한다고 보았다. 두 가지 비유를 들었다. 하나는 '형'을 둑에 비유하고 '신'을 물에 비유한 것이고, 하나는 '형'을 초에 비유하고 '신'을 불에 비유한 것이다. 둑이 무너지면 물은 흘러버리고 초가 닳으면 불은 꺼지는 사상을 포함하여, 실질적으로는 역시 정신은 형체에 의존한다고 여겼다. 이를 통해 "형(形)이 피로하면 신(神)은 흩어지고, 기가 고갈되면 명(命)은 끝난다"는 결론을 얻었다.

갈홍은 일생 동안 한때는 정치에 열심이었고 나중에는 또 정치를 벗어났다. 그는 획기적 도교 이론가이면서 저명한 자연과학자이기도 하다. 그는 이중적 인격을 지니고 사상이 충돌되고 특징이 기이한 역사 인물이다. 그는 정치를 관찰하고, 역사 경험 교훈을 총결하고, 아울러 객관적 규칙을 존중하고, 과학실험을 견지하여, 그의 사상이 변증법과 유물론을 향하도록 했다. 그는 정치에서 벗어나 신선을 믿어서, 또한 필연적으로 유심주의를 향했다. 그의 이중적 인격은 필연적으로 이중적 사상을 보여준다. 이와 같이 모순되는 인물의 모순되는 사상을 우리는 실사구시적으로 분석하고 평가해야 한다.

17 승조(僧肇)

승조(僧肇)의 본래 성은 장(張)으로, 경조(京兆) 장안(長安: 지금의 섬서(陝西) 서안시(西安市)) 사람이다. 동진(東晉) 효무제(孝武帝) 태원(太元) 9년(384)에 태어나, 동진 안제(安帝) 의희(義熙) 10년(414)에 세상을 떠났다. 그는 중국의 저명한 불경 번역가 구마라즙(鳩摩羅什)의 대제자이자, 동진 후기 중요한 불교철학자이다. 《고승전(高僧傳)》 6권 《승조전(僧肇傳)》 기록에 따르면, 승조는 빈곤한 가정에서 태어나, 생계가 어려워 대신 글을 써주는 것으로 하루하루 살아갔다. 그는 글을 써주는 과정에서 경사 전적을 많이 읽어 깊은 영향을 받았다. 그는 당시 널리 유행하던 《장자》·《노자》 두 가지에 매우 흥미를 느껴서, 사상적으로 현미(玄微)한 경계를 추구하는 데 중요한 길잡이 책이라고 여겼다. 그러나 또한 완벽하다고 느끼지는 않아서 완전히 만족하지는 않았다. "일찍이 노자 《도덕장》을 읽고 탄식하며 말했다. '아름답다면 아름답다고 하겠으나, 정신을 하나로 집중하고 마음의 누(累)를 없애는 것을 기약하기에는 오히려 지극히 선하다고 할 수는 없다'"[1]라 하였으니 생각이 무엇에 얽매

1) 《高僧傳·僧肇傳》: "嘗讀老子《道德章》, 乃嘆曰: '美則美矣, 然期棲神冥累之

인 것을 풀어내는 것이 아니라 정신이 해탈의 최고 경지에 이르러야 하는 것이라 여겼다. 나중에 삼국시대 때 오지겸(吳支謙)이 번역한 대승불교 신앙을 선전하는 《유마힐경(維摩詰經)》을 읽고, "기쁨이 극에 달해 깊이 음미하고, 이제서야 귀의할 곳을 알게 되었다면서, 이로 인해 출가했다."[2)]

승조는 출가한 이후 불교대승경전을 깊이 연구했고, 소승경(小乘經)·율(律)·논(論) 삼장(三藏)에 밝게 통달하여, 성년 시기에 이미 장안 일대에서 이름을 날렸다. 당시 불교 사상계는 논쟁이 매우 격렬하여, 어떤 사람은 식량을 지고 천리길을 찾아와 승조와 논쟁을 벌였다고 한다. 전해지는 말에 따르면, 장안의 전통적 유가 학자와 관외(關外)의 이렇다할 인물들이 모두 승조의 날카로운 언변의 창끝을 당해내지 못했다고 한다. 승조가 마악 불교계에서 재능을 드러내고 두각을 나타낼 때 구마라즙이 고장(姑臧: 지금의 감숙(甘肅) 무위(武威))에 도착했다. 승조는 천 리 길을 마다않고 고장으로 달려가서 구마라즙을 스승으로 모시고 수학했다. 성실하고 부지런히 수학하여 깊이 이해했다. 후진(後秦) 군주 요흥(姚興)이 홍시(弘始) 3년(401)에 사람을 파견하여 구마라즙을 장안으로 맞아들여, 승조 역시 따라왔다. 이후 승조는 줄곧 구마라즙 신변에 있으면서 번역을 협조하고, 경전을 주석하고, 아울러 저술에도 종사했다. 그는 구마라즙이 전한 대승반야공종(大乘般若空宗)의 이론을 매우 깊이 깨우쳤다. 그는 당시 중국 불교학자들의 관련 논저가 문장의 의미가 잡다하고 해설이 어긋나서 불교의 본뜻에 부합하지 않는다고 여겼다. 그래서 글을 써서, 불교의 철학이론기초 문제에 대해서 중요한 견해를 날카롭게 발표했다. 그는 유창한 중국 언어 문자로 당시 보고 듣기 좋아하는 형식

方, 猶未盡善也.'"

2) 《高僧傳·僧肇傳》: "歡喜頂受, 披尋玩味, 乃言始知所歸矣. 因此出家."

으로 반야공종(般若空宗)의 기본사상을 간략하고 정확하게 표현하여, 중대한 영향을 끼쳤다.

승조가 편찬한 《부진공론(不眞空論)》·《물불천론(物不遷論)》·《반야무지론(般若無知論)》 등은 모두 《조론(肇論)》에 보이며, 완정하고 치밀한 객관 유심주의 불교 신학 체계를 구성했다. 승조는 대승불교 반야학의 세계관·동정관(動靜觀)·인식론 이론을 밝히는 가운데 철저한 유심주의 사상을 관철했고, 또한 궤변의 색채가 풍부하다.

그러나 그는 상대주의와 부정의 방법을 운용하여 만든 자세한 논증 속에서 역시 사람들의 인식 계통 중의 일련의 모순을 드러내고 일련의 철학 범주를 밝혀서, 아주 높은 이론 사변의 재능과 수준을 체현하여, 후대 사람들에게 풍부한 이론 사유의 경험과 교훈을 제공했다. 중국 전통 철학은 위진(魏晉) 시기에 발전의 절정이 있었으니, 왕필(王弼)·상수(向秀)·곽상(郭象) 등을 대표로 하는 위진 현학(玄學)이다. 위진 현학은 유심주의적이다. 그러나 이론사유 측면에서 상당히 높은 수준에 도달하여, 현학가들은 '유무(有無)'·'동정(動靜)'·'언의(言意)'·'명교(名教)와 자연(自然)' 등 문제를 둘러싸고 열렬한 토론을 전개하여, ('본말'·'체용' 등과 같은) 중국철학의 범주를 풍부하게 하여, 중국철학의 깊이를 증가시켰다. 당시의 불교철학은 아직 독립을 얻지 못하여, 불교 철학자들은 대체로 현학의 언어를 그대로 사용했다. 예를 들면 불교의 '공(空)'을 현학의 '무(無)'에 견주어, 이렇게 그들은 현학을 대신하지도 못하고 불교철학의 특색을 충실히 반영하지도 못했다. 동진(東晉) 시기 현학은 이미 대세의 꼬리가 되어 사그라들고 있었고, 불교철학은 이제 막 피어나고 있었다. 승조의 역사적 지위는 불교와 현학 각 파의 이론을 비판적으로 총결한 것에 있으니, 특히 불교 공종(空宗)의 '공'에 관한 이론[3]을 충실

3) 鳩摩羅什曾稱贊僧肇說 : "秦人解空第一者, 僧肇其人也."(吉藏《百論序疏》,

하게 천명하고 발휘하여 자기 철학 체계를 세운 것에 있다. 이 체계는 진정한 불교이기도 하고, 또한 위진현학이 토론한 전통 문제에 대해 불교 이론으로 철저하게 유심주의적으로 대답한 것이기도 하다. 이는 불교철학이 이미 독립된 형태로 중국철학의 논단에 등장했고 아울러 자기 이론사유의 우세로 철학의 왕좌에 오르기 시작했음을 말해준다. 이 역사적 변화에 대하여 여러 측면에서 평가할 수 있다. 문화학적 의의로 보자면, 외래의 불교철학이 이미 황로학과 모양이 비슷하다는 위장을 벗어버리고 전통적 중국철학에 도전함을 의미한다. 그리고 이 도전은 또한 외래의 불교철학이 최후에 중국철학에 융합되는 기나긴 과정의 시작이라고 할 수도 있다. 이런 의미에서 승조는 중국 전통 철학의 발전을 추진시키는 데 중요한 공헌을 했다.

(1) '모든 법의 실상은 있지도 않고 없지도 않다'와 '발 딛고 있는 곳에 진리가 있다'

승조의 세계관 사상체계의 핵심은 불교 연기법(緣起法)의 기본 관점에 의거하여, 만물은 인연으로 말미암아 '있게' 되고, 마찬가지로 역시 인연으로 말미암아 '없게' 된다는 것을 선양하는 것이다. 존재 자체는 '유'가 아니라, 연(緣)을 기다린 이후 '유'하게 된다. 그러므로 진정한 존재가 아니라 '유'라는 가명을 쓰고 있는 것이다. 또한 현상은 이미 생긴 것이다. 그러므로 역시 '무'가 아니다. 승조가 보기에 이른바 '진(真)' 또는 '진유(真有)'라는 것은 인연으로부터 말미암지 않는 것 즉 연을 기다리지 않는 것이다. 세상에는 연을 기다리지 않는 이런 '진유'의 사물은

《大正新修大藏經》, 臺北財團法人佛陀教育基金會出版部, 1990년, 제24책, 제232쪽)

결코 존재하지 않는다. 세간의 모든 사물은 모두 인연이 화합하여 생긴 것이다. 연(緣)으로 말미암기 때문에 있고, 연으로 말미암기 때문에 없다. '유'와 '무'는 모두 '인연화합'의 현상을 나타내는 것으로, 상대적이고 통일적이다. 이는 또한 "비록 있다고 하여도 있는 것이 아니며", "진제(眞際)는 비록 없다고 하여도 정말로 없는 것이 아니며", "속제(俗際)는 비록 있다고 하여도 정말로 있는 것이 아니며", "없다고 해도 단절되어 텅 빈 것이 아니다"[4]. 두 측면을 합하면 바로 비유비무(非有非無)이다. '비유'는 '무'이고, '비무'는 '유'이다. '무'는 한결같이 소유한 것이 없다는 것이 아니고, '유'는 정말로 있는 것이 아니니, 결국 모든 사물 자체·존재의 본질은 진실되지 않은 것이고 빈 것이다. 승조는 말했다. "사물이 비록 있는 듯하나 없는 것이 이른바 비유(非有)이며, 없다 해도 (실제로) 있는 것이 이른바 비유(非無)이다. 이와 같다면 사물은 정말 없는 것이 아니라 사물은 진실한 물(物)이 아닌 것이며, 사물이 진실한 물(物)이 아니니 어디에서 사물이라 할 수 있겠는가? 그러므로 경에서 말하기를 색(色)의 본성은 공(空)이며 색이 사라져 공이 된 것이 아니다. 이로써 성인이 사물에 있어서 만물이 저절로 공허하게 된 것임을 밝혔으니 어찌 만물을 요리하듯 잘라 통하기를 구하겠는가?"[5] 사물은 비록 있어도 없으니, 즉 비유(非有)이다. 사물은 비록 없어도 있으니, 즉 비무(非無)이다. 이를 통해 설명하길, 물(物)은 진물(真物)이 아니고, 물(物)은 본성이 공(空)하니, 무너지고 소멸하고 난 뒤에야 공(空)한 것이 아니다. 만물은 자체가 빈 것이니, 자르고 나누고 가르고 떨어진 뒤에야 공(空)한 것이

4) 《肇論·不真空論》: "雖有而非有", "雖無而非無", "有者非真有", "無者不絕虛".

5) 《肇論·不真空論》: "雖有而無, 所謂非有; 雖無而有, 所謂非無. 如此, 則非無物也, 物非真物; 物非真物, 故於何而可物？故經雲: 色之性空, 非色敗空. 以明夫聖人之於物也, 即萬物之自虛, 豈待宰割以求通哉？"

아니다. 승조는 '허(虛)' '공(空)'의 의미는 '부진(不眞)' '비진비실유(非眞非實有)'임을 강조했다. 그는 "있다고 말하고 싶어도 있는 것이 진실로 있는 것이 아니며, 없다고 말하고 싶어도 형상이 이미 갖추어져 있으니, 형상은 없는 것이 아니나 진실이 아니므로 진실로 있는 것이 아니다. 그렇다면 부진공(不眞空)의 의미는 여기에서 뚜렷이 드러난 것이다"[6]라고 했다. 인연으로 말미암아 화합하여 사물의 현상 형태가 있다. 그러나 사물은 가유(假有)이니, 또한 바로 '공'이다. 부진(不眞)하므로 공이고, 부진(不眞)하면 공이다. '부진(不眞)'은 간단하게 유 혹은 무로 표시할 수 없고, 비유비무(非有非無)이어야만 서술할 수 있다. 이는 유 혹은 무로 사상(事象)을 표시하면 사상(事象)의 본질을 파악할 수 없고, 오직 비유비무(非有非無)로만 사물(事物)의 실상을 파악할 수 있다는 말이다. 사상(事象)은 비진비실유(非眞非實有)이고, 자허(自虛)한 것으로, 비유비무(非有非無)의 존재이니, 이것이 바로 세상 만물의 실상이요, 또한 '묘유(妙有)'의 뜻이다.

승조는 '만물의 자허(自虛)'를 강조했다. '만물'은 '유'이고, '자허'는 '공'이니, 만물 자체로 말하면 공허한 것이다. '유'는 '공'으로, '가허이허물(假虛而虛物)'이 아니며, 주관적으로 만물을 씻어낸 것이 아니다. 동시에 객관세계 존재의 본질은 '공'이고, '공'은 또한 주관세계의 본질이기도 하니, 객관세계의 '물허(物虛)'와 주관세계의 '심허(心虛)'는 일치하는 것이다. 승조는 말했다. "안으로는 홀로 작용하며 조감하는 밝음이 있고 밖으로는 만법의 진실됨이 있기 때문이다. 만법이 비록 진실되나 관조의 작용이 없으면 그 실제를 얻지 못한다. 안(성지의 마음)과 밖(진실의 만법)이 서로 더불어야 관조의 공능이 이루어지는 것이다. 이는 성지의 고

6) 《肇論·不眞空論》: "欲言其有, 有非眞生; 欲言其無, 事象既形. 象形不即無, 非眞非實有. 然則不眞空義, 顯於玆矣."

요함도 관조의 작용과 같을 수 없는 것이니 작용인 것이며, 안으로 만법의 진실을 관조하는 작용이 있어도 앎이 없으며 밖으로 만법이 진실되긴 하나 실상이 없으니 안팎으로 모두 고요하여 이 둘이 모두 없는 것이다. 이는 성지의 고요함이 관조의 작용과 다름이 없는 것이니 고요함이다."[7] 내외는 심(心)과 경(境)이요, 주(主)와 객(客)이다. 주관과 객관은 모두 적연(寂然)을 근본으로 한다. 이는 적무(寂無)의 기초 위에서 주관세계과 객관세계를 소통시키는 것이다. 승조는 한편으로는 '즉만물지자허(即萬物之自虛)'를 강조하고, 한편으로는 또한 주관적 '심허(心虛)' '신허(神虛)'를 매우 중시했다. 그는 '심허(心虛)'는 또한 '물허(物虛)'를 깨닫고 살피는 근본이라고 보았다.

승조는 허심(虛心)을 갖추고 있으면 세간의 현상과 현상의 진상의 상즉(相卽) 관계를 깨닫고 파악할 수 있다고 보고, 《부진공론》에서 총결하여 말했다. "그러므로 경에서 말하길 매우 기이하도다 세존이시어. 진제에서 움직이지 아니하시고 모든 법이 설 곳을 만드신다고 했다. 진제를 떠나지 않고 모든 법을 세우셨으니 그 법이 세워진 곳이 바로 진제인 것이다. 그렇다면 성인의 도가 멀다고 하겠는가? 부딪히는 곳마다 진제인 것이다."[8] 세존(世尊)은 석가모니의 존칭이다. 진제(真際)는 진실의 본체이다. 제법(諸法)은 일체 사물이다. 입처(立處)는 근거이다. 이는 일체 현상의 근거는 '진체(真體)'이며, 일체 현상은 진체를 벗어나 따로 근거가 있는 것이 아니며, 진체지도(真體之道) 역시 현상의 밖으로 초월하는 것이 아니며, 어떤 현상에 접촉해도 진체에 접촉한다는 말이다. 또한

7) 《肇論·般若無知論》: "內有獨鑒之明, 外有萬法之實. 萬法雖實, 然非照不得, 內外相與以成其照功, 此則聖所不能同, 用也. 內雖照而無知, 外雖實而無相, 內外寂然, 相與俱無, 此則聖所不能異, 寂也."

8) 《不真空論》: "故經雲, 甚奇世尊, 不動真際, 為諸法立處. 非離真而立處, 立處即真也. 然則道遠乎哉, 觸事而真."

세간 만물과 진제는 상즉불이(相即不二)하다는 말이기도 하다.

승조의 부진공학설(不真空學說)은 의심할 바 없이 유심주의적이다. 이론 측면에서 가장 근본적 착오는 객관 사물 생성의 조건성과 사물의 진실성을 대립시켜서, 일정한 원인과 조건이 화합하여 이루어진 사물이 참되지 않고 거짓이라고 여기고 따라서 역시 공(空)이라고 여긴 것에 있다. 이것은 객관 사물의 진실성을 부인하는 유심주의의 구체적 형태의 하나이다. 그러나 승조가 일체의 사물은 모두 인연이 화합하여 이루어진다고 본 것은 정확한 것이다. 그는 또한 사물의 생성과 소멸·존재와 부존재의 통일성에 어느 정도 접촉하여, 형이상학 궤변 이론 체계 속에 변증법의 알갱이를 포함시켰다. 승조의 '입처즉진(立處即真)' '촉사이진(觸事而真)' 명제에는 또한 본체와 현상이 서로 통일된 사상적 요소도 포함되어 있다. 이런 인식들은 승조의 이론적 사유의 깊이를 보여준 것이다.

(2) 움직임과 고요함은 처음부터 다른 것이 아니다

사물 존재의 형태는 어찌 된 것인가? 승조는 모든 것은 변한다거나 모든 것은 변하지 않는다는 등의 양극단 관념에 동의하지 않았고, 본체는 변하지 않고 현상은 변한다는 설에도 동의하지 않았다. 그는 '운동과 정지는 처음부터 다르지 않았다'는 주장을 제시했다. "《방광반야경(放光般若經)》에서 '모든 법은 (현재가 과거의 시간으로) 흘러가거나 (과거의 시간이 현재로) 흘러옴이 없고 (시간의 흐름을 따라) 움직이면서 변해가는 것도 없다'고 했다. 움직이지 않는 것을 찾는다고 하여, 어찌 '운동'을 버리고 '정지'를 구하겠는가? 반드시 운동에서 정지를 구해야 한다. 반드시 운동에서 정지를 구하는지라, 그러므로 비록 운동하더라도 늘 정지하며, 운동을 버리고 정지를 구하지 않는지라, 그러므로 비록 정지해도 운동을 떠나지 않는다. 그러한 즉 '운동과 정지'는 애초에 다르지 않거늘 혹자는 같지 않다고 여긴다."[9] 여기서 '운동하지만 항상 정지한다'는 것과 '정지하지만 운동과 떨어지지 않는다'는 것을 강조하였으니, 운동과 정지는 동일한 사물이 동시에 드러낸 두 가지 다른 형태라고 추측한 것이다. 승조가 보기에, 정지를 벗어난 운동도 없고, 운동을 벗어난 정지도 없다. 정지와 운동은 표면적으로는 다르지만 사실 두 가지는 원래 통일된 것이다. '운동과 정지가 같고', '운동이 바로 정지'인 것이다. 이는 운동과 정지에 대한 통일성 추측이다.

승조는 사물은 모두 운동한다는 보통 사람들의 보편적 관념을 겨냥하여, 정지 역시 사물의 한 측면이며 심지어 더욱 중요하고 더욱 진실된 상황이라고 강조했다. 그는 또한 사람들이 바로 이른바 사물의 운동 중에 물(物)의 정지를 보는 것에 중점을 두어서 강조하여, 이를 통해《물불천론》을 지었다. 승조가 보기에 모든 사물은 영원하지 않고 생성 소멸되고, 생성되면 소멸되고, 영원하지 않고 신속히 변하는 것이다. 태어나서 소멸되지 않는 고정된 물체가 없으니, 사물 역시 예로부터 지금까지 여기부터 저기까지 일정할 수 없다. 사물의 존재는 단지 생성 소멸 변화할 뿐 유전(流轉)하고 왕래하는 것이 없어, 생성 소멸 변화 속에 왕래하는 것이 없으니, 운동은 바로 정지이다. 그는 말했다. "선풍(旋嵐: 회오리바람)이 산악을 쓰러뜨리지만 늘 고요하고, 강하(江河)가 다투어 흐르지만 흐름이 아니다. 야마(野馬: 아지랑이)가 세차게 일어나지만 움직임이 아니고 일월(日月)이 하늘을 지나간다 해도 우주를 한 바퀴 도는 것이 아니다."[10] "천지가 뒤집힌다고 해도 고요하지 않다고 말할 수 없고 홍

9) 《肇論·物不遷論》: "《放光》云: '法無去來, 無動轉者.'尋夫不動之作, 豈釋動以求靜, 必求靜於諸動. 必求靜於諸動, 故雖動而常靜. 不釋動以求靜, 故雖靜而不離動. 然則動靜未始異, 而惑者不同."

수가 하늘까지 넘실댄다고 하여 움직인다고 할 수 없다."[11] 운동은 바로 정지로, '동(動)과 정(靜)은 다른 적이 없다'. 승조는 여기서 정지를 운동보다 더욱 중요하게 보았고, 또한 운동을 정지로 귀결시켰다. 이것은 일종의 궤변론이다. 이런 착오는 승조의 종교신앙과 연결시켜야 한다. 그는 "여래의 공덕은 만세에 유전하면서도 항상 존재하며 도는 영겁의 세월을 통하면서도 더욱 견고하기만 하다"[12]고 했다. 여래 설법의 공덕은 영원히 항상 존재하고, 도법(道法)은 100겁(劫)을 지나도 더욱 견고해지고, 성불 경지에 들어간 법신(法身)은 영원히 무너지지 않고, 따라서 인과응보와 중생은 수행을 통해 성불함을 논증했다. 이는 확실히 형이상학적 신학 관념이다.

승조는 '운동에서 정지를 찾는' 것과 '사물은 이동하지 않는' 것을 논증하는 과정에서 동정관(動靜觀)의 모순을 객관적으로 건드리거나 제시했다.

첫째, 사물 변화의 단계성과 연속성의 모순을 건드렸다. 승조가 '물불천'을 논증하는 기본 논거는 "사람들이 말하는 움직인다는 것은 과거의 사물이 현재에까지 이르지 않은 것을 가지고 말한 것이다. 그래서 '사물은 움직이면서 고요하지 않다'고 말한다. 내가 말하는 고요하다는 것은 과거의 사물이 현재에 이르지 않는다는 것이다. 그러므로 '사물은 고요하여 움직이지 않는다'고 한다"[13]는 것이다. 일반 사람들이 말하는 변화의 논거는 이전의 사물이 지금까지 연속되지 않는다는 것으로, 따라서

---

10) 《肇論 · 物不遷論》: "旋嵐(猛暴大風)偃岳而常靜, 江河競註而不流, 野馬(飄蕩的微塵)飄鼓而不動, 日月曆天而不周."

11) 《肇論 · 物不遷論》: "乾坤倒覆, 無謂不靜; 洪流滔天, 無謂其動."

12) 《肇論 · 物不遷論》: "如來功流萬世而常存, 道通百劫而彌固."

13) 《肇論 · 物不遷論》: "夫人之所謂動者, 以昔物不至今, 故門動而非靜; 我之所謂靜者, 亦以昔物不至今, 故曰靜而非動."

사물은 불변하는 것이 아니라 변화하는 것이라는 것이다. 내가 말하는 불변은 역시 같은 논거로 사물은 변화하는 것이 아니라 불변하는 것임을 논증하는 것이다. 왜인가? 승조는 계속해서 말했다.

"과거의 사물을 과거에서 구하였으나 과거에 일찍이 없었던 것이 아니었고 과거의 사물을 현재에 따져 보았더니 현재에선 아직 있지 않았다. (과거의 사물이) 현재에 있지 않으므로 과거의 사물이 현재로 오지 않았음이 분명하고, 현재의 사물이 과거에 없었으므로 까닭에 (현재의 사물이) 과거로 흘러가지 않았음을 알 수 있다. 다시 이를 현재에서 찾아보니 현재도 과거로 가지 않았다. 이는 이른바 과거의 사물은 스스로 과거에 있었고 현재로부터 과거로 간 것이 아니며, 현재의 사물은 스스로 현재에 있고 과거로부터 현재로 오지 않았던 것이다. 이와 같다면 사물이 서로 오가지 않은 것이 분명하다. 이미 (과거로부터 현재로 현재에서 과거로) 왔다가 되돌아가는 은미한 조짐이 없는데 어떤 사물이 움직인다고 할 수 있겠는가?"[14] 과거의 사물과 지금의 사물은 다른 개념으로, 양자는 아무 상관이 없다. 동일한 사물은 과거와 현재 사이의 전해지고 왕래하는 것이 없이, 과거의 사물은 예전에 있었고 지금은 과거의 사물이 없다. 지금의 사물 역시 현재에 있고 어디로 가지 않는다. 따라서 사물은 이동하지 않는 것이다. 여기서 승조는 사물 변화발전의 단계성을 건드렸다. 그러나 그는 앞과 뒤와 옛날과 지금의 단계성을 더욱 굳게 하여 사물 발전변화의 연속성을 부정하고, 따라서 사물의 운동을 부정하였으니, 이것은 완전히 착오이다. 사실상, 총체적으로 말해서, 예전의 사

14) 《肇論·物不遷論》: "求向(過去)物於向, 於向未嘗無; 責(求)向物於今, 於今未嘗有. 於今未嘗有, 以明物不來; 於向未嘗無, 故知物不去. 復而求今, 今亦不往. 是謂昔物自在昔, 不從今以至昔; 今物自在今, 不從昔以至今. ……如此, 則物不相往來, 明矣. 既無往返之微朕, 有何物而可動乎?"

물은 지금에 이르지 않는다는 것은 정확한 것이 아니다. 예전의 사물은 지금에 이르기도 하고 지금에 이르지 않기도 한다. 지금의 사물은 자연히 예전의 사물과 다르다. 하지만 지금의 사물은 필경 또한 예전의 사물이 발전변화하여 이루어진 것이다.

둘째, 시간의 간단성(間斷性)과 비간단성(非間斷性)의 모순을 드러냈다. 승조는 대승불교의 '일체개공(一切皆空)'의 기본관념에 의거하여, 과거·현재·미래 삼세실유(三世實有)의 설법을 반대했다. 그는 사물은 오가지 않는다는 관념에 의거하여 또한 필연적으로 시간의 옛날과 지금의 구분을 부정했다. 승조가 보기에 옛날과 지금은 단지 다른 개념일 뿐, 객관적으로 실제 있는 시간이 아니다. 그러나 그는 《물불천론》의 논술에서 시간의 간단성(間斷性)을 절대화하여 시간의 불간단성(不間斷性)을 부정하고, 나아가 사물의 운동을 최소했다. 그는 "이미 고금이라고 말하고 이를 옮기고자 하는 것은 무엇 때문인가? 그렇기 때문에 시간이 흘러간다고 말하여도 반드시 간다고 이해할 필요가 없다. 고금은 항상 존재하니 그것은 움직이지 않기 때문이다. (현재의 시간이) 과거의 시간으로 흘러간다고 하여 반드시 흘러간다고 이해할 필요가 없다. 현대로부터 과거로 가지 않는 것은 과거의 시간이 현재로 오지 않기 때문이다. 그러므로 과거와 현재의 시간으로 내달리지 않고 움직이지 않기 때문에 각각의 성품이 한 세대에 머무르게 되는 것이다"[15]라고 했고, 또한 "사람들은 현재에서 과거를 구해보고 그것이 머무르지 않는다 말한다. 나는 과거에서 현재를 구하여 그것이 (옛날로) 흘러가지 않았음을 알았다. 현재가 만약 과거로 이르러 갔다면 과거는 마땅히 현재 속에 있어야 한다.

15) 《肇論·物不遷論》: "既曰古今, 而欲遷之者, 何也? 是以言往不必往, 古今常存, 以其不動; 稱去不必去, 謂不從今至古, 以其不來. 不來, 故不馳騁於古今; 不動, 故各性住於一世."

현재에 과거가 없으니 과거로부터 흘러오지 않았음을 알 수 있다. 만약 과거가 현재로 이르러 오지 않았다면 지금 또한 과거로 이르러 가지 않았을 것이니 현재도 옛날로 흘러간 것은 아니다. 그렇다면 사물마다 각각의 성품이 한 세대에 머무르는 것이니 어떤 사물이 흘러가고 흘러올 수 있겠는가?"[16]라고 했다. 이것은 옛날과 지금은 구별이 있어서, 지금은 옛날이 아니고, 옛날도 지금이 아니며, 지금은 옛날에 이르지 않고, 옛날도 또한 지금에 이르지 않으니, 고금은 서로 왕래하지 않음을 강조한 것이다. 따라서 사람은 옛날에서 옛날을 보고, 지금에서 지금을 보아, 옛날은 옛날과 같고, 지금은 지금과 같아, 옛날은 지금에 연속되지 않고, 옛날과 지금의 시간 흐름은 없고, 사물의 유동 왕래도 없다는 것을 알아야 한다. 시간 이론으로 말하자면, 승조는 시간의 간단성을 추측했다. 그러나 그는 옛날과 지금, 과거와 현재를 갈라놓아서, 간단성으로 연속성을 부정하여, 시간의 차례를 고립된 단계로 분할했다. 따라서 운동의 진정한 본질을 철저하게 부정했다.

셋째, 원인과 결과의 모순을 드러냈다. 승조는 말했다. "결과는 원인과 함께하지 않으니 원인은 원인 그대로 결과이며, 원인이 원인 그대로 결과이기 때문에 원인은 과거에도 사라지지 않았다. 결과가 원인과 함께하지 않으니 원인이 현재로 오지 않은 것이다. (과거에) 사라지지도 않았고 (현재로) 온 것도 아니므로 원인과 결과가 옮겨오지 않는 이치는 분명하다."[17] '과불구인(果不俱因)'은 결과와 원인은 동시에 존재하지 않는다는 것이다. '인인불과(因因而果)'는 원인에 상대하여 말하여, 그것을 결과라

16) 《肇論·物不遷論》: "人則求古於今, 謂其不住; 吾則求今於古, 知其不去. 今若至古, 古應有今; 古若至今, 今應有古. 今而無古, 以知不來; 古而無今, 以知不去. 若古不至今, 今亦不至古, 事各性住於一世, 有何物而可去來?"

17) 《肇論·物不遷論》: "果不俱因, 因因而果. 因因而果, 因不昔滅. 果不俱因, 因不來今. 不滅不來, 則不遷之致明矣."

고 한 것이다. 과거의 원인이 있어서 현재의 결과가 있고, 원인은 과거에 소멸될 수 없는 것이다. 결과와 원인은 동시에 존재하지 않고, 결과는 현재에 존재하고 과거에 존재하지 않으며, 원인은 앞에 있고 결과는 뒤에 있어, 원인과 결과는 각각의 시간에서 독립적으로 존재하여, 피차 서로 연결되지 않는다. 원인은 소멸되지도 않고 연속되지도 않으니, 따라서 사물은 이동하지 않는다. 승조의 논술에는 변증법적 요소가 포함되어 있다. 원인과 결과의 선후를 나누고, 원인과 결과는 또한 상대적인 것이라고 말하였다. 그러나 전체 이론 정립에서 말하면, 사물 사이의 인과관계를 단절시켜 인과율을 부정하고 사물의 운동을 부정했다.

승조의 동정관은 총체적으로 말하면 착오이다. 그러나 그는 '동정미시이(動靜未始異)'의 명제를 제시했고, 또한 운동과 정지의 몇몇 모순을 드러냈다. 이것은 중국 고대 동정관의 심화를 추진하는 데 중요한 계시의 작용이 있었다.

(3) '능지(能知)'와 '소지(所知)'가 더불어 존재하기도 하고 존재하지 않기도 한다

《반야무지론(般若無知論)》은 불교응화(佛教應化)의 도리를 밝히는 데 중점을 두었으나 또한 지식 문제를 언급하기도 하였다. 전체 글의 주요 뜻은 불교 반야 지혜의 체성(體性)·본질(本質)을 말한 것으로, 일반 유지지심(有知之心)의 특징과는 다르다. 또한 세속적 '혹취지지(惑取之知)'가 없다. 글에서는 인식주체와 인식대상의 관계를 언급했고, 더욱이 주체인식능력에 대하여 상당히 깊이있는 반성을 진행했다. 따라서 능지(能知)와 소지(所知)·성지(聖智)와 혹지(惑智)·지(知)와 무지(無知)·명(名)과 실(實)의 모순과 관계를 제시하고 드러내서, 독특한 해설을 했다.

능지(能知)와 소지(所知)에 대해서 승조는 말했다. "연(緣)으로 반야의 지혜를 구하면, 그 지혜는 앎이 아니다. 《방광반야경》에서 말하기를 '색(色)을 말미암지 않고 나온 식(識)은 불견색(不見色)이라고 이름한다'고 했다. 또 '오음(五陰)[18]이 청정하기 때문에 반야도 청정하다'라고 했다. 반야는 '능지(能知)' 즉 주관적 앎이고, 오음은 (알아야 할) '소지(所知)' 즉 객관적 경계로, 소지(所知)는 연(緣)이다. 저 (주관적으로) 아는 마음과 알아야 할 객관의 경계는 서로 더불어 존재하기도 하고 존재하지 않기도 한다. 저 반야의 지혜는 주관적 앎과 알 객관의 경계 때문에 대상의 모습을 취하였으므로 망지(妄知)라 이름하였다. 진체(眞諦)는 본래 취할 모습이 없으니 진지(眞智)는 무엇으로 진체의 모습을 알겠는가? 진지와 망지가 각각 있게 된 까닭은 소지(所知)가 본래 알 대상이 아니고 소지(所知)가 망지(妄知)에서 생겨나기 때문이다. 소지(所知)가 이미 망지(妄知)에서 생겨나고 망지(妄知) 또한 소지(所知)에서 생겨난다. 소지(所知)가 이미 망지(妄知)와 함께 서로 생겨났으니 이렇게 서로 생겨났다면 인연법이다. 인연법인 까닭에 진실이 아닌 것이고 진실된 것이 아니므로 진체가 아닌 것이다."[19] 반야(般若)는 불교의 최고 지혜로, 능조(能照)·능지(能知)이다. 오음(五陰)은 물질세계와 정신세계의 총합으로, 소조(所照)·소지(所知)이다. 이는 인식주체·활동·작용과 인식대상을 명확하게 구분한 것이다. 승조가 능지(能知)와 소지(所知)가 '서로 더불어 존재하기도 하고, 서로 더불어 존재하지 않기도 하다'고 말한 것은

18) '五陰'은 '五蘊'이라고도 하며, 色蘊·受蘊·想蘊·行蘊·識蘊, 즉 물질세계와 정신세계의 총합을 말한다.

19) 《肇論·般若無知論》: "以緣求智, 智非知也. 何者?《放光》云: 不緣色生識, 是名不見色. 又云: 五陰清淨, 故般若清淨. 般若即能知也, 五陰即所知也, 所知即緣也. 夫知與所知, 相與而有, 相與而無. 夫智以知所知, 取相故名知. 真諦自無相, 真智何由知? 所以然者, 夫所知非所知, 所知生於知. 所知既生知, 知亦生所知. 所知既相生, 相生即緣法. 緣法故非真, 非真故非真諦也."

인식활동의 실현·완성은 인식주체와 인식객체 상호작용의 결과라는 사상을 포함한 것이다. 승조가 말한 '소지생지(所知生知)'는 유물주의적 관점이다. 그러나 그가 말한 지생소지'(知生所知)'는 유심주의적 사상이다. 승조가 인식 주체와 인식 대상은 서로 생성하고, 상생(相生)은 조건으로부터 구성되고, 조건으로부터 구성되는 것은 진실이 아니고 또한 진리가 아니라고 하였으니, 이는 인식 대상과 인식 결과의 진실성을 실제적으로 부정한 것이다.

성지(聖智)와 혹지(惑智)에 관하여, 본질이 전혀 다른 두 가지 지혜·인식이 있다고 승조는 보았다. 하나는 '성지(聖智)' 즉 성인의 지혜 인식으로, '반야(般若)'라고 한다. 하나는 '혹지(惑智)'로, '혹취지지(惑取之知)'라고도 하며, 사람들이 사물의 본성에 미혹되어 생긴, 사물에 대하여 실제 있다고 집착하는 잘못된 인식이다. 승조는 '성지(聖智)'와 '혹지(惑智)'의 대상이 다르다고 보아, 인식의 작용·내용·결과 역시 다르다고 보았다. 이는 인식 주체와 인식 대상과 인식 결과의 상호연관에 대한 승조의 시각을 보여주는 것으로, 또한 인식에 대한 다른 층차의 추측이기도 하다. 그러나 성지(聖智)에 관한 승조의 설은 근본적으로 허구이며, 성지(聖智)와 혹지(惑智)에 대한 그의 구별은 또한 전도(顚倒)이기도 하다.

지(知)와 무지(無知)에 관하여, 승조는 반야무지('般若無知)'라고 하였으니, 무지와 지는 다른 것이다. 무엇이 다른가? 승조는 말하길, 성지(聖智)는 만물 '무상(無相)'의 진체(真諦)를 통찰하고 관조하여, '무상(無相)'의 만물에 집착하지 않으니, 이것이 무지라고 했다. 이와 반대로, 만물을 '유상(有相)'으로 보아, '유상(有相)'의 만물에 집착하고 게다가 분별하고 인식하는 것이 지(知)이다. 승조의 이런 구분은 물론 맞지 않다. 그러나 객관적으로 또한 사람들의 일반적 인식과 불교의 신비직관·'응화(應化)'의 작용의 구별을 제시했다. 승조는 또 말했다. "인식해야 할 대상이 있다면 보통 사람이라면 그 대상에 대해 알지 못하는 바가 있겠지만 성심(반야의 마음)은 인식으로 아는 것이 아니기 때문에 알지 못할 것이 없다. 인식을 통하지 않고 아는 것, 이를 '일체지(一切知)'라고 한다."[20] 아는 것이 있으면 모르는 것이 반드시 있다는 것은 인식의 변증법 규칙에 맞는 시각이다. 그러나 또한 무지는 모든 것을 개괄하고 모든 것을 통찰하는 '일체지'라고 하였으니, 이는 논리에 위배된 궤변론이다.

명(名)과 실(實)에 관하여, 승조는 명언(名言)과 사물의 관계 문제를 매우 중시하여, 《부진공론(不真空論)》·《반야무지론》·《답유유민서(答劉遺民書)》에서 모두 말했다. 그는 "만물은 비록 다르지만 본성은 늘 하나입니다. 실재하는 사물이라고 할 수 없으며 그렇다고 만물이 사물이 아니라고 할 수도 없습니다. 만물을 실재하는 만물로 취하는 마음이 있으면 명칭과 모습은 다르게 나열합니다. 만물을 만물로써 취하지 아니한다면 만물은 바로 진실이 됩니다"[21]라고 했다. 만물은 천차만별이지만 본성은 동일하다는 것이다. 비록 사물을 진실로 간주할 수는 없지만, 가상(假相)은 존재한다. 사람들이 사물을 진실로 간주하므로 각종 명상(名相)의 차별이 있다. 사물을 진실로 간주하지 않으면, 사물에 다가가 진리와 맞아떨어질 수 있다. 승조는 명(名)과 실(實)의 모순을 보아, 명언(名言)·명칭·개념이 사물의 국한성을 반영하고 드러낸다고 보았다. 하지만 그는 더욱 확대하여, 사물의 명상(名相)은 사물 본질의 반영 혹은 표현이라는 것을 부정하기에 이르고, 나아가 명사·개념의 작용을 부정할 뿐만 아니라 명사·개념이 반영하는 객관적 사물의 진실성을 또한 부정

20) 《肇論·般若無知論》: "夫有所知則有所不知. 以聖心無知, 故無所不知. 不知之知, 乃曰一切知."

21) 《肇論·答劉遺民書》: "萬物雖殊, 然性本常一; 不可而物, 然非不物. 可物於物, 則名相異陳; 不物於物, 則物而即真."

했다. 승조는 또한 반야 지혜와 명언의 관계에 대해서 "경전에서 '반야의 의미는 명칭도 없고 설명할 수도 없고 실제로 있는 것도 아니고 실제로 없는 것도 아니며 진실된 알맹이가 있는 것도 아니고 허망하여 부질없는 것도 아니다. 텅 비었지만 관조의 작용을 잃은 것도 아니고 관조의 작용을 하면서 허를 잃지도 않는다'고 말했다. 이는 이름 없는 법이니 까닭에 언어로 말할 수 있는 것이 아니다. 언어로는 비록 잘 표현하지 못하지만 그러나 언어가 아니라면 전할 수 없다. 그러므로 성인이 하루 종일 말을 해도 일찍이 말하지 않은 것이 된다"[22]고 했다. 이는 반야의 함의는 명칭이 없기도 하고, 설명할 것이 없기도 하고, 유(有)가 아니기도 하고, 무(無)가 아니기도 하며, 실체가 아니기도 하고, 허적(虛寂)이 아니기도 하다는 것이다. 허적은 통조(洞照)를 잃지 않고, 통조는 허적을 잃지 않는다. 그것은 무명의 것으로, 따라서 언어로 표현할 수 있는 것이 아니다. 언어로 표현할 수 없지만, 언어를 통하지 않으면 표현할 길이 없으니, 이와 같이 성인은 종일토록 강설하지만, 실제로는 아무것도 말하지 않았다. 여기서 승조는 또한 어느 정도 언어의 작용을 인정하였으니, 불교의 교의를 표현하고 사람들을 교화하는 차원에서 인정한 것이다.

종합하면, 승조의 세계관·인식론·방법론은 유심주의적이고 형이상학적이지만, 그는 상대주의 방법과 부정하는 방법을 운용하여, 논증 과정에서 현상과 본질, 운동과 정지, 지(知)와 무지(無知) 등 일련의 모순을 드러낸 것에는 모두 변증법적 사유의 성과가 포함되어 있어서, 중국불교 철학자의 지혜의 빛을 반짝였다고 할 수 있다.

---

22) 《肇論·般若無知論》: "經云, 般若義者, 無名無說, 非有非無, 非實非虛. 虛不失照, 照不失虛, 斯則無名之法. 故非言所能言也. 言雖不能言, 然非言無以傳. 是以聖人終日言, 而未嘗言也."

18 범진(范縝)

범진(范鎭)의 자는 자진(子眞)이다. 송(宋) 문제(文帝) 원가(元嘉) 27년(450) 전후에 태어나, 양(梁) 무제 천감(天監) 14년(515) 전후에 세상을 떠났다. 동한 왕충(王充)의 뒤를 이어 가장 중요한 유물주의 무신론자이다. 범진은 중소지주의 가정에서 태어나, 유가 학자 유환(劉瓛)에게 배운 적이 있고, 제(齊)나라·양(梁)나라에서 상서전중랑(尙書殿中郞)·상서좌승(尙書左丞) 등의 관직을 지냈다. 그는 두 차례 단독으로 각각 제나라 경릉왕(竟陵王) 소자량(蕭子良)·양나라 무제(武帝) 소연(蕭衍)을 필두로 한 불교 신도들과 대논전을 벌인 적이 있다. 그의 주요 철학 저작 《신멸론(神滅論)》이 바로 제1차 대논전의 산물이자 승리 기록이다.

범진이 생활한 시대는 바로 불교가 중국 장강 남북에서 나날이 흥성해가는 시대였다. 일찍이 양한 때 불교는 이미 중국 내지로 전래되었다. 그러나 동한 때부터 서진(西晉) 때까지 불교는 별다른 세력이 없었고, 사상적으로도 영향을 나타내지 않았다. 서진 말년의 팔왕(八王)의 난부터 시작해서 남북조 초기에 이르기까지 중국은 100년에 달하는 전란 국면에 빠져들어서, 전쟁의 불길이 날마다 줄을 잇고, 사람을 죽여서 벌판에 시체가 널렸고, 북방에서는 소수민족 16개 정권이 신속하게 나타났다가 또한 신속하게 멸망했다. 이런 상황에서 각 민족 백성은 견딜 수 없는 고통을 당연히 느꼈고, 통치계급조차도 부귀가 무상하며 인명(人命)이 위태롭고 허망함을 깊이 느껴, 일종의 해탈을 추구하는 정서가 뭉게뭉게 나타났다. 불교는 생사윤회의 고해(苦海)를 벗어나 극락세계에서의 영생을 얻는 것을 종교 성립의 종지(宗旨)로 삼은 종교로, 마침 대유행 시기를 맞이하여 신속하게 전파되기 시작했다. 남북조 때 사찰이 숲처럼 들어서고 승려가 많아져서, 양(梁)나라 때 도성에만 사찰 500여 곳이 있었고, 승려가 10여 만에 달했다. 고관대작과 명문호족은 내세의 복을 구하기 위해 앞다투어 거액의 재산을 사원에 바쳤고, 양 무제 소연(蕭衍)은 불교를 지지하기 위해 여러 차례 자신을 사원에 노예로 바치고, 신하더러 천 냥 만 냥에 달하는 돈을 가져다가 대속(代贖)해 가라고 시키기도 했다. 이 모든 비용의 부담은 결국 보통 백성의 머리에 떨어졌다. 이 뿐만 아니라, 사원 지주경제의 발전에 따라 "천하의 호구는 거의 반이 사라져"[1], 국가가 관리하는 토지·인구가 급격히 감소하고, 승려는 제왕을 공경하지 않고 부모에게 효도하지 않아, 봉건 정권의 실력과 권위가 모두 심각한 피해를 보았고, 유가학설을 줄기로 하는 전통 의식 형태 역시 커다란 충격을 받았다. 이 모든 것들이 지식인의 불안감을 불러일으켜, 그들은 큰 위험을 무릅쓰고 용감하게 떨쳐 일어나 불교를 배척했다. 예를 들면 양(梁)나라 때 곽조침(郭祖琛)이라는 사람은 관을 들고 대전에 올라가 양 무제를 향해 불교 배척 주장을 펼쳤다. 그들의 투쟁은 범진의 투쟁에 경험과 교훈을 제공했다.

범진이 불교의 '신불멸론(神不滅論)'을 비판한 것은 정교하고 거침없는 측면에서 이전에 없었던 것이었다. 동진(東晉) 16국과 남북조 시기의 불교 철학자는 생사윤회·인과응보·영혼불멸 등 불교 교의를 극력 선양

1) 《南史·郭祖琛传》: "天下户口, 几亡其半."

했고, 특히 불교 기본 교의의 초석이 된 '신불멸론'을 논증하는 데 힘을 기울였다. 동진의 명승 혜원(慧遠)은, 신(神)은 '이름할 수도 없고 형체도 없는' 것이고, 물(物)이 아니고, 기(氣)도 아니며, 기의 작용도 아니며, 반대로, 객관적 외부세계와 사람의 육체는 모두 신이 무지와 탐애(貪愛)의 상태에 빠져서 불러온 결과라고 여겼다. 신(神)이 이런 무지의 상태에 처하면 물(物)과 아(我)의 대립에 영원히 빠져서, 생사윤회의 고해(苦海)에 빠진다는 것이다. 만약 신이 무지와 탐애(貪愛)로부터 벗어날 수 있다면, 생사윤회·인과응보로부터 해탈을 얻어서 무생(無生) 즉 영생을 얻게 된다. 영생 속에서 신은 모든 분별을 초월하고 주관 객관의 분별을 초월하여, '명신절경(冥神絕境)'의 '열반(涅槃)' 경지에 도달하게 된다. 양 무제 소연은 나아가 정신은 '본(本)'이고 물질(사람의 육체와 객관적 물질세계 포함)은 '용(用)'이라고 제시하여, 물질세계 전체는 영원불멸의 불성(佛性) 즉 신(神)이 '무명(無明)'의 상태에서 창조해낸 것에 불과하여, 참되지 않고 허황한 것이라고 제시했다. 아주 뚜렷하게도, 불교가 선양한 이런 '신불멸론'은 철학에서는 주관적 유심주의에 속한다. 그러나 이런 '신불멸론'에서 정신은 물(物)이 아니고, 기가 아니고, 기의 작용이 아니라고 단정한 점은 정확한 것이며, 아울러 정신은 일종의 특수한 기 혹은 이런 기의 작용이라는 전통 관점을 무너뜨렸다. 이밖에 살아 있는 귀혼(鬼魂)이니 뭐니 하는 것을 말하지 않고, 심지어 자연무위와 세계는 주재(主宰)가 없다는 류의 유물주의 사상을 왜곡하여 자기 체계에 받아들여, 유물주의자가 정신 육체의 관계를 비유할 때 쓰는 신화지유(薪火之喻)[2] 역시 가져가서 무신론을 반박했다. 이 모든 것은 유물주

2) 신화지유(薪火之喻) : 정신과 육체는 불꽃과 장작의 관계와 같아서, 정신은 불꽃이요 육체는 장작으로, 장작이 있어야 불이 활활 타오르듯 정신은 육체에 의존하는 관계라는 비유.

의가 불교 신불멸론을 비판하는 투쟁을 전에 없이 곤란하게 변하게 했다. 범진 이전에 많은 사람들이 불교 '신불멸론'을 겨냥하여 비판을 한 적이 있었다. 다만 모두 정신을 일종의 특수한 기로 보는 전통 관점을 벗어나지 못했기 때문에, 이론적으로 적을 이길 수 없었고, 별다른 영향을 끼치지 못했다.

범진의 신멸론(神滅論)은 이전과 비교할 때 아주 훨씬 깊었다. 그는 '질용(質用)' 범주를 운용하여, 유물주의 형신일원론(形神一元論)을 가지고 불교가 선양한 유심주의 형신일원론과 항쟁했다.

범진의 주요 철학 저작 《신멸론》[3]은 대화체로 썼다. 그는 '사람이 죽으면 정신도 사라진다'는 것을 조리가 매우 명확하게 논증했다. 그 주요 내용은 대략 4단계로 구분하여 네 가지 명제로 개괄할 수 있다.

(1) 형체와 정신은 서로 의존한다

범진이 제시한 첫 번째 명제는 '형상과 정신은 서로 같다'[4]이다. 범진은 말했다. "정신이 바로 형체이고 형체가 바로 정신이다[神即形也, 形即神也]", 곧 형신상즉(形神相即)이란 신체와 정신은 떨어지지 않는 관계가 있다는 것이다. 이 명제는 또한 형과 신이 "이름은 다르나 본체는 하나"[5]라고 표현할 수도 있다. 형과 신은 명칭은 비록 다르지만 사실은 구별이 있으면서도 연결되어 있는 분리할 수 없는 통일체라는 것이다. 형신은 상즉불리(相即不離) 즉 신체가 존재할 때는 정신 역시 존재하고,

---

3) 《梁書 · 范縝傳神》과 《弘明集論》 9권 참조. 이후 인용문은 《中國歷代哲學文選(兩漢-隋唐編)》 교감본에 따름.

4) 《神滅論》 : "形神相即."

5) 《神滅論》 : "名殊而體一."

신체가 사망하면 정신 역시 따라서 소멸한다고 범진은 지적했다.

(2) 형체는 본질이요 정신은 응용이다

'형(形)' '신(神)'은 '상즉(相即)'한다는 것을 어떻게 논증하는가? 범진은 나아가 "형체는 정신의 바탕이며 정신은 형체의 쓰임이다"[6]라는 명제를 제시했다. 이 명제는 '형질신용(形質神用)'이라고 간략하게 개괄할 수 있다. 그 뜻은 형체는 정신이 종속된 실체이고, 정신은 형체가 갖춘 작용이라는 것이다. 작용과 실체는 종속관계가 있다. 작용은 실체가 표현된 것으로, 실체에 의지하여 존재한다. 실체는 작용을 표현한 것으로, 작용에 의지하지 않고 존재한다. 이런 질(質)과 용(用)의 관계를 설명하기 위하여 범진은 비유를 하나 들었다. 그는 "정신의 바탕에 대한 관계는 날카로움의 칼날에 대한 관계와 같다. 형제의 작용에 대한 관계는 칼날의 날카로움과 같다"[7]라고 했다. 형신 관계는 칼날과 날카로움의 관계와 같다는 것이다. 칼날은 '질(質)'이고, 실체이다. 칼날의 날카로움은 '용(用)'이고, '작용'이다. 칼날의 날카로움은 칼날을 떠나서 존재할 수 없다. 칼날과 날카로움은 명칭은 비록 다르지만 가리키는 것은 하나이다. 그러나 하나는 '질(質)' 즉 실체상의 명칭이고, 하나는 '용(用)' 즉 작용상의 명칭일 뿐이다. 그는 칼날을 떠나서 혼자 존재하는 날카로움은 없으니, 형체를 벗어나 독자적으로 존재하는 정신이 어떻게 있을 수 있느냐고 그는 말했다.

6) 《神滅論》: "形者神之質, 神者形之用."
7) 《神滅論》: "神之於質, 猶利之於刃; 形之於用, 猶刃之於利."

(3) 사람의 본질은 지각한다는 것에 있으며, 지각과 사려는 각각 그 근본이 있다

신(神)은 형(形)의 작용이다. 그러나 어떠한 형체든 모두 이 정신이라는 작용이 있는 것은 아니다. 이 점을 설명하기 위해 범진은 '인질(人質)'의 개념을 제시하여, 다른 형체와 구분했다. 인질(人質)이란 사람이라는 이런 특수한 물질 실체이다. 신멸론(神滅論)을 끝까지 관철시키기 위해, 범진은 또한 인질(人質)은 살아 있는 사람의 실체이며, 사람이 죽은 뒤의 시체와 살아 있는 사람의 실체는 근본적으로 구별이 있다고 지적했다. 범진은 살아 있는 실체와 죽은 뒤의 시체의 구별은 '살아 있는 나무'와 '고목(枯木)'의 구별과 같다고 보았다. 종합하면, 범진은 여기서 정신은 살아 있는 사람의 신체라는 특수한 물질의 작용이며 일반적 물질의 보편적 속성은 아니라고 지적했다. 범진 자신의 말로 하면, "사람은 물질이며 물질에는 지각이 있다"[8]이다. 이것이 세번째 명제이다.

형질신용(形質神用)의 관점을 더욱 분명하게 설명하기 위하여, 범진은 또한 '신(神)'에 대해 한 걸음 더 나아간 분석을 했다. 그는 신(神)은 '지(知)'와 '려(慮)'를 포함한다고 지적했다. 그가 말한 지(知)는 감각이다. 그가 말한 려(慮)는 사유이다. 어떤 정신 작용도 모두 일정한 기관(器官)에 종속된다고 그는 보았다. 예를 들면 "시비를 가리는 사유는 심장이 주관하고", "손과 같은 신체 부위가 통증과 가려움을 지각할 수 있지만 시비를 가릴 수 있는 사유는 없다"[9]는 것이다. 이는 감각은 손·눈·귀 등 감각기관의 작용이고, 사유(思維)는 심장이 지닌 작용이라는 말이다. 이런 사상들을 범진 자신의 말로 하면, '지려각유기본(知慮各有其本)'이라고 개괄할 수 있다. 이것이 네번째 명제이다.

---

8) 《神滅論》: "人之質, 質有知也."

9) 《神滅論》: "是非之慮, 心器主之", "手等能有痛癢之知, 而無是非之慮".

종합하면, '형질상즉(形神相即)'·'형질신용(形質神用)'·'인지질(人之質), 질유지야(質有知也)'·'지려각유기본(知慮各有其本)' 네 마디 말은 범진의 형신일원론의 주요 내용을 개괄한 것이다. 범진은 중국철학사에서 처음으로 '질용(質用)'이라는 범주를 인용하여 '형신(形神)' 관계를 설명하고, 신은 실체가 아니라 일종의 작용, 인체라는 특수한 물질의 작용이라고 단정했다. 이는 그의 위대한 창의적 견해이고 거대한 공헌이다. 그는 어떠한 정신작용도 모두 하나의 기관에 종속된다고 보았으니, 이 또한 기본적으로는 정확한 것이다. 다만 당시 과학지식 수준의 한계로 심장이 사유 기관이라고 오인했다. 요약하여 말하자면, 범진은 '형신' 문제를 명확하게 해결했고, 정신은 신체의 사망에 따라서 소멸된다는 진리를 과학적으로 논증했다. 범진의 형신학설은 종교 미신이 성행하던 고대에 한 잔의 지혜의 밝은 등으로, 지금에 이르기까지 그 기본 사상은 중요한 가치를 지니고 있으며, 보편적 의의에서 여전히 바뀔 수 없는 진리이다.

범진과 불교신도들과의 두 차례 대규모 논전은 중국사상사에서 많은 논전 중 매우 장관이고 또한 희극성을 충분히 갖춘 일막이다.

남제(南齊) 경릉왕(竟陵王) 소자량(蕭子良)은 경건하고 성실한 불교신도로, 범진이 그의 면전에서 "부처가 없다고 적극적으로 말하자"[10], 소자량이 그에게 물었다. "당신은 인과응보를 믿지 않으니, 부귀빈천의 차별을 어떻게 설명하겠습니까?" 범진이 대답했다. "인생은 한 그루 나무에 핀 꽃과 같아, 바람 따라 땅에 떨어지는데, 자연스럽게 어떤 것들은 비단 자리에 떨어지니, 바로 전하와 마찬가지입니다. 또한 자연스럽게 어떤 것들은 화장실에 떨어지니, 저와 같은 경우입니다. 이는 완전히 우연히 일어난 것으로, 어디 무슨 인과응보가 있습니까?" 범진은 우연론으

10) 《梁書·范縝傳》: "盛稱無佛."

로 사람의 사회적 지위의 차별을 해석하였으니, 이론상 정확한 것은 아니지만, 이것으로 인과응보를 반박하여, 소자량이 응대할 말이 없게 했다. 소자량은 범진의 관점이 일종의 궤변이라고 느꼈고, 범진 역시 단지 인과응보 문제에서의 논쟁만으로는 문제를 근본적으로 해결할 수 없다고 느낀 듯, 그리하여 《신멸론》을 써서, 비판의 창끝을 인과응보론의 이론적 기초인 '신불멸론'을 향하여 곧장 겨누었다. 이 글이 나오자 "조야(朝野)가 시끌시끌했다". 소자량은 이에 승려들을 집합시켜 범진과 논전을 벌였다. 그러나 모두 범진을 이기지 못했다. 어떤 사람은 논리가 궁하고 말문이 막히자 갑자기 범진을 인신공격했다. "불쌍하군요, 범 선생, 당신은 자기 조상의 신령조차 어디 있는지 모르는군요!" 범진 역시 기지를 발휘하여 맞받아쳤다. "불쌍하군요, 노선생께서 조상의 신령이 계신 곳을 아셨으면, 왜 자살하여 조종을 따라가지 않으시는지요!" 소자량은 논전이 불리함을 보고, 사람을 보내 은밀하게 범진을 찾아가서, 일거에 '명교(名教)'라는 큰 모자를 들어 그를 누르고, 한편으로 중서랑(中書郎)의 관작(官爵)으로 그를 유혹했다. "당신의 재능으로, 어찌 중서랑(中書郎)을 하지 못하겠습니까? 자기 편견을 고집하느니, 포기하는 것이 낫지 않습니까!" 범진은 크게 웃고 대답했다. "만약 저 범진이 논전을 팔아서 관직을 샀다면, 이미 상서령(尚書令)과 복야(僕射)를 지냈을 것입니다. 어찌 겨우 중서랑(中書郎) 뿐이겠습니까!" 범진은 이렇게 강하고 올바른 태도로 진리를 견지하여, 제1차 대논전에서 승리를 거두었다.

범진과 양 무제(武帝) 소연(蕭衍)을 필두로 한 불교 신도들과의 논전은 더욱 장관이었다. 양 무제는 지고무상의 정치 권위를 지니고 있어서 신하의 생살여탈권을 가지고 있었을 뿐 아니라, 불학 이론 수양이 매우 깊은 불교학자였다. 서기 504년, 소연은 《사도사불(舍道事佛)》이라는 칙령을 하달하여, 공경백관(公卿百官)과 후왕종실(侯王宗室)이 불교를 믿도록 장려했다. 황제를 필두로 한 통치계급의 주도 아래 양나라에는 "온 세상이 믿고 향하여 집집마다 목욕재계하며 사람마다 죄를 참회하는 의식을 행하며 농사에 힘쓰지 않고 헛되이 피안의 세계만 논하는"[11] 숭불 광풍이 불었다. 이런 상황을 마주하여 범진은 "그 폐단을 안타깝게 여겨 미혹된 이들을 건질 것을 생각하여"[12], 《신멸론》을 무기로 불교를 공격했다. 양 무제는 《신멸론》이 불교에 위해가 된다는 것을 깊이 알고, 직접 칙령을 내려서 신멸론은 '경전의 뜻을 거스르고 부모를 버리는' 이단 사설이라고 공격하는 한편, 동궁사인(東宮舍人) 조사문(曹思文)과 당시 권문귀족 소침(蕭琛) 등 66명을 불러모아, 문장 75편을 써서 《신멸론》을 포위공격했다. 이런 무시무시한 진세를 마주하여, 범진은 조금도 두려운 기색 없이, 이치에 근거하여 힘껏 논쟁하여, '수많은 논객을 논전으로 꺾어, 하루에 천 명을 굴복시켰다.' 그는 또한 역량을 집중하여 주요 논적을 공격하는 책략을 채택하여, 조사문(曹思文)이 양 무제에게 상소하고 아울러 인가를 얻은 대표작 《난신멸론(難神滅論)》이라는 글을 겨냥하여, 《답조사인(答曹舍人)》이라는 글을 써서 반박했다. 범진의 거센 공세 아래, 조사문은 양 무제에게 보고하지 않을 수 없었다. "제 문장이 부족하여 경전을 훼손하는 것을 꺾지 못할까 염려됩니다"[13]라고 하여, 이런 상황에서 양 무제 역시 깃발을 내리고 북을 멈추고 병사를 거두어 들이지 않을 수 없었다.

두 차례 대논전은 희극성 요소도 많아서, 음미할 만한 것이 많다. 앞에서 말했던 것처럼, 불학 '신불멸론(神不滅論)'의 가장 정밀한 형태는 주관유심주의적 형신일원론으로, 불학자들은 일찍이 이런 이론을 가지고 정신은 일종의 정미한 기(氣)라는 소박한 유물주의 학설을 비평한 적이

---

11) 《南史·郭祖琛傳》: "普天信向, 家家齋戒, 人人懺禮, 不務農桑, 空談彼岸."
12) 《梁書·范縝傳》: "哀其弊, 思拯其溺."
13) 《弘明集》 9권 《難神滅論並啟詔》: "思文情用淺匱, 懼不能徵折詭經."

있다. 그러나 무신론자가 철저한 유물주의 형신일원론으로 신불멸론을 비판할 때, 불학가들은 그저 형신이원론(形神二元論)에 의지하여 맞서는 수밖에 없었다. 범진은 상대방이 선양하는 형신이원론의 이론적 약점을 충분히 이용하여, 유물주의 형신일원론을 무기로 상대방을 그로기 상태가 될 때까지 공격했다. 동시에 그는 또한 상대방이 유가 도가 경전에서 논거를 찾을 수밖에 없는 약점을 이용하여, 중국전통사상 중의 무신론 요소로 반격을 진행했다. 예를 들면, 유가 도가 경전 중의 귀신 미신 기록에 대하여, 범진은 왕필(王弼)이 처음 창건하여 위진(魏晉) 이래 학술계(불교계 포함)가 공인한 득의망언론(得意忘言論)을 채택하여, "올무와 통발[도(道)를 풀이한 문자와 말의 비유]을 구하나 언어로 교화하는데 국한"14)하지 말아야 한다고 했다. 즉 이들 문자는 단지 성인이 백성을 교화하는 도구일 뿐이므로, 마땅히 문자의 측면을 투과하여 성인의 참뜻을 파악해야 한다는 것이다. 그가 보기에, 공자가 사람이 죽으면 지(知)가 있는지 문제와 어떻게 귀신을 섬길까 하는 질문에 대답을 거부한 것은 죽으면 지(知)가 없다는 것을 사실상 인정한 것이다. 이 희극적 줄거리는 우리에게 말해준다. 비록 당시 불교사상이 일시에 성행했지만, 중국전통사상은 여전히 논쟁을 허용하지 않을 만큼 정통의 지위와 권위를 지니고 있었으며, 범진이 논전의 승리를 얻을 수 있었던 것은 그의 이론이 정확한 것 이외에 또한 중국사상 중 유구한 무신론 전통에 의지했다는 것이다.

범진은 《신멸론》의 말미에서 신멸학설의 목적성을 설명했다. 그가 보기에, 불교의 유행은 정치에 위해를 가했고 풍속을 해쳤다. 승려가 나날이 많아지고 사원이 숲처럼 들어선 결과는 식량과 비용이 모자라고, 관리의 결원이 심각하고, 군대가 수차례 패배하게 만들었다. 사람들은 모

14) 《弘明集》卷九《答曹舍人》: "求之蹄筌, 局以言教."

두 인과응보를 신앙하고, 사후의 행복을 추구하여, 갈수록 이기적으로 변하고, 그들은 수많은 재부를 사원에 바치면서도, 조금이라도 갖다가 가난한 친척과 친구를 구제하려고 하지 않았다. 생사는 자연스럽고 내생이라는 것은 없다는 것을 사람마다 안다면 '각자 주어진 것을 편안하게 수용'할 수 있을 것이라고 그는 지적했다. 하층 사람들은 안심하고 생산 활동에 임하고, 남은 것으로 상층 사람들을 공양하고, 상층 사람들도 절약하는 생활을 보내고, 하층 사람들에 대한 간섭을 줄인다. 이렇게 하면 사람들이 원만하게 살게 할 수 있고, 부모가 부양을 받게 할 수 있고, 다른 사람을 도울 수 있고, 국정을 개선할 수 있고, 국가가 외래 침략을 격퇴하는 힘을 가지게 할 수 있다. 범진이 불교를 비판한 동기 중에는 백성에 대한 동정이 포함되어 있다는 것을 이를 통해 알 수 있다. 범진은 백성을 동정한 진보적 사상가이다. 용감하고 기지있고 완강한 그의 품격과 진리를 추구하고 사회진보를 추구하는 그의 정신은 그가 정밀하게 밝힌 무신론 사상과 마찬가지로 모두 귀중한 정신적 자산으로, 우리가 배우고 계승하고 더욱 크게 빛나도록 발양할 가치가 있다.

19 법장(法藏)

법장(法藏)은 당나라 때 불경번역가이자, 불교이론가이자, 화엄종(華嚴宗)의 실제 창시자이자, 서예가이다. 당 태종(太宗) 정관(貞觀) 17년(643)에 태어나, 당 현종(玄宗) 선천(先天) 원년(712)에 세상을 떠났다. 원적은 서역(西域) 강거(康居: 지금의 우즈벡공화국 사마르칸드 일대)이다. 법장의 조상은 여러 세대 동안 이어 강거국(康居國) 승상(丞相)을 지냈고, 조부가 장안(長安: 지금의 서안(西安))으로 옮겨 거처를 정했고, 부친은 좌시중(左侍中)에 추증되었다. 역사 기록에 따르면, 법장은 17세 때 태백산(太白山)에 들어가 불법을 구했고, 오래지 않아서 운화사(雲華寺) 지엄(智儼)으로부터 《화엄경(華嚴經)》 류의 경전을 배워, 총 9년 동안 지엄의 인정을 깊이 받았다고 한다. 27세 때 출가하여, 이후 조서를 받아 태원사(太原寺)·운화사(雲華寺)에서 《화엄경》을 강론했다. 측천무후가 《화엄경》에 나오는 현수보살(賢首菩薩)의 이름을 그에게 칭호로 내려주어, 일반적으로 현수대사(賢首大師)라고 한다. 그 후 번역에 더욱 자주 참가하고, 강론을 넓히고, 부지런히 저술하고, 제자를 기르고, 화엄사(華嚴寺)를 창립하여, 화엄의 종풍(宗風)을 크게 떨쳤다.

법장은 사유가 민첩하고, 창조성이 풍부하고, 설교에 뛰어난 불교학자이다. 역사 기록에 따르면, 《화엄경》 강론을 시작하라고 측천무후가 법장에게 명했다. 《화장세계품(華藏世界品)》까지 강론했을 때, 강당에 지진 현상이 나타났다. 법장은 즉시 불교미신을 끌어들여 특별히 측천무후에게 보고했다. 측천무후는 기뻐하며 이를 이용하여, 지진 재해는 하늘이 상서로운 기운을 내리는 징조라고 간주하고, 여래불이 강적현령(降跡顯靈)하는 것이라고 하여, 이것을 역사에 기록하여 편집하도록 사관에게 명했다. 또한 법장이 새롭게 번역한 《화엄경》을 측천무후에게 강론하는데, '십중현문(十重玄門)' '육상원융(六相圓融)' 등 의리(義理)를 강론하자 측천무후는 이해하지 못했다. 이에 비유를 들어서 교화하는 것에 뛰어난 법장은 대전 모퉁이의 금사자를 가리키며 비유로 들어, 털 한 가닥 한 가닥에 각각 금사자가 있고, 한 가닥 한 가닥 사자는 동시에 한 가닥의 털로 들어가고, 한 가닥 한 가닥 털 속에는 모두 끝없이 사자가 있어서, 겹겹이 끝이 없는 것과 같다고 설명했다. 그러자 측천무후는 훤히 이해했다. 법장의 제자가 당시 강론한 것을 모아 글로 엮어서 《화엄금사자장(華嚴金師子章)》이라고 했다. 법장은 또한 일체 현상이 서로 넘나들고, 서로 포함되고, 겹겹이 끝이 없는 것을 이해하지 못하는 학자를 위해, 거울 10개를 준비해서, 팔방(사방 사각)과 상하에 놓고, 서로 1장 남짓 떨어지게 하여, 거울과 거울이 마주 보게 하고, 중간에 불상 하나를 안치하고, 그리고 나서 횃불을 켜서 불상을 비추었다. 이렇게 하니, 빛과 그림자가 서로 비추어, 거울 하나하나마다 무수한 거울과 무수한 불상이 비추어, 일체 현상이 막힘없이 융화하고 겹겹이 끝이 없는 뜻을 학자들이 훤히 이해하게 했다. 법장은 신구 《화엄경》을 총 30여 차례 강론하여, 저술이 대략 100여 권에 달했다고 하며, 지엄(智儼)이 창안한 교상(教相)과 관행(觀行)의 설법을 자세히 밝혔고, 화엄종이 독자적으로 수립한 교규(教規)를 주도면밀하게 세우고, 따라서 화엄종의 실제적 창시자가 되었으니, 세상에서는 그가 화엄종 3조(祖)라고 일컫는다.

법장은 창조성이 풍부했다. 그는 일련의 철학 범주를 운용하여 종교 유심주의 체계를 구축하여, 철학 이론이 매우 풍부하고, 이성적 사변이 중국불교의 정상에 도달했다. 법장의 불교 유심주의 이론의 기본 내핵은, 세계는 보편적으로 연결된 그물이고, 우주 만물은 모두 독립 존재하는 것이 아니라 보편적으로 연결되어 있다는 것이다. 우주의 일체 현상은 모두 서로 인과가 된다. 한 사물이 원인이 되고, 만물이 결과가 되고, 만물이 원인이 되고, 한 사물이 결과가 된다. 피차 서로 연기(緣起)하여, 서로 대응하고 막힘없이 융화한다. 이는 또한 이른바 '하나가 바로 모든 것이요', '모든 것이 바로 하나이며', '서로 넘나들고', '겹겹이 끝없고', '모든 것이 막힘없다'는 설이다. 법장의 불교 유심주의 신학체계 속에는 빼어난 변증법 사상 요소가 포함되어 있다. 체(體)·이(理)는 본(本)이고, 용(用)·사(事)는 말(末)이라는 것이다.

(1) 작용이 곧 본체이며 본체가 곧 작용이다

법장은 '체(體)'와 '용(用)', '이(理)'와 '사(事)', '본(本)'과 '말(末)', '공(空)'과 '유(有)'를 가지고 본체와 현상의 관계를 설명했다. 그는 말했다. "현상이 비록 분명하나 항상 있는 것은 없다. 그러므로 작용이 바로 본체이다. 마치 수많은 강이 모여서 바다로 가는 것과 같다. 진리가 비록 한 가지 맛이나 항상 스스로 인연을 따른다. 그러므로 본체가 바로 작용이다. 마치 큰 바다를 가지고 수많은 강을 설명하는 것과 같다."[1] '용(用)'과 '사(事)'가 서로 해당되니, 모두 현상을 가리킨다. '체(體)'와 '이(理)'가 서로 해당되니, 모두 본체를 가리킨다. 현상은 비록 있지만 없으

1) 《華嚴經義海百門·體用開合門第九》: "事雖宛然, 恆無所有, 是故用即體也, 如會百川以歸於海. 理雖一味, 恆自隨緣, 是故體即用也, 如舉大海以明百川."

니, 현상은 본체의 표현으로, 모든 강이 최후에 바다로 모여 돌아가는 것과 같다는 것이다. 본체는 비록 하나지만 연(緣)을 따라 현상으로 드러나니, 마치 바다에서 모든 강이 드러나는 것과 같다. 이는 체(體)와 용(用)이 서로 넘나들어, 용은 체의 표현으로 귀결되고, 체는 연(緣)을 따라 용으로 표현되어, 양자는 통일된다는 말이다. 용(用)은 '있는 것이 항상 없고', 체(體)는 진실로 있고, 현상은 허황한 것이고, 본체는 진실된 것이다. 또한 "티끌은 공(空)하여 성(性)이 없는 것이 근본이고, 티끌의 모습은 차별이 있으니 이는 말[末]이다"[2]라고 했다. '진공무성(塵空無性)'은 체이고, 이(理)이다. '진상차별(塵相差別)'은 용이고, 사(事)이다. 체·리는 본(本)이고, 용·사는 말(末)이다. 법장은 또 말했다. "현상은 체가 없음으로써 현상이 진리를 따라서 원만하게 융합하며, 체에는 현상이 있으므로 진리는 현상을 따라서 통하여 모인다. 이것은 곧 때가 다하도록 유(有)이며 항상 공이다. 공(空)은 유(有)를 끊어버리지 않으니 때가 다하도록 공이며 항상 유이다. 유는 공에 걸림이 되지 않는다."[3] '체'와 ('이(理)'와) '사(事)'의 관계는 '공'과 '유'의 관계이고, '사'는 비록 '유'이지만 항상 '공'이고, '체'는 비록 '공'이지만 항상 '유'이고, '공'은 '유'가 끊긴 것이 아니고, '유'는 '공'에 구애되지 않는다. 이것이 바로 '체와 용이 서로 넘나들고' '이(理)와 사(事) 막힘이 없는' 것이다. 이로써 알 수 있으니, 법장이 말한 '체' '이'는 '공' '무'이고, '용' '사'는 '유'이다. '용' '사'는 '공' '무'의 '체' '이'가 표현된 현상으로, 그러므로 '가유(假有)'이다.

법장의 뒤를 이어 화엄종 4조(祖)로 일컬어지는 징관(澄觀)은, 이사

---

2) 《華嚴經義海百門·體用開合門第九》: "塵空無性是本, 塵相差別是末."
3) 《華嚴經義海百門·熔融任運門第四》: "以事無體故, 事隨理而圓融; 體有事故, 理隨事而通會. 是則終日有而常空, 空不絕有; 終日空而常有, 有不礙空."

(理事)에 대하여 5중관계설을 제시했다. 이 학설들은 법장의 저작에서도 모두 나열되어 있다. 5중관계는 다음과 같다. (1) 상편(相遍). '이(理)'는 하나하나의 '사(事)'에 완전하고 보편적으로 존재한다. "두루 통하는 이치는 본성을 나눌 수 없으며 두루 통하는 일은 일의 단계마다 구분이 되어지니 하나하나의 일 속에 이치는 모두 온전히 두루 퍼져 있다."[4] 이는 진리는 분할할 수 없고 하나하나의 '사'에 깃들어 있다는 말이다. 동시에, '사'는 비록 구분된 한계가 있지만, 완전히 '이(理)'와 같아서, "구분이 불가능한 이치 속에 구분이 가능한 일이 있으니 전체가 같아도 나누어지는 것은 같지 않다"[5]고 한다. '사'는 '이'를 체로 하여, 어떠한 미세한 사물도 모두 끝없는 진리를 통섭한다. (2) 상성(相成). '이(理)'가 없으면 '사'가 이루어지지 않고, '사'가 없으면 '이'가 이루어지지 않는다. 마치 물로 파도가 이루어지고 파도로 물이 이루어지는 것과 같다. (3) 상탈(相奪). '사'는 '이'의 표현으로, 허황한 것이니, 그러므로 '사'는 '이'에 귀속되어야 한다. 만유는 오직 하나의 이체(理體)가 있어, '사'가 사라지면 '이'가 드러나니, 이는 '이'가 '사'를 빼앗는 것이다. 동시에 '이' 역시 '사'를 떠나서 존재하지 않으며, '사'를 떠나면 '이' 역시 없으니, '이' 역시 '사'에 귀속되어야 한다. '이'는 연(緣)을 따라 '사'를 이루고 '이'는 숨으니, 이는 '사'가 '이'를 빼앗는 것이다. (4) 상즉(相即). 앞에서 서술한 세 단계 관계를 통하여 '이'와 '사'는 서로 넘나들며, 차별 없는 이체(理體)가 바로 차별 있는 사상(事象)이요, 차별 있는 사상이 바로 차별 없는 이체(理體)임을 미루어 알 수 있으니, 마치 물이 바로 파도이고 파도가 바로 물인 것과 같다. (5) 상비(相非). 모든 사물 본체 자체의 특징은 변

4) 法藏《華嚴發菩提心章》: "能遍之理, 性無分限; 所遍之事, 分位差別. 一一事中, 理皆全遍."

5)《華嚴發菩提心章》: "有分限之事於無分限之理, 全同, 非分同."

하지 않으니, 각기 차별이 있어, '이(理)'는 '사(事)'가 아니고, '사'는 '이'가 아니어서, 피차 상비부즉(相非不卽)하니, 마치 물은 파도가 아니고 파도는 물이 아닌 것과 같다. 이 이론들은 물질세계는 허황하다는 것과 본체세계는 진실되다는 것과 그리고 두 가지 세계는 비록 차별이 있으나 또한 서로 통일되어 모순이 없다는 것을 설명하기 위한 것이다. 따라서 세속 생활과 종교 생활은 딱 떨어지거나 단절된 것이 아니며 중생과 부처 또한 장애가 없음을 설명하기 위한 것이다.

법장이 체와 용은 서로 넘나들고 이(理)와 사(事)는 융화된다는 것을 강조한 것은 어느 정도 이치가 있음을 지적해야 한다. 그는 일정한 의미상 체와 용을 가르는 것을 부정하고 체와 용을 통일할 것을 인정하여, 이론적 의미가 있다. 물론 그가 체(體)를 공(空)으로 보고, 용(用)을 가유(假有)로 본 것은 공무(空無)의 기초 위에서 체와 용이 서로 넘나든다는 것을 말한 것으로, 이는 유심주의 사상이다.

(2) '연기(緣起)'는 서로 말미암고, 서로 의존하고 출입한다

법장은 본체와 현상의 통일설로부터 나아가 현상과 현상의 통일설을 천명했다. 이는 또한 '이(理)와 사(事)는 막힘이 없다'는 설에서 나아가 '사(事)와 사(事)는 막힘이 없다'는 설을 천명한 것이기도 하다. 법장은 《화엄경탐현기(華嚴經探玄記)》 제1권에서 사(事)와 사(事)는 막힘이 없는 것에는 10개 원인이 있다고 분석했다.

① '연기상유고(緣起相由故)': '연(緣)'은 원인·조건이다. '연기'는 사물이 몇몇 원인·조건이 화합하여 생기는 것이다. '연기상유(緣起相由)'는 사물이 상대하여 일어나는 것을 말한 것으로, 상대적이다.

② '법성융통고(法性融通故)': '법성(法性)'은 만물의 본성·본체이다. 이는 만물은 모두 본체의 표현으로, 만물일체라는 말이다.

③ '각유심현고(各唯心現故)': 만물은 모두 심(心)이 드러난 것이다. '심'은 법장은 '진심(真心)' '정심(淨心)'이라고도 하였으니, 일체 중생이 본래 보관하고 있는 청정심이다. 이 심(心)은 중생이 성불하는 근원이고, 만물을 형성하는 원인이기도 하다.

④ '여환부실고(如幻不實故)': 만물은 꿈과 같은 것으로, 모두 실체가 아니다.

⑤ '대소무정고(大小無定故)': 크고 작은 형체는 고정성이 없다.

⑥ '무한인생고(無限因生故)': 끝없는 원인이 형성한 것이다.

⑦ '과덕원극고(果德圓極故)': 불교의 성과(性果)는 지극히 둥글다.

⑧ '승통자재고(勝通自在故)': 절대 자유를 지닌 신통력이다.

⑨ '삼매대용고(三昧大用故)': '삼매(三昧)'는 선정(禪定)이다. 선정의 거대한 작용이다.

⑩ '난사해탈고(難思解脫故)': 불가사의한 오경(悟境)이 드러난 것이다. 이것은 사상(事象) 분석과 불교 수지공덕력(修持功德力) 두 측면에서 모든 사(事)가 막힘이 없는 원인을 설명한 것이다.

앞에서 얘기한 10개 원인 중에서 법장은 첫 번째와 두 번째 원인이 가장 중요하다고 보았다. 그는 첫 번째 원인 '연기상유고(緣起相由故)'를 다시 10의(義)로 나누었다.

① '제연각이의(諸緣各異義)': 사물의 체(體)와 용(用)은 각각 다르다는 것을 말하니, 즉 사물의 차별성이다.

② '호편상자의(互遍相資義)': 만물은 서로 인연이 되고, 서로 보완하고 대응하고, 어떤 물(物)도 모두 다른 물(物)에 퍼져 있다는 것을 말하니, 즉 사물의 보편성에 가깝다.

③ '구존무애의(俱存無礙義)': 앞에서 말한 차별성과 보편성을 동시에 갖추고 있고 방애(妨礙)가 없다.

④ '이문상입의(異門相入義)': 이문(異門)의 사물은 서로 포용할 수 있다.

⑤ '이체상즉의(異體相即義)': 이체(異體)의 사물은 서로 다가가 떨어지지 않는다.

⑥ '체용쌍융의(體用雙融義)': 체(體)와 용(用)은 상호 통섭하여 서로 막힘없이 융화한다.

⑦ '동체상입의(同體相入義)': 어떠한 사물도 모든 사물의 본성을 갖추고 있어서, 사물은 모두 동일한 체성(體性)으로, 동체(同體) 사이에는 서로 막힘없이 드나든다.

⑧ '동체상즉의(同體相即義)': 동일한 체성(體性)의 사물은 서로 다가가 떨어지지 않는다.

⑨ '구융무애의(俱融無礙義)': 이체(異體)와 동체(同體)는 서로 드나들고 서로 막힘없이 융화한다.

⑩ '동이원비의(同異圓備義)': 막힘없이 융화하는 것을 통해 모든 만물은 막힘없이 융화하는 것을 알 수 있다.

이는 만물이 어떻게 각종 원인·조건 화합으로 일어나는지에 대해 논술을 전개한 것으로, 또한 각종 사물 사이의 갖가지 복잡한 관계에 대한 구체적 논술이기도 하다.

앞에서 말한 '연기상유고(緣起相由故)' 10의(義) 중에서 '상즉(相即)'과 '상입(相入)'은 또한 가장 중요한 이론적 의미를 지니고 있다. '상즉(相即)'은 '둘이 아니다', '동일하다'는 뜻이다. '상입(相入)'은 서로 포함하고 서로 스며든다는 뜻이다. 이는 법장이 모든 현상은 막힘없이 융화하는 것을 표현한 두 가지 형식이다. 그는《화엄일승교의분제장(華嚴一乘教義分齊章)》4권 등의 글에서 체용(體用)·공유(空有)·자타(自他)·동이(同異) 등의 각도에서 '상즉(相即)'과 '상입(相入)'의 의미를 밝혔다. '상즉(相即)'은 종체(從體)에 치중하여 말한 것이다. 법장은 '자타(自他)'

·'공유(空有)'를 이용하여 그 의미를 밝혀, 자타(自他) 쌍방이 서로 자기를 폐기하여, 혹은 '자기를 폐기하여 타자와 같아지거나[廢己同他]', 혹은 '타자를 통섭하여 자기와 같게 하여[攝他同己]', 자성(自性)의 차별을 없애서 상대방과 동일하게 되는 것이 '상즉(相即)'이라고 보았다. 구체적으로 말하면, 모든 연기(緣起) 사물 중에서 '타물(他物)'은 어떤 물(物) '자체'를 형성하는 조건이 되어 존재하는 것이다. 이와 같이, '자체'로 말하면, '타물'은 독립된 자성(自性)을 잃으니, 이로 말미암아 '자체'는 '유(有)'이고 '타물'은 '공(空)'이라고 할 수 있다. 이리하여 '자(自)'는 '타(他)'라고 하는 것이다. 반대로, 어떤 물(物)의 '자체'는 '타물'의 조건을 통하여 구성함으로 말미암아, '타물'을 떠나면 '자체'는 성립할 수 없다. 이로 말미암아 '타물'은 '유(有)이고 '자체'는 '공(空)에 속한다고 할 수 있다. 이리하여 '타(他)'는 '자(自)'라고 하는 것이다. 앞에서 이미 말한 적 있는 상즉(相即)은 또한 동체(同體)와 이체(異體)의 다름이 있으니, 각각 동체(同體) 사물과 이체(異體) 사물의 '공(空)'과 '유(有)'의 상즉동일(相即同一)을 가리키는 것이다. '상입(相入)'은 '용(用)'으로부터 말하는 것에 중점을 둔 것이다. 법장은 '자(自)·타(他)' '유력(有力)·무력(無力)'을 이용하여 그 의미를 설명하여, 모든 연기(緣起) 사물 중에서 만약 어떤 물(物) '자체'의 역용(力用)이 강대하고 '타물'의 역용(力用)이 사라지면 어떤 '물'은 '타물'을 자신의 안으로 통섭하는 우세를 지니게 된다고 보았다. 반대로, '타물'의 역용(力用)이 강대해도 역시 어떤 물(物)을 자신의 안으로 통섭할 수 있다. '자(自)·타(他)' 쌍방은 작용의 다름에 근거하여 서로 통섭할 수 있다. 동시에 통섭당하는 한 쪽은 비록 타물(他物)의 안으로 들어가지만 원래 있던 본성을 잃지 않아, 자성(自性) 차별이 사라지는 상즉(相即) 관계와는 다르다. 이것을 상입(相入)이라고 한다. 앞 문장에서 이미 말하였으니, 상입(相入)은 또한 동체(同體)와 이체(異體)의 다름이 있다. 어떤 사물도 모든 사물의 본성을 갖추고 있다.

따라서 막힘없이 서로 드나드는 것은 동체상입(同體相入)이 되고, 다른 사물이 서로 포용하는 것은 이체상입(異體相入)이라고 한다.

법장의 '연기상유(緣起相由)'와 '상즉상입(相即相入)' 이론은 사물 사이 보편 관계의 내용과 형식을 구체적이고 세밀하게 고찰하여, 변증법 사상을 풍부하게 담고 있다. 그러나 그의 이 이론은 종교 실천과 연결된 것으로, 그가 인과보응(因果報應)·선정신통(禪定神通)으로 현상 사이의 연결과 통일 관계를 설명한 것은 편견과 오류이다.

(3) '육상(六相)'이 원만하게 융합하다

법장은 또한 사물의 전체와 부분, 같음과 차이, 생성과 파괴 6가지 측면에서 사물의 통일성을 밝혔다. 이것이 바로 '육상원융(六相圓融)' 설이다. '상(相)'은 통상적으로 조건이 맞아서 생기고 사람 앞에 드러나는, 분별하여 인식할 수 있는 현상을 말하며, 법상(法相)·사상(事相)이라고도 한다. 법장은 '상(相)'을 여섯 가지로 나누어, 모든 '연기(緣起)' 현상은 육상(六相)을 갖추고 있다는 설을 제시했다. 법장은 말했다. "총상(總相)이란 하나가 다덕(多德: 온갖 덕을 구성하는 요소)을 포함하는 것이고, 별상(別相)이란 다덕이 동일하지 않은 것이니, 별상은 총상에 의지하여 저 총상을 완성한다. 동상(同相)이란 다의(多義)가 서로 어긋나지 않으면서 함께 하나의 총상을 완성하는 것이고, 이상(異相)이란 다의가 서로 상대하여 각각 다른 것이다. 성상(成相)이란 이러한 여러 뜻이 연기(緣起)하여 이루어지는 것이고, 괴상(壞相)이란 여러 뜻이 각각 자법(自法: 자기의 존재 모습)에 머물러서 옮겨가지 않는 것이다."[6] 이것은 사물

6) 《華嚴一乘教義分齊章》 4권 : "總相者, 一含多德故; 別相者, 多德非一故, 別依止總, 滿彼總故. 同相者, 多義不相違, 同成一總故; 異相者, 多義相望, 各各

의 전체는 '총상(總相)'이고, 사물의 각 부분은 '별상(別相)'이라는 말이다. 사물 및 그 각 부분은 모두 원인과 조건이 맞아서 생기는 '동상(同相)'이다. 각 부분이 각자 독립한 것이 '이상(異相)'이다. 각 부분이 합하여 이 사물을 이루면, 이 사물이 이루어진 것은 '성상(成相)'이다. 각 부분이 합해지지 않아 단지 각 부분일 뿐이면 이 사물은 파괴되니, '괴상(壞相)'이 된다. 법장은《화엄금사자장(華嚴金獅子章)》에서 금사자에 비유하여, 사자는 '총상(總相)'이고, 눈·귀 등 차별은 '별상(別相)'이다. 눈·귀 등 동일한 연기(緣起)로 사자를 형성하면 '동상(同相)'이고, 눈·귀 등이 각각 같지 않은 것은 '이상(異相)'이다. 눈·귀 등이 두루 화합하여 사자를 이루는 것은 '성상(成相)'이고, 눈·귀 등이 각자 독립하여 합하여 사자가 되지 않는 것은 '괴상(壞相)'이다.《화엄일승교의분제장(華嚴一乘教義分齊章)》에서 법장은 또 방과 서까래 기와를 비유로 들어서 육상(六相)을 설명했다. 총(總)·동(同)·성(成) 3상(相)은 전체·정체(整體)를 가리키고, 별(別)·이(異)·괴(壞) 3상(相)은 부분·단편을 가리킨다. 앞 3상(相)은 또한 차별이 없음을 가리키고, 뒤 3상(相)은 차별을 가리킨다. 정체(整體)와 부분, 무차별과 차별이 서로 드나들고 막힘없이 융화한다. 총상별상(總相無別)·이동무이(離同無異)·이성무괴(離成無壞)이다. 총(總)은 곧 별(別)이고, 별(別)은 곧 총(總)이다. 동(同)은 곧 이(異)이고, 이(異)는 곧 동(同)이다. 성(成)은 곧 괴(壞)이고, 괴(壞)는 곧 성(成)이다. 이는 정체(整體)와 부분, 동일과 차별, 생성과 괴멸 세 쌍 범주 6개 측면으로 설명한 것으로, 모든 현상은 비록 각각 다른 점이 있지만 모든 현상 하나하나는 모두 총상(總相)과 별상(別相), 동상(同相과) 이상(異相), 성상(成相)과 괴상(壞相)의 통일이다. 이는 변증법 요소를 부분적으로 깊게 드러낸 것임을 인정해야 한다.

異故. 成相者, 由此諸緣起成故; 壞相者, 諸義各住自法不移動故."

(4) 하나 속에 여럿이 있고 여럿 속에 하나가 있다, 하나가 곧 여럿이고 여럿이 곧 하나이다

'하나'와 '많은 것', 그리고 '하나'와 '모든 것', '하나'와 '10(十)'은 법장이 같은 의미에서 사용한 범주이다. 《화엄경·초발심보살공덕품(初發心菩薩功德品)》에 '일체중지일(一切中知一), 일중지일체(一中知一切)'라는 설이 있고, 법장은 이로 말미암아 '일중다(一中多), 다중일(多中一)', '일중일체(一中一切), 일체중일(一切中一)', '일중십(一中十), 십중일(十中一)'과 '일즉다(一即多), 다즉일(多即一)', '일즉일체(一即一切), 일체즉일(一切即一)', '일즉십(一即十), 십즉일(十即一)'의 명제를 선양했다. 일(一)과 다(多)의 범주는 본체와 현상·'일심(一心)'과 모든 관계에 미치는 것이다. 주로 현상과 현상의 관계를 가지고 말한 것으로, 즉 '육상(六相)'과 밀접하게 연결되어 있다. 법장은 《화엄경탐현기(華嚴經探玄記)》 1권에서 '일연(一緣)'과 '다연(多緣)' 두 측면이 결합하여 연기(緣起)를 구성하는 것으로 일(一)과 다(多)가 서로 넘나드는 관계를 설명했다. 한편으로는 모든 연(緣)이 각각 달라서, 연(緣) 하나하나가 모두 각각 '자기 하나를 지키고'하고 '자기 하나에 머물며', 다른 한편으로는 모든 연(緣)이 또한 두루 서로 대응하고 서로 의존하여, 연(緣) 하나하나가 또한 모두 '두루 많은 연(緣)에 대응'한다고 보았다. 이 두 측면이 결합해야 연기(緣起)가 이루어진다. 이는 또한 말하자면, 일연(一緣)과 다연(多緣)은 모두 상대적이고, 일연(一緣)은 다연(多緣)에 의존하여 존재해야 하고, 다연(多緣) 또한 일연(一緣)에 의존하여 존재해야 한다. 일연이 일어나면 다연이 일어나게 할 수 있으니, 일연은 '능기(能起: 일어나게 할 수 있는 것)'이고 다연은 '소기(所起: 일어나는 것)'이다. 돌이켜 말하면, 다연(多緣)이 구비되어야 비로소 일연(一緣)이 이루어지는 것이니, 다연은 일어나게 하는 것(일어남의 주체)이고 일연은 일어나는 것(일어남의 대상)이

되는 것이다. 이는 또한 상즉(相即)으로부터 말하면, "다(多)가 아닌 일(一)이 없고, 일(一)이 아닌 다(多)가 없으며", 상입(相入)으로부터 말하면 "일(一)이면서 다(多)를 통섭하지 않는 것이 없고, 다(多)이면서 일(一)을 통섭하지 않는 것이 없다." 일(一)과 다(多)는 서로 드나들고 서로 의지하여 존재한다. 법장은 《화엄일승교의분제장》 4권에서 방과 서까래를 예로 들어 말하기를, 방 하나에 서까래 하나가 없으면 방 전체가 방을 이루지 못하고, 동시에 서까래 하나하나 역시 반드시 다른 서까래 및 기둥·벽돌·기와 등에 의지하여야만 방을 구축하는 작용을 발휘할 수 있다는 것이다. 아울러 총결하는 성격으로 말했다. "일(一)이 다(多)를 갖추고 있으므로 총상(總相)이라고 하고, 다(多)는 일(一)이 아니니 별상(別相)인 것이다. 여러 부류가 저절로 같아져 총상으로 이루어지고, 각각의 본체가 상을 달리하여 동(同)으로 드러난다. 일(一)과 다(多)의 연기(緣起)로 인하여 이치가 오묘하게 이루어지고, 괴상이 자법에 머무르니 늘 움직이지 않는 것이다. 유지(唯智)의 경계(境界)는 사식(事識)[7]이 아니니 이 방편으로써 일승을 이회(理會)하라."[8] 여기에서 '일(一)'은 총상(總相)이고, '다(多)'는 별상이다. 일(一)이 다(多)를 갖춘 것이 총(總)이고, 다(多)가 일(一)이 아닌 것이 별(別)이다. 다(多)는 체(體)가 같은 것으로 말미암아 총(總)으로 이루어지고, 각 별상(別相)은 체(體)가 다른 것으

7) 사식(事識) : 분별사식(分別事識)을 말한다. 의식(意識)의 별명을 사식(事識)이라고 약칭하였다. 대승기신론에서 안·이·비·설·신·의 등 6식을 모두 일컬어 의식이라 하고, 능히 과거·현재·미래 등 3세의 경계 및 내근(內根)·외진(外塵)의 갖가지 사상(事相)에 분별의 인식작용을 일으키기 때문에 분별사식이라고 했다.

8) 《華嚴一乘教義分齊章》 제4권 : "一即具多名總相, 多即非一是別相, 多類自同成於總, 各體別異現於同; 一多緣起理妙成, 壞住自法常不作, 唯智境界非事識, 以此方便會一乘."

로 말미암아 동(同)으로 드러난다. 이것이 바로 총(總)·별(別)로부터 일(一)·(多)까지 연결된 것으로, 총(總)은 별(別)로 이루어지고, 별(別)은 바로 총(總)이며, 마찬가지로 일(一)은 다(多)로 이루어지고, 다(多)는 바로 일(一)이다. 법장은 또한 두 측면에서 '일(一)'과 '다(多)'의 상입(相入)·상즉(相即) 관계를 논증했다. 첫째는 사물의 '이체(異體)' 관계에 대하여 논증한 것으로, 일(一)과 십(十)으로 예를 들자면, 일(一)은 십(十)의 기초가 되고, 십(十)의 요소를 포함하고 있고, 십(十)으로 하여금 안으로 받아들여 '일(一) 중의 십(十)'이 되게 할 수 있으며, 나아가 일(一)이 없으면 십(十)이 없으니, "일(一)은 십(十)이다. 왜냐 하면 일(一)이 없으면 십(十)이 없기 때문이다."[9] 이와 상대적으로, 일(一)은 십(十)에 상대하여 존재하니, 십(十)의 요소에 속하며, 따라서 '십(十) 중의 일(一)'이다. 나아가 십(十)이 없으면 일(一)이 없으니, 이로 말미암아 또 말했다. "십(十)은 일(一)이다. 왜냐 하면 십(十)이 없으면 일(一)이 없기 때문이다."[10] 둘째는 사물의 동체(同體) 관계에 대해서 논증한 것으로, 십(十)은 일(一) 열 개로 구성되니, 이로 말미암아 '십중일(十中一)'이라고 하며, 모든 일(一) 하나하나 '자체(自體)'는 모두 똑같이 성공(性空)하니, 이로 인해 '십은 일이다'라고 한다. 마찬가지로, 십(十)을 '자체(自體)'로 하여 보면, 일(一)의 본신은 십(十)의 '자체(自體)'를 안에 포함하고 있으니, 그러므로 '일 중의 십'이라고 한다. 일(一)은 십(十)을 구성하는 요소이고, 일(一)과 십(十)의 '자체(自體)'는 모두 성공(性空)하니, 그러므로 '일은 십이다'이라고 했다. 종합하면, 법장이 보기에 "하나는 온전한 여럿이라야 바야흐로 하나라 이름하는 것이며, 또 여럿은 온전히 하나라야 비로소 여럿이라 이름할 수 있는 것"[11]이다. "한 티끌 가운데 일체가 나타

9) 《華嚴一乘教義分齊章》 제4권 : "一即十, 何以故? 若無一即無十故."
10) 《華嚴一乘教義分齊章》 제4권 : "十即一, 何以故? 若無十即無一故."

나지만 가까움과 멂이 이것과 저것에 분명하다. 시방이 하나의 티끌 가운데로 들어가는데 멀지만 항상 가까우며, 티끌이 시방에 두루 하므로 가까운 것이지만 항상 멀다."[12].

일(一)과 다(多)는 고대사상사에서 사변성이 매우 풍부한 문제로, 간단하고도 복잡한 수량 관계가 반영되어 있다. 일(一)은 숫자의 시작이고, 다(多)는 일(一)이 쌓인 것이며, 일(一)은 하나의 단위이고, 다(多)는 잡다한 것이다. '질적양(質的量)'의 각도에서 말하면, 일(一)과 다(多)는 상대적으로, 일(一) 속에 다(多)가 있고, 다(多) 속에 일(一)이 있다. 법장은 수량관계·인과관계·이동(異同)관계로부터 일(一)과 다(多)가 서로 수용하고 넘나드는 관계를 논술하여, 인류의 인식의 성과를 상당히 풍부하게 담고 있다. 그러나 법장의 일(一)과 다(多) 관계의 학설은 순전히 사변의 산물로, 과학적 논증과 실험이 결핍되었다. 법장은 또한 이것으로 중생이 불교 수지(修持) 과정에서 개별 법문을 통하여 일념(一念) 속에서 깨달음을 원만히 성취할 수 있다고 설명하였으니, 종교 실천을 위하여 이론적 무기를 더욱 제공해준 것이다.

중국 고대 사상 발전사에서 볼 때, 법장의 불교이론은 비록 신학유심주의이지만, 우주의 생성을 서술하고 우주의 광경을 묘사할 때, 보편 연결의 관념, 일체성(一體性)·정체성(整體性)의 관념, 상대성(相對性)의 관념 등 변증법 사상의 불꽃이 불시에 번뜩인다. 법장은 본체와 현상, 현상과 현상 사이의 다중적이고 복잡한 연결을 제시하여, 종교적 내용을 제외하고 보면, 진지하게 정리할 가치가 있는 합리적 요소를 발견할 수

11) 《華嚴經義海百門·熔融任運門第四》: "一全是多, 方名為一; 又多全是一, 方名為多."

12) 《華嚴經義海百門·熔融任運門第四》: "一塵中顯現一切, 而遠近彼此宛然. 十方入一塵中, 遠而恆近; 塵遍十·方, 近而恆遠."

있다. 그는 우주를 통일된 정체(整體)로 보았고, 또한 만물의 상대성과 피차 서로 보완하고 응대하고, 서로 드나드는 것을 강조하였으니, 이것은 객관적 변증법이 곡절있게 반영된 것이다. 법장의 또 하나의 이론적 공헌은 일련의 철학적 범주를 운용하고 서술하여 고대철학범주의 역사를 풍부하게 했다는 것이다. 그가 이사(理事)·체용(體用)·본말(本末)·성상(性相)·일다(一多)·상즉다입(相即相入) 등 범주를 밝힘으로써, 본질과 현상, 일반과 개별, 동일과 차별, 상대와 절대, 정체(整體)와 부분, 원인과 결과 등 몇몇 대립되는 범주의 함의를 다르게 제시한 것은 인류 인식 역사의 적극적 성과로, 중시하고 비판적으로 계승할 가치가 있다.

중국에서 불교철학의 발전은 대체로 세 단계를 거쳤다. 첫 번째 단계는 위진시기로, '격의(格義)' 방식으로 불교경전을 번역했다. 즉 불교철학의 명사술어와 중국전통철학의 명사술어를 간단하게 서로 짝지워서, 이런 명사 술어로 철학을 강론하여 철학의 논단에 자리잡고, 아울러 일정한 숙성 준비를 거쳐서 독립하게 되었다. 두번째 단계는 수당시기로, 불교철학자 특히 반야공종(般若空宗)과 유식종(唯識宗) 종파가 인도 불교철학자를 그대로 따라서 달렸다. 불교철학의 발전은 법장으로부터 제3단계로 접어들기 시작하였으니, 중국 전통철학과 융합하는 단계이다. 그 주요 표지는 '공(空)에 대한 해석이다. 인도철학자들이 말하는 '자성공(自性空)'은 부정적 표현방식의 일종으로, 사물의 현상은 진실된 자성(自性)이 없다는 것이다. 이런 '공(空)'은 일컫는 실체가 없고 만물의 본원도 아니다. 그런데 중국전통철학은 어떤 무형의 것을 만물의 본원으로 여기는 데 익숙하니, 예를 들면 노장(老莊)의 '도(道)', 왕필(王弼)의 '무(無)', 장재(張載)의 '태허(太虛)', 정주(程朱)의 '이(理)'이다. 법장이 불교철학 이론을 수정한 것에서 중요한 것은 바로 '공(空)'을 실체로 본 것으로, '공(空)'은 바로 '이(理)' '성(性)' '체(體)' '본(本)'으로, 이에 상대되는 만물의 현상은 '사(事)' '상(相)' '용(用)' '말(末)'이다. 법장은 반야공종과 유식종은 모두 '편교(偏教)'이고 오직 화엄종만이 '원교(圓教)'라고 보았으며, 그 '원(圓)'은 물질세계는 허환(虛幻)한 것이고 불성(佛性)은 실제 있는 것이며, 사물은 가짜이고 본체가 진짜라고 여기는 데 있다. 이 수정은 그 이론이 서양 유심주의 철학과 비슷하게 했다. 즉 본체는 실체가 있으되 나타나지 않고 현상은 나타나되 실체가 없다고 여기는 것이다. 이는 비록 중국전통철학이 체용(體用)은 모두 실제로 있다는 입장을 견지하는 것과 여전히 맞아떨어지지는 않지만, 하여간 인도 대승공종(大乘空宗)의 입장으로부터 중국 전통철학의 입장을 향하여 한 걸음 전진한 것이다. 바로 이렇기 때문에 법장의 철학이론은 중국고대사상사에서 심원한 영향을 낳았다. 그 사유 모델과 인증 격식, 특히 이사(理事)·성상(性相)·본말(本末)·일다(一多) 등 상용했던 범주는 당 이래 사상 발전에 오랜 기간 동안 영향을 끼쳤다. 그 중 몇몇 관점들은 이후 몇몇 유심주의 유파 이론의 밑바탕이 되었다. 예를 들면 이사설(理事說)은 정주이학과 일맥상통하고, 심(心)이 만물을 형성하는 원인이 된다는 관점은 또한 심학의 주관 유심주의와 사상 연원의 관계가 있다. 이런 의미에서 법장의 철학사상은 중국철학 발전의 사슬에서 중요한 마디이다. 불교철학의 이론사유가 머지 않아 개조될 것이고 아울러 중국전통철학의 사슬로 녹아들 것임을 미리 보여주는 의미에서이다.

20 혜능(慧能)

‘慧能(혜능)’은 ‘惠能(혜능)’으로도 쓴다. 속성(俗姓)은 노(盧)이고, 원적은 범양(范陽 : 지금의 북경성 서남쪽에 있던 군(郡))이다. 당 태종(太宗) 정관(貞觀) 13년(638)에 태어나, 당 현종(玄宗) 선천(先天) 2년(713)에 세상을 떠났다. 중국 불교 선종(禪宗) 6조(祖)로, 선종의 실제적 창시자이다. 그의 부친은 범양에서 현관(縣官)을 지낸 적이 있고, 이후 영남(嶺南) 신주(新州: 지금의 광동(廣東) 신흥현(新興縣))로 폄적(貶謫)되었다. 혜능은 세 살 때 부친을 잃었고, 조금 자라서는 땔감을 팔고 수렵을 하여 어머니를 모시면서 연명하여, 힘들고 빈곤한 산민 생활을 보냈다. 힘들고 괴로운 환경은 혜능으로 하여금 생활을 관찰하고 세상을 살펴보는 습관을 기르도록 했다. 전기에 따르면, 그는 땔감을 팔러 가는 길에서 누군가 《금강경(金剛經)》을 송독하는 것을 듣고 깨달음이 있어 불학을 배우기로 마음을 먹고 출가하기로 결정했다고 한다. 이후 홍인(弘忍)이 호북(湖北) 황매(黃梅)에서 이 불경을 선전한다는 것을 알고 결국 북상하여 그를 만나 행자(行者)가 되어, 방앗간에서 쌀을 찧으며 거칠고 힘든 일을 하면서 대중을 따라 불법을 들었다. 그는 비록 글자를 몰랐지만, 남이 뭐라고 하면 그대로 따라 뭐라고 하며 무턱대고 외우기만 하는 것에 만족하지 않고, 요점을 파악하고 정신을 깨닫는데 주의를 기울였다. 그는 비록 깨달은 것이 있어도 입을 다물고 말을 하지 않았다. 나중에 홍인이 불법을 계승할 제자를 선발하여 의발을 전수하려고 사찰 승려들에게 명하여 각각 게(偈)를 하나씩 지어서 제출하라고 했다. 당시 홍인 문하의 대제자 신수상좌(神秀上座)가 게를 하나 만들어 벽에 썼다. "몸은 보리수요 마음은 밝은 거울과 같도다. 때때로 부지런히 털고 닦아서 먼지 묻지 않도록 해야 하네."[1] 혜능은 다른 사람이 이것을 읽는 것을 듣고 나서 자기 대신 게를 써달라고 부탁했다. "보리(깨달음)에는 본래 나무가 없으며, 밝은 거울 역시 받침대가 없다네. 불성(佛性)은 늘 깨끗한데 어디에 먼지가 있으리오?"[2] 이 게는 신수(神秀)의 설법을 겨냥하여 '무상(無相)'으로 '유상(有相)'을 깨고 '돈오(頓悟)'로 '점오(漸悟)'를 깨서, 단도직입, 직지인심(直指人心), 견성성불(見性成佛)을 선양한 것으로, 홍인의 칭찬과 인정을 깊이 얻었다. 홍인은 삼경(三更) 시각에 오직 혜능을 위해 《금강경》을 강해하여, 돈교의발(頓教衣鉢)을 비밀리에 전수했다. 신수 계파의 해꼬지를 피하기 위해, 홍인은 혜능더러 가능한 한 속히 남쪽으로 귀환하여 은거했다가 적당한 시기에 다시 나와 불법을 전파하라고 신신당부했다. 혜능은 이에 영남(嶺南)으로 귀환하여, 지금의 광동(廣東) 사회현(四會縣) 일대 산민 속에서 10여 년 동안 성명을 감추고 살았다. 이후 광주(廣州) 법성사(法性寺: 지금의 광효사(今光孝寺))에 가서 인종법사(印宗法師)를 만나, 삭발을 할 수 있게 되었고, 지광법사(智光法師)가 구족계(具足戒)를 전해주어, 이로부터 신분을 공개했다. 머지 않아 소주(韶州: 지금의 광동 소관(韶關)) 남화사(南華寺)로 북

1) 《壇經》 6 《神秀書偈》 : "身是菩提樹, 心如明鏡臺. 時時勤拂拭, 莫使有塵埃."
2) 《壇經》 8 《惠能、童子問答, 惠能作偈》 : "菩提本無樹, 明鏡亦非臺, 佛性常清淨, 何處有塵埃 ? "

상하여 불법의 전파에 전력했고, 소주자사(韶州刺史) 위거(韋璩)가 혜능을 특별 초청하여 대범사(大梵寺)에서 마하반야바라밀법(摩訶般若波羅蜜法)을 설법하게 하여, '무상계(無相戒)'를 전수하고, 돈오법문(頓悟法門)을 널리 알렸다. 그 설법 기록이 나중에 제자에 의하여 정리되어 책으로 완성되어, 《단경(壇經)》[3]이라고 하였고, 나중에 선종(禪宗)의 종경(宗經)이 되었다. 당 헌종(憲宗)이 그에게 '대감선사(大鑒禪師)'라는 시호를 내렸다.

인도 불교에는 선종이 없었고, 중국에서도 혜능 이전에는 선학(禪學: 신수를 대표로 하는 이른바 선종북종(禪宗北宗) 포함)만 있었다. 선학의 특징 중 첫째는 '자교오종(藉教悟宗)'으로, 불교경전을 떠나지 못하는 것이며, 특징 중 둘째는 '점오(漸悟)'를 주장한 것으로, 성불을 하려면 각종 단계를 거쳐야 한다는 것이다. 혜능의 선종은 달라서, '불립문자' '교외별전'을 주장하고, 모든 중생에게 불성(佛性)이 있고, 사람마다 모두 성불할 수 있으며, 가고 묵고 앉고 눕는 것이 모두 좌선(坐禪)으로, 자기 마음에 진여본성(真如本性)이 돈현(頓現)하기만 하면 '돈오성불(頓悟成佛)'할 수 있다는 것을 강조했다. 혜능의 선법(禪法)은 불교사에서 이전에 없었던 대개혁으로, 불조(佛祖) 석가모니의 절대적 권위를 인정하지 않고, 불교경전의 신성한 지위를 배척하고, 불교 승려의 평소 생활의 고유한 본색을 파괴했다. 혜능의 선종은 전형적인 중국화된 불교로, 형성 이후 날이 갈수록 다른 종파의 지위를 대체하여, 중국 불교의 주류가 되어, 중국고대사에서 전파 시간이 가장 길고 영향이 가장 컸던 종파이다.

혜능은 창조성이 풍부한 사상가요, 개혁에 용감한 종교가로, 그는 '자성시불(自性是佛)'과 '돈오성불(頓悟成佛)' 학설을 제창하고 천명하여,

3) 여기서 인용한 《壇經》은 돈황(敦煌) 필사본 《南宗頓教最上大乘摩訶般若波羅蜜經六祖惠能大師於韶州大梵寺施法壇經》(法海集記)에 의거한 것이다.

불교를 중국인 특히 봉건사대부의 입맛에 맞도록 개조하여, 중국 인도 문화의 융합에 중요한 공헌을 했다.

(1) 본심을 안다면 그게 바로 해탈이다

앞에서도 말했듯이, 혜능은 널리 퍼진 '득법게(得法偈)'에서 중생의 '불성은 항상 청정(清淨)함'을 강조하여, 사람마다 모두 항상 청정한 불성이 있다고 여겼다. 불성은 성불(成佛)의 본성(本性)이며, 인성(人性)이기도 하다. 혜능은 말했다. "삼세제불의 십이부경이 사람의 성품 가운데에 있으며 본래 스스로 갖춰 있건마는 …… 내외명철하면 자기의 본래 마음을 아나니 만약 본래 마음을 알면 이것이 곧 해탈이요"[4] 본심(본성)에 제불(諸佛)과 불리(佛理)가 포함되어 있고, 불(佛)은 본심(本心) 속에 있으니, 중생은 본심을 알게 되면 해탈을 얻고 또한 부처가 된다는 것이다.

본심은 단지 불성일 뿐만 아니라 성불의 기초이며 또한 만물을 포함하고 있어서, 객관세계의 기초이다. 혜능은 말했다. "이와 같이 일체의 법이 모두 자성(자신의 성품)에서 나온다. 자성은 늘 깨끗하다. 해와 달은 늘 밝지만 다만 구름이 덮여서 위는 밝고 아래는 어두워서 해와 달과 별을 보지 못하지만, 홀연히 지혜의 바람이 불어 구름과 안개를 흩어버리면 삼라만상이 일시에 모두 나타나느니라. 세상 사람의 자성이 깨끗함도 맑은 하늘과 같아서 …… 망념의 뜬구름에 덮여 자성이 밝아지지 못할 뿐이다. 그러므로 선지식을 만나 참 법문을 열어 주고 미망을 불어 물리쳐 버리면 안팎이 사무쳐 밝아 자기의 성품 가운데 만법이 다 나타나나니, 모든 법에 자재한 성품을 청정법신이라 이름하느니라."[5] '일체

---

4) 《壇經》 31 《自心內善知識, 般若三昧》: "三世諸佛, 十二部經, 亦在人性中, 本自具有. ……內外明徹, 識自本心, 若識本心, 即是解脫."

법(一切法)'은 '만법(萬法)'이요, 모든 것이다. '선지식(善知識)'은 불리(佛理)를 열고 이끄는 것을 잘 하는 친구이다. '일체법자재성(一切法自在性)'은 모든 것의 진성(眞性)·본성(本性)이다. '청정법신(清淨法身)'에서 '법신(法身)'은 '자성(自性)'·'본성(本性)'을 가리키며, 청정법신은 바로 청정본성이다. 이 말의 의미는, 삼라만상은 모두 '자성(自性)'의 안에 있으며, '자성(自性)'의 파생물로, 따라서 '만상(萬象)' 역시 자성(自性)이며, 청정 본성의 체현이다. 세상 사람들의 자성(自性) 역시 청정한 것으로, 망념부운(妄念浮雲)을 없애고, 미망(迷妄)을 없애면, 자성(自性) 속에서 만상이 드러날 수 있다. 만상의 자성(自性)는 바로 법신이다. 세상 사람들이 "자성(自性) 속에서 만법이 모두 드러나", 만물과 섞여 일체가 되고, 우주 본체와 계합(契合)하면, 또한 부처가 되는 것이다. 혜능은 또한 현신설법(現身說法)했다. "내가 홍인화상의 문하에 있을 때에 한번 듣고 듣는 즉시 크게 깨달아 단박에 진여본성을 보았느니라."[6] '진여본성(眞如本性)'은 바로 '법신' '자성(自性)' '불성(佛性)'으로, 신비한 정신 본체를 가리킨다. 일단 최고의 정신 실체가 돌연히 나타나 인증하면 깨달아 부처가 된다. 그러므로 자심(自心)·본성(本性) 역시 부처이다.

혜능은 우주의 '진심(眞心)'이 세계의 본원이며 만물의 실체라고 여겼다. 진심은 영원한 것이고, 무소부재(無所不在)한 것이고, 영명불매(靈明不昧)한 것이다. 사람마다 모두 이런 진심을 가지고 있다. 이런 진심이

---

5) 《壇經》 20 《見自三身佛——清淨法身、自性化身與圓滿報身》: "如是一切法, 盡在自性. 自性常清淨. 日月常明, 祇為雲蓋覆, 上明下暗, 不能了見日月星辰, 忽遇惠風吹散, 卷盡雲霧, 萬象森羅, 一時皆現. 世人性淨, 猶如清天. …… 妄念浮雲蓋覆, 自性不能明, 故遇善知識開真法, 吹卻迷妄, 內外明徹, 於自性中, 萬法皆見. 一切法自在性, 名為清淨法身."

6) 《壇經》 31 《自心內善知識, 般若三昧》: "我於忍(慧能的師父弘忍)和尚處, 一聞言下大悟, 頓見真如本性."

사람의 본심이 되니, 선성(善性)·지혜성(智慧性)·각오성(覺悟性)의 일종이며, 바로 불성(佛性)으로, 이것이 성불의 근거이다. 중생이 성불하는 것은 바로 본심을 아는 것이다. 본심을 아는 것은 또한 세계의 본원을 아는 것이기도 하며, 우주의 실체와 합하는 것이다. 혹자는 말하길, 최고의 정신 실체에 대한 이런 계증(契證)이 바로 중생이 견성(見性)한 것의 표현이며, 바로 불성(佛性)이 드러난 것이며, 이것이 바로 부처의 경계이기도 하다고 했다.

혜능의 이런 설교는 사람들이 안으로 마음에서 구하고, 뿌리와 근원으로 돌아가게 하고, 현실을 똑바로 보게 하지 않아, 더더욱 현실을 변혁하게 하지 않고, 현상에 안주하고 고난을 안락으로 여기게 하여, 객관적으로는 사람의 마음을 마취시키는 작용을 일으킨다. 그러나 사상사의 각도에서 보면, 중요한 적극적 의미도 있다. 불교의 번쇄한 철학을 반대하고, 불교의 갖가지 교의(教義)와 명상(名相)의 속박을 벗어버리고 뚫고 나오게 하여, 종교의 한도 내에서 사상을 해방했다. 성불을 순수한 사상의 해탈과 본성의 복귀로 보아, 어느 정도 의미에서 사람의 생명·생활·생의(生意)를 긍정하고, 자력에 의지할 것을 강조하고, 의식 주체의 능동성을 중시하고, 개체 자아가 깨달음을 얻는 것에 주력하여, 인심을 해방하고 개성을 해방시킨 진보적 작용을 지니고 있다. 사람들이 득실을 잊고, 이해를 따지지 않고, 현실생활 중의 갖가지 자아속박을 벗어나게 한 것은 어느 정도 의미에서 사람의 정신세계와 심령경계를 도야하고, 배양하고, 풍부하고 완미(完美)하게 하는 데 도움이 되었다.

(2) 몇겁 쌓이도록 미망에 빠져도, 깨달음은 찰나간에 찾아온다

혜능은 사람마다 모두 불성이 있고, 성불(成佛)은 자기 마음 속으로부터 '갑자기 진여의 본성을 보는' 것이라고 보았다. 중생 본성을 '돈견(頓

見)'하는 것은 주체 본성의 발현이기도 하고, 만물의 본체를 파악한 것이기도 하다. 중생이 만약 망념부운(妄念浮雲)에 덮혀 있으면 본성이 밝게 드러나지 않는다. 일단 미망(迷妄)을 불어 사라지게 하면, 돌연히 깨달아, 본성이 밝게 드러나게 된다. 그러므로 '중생(衆生)'과 '불(佛)' 혹은 '범(凡)'과 '성(聖)'의 구별은 본성을 '미(迷)'하느냐 아니면 '오(悟)'하느냐에 달려 있다. 혜능은 말했다. "본래의 성품이 미혹되면 부처도 중생이 되고 본래의 성품을 깨달으면 중생도 부처가 된다."[7] 동시에 미(迷)와 오(悟) 사이의 전환은 시간적으로 매우 짧아서, 잠깐 사이에 한 생각 차이로 이루어진다. 혜능은 말했다. "한 생각 어리석으면 곧 반야가 끊어지고 한 생각이 지혜로우면 곧 반야가 살거늘"[8], "앞생각에 미혹하면 곧 범부요 뒷생각에 깨달으면 곧 부처니라."[9] 중생이 미망에 빠지는 시간은 종종 아주 길며, 미망에서 깨달음으로 전환하는 것은 찰나 사이에 있다. 혜능은 "미혹할 때는 수많은 세월을 지나지만 깨치면 잠깐 사이로다"[10]라고 말했다. 이는 중생의 본심이 일념(一念)으로 호응하여 자기가 자기의 본심을 인식하기만 하면 성불한다는 것이다. '사람'과 '부처'의 거리는 일념 사이, 한 찰나 사이에 있어, 사람이 일념 사이에 문득 본성을 깨달으면 부처가 된다. 이것이 바로 '돈오성불(頓悟成佛)' 설이다. 이런 성불 설교를 또한 돈교(頓教)라고도 한다.

돈오성불설(頓悟成佛說)은 선종이 다른 불교 종파와 구별되게 하는 기본 학설이다. 지옥같은 생활을 보내고 있고 현세의 고통을 벗어나는 것이 매우 필요한 착취당하는 근로 대중에게 정신적 위로와 만족을 줄

---

7)《壇經》35《西方去此不遠》: "自性迷, 佛即衆生; 自性悟, 衆生即是佛."
8)《壇經》25《摩訶義》: "一念愚即般若絕, 一念智即般若生."
9)《壇經》25《摩訶義》: "前念迷即凡, 後念悟即佛."
10)《壇經》36《若欲修行在家亦得, 無相頌》: "迷來經累劫, 悟則刹那間."

수 있어, 아주 큰 유인력을 지니고 있었다. 다음으로, '칼을 내려놓기만 한다면, 바로 그 자리에서 성불한다'는 돈오 이론은 노력하지 않아도 얻고 향락을 즐기고 부패를 일삼는 착취계급 및 온갖 비리와 잘못을 저지르고 백성을 속이고 억누르는 불량한 사람들에게는 오랜 세월 동안 수양을 지속할 필요 없고, 보시속죄하지 않아도, 단지 일념 사이에 자신의 청정한 본성을 깨달으면 당장 성불할 수 있다는 것이어서, 이런 부류 사람들의 성격 특징 및 내심 수요에 완전히 적합한 것이었다. 그래서 자연스럽게 그들에게도 열렬한 환영을 받았다. 다음으로, 선종의 돈오 이론은 개체의 직각 체험을 통하여, 극히 짧은 순간 안에 인생 본성 및 영원한 우주 본체와 서로 인증하여, 내가 바로 부처이고 부처가 바로 나여서 부처와 내가 일체라는 것을 깨달아서, 오랜 기간 추구하고 집착(執着)한 이후의 주관적 돌연적 해탈의 쾌감을 얻을 수 있다고 선양하였으니, 이것은 일부 사대부 지식인 입장에서도 감정적 수요와 정신적 수요에 맞는 것이었다. 혜능의 돈오 이론은 당대 사회 각계각층 사람들의 수요에 맞아떨어져서 신속하게 전파되고 효과를 발휘할 수 있었다.

사상의 각도에서 말하자면, 혜능의 '돈오성불' 이론은 신비적 직각 체험을 통하여 정신의 해탈에 도달하는 것을 선전하는 것으로, 물론 신학적 설교의 일종이다. 그러나 선법의 종교적 포장과 유심주의의 신비적 직각주의 속에 몇몇 합리적 사상을 포함하고 있고, 인류 인식 과정 중의 몇몇 규칙을 상세하게 반영하고 있다. 예를 들면, 돈오의 '오(悟)'는 사변적 추리가 아니며, 이지적 활동이 아니며, 이성의 인식이 아니라, 뭐라고 말할 수 없는 개체의 느낌이며 직각적으로 깨닫는 것이다. 이런 깨달음은 갑작스럽고 한 찰나에 실현되는 것이다. 개체 자신의 느낌, 깨달음, 체험 등은 갑작스럽게 얻어지는 것이라는 말로, 이는 또한 개체 경험의 어떤 신비한 비약을 긍정한 것이기도 하다. 이는 사실 인식 과정 중의 돌변·비약의 현상을 신학적으로 표현한 것이다. 다시 말하자면, 돈오는 개체 직접 체험 중 불성(佛性) 전체를 깨닫고, 본체 전모를 파악하고, 갑작스럽게 깨닫고 성불하는 것을 강조한 것이다. 이는 바로 갑자기 전체를 파악하여 전면적 인식을 획득하여, 갑자기 훤히 뚫리는 경지에 도달하는 것을 주장한 것이다. 이 또한 어느 정도 이론적 의미가 있다. 혜능은 상술한 합리적 편린을 무한으로 확대하여 신비적 직각주의를 끌어들였다.

21 한유(韓愈)

한유(韓愈)는 당 대종(代宗) 대력(大曆) 3년(768)에 태어나, 당 목종(穆宗) 장경(長慶) 4년(824)에 세상을 떠났다. 자는 퇴지(退之)로, 하남(河南) 하양(河陽: 지금의 맹현(孟縣) 서쪽) 사람이다. 선조가 대대로 창려(昌黎)에서 살았기 때문에 군망(郡望)을 따라서 창려 사람이라고 자칭하였고, 세상 사람들도 한창려(韓昌黎)라고 불렀다. 그는 당나라 때 저명한 문학가이자 뛰어난 교육자이자 중요한 사상가였다.

한유는 보통의 관료지주 가정에서 태어나, 3세 때 부모를 모두 잃어, 형수 정씨(鄭氏)가 길렀다. 고독한 어린 시절 생활과 문학적 기풍이 풍부한 가정환경이 자아분투와 개척이 풍부한 한유의 정신을 길렀다. 그는 어릴 때부터 부지런히 노력하고 배우기를 좋아하여, 전심전력하여 연구했고, 고문(古文)을 숭상하고 유학을 떠받드는 두 측면에서 "스스로 한 세대를 떨쳐일으키려고 했다."[1] 정원(貞元) 8년 진사에 합격했다. 이후 감찰어사(監察御史)를 맡았다가 어떤 일로 인해 양산령(陽山令)으로 폄직되었다. 영정(永貞) 원년 사면받아 귀환한 뒤에는 국자박사(國子博士)

1) 《舊唐書 · 韓愈傳》 : "欲自振於一代."

·형부시랑(刑部侍郞)에 임용된 적이 있다. 그러나 또 헌종(憲宗)이 궁궐에 불골(佛骨)을 맞이하는 것을 저지하려고 간언한 것으로 인하여 조주자사(潮州刺史)로 폄적되었다. 나중에 대사면을 만나 원주자사(袁州刺史)로 이동 임용되었고, 이후 또 국자감좨주·병부시랑·이부시랑 등 요직을 역임했다. 시호가 문(文)으로, 세상 사람들은 한문공(韓文公)이라고 불렀다. 한유 일생의 주요 경력은 정치에 참여한 것과 교육에 종사한 것이었다. 그는 공명이록에 열정을 쏟았으며, 심지어 관직을 구하려고 아부하기까지 했다. 그러나 또한 마음 속 생각을 있는대로 과감하게 직언하여 조정을 거론하고 평가하여, 일생의 벼슬길이 몇번이나 오르락내리락하여 순탄하지 않았다. 그는 조주(潮州)에서 향교(鄕校)를 창설하여 운영했을 뿐 아니라 네 차례 국자감(國子監)에 진출하여 엄숙하고 성실하게 교육에 임하여, 학식이 풍부하고 교수방법을 잘 아는 훌륭한 스승이어서, 학생들의 환영과 사랑을 매우 받았다. 그가 역임한 국자감좨주는 현재로 따지면 전국에서 유일한 국립대학교 총장에 해당된다고 할 수 있으니, 모두의 성망을 업은 걸출한 교육자였다고 할 수 있다.

한유는 중국 학술문화사에서 중요한 역사적 작용을 일으켜, 중요한 역사적 위치를 지니고 있다. 그가 주도한 고문운동(古文運動)과 유학 진흥 운동은 마치 두 줄기 거센 물결처럼 중국 사상문화의 틀에 맹렬하게 충격을 주어, 중국 사상문화의 변화를 깊게 추동했다. 한유는 문학사적으로 문체가 변문(騈文)의 속박으로부터 해방되어 선진(先秦)·양한(兩漢)의 산문 전통을 다시 회복하는 것을 쟁취하도록 한 핵심인물이며, 또한 사상사적으로 불학의 융성으로부터 이학(理學)의 흥기로 변화하는 과정 중의 열쇠를 쥔 인물이다. 한유의 사상과 업적은 역사적으로 오랜 기간 깊은 영향을 일으켰다.

고문운동(古文運動)은 문학사에서의 문학운동이다. 고문(古文)은 산문(散文)으로, '시문(時文)'이라고 일컬었던 변문(騈文)과 구별되는 명칭이다. 변문(騈文)의 '변(騈)'은 말 두 마리를 나란히 맸다는 뜻으로, 음운이 조화를 이루는 대칭되는 구문으로 구성되어, 독송하기 좋은 격률있는 문체이다. 나중에 폐단이 갈수록 심해져, 자질구레한 문풍과 경직된 형식이 조성되어, 그 말류는 심지어 문자유희에 가까워졌다. 고문(古文)은 선진제자(先秦諸子)(예를 들면 《장자》《맹자》 등) 산문과 한대(漢代)의 사전문(史傳文)·논설문 같은 문체로 쓴 문장을 가리킨다. 자유롭게 서술할 수 있고, 형식과 격률의 구속을 별로 받지 않고, 문자가 질박하고, 구어에 가깝고, 내용이 평이하고 실질적이었다. 당시 많은 문인들이 변체문(騈體文)의 음미(淫靡)한 문풍과 틀에 박힌 형식에서 벗어날 것을 너도나도 요구하고, 선진·양한의 문체를 제창했다. 한유는 문체를 개혁해야 한다는 시대의 요구에 적응하여 낡은 것을 쓸어내서 역사적으로 고문운동의 거인이 되었다.

한유의 유학 진흥 운동은 한편으로는 불가와 도가를, 특히 불교를 공격하고 한편으로는 유도(儒道)를 부축하여 일으켜 세우는 것이었다. 불가와 도가를 공격한 것은 주로 그들이 봉건등급제도 및 이에 상응하는 봉건 윤리 관계를 파괴하는 것을 반대했다. 유도를 부축하여 일으켜 세우는 것은 또한 주로 봉건등급제도 및 이에 상응하는 봉건 윤리 관계를 지키는 것이었다. 한유는 불가와 도가를 공격하기 위해, 특히 불교가 대대로 불법을 전하는 법통(法統)을 모방하여, 유가 성인이 도를 전수하는 도통(道統)을 만들었다. 그는 "요임금은 이것을 순임금에게 전했고, 순임금은 이것을 우임금에게 전했으며, 우임금은 이것을 탕왕에게 전했고, 탕왕은 이것을 문왕, 무왕, 주공에게 전했으며, 문왕, 무왕, 주공은 그것을 공자에게 전했고 공자는 이것을 맹가에게 전했는데 맹가가 죽자 이것이 전해지지 않게 되었다"[2]라고 했다. 유가의 도통이 맹자에 이르러 중

2) 《昌黎先生集·原道》: "堯以是傳之舜, 舜以是傳之禹, 禹以是傳之湯, 湯以是

단되어, “도가 나로 말미암아 조금이나마 전해진다면 나는 비록 죽는다 해도 절대로 한을 품지 않을 것입니다”3)라고 말하는 상황이었다. 한유는 매우 단호한 입장으로, 도통을 지키고 만세토록 이어지게 하는 역사적 사명을 어깨에 짊어지기로 결심했다.

한유는 고문운동과 유학 진흥 운동을 결합시켜, 고문은 유학을 실현하는 도구와 수단이고 유학 진흥이 고문운동의 목적이라고 선양했다. 한유의 <원도(原道)>는 유학 진흥 운동의 격렬한 선언문이면서 또한 고문운동 승리를 촉성(促成)하는 것과 중대한 관계가 있다. ‘도(道)는 유학 진흥의 표지이고, ‘위도(衛道)’는 고문운동의 임무이다. ‘도(道)란 바로 유가의 인(仁)·의(義)·예(禮)·악(樂)·강상명교(綱常名教)이다. <원도(原道)>에서 “널리 사랑하는 것을 인(仁)이라 하고, 인을 행하여 이치에 맞게 하는 것을 의(義)라 한다. 인의(仁義)를 따라서 나아가는 것을 도(道)라 하고, 자신에게 만족하여 외부에 바라는 것이 없는 것을 덕(德)이라 한다. 인(仁)과 의(義)는 실질 개념(확정적인 이름)이고 도(道)와 덕(德)은 허위 개념(불확정적인 이름)이다”4)라고 했다. ‘정명(定名)’은 명칭 개념의 특정한 내용이다. ‘허위(虛位)’는 명칭 개념의 추상적 형식이다. 이는 보편적으로 ‘애인(愛人)’하는 것이 바로 ‘인(仁)’이고, 행동에 드러나 적절한 것이 ‘의(義)’이고, 이 방향대로 하는 것이 ‘도(道)이고, 자기에게 인의(仁義)가 갖추어져 있어 밖에서 구할 필요 없는 것이 바로 ‘덕(德)’이라는 말이다. 인(仁)과 의(義)는 확정된 구체적 내용이 있고, 도(道)와 덕(德)은 확정된 구체적 의미가 없다. 한유가 보기에, 도(道)와 덕(德)은

傳之文､武､周公, 文､武､周公傳之孔子, 孔子傳之孟軻. 軻之死, 不得其傳焉.”

3) 《昌黎先生集·與孟尚書書》: “使其道由愈而粗傳, 雖滅死萬萬無恨.”

4) <原道> : “博愛之謂仁, 行而宜之之謂義, 由是而之焉之謂道, 足乎己無待於外之謂德. 仁與義為定名, 道與德為虛位.”

추상적 범주로, 유·불·도가 공통으로 사용하는 것인데, 다만 각 학파에서 말하는 의미가 같지 않다. 그는 도(道)와 덕(德)이 반드시 인(仁)과 의(義)와 연결되어야 비로소 '공언(公言)'이고 그렇지 않으면 '사언(私言)'이라고 강조했다. 한유는 '공(公)'과 '사(私)'로 유가와 불가와 도가를 구분하여, 유가의 인의는 사회 전체의 이익이라고 강조하고, 불가와 도가의 오직 '청정적멸'의 경계를 추구하는 것은 자기 하나의 사리(私利)를 위한 것이라고 질책했다. 한유가 말한 '공(公)'은 그 실체를 찾아보면 지주계급의 통치를 보호하는 것에 불과하고, 그가 말한 인(仁)·의(義) 역시 단지 지주계급의 도덕규범일 뿐임을 인정해야 한다. 그러나 한유의 도 즉 인의도덕의 이중적 성질 또한 보아야 한다. 한 측면은 "군신·부자·사우(師友)·빈주(賓主)·형제·부부"[5]의 봉건 등급 제도를 확정하고 보호하고 "백성이 곡식과 옷감을 생산하고, 기물을 만들고 상품을 유통시켜 윗사람을 섬기지 않으면 징벌을 받게 된다"[6]는 것을 강조한 것으로, 이 측면의 작용이 주된 것이기도 하다. 다른 측면으로, 또한 통치계급이 가능한 범위 안에서 백성을 착취하는 것을 줄일 것을 요구하는 뜻도 담겨 있으니, "홀아비와 과부, 고아와 독신자, 불구자들이 봉양을 받을 수 있게 한다"[7]는 것이다. 이 측면의 작용은 부차적인 것이었으나 백성에게는 유리했다.

한유는 고문운동·창작실천·교육실천에 투신하여, 규칙성이 있는 일련의 것을 총결하고, 약간의 정밀하고 깊이있고 독창적인 견해를 제시하고, 인구(人口)에 회자(膾炙)되는 명언명구를 적지 않게 남겼고, 중국 고대 문학 이론과 교육 이론을 풍부하게 했다. 한유의 사상의 정화는 여기

5) 《昌黎先生集·原道》: "君臣、父子、師友、賓主、昆弟、夫婦."
6) 《昌黎先生集·原道》: "民不出粟米麻絲, 作器皿, 通貨財, 以事其上, 則誅."
7) 《昌黎先生集·原道》: "鰥寡孤獨廢疾者有養也."

에 있으니, 한유의 출중한 총명과 지혜가 집중되어 표현된 것이다.

(1) 문장은 도를 실어야 한다

한유의 가장 큰 역사적 공적은 고문운동을 제창한 것으로, 그는 고문운동의 중심내용과 구체적 요구사항을 체계적으로 제시하여, '문이재도(文以載道)' 사상을 중심으로 하는 합리적 견해를 밝혔다.

한유는 있는 힘을 다해 고문운동과 유도 전파를 결합시켜, 그는 "내가 고문을 지어서 …… 문장을 잘 통하게 하는 것은 본디 과거의 도에 뜻을 두었기 때문이다"[8]라고 하고, "내가 고문에 뜻을 둔 것은 문장의 표현을 좋아할 뿐만 아니라 그 도를 좋아하기 때문이다"[9], "학문을 하는 것은 도를 배우기 위함이고 문장을 짓는 것은 이치를 드러내기 위함이다"[10] 등을 재삼 강조했다. 한유의 학생 이한(李漢) 역시 "문장은 도를 꿰는 그릇이다"[11]라고 했다. 송나라 사람들은 이 말들에 근거하여 '문이재도'라는 명제를 개괄해내어, 고문운동을 드러내며 '문도(文道)' 관계를 표현하는 구호로 삼았고, 또한 고문운동의 이론적 기초로 삼기도 했다. '문이재도'란, 문(文)은 배와 같고, 도(道)는 배의 승객 혹은 화물과 같아서, 문(文)은 바로 도(道)를 싣는 데 사용하는 것이라는 말이다. 한유가 말한 고도(古道)는 요·순·우·탕·문·무·주공·공자·맹자가 '서로 전한 도'이다. 한유는 자기가 좋아한 것은 '옛 도'로, 옛 도를 좋아하기 때문에 '고문(古文)'을 중시하였음을 강조했다. 고문(古文)을 배우는 것은 옛 도

---

8) 《昌黎先生集·題歐陽生哀辭後》: "愈之為古文, ……通其辭者, 本志乎古道者也."

9) 《昌黎先生集·答李秀才書》: "愈之所志於古者, 不唯其辭之好, 好其道焉爾."

10) 《昌黎先生集·送陳秀才彤序》: "學所以為道, 文所以為理."

11) 李漢, 《昌黎先生集序》: "文者, 貫道之器也."

를 배우기 위한 것이며, 고문(古文)을 쓰는 것은 옛 도를 전하기 위한 것이다. 도를 전하는 것은 목적이고, 글을 짓는 것은 수단이다.

문예이론의 각도에서 보면, 고문운동의 문도(文道) 관계는 형식과 내용, 예술성과 사상성의 관계 문제가 되었다. 형식과 내용의 관계에 대해서 한유는 "이른바 문장이라는 것은 반드시 그 안에 (훌륭한) 내용을 담고 있어야 합니다. 그러므로 군자는 (글을 지으면서) 그것이 실질을 갖춘 것인지 신중하게 생각하니 실질의 아름다움은 그것이 드러나는 것을 가릴 수 없기 때문입니다. 뿌리가 깊으면 가지가 무성하며, 형체가 크면 그 소리 또한 우렁차며, 행실이 준엄하며, 그 사람의 말이 엄격하고 마음이 순후하면 그의 기가 온화합니다. 사리에 밝은 사람의 문장은 의심스러운 곳이 없고, 마음이 한가롭고 편안한 사람의 문장은 여유가 있습니다"[12]라고 했다. 이는, 내용이 가장 중요하고 결정적 작용을 하니, 내용이 형식보다 중요하고, 사상 내용이 좋아야 좋은 작품이라는 말이다. 그러나 형식 역시 중요한 것이다. "지체(肢體)가 갖추어지지 않으면 완전한 사람이 될 수 없고, 문사(文辭)가 부족하면 완전한 문장이 될 수 없습니다."[13] 좋은 형식이 없으면 표현하려는 내용을 완미하게 표현하기 어렵다. 문도합일(文道合一)이니, 형식과 내용, 예술성과 사상성 양자 중 하나가 없으면 안된다. 이는 매우 뛰어난 견해이다.

한유가 표방한 도(道)는 유도(儒道)로, 봉건 통치 이익을 지키는 도이니, 이로 인해 문이재도 역시 역사적 계급적 한계가 있다. 그러나 고문운동에서의 도(道)와 유학 진흥 운동에서의 도(道)도 또한 일정한 차이가

12) 《昌黎先生集·答尉遲生書》: "夫所謂文者, 必有諸(內容)其中, 是故君子愼其實(本質). 實之美惡, 其發(表現)也不掩: 本深而末茂, 形大而聲宏, 行峻而言厲, 心醇而氣和; 昭晰者無疑, 優游者有餘."

13) 《昌黎先生集·答尉遲生書》: "體不備, 不可以為成人; 辭不足, 不可以為成文."

있다. 고문운동에서 도(道)는 '언지유물(言之有物)'의 내용이 되어, 문학·문풍(文風)·문체·문자의 창신과 개혁을 추동하는 측면에서 상당히 중요한 작용을 하여, 변문 말류의 아무 것도 없이 공허한 말들과 그것이 조성한 미사여구를 사용한 사조의 형식주의 학풍을 강력하게 타격하였으니, 그 진보적 의미를 충분히 인정해야 한다.

어떻게 이문재도(以文載道)할까? 한유는 문학예술과 현실의 관계와 특징을 게시하여, '불평즉명(不平則鳴)' 설을 제시하여, 고문운동이 사회현실을 비판하는 이론적 근거로 삼았다. 한유는 말했다. "대개 만물은 평정(平靜)을 얻지 못하면 소리를 내게 된다. 초목은 소리가 없으나 바람이 흔들면 소리를 내게 되며, 물은 소리가 없으나 바람이 움직이면 소리를 내게 된다. 물이 튀어 오르는 것은 바위같은 곳에 부딪쳤기 때문이며, 물이 세차게 흐르는 것은 한 곳에서 물결을 막기 때문이며, 물이 펄펄 끓어 오르는 것은 불로 데우기 때문이다. 쇠나 돌은 소리가 없으나 치면 소리를 낸다. 사람이 말하는 데 있어서도 이와 같으니, 부득이한 일이 있은 뒤에야 말을 하게 된다. 노래를 하는 것은 생각이 있기 때문이며, 우는 것은 회포가 있기 때문이다. 무릇 입에서 나오는 모든 소리란 모두 평정을 얻지 못함이 있기 때문이로다!"[14] '부득기평(不得其平)'은 바로 충돌이다. '불평즉명(不平則鳴)'은 바로 충돌 운동은 자연계와 인류사회의 보편적 현상을 표현한 것이다. 한유는 문학예술은 인류사회 충돌 운동의 표현임을 의식한 것이다. 그는 말했다. "무릇 《시경》《서경》 등 육예(六藝)에 실린 것들은 모두 소리를 잘 낸 것들이다. 주(周)나라가 쇠퇴해

---

14) 《昌黎先生集·送孟東野序》: "大凡物不得其平則鳴: 草木之無聲, 風撓之鳴; 水之無聲, 風蕩之鳴, 其躍也或激之, 其趨也或梗之, 其沸也或炙之. 金石之無聲, 或擊之鳴. 人之於言也亦然. 有不得已者而後言, 其歌也有思, 其哭也有懷, 凡出乎口而為聲者, 其皆有弗平者乎?"

지자 공자(孔子)의 무리들이 소리를 냈는데 그 소리는 크고 멀리 들렸다. …… 주(周)나라 말엽에 이르러서는 장주(莊周)가 황당한 문사(文辭)로써 초(楚)나라에서 소리를 내었다. 초나라는 큰 나라였는데 망할 무렵이 되어 굴원(屈原)으로 울었다."[15] 공자의 무리, 장자, 굴원은 현실의 모순을 느끼고, 마음 속에 '부득이한 것'이 있어, 이에 일정한 수단의 도움을 빌어 갖가지 '불평(不平)'을 형상적으로 표현하였으니, 이것이 바로 문학예술이다. 초(楚)나라가 망하여 굴원이 울었으니, 한유는 문학과 현실의 관계를 이미 접촉하고, 문학은 현실을 반영하는 도구라는 것을 추측하였으니, 이는 깊고 정확한 문학사상으로, 이후의 문학예술 발전에 깊은 영향을 끼쳤다.

문(文)은 어떻게 하면 더욱 잘 재도(載道)할 수 있는가? 형식은 어떻게 하면 더욱 잘 내용의 수요에 따를 수 있는가? 한유는 문장에 구체적 표준을 제시했다. 중요한 것으로, 첫 번째는 "오직 진부(陳腐)한 말을 제거하기에만 힘썼다"[16]이다. '진언(陳言)'은 진사남조(陳詞濫調)로, 문장은 모든 진사남조(陳詞濫調)를 폐기해야 한다. 예를 들면 '도홍류록(桃紅柳綠)' '춘화추월(春花秋月)' 등 문구는 너무 많이 사용해서 사람들이 질리게 할 것이다. 그래서 한유는 또한 이전 사람들의 저작을 대하는데 "실질을 앞세우고 문장(꾸밈, 형식)을 뒤로 하며"[17], "그 뜻만을 본받고 그 문사는 본받지 않아야 한다"[18]고 했다. 역시 이전 사람 저작의 소재와 정신을 이해하는 데 집중한 이후 기교과 어구에 유의해야 한다는

15) 《昌黎先生集·送孟東野序》: "凡載於《詩》《書》六藝, 皆鳴之善者也. 周之衰, 孔子之徒鳴之, 其聲大而遠. ……其末也, 莊周以其荒唐之辭鳴. 楚, 大國也, 其亡也, 以屈原鳴."

16) 《昌黎先生集·答李翊書》: "惟陳言之務去."

17) 《昌黎先生集·答陳生書》: "先乎其質, 後乎其文."

18) 《昌黎先生集·答劉正夫書》: "師其意, 不師其詞."

것이다. 또한 "옛날에는 문사(文詞)가 반드시 자기에게서 나왔는데 후세로 오면서 그렇지 못하자 표절하였네"[19]라고 하여, '사필기출(詞必己出)'을 주장하고, 표절하고 베껴쓰는 것을 반대했다. 종합하면, 갖가지 새롭고 시대와 대중의 수요에 적합한 어휘를 창조하는 것에 노력할 것을 제창했다. 둘째, "문맥이 잘 통하고 용어사용이 적절하여 각각 합당하다"[20]이다. '문종자순(文從字順)'은 문자통순(文字通順)이다. '각식직(各識職)'은 문법 규칙에 맞는 것이다. 이는, 언어문자의 개혁과 창신에서 반드시 유창하고 잘 통하게 하고, 문법에 부합하는 것을 해내야 한다는 말이다. 한유가 이러한 요구사항을 제시한 것은 언어가 더욱 정확하게 문장의 내용을 표현하게 하기 위한 것으로, "문장과 언론이 실제 사실과 서로 부합"[21]하여, 형식은 내용과 통일되어야 하고, 형식은 내용의 수요에 따라야 한다는 것이다.

한유는 '기성언의(氣盛言宜)'의 명제를 제시하여, 개인의 수양과 정신상태가 좋은 문장을 쓰는 데 중요한 의미가 있음을 강조했다. '문이재도', '문소이명도(文所以明道)'하려면, 작자가 먼저 '도(道)에 관한 소양을 반드시 갖추고 있어야 한다. 한유는 말했다. "인의(仁義)의 길을 걷고 《시》·《서》의 근원에서 헤엄치면서 그 길을 헤매지 않고 그 원류[22]가 끊이지 않게 하며 죽을 따름이다."[23] 인의도덕의 실행에 노력하고, 유가경전의 도리를 파악하라는 것이다. 한유는 작가가 품덕수양을 갖추고 있고, 나아가 포만한 정신상태를 지니고 있으면, 또한 득심응수(得心應手)

19) 《昌黎先生集·南陽樊紹述墓志銘》: "惟古於詞必己出, 降而不能乃剽賊."
20) 《昌黎先生集·南陽樊紹述墓志銘》: "文從字順各識職."
21) 《昌黎先生集·至鄧州北寄上襄陽於相公書》: "文章言語, 與事相侔."
22) "源", 原作"府", 從朱熹說校改.
23) 《昌黎先生集·答李翊書》: "行之乎仁義之途, 游之乎《詩》《書》之源, 無迷其途, 無絕其源, 終吾身而已矣."

하게 언어를 운용할 수 있어, 작품에서 왕성하여 충만되는 기세가 표현되어 나와, 작품도 자연스럽게 뛰어난 문장이 된다고 여겼다. 한유는 작가가 창작할 때의 이런 정신 상태를 '기(氣)'라고 하였으니, 바로 '문기(文氣)'이기도 하다. 그는 또한 문기와 문장의 관계에 대하여 형상적 설명을 하여, 기(氣)를 물에 비유하고, 문장을 수면에 뜨는 것에 비유했다. "기(氣)는 물과 같고 언(言: 文章)은 물 위에 떠 있는 물체와 같으니, 물이 크면 크고 작은 물체가 모두 뜬다. 기(氣)와 언(言)의 관계도 이와 같아, 기(氣)가 성대하면 언(言)의 장단과 성운(聲韻)의 고하(高下)가 모두 알맞게 된다."[24] '기성(氣盛)'하다는 것은 정신이 충만한 것이다. 작가의 기세(氣勢)가 충만하고, 지취(志趣)가 가득하고, 정감이 차고 넘쳐, 문장을 쓸 때 행운유수하듯 할 수 있어서, 행하지 않을 수 없는 것을 행하고, 그치지 않을 수 없는 곳에서 그치니, 문자 음조의 길고 짧음과 높고 낮음이 모두 자연에 합치된다. 비록 한유가 제창한 것은 유가의 봉건도덕의 수양이지만, 작가의 품덕을 높일 것을 강조하고 작가의 품덕 소양과 정신상태가 작품에 작용하는 것을 중시한 것은 긍정적 의미가 있다.

상술한 한유의 문학 예술 이론으로 볼 때, 내용과 형식, 계승과 창신, 문예와 현실, 품덕수양과 창작실천 등 문예 창작에서 근본적 성격을 띠는 문제를 다루었다. 전체적으로 말하면, 이 문제들에 대한 한유의 견해는 문예창작과 문학발전의 객관적 규칙에 부합하며, 또한 유물주의 인식과 객관변증법에도 부합한다.

24) 《昌黎先生集·答李翊書》: "氣, 水也; 言, 浮物也. 水大而物之浮者, 小大畢浮. 氣之與言猶是也. 氣盛, 則言之長短, 與聲(音調)之高下者皆宜."

(2) 학업은 부지런히 힘쓰는 데서 정밀해지고 노는 데서 황폐해지며, 덕행은 생각하는 데서 이루어지고 내 멋대로 하는 데서 망가진다

한유는 일생 동안 교육 작업을 매우 중시하여, 교육 작업에 직접 투신했고, 풍부하고 유익한 교육 경험을 쌓았고, 학습 태도, 학습 방법, 사제 관계, 인재 발견 등의 측면에서 모두 참된 지식과 탁월한 견해를 제시했다.

한유는 공부를 하려면 반드시 부지런히 각고의 노력을 하는 정신이 있어야 한다고 제창했다. 그는 이전 사람들과 자기의 공부 경험 교훈을 총결하여, <진학해(進學解)>에서 "학업은 부지런히 힘쓰는 데서 정밀해지고 노는 데서 황폐해지며, 덕행은 생각하는 데서 이루어지고 내 멋대로 하는 데서 망가진다"[25]라는 정밀한 논단(論斷)을 제시했다. 그는 또한 자기가 어떻게 부지런히 힘써 공부하고 항상 이를 지키고자 말했다. "입은 육경의 글을 읊조리는 소리가 끊긴 적이 없고, 손은 백가의 책을 펼치는 일을 멈춘 적이 없으셨으며 …… 등불을 밝히고서 날이 샐 때까지 계속해 항상 부지런히 노력하며 한 해를 마쳤으니"[26], 한유가 고문의 대가가 될 수 있었던 것은 오랜 기간의 각고의 연구와 단련을 거친 결과로, 우연이 절대 아니다.

치학(治學) 방법에서 한유는 '박(博)'의 기초 위에서 '정(精)'할 것을 강조했다. 그는 한편으로 박학해야 한다고 했다. "많이 배우기를 탐하고 터득하기를 힘써서, (지식에 관계된 것이라면) 크고 작은 것을 막론하고 (하나도) 버리지 않으셨고 …… (아무리 하찮은 것이라도) 모두 거두어 간직하여 쓰일 때를 기다리고 버리지 않으며"[27] 한편으로는 또한 마음

25) 《昌黎先生集·進學解》: "業精於勤荒於嬉, 行成於思毁於隨."
26) 《昌黎先生集·進學解》: "口不絕吟於六藝之文, 手不停披於百家之編. ……焚膏油以繼晷, 恆矻矻以窮年."
27) 《昌黎先生集·進學解》: "貪多務得, 細大不捐. ……俱收並蓄, 待用無遺."

을 집중하여 정밀함을 추구해야 한다고 하여, 날로 집어삼키는 듯한 잡학(雜學)을 반대했다. "일을 기록한 글은 반드시 그 일의 요점을 제시하고, 논리를 세운 글은 반드시 그 심오한 이치를 탐구한다"28)라고 하였는데 '제요(提要)'는 요점을 파악해야 한다는 것이다. '구현(鉤玄)'은 정신 실질을 이해해야 한다는 것이다. 박학의 기초 위에서 융회관통해야, 학습의 수확이 커지고, 학문이 쓸모가 있게 되는 것이다.

한유는 불치하문(不恥下問)의 정신을 제창했다. 그는 <사설(師說)>에서 "옛날에 배우던 자들에게는 반드시 스승이 있었으니, 스승이란 도(道)를 전수하고 학업을 가르치며 의혹을 풀어주는 사람이다. 사람이 태어나면서 세상의 이치를 안 자가 아니라면 그 누가 의혹이 없겠는가? 의혹이 있는데도 스승을 찾아가 배우지 않는다면 그 의혹이 끝내 풀리지 않을 것이다"29)라고 말했다. 이것은 교육학 관점에서 전도(傳道)·수업(授業)·해혹(解惑)하는 선생님의 세 가지 직능과 작용을 총결한 것이다. 아울러 유물주의 인식론의 각도에서, '태어나면서 세상의 이치를 아는' 것을 부정하고, 후천적 학습의 중요성 즉 스승을 찾아서 의혹을 푸는 것을 추구하는 것을 부끄러워하지 않을 것을 강조했다. 그렇다면 선생님이 되는 표준은 또 무엇인가? 한유는 말했다. "귀하고 천한 것 가릴 것 없이 나이의 많고 적음을 가릴 것 없이 도가 있는 곳이 스승이 있는 곳이다."30) 사회적 지위와 경력이 깊고 얕음을 표준으로 할 수 없고, 귀천을 따지지 않고, 나이를 나누지 않고, 오직 도(道)가 있는 사람이 바로 선생님이다. 따라서 "성인에게는 항상된 스승이 없으며", "제자가 반드

28) 《昌黎先生集·進學解》: "記事者必提其要, 纂言者必鉤其玄."

29) <師說> : "古之學者必有師, 師者所以傳道授業解惑也. 人非生而知之者, 孰能無惑? 惑而不從師, 其為惑也終不解矣."

30) 《昌黎先生集·師說》: "無貴無賤, 無長無少, 道之所存, 師之所存也."

시 스승보다 못할 것이 없고 스승이 반드시 제자보다 현명할 필요가 없다. 도를 들음에 선후가 있고 학문을 함에 전공이 있을 뿐"[31]이다. 사제는 상대적으로 말한 것으로, 제자도 어떤 점은 선생님보다 뛰어나고, 선생님도 어떤 점은 제자만 못한 것이 정상적 현상이다. 먼저 도를 들었다면 선생님이 될 수 있고, 학문에 전문적으로 뛰어난 것이 있으면 선생님이 될 수 있다. 사제지간에도 마땅히 서로 배워야 교학상장한다. 이것은 탁월한 창조적 견해임을 인정해야 하니, 여기에는 사제의 교학상장의 변증법 관계가 반영되어 있고, 또한 지식이 축적되는 객관적 규칙이 반영되어 있어, 인재의 배양과 성장에 도움이 되고, 또한 문화 지식의 계승과 발전에 도움이 된다.

한유는 또한 인재를 발견하고 식별하는 것의 중요성을 강조했다. "세상에 백락(伯樂)이 있은 뒤에야 천리마가 있다. 천리마는 항상 있으나 백락은 항상 있지 않다. 그러므로 비록 명마가 있어도 노예들의 손에 모욕을 당하면서 여느 말들과 함께 마구간에서 죽어갈 뿐, 천리마로 칭찬을 받지 못한다."[32] 천리마는 백락의 감별과 발견에 의지해야 하니, 백락이 없으면 천리마는 일반 말과 마찬가지로 대접받고 매몰될 것이라는 말이다. 인재는 늘 있으나, 백락이 있어서 식별하고 도와줄 수 있느냐 없느냐가 열쇠인 것이다. 이는 확실히 인재학의 커다란 문제이다.

한유가 교육사에서 건립한 사상의 풍부한 비석은 우리가 성실히 학습 계승하고 발양광대할 가치가 있다.

---

31) 《昌黎先生集·師說》: "聖人無常師", "弟子不必不如師, 師不必賢於弟子, 聞道有先後, 術業有專攻".

32) 《昌黎先生集·雜說四首之四》: "世有伯樂, 然後有千里馬; 千里馬常有, 而伯樂不常有. 故雖有名馬, 衹辱於奴隸人之手, 駢死於槽櫪之間, 不以千里稱也."

22 유종원(柳宗元)과 유우석(劉禹錫)

유종원(柳宗元)[1]은 당 대종(代宗) 대력(大曆) 8년(773)에 태어나 당 헌종(憲宗) 원화(元和) 14년(819)에 세상을 떠났다. 자는 자후(子厚)이다. 하동(河東) 해현(解縣: 지금의 산서 운성현(運城縣) 해주진(解州鎮)) 사람으로, 흔히 유하동(柳河東)이라고 한다. 또한 유주자사(柳州刺史)를 역임하였기 때문에 유유주(柳柳州)라고도 한다. 유우석(劉禹錫)은 당 대종 대력 7년(772)에 태어나 당 무종(武宗) 회창(會昌) 2년(842)에 세상을 떠났다. 자는 몽득(夢得)이다. 낙양(洛陽: 지금의 하남에 속함) 사람으로, 스스로 자기는 중산(中山: 지금의 하북 정주(定州)에 속함) 출신이라고 했다. 태자빈객(太子賓客)을 역임하였기 때문에 흔히 유빈객(劉賓客)이라고 한다. 유종원·유우석은 모두 당나라 때 문학자·철학가이다. 그들은 또한 모두 '영정혁신(永貞革新)'의 중요인물이기도 하다. 당 순종(順宗) 영정(永貞) 원년(805), 왕숙문(王叔文)·왕비(王伾)를 수뇌로 하는 혁신파에 참가하여 1차 정치개혁을 발동하여, 겸병을 억제할 것을 주장하

1) 이 편에서 인용문은 유종원의 말은 《柳河東集》(上海人民出版社, 1974년)에서, 유우석의 말은 《劉夢得文集》(上海人民出版社, 1975년)에서 인용했다.

고 번진할거와 환관·관료귀족 집단의 전권통치를 반대하고, 왕조의 중앙집권을 유지하려고 하였으나, 얼마 가지 않아 실패하고 말았다. '영정혁신(永貞革新)' 실패 이후 유종원과 유우석은 오랜 기간 폄적 생활을 겪었다. 두 사람은 사상이 일치하고 교분이 두터워서 흔히 '유유(劉柳)'라고 일컬었다. 유종원과 유우석이 중국사상사에서 중대한 공헌을 한 것은 종교유심주의가 범람하던 상황에서 천인관계 문제를 다시 제시한 것이다. 천인감응에 대한 비판을 다시 한 차례 전개하여, 유물주의가 다시 철학의 '왕좌'에 오르게 했다는 것이다. 유종원의 '천인불상예(天人不相預)' 설과 '생인지설(生人之意)', 유우석의 '천인교상승(天人交相勝)' 설은 모두 이전 사람을 뛰어넘는 창의적 견해로, 깊은 지혜를 체현했다.

(1) 하늘과 사람은 서로 관계하지 않는다

유종원과 한유(韓愈)는 친한 친구로, 두 사람은 천인(天人) 관계 문제를 토론한 적이 있다. 한유는 일찍이 얘기하길, 인류가 생산활동에 종사하는 것, 예를 들면 토지를 개간하고, 산림을 파헤치고, 하천을 준설하고, 가옥을 건축하고, 광물을 채취하는 등은 모두 천지 원기 음양을 파괴하는 것이니, 따라서 인류의 생육을 증가시키는 것은 '천지의 원수'가 되는 것이고 인류의 번식을 감소시키는 것은 '천지에 공을 세우는' 것이라고 했다(유종원의 <천설(天說)> 참조). 한유는 하늘과 사람의 호오(好惡)가 다르다고 보아서, "하늘과 사람은 반드시 좋아하고 싫어함이 틀림없이 다를 것임을 의심할 바 없다"[2]라고 했다. 한유의 이 말들은 비록 뭔가 느낀 것이 있어서 꺼낸 것이지만, 어느 정도는 그의 사상이 반영된 것이기도 하다. 한유는 또 사람의 귀천·빈부·길흉·화복은 모두 천명에서

2) 《昌黎先生集·與崔群書》: "天之與人, 當必異其所好惡無疑."

결정된다고 선양하여, "귀(貴)와 천(賤), 화(禍)와 복(福)은 하늘에 달려 있다"3)고 했다. 따라서 사람은 마땅히 천명에 순종해야 한다. "이른바 '하늘에 달린 것을 순하게 받아들인다'는 것은 부귀나 빈천, 곤궁이나 영달이 닥쳤을 때에 내 마음을 화평하게 지니고서 순하게 받아들여 본성에 해를 끼치지 않는 것을 이르니"4) 천명의 안배에 절대 복종해야 하고, 인력으로 결코 바꿀 수 없다고 보았다. 유종원은 하늘이 상벌을 행할 수 있다는 이런 설을 반대하여, 그는 하늘의 자연적 성질과 하늘과 사람이 상관하지 않는 관계를 체계적으로 논술했다.

유종원은 하늘은 자연현상·자연물이라는 것을 인정했다. 그는 말했다. "저 위의 높은 곳에서 검푸른 빛을 띠고 있는 것을 세상에서는 하늘이라 부르고, 아래의 낮은 곳에서 누런 빛을 띠고 있는 것을 세상에서는 땅이라 부릅니다. 그리고 혼돈상태로 그 중간에 충만해 있는 것을 세상에서는 원기(元氣)라 부르고, 춥고 더운 것을 세상에서는 음양(陰陽)이라 부릅니다. 이들은 비록 크기는 대단하지만 열매·종기·초목 등과 다를 것이 없습니다."5) 이는 하늘과 땅은 모두 자연물로, 오이·과일·풀·나무와 같으며, 단지 체적이 다를 뿐이라는 말이다. 그래서 또 말하기를 "천지는 큰 과일이고, 원기(元氣)는 큰 종기이며, 음양(陰陽)은 큰 초목입니다. 이것들이 어떻게 공을 세운 자에게 상을 주고 피해를 끼친 자에게 벌을 내릴 수 있겠습니까? 공은 공 그 자체일 뿐이고, 화는 화 그 자체일 뿐이니, (하늘에다) 상과 벌을 내리기를 바란다면 큰 착오이며, 외치고 원망하여 불쌍히 여겨주고 자비를 베풀어주기를 바란다면

---

3) 《昌黎先生集·與衛中行書》: "貴與賤、禍與福, 存乎天."

4) 《昌黎先生集·答陳生書》: "所謂順乎在天者, 貴賤窮通之來, 平吾心而隨順之, 不以累於其初."

5) <天說>: "彼上而玄者, 世謂之天;下而黃者, 世謂之地. 渾然而中處者, 世謂之元氣. 寒而暑者, 世謂之陰陽. 是雖大, 無異果蓏、癰痔、草木也."

더 큰 착오입니다”[6]라고 했다. 이는 자연계는 사람에게 상공벌화(賞功罰禍)를 진행할 수 없고, “공을 세운 것을 스스로 세운 것이고, 화를 입은 것은 스스로 입은 것”이라는 말이다. 천지만물의 변화는 자연의 운동으로, 보응을 할 수 없다는 것이다. 사람들의 공(功)과 화(禍)는 모두 자기 행위의 결과이다. 하늘을 향하여 울부짖고 원망하며 하늘의 동정과 사랑을 요구하는 것은 더욱 큰 착오일 뿐이다.

하늘은 자연현상으로, 좀 더 나아가 말하자면, 무한한 우주공간이다. 유종원은 <천대(天對)>에서 “무극(無極)의 끝은 아득하여 끝이 없다”[7]고 했다. 하늘은 창창망망(蒼蒼茫茫)하여 애초에 끝이 없이 끝없이 광활하다. 또한 “하늘은 푸른색도 누런 색도 붉은 색도 검은 색도 없으며, 중앙과 변두리도 구분할 수 없으니 어디에 하늘의 끝이 있겠는가?”[8]라고 했다. 《회남자·천문훈(天文訓)》에서는 하늘을 중앙과 팔방 총 아홉 개 덩어리로 나누었고, 덩어리마다 청·황·적·흑의 색이 있다고 보았다. 유종원은 하늘을 아홉 개 덩어리로 나눌 수 없으며, 하늘은 애초에 중앙과 주변의 차별이 없다고 보았다. 여기서 하늘은 중심이 없다는 유종원의 관념은 우주공간 무한성에 관한 매우 정밀한 견해이다. 중심이 있다는 것은 사방의 양도상(量度相) 등이 있으며 또한 무한으로 연장될 수 없음을 의미한다. 서양에서는 15세기 학자 니콜라이와 16세기 말 학자 부르노가 우주는 중심이 없이 무한하다는 것을 인정하였지만 이는 유종원보다 7·8세기 늦었으니, 유종원 관점의 역사적 가치와 역사적 지위를 알 수 있다.

---

6) <天說> : “天地, 大果蓏也; 元氣, 大癰痔也; 陰陽, 大草木也. 其烏能賞功而罰禍乎？功者自功, 禍者自禍. 欲望其賞罰者大謬; 呼而怨, 欲望其哀且仁者, 愈大謬矣.”

7) <天對> : “無極之極, 漭瀰非垠.”

8) “無青無黃, 無赤無黑, 無中無旁, 烏際乎天則!”

유종원은 또한 하늘은 운동하고 있는 원기(元氣)로 구성된다고 깊이 있게 지적했다. 그는 <천대> 시작 부분에서 "천지가 형성되기도 전에 아득하다고 한 것은 허탄한 말을 지어낸 자들이 전한 것이다. 천지가 아직 혼돈의 상태에 있어 어둡고 분명하지 못하니 어찌 말을 할 수 있겠는가? 밤과 낮이 쉬지 않고 오가며 어둠을 변화시키니 이는 오직 원기가 있어서이지 누가 조작하였겠는가?"[9]라고 했다. '본시'는 천지 형성 이전이다. '탄(誕)'은 황탄(荒誕)이다. '홍령유분(鴻靈幽紛)'은 넓은 천지가 아득히 어두워 분명하지 않은 것이다. '잠흑(朁黑)'은 암흑으로, 야간을 가리킨다. '석초(晳眇)'는 일광원조(日光遠照)로, 낮을 가리킨다. '둔둔(屯屯)'은 멈추거나 쉬지 않는 모양이다. '방매(龐昧)'는 몽매이다. '혁화(革化)'는 개화이다. 이것은 유종원이 전국시대 굴원(屈原)이 <천문(天問)>에서 제시한 "태고의 시작에 누가 그것이 생겨남을 전하여 말했겠는가? 천지가 아직 생겨나지 않았는데 누가 이를 만들었겠는가?"[10]라는 우주 생성에 관한 질문에 대답한 것이다. 유종원은 천지가 형성되기 이전에 관한 근거없는 황당한 설은 황탄(荒誕)한 사람이 전한 것이라고 보았다. 원고(遠古)의 세계는 크게 공허하고 밝지 않고 어두웠으니, 무슨 말할 것이 있겠는가? 밤과 낮은 쉬지 않고 왕래한다. 만물이 몽매 상태에서 변화하여 나온 것은 모두 원기의 자연변화로, 어디에서 누가 조작을 하겠는가? 여기서 유종원은 조물주의 관념을 명확하게 부정하고, '창세설(創世說)'을 반대하고, 세계는 원기로 통일되고 천지만물은 원기의 자기 운동변화에서 나왔음을 인정했다. 원기의 운동은 또 어떻게 자연계의 변화를 추동하는가? 유종원은 <천문>에서 "음과 양이 하늘과 합하니 무

9) <天對> : "本始之茫, 誕者傳焉. 鴻靈幽紛, 曷可言焉？ 曽黑晳眇, 往來屯屯. 鹿昧革化, 惟元氣存, 而何為焉!"

10) <天問> : "遂古之初, 誰傳道之？上下未形, 何由考之"

엇이 바탕이고 무엇이 변화한 것인가?"[11]라는 이 질문에 대답할 때 다음과 같이 말했다. "서로 합하는 것이 셋(陰·陽·天)이니 일(一: 원기)로 통합하고 더운 바람을 불고 찬 바람을 불어 서로 교착하여 만물이 이루어진다."[12] '삼합(三合)'은 음·양·천 셋의 상합(相合)을 가리킨다.[13] '일(一)'은 원기를 가리킨다. 음·양·천 셋은 원기로 통일되고, 원기자연(元氣自然)이라는 뜻이다. 그것이 천천히 불어 움직이면 양기가 흐르고, 더운 날씨가 조성된다. 그것이 신속히 불어 움직이면 음기가 흐르고, 추운 날씨가 조성된다. 추위와 더위가 교차하는 것은 음양 두 기의 상호작용으로, 이에 따라 만물의 변화가 형성된다. 여기서 유종원은 음양 두 기를 내부에서 상반상성(相反相成)하는 두 측면으로 보아, 물질 자체의 모순이 운동의 원천이라는 사상을 내포하고 있어서, 왕충의 '기자변(氣自變)' 이론과 범진의 '독화(獨化)' 설보다 한 걸음 전진한 것이다. 이를 통해, 유종원의 원기설은 기일원론(氣一元論) 학설의 발전임을 알 수 있다.

유종원은 하늘의 자연성질에 대한 전면적 분석을 통하여, 나아가 하늘과 사람은 '각각 서로 간섭하지 않는다는' 관점을 제시했다. 그는 말했다. "자연이 생장하여 번식하거나 황폐화되어 손해를 끼치는 것은 모두 하늘에 달려 있다. 법이 잘 시행되거나 혼란스러운 것은 모두 인간에 달려 있다. (하늘과 사람의 일은 하나가 아닌) 둘일 뿐이다. 그 일은 각각 서로 관계하지 않고 행해지니 풍흉과 치란은 각각 이에서 비롯된다."[14] 자연의 생장번식과 한 해 수확의 풍년흉년, 사회의 법제시행과 치란 상태는 각각 다른 규칙이 있다. 유종원은 '천인불상예(天人不相預)'의 관점

---

11) <天問> : "陰陽三合, 何本何化?"

12) <天對> : "合焉者三, 一以統同. 吁炎吹冷, 交錯而功."

13) 三合: 《谷梁傳》莊公三年: "獨陰不生, 獨陽不生, 獨天不生, 三合然後生."

14) <答劉禹錫天論書> : "生植與災荒, 皆天也; 法制與悖亂, 皆人也. 二之而已. 其事各行不相預, 而凶豐理(治)亂出焉."

으로 자연과 사회의 관계를 설명하였으니, 천명론으로 역사를 해석하는 것을 반대하기 위해서였고, 자연현상의 변화로 사회의 치란을 설명하는 것을 반대하기 위해서였다. 유종원은 인력의 작용을 매우 중시하여, "화가 변하여 복이 되고 굽은 것이 변하여 곧은 것이 되니 어찌 천명에 관계하겠는가? 인력에 달려 있는 것이다"[15]라고 했다. 마찬가지로, 제왕의 통치와 사회의 치란 역시 인력의 작용에 달려 있다. 그는 "명을 받는 것은 하늘에 달려 있지 않고 인간에 달려 있다. (국가가) 경사가 있는 것도 상서로운 기운 때문이 아니라 왕의 어진 통치에서 비롯된 것이다"[16]라고 했다. 제왕은 하늘로부터 명(命)을 받는 것이 아니라 백성으로부터 명을 받는다. 국가 흥성의 원인은 상서(祥瑞)가 아니라 제왕의 도덕이다. 그러므로 "오직 사람의 어진 행실 때문이요 하늘로부터 받은 상서로운 기운 때문이 아니다. ……어진 덕을 잃고서 오랫 동안 왕위에 있었던 자는 없으며, 상서로움만 믿어 나라가 오래 간 적도 없었다"[17]고 했다. 유종원은 제왕 도덕의 중요한 작용을 극력 강조했다. 이것은 일종의 역사유심론이다. 그러나 제왕의 도덕적 면모는 국가의 흥망에 확실히 영향 작용이 있다. 이런 관점은 '군권신수(君權神授)' 설과 천인감응론을 반대하는 투쟁 속에서 또한 적극적 작용이 있다.

(2) 하늘과 사람은 서로를 이긴다

유우석은 유종원의 <천설>이 "하늘과 사람의 관계를 온전히 설명하지는 못했다"고 여겨, <천론>을 써서 "자신의 변론을 다하여", 천인 관

---

15) <愈膏肓疾賦> : "變禍為福, 易曲成直, 寧關天命, 在我人力."
16) <貞符> : "受命不於天, 於其人; 休符不於祥, 於其仁."
17) <貞符> : "惟人之仁, 匪祥於天. ……未有喪仁而久者也, 未有恃祥而壽者也."

계를 더욱 깊이 논술할 것을 힘써 의도했다. 그는 "세상에서 말하는 천도는 두 가지가 있다"[18]고 총결했다. 하나는 하늘이 은연 중에 사람의 행위를 보고 화복을 내린다는 음즐지설(陰騭之說)로, 하늘이 '소소(昭昭)'하다고 즉 의지가 있고 의식이 있으며, '하늘과 사람은 실제로 영향을 끼치며', 하늘은 상공벌화(賞功罰禍)할 수 있다고 선양하는 것이다. 하나는 자연지설(自然之說)로, 하늘은 '명명(冥冥)'하다고 즉 의지가 없고 의식이 없으며, '하늘과 사람은 사실 서로 다르며', 천도는 자연무위하다는 것이다. 유우석은 유심주의를 부정하고 유물주의를 긍정하는 기초 위에서 '천인교상승(天人交相勝)'의 관점을 제시했다. 그는 "하늘은 형상이 있는 것 중 가장 큰 것이며 사람은 동물 중 가장 뛰어난 것이다"[19]라고 했다. 하늘은 상제가 아니라 가장 큰 것이고, 사람은 가장 우등한 동물이라는 것이다. 하늘과 사람은 각각 할 수 있는 것이 있고 할 수 없는 것이 있다. "하늘이 잘 하는 것을 사람이 같게 하는 것이 불가능할 수 있으며 사람이 잘 하는 것은 하늘 또한 잘 하지 못하는 것이 있다. 그러므로 나는 말한다. '하늘과 사람은 서로 바탕으로 삼을 뿐이다.'"[20] 하늘과 사람은 각각 다른 특수 기능이 있다. 그러므로 호승(互勝)하니, 하늘이 사람을 이길 수도 있고, 사람 역시 하늘을 이길 수도 있다. 이는 하늘과 사람은 완전히 무관하다는 사상을 비판한 것이다.

하늘과 사람은 각각 무슨 다른 특수 기능이 있나? 유우석은 말했다. "하늘이 잘 하는 것은 만물을 낳는 것이다. 사람이 잘 하는 것은 만물을 다스리는 것이다."[21] 또 말했다. "하늘의 도는 만물을 낳고 자라게 하는

18) <天論> : "世之言天者二道焉."

19) <天論上> : "天, 有形之大者也; 人, 動物之尤者也."

20) <天論上> : "天之能, 人同不能也; 人之能, 天亦有所不能也. 故余曰: 天與人交相勝爾."

21) <天論上> : "天之所能者, 生萬物也. 人之所能者, 治萬物也."

것에 있으니 그 작용은 강약에 있다. 사람의 도는 법의 시행에 있으니 그 작용은 시비에 있다. 양의 기운으로 생장시키고 음의 기운으로 초목을 말라 죽게 한다. 수화(水火)의 기로 만물을 상하게 하고, 목(木)으로 견고하게 금(金)으로 날카롭게 한다. 장년에는 굳세고 건장하고 노년에는 사라지게 한다. 기(氣)가 왕성하여 군왕을 돕고, 힘이 왕성하여 성장을 돕는 것은 하늘이 잘 하는 것이다. 양의 기운이 올라올 때 나무를 심고 음의 기운이 강할 때는 초목을 거두어들이며 물을 적셔 해가 되는 것을 막고 물을 뿌려 불타지 않게 한다. 재목을 잘라 견고하게 하며 숫돌에 물을 부으며 칼끝을 날카롭게 간다. 대의로 사나운 이를 제압하고 예의로 장유의 질서를 나눈다. 현명한 이를 존중하고 공 있는 자를 숭상하며 국가의 표준을 세우고 사특한 행위를 하지 못하도록 하는 것은 사람이 잘 하는 것이다."[22] '양'은 춘하(春夏)를 가리킨다. '부생(阜生)'은 생장이다. '음'은 추동(秋冬)이다. '예수(藝樹)'는 종식(種植)이다. '경(擎)'은 수렴(收斂)이다. '유(濡)'는 강물을 가리킨다. '쇄(灑)'는 물을 뿌리는 것이다. '규견(竅堅)'은 견실한 것을 파고 뚫는 것이다. '형망(硎鋩)'은 숫돌에 칼끝을 날카롭게 가는 것이다. '강알(強訐)'은 강한(強悍)이다. '우현(右賢)'은 현능(賢能)을 존중하는 것이다. '건극(建極)'은 일정한 표준을 세우는 것이다. '한사(閑邪)'는 사악을 막는 것이다. 이는 하늘의 직능은 만물을 생장·번육시키는 것에 있고, 사람의 직능은 만물을 다스리는 것에 있다는 말이다. 하늘의 도는 봄·여름에 생장하고 가을·겨울에 사라지는 것으로 표현된다. 사람의 도는 봄·여름에 심고 파종하고,

---

22) <天論上> : "天之道在生植, 其用在強弱. 人之道在法制, 其用在是非. 陽而阜生, 陰而肅殺; 水火傷物, 木堅金利; 壯而武健, 老而耗眊, 氣雄相君, 力雄相長, 天之能也. 陽而藝樹, 陰而揫斂; 防害用濡, 禁焚用灑; 斬材竅堅, 液礦硎鋩; 義制強訐, 禮分長幼, 右賢尚功, 建極閑邪, 人之能也."

가을·겨울에 수확 보관하는 것이다. 음·양이 대립하는 힘이 서로 투쟁하고, 서로 줄어들고 늘어나고, 강하면 이기고 약하면 패하는 것은 자연의 작용이다. 그리고 사회를 구성하고, 제도를 건립하고, 시비와 선악의 표준을 확정하고, 공이 있으면 상을 주고 죄가 있으면 벌을 주는 것을 실행하는 것은 사람의 작용이다. 하늘의 기능·작용과 사람의 기능·작용이 다르기 때문에 '천리(天理)'와 '인리(人理)' 역시 구별이 있다. '천리'는 자연규칙으로, 힘이 있는 것이 먼저 차지하는 것이고, '인리'는 인생준칙으로, 덕(德)이 있는 사람이 먼저 자리한다. 이는 유우석이 이미 사람은 사회적 특성이 있어서 자연계와 구별된다는 것을 초보적으로 깨닫고, 인류 사회생활이 자연계와 구별된다는 것을 초보적으로 깨달았다는 것을 말해주는 것으로, 이는 중요한 이론적 의미가 있다.

유우석은 때로는 천리가 이기고 때로는 인리가 이긴다고 보았다. 사회가 안정된 시기에는 공인된 시비 표준이 있고, 상벌이 분명하고, 인생의 준칙이 효력을 발생하니, 이것이 바로 '인리승(人理勝)' 즉 '인리'가 '천리'를 이기는 것으로, 강하고 힘 있는 자가 먼저 차지하는 자연규칙 역시 인류 사회에서 작용을 발생하지 못한다. 그러나 사회가 혼란한 시기에는 시비가 나누어지지 않고, 상벌이 분명하지 않고, 사회 도덕 법제가 모두 효력을 잃어서, 이때 인류사회는 자기의 특징을 잃고, 강하고 힘 있는 자가 먼저 차지하는 자연규칙이 인류 사회생활을 지배하니, 이것은 '하늘의 이치가 이긴다'이다. 유우석은 강조하길, '하늘은 사람을 이기려 하지 않으니', 하늘의 이치가 이긴다는 것은 '사람이 맡아 다스리려고 하지 않으면 하늘로 귀결되는 것이다'라는 것이다. 그리고 '사람이 진실로 하늘을 이기고자 힘쓰면' '하늘은 사사로이 좋아하는 바가 없으므로 사람이 이길 수 있으리라는' 것이다. 하늘은 의식적으로 사람을 이기려고 하는 것이 아니라, '인리'가 작용을 일으키지 않을 때 자연 역량이 자발적으로 작용을 일으킨다는 것이다. 하늘은 객관적이요, 자연적이다. 사람은 유의식적으로, '승천(勝天)'은 사람의 자각적 주관 능동 작용과 사회 특성이다. 유우석은 자연규칙과 사회준칙의 구별을 초보적으로 논술하여, 천신목적론(天神目的論)을 반대하기도 하고 또한 사람의 주관능동성을 강조하였으니, 이는 전면적이고 깊은 관점이다.

비록 하늘과 사람은 '교상승(交相勝)'하지만, 하늘은 인류사회의 혼란에 전혀 관여하지 않고, 사람 또한 자연현상의 변화에 관여하지 않아서, "하늘은 항상 자기가 잘 하는 것으로 인간 세상에 임하니 치란에 대해 관여하지 않는다. 사람은 항상 자기가 잘하는 것을 지키니 날이 춥고 더운 것에 관여하지 않는다"[23]고 하겠다. 이는 하늘이 사람의 일에 관여하지 않는다는 것을 다시 한 번 강조한 것으로, 하늘이 사람의 일에 관여한다는 신학적 설교를 부정한 것이다. 동시에 또한 사람의 주관능동 작용의 의미와 범위를 강조한 것으로, 인승천(人勝天)은 자연계의 객관적 규칙을 바꾸는 것이 결코 아니다. 이 관점 또한 전면적이고 깊다고 해야 할 것이다.

유종원·유우석이 천인지변(天人之辯)에 대해 논술한 것은 더 높은 단계에서 순자(荀子)의 '하늘과 사람의 구분에 밝은' 관점으로 복귀한 것으로, 중국고대 천인관계학설 역사에서 매우 중요한 위치를 차지하고 있다.

(3) 이치를 모르면 말이 막힌다

유종원·유우석은 천인관계의 기본 관점에서 출발하여, 또한 주관적 역량의 크기와 객관적 규칙을 파악했는지 여부의 각도에서, 종교미신이 탄생하는 근원을 아주 깊이있게 고찰했다. "힘이 충분하면 사람을 믿고

23) <天論上> : "天恆執其所能以臨乎下, 非有預乎治亂云爾; 人恆執其所能以仰乎天, 非有預乎寒暑云爾."

힘이 부족하면 귀신을 믿는다. 충분하다고 말하는 것은 도를 충분히 깨닫고 있음을 말하는 것이다."[24] 사람의 힘이 운명을 장악할 수 있으면 종교 미신이 있을 수 없고, 사람의 힘이 부족하면 귀신 미신을 믿게 된다. 유우석은 더욱 상세하게 '인도매(人道昧)'와 '물리매(物理昧)' 두 측면에서 종교 미신의 기원 문제를 분석했다.

유우석은 종교 미신의 사회 원인을 분석하여, "태평한 세상에 태어난 사람은 인도(人道)에 대해 밝아 자신이 할 바를 모두 잘 안다. 그러므로 덕(德)과 원망을 하늘 탓으로 돌리지 않는다. 난세에 태어난 사람은 인도(人道)에 어두워 (자신이 할 바를) 알지 못하므로 사람에게서 할 수 있는 것도 모두 하늘로 돌리는 것이다"[25]라고 했다. 그는 "사람의 도는 법으로 제정되어 있으니", "사람이 하늘을 이길 수 있는 것도 법이 있기 때문이다"라고 보았다. 그리고 법의 실행에는 세 가지 상황이 있다. 첫째는 '법대행(法大行)'으로, 법제가 엄명하고, 시비가 뚜렷하고, 상벌이 분명하여, 이때는 '인도명(人道明)'하니, 사람들은 상벌화복을 모두 하늘에 돌리지 않는다. 둘째는 '법대이(法大弛)'로, 사회가 혼란하여, 이때는 '인도매(人道昧)'하니, 사람들은 화복을 하늘에 돌린다. 셋째는 '법소이(法小弛)'로, 시비가 혼란하고, 상벌이 공평하지 않아, 천인관계 문제에 대한 사람들의 시각 역시 혼란하다. 여기서 유우석은 종교미신과 정치제도파괴·사회질서혼란을 연결시켜, 그 가운데 종교미신의 근원을 드러냈으니, 이는 깊은 새로운 견해이다.

더욱 귀한 것은 유우석이 또한 종교미신의 인식 근원을 고찰했다는

24) 《非國語·神降於莘》: "力足者取乎人, 力不足者取乎神. 所謂足, 足乎道之謂也."

25) <天論上> : "生乎治者人道明, 咸知其所自, 故德與怨不歸乎天. 生乎亂者人道昧, 不可知, 故由人者擧歸乎天."

것이다. 그는 '배를 조종하는 것'을 예로 말하였으니, 작은 강에서 배를 저으면, 빨리 가고 천천히 가고 멈추고 항행하는 것이 모두 사람으로부터 지배를 받으며, 물이 얕아 배가 걸리거나 배가 뒤집어진다고 해도 사람들 또한 모두 그 원인을 안다. 이런 조건에서 "배 안에 탄 사람이 하늘을 언급하지 않는 것은 무엇 때문이겠는가? 이치에 밝기 때문이다."[26] 큰 강에서 배가 가는 것은 이와 다르다. 빨리 가고 천천히 가고 항행하고 멈추는 것을 장악하기 아주 어려워서, 이런 조건에서 평안히 도착하든 불행히 침몰하든, 혹은 요행히 위험을 벗어나든 "배 안에 탄 사람이 인도에 대해 언급하지 않는 것은 무엇 때문이겠는가? 이치에 어둡기 때문이다."[27] 사람들이 '천명'을 믿는 이유는 객관 규칙에 대해서 무지하여 자기 운명을 장악할 수 없기 때문이다. 유우석의 이런 분석은 이전 사람들을 초월하여 매우 깊은 것이다.

그러나 유종원·유우석의 유물주의 무신론 사상은 철저하지 않았다. 그들은 모두 불교에 대하여 용인하고 타협하는 태도를 취했다. 여기에는 주로 두 가지 원인이 있다. 첫째, 불교 교의 중에는 유가 공자와 길을 같이 하는 것이 있다고 여겼다. 유종원은 "불가의 학설 중에는 분명히 배척할 수 없는 것이 있으니, 가끔 《역경》·《논어》와 부합되기도 한다. …… 공자와 그 도(道)가 다르지 않다"[28]고 했다. 둘째, 불교 승려가 관직에 나가지 않고 명리를 추구하지 않는 출가주의 인생태도를 좋아했다. 유종원·유우석은 지주계급의 혁신파로서, 정치에서 실의한 이후 승려들과 친구가 되어 정신적 기탁을 찾았다. 유종원은 말했다. "대체로 불교를

---

26) <天論中> : "舟中之人未嘗有言天者, 何哉 ? 理明故也."

27) <天論中> : "舟中之人未嘗有言人者, 何哉 ? 理昧故也."

28) <送僧浩初序> : "浮圖誠有不可斥者, 往往與《易》《論語》合. ……不與孔子異道."

신봉하는 사람은 벼슬을 좋아하지 않고 능력을 다투지 않으며 산수(山水)를 좋아하면서 한가하고 편안한 것을 즐기는 사람이 많다. 나는 세상의 많은 사람들이 오직 벼슬을 추구하는 것을 지상의 과제로 삼고 서로 배척하는 작태를 유감으로 여기고 있으니, 이 불가의 가르침을 버리고 그 무엇을 따르겠는가? 내가 승려들과 교유하기를 좋아하는 것은 이 때문이다."[29] 유우석 역시 "내가 임금의 명을 받은지 20년에 온갖 생각을 다 해도 하나도 깨닫는 바가 없었다. 그런 후에 세상에서 말하는 길이란 험준하고 위태롭지 않은 길이 없어 오직 세간을 벗어나는 방법을 찾는 것이 진심임을 알았다"[30]고 했다. 이것은 이해할 수는 있지만 결국 역시 연약함의 표현이기도 했다.

(4) 백성을 살리려는 의지와 객관적 필연적 추세

유종원은 '천인불상예'의 사상 기초 위에서 나아가 진화적 역사관을 제시했다. 그는 역사의 발전은 천명·신의(神意)가 그렇게 되게 하는 것도 아니고, 제왕·성인의 개인적 의지가 지배하는 것도 아니며, '백성을 살리려는 뜻의 명을 받드는'[31] 것이라고 보았다. 당나라 때에는 태종 이세민(李世民)의 이름 글자를 피휘하여 '민(民)'을 '인(人)'이라고 했다. '생인지의(生人之意)'란 바로 생민지의(生民之意)로, 백성의 생존의 의지와 요구이다. 그는 "성인은 천하를 염두에 두고 있으므로 단순하게 그저 하(夏) 나라 혹은 상(商) 나라를 위하는 데에는 관심이 없고 천하

---

29) <送僧浩初序> : "凡為其道者, 不愛官, 不爭能, 樂山水而嗜閒安者為多. 吾病世之逐逐然唯印組為務以相軋也, 則舍是其焉從, 吾之好與浮圖游以此."

30) <送僧元嵩南游序> : "予策名二十年, 百慮而無一得, 然後知世所謂道, 無非畏途, 唯出世間法可盡心爾."

31) 《柳河東集·貞符·序》: "受命於生人之意."

백성에게 마음이 있을 뿐이다"[32]라고 했고, 또한 "성인의 도는 이적(異蹟)을 행하여 자신을 신성시하는 것이 아니고 하늘을 끌어다 고매하게 하는 것도 아니다. 인간을 이롭게 하고 매사를 잘 준비하는 것 이렇게 할 뿐이다"[33]라고 했다. 성인은 '심호생민(心乎生民)' '리어민(利於人)'이라고 하였으니, 즉 백성의 생존의 요구에 관심을 가지고 중시해야 한다는 것이다. 바로 사람들의 생존 의향과 요구로 말미암아 사람들이 물질 생활 자료를 쟁취하기 위해 투쟁하도록 추동하며, 이런 투쟁이 인류사회가 앞으로 발전하는 객관적 필연적 추세를 형성한다고 유종원은 보았고, 유종원은 이것을 '세(勢)'라고 했다. 유종원은 말하기를, 초기에 인류는 초목이나 동물들과 함께 생장하여, 신체 조건의 제한으로 말미암아 스스로를 지키고 보호할 수 없어 사물을 힘을 빌어 사용해야 했으며, 이로 인해 다툼이 발생했고, 다툼이 그치지 않아서, 옳고 그름을 판단할 수 있는 사람이 나서서 관리할 필요가 생겼으며, 이렇게 해서 '군장형정(君長刑政)'이 탄생되었다고 했다. 한층 한층의 쟁탈로 인하여, 한층 한층 더 높은 통치자가 나타나서, 가장 낮은 층의 지방관리로부터 최고 통치자 천자에 이르는 봉건제(다섯 가지 사회형태의 봉건제도 사회가 아니라, 천자가 동성(同姓)과 공신(功臣)을 제후로 분봉하는 제도를 가리킴)를 형성하기에 이르렀다. 이런 봉건제의 탄생은 "성인의 뜻이 아니라, 세(勢)였다"[34]. 봉건제는 성인의 의지로 만들어진 것이 아니라 사회발전의 필연이라는 것이다. 나중에 관료제도를 실행하여, 즉 인재를 선발하여 상을 주고 벌을 주는 군현제(郡縣制)가 봉건제를 대신하였으니,

---

32) <伊尹五就桀贊> : "聖人出於天下, 不夏商其心, 心乎生民而已."

33) <時令論上> : "聖人之道, 不窮異以為神, 不引天以為高, 利於人, 備於事, 如斯而已矣."

34) <封建論> : "非聖人之意, 勢也."

이 역시 '세(勢)'의 필연에 부합하는 것이지 무슨 '성인의 뜻'이 아니다. 이것은 유물주의 사상 요소를 함유한 역사관이다. '세(勢)'의 관점으로 국가의 기원과 사회정치제도의 변화를 해석하였기 때문에, 과거 유심주의자의 천명사관을 부정하고, 또한 과거 유물주의자가 인구·천시(天時) 등 조건을 가지고 사회 치란 원인을 설명한 이론을 뛰어넘었다. 다음으로 또한 주의를 기울일 가치가 있는 것은, 유종원은 역사발전의 객관적 추세와 역사 활동에 참가한 개별 인물의 주관적 동기 사이의 충돌을 관찰했다는 것이다. 그는 말했다. "대체로 은·주 때 그 제도를 바꾸지 않았던 것은 부득이해서였다. …… 부득이하여 옛 제도를 답습한 것은 공평무사한 동기에서 나온 것이 아니고 사심에서 나온 것이다. 제후들의 역량을 빌려 자기를 위해 힘쓰도록 하고 자기의 후대 자손들의 세습 지위를 유지하였던 것이다. 진(秦) 나라가 봉건제를 폐지하고 군현제를 시행한 것은 그 제도 자체는 공평무사한 것이었지만 다만 동기로 보면 사심에서 나온 것이었다. 그 사심이란 제왕 한 사람의 권위를 공고히 하기 위함이었고, 또 천하 사람들이 자기에게 복종하도록 하자는 것이었다. 그렇더라도 공평무사한 제도를 시행한 발단은 진 나라에서 시작되었다."[35] 이는 은(殷)·주(周)의 제왕이 분봉(分封)을 한 것은 공심(公心)에서 나온 것이 결코 아니었고, 제후가 자기를 위해 힘을 내게 하기 위해, 자기 후대 자손을 보위하는 데 전력하게 하기 위해서였다. 진시황(秦始皇)이 분봉을 군현으로 바꾼 것은, 그 사심이 개인의 권위를 세우고 신하와 백성이 복종하게 하기 위한 것으로, 주관적 동기는 자기 한 사람의 개인적 이익을 위한 것이었지만, 객관적으로는 역사 발전의 추세가 반영

35) <封建論> : "夫殷､周之不革者, 是不得已也. ……夫不得已, 非公之大者也, 私其力於己也, 私其衛於子孫也. 秦之所以革之者, 其為制, 公之大者也; 其情私也, 私其一己之威也, 私其盡臣畜於我也. 然而公天下之端自秦始."

된 것으로, 그래서 '공지대자(公之大者)'인 것이다. 여기서 말한 '공천하(公天下)'는 군현제를 가리켜 말한 것으로, 바로 지주계급의 '공(公)'으로, 지주계급 국가의 장치구안(長治久安)에 유리하게 하기 위한 것이다. 유종원은 사람들의 주관적 동기 뒤에 객관적 필연적 추세가 은폐되어 있음을 지적했고, 따라서 우연성과 필연성의 충돌 문제를 건드려, 표면적 우연성은 결국 내부에 은폐되어 있는 규칙의 지배를 받는다는 사실을 드러냈다. 이것은 중요한 이론적 의미가 있다.

종합하면, 유종원·유우석의 천인관계 학설은 하늘은 인류사회의 치란에 관여할 수 있고 개인에게 화복을 줄 수 있다는 종교사상을 중점 비판했고, 따라서 또한 '인과응보'의 미신 관념을 비판했다. 이것은 중국 고대 천도관(天道觀) 이론에 중요한 공헌을 한 것으로, 중국 고대 유물주의 사상 발전사에서 중요한 이정표이다.

23 주돈이(周敦頤)

주돈이(周敦頤)의 자는 무숙(茂叔)으로, 북송(北宋) 진종(真宗) 천희(天禧) 원년(1017)에 태어나, 북송 신종(神宗) 희녕(熙寧) 6년(1073)에 세상을 떠났다. 그의 고향은 호남(湖南) 도주(道州) 영도(營道)로, 지금의 호남 도현(道縣)이다. 그는 일찍이 홍주(洪州) 분녕현(分寧縣) 주부(主簿) 및 현령에 몇 번 임용된 적이 있고, 얼마 후 남안군(南安軍) 사리참군(司理參軍)에, 만년에는 광동(廣東) 전운판관(轉運判官), 광동제형(廣東提刑), 지남강군(知南康軍)에 임용되었다. 그는 북송의 중요한 철학자이다.

주돈이는 오랜 기간 주현(州縣)의 작은 관리를 지냈다. 그러나 그 관직을 낮게 여기지 않고, 초연자득(超然自得)하게 처세했다. 그는 명리(名利)를 티끌로 보았고, 산림을 좋아했다. 그는 "(아름다운) 산과 바위가 있다고 하여 찾아가 방외의 세상에 올라 솔숲으로 들어가네. 비록 신선이 사는 곳은 아니라도 인간 세상의 명리심과는 다르네[聞有山岩即去尋, 亦躋方外入松陰. 雖然未是洞中境, 且異人間名利心]"라는 시를 썼다. 전설에 따르면 그가 묵는 곳 창 앞에 잡초가 무성하게 자랐는데 그는 잡초를 베지 않았다. 어떤 사람이 이유를 묻자 그는 "내 생각과 다를 바 없기 때문"이라고 대답하여, 쉬지 않고 생겨나는 대자연과 융합하여 일체가 되려는 인생 회포를 표현했다. 그는 <애련설(愛蓮說)>을 지어 "내 유독 연꽃이 진흙 속에서 자라지만 더러움에 물들지 않음을 사랑하여"[1]라고 하였으니, 격조가 청신한 아름다운 이 산문은 널리 사람들의 입에 오르내려, 빼어난 작품이라고 일컬을 만하다. 그가 칭송한 연꽃의 중정청직(中正淸直)한 품격은 바로 그의 인격적 이상을 기탁한 것이다. 주돈이의 고향 영도현(營道縣)에 염계(濂溪)라는 시내가 있는데, 그가 만년에 여산(廬山)에 거처를 정할 때 산골짜기에 백련화봉(白蓮花峰)에서 발원한 작은 시내가 있어서, 주돈이는 이곳을 염계(濂溪)라 불렀다. 그는 시냇가에 서당을 지어, 염계서당(濂溪書堂)이라고 했고, 이로 인해 학자들이 염계선생(濂溪先生)이라고 불렀다. 그의 주요 저작은 《태극도설(太極圖說)》과 《통서(通書)》[2]이다. 그는 《송사(宋史)·도학전(道學傳)》에서 도학의 첫머리에 나열되었다.

(1) 공자와 안회의 즐거움

주돈이가 남안(南安)에 있을 때는 아직 사람들에게 알려지지 않은 보통 관리 중 하나였다. 오직 정호(程顥)·정이(程頤)의 부친만이 혜안을 가지고 있어서, 주돈이의 재능과 학문을 추숭하여, 당시 겨우 15세 전후였던 이정(二程)더러 주돈이에게 배우라고 했다. 이는 주돈이가 나중에 이학의 개산조사(開山祖師)로 존중받는 중요한 원인 중 하나이다.

《논어》의 내용에 따르면, 안회(顔回)는 생활이 견딜 수 없이 빈곤했으나 마음은 매우 즐거워하여, 공자가 이것을 매우 칭찬했다. 정호는 나중에 일찍이 주돈이가 그를 가르칠 때 말한 것을 회상하며 "예전에 주무숙

1) 《愛蓮說》: "予獨愛蓮之出淤泥而不染."
2) 모두 《周子全書》에 수록.

(周茂叔)께서 가르치실 때, 매번 안자(顏子)와 중니(仲尼)가 즐거워한 것을 찾게 하셨으니, 무엇이 즐거웠는지 찾아보도록 하셨다"[3]고 했다. 정이(程頤)의 첫 번째 중요한 논문이 《안자소호하학론(顏子所好何學論)》이었으니, 역시 이 문제를 얘기한 것이다. 이후 '심공안락처(尋孔顏樂處)'는 송명이학(宋明理學)의 중대한 과제가 되었다. 이는 주돈이가 제시한 안회가 왜 빈천한 가운데에도 즐거움을 유지했는지 찾아보고 이해하는 문제가 이정(二程)과 전체 송명이학에 확실히 중대한 영향을 끼쳤음을 말해준다. 주돈이는 말했다. "안회가 '한 대그릇의 밥과 한 표주박의 물을 마시며 누추한 시골에 사는 것을 사람들은 그 괴로움을 견디지 못하지만 안회는 그 즐거움을 고치지 않았다.' 부귀는 사람들이 좋아하는 것이다. 안회는 이를 좋아하지도 않고 추구하지도 않았으며 가난을 즐겼던 자이니 이는 어떤 마음인가? 천지 간에는 지극히 부유하고 귀하며 좋아하고 추구할 만한 것이 있으나 그들과 다른 처신을 한 것은 큰 것을 보고 작은 것을 잊었기 때문이다. 큰 것을 보았기에 마음이 태평하며 마음이 태평하므로 부족함이 없는 것이고 부족함이 없으므로 부귀와 빈천을 하나로 여기는 것이다."[4] 맹자는 일찍이 생(生)과 의(義)의 선택 문제를 제시한 적이 있어, "생(生)도 내가 원하는 것이요, 의(義)도 내가 원하는 것이되, 둘을 모두 얻을 수 없다면, 생(生)을 포기하고 의(義)를 선택한다"[5]라고 했다. 이는 사람에게는 생존의 욕망도 있고 도덕의 이

3) 《二程遺書》 卷二上 : "昔受學於周茂叔, 每令尋顏子仲尼樂處, 所樂何事."

4) 《通書·顏子第二十三》: "顏子'一簞食, 一瓢飲, 在陋巷, 人不堪其憂, 而不改其樂'. 夫富貴, 人所愛也. 顏子不愛不求, 而樂乎貧者, 獨何心哉? 天地間有至貴至富可愛可求, 而異乎彼者, 見其大而忘其小焉爾. 見其大, 則心泰. 心泰, 則無不足. 無不足, 則富貴貧賤處之一也."

5) 《孟子·告子上》: "生亦我所欲也, 義亦我所欲也, 二者不可得兼, 捨生而取義者也."

상도 있는데 양자를 동시에 만족시킬 수 없을 때 사람은 도덕 이상을 우선순위에 놓아야 한다는 말이니, "생존보다 더 간절히 원하는 것이 있기"[6] 때문이다. 맹자는 개체의 생존 욕망과 도덕의 절대 명령이란 양자의 충돌이 발생했을 때의 선택을 가지고 인생에서 개체의 생명보다 더욱 중요한 가치의 존재를 설명하여, 사람은 마땅히 도덕 의미를 위하여 감성 욕망을 초월하는 사상적 경지가 있어야 한다고 요구했다. 주돈이가 보기에, 부귀는 보통 사람이 공통으로 추구하는 대상으로, 그러나 세계에는 부귀보다 더욱 소중하고 사랑스러운 것이 있다. 이와 같이 지극히 고귀하고 지극히 부귀하여 사랑할 만하고 추구할 만한 것이 '대(大)'이니, 이것에 비하면 부귀영달은 '소(小)'에 불과하다. 사람이 이런 '대'를 얻으면, '소'을 잊을 수 있을 뿐 아니라 내심에서 일종의 높은 수준의 충실·평정·쾌락을 실현할 수 있다. 주돈이의 이 사상은 맹자 사상이 한 걸음 더 발전한 것이다.

주돈이의 이 설에 따르면, 안회는 빈천 자체에 무슨 '낙(樂)'할 만한 것이 없어서가 결코 아니었다. 안회는 힘들고 고통스러운 환경에서 왜 즐거움이 있을 수 있었나? 주돈이의 설에 따르면, 안회가 지귀지애(至貴至愛)를 얻었다는 것은 그가 인생의 일종의 정신적 경지에 도달했음을 가리키는 것으로, 이런 경지에 도달하면 사람은 부귀영화를 초월할 수 있고, 이는 또한 그가 '즐거워한 곳'이니, 그의 즐거움은 그의 정신적 경지가 그에게 가져다준 정신의 즐거움이다. 이런 즐거움은 어떤 감성 대상이 일으킨 감성 즐거움이 아니라 고급적·이성적·정신적 향수요, 모든 인생의 이해(利害)를 초월하여 도달한 내심의 행복과 즐거움으로, 인생에서 찾아야 하는 가장 높은 경지가 바로 이런 정신적 경지이다. 이 경지에 주돈이 자신은 도달하였는가? 북송의 저명한 문학가이자 시인인 황

6) 《孟子·告子上》: "所欲有甚於生者."

정견(黃庭堅)은 주돈이를 칭찬하면서 “용릉(舂陵)의 주무숙(周茂叔)은 사람됨이 고결(高潔)하고 가슴속이 맑고 깨끗하기가 눈비 갠 뒤의 맑은 바람이나 밝은 달과 같다네”[7]라고 했다. 주돈이의 정신적 경지는 세속을 초탈하고, 외물에 얽매이지 않고, 청풍명월처럼 멀고 높은 운치가 있으며, 담박하고 깨끗했다는 것이다. 이렇게 보자면, 그가 제창한 경지에 그 자신은 도달한 것이다.

《통서》에 또 다른 기록이 있다. “군자는 마음에서 도(道)를 확충하는 공부를 가장 귀하게 여기고, 몸과 가족이 건강하고 평안한 것을 부유하게 여긴다. 항상 태연하고 부족하지 않게 산다. 그래서 높은 관직도 헌신짝처럼 여기고 금과 옥도 티끌처럼 여기니 (군자가) 귀중하게 여기는 것은 이보다 더한 것이 없다.”[8] 이 부분은 <안자(顏子)> 장과 서로 내용이 통하니, 역시 사람이 진정으로 도(道)를 체험할 수 있으면, 공명이록을 통속적으로 비교하고 따지는 것을 자연스럽게 초월하고 아울러 높은 수준의 정신적 즐거움을 지속적으로 얻을 수 있다는 것이다. 주돈이의 ‘심공안락처(尋孔顏樂處)’ 사상은 고대 유가가 박시제중(博施濟衆)과 극기복례(克己復禮)를 내용으로 하는 인학(仁學)에 인격미와 정신적 경지의 내용을 첨가하게 했고, 아울러 전체 송명이학의 인생 추구에 깊은 영향을 끼쳤다.

(2) ‘동(動)’과 ‘정(靜)’은 서로에게 뿌리를 두면서 변화가 끝없다

주돈이의 《태극도설(太極圖說)》은 그림이 있고 해설이 있다. 명칭 이

7) 《濂溪詞並序》: “舂陵周茂叔, 人品甚高, 胸中灑落, 如光風霽月.”
8) 《通書·富貴第三十三》: “君子以道充為貴, 身安為富, 故常泰無不足, 而銖視軒冕, 塵視金玉, 其重無加焉爾.”

래로 《태극도(太極圖)》와 도교 《무극도(無極圖)》·《태극선천도(太極先天圖)》 관계를 고증한 사람이 적지 않다. 실제로 남송 초에는 누군가가 《태극도》는 원래 북송 초의 도사 진박(陳搏)에게서 나왔다고 지적하였는데, 이는 《태극도》가 확실히 도교의 몇몇 도식(圖式)과 관련이 있음을 말하는 것이다. 그러나 하나의 도식은 단지 일종의 이론 표현 형식일 뿐으로, 이전 사람의 사상 자료를 이용하는 데 도식은 범주와 마찬가지로 도식의 해석에서 그 의미가 결정된다. 사실상 《태극도》를 해설하는 데 사용한 《태극도설》은 송대에 일어난 신유가철학의 논강(論綱)으로, 여기에는 변증법적 발전관이 포함되어 있다.

《태극도설》의 내용은 다음과 같다. "무극(無極)이 태극(太極)이니, 태극(太極)이 움직여 양(陽)을 낳는다. 움직임이 극에 달하면 고요하게 되고 고요하게 되면 음을 낳는데 고요함이 극에 달하면 다시 움직이게 되는 것이다. 한 번 움직이고 한 번 고요해지는 것이 서로 그 뿌리가 되면서 음으로 나누어지고 양으로 나누어져서 양의(兩儀)가 서게 되는 것이다. 양이 변하고 음이 합쳐져서 수화목금토(水火木金土)를 낳는다. 이 다섯 가지 기운이 순조롭게 퍼짐으로써 사시가 운행되는 것이다. 오행(五行)은 하나의 음양이고 음양(陰陽)은 하나의 태극(太極)인 것이다. 태극(太極)은 본디 무극(無極)이다. 오행(五行)이 생겨남에 있어서 각각 한 가지 그 성품이 나고 난다. 무극(無極)의 진리와 음양오행의 정기가 오묘하게 합쳐지고 엉기어서 건도(乾道)는 남자를 이루고 곤도(坤道)는 여자를 이루게 되는 것이다. 두 기운이 서로 느끼어서 만물을 변화 생성케 되는데 만물은 끊임없이 서로 생성하면서 무궁히 변화하는 것이다."[9]

9) 《太極圖說》: "無極而太極, 太極動而生陽, 動極而靑爭, 靜而生陰, 靜極復動. 一動一靜, 互為其根, 分陰分陽, 兩儀立焉. 陽變陰合而生水火木金土. 五氣順布, 四時行焉. 五行一陰陽也, 陰陽一太極也, 太極本無極也. 五行之生也, 各

《태극도설》에는 적어도 다음과 같은 중요한 논점이 포함되어 있다.

태극(太極)은 아직 분화되지 않은 원시 실체이다. 그것의 운동이 음양이 생기는 근원으로, 태극(太極)의 현저한 운동은 양기를 낳고, 태극(太極)의 상대적 정지는 음기를 낳았다. '동이생양(動而生陽)' '정이생음(靜而生陰)', 여기서 우주 과정에 대한 운동의 의의를 두드러지게 하여, 우주는 본질적으로 운동하는 것임을 표명했다.

운동의 과정은 동정(動靜) 두 대립 면의 교체와 전환이다. '동극이정(動極而靜)' '정극부동(靜極復動)'이다. '동(動)'의 상태가 극점까지 발전하면 상반되는 방향으로 전환해야 하니, '정(靜)'으로 변한다. 마찬가지로, '정(靜)'의 상태가 극점까지 발전하면 또한 전환하여 '동(動)'이 되어야 한다. 전체 우주 과정 중에서 어느 한 종의 특정한 운동상태도 모두 불변하고 항상 그대로인 것이 아니다.

종적으로 우주 운동 과정에서 말하자면, "일동일정(一動一靜), 호위기근(互為其根)"으로, 즉 운동과 정지는 끊임없이 교체하고 순환하는 과정이다. 횡적으로 우주 구성에서 말하자면, "분음분양(分陰分陽), 양의립언(兩儀立焉)"으로, 즉 우주의 구성은 음양 두 기의 대립 통일이다.

우주의 구성은 본질적으로 양기와 음기의 상호작용과 상호교합이다. "양이 변하고 음이 합하여 수화목금토를 낳고", "두 기가 교감하여 만물을 낳았다". 음양의 상호작용과 결합이 다섯 가지 물질 원소를 낳았고, 아울러 나아가 만물을 형성했다. 음양의 상호작용 속에서 양(陽)은 주도적 측면이고, 음(陰)은 비주도적 측면으로, 모순의 대립 면에는 주(主)가 있고 종(從)이 있다.

동(動)과 정(靜)의 순환은 극한이 없는 것과 같이 "만물이 생성되고

一其性. 無極之真, 二五之精, 妙合而凝. 乾道成男, 坤道成女, 二氣交感, 化生萬物, 萬物生生, 而變化無窮焉."

변화하며 끝이 없고", 우주 사이 모든 사물의 변화는 모두 끝이 없다. "사시의 운행은 만물의 시작과 끝이니, (음양의 기가) 서로 뒤섞이고 열리며 그 변화가 끝이 없다"[10]라고 했다. 곧 우주는 멈춤 없는 영원한 생성과 변동 속에 처해 있는 것이다.

주돈이의 저작은 말이 간략하다. 그러나 《주역》의 음양 변화 사상을 제련하여 변증자연관의 핵심을 제시했다. 이는 변증 사상의 발전을 추동하는데 의미가 있는 것이었다.

(3) 성(誠)·신(神)·기(幾)

《통서》에서 말했다. "고요하여 움직이지 않는 것은 '성(誠)'이고, 감응하여 마침내 통하는 것은 '신(神)'이고, 움직이지만 유(有)와 무(無)의 사이에서 아직 드러나지 않은 것을 '기미(幾)'라고 한다. 성(誠)은 순정하기 때문에 밝고, 신(神)은 감응하기 때문에 오묘하고, 기미(幾)는 은미하기 때문에 그윽하여 잘 보이지 않는다. 본성으로 주어진 진실함을 보존하고, 신묘하게 감응할 수 있으며, 기미를 잘 포착하는 자를 '성인(聖人)'이라고 한다."[11] 이 사상의 직접적 의의를 말하자면, 다른 측면에서 성인의 정신 상태와 활동을 묘사했다는 것이다. 성인의 본성은 '성(誠)'이라는 것을 가리키는 것으로, 본성은 적연부동(寂然不動)한 것이다. 외부 사물과 접촉할 때 본성이 반응을 하게 되니, 이에 정신활동으로 드러나 지각(知覺)이 있게 된다. 본성은 정(靜)하고, 정신지각은 동(動)하니, 활동이 막 싹트기 시작하여 아직 밝게 드러나지 않았을 때를 '기(幾)'라고 한다.

---

10) 《通書·動靜第十六》: "四時運行, 萬物終始, 混兮辟兮, 其無窮兮."

11) 《通書·聖第四》: "寂然不動者, 誠也. 感而遂通者, 神也. 動而未形、有無之間者, 幾也. 誠精故明, 神應故妙, 幾微故幽. 誠、神、幾曰聖人."

주돈이의 성(誠)·신(神)·기(幾) 학설은 심성론적 관점을 제시한 것으로, 사람의 심리 활동은 성(性/誠) - 기(幾) - 지(知/神)의 순서에 따라서 발생하는 과정임을 나타낸다. 그는 "생각이 없는 것이 근본이고, 생각이 통하는 것이 용(用)이다. 기미가 저기에서 싹트고, 성이 여기에서 드러난다"[12]고 했다. 또한 "성(誠)은 작위함이 없으나 선악이 나뉘는 기미가 된다"[13]고 했다. 《태극도설》에서도 "형체가 생성되고 나서는 정신이 앎을 발휘하게 되고, 다섯 가지 성품이 움직이어서 선함과 악함이 나누어진다"[14]고 했다. 주돈이는 성(性)은 무사무위(無思無為)한 것이고, 기(幾)는 "오성감동(五性感動)"하여 "신발지의(神發知矣)"의 중간 고리라고 보았다. 성(性)은 악(惡)이 없으나, '기(幾)'에 도달할 때 선악이 있었을 것이다. 사람은 욕념(欲念)이 싹틀 때 신중하게 검사해야 한다고 그는 사람들에게 요구했다.

(4) 동적이면서 동적인 것이 없고, 정적이면서 정적인 것이 없다

주돈이는 《통서》에서 동정(動靜)에 관한 문제를 한 걸음 더 나아가 토론했다. "움직일 때 멈춤이 없고, 멈춰 있을 때 움직임이 없는 것은 물(物)이다. 움직이지만 움직임이 없고, 멈춰 있지만 멈춤이 없는 것은 신(神)이다. 움직이지만 움직임이 없고 멈춰 있지만 멈춤이 없다고 해서 움직이지 않거나 멈춰 있지 않는 것이 아니다. 물(物)은 (움직임과 멈춤이라는 한 측면에) 막혀 있지만 신(神)은 만물까지 오묘한 작용을 행한다."[15] 주돈이 철학에서 '신(神)'은 다른 뜻이 있다. 여기서 말한 신(神)

12) 《通書·思第九》: "無思, 本也. 思通, 用也. 幾動於彼, 誠動於此."
13) 《通書·誠幾德第三》: "誠無為, 幾善惡."
14) 《太極圖說》: "形既生矣, 神發知矣, 五性感動而善惡分."

은 《역전》의 "신이라 함은 만물의 미묘함을 말하는 것이다"라는 사상을 계승한 것이다. '묘만물(妙萬物)'은 '신(神)'은 우주 만물 운동의 내재된 본성과 변화생생(變化生生)의 미묘한 기능이라는 것을 가리킨다. 주돈이는 생각하기를, 일반적 사물로 말하자면 운동과 정지는 서로 배척하는 것으로, 운동할 때는 정지가 없고, 정지할 때는 운동이 없다. 그러나 신(神)에게는 정지 속에 운동이 있고, 운동 속에 정지가 있다. 신(神)은 동정(動靜)의 대립을 초월한 것이다.

주돈이의 이 사상은 우리가 오늘날 운동과 정지에 대해서 진행하는 과학적 변증법적 이해는 아직 아니다. 그러나 적어도 그에게는 '동(動)'과 '정(靜)' 두 개념은 상호의존하고 상호전환되는 것일 뿐 아니라 일정한 의미에서 상호포함할 수도 있다. 대립되는 충돌 범주가 고정되고, 고착되고, 대립하는 양극이 아니라, 피차 분리할 수 없는 것으로, 그것들은 상호침투하는 것이다.

(5) 태극은 본래 무극

한당(漢唐) 철학에서는 '태극(太極)'이란 원기(元氣)가 아직 분화되지 않은 상태를 가리키는 것이라고 여기는 경우가 많다. 예를 들면 《한서·율력지(律歷志)》에서는 "태극 원기는 셋을 담아 하나가 된다"[16]라고 했다. '태극(太極)'과 '무극(無極)'은 다른 개념이다. 무극(無極)은 도가 학설에서 가장 먼저 보이고, 이후 중국철학 발전 속에서 또한 다른 학파에 흡수되었다. 주희(朱熹)는 만년에 어느 기록을 하나 보았는데, 그중에

---

15) 《通書·動靜第十六》: "動而無靜, 靜而無動, 物也. 動而無動, 靜而無靜, 神也. 動而無動, 靜而無靜, 非不動不靜也. 物則不通, 神妙萬物."

16) 《漢書·律歷志》: "太極元氣, 函三為一."

초록한 《태극도설》이 주희 자기가 본 판본과 첫 번째 구절이 달랐다. 주희가 본 판본은 '무극이태극(無極而太極)'인데 다른 판본에서는 '자무극위태극(自無極而為太極)'이라고 되어 있었다. 그러나 주희 교정본이 그가 중년 때 광범위하게 유포되었고, 주희가 일생을 마칠 때까지 계속 되었다. 심지어 육구연(陸九淵)이 격렬하게 그와 무극(無極) 문제를 토론할 때에도 그의 교정본에 비판을 제시한 사람이 없었다. 이는 주희의 교정본이 근거가 있다는 것을 나타내는 것이다.

《태극도설》의 두드러진 의의는 우주 발전의 도식을 제시했다는 것으로, 《태극도설》과 《통서》의 관계로 보면, 전자는 강(綱)이고, 후자는 목(目)이다. 《통서》는 《태극도설》의 거시적 틀을 구체화한 것이다.

《통서》에서 " 목·화·토·금·수의 오행은 결국 음양이라는 두 가지 범주로 귀결되며, 음양도 결국 태극이라는 근원으로 귀결된다. 춘·하·추·동의 사계절이 순서에 맞춰 운행되고, 만물은 시작과 끝이 있다."[17]라고 하였으니, 이 또한 바로 《태극도설》에서 말한 "오행(五行)은 하나의 음양(陰陽)이다. 음양은 하나의 태극이다. 태극은 본래 무극(無極)이다"[18]. 《태극도설》은 《통서》보다 앞서 만들어졌으니, 이는 《태극도설》이 작성한 두 소주(小注)를 통해 설명할 수 있다.[19] 《통서》에서는 무극을 언급하지 않았으니, 그러나 또한 이 때문에 《태극도설》을 수정하지도 않았으니, 이는 두 저작의 기본 사상이 일치한다는 것을 말해준다. 주돈이의 사상은 오행(五行)은 음양 두 기로 통일된다고 보았다. 그리고 태극은

17) 《通書·動靜第十六》: "五行陰陽, 陰陽太極, 四時運行, 萬物終始."

18) 《太極圖說》: "五行一陰陽也, 陰陽一太極也, 太極本無極也."

19) 《太極圖說》"聖人定之以中正仁義(自註: 聖人之道仁義中正而已矣)", 《통서》第六"聖人之道, 仁義中正而已矣". 《太極圖說》"主 靜(自註: 無欲故靜)立人極焉", 《通書》第二十"無欲則靜虛動直", 疑《太極圖說》自註當為作《通書》後所補.

원시물질 자체가 되어 무형(無形)이고 무한(無限)한 것으로, 이 또한 이른바 "무극이태극(無極而太極)"이기도 한 것이다.

주돈이의 사상에 근거하면, 우주 발전의 기본 도식은 태극 - 음양 - 오행 - 만물이다. 우주의 원초적 실체는 태극원기(太極元氣)이다. 태극원기(太極元氣)가 분화하여 음양 두 기가 되고, 음양 두 기가 변화 교합하여 오행을 형성하고, 각각 특수한 성질이 있는 오행이 더 한층 결합하고 응축되어, 이를 통해 만물이 생긴다.

주돈이는 《통서》에서 또한 '일(一)'과 '만(萬)'의 범주로 이 우주의 모식을 묘사했다. 그는 말했다. "음양이라는 두 기(氣)와 목·화·토·금·수 오행은 만물을 화생시킨다. 오행으로 나뉘지만 결국 두 기의 변화와 운동의 실질이고, 두 기의 근원은 결국 하나다. 이렇게 만 가지로 나뉜 것은 하나의 실질로 귀착되고, 한 가지 실질은 만 가지로 나뉘니, 만물과 하나는 각각 올바르며 크고 작은 만물에 정해진 분수가 있다"[20]고 했다. 이는 우주 만물은 끊임없이 생겨나되 본질적으로 한 기(氣)의 변화라는 말로, 이것이 바로 '만(萬)이 하나가 되는' 것이다. 태극원기가 이기 오행(五行)으로 변화하여, 일기(一氣)가 만 가지 다른 것으로 표현되니, 이것이 바로 '하나가 만(萬)으로 나뉘는' 것이다. 이런 '일(一)'과 '만(萬)'의 관계는 우주의 다양성 안에는 통일성이 포함되어 있고 통일성은 다양성으로 표현된다는 것을 말한다. 이를 통해 알 수 있으니, 주돈이의 철학은 일종의 일원론 철학으로, 그는 태극을 자연현상의 무한한 다양성의 통일 기초로 보았기 때문이다.

주돈이의 학설은 주로 일종의 우주 발생 학설이다. 그의 철학에 근거하면, 세계는 본질적으로 어떤 혼돈 속에서 생겨난 것이고, 어떤 발전하

---

20) 《通書·理性命第二十二》: "二氣五行, 化生萬物, 五殊二實, 二本則一. 是萬為一, 一實萬分. 萬一各正, 小大有定."

는 것이고, 어떤 시간의 과정 속에서 점차 생성되는 것으로, 이런 자연관은 우주를 어떤 단번에 만들어진 것이나 고정되고 고착되어 변하지 않는 것으로 보는 관념과는 완전히 다른 것이다.

(6) 전일(專一)하기와 생각하기

사람은 형체가 있어서 비로소 정신이 만들어지고, 오성(五性) 감동하여 비로소 지각과 사유가 있고, 이에 선악이 있게 되었다고 주돈이는 보았다. 성인은 인의중정(仁義中正)을 기본 도덕 원칙으로 삼고, 또한 주정(主靜)의 방법으로 자기 수양을 진행한다. 그가 보기에 성인은 인류의 가장 높은 도덕 표준을 대표한다.

"그렇다면 사람은 학습과 수양을 통하여 자기를 수양하여 성인이 되게 할 수 있을까 없을까? 대답은 "그렇다"이다. "성인은 배워서 될 수 있습니까?" 답했다. "가능하다." 물었다. "요체가 있습니까?" 말했다. "있다." "청컨대 듣고자 합니다." "마음을 한 곳에 집중하게 하는 것이 핵심이다. 마음을 전일하게 하는 것은 사욕이 없는 것이니, 욕이 없어지면 마음이 고요할 땐 텅 비게 되고 마음이 움직일 땐 올곧게 된다. 고요할 때 텅 비워지면 밝아지고 밝아지면 통하게 되며, 움직일 때 올곧으면 고르게 되고 고르게 되면 넓어진다. 밝고 통하며 고르고 넓어지면 성인에 가까워질 것이다."[21] 이는 성인이 되는 것을 배우는 데 가장 중요한 것은 '일(一)'을 하는 것이라는 말이다. '일(一)'은 어떤 잡념도 있지 않아야 하는 것이다. '일(一)'을 하면 사람의 내심 세계는 '허(虛)'의 경지에

21) 《通書·聖學第 二十》: "聖可學乎? 曰: 可. 曰: 有要乎? 曰: 有. 請問焉, 曰: 一為要. 一者, 無欲也. 無欲則靜虛動直. 靜虛則明, 明則通. 動直則公, 公則溥. 明通公溥, 庶矣乎!"

도달한다. '허(虛)는 바로 어떤 선입견도 없는 것으로, 이렇게 되면 사람은 명백하고 투철하게 사물을 인식하고, 생각이 넓게 트이고, 흉회가 통달할 수 있다. 이런 사람은 행위 측면에서 반드시 정직해야 하니, 정직은 편파되지 않고 공정한 것의 기초이다. 주돈이가 주장한 이런 수양 방법은 '일(一)을 강조하고, 잡념이 방해하는 것을 제거하여, 내심이 정허이명(靜虛而明)하게 하는 것으로, 이는 분명히 순자(荀子)가 주장한 '허일이정(虛一而靜)'의 청명한 경지를 계승하고 흡수한 것으로, 인식 주체의 수양의 의미를 포함하고 있다.

'일(一)의 수양이 있으면 또한 '사(思)'의 공부가 필요하다. "생각함이 없으면 은미한 것에 통하지 못하고, 통하지 아니하면 통하지 않음이 없는 경지에 이를 수 없다. 이런 즉 통하지 않음이 없음은 은미한 것에 통함으로 인하여 생기고, 은미함에 통함은 생각함에서 비롯한다. 그러므로 생각한다는 것은 통함을 이루는 근본이고 길흉이 나뉘는 기미이다."[22] '사(思)'는 궁신지화(窮神知化)의 인식 방법이기도 하고, 선악을 분별하고 관찰하는 수양 방법이기도 하다.

주돈이의 저작은 지나치게 간략하여, 그의 철학사상의 요점 강론식 표현은 이후 사상가들이 이용하거나 인용하는 데 매우 넓은 여지를 남겼다.

22) 《通書·思第九》: "不思則不能通微, 不睿則不能無不通, 是則無不通生於通微, 通微生於思. 故思者, 聖功之本而吉凶之幾也."

24 장재(張載)

장재(張載)의 자는 자후(子厚)이며, 송 진종(真宗) 천희 4년(1020)에 태어나, 송 신종(神宗) 희녕(熙寧) 10년(1077)에 세상을 떠났다. 그의 조적(祖籍)은 대량(大梁: 지금의 하남(河南) 개봉(開封))이며, 장안(長安) 관리 집안에서 태어나, 오랫동안 섬서(陝西) 봉상부(鳳翔府) 미현(郿縣: 지금은 '眉縣'으로 씀) 횡거진(橫渠鎮)에서 살면서 학문을 강의하여, 학자들은 그를 횡거선생(橫渠先生)이라고 불렀다. 희녕 초년 숭문원교서(崇文院校書)에 임명되었고, 희녕 말년 동지태상례원(同知太常禮院)이 되어, 관직에 오른 지 얼마 되지 않아 사직을 신청하고 서쪽으로 귀향하다가 임동(臨潼)에 이르러 여관에서 세상을 떠났다.

장재가 생활한 북송 중기는 송 왕조가 북방·서방의 소수민족과 충돌이 매우 심각하였는데, 그는 서북 지역에서 태어나 자랐기 때문에 서북 변경의 환난에 매우 관심이 있었다. 역사서에서는 그가 "젊어서 병법을 논하기를 좋아하여 협객을 모아 조서(洮西) 지역을 취하고자 하였다"[1] 고 했다. 그는 청년 시절 친구와 함께 병법을 연구하여, 군공(軍功)을

1) 《宋史》 本傳 : "少喜談兵, 至欲結客取洮西之地."

세우려는 뜻이 있었다. 그는 당시 섬서초토부사(陝西招討副使)로 있었던 범중엄(范仲淹)에게 글을 올려 만나서, 변경에서 용병하는 모략과 계획에 관해 얘기했다. 《송사》 본전에서 말하기를, 그는 "21살의 나이에 범중엄에게 편지를 써서 자기의 원대한 그릇을 알리자, 범중엄이 경계하여 말하길, '유자는 명교를 즐겨야 하거늘 어찌 전쟁을 일삼으려 하는가?'"[2]라 하였다. 범중엄은 그가 유학(儒學) 측면에서 더욱 크게 활약할 수 있을 거라고 여겨서, 《중용》에 관심을 가지도록 그를 인도하였는데, 장재는 이것으로 만족하지 않고, 또한 불교와 도교의 책을 다년간 연구하였으나, 얻은 것이 없음을 느끼고, 다시 육경(六經)으로 돌아와 연구하여, 결국 불교와 도교에 대한 그의 비판적 입장을 확립하고, 불교와 도교를 강렬하게 비판하는 가운데 그의 유물주의 철학 체계를 건립했다.

장재는 진정한 철학자였다. 그는 일생동안 정신을 다하여 연구하고, 우주와 인생의 비밀을 탐색하는 데 노력했다. 스스로를 매우 높게 보았던 이정(二程)까지도 그의 재능과 학문에 추앙을 아끼지 않아서 "맹자 이후 유자는 모두 그와 같은 식견이 없었다"고 여겼다. 당시 사람들은 그가 "한 시대를 바로잡아 구원할 만한 큰 재주로, 과거의 뛰어난 학문을 모두 섭렵하고, 널리 사물을 보고 듣고 잘 기억하여 학문을 넓히고, 하늘의 일을 헤아리고 땅의 일을 꿰뚫는 생각으로 질정했다"고 하였으니, 이 평가는 결코 지나친 것이 아니다. 그는 다음과 같은 시를 지은 적이 있다. "파초의 심이 다해 새 가지를 펼치니, 새로 말린 새 심이 어느새 뒤따른다. 새 심으로 새 덕 기름을 배우길 원하노니, 문득 새잎 따라서 새 지식이 생겨나리."[3] 그는 일생 동안 사색과 연구를 함께 진행하여

---

2) 《宋史》 本傳 : "年二十一, 以書謁範仲淹, 一見知其遠器, 乃警之曰: 儒者自有名教可樂, 何事於兵!"

3) 《張載集 · 文集佚存 · 芭蕉》 : "芭蕉心盡展新枝, 新卷新心暗已隨. 願學新心養

덕망과 지혜가 나날이 새로워졌다. 그의 제자가 그를 위해 지은《행장(行狀)》에 다음과 같은 기록이 있다. "하루 종일 한 방에 꼿꼿이 앉아, 좌우에 책을 놓고, 고개 숙여 읽고, 고개 들어 사색하고, 얻은 것이 있으면 적었다. 혹은 한밤중에 일어나 앉아서 촛불을 켜고 책을 보았다. 도에 뜻을 두고 정밀하게 사색하여, 잠시라도 쉰 적이 없었고, 또한 잠시라도 잊은 적이 없었다."[4] 이는 바로 그가 일생 동안 창작에 심혈을 기울이고, 심묘한 경지를 끝까지 캐내어 천지의 조화를 알아낸 진실 그대로의 기록이다. 그의 철학은《주역대전》을 으뜸으로 치니, 정말로 깊고 정밀하다 할 만하며, 곳곳에서 중국철학 지혜의 빛이 번쩍여서, 중국철학 유산의 귀중한 보배이다.

그의 주요 저작은《정몽(正蒙)》으로, 새롭게 인쇄된《장재집(張載集)》에 그의 모든 사상 자료가 수록되어 있다.

(1) 허공(虛空)이 곧 기(氣)이다

장재 철학 중 가장 특색있는 학설은 허공(虛空)과 기(氣)에 관한 이론으로, 이 이론이 그의 모든 철학의 기초를 구성했다. 그는 "태허는 형체가 없으니 기의 본래 모습이며 그것이 모이고 흩어지는 것은 변화의 일시적 모습일 뿐이다"[5]라고 했다. 또한 "태허(太虛)는 기(氣)가 없을 수 없고, 기(氣)는 모여서 만물이 되지 않을 수 없고, 만물은 흩어져 태허가 되지 않을 수 없다"[6]고 했다. 또한 "기가 태허에서 모이고 흩어지는 것

新德, 旋隨新葉起新知."

4)《張載集·附錄·呂大臨橫渠先生行狀》: "終日危坐一室, 左右簡編, 俯而讀, 仰而思, 有得則識之. 或中夜起坐, 取燭以書. 其志道精思, 未始須臾息, 亦未嘗須臾忘也."

5)《正蒙·太和》: "太虛無形, 氣之本體. 其聚其散, 變化之客形爾."

은 마치 얼음이 물에서 얼고 녹는 것과 같아, 태허가 바로 기라는 것을 알면 무(無)가 없다"[7]고 했다. 이 학설에 따르면, 우주의 구성은 세 개의 주요 층차로 나뉜다. 태허(太虛) ⇄ 기(氣) ⇄ 만물이다. 태허(太虛)의 기(氣)가 모여서 기(氣)가 되고, 기(氣)가 모여서 만물이 된다. 만물이 흩어져서 기(氣)가 되고, 기(氣)가 흩어져서 태허(太虛)가 된다. 이 두 상반된 운동이 우주의 기본 과정을 구성했다. 이 사상에 따르면, 태허(太虛)·기(氣)·만물은 모두 동일한 실체의 다른 상태로, 이러한 물질의 실체인 기(氣)는 시간과 공간 상 모두 영원한 것이다. 이 학설에 따르면, 한편으로, 기(氣)의 모든 하나하나 종류의 규정된 형태는 모두 잠깐 동안의 것이고, 따라서 도교의 '육체장생(肉體長生)'은 단지 일종의 환상일 뿐이다. 다른 한편으로, 우주에는 진정한 허공은 결코 존재하지 않으며, 허공 역시 기의 존재 형태이다. 기는 실체가 되어, 영원히 동일하고, 소멸되지 않으니, 따라서 불교의 '공(空)'·'허(虛)' 교의는 일종의 미망(迷妄)이다. 장재의 이 학설은 마치 양날의 칼처럼 불교와 도교에 강력한 비판의 힘을 지니고 있다.[8]

'태허(太虛)'라는 말은 본래 허공(虛空)을 가리키는 것으로, 즉 광활한 우공(宇空)인데, 장재가 보기에, 허공(虛空)은 보통 사람들이 이해하는 그런 것이 아니어서, 하나의 절대적 공간이 아니며, 중간에 아무 것도 없는 큰 궤짝이 아니라, 그 중간에는 직접 감지할 방법이 없는 극히 희박한 기(氣)가 가득 차 있다고 보았다. 여기서 장재는 매우 정밀한 견해를 제시하였으니, 즉 무형무상의 태허(太虛)는 실질적으로 기(氣)의 본래

---

6) 《正蒙·太和》: "太虛不能無氣, 氣不能不聚而為萬物, 萬物不能不散而為太虛."

7) 《正蒙·太和》: "氣之聚散於太虛, 猶冰凝釋於水, 知太虛即氣, 則無無."

8) 佛教講"空"是指萬物由因緣和合而生, 是無自性的, 並不是指虛空. 但佛教的一切皆空理論, 實質上導致對客觀存在的否定, 陷入虛無主義.

존재 상태로, 그는 이 본연 상태를 '본체'라고 칭했다. 그리고 기(氣)는 이런 청희미세(清稀微細)한 태허(太虛)의 기(氣)가 모여서 이루어져서 볼 수 있는 만상의 잠시 형태에 불과하다. 허(虛)와 기(氣)는 통일된 것이다. 만물과 기(氣)의 사이 역시 마찬가지로 모이고 흩어지는 관계이다. 따라서 기(氣)는 물질의 실체이고, 또한 공간 자체이고, 또한 모든 유형 물체를 구성하는 재료이다. 따라서 우주에는 무슨 진정한 허공(虛空) 혹은 허무가 결코 존재하지 않는다. 유형유상(有形有象)의 물질 형식은 사람이 직접 감지할 수 있으니, 이것은 유(有)이다. 기(氣)가 흩어지면 돌아가 태허(太虛)가 되어, 사람은 그것을 볼 방법이 없지만, 그러나 이것은 진정한 무(無)가 결코 아니다. 그래서 우주는 무한한 실재이며, 그 안에는 '밝고 어두운 구분'만 있을 뿐 '유와 무의 구별'은 결코 없다. 그가 보기에 전통적으로 말하는 유(有)와 무(無)는 모두 기(氣)이며, 그는 이것을 '유무혼일(有無混一)'이라고 했다.

과학사상사의 각도에서 보면, 장재의 허공이 바로 기(氣)라는 학설은 '장(場)'의 존재를 어느 정도 추측한 것이다. 현대물리학의 양자장론(量子場論)에 따르면, 장(場)은 연속되는 것이고, 입자성을 지니고 있고, 입자는 양자장이 모인 것이라고 볼 수 있다. 이는 장재가 무형의 공간을 일종의 물질의 실재로 보고, 이런 물질의 실재는 모여서 기와 만물이 될 수 있다는 사상과 맞아떨어지니, 현재의 과학사학자가 11세기의 이 중국철학자에게 높은 존경을 표시하는 것도 무리가 아니다.

철학적으로 볼 때, 장재의 자연철학은 의심할 바 없이 기일원론의 유물주의 철학으로, 그는 우주의 통일성을 털끝만큼도 망설임 없이 물질적인 실재 '기(氣)'로 귀결시켰다. 그가 죽은 이후 그가 사물의 생(生)·사(死)·취(聚)·산(散)을 해석한 것은 불교 윤회사상의 영향을 받았다고 정주학파(程朱學派)가 비판했는데, 이것은 정확하지 않다. 생·사·취·산의 관념은 중국고전철학의 고유 관념으로, 선진(先秦) 때 싹이 트고, 양한 때 발전했고, 게다가 불교의 윤회사상과 완전히 다르다. 엥겔스는 "모든 자연계는 영원한 유동(流動)과 순환 속에서 움직이고 있다는 것이 증명되었다"[9]고 지적했다. 우주의 과정은 "물질 운동의 영원한 순환으로 …… 이 순환 속에서 물질의 각 하나하나 유한한 존재 방식은, 태양이든 성운(星雲)이든, 개별 동물이든 동물 종속(種屬)이든, 화학적 결합이든 분해든, 모두 마찬가지로 잠깐 동안의 것이다"[10]라고 그는 보았다. 장재의 학설도 엥겔스와 마찬가지로 변증법의 웅대한 기백을 지니고 있다.

만물이 기로부터 만들어지고, 만물은 또 끊임없이 기로 다시 돌아가고, 기는 실체가 되어 없는 곳이 없고 영원히 하나와 같으니, 그것은 오직 자기의 규정 속에서 변화하니, 장재의 유물주의 기일원론(氣一元論)은 고대철학 소박한 유물주의의 상당히 완비된 형태이다.

사유 방법으로 보면, 장재는 태허(太虛)를 '기(氣)의 본체'로 규정하고, 태허(太虛)가 모인 유형의 사물을 '변화지객형(變化之客形)'이라고 하여, '본체 - 객형'의 이론 모델을 제공하여, '본체'는 어떤 존재의 본래 상태를 가리키는 데 사용하고, '객형'은 본래 상태에서 어떤 방식을 통하여 전환되어 이루어진 다른 잠시 존재 형태를 가리키는 데 사용했다. 이 범주는 원기론의 이론 사유를 한 걸음 더 향상시켰을 뿐 아니라 다른 범위의 철학 사고에도 적극적 의미가 있다.

(2) 삼라만상이 모두 기(氣)이다

허공은 기(氣)라는 설이 주로 '공(空)'과 '형(形)'의 상호연결을 설명하는 데 사용되었다면, '범상개기(凡象皆氣)' 설은 주로 '상(象)'과 '기(氣)'

9) 《自然辯證法》, 《馬克思恩格斯選集》 제3권, 人民出版社, 2012년, 856쪽.
10) 《自然辯證法》, 《馬克思恩格斯選集》 제3권, 人民出版社, 2012년, 863-864쪽.

의 관계를 설명하는 데 사용되었다.

장재는 말했다. "모양을 이룰 수 있는 것은 모두 유(有)이다. 모든 유는 모두 상(象)이다. 모든 상(象)은 모두 기(氣)이다."11) 따라서 형용될 수 있고 그릴 수 있는 모든 것은 실재한 현상이고, 모든 현상은 기(氣)의 다른 표현이다. 장재는 한 걸음 나아가 말했다. "이른바 기라는 것은 빽빽하게 들어차고 엉기고 모여서 눈으로 본 뒤에야 알 수 있는 것이 아니다. 진실로 강건함과 유순함, 움직임과 그침, 넓음과 깊음을 말로 표현할 수 있는 상태는 모두 이름을 붙일 수 있는 상(象)인 것이다. 그런데 '상(象)'이 '기(氣)'가 아니라면 무엇을 가리켜 '상(象)'이라 할 수 있겠는가?"12) 이는 형용할 수 있는 상태가 있는 모든 것, 분별할 수 있는 동정이 있는 모든 것, 끝없이 넓고 크거나 담담하게 맑고 깨끗한 모든 현상이 모두 기(氣)라는 말이다. 이들 상(象)은 모두 기(氣)의 현상으로, 즉 기(氣)의 표현이다.

이 사상에 따르면, 허공은 기(氣)일 뿐 아니라, 각종 형체 있는 만물은 기(氣)이며, 운동과 정지, 깊이와 넓이가 있는 모든 현상 역시 모두 기(氣)이다. 상(象)이라는 개념은 감각의 대상이라는 뜻도 지니고 있어서, 또한 감각할 수 있는 모든 대상은 기(氣)라는 말이기도 하다. 기(氣)의 의미는 이렇게 더욱 광범위해졌다. 이런 의미에서 기(氣)라는 개념은 사람의 의식 밖의 물질 존재라는 함의에 이미 접근했다. 이 사상은 장재가 중국 유물주의 사상 발전사에서 이룩한 중대한 성취이다.

---

11) 《正蒙·乾稱》: "凡可狀, 皆有也. 凡有, 皆象也. 凡象, 皆氣也."

12) 《正蒙·神化》: "所謂氣也者, 非待其蒸郁凝聚、接於目而後知之. 苟健、順、動、止、浩然、湛然之得言, 皆可名之象爾. 然則象若非氣, 指何為象?"

(3) 신명은 하늘의 덕이고, 변화는 하늘의 도이다

장재 철학에서는 또한 우주 운동 변화에 관한 갖가지 문제 즉 그가 말한 '기화(氣化)'의 문제를 집중 토론했다. 그는 "기화(氣化) 즉 음양 두 기의 조화로 말미암아, 도(道)란 명칭이 있고"[13]라고 했다. 그는 기(氣)의 변화과정을 가리켜 '도(道)'라고 하였으니, 이는 그의 독창적 견해가 담긴 이해이다.

장재는 기화(氣化)를 두 가지 주요 형식으로 나누었다. 하나는 '변(變)'이고, 하나는 '화(化)'이다. "변역(變易)은 그것이 공효(功效)로 드러나는 것을 말하고 화생(化生)은 시간적으로 천천히 흘러감을 말한다."[14], "(《중용》의) 변하면 화한다는 것은 거친 것으로부터 정밀한 것으로 들어간다는 것이다. 조화를 재단하는 것을 변이라 부른다는 것은 뚜렷한 것으로 은미한 것을 드러낸다는 것이다."[15] 저변(著變)은 사물의 현저한 운동을 가리키고, 점화(漸化)는 사물의 점진적 미세한 변화를 가리킨다. '변'과 '화' 둘은 서로 연결되고, '변즉화(變則化)'는 저변(著變)은 점화(漸化)를 이끈다는 말이다. "화이재지위지변(化而裁之謂之變)"은 저변(著變)은 점변(漸變) 과정의 중단이라는 말이다. 변화의 이중 형식에 관한 장재의 이론은 비록 간단하지만 매우 정밀하다.

장재는 한 걸음 나아가, 우주의 운동은 기(氣) 자체에 갖추어진 내재적 운동 본성으로 말미암는다는 것을 제시했다. 그는 말했다. "태화(太和)를 도(道)라 부르는데 가운데 떴다 가라앉았다, 올라갔다 내려갔다, 움직였다 고요히 있다가 하며 서로 감응하는 성질이 있으니 이는 음양이 서로 화합하고 작용하여 이기고 지고 굽혔다 폈다 하는 힘의 시초가 된

13) 《正蒙·太和》: "由氣化有道之名."
14) 《橫渠易說·繫辭上》: "變言其著, 化言其漸."
15) 《正蒙·神化》: "變則化, 由粗入精也. 化而裁之謂之變, 以著顯微也."

다."[16] 이는 도(道)는 바로 태화의 기가 서로 뒤섞이고 왕성하게 변화한 것으로 태화의 기가 인온변화하는 것은 바로 태화의 기에 내재된 동정상감(動靜相感)의 본성에서 근원한다는 말이다. 그는 또한 지적하길, 기(氣)의 끊임없는 운동은 그 안에 "텅 비고 가득 차고, 움직이고 고요한 조짐"[17]이 있음으로 말미암는다고 했다. 그는 지적하길, 이른바 기(機)는 바로 내재된 동력으로, 사물의 운동은 바로 '기(機)'의 작용 아래 실현된다는 것이다. "움직임은 반드시 조짐이 있으니 이미 조짐이라고 말한다면 움직임이란 밖에서 비롯된 것이 아니다."[18] 사물의 동정지기(動靜之機) 역시 모든 운동 변화의 내재 근원을 가리킨다. 사물 운동의 근원은 외부에 있지 않고 내부에 있다고 그는 보았다.

이런 사물 자기 운동의 내재된 본성과 근원을 장재는 또한 '신(神)'이라고 일컬었다. 그는 《주역 · 설괘전》의 "신(神)이란 것은 만물을 오묘하게 만드는 것을 이름하는 것이다"[19]의 사상을 계승 발전시켰다. 그의 철학에서 신(神)은 변화의 복잡성과 불고정성을 가리킬 뿐만 아니라 사물 운동 변화의 내재적 본성을 가리키기도 한다. 그는 "신(神)은 하늘의 덕(德)이며, 화(化)는 천도이다. 덕(德)은 본체(體)이고, 도(道)는 작용이나, 기(氣)에 있어서는 하나일 뿐이다"[20]라고 했다. 이는, '신(神)'은 기(氣)의 내재된 본성을 가리키고, 따라서 체(體)이다. '화(化)'는 기화(氣化)의 운행 과정을 가리키고, 따라서 용(用)이다. 신(神)과 화(化)는 모두 우주 실체 '기(氣)'의 다른 측면이다. 장재는 강조했다. "기(氣)의 본성은

16) 《正蒙 · 太和》 : "太和所謂道, 中涵浮沉升降動靜相感之性, 是生絪縕相蕩勝負屈伸之始."

17) 《正蒙.太和》 : "虛實動靜之機."

18) 《正蒙 · 參兩》 : "動必有機, 既謂之機, 則動非自外也."

19) 《周易 · 說卦傳》 : "神也者, 妙萬物而為言者也."

20) 《正蒙 · 神化》 : "神天德, 化天道. 德其體, 道其用, 一於氣而已."

원래 허하고 신묘하니 신(神)과 성(性)은 기(氣)가 본디부터 소유하고 있던 것이다."[21] 신(神)은 세계 운동 변화의 근원이 되며, '기(氣)의 고유한 것'이다.

장재는 또한 변화의 과정은 규칙이 있다는 것도 제시했다. 그는 지적하길, 기(氣)는 태허(太虛) 속에서 상승하고, 하강하고, 모이고, 흩어지고, 서로 밀고, 서로 뒤섞이어, 어떤 필연성의 지배 아래 발생한다. 그는 말했다. "천지의 기(氣)가 비록 모이고 흩어지고 빼앗고 흡수하는 등 온갖 작용을 하지만 그 이치는 순리적이고 망령되지 않다."[22] 물질세계는 '예측할 수 없는 것'도 아니고, 또한 상(常: 理)이 있어서, "신령스러우면서도 법도가 있다"[23]고 했다. 그러나 세계 운동의 규칙성에 관한 그의 토론은 아직 비교적 단순하다.

장재 철학은 많은 개념 규정을 세워서 우주의 영원한 변화 총체 과정을 파악하려고 힘써 시도했다. 이 자연철학의 범주 체계에서 변화의 실체는 '기(氣)'이고, 변화의 과정은 '도(道)이고, 변화의 상칙(常則)은 '이(理)이고, 변화의 본성은 '성(性)이고, 변화의 동인은 '기(機)'이고, 변화의 불측(不測)은 '신(神)'이 되고, 변화의 총체는 '역(易)'이고, 변화의 점변은 '화(化)'이고, 저변은 '변(變)'이 된다. 장재 철학의 범주는 주로 《주역대전》 중의 철학을 계승했고 아울러 상당히 강한 분석성이 있다.

(4) 하나여서 신명하고, 둘이어서 변화한다

'신화(神化)' 학설이 운동 근원이 세계 자신으로부터 온다는 것을 단

21) 《正蒙·乾稱》: "氣之性本虛而神, 則神與性乃氣所固有."
22) 《正蒙·太和》: "天地之氣, 雖聚散攻取百塗, 然其為理也順而不妄."
23) 《正蒙·天道》: "神而有常."

지 일반적으로 긍정하는 것이라고 한다면, 장재의 '양(兩)', '일(一) 학설은 충돌의 대립 통일이 이 근원의 구체적 내용이라는 것을 한 걸음 더 나아가 제시한 것이다. 그는 다음과 같은 것들을 제시했다. "하나의 사물에 두 면이 있는 것이 기(氣)이다. 하나이므로 신(神)하고, 둘이므로 화(化)하니, 이는 하늘이 셋인 까닭이다."[24] "두 가지가 있지 않으면 그 중 하나를 볼 수 없고 그 하나를 볼 수 없으면 둘의 작용이 그치게 된다."[25] "감응한 이후에 통함이 있고 두 가지가 있지 않으면 하나마저 없어지게 된다."[26] '일물양체(一物兩體)'란 모든 사물은 대립되는 두 측면을 포함하고 있다는 것을 가리킨다. 그는 "두 가지란 허와 실, 동과 정, 취와 산, 청과 탁으로 궁극적으로는 하나이다"[27]라고 해석했다. 양체는 허실·동정·청탁·취산 이런 대립되는 충돌을 가리키며, 또한 바로 이 대립되는 측면이 통일체를 구성하기도 한다.

"양불립즉일불가견(兩不立則一不可見)"는 대립되는 쌍방이 없으면 통일체는 존재할 수 없다는 것을 가리킨다. "일불가견즉양지용식(一不可見則兩之用息)"는 통일체가 없으면 대립되는 쌍방은 상호작용할 수 없다는 것을 가리킨다. 따라서 "유양즉유일(有兩則有一)" "일즉유양(一則有兩)" "불유양즉무일(不有兩則無一)"하니, 장재의 이 명제들은 모두 대립이 없으면 통일이 없고 통일이 없으면 대립이 없다는 것을 가리킨다. 통일과 대립은 서로 배척하는 것이 아니라 서로 존재의 조건이 된다. 어떠한 사물도 모두 통일이기도 하고 대립이기도 하다.

'일고신(一故神)' '양고화(兩故化)'는 이런 대립 통일의 변증법적 관계

---

24) 《正蒙·參兩》: "一物兩體, 氣也. 一故神, 兩故化, 此天之所從叄也."
25) 《正蒙·太和》: "兩不立則一不可見, 一不可見則兩之用息."
26) 《正蒙.太和》: "感而後有通, 不有兩則無一."
27) 《正蒙·太和》: "兩體者, 虛實也, 動靜也, 聚散也, 淸濁也, 其究一而已."

가 바로 사물 운동의 내재 근원으로, 기(氣)는 대립 부분을 포함하는 통일체이며, 대립이 있기 때문에 변화가 생긴다는 것을 가리키는 것이다. 대립하고 또한 통일되므로 변화불측한다. 통일체가 되어야 신묘한 운동이 있을 수 있다. 두 대립 면이 교차로 상호 작용하여야 무궁한 변화가 있다.

장재는 '양(兩)' '일(一)과 '신(神)' '화(化)'만을 말하여 세계 변화의 원천을 설명한 것이 아니다. 또한 '양(兩)' '일(一)과 감(感)·합(合)의 관계로부터 대립 쌍방의 상호작용과 상호연결을 구체적으로 서술했다. '양(兩)'을 장재는 또한 '이(二)' 혹은 '이단(二端)'이라고도 했다. 그는 "음과 양을 갖추지 않은 것이 없으니, 이로써 천지의 변화란 음양 두 가지에서 비롯됨을 알 수가 있다"[28]라고 했다. 또한 "하늘이 그 안에 만물을 안아 싣고 있으니 감응하거나 본성으로 삼는 것은 건곤(乾坤)·음양(陰陽) 이 둘 뿐이다"[29]라고 했다. 이는 또한 모든 사물의 대립 면은 보편적 의미로 말하면 바로 음양으로, 음양의 대립 통일이 우주의 보편 규칙이라는 말이다. 장재는 여기길, 대립하는 쌍방은 반드시 상호작용이 발생하고, "둘이 있으면 모름지기 감응하는 바가 있게 되니"[30], 이런 작용을 그는 감(感)이라고 했다. 그는 말했다. "감응되면 합쳐지고 동화된다. 만물은 본래 하나이므로 다른 것과 하나로 합칠 수 있는 것이다. 그렇게 합쳐지게 되므로 감(感)이라고 한다. 만약 다른 것이 없으면 합할 일도 없게 되는 것이다. 하늘의 본성은 건곤(乾坤)과 음양(陰陽) 두 가지이므로 그렇기에 감(感)이 있고, 근본이 하나이므로 합쳐지는 것이다. 천지가 만물을 낳을 때 만물이 받는 바는 비록 다르지만 모두 잠시라도 감응되

28) 《正蒙·太和》: "無無陰陽者, 以是知天地變化, 二端而已."
29) 《正蒙·乾稱》: "天包載萬物於內, 所感所性, 乾坤、陰陽二端而已."
30) 《橫渠易說·觀卦》: "有兩則須有感."

지 않음이 없다."[31] 기(氣) 일원론 철학에 근거하면, 이단(二端)의 상감(相感)은 주로 인온(絪縕)·상탕(相蕩)·굴신(屈伸)·승강(升降)·동정(動靜)·상구(相求)·상유(相揉)·상겸(相兼)·상제(相制)로 표현되니, 바로 이 광범위한 상감 형식들이 대립면으로 하여금 상호작용 중 상호연결되게 하여, 이를 통해 굴신 무방(無方)·운행 불식(不息)의 변화과정을 조성한다.

앞에서 말한 것처럼, 이단(二端) 상감(相感)은 기(氣)의 본성에서 근원한다. 장재는 "감(感)이란 본성의 신(神)이요, 본성은 감(感)의 본체"[32]라고 했다. '감(感)'은 '성(性)의 표현과정으로, 사물이 상감하는 근거는 사물의 본성에 있다.

(5) 안과 밖을 합하여, 마음을 크게 한다

장재의 인식론에도 매우 특색이 있다. "사람은 본디 사심이 없지만 사물을 접촉하면서 사심이 생긴다. 만약 자신이 보고 들은 것만으로 마음을 삼는다면 사심을 물리치기 어려울 것이다. 지금 천지 간에 가득찬 것이 모두 사물이다. 만약 자신의 견문에만 근거한다면 그가 접하는 것이 얼마나 될 것인가? 그러니 어떻게 천하의 사물을 다 경험했다고 하겠는가? (이를 극복하기 위해서) 마음과 정성을 다하는 것이다."[33] 이 사

31) 《正蒙·乾稱》: "感即合也, 咸也. 以萬物本一, 故一能合異. 以其能合異, 故謂之感. 若非有異, 無合. 天性, 乾坤、陰陽也, 二端故有感, 本一故能合. 天地生萬物, 所受雖不同, 皆無須臾之不感."

32) 《正蒙·乾稱》: "感者性之神, 性者感之體."

33) 《張子語錄·語錄下》: "人本無心, 因物為心. 若袛以聞見為心, 但恐小卻心. 今盈天地之間者皆物也, 如袛據己之聞見, 所接幾何? 安能盡天下之物? 所以欲盡其心也."

상은, 사람의 사유는 선험적 내용이 없고 인식의 내원은 외부세계라는 말이다. 사유(思維)가 외재 세계를 떠나면 내용을 잃는다. 사유의 깊이와 넓이는 사유 대상의 범위에서 결정되니, 따라서 사유를 개체 감각기관이 직접 접수한 현상의 범위 안으로 제한하면, 사물에 대한 사람의 이해와 지식이 협소하고 유한하게 된다. 따라서 우주 전체와 만물에 대해서 이해한 것이 있으면 자기의 사유를 확장하여 감각기관의 한계를 초월하여 사유의 능동적 작용을 철저하게 발휘해야 하니, 이것이 바로 진심(盡心)이요, '대심(大心)'이라고도 한다. "마음을 크게 하면 천하 사물을 체득할 수 있게 된다. 사물에 대해 체득하지 못한 것이 있으면 마음과 사물 사이의 간극이 있게 된다. 세상 사람들의 마음은 견문에 있어 편협한 데 머무르지만 성인은 본성에 극진하여 보고 듣는 것에 마음을 잡아두지 않는다. …… 보고 들어서 아는 것은 바깥 사물과 교류하여 아는 것으로 덕성으로 아는 것이 아니다. 덕성으로 아는 것은 보고 듣는 것에서 비롯되지 않는다."[34] '체천하지물(體天下之物)'의 '체(體)'를 주희(朱熹)는 '마음을 사물 가운데 두는 것'이라고 이해했으니, 현재의 명사로 말하자면, 바로 직각(直覺)이다. 이는 또한 감각기관이 직접 파악할 수 있는 대상은 매우 유한하니, 대심(大心)은 사람의 사유가 감성(感性)이 나타내는 범위를 초월하고, 직각적 방법을 통하여 사유의 넓이를 가능한 한 확장해야 한다는 말이다.

대심이 얻은 지식을 또한 '덕성소지(德性所知)' 혹은 '성명소지(誠明所知)'라고 한다. 장재의 대심지지(大心之知)의 한 기본 측면은 우주 전체를 대상으로 하는 철학 이론 사유의 모든 특징을 가리킨다는 것임을

34) 《正蒙·大心》: "大其心則能體天下 之物, 物有未體, 則心為有外. 世人之心, 止於聞見之狹, 聖人盡性, 不以見聞梏其心. ……見聞之知, 乃物交而知, 非德性所知. 德性所知, 不萌於見聞."

알 수 있다. 사실상, 견문지협(聞見之狹)을 초월하는 이런 대심사고(大心思考)가 없다면 그 본인이 태허(太虛)는 기(氣)라는 우주 학설을 제시할 수 없었을 것이다.

대심지지(大心之知)는 또한 의경(意境)이 고원(高遠)한 인생 경지이기도 하여, 이른바 '천하의 사물을 체득하고' '천하를 보기를 어느 사물 하나 내가 아는 것이 없도록 하는 것'은 바로 자기로 하여금 천하를 가슴에 품고 우주를 둘러보아, 자기를 전 우주의 필요한 한 부분으로 보고, 우주만물을 자기와 식식상통(息息相通)하는 전체로 보아, 우주에 대한 이런 이해 속에서 자기의 지위를 확립하게 하는 것이다. 따라서 이런 사람의 심령(心靈) 경지는 항상 수요 충분한 도덕수양으로 배양해야 한다.

장재가 강조한 대심지지(大心之知)는 우주 인생에 대한 깊은 사고로, '궁심지화(窮神知化)'을 내용으로 하는 논리적 사고를 포괄하기도 하고, 또한 '체천하지물(體天下之物)'의 직각적 체험도 포괄한다는 것을 알 수 있다. 바로 이런 사고와 체험이 그로 하여금 <서명(西銘)>의 사상 경지를 수립하게 했다.

순수한 인식론의 의미에서 말하자면, 장재의 대심지지(大心之知)는 사람의 이성적 인식을 가리킨다. 그는 비록 이성적 사유는 반드시 감각기관 경험의 범위를 초월해야 한다고 강조했지만, 감각기관 경험의 실재성과 신뢰성을 부인하지는 않았다. 그는 감각 경험은 이성적 사유의 기초이고 사람의 지식은 모두 '합내외(合內外)'하여 형성된다고 보았다. 귀로 듣고 눈으로 보아 외부 사물의 표상을 받아들이고 인식의 문을 구성한다. 사람의 지식은 견문을 기초로 해야 하기도 하고, 또한 감각 경험에 국한되지 말아야 한다. 하지만 장재는 이성적 사유를 더욱 중시하여, 그의 사상은 유이론적(唯理論的) 경향을 보였다. 그가 말한 '덕성소지(德性所知), 불맹어견문(不萌於見聞)'은 주관적으로는 이성적 인식의 상대적 독립성을 강조하려고 의도한 것으로, 그러나 표현상으로 감성 인식과 이성 인식의 연결을 단절하게 하려는 인상을 준다.

(6) 만민이 동포이며 만물이 동류이다

《정몽》의 마지막 <건칭(乾稱)> 편 시작 부분은 장재가 원래 학자를 위하여 쓴 명문(銘文)으로, <정완(訂頑)>이라고도 하고, <서명>이라고도 한다. 이정(二程)은 일찍이 <서명>을 맹자 이후 유가를 대표하는 가장 걸출한 견해라고 여긴 적이 있다.

<서명>에서 말했다. "하늘을 아버지로 칭하고 땅을 어머니로 칭한다. 나는 여기서 미미한 존재로서 그 가운데 섞이며 살아간다. 그러므로 천지에 막힌 기운을 나는 그 몸으로 하고 천지를 주재하는 이치를 내가 그 본성으로 한다. 모든 백성은 나의 동포이고 만물은 나의 친구이다. 위대한 임금은 내 부모님의 장자이고 그 대신은 장자의 가신이다. 어른을 공경하는 것은 그 어른을 어른으로 대접하는 방법이오, 고아나 어린이를 자애롭게 하는 것은 어린아이를 어린아이로 대하는 방법이다. 성현은 천지의 덕에 합치되어야 하고 현인은 다른 사람보다 뛰어난 사람이어야 한다. 무릇 천하의 노쇠하고 지친 사람, 병들고 상한 사람, 형제가 없는 외아들, 늙어서 자식 없는 사람, 아내가 없는 홀아비, 남편이 없는 과부들은 모두다 나의 형제들이면서 어렵고 괴로운 처지에 놓인 채 호소할 곳조차 없는 사람들인 것이다. 이에 그들을 잘 보살피는 것은 자식으로서 돕는 것이요, 즐거워하면서 근심을 드러내지 않음은 효도에 순한 것이다. …… 부귀와 행복과 윤택함은 하늘이 나의 삶을 풍부하게 해주는 것이요, 빈천과 근심 걱정은 그대를 옥처럼 갈고 연마함으로써 완성시키려는 것이니라. 살아 있을 때 내가 일을 순리대로 처리하면 죽은 다음에도 내가 편안해질 것이니라."[35] <서명>은 개인의 각도에서 어떻게 우주를 볼 것인가, 이런 우주에 대한 관점을 어떻게 운용하여 사회생활을 볼 것인가

해결하려고 한 것이다. <서명>의 입장에서 보면, 사람은 기(氣)로 구성되었고, 사람을 구성한 이 기(氣)는 또한 우주 만물을 구성한 기(氣)이다. 따라서 개인의 각도에서 보면, 천지는 바로 나의 부모이고, 민중은 바로 나의 동포이고, 만물은 모두 나의 친구이고, 군주는 이 '대가정'의 적장자로 볼 수 있고 ...... 등등이다. 장재의 이 설은 그 의도가 혈연 종법의 그물로 우주의 관계망을 짜려는 것에 있지 않고, 이런 관점에서 출발하여, 사람은 자기의 도덕 의무에 대해서 더욱 높은 이해가 있을 수 있고, 모든 개인의 이해궁달(利害窮達)에 대해서 초월의 태도가 있을 수 있다는 것을 표현하려는 것에 있었다. 그런 '오체(吾體)' '오성(吾性)' '오동포(吾同胞)' '오여(吾與)'의 입장에서 보면, 나이 많은 사람을 존경하고, 외롭고 어리거나 어리고 약한 사람을 돕는 것은 모두 이 '우주대가정'과 이 가정의 친속에 대한 자기의 신성한 의무이다. 바꿔서 말하면, 우주에 대한 이런 이해 속에서, 우주의 모든 것이 자기와 직접 연결되지 않은 것이 없으며, 모든 도덕 활동은 개체가 마땅히 실현해야 할 직접 의무이다. 이는 또한 바로 '시천하무일물비아(視天下無一物非我)'하는 구체적 내용이기도 하며, 이 경지가 바로 '천인합일'의 경지이다.

이런 만물일체의 경지 속에서 개체의 도덕적 자각이 크게 제고되고, 그의 행위 역시 더욱 높은 가치를 얻게 된다. 그리고 개인의 생과 사, 빈과 부, 천과 귀는 광대한 우주의 흐름 과정 앞에서 미부족도(微不足道)한 것으로 변하게 된다. 생명은 우주에 속하는 것으로, 살아 있으면 천지

35) <西銘> : "乾稱父, 坤稱母, 予茲藐焉, 乃渾然中處. 故天地之塞, 吾其體; 天地之帥, 吾其性. 民吾同胞, 物吾與也. 大君者, 吾父母宗子; 其大臣, 宗子之家相也. 尊高年, 所以長其長; 慈孤弱, 所以幼吾幼. 聖其合德, 賢其秀也. 凡天下疲癃殘疾、惸獨鰥寡, 皆吾兄弟之顚連而無告者也. 於時保之, 子之翼也. 樂且不憂, 純乎孝者也. ……富貴福澤, 將厚吾之生也; 貧賤憂戚, 庸玉女於成也. 存, 吾順事. 沒, 吾寧也."

에 대해서 효도를 해야 하고, 죽으면 영원히 편안하게 해야 하고, 빈천하면 발분하게 해야 하고, 부귀하면 양생하게 해야 한다. 사람은 유한한 생명을 "천지를 위해 마음을 세우고 백성을 위해 도를 세우며 과거의 성인을 배워 학문을 잇고 만세를 위해 태평한 세상을 여는"[36] 무한한 대업에 투입해야 한다.

장재의 '민포물여(民胞物與)' 사상은 봉건시대 중국 지식인의 정기가(正氣歌)이다. 그것은 수많은 지사인인(志士仁人)을 길러내고, 그들이 이천하위기임(以天下為己任)하여, 나라를 위난(危難)에서 구하게 하고, 생민(生民)을 도탄(塗炭)에서 꺼내주게 하고, 도덕적 이상을 종생(終生)토록 봉행하게 하고, 생사 이해를 일체 아랑곳하지 않게 하도록 격려했다. 그러나 이런 사상도 어느 정도 치우친 폐단이 있다. 그 중 첫째는 타인에 대한 개인의 의무를 강조하는 것에만 치중하고 개인의 권리를 소홀히 한 것이고, 둘째는 사람과 자연, 사람과 사람 사이의 조화를 강조하는 것에만 치중하고 투쟁과 경쟁을 소홀히 한 것이다. 이것은 중국 전통 사상의 병통으로, 특히 유가 사상의 병통이다. 근대 서양에서 권리를 강조하고 의무를 소홀히 하고, 투쟁을 강조하고 조화를 소홀히 한 것과 같이, 각각 한쪽으로 치우친 폐단에 빠졌다고 할 수 있다. 정확한 관점은 마땅히 권리와 의무의 통일, 투쟁과 조화의 통일을 견지해야 한다는 것이다. '민포물여(民胞物與)' '여천위일(與天為一)'의 인생 이상은 또한 공상적 성분이 있다. 사람은 사회적 동물로, '군기일체(群己一體)' '여군위일(與群為一)'의 이상을 마땅히 추구해야 하고, 인류는 자연환경 속에서 생존하는데, 자기가 의지해서 생존하는 자연환경을 보호하고 사람과 자연 사이의 조화를 유지하는 데 마땅히 주의를 기울여야 한다.

36) 《張子語錄 · 語錄中》 : "為天地立心為生民立道, 為去聖繼絕學, 為萬世開太平." '心'은 원래 '志'로 되어 있었는데, 《張子全書》에 의거하여 고침.

그러나 사람과 자연 사이에는 사람과의 관계와 유사한 도덕 의무가 결코 존재하지 않으니, 따라서 '민포(民胞)'로부터 '물여(物與)'를 말하기까지, 여군(與群)으로부터 여천위일(與天為一)을 말하기까지, 사실은 사족에 속한다. 현실 생활 속의 부귀빈천의 차별과 대립을 대할 때, <서명>은 사람들이 안분수기(安分守己)하고 불사변혁(不思變革)해야 한다는 경향을 드러냈으니, 이로 인해 '민포물여(民胞物與)' 사상의 적극성과 합리성을 긍정하는 동시에 이들 편파적 폐단에 대해서 분명하게 인식해야 한다.

25 정호(程顥)

정호(程顥)의 자는 백순(伯淳)으로, 북송 인종(仁宗) 명도(明道) 원년(1032)에 태어나, 북송 신종(神宗) 원풍(元豐) 8년(1085)에 세상을 떠났다. 하남(河南) 이천(伊川) 사람이다. 그와 그의 동생 정이(程頤)가 오랜 기간 낙양(洛陽)에서 강학했기 때문에 전통적으로 그들의 학파를 '낙학(洛學)'이라고 한다. 정호는 젊었을 때 진사 급제하여, 나중에 현주부(縣主簿)·현령(縣令)·저작좌랑(著作佐郎) 등을 역임했다. 신종 때 왕안석(王安石)이 변법을 시행할 때, 정호는 태자중윤권감찰어사리행(太子中允權監察御史裏行)에 임용되었다가, 나중에 첨서진녕군절도판관(簽書鎮寧軍節度判官)·태상승(太常丞)·지부구(知扶溝)·감여주주세(監汝州酒稅) 등으로 바뀌었다. 원풍 말년에 철종(哲宗)이 즉위하여, 그를 불러 종정사승(宗正寺丞)에 임명하려고 했으나 시행하기 전에 병으로 세상을 떠났다. 이천에 장례를 지내고, 당시 노국공태사(潞國公太師) 문언박(文彦博)이 그의 묘표를 쓰면서 '명도선생(明道先生)'이라고 불러서, 나중에 학자들이 모두 존경하여 '명도선생'이라고 일컬었다.

정호와 정이(程頤)는 맹자를 계승하는 것으로 자처하여, 자신의 학설은 맹자 이후 1,400년이나 오랫동안 중단되었던 유학 전통을 진정으로 이어받기 시작한 것이라고 여겼다. 그들은 '이(理)를 최고 철학 범주로 하고, 개인과 사회에 대한 도덕 경지의 의의를 강조했다. 이정(二程) 학설은 양송 이학(理學)의 주류파라고 할 수 있다.

정호가 세상을 떠난 후 정이가 그를 위해 <행장>을 썼는데, 그 중에서 다음과 같이 말했다. "선생이 학문을 한 것은 15-16세 때부터였다. 여남(汝南) 주무숙(周茂叔)이 도를 강론하는 것을 듣고, 결국 과거를 위한 학업에 염증을 느끼고 도를 구하려는 뜻이 구름처럼 일어났다. 요체를 알지 못하여 여러 학파를 두루 섭렵하고 도가와 불가를 드나든 것이 몇십 년이었는데, 육경(六經)으로 돌아와 구한 뒤에 얻게 되었다."[1] 정호가 걸어간 이 '범람출입(泛濫出入)'한 뒤 '귀본육경(歸本六經)'한 길은 또한 송명 시기 많은 이학자의 사상이 발전하는 데 흔히 걸었던 길이다.

정호는 청년 시절 주돈이(周敦頤)에게서 배웠고, 주돈이는 "안자(顏子: 안회)와 중니(仲尼: 공자)가 무엇을 즐거워했는지 찾아보게 했다."[2] 나중에 그는 말하기를 "주무숙과 다시 만난 이후 음풍농월하고 돌아오니, '오여점야(吾與點也)'와 같은 뜻이 있었다."[3] 《논어(論語)》의 내용에 따르면, 공자가 몇몇 학생에게 각각의 뜻이 무엇인지 물어보았다. 그 중 몇 사람은 국가 사무를 관장하는 관리가 되고 싶다고 했는데, 마지막으로 증점(曾點)에게 묻자, 증점은 자기 뜻은 대자연의 아름다운 풍경 속에서 가무교유(歌舞郊游)하는 것이라고 하자, 공자가 이를 찬탄하면서 "내 너를 인정하노라"[4]라고 했다. 주돈이의 개인 품격을 통해서 우리는 추

---

1) 《二程集 · 明道先生行狀》: "先生為學, 自十五六時, 聞汝南周茂叔論道, 遂厭科舉之業, 慨然有求道之志. 未知其要, 泛濫於諸家, 出入於老釋者幾十年, 返求諸六經而後得之."

2) 《二程遺書》 卷二上 : "令尋顏子、仲尼樂處, 所樂何事."

3) 《二程集 · 遺書》 卷三 : "自再見周茂叔後, 吟風弄月以歸, 有'吾與點也'之意."

4) 《論語 · 先進》: "吾與點也."

측할 수 있으니, 주돈이는 정호를 이끌어 세속의 명리를 벗어나 도에 대한 체인(體認)과 자연의 즐거움을 추구하도록 이끌었다. 정호는 나중에 시를 한 수 썼다. "구름 엷고 바람 살랑이니 한낮에 가까운데, 꽃을 찾아 버들길 따라 앞 개울 건너가네. 사람들은 나의 즐거운 마음을 모르고 한가함을 탐내 소년처럼 논다고 말하네."[5] 이 시는 그가 "유오여점야지의(有'吾與點也'之意)"한 것에 대한 각주라고 할 수 있다.

정호는 평생 책을 저술한 적이 없고, 그가 강학한 어록과 정이의 어록을 합하여 《이정집(二程集)·유서(遺書)》가 편집되었고, 따로 시문 약간 권이 있다. 새롭게 인쇄한 《이정집》이 있으니 참고할 만하다.

(1) 혼연히 만물과 하나되다

정호의 어록 중 '인(仁)'을 논한 어록이 두 부분 있었는데, 이후 도학자들이 이 두 부분을 특히 추앙했다. "인(仁)이란 천지 만물을 한 몸으로 삼으니 내가 아닌 것이 없다. (천지 만물이) 자기임을 깨닫게 된다면 어딘들 이르지 못하겠는가? 만약 자기에게 있다고 하지 않는다면 스스로 자신과 더불어 하늘을 돌보지 못하게 되니 마치 손발이 마비되어 기(氣)가 흐르지 않게 되니 내 몸에 속하지 않게 되는 것과 같다."[6] "학문하는 사람은 모름지기 인(仁)을 먼저 깨우쳐야 한다. 인(仁)은 혼연히 만물과 한 몸이니 의(義)·예(禮)·지(知)·신(信) 모두가 인(仁)인 것이다. 이 이치를 깨달아 알면 성경(誠敬)으로 잘 보존해야 한다. 그렇게 되면 잘못을

---

5) 《二程集·偶成》卷三 : "雲淡風輕近午天, 望(訪)花隨柳過前川. 旁人不識予心樂, 將謂偷閒學少年."

6) 《二程集·遺書》卷二上 : "仁者以天地萬物為一體, 莫非己也. 認得為己, 何所不至? 若不有諸己, 自不與己相乾. 如手足不仁, 氣已不貫, 皆不屬己."

저지르지 않도록 단속할 필요도 없고 바른 도리를 끝까지 찾으려 할 필요도 없다. 만약 마음이 나태해지면 막아야 할 것이 생기니 마음이 진실로 나태해지지 않았다면 막아야 할 것이 무엇이 있겠는가? 이치에 대해 깨닫지 못한 것이 있기 때문에 끝까지 캐서 알려고 하는 것이다. (도리를) 오랫동안 잘 보존하여 저절로 분명해졌다면 어찌 끝까지 캐서 알기를 기다리겠는가? 이는 도가 만물과 더불어 상대함이 없으니 밝힐 필요도 없다. 천지의 쓰임은 모두 나의 쓰임이기도 하니 맹자가 말한 '만물이 모두 내 안에 갖추어져 있으니', '나를 돌아보아 진실되다'면 커다란 즐거움이 된다는 것이다."[7] 선진 유가의 인학(仁學)은 박시제중(博施濟衆)의 인도주의와 극기복례(克己復禮)의 도덕 자율을 강조했다. 정호는 인(仁)의 최고 경지는 '만물과 일체가 되는' 것으로, 이런 경지의 기본 특징은 자기와 우주 만물을 식식상통(息息相通)하는 하나의 정체(整體)로 보고, 우주의 매 한 부분이 자기와 직접적 연계가 있다고 보고 심지어 자기의 일부분이라고 보았다. 정호는 고전 중국의학 이론에서 수족마비를 '불인(不仁)'이라고 해석할 수 있는데, 지체 마비 상황에서 사람은 마비된 지체가 전체 신체의 일부분이라는 것을 느끼지 못할 것이라 생각했다.

앞에서 인용한 두 어록은 장재의 학설과 상통하여, "이천지만물위일체(以天地萬物為一體)"하고, "막불비기(物莫非己)"라고 여겼으니, 바로 장재가 말한 "천하를 보니 어느 한 사물도 내가 아닌 것이 없다"[8]이다. 정호는 "<서명>은 아무개가 이 뜻을 깨달아"[9]라고 말한 적이 있다. 그러

7) 《二程集 · 遺書》 卷二上 : "學者須先識仁, 仁者, 渾然與物同體, 義、禮、知、信皆仁也. 識得此理, 以誠敬存之而已, 不須防檢, 不須窮索. 若心懈則有防, 心苟不懈, 何防之有? 理有未得, 故須窮索. 存久自明, 安待窮索? 此道與物無對, 大不足以明之, 天地之用皆我之用. 孟子言'萬物皆備於我', 須反身而誠, 乃為大樂."

8) 《正蒙 · 大心》 : "視天下無一物非我."

나 정호와 장재에게도 다른 점이 있으니, 그것은 주로 <서명>의 기초는 기일원론으로, 그것이 제창하는 인생 태도와 우주 흉회(胸懷)는 궁신지화(窮神知化)의 이성적 사고와 함께 연결되어 있다는 것에 표현되어 있다. 정호는 개체의 감수(感受) 체험을 더욱 강조하여, 그는 인자(仁者)는 단지 자기를 만물과 일체로 '보기만' 하는 것이 아니라, 반드시 그런 참되고 절실한 감수(感受)가 있어야 한다고 여겼으니, 이것이 이른바 '실유저기(實有諸己)'이다. 정호의 인학(仁學) 경지는 심리 체험에 더욱 많이 기초하고 있고, 사색을 하여 깨닫기보다 직관 체험을 통해 깨닫기를 강조하고 있으니, 내심의 수양을 통하여 인체는 자기가 모든 대립을 초월하여 우주의 모든 것이 분할할 수 없는 혼연일체라는 것을 체험한다는 것이다. 정호는 우주에 대한 이런 직접 체험이 있으면, 사람은 더욱 높은 자각과 더욱 높은 정신 경지가 있다고 여겼다. 수양의 공부는 바로 이런 체득한 심리 경지를 보존하는 것이다. 정호는 사람이 이런 내심 경지가 있으면 자연스럽게 '큰 즐거움'이 있을 것이라 여겼으니, 이 역시 안회가 즐거워한 것이다. 이런 즐거운 것은 반드시 안회가 빈천한 가운데에서야 비로서 얻을 수 있는 것이 결코 아니며, 빈천이 이런 경지를 더욱 드러낼 수 있다는 뜻이다. 정호는 이런 경지가 있어서, 사람은 그가 완성하려고 하는 도덕 행위에 대하여 더욱 높은 의식과 자각이 있다고 여겼으니, 사람은 억지로 사욕을 극복 제거하고 도덕 율령에 복종하는 것이 아니라, 이런 완전한 자각 속에서 정신상 극도로 큰 즐거움을 자각한다는 것이다.

정호의 이런 '인자혼연여물동체(仁者渾然與物同體)' 사상은 장재의 '민포물여' '여천위일' 사상과 마찬가지로 적극적 합리적 측면도 있고 심각한 치우친 폐단도 있다. '여인위도(與人為徒)'는 사람의 사회성과 인

9) 《二程集 · 遺書》 卷二上 : "《西銘》, 某得此意."

간관계의 조화를 강조한 것으로, 본래 공자 이래 유가의 전통사상이다. 이론 사유 측면에서 그것은 개인은 타인과 사회의 독립적 존재와 떨어질 수 없다는 것을 강조한다. 사회 작용 측면에서 그것은 한 세대 또 한 세대 사인(士人)들의 '이천하위기임(以天下為己任)'하는 사회적 책임감을 배양하여, 적극적이고 합리적이다. 장재·정호는 이런 '여인위도' 사상을 확대하여 '혼연여물동체(渾然與物同體)' '여천위일'로 하여, '여인위도'를 말했을 뿐만 아니라 천지만물과 일체가 되는 것을 말하여, '여인위도'에 우주적 의미를 부여했다. 이런 확대와 제고는 불교와 도교의 '초월주의(超越主義)'(일본 학자 오카다 다케히코(岡田武彥) 용어)와 투쟁하고 유가의 적극적 입세의 인생 태도를 유지 보호하는 측면에서 적극적 의미가 있다. 그러나 이론적 사유 측면에서 보면, 이런 확대와 제고는 유가의 이성주의에 손해가 아니라고 말할 수 없다. 우리는 마땅히 철저한 유물주의자가 되어야 하니, 종교적 '초월'이든 아니면 준종교적 이른바 '내재 초월'이든 모두 찬동할 수 없다. 그래서 인생 이상 측면에서 '군기일체(群己一體)' '여군위일(與群為一)'하는 것이 좋다. 우리는 고대 철인의 사상 속에서 지혜를 파내는 것을 잘해야 하며, 그 편파된 폐단에 미혹되지 말아야 한다.

(2) '동(動)'과 '정(靜)'이 모두 정해지다

장재는 정호에게 편지를 써서 물으며 '마음을 안정시키는데 움직이지 않을 수 없는 것은 외물에 누가 되기 때문이다'를 표시하고, 이로 인해 정호는 답장을 썼으니, 나중에 도학자들은 정호의 답장 편지를 <정성서(定性書)>라고 했다. 주희(朱熹)는 나중에 자기 학생에게 해석하기를, <정성서> 중의 '정성'이 실제로 가리키는 것은 '정심(定心)'이라고 하였으니, 이 해석은 정확하다. 따라서 그 중 몇몇 관계없는 내용을 제거했다.

<정성서>에서 토론한 주제는 어떤 수양 방법을 통해서 사람의 내심의 안녕과 평정을 실현할까 하는 것이었음을 알 수 있다.

장재의 설에 따르면, 내심 평정을 주로 가로막는 것은 외부 사물로부터 오는 간섭인데, 외물이 일으키는 간섭을 근절하는 것이 또한 매우 어렵다. 정호는 여기길, 이른바 '정(定)'은 내심이 활동을 정지하게 하는 것이 결코 아니고, 내심이 간신히 자아의식에 집중하게 하는 것도 아니며, 외물에 어떠한 반응도 하지 않는 것도 더더욱 아니다. 그는 다음과 같이 제시했다. "천지의 상도(常道)는 그 마음이 만물에 보편하여 무심(無心)하고 성인의 상도는 그 정(情)이 만사에 순응하여 무정(無情)하다. 그러므로 군자의 학문은 분별이 없이 넓고 확 트여 크게 공평하고 만물이 오면 부드럽게 대응한다. …… 진실로 외물의 유혹에 얽매이게 된다면 동쪽에서 사라지고 서쪽에서 생겨나는 상황을 보게 될 것이며 오직 시간이 부족할 뿐만 아니라 실마리도 무궁하여 (유혹을) 이루다 제거하지 못할 것이다. …… 바깥을 그르다 하고 안을 바르다 하는 것은 안과 밖을 둘 다 잊어버린 것만 같지 못하다. 두 가지를 다 잊으면 물처럼 맑아 무사(無事)하니, 무사(無事)하면 곧 정(定)하며 정(定)하면 곧 명(明)이고 명(明)하면 어찌 물(物)에 응하여 누(累)가 있겠는가. 성인의 즐거움은 물(物)의 마땅한 즐거움이며 성인의 노여움은 물(物)의 마땅한 노여움이다. 성인이 기뻐하고 노여워하는 것은 심(心)에 원인이 있는 것이 아니고 물(物)에 원인이 있는 것이다."[10]

---

10) 《二程集·答橫渠先生定性書》: "夫天地之常, 以其心普萬物而無心; 聖人之常, 以其情順萬事而無情. 故君子之學, 莫若廓然而大公, 物來而順應. ……苟規規於外誘之除, 將見滅於東而生於西也. 非惟日之不足, 顧其端無窮, 不可得而除也. ……與其非外而是內, 不若內外之兩忘也. 兩忘則澄然無事矣. 無事則定, 定貝帽, 明則尚何應物之為累哉! 聖人之喜, 以物之當喜; 聖人之怒, 以物之當怒, 是聖人之喜怒, 不繫於心而繫於物也."

중국 고대 철인은 일련의 인생 문제에 대해 깊은 탐구를 했으니, 정호의 <정성서(定性書)>에서 논의한 것은 '정여무정(情與無情)'의 문제이다. 이것은 확실히 중요한 문제이다. 인생은 고난의 과정으로, 외물의 역저(逆阻)와 세사의 곡절이 항상 사람을 고통스럽게 하여, 감정을 잘 쓰지 못하면 견딜 수 없이 고통스럽게 된다. 그래서 인생은 생활의 예술, 정서를 제어하는 예술이 필요하다. 이 측면에서 중국 고대 철인이 본 것은 각각 다르다. 혹자는 감정을 절제할 것을 주장하고, 혹자는 감정을 없앨 것을 주장하고, 혹자는 유정이무정(有情而無情)을 주장했다. 정호는 이정종리(以情從理)를 주장하였으니, 매우 깊은 견해이다. 사람은 초목이 아니니, 누가 감정이 없을 수 있겠는가? 그러나 이 감정이라는 것은 만약 이성의 통제를 받지 않으면 문제를 일으키기 쉽다. 감정이 지나치게 강렬하면 안으로 심신을 상하게 할 수 있고 밖으로 일을 해칠 수 있으니, 이 때문에 이성으로 감정을 제어할 필요가 매우 있게 된다. 중국 고대의 수많은 장수한 철학자·예술가·과학자는 모두 이지(理智)로 감정을 제어하는 것을 잘하여, 한편으로 자강불식(自強不息)의 태도로 용감하게 생활에 투입하여, 소극적이지 않고, 도피하지 않았으며, 한편으로 이지달관(理智達觀)의 태도로 인생의 갖가지 시련을 마주하여, 이를 통해 생활의 강자가 되었다. 이것은 유가와 특히 공자·맹자·이정(二程)의 가르침과 밀접한 관계가 있다. 이성·이지(理智)로 감정을 제어하는 이런 생활예술은 배우고 계승할 가치가 있다. '확연대공(廓然大公)'은 개인의 사심과 잡념을 제거했음을 가리킨다. 외물에 접촉할 때 감정은 당연히 있게 마련이다. 그러나 사물의 자연 규칙에 완전히 순응하여, 자기의 이해에서 출발하지 말고, 사물의 당연함을 따라야 한다. 이렇게 개인의 이해에서 만들어지는 모든 실망·불안·번뇌·고민·원한 등등을 없앨 수 있다.

정호의 정성(定性) 방법은 '내외양망(內外兩忘)'을 주장한 것으로, 그 핵심은 자아를 초월하는 것이다. 이 방법은 맹자의 부동심(不動心)의 전통을 계승하고, 불교와 도교의 심리수양 경험 특히 선종의 특히 선종의 '부재경상생심(不在境上生心)'의 집착하지 않는 방법을 흡수했다. 사람은 비록 외부 사물에 접촉하지만 마음이 연연하지 않고 어떤 한 사물에도 멈추지 않으면, 심령이 자유롭고 평온하고 안정되게 되며, 아울러 시종 동중유정(動中有定)하게 된다. 다른 한편, 이런 수양은 또한 불교· 도교와도 달라, 감정 반응이 합호당연(合乎當然)하여 사심과 잡념의 영향을 없애서, 마음이 외물에 대하여 거울과 똑같이 정확하게 비출 수 있고, 따라서 인륜의 일용 속에서 정확하게 처세응물(處世應物)하게 되는 것을 강조했다.

(3) '형이상'과 '형이하'

《주역대전·계사 상》에서 "형태를 넘어선 것을 일컬어 도(道)라고 하고, 형태를 가진 것을 일컬어 기(器)라고 한다"[11]라고 했다. 중국철학의 발전 속에서 다른 시대의 철학자들이 이 두 구절을 다르게 해석했다.

정호와 그의 동생 정이는 형이상과 형이하의 구분을 매우 중시했다. 정호는 말했다. "<계사>에 말하길 '형태를 넘어선 것을 일컬어 도(道)라고 하고, 형태를 가진 것을 일컬어 기(器)라고 한다.' …… 음양은 또한 형이하의 것인데 '도(道)'라 한 것이다. 오직 이 말만이 상(上)과 하(下)를 구분지음이 가장 분명하지만, 원래는 단지 이 도(道)일 뿐이니, 요점은 사람이 묵묵히 아는 것에 있다."[12] 이는 모든 물질적·구체적 물건은 모

---

11) 《周易大傳·繫辭上》: "形而上者謂之道, 形而下者謂之器."

12) 《二程集·遺書》 卷十一 : "《繫辭》'形而上者謂之道, 形而下者謂之器.'……陰陽亦形而下者也. 而曰道者, 惟此語截得上下最分明. 元來祇此是道, 要在人

두 '형이하'에 속하고, 모든 보편적·추상적 물건은 모두 '형이상'에 속한다는 말이다. 감성적으로 존재하는 것은 형이하이고, 오직 이성 재능으로 파악한 것만이 형이상이다. 천지·만물·음양(陰陽)은 모두 형이하의 '기(器)'이다. 사물의 규칙·본질·공상(共相)만이 형이상의 '도(道)이다. 보편과 특수를 구분하고, 이(理)와 물(物), 도(道)와 기(器)를 구분하는 것이 철학의 중요한 방법이라고 정호는 보았다. <계사 상>에서 '"한번 음(陰)하고 한번 양(陽)함을 이르는 것이 도(道)이다'라는 말은 도(道)와 기(器)를 진정으로 분명히 구분한 것이 아니라고 그는 강조했다. 음양(陰陽)은 기(氣)이고, 형이하(形而下)의 존재이며, "형이상의 것을 도(道)라고 하고, 형이하의 것을 기(器)라고 한다"는 구절에서 비로소 "상과 하를 가장 분명하게 나누었고", 비로소 감성의 구체와 추상의 일반적 본질을 구분하기 시작했기 때문이다. '도(道) 혹은 '이(理)는 감성의 직접적 존재가 아니다. 그것들은 이성적 사유의 대상으로, 감각기관이 직접 인식하는 것이 아니니, 그러므로 '요점은 사람이 묵묵히 아는 것에 있다'라고 말했다.

동시에 정호는 지적했다. "형이상의 것은 '도(道)'가 되고 형이하의 것은 '기(器)'가 된다. 모름지기 이와 같이 말해야 하지만, 기(器)가 또한 도이고 도(道)가 또한 기인 것이다. 다만 도가 있는 것을 알게 되면 현재와 미래 나와 타인의 구분에 얽매이지 않게 되는 것이다."[13] 이는 다시 말하자면, 대상의 파악에 대한 사유로부터 말하자면, 철학은 가장 먼저 추상과 구체를 구분해야 하는데, 그러나 또한 반드시 이해해야 하는 것이, 실제의 존재로 말하자면, 도(道)는 기(器)와 완전히 나누어지는 독립

默而識之也."

13) 《二程集·遺書》卷一 : "形而上為道、形而下為器, 須著如此說. 器亦道, 道亦器, 但得道在, 不繫今與後, 己與人."

된 실체가 결코 아니어서, 도(道)는 기(器)를 떠나지 않고, 기(器)는 도(道)를 떠나지 않아, 도(道)는 기(器)의 속에 있고, 기(器) 속에 도(道)가 있다는 것이다. 따라서 "도(道)의 밖에는 물(物)이 없고, 물(物)의 밖에는 도(道)가 없으니"[14], 사물의 본질·원리·법칙은 사물 속에 있으니, 사람의 인식은 인륜일용(人倫日用) 속에서 도(道)를 보아야 하는 것이고, 모든 구체적 사물에서 우주의 보편 원리를 인식해야 한다는 것이다.

정호는 주관 유심주의 경향의 철학자이다. 송명 시기의 주관 유심주의에는 주의를 기울일 만한 몇몇 특징이 있으니, '이기'·'이사(理事)'·'도기(道器)' 등 관계 문제에서 그들의 지론은 유물주의자와 매우 접근하며, 그들의 유심주의는 '심물(心物)' '심리(心理)' 관계의 견해에서 주로 표현된다는 것이다. 정호의 도기론(道器論)이 바로 이런 특징을 지니고 있다. 그는 도기 통일을 주장하여, 도(道)와 기(器)는 독립된 두 실체가 아니라고 보았으니, 이것은 유물주의적 요소이다. 그러나 그는 또 도(道)는 우주 중에서 가장 근본적이라고 보았고, 아울러 이로써 기(氣)를 본원으로 하는 장재의 유물주의를 반대하여, 이렇게 도기는 기(器)에 통일되지 않고 도(道)에 통일되었으니, 이는 또한 객관 유심주의이다. 비록 그렇지만 정호는 '도기' 문제를 하나의 중요한 철학 문제로 제기하여, 이론 사유의 발전에 중요한 공헌을 했다.

(4) 반드시 상대적인 것이 있다

정호는 우주 중 모순 대립의 현상에 매우 주의를 기울였다. 그는 말했다. "천지 만물의 이(理)는 독립된 것이 없고 반드시 대(對)가 있으니, 모두 저절로 그렇게 된 것이지 누가 안배한 것이 아니다. 매번 한밤중에

---

14) 《二程集·遺書》卷四 : "道之外無物, 物之外無道."

생각하며, 손이 춤추는지 발이 춤추는지 모를 정도이다."[15] 정호가 보기에, 모든 사물은 그 대립 면이 있어서, 모순과 대립은 우주의 보편현상이다. '대(對)'는 대대(對待)이고, '독(獨)'은 대립 면이 없는 것을 가리킨다. 그는 또 말했다. "만물은 상대하지 않는 것이 없으니 한 번 음하고 한 번 양하며, 하나는 선하고 다른 하나는 악하다, 양이 자라면 음이 사라지고, 선한 사람이 늘어나면 악한 사람이 줄어든다. 이 이치를 미루어보면 매우 심원하도다!"[16] 모든 대립 면은 서로 존재하는 조건이 되고, 모순과 대립의 보편성은 우주의 보편법칙으로, 이 법칙은 저절로 그런 것이지 어떤 사람이 사물에게 강제로 부여한 것이 아니며, 이 규칙이 없으면 사물은 탄생될 수 없고 존재할 수 없다. 왜 이 규칙의 보편 적용을 보고 손이 춤추고 발이 춤추었는지 정호는 설명하지 않았다. 아마도 이것은 어떤 진리를 인식함으로 말미암아 느끼게 되는 형언할 수 없는 고무(鼓舞)와 충동(沖動)일 것이다.

유가의 대립 관념은 한편으로는 세계의 광범위한 현상에 대하여 관찰한 것을 총결한 것이고, 다른 한편으로는, 더욱 많은 경우로, 사회생활의 갖가지 충돌 현상으로부터 총결한 것이다. 유가의 음양 대립 관념 속에 항상 이런 사상이 포함되어 있다. 선과 악의 대립은 보편법칙의 표현에 합하는 것으로, 사람들은 마땅히 사회의 추악한 면을 바로 보아야 한다. 이런 인식이 있어야, 사람은 사회의 어둡고 추악한 면으로 인하여 압권(厭倦)·소극(消極)·퇴축(退縮)하지 않게 되며, 암흑과의 투쟁을 제중응유지의(題中應有之義)로 보게 된다. 비록 그렇지만, 선이 있으면 반드시

---

15) 《二程集·遺書》卷十一："天地萬物之理, 無獨必有對, 皆自然而然, 非有安排也. 每中夜以思, 不知手之舞之, 足之蹈之也."

16) 《二程集·遺書》卷十一："萬物莫不有對, 一陰一陽、一善一惡, 陽長則陰消, 善增則惡滅. 斯理也, 推之其遠乎!"

악이 있지만, 그러나 이런 대립 관념은 개체의 도덕 수양이 악을 몰아내고 선을 행할 것을 강조하니, 사회정치 구조에서 마땅히 군자를 나아가게 하고 소인을 물러나게 해야 한다. 그러므로 우주 사이에는 영원히 악이 없을 수 없으나, 개인이 악을 제거하고 선을 보존하는 것은 가능하다. 이런 음양 대립관은 바로 상당한 정도에서 사회의 선악의 대립 소장(消長)에 기초하며, 따라서 그것은 음양 대립 중 양이 주도적 측면임을 시종 강조한다. 이 양주음종(陽主陰從) 관점은 어떠한 구체적 사물 중 충돌하는 쌍방의 지위가 영원히 바뀔 수 없다는 말이 아니라, 우주의 총체적 성질로 보아, 선한 것, 향상하는 것, 적극적 역량이 시종 주도적 역량임을 나타내며, 선과 정의에 대한 이 철학자들의 신념 및 낙관주의적 태도가 반영되어 있다. 우리는 유가의 음양 대립 관념이 단지 자연에 대한 변증법적 관찰뿐만이 아니라 나아가 사회에 대한 변증법적 이해라는 것을 알아야 이 사상의 적극적 의의를 정확하게 인식할 수 있다.

(5) 하늘과 사람은 하나의 이치이다

장재도 철학에서 천인합일·만물일체를 말했다. 그러나 장재의 천인합일은 주로 그의 우주기일원론을 기초로 한 것이었다. 이 점에서 정호는 그와 다르다. "만물을 한 몸이라 말하는 것은 모두 이 이치가 있기 때문이다."[17] 이 관점에 근거하면, 만물일체는 만물이 모두 '이 이치'가 있는 것에서 말미암는다. 《이정외서(二程外書)》 권12에서 "명도(明道)가 일찍이 말하기를 나의 학문이 비록 누군가에게 배운 것이지만 '천리(天理)'두 글자는 스스로 깨달은 것이다."[18]라고 했다. 이정 형제는 천리에

17) 《二程集·遺書》 卷二上 : "所以謂萬物一體者, 皆有此理."
18) 《二程外書》 卷十二 : "明道嘗言, 吾學雖有所受, '天理'二字卻是自家體貼出

대한 그들의 인식은 그들이 진지한 사고와 체험을 거쳐서 얻은 독특한 견해라고 여겼다.

이정 철학에서 '천리'는 자연의 보편법칙을 가리키기도 하고, 또한 인류사회의 당연한 원칙을 가리키기도 한다. 따라서 천리의 이런 의미 자체가 바로 천인합일을 표현한 것이다. 정호는 말했다. "도가 있고 이치가 있어야 천인합일이 되어 다시는 분별이 없게 된다."[19] 이는 천리는 보편적 원리로, 자연·사회 그리고 모두 구체적 사물의 존재와 발전에 적용된다는 것을 나타낸 것이다. 유가의 전통적 천인합일 사상은 이런 '천인일리' 설에서 새로운 형식을 찾았다.

정이는 그의 《역전(易傳)》에서 다음과 같이 말했다. "건(乾)은 하늘이다. 하늘이라는 것은 건(乾)의 형체요, 건(乾)이라고 하는 것은 하늘의 성정(性情)이다. 건(乾)은 하늘의 주위를 도는 것이다. 주위를 돌면서 끊임이 없는 것을 건(乾)이라고 말한다. 무릇 천(天)을 온전히 말한다면 도(道)라고 할 수 있다. 천(天)은 또한 무엇에도 어긋남이 없다는 것이다. 이 하늘을 나누어서 말할 것 같으면 형체로서는 천(天)이라 하고 주재(主宰)로서는 제(帝)라고 하며 공용(功用)으로서 보면 귀신이라고 하며 묘용(妙用)으로서 말하면 신이라고 하며 성정(性情)으로서 보면 건(乾)이라고 말한다."[20] 이는 이정의 철학에서 '천'의 기본 의미는 '도(道)를 가리키며, 유형의 푸른 하늘은 천도가 의지하여 표현된 형체로, 그 주재 지배의 작용을 제(帝)로 일컫고, 그 변화의 기능을 신(神)으로 일컫고, 그 성질을 건이무식(健而無息)으로 일컬을 수 있다는 말이다. 정호 역시

來."

19) 《二程集·遺書》 卷二上 : "有道有理, 天人一也, 更不分別."

20) 《周易程氏傳》 卷一《乾》: "乾, 天也. 天者, 天之形體; 乾者, 天之性情. 乾, 健也, 健而無息之謂乾. 夫天專言之則道也, 天且弗違是也. 分而言之, 則以形體謂之天, 以主宰謂之帝, 以功用謂之鬼, 以妙用謂之神, 以性情謂之乾."

"천이라 말하는 것은 이치이다. 신(神)이라 말하는 것은 만물을 오묘히 기르는 것을 말하는 것이다. 제(帝)라 말하는 것은 일을 주재하는 것으로 이름한 것이다"[21]라고 하여, '천'으로 이(理)를 가리켰으니, 이는 이정의 독창적 견해이다.

정호의 천리 학설은 '이(理)를 상고 철학 중 '천'이 지닌 본체의 지위까지 끌어올리고, 동시에 상고 철학에서 우주 현상에 대하여 '천'으로 해석한 것을 모두 '이(理)로 고쳐 해석했다. 이 각도에서 보면, 천인일리의 학설은 인도(人道)를 천도까지 끌어올린 의미에서 그 보편성과 필연성을 논증하려고 하였고, 인류사회의 어떤 원칙과 규범을 세계의 본체로 과대하였으니, 이것은 유심주의이다. 그러나 다른 각도에서 보면, 천인일리의 사상은 우주 보편 규칙을 긍정하는 통일성을 포함하고 있어, 이론 사유 상 일정한 의의가 있다. 엥겔스는 헤겔 철학을 정확하게 분석할 것을 말할 때 지적했다. "비록 우리가 여기서 무수한 임의의 허구와 가공의 날조를 만나지만, 비록 이런 철학의 결과-사유와 존재의 통일-가 유심주의라는 머리와 꼬리가 도치된 형식을 채택하지만, 그러나 부인할 수 없는 것은, 많은 경우 그리고 극히 다른 영역에서 사유 과정은 자연 과정·역사 과정과 유사하다는 것을 이런 철학이 증명하였으며, 반대로 하여도 마찬가지로, 아울러 몇몇 규칙들은 이 모든 과정에 적용된다는 것을 증명했다."[22] 이정의 천인일리 설 역시 자연계 안에서 운동의 규칙은 복잡하게 착종된 변화 속에서 작용이 발생하고 이 규칙들도 마찬가지로 인류의 사회와 역사를 지배하고 있다는 것을 인정한 것이다. 그들이 보기에, 자연 규칙·사회 법칙·인생 준칙은 통일된 것이다. 인류사회의

21) 《二程集·遺書》 卷十一 : "天者, 理也; 神者, 妙萬物而為言者也; 帝者, 以主宰事而名."

22) 《自然辯證法》, 《馬克思恩格斯全集》 제3권, 人民出版社, 2012년, 977쪽.

갖가지 법칙은 우주 보편 원리의 국부적 표현이다. 그 안의 허구와 날조를 벗겨 제거하면 그 안에는 인류 합리 인식의 내핵이 포함되어 있다.

(6) 역(易)·도(道)·신(神)

정호는 지적했다. “상천(上天)의 일은 소리도 없고 냄새도 없으니, 그 체(體)를 역(易)이라 이르고 그 이치를 도(道)라 이르고 그 용(用)을 신(神)이라 이르며 …… 상하를 통함이 이와 같은데 지나지 않는다.”[23] ‘그 체(體)가 곧 역(易)이라 부르는 것이다’라고 했을 때, 여기서 ‘체’는 상대되는 체용(體用)에서의 체가 아니라, 변하고 흐르는 총체적 과정을 가리킨다. ‘그 용(用)을 신(神)이라 부른다’라고 했을 때, 여기서 ‘용’은 천지 사이 각종 구체적 운동 변화를 가리킨다. 이 사상에 의거하여, 천지 변화 운동의 총체를 ‘역(易)’이라고 하며, 천지의 운동 변화가 근거하는 법칙을 ‘도(道)라고 하며, 각종 구체적 운동 변화를 신(神)이라고 한다. 여기서 ‘기(其)’는 모두 천을 가리킨다.

정호의 이 사상은 이론 사유 상 하나의 방법론적 모델을 제시했으니, 즉 역(易, 體)—도(道, 理)—신(神, 用)으로, 모든 일정한 기능을 갖춘 자신의 운동 변화의 체계를 이것으로 광범위하게 설명할 수 있다. 이는 또한 세 요소를 통해 한 체계의 총체적 연관을 파악할 수 있다는 말이니, 하나는 체계의 운동 총체이고, 하나는 체계 운동의 운행 원리이고, 하나는 체계의 효용이다. 이후의 이학자는 바로 이 모델을 이학 철학의 다른 부분(예를 들면 인성론)을 설명하는 데 운용했다.

우주 변화의 총체를 파악하기 위하여, 장재 철학은 아주 많은 범주를

23) 《二程集·遺書》 卷一 : “蓋上天之載, 無聲無臭, 其體則謂之易, 其理則謂之道, 其用則謂之神. ……徹上徹下, 不過如此.”

규정했다. 그러나 이 범주들은 중복되는 것들이 있다. 정호는 우주 변화 총체를 파악하는 범주는 적은 편이나 비교적 명확하다. 비교하면, 장재가 세계를 파악하는 철학 범주는 분석의 성격이 비교적 강하고, 정호는 거시적으로 파악하는 데 비교적 주의를 기울였다. 그들은 각자 이론 사유에 자기의 공헌을 했다.

26 정이(程頤)

정이(程頤)의 자는 정숙(正叔)으로, 학자들은 그를 이천선생(伊川先生)이라고 부른다. 송 인종(仁宗) 명도(明道) 2년(1033)에 태어나, 송 휘종(徽宗) 대관(大觀) 원년(1107)에 세상을 떠났다. 정이는 정호(程顥)의 동생으로, 정호보다 한 살 적다. 14-15세 때 정호와 함께 주돈이에게 배웠다. 18세 때 인종에게 글을 올려, 왕도(王道)로 마음을 삼을 것을 권하고, 아울러 소대(召對)를 요구하여, 황제를 만나 배운 것을 펼치려고 하였으나, 실현되지는 않았다. 당시 저명한 학자 호원(胡瑗)이 태학(太學)에서 가르치고 있을 때, 《안자소호하학론(顔子所好何學論)》으로 학생들이 시험을 보게 하여, 정이 역시 한 편 작성하였는데, 호원이 그 답안을 보고 크게 놀라, 학관(學官)으로 초빙했다. 27세 때 과거 시험을 치르지 않겠다고 말하고, 이때부터 더이상 과거시험에 참가하지 않았다. 부친이 몇 차례 아들을 관리로 추천하는 기회를 얻었으나, 정이는 모두 친척에게 양보했다. 치명(治平)·희녕(熙寧) 년간에 대신들이 여러 차례 추천하였으나, 정이는 스스로 학문이 부족하다고 여겨, 관리가 되기를 원하지 않았다. 그래서 50여 세가 될 때까지 그는 여전히 관직을 지내지 않고, 그저 일개 한 '포의(布衣)'일 뿐, '처사(處士)'라고만 일컬어졌다.

정호가 세상을 떠난 뒤에야 정이는 비로소 벼슬길에 나가, 원우(元祐) 원년 '포의 신분으로 부름을 받아서', 숭정전설서(崇政殿說書)를 지냈다. 당시 철종은 즉위한 지 얼마 되지 않는, 아직 열 살 남짓 되는 아이로, 정이는 철종을 위해 책을 강론하는 선생님이 되었다. 정이는 일개 평민에서 단번에 황제의 강관(講官)으로 임명되었으니, 이는 당시에는 영향력이 큰 일이었다. 정이는 숭정전설서를 맡은 후, 상소하여 수업하는 횟수를 늘리고 쉬는 것을 줄일 것을 요구했다. 아울러 황제가 수업을 들을 때 태황태후가 뒤에서 주렴을 늘어뜨리고 자주 감독하고 아울러 강관이 직접 자기 의견들을 태황태후에게 진술할 수 있게 해달라고 요구했다. 그는 또한 인종 이래 강관이 서서 강의하는 규정을 바꾸어 강관이 앉아서 강의하는 것을 허락해달라고 요구했는데, 이렇게 해야만 황제의 '존유중도(尊儒重道)'의 마음을 기를 수 있다고 보았기 때문이다.

정이는 황제에게 수업할 때 얼굴에 철판을 깔고 매우 근엄한 태도를 취했다. 어느 해 봄, 그는 어린 황제가 난간에 기대어 버드나무 가지를 꺾으며 노는 것을 보고 황제에게 "봄에 한창 새 생명들이 태어나는데, 까닭없이 꺾으면 안됩니다"라고 훈계하여, 황제가 매우 기분이 언짢게 했다. 이와 유사한 상황은 한두 번이 아니었다. 정이는 당시 황제의 선생님으로 자처하여, 회피하는 것이 전혀 없이, 옆에 있는 사람이 보기에 놀랄 만큼 거침이 없어, 앞에서 언급한 그의 요구사항은 모두 받아들여지지 않았다. 같은 조정에 있던 사람들도 그와의 관계가 날로 긴장으로 치달았다. 원우(元祐) 2년 관구서경국자감(管勾西京國子監)으로 파견되었다.

정호가 살아 있을 때 정이에게 말하기를, 장래 사람들에게 '스승의 도를 존중하고 엄격하게 대하게' 할 수 있는 사람은 너이다. 그러나 그 사람의 재능에 따라 가르치고·후학을 길러내는 것은 내가 양보할 수 없다. 앞에서 말한 정이의 행위도 바로 존엄사도(尊嚴師道)의 행위이다.

정이의 개성은 정호와 달라서, 정호는 온화하고 평온하나, 정이는 엄격하고 정중하여, 이정의 제자가 말하기를, 대정(大程)은 풍취가 넘쳐나지만 소정(小程)은 '근엄하기만'했다고 했다. 고금에 일컬어지는 '정문입설(程門立雪)'은 양시(楊時)가 얼마나 정성스럽게 스승을 존경했는지 설명할 뿐 아니라, 또한 정이가 평소에 엄숙했던 것과도 관련이 있다. 정이의 문인의 말에 따르면, 그는 만년에 '조금 대하기 편안해졌'으나, 정호의 조용한 기상을 끝내 따라잡지는 못했다.

정이는 낙양에 오랜 기간 거주해서, 낙양에서 신법을 반대하는 정치집단과 관계가 깊었다. 그래서 그의 만년에 신당은 그를 사천(四川) 부릉(涪陵)으로 보내 그곳을 관리하도록 했다가 휘종이 즉위하고서야 낙양으로 돌아올 수 있었다. 그가 부주에서 장강을 따라 귀환하면서, 장강 협곡 한 곳에 이르렀는데, 물살의 흐름이 급해지고, 바람이 일어나 파도가 용솟음치자, 배 안에 있던 사람들이 모두 경악하여 소리치고 통곡하였는데, 오직 정이만은 옷매무새를 바르게 하고 단정하게 앉아 꿈쩍도 하지 않았다. 강안에 어떤 노인이 있어 당신은 "벼슬을 하고 나서 이렇게 된 것인가? 벼슬을 그만두고 이렇게 된 것인가?"[1]라고 물었다. 이 말은 '당신은 정신의 경지에 아주 높아 위기가 닥쳐서 저절로 마음이 움직이지 않는 건가? 아니면 자기의 마음이 움직이지 않도록 자기가 강제하여 여기서 굳건히 다잡고 있는 건가'라는 뜻이다. 정이 문인의 말에 따르면, 정이는 부주에서 돌아온 이후 경지와 기상이 모두 예전보다 뛰어났다고 하니, 아마도 그의 만년의 정신 경지는 확실히 수양이 높았던 듯하다.

새로 인쇄 간행한 《이정집》에는 정이의 어록·시문(詩文)·잡저(雜著) 및 그의 명저 《주역정씨전(周易程氏傳)》이 수록되어 있다. 《정씨역전(程

1) 《二程集·外書》 卷十二 : "達後如此? 舍後如此?"

氏易傳)》이라고도 한다.

(1) '동(動)'과 '정(靜)'은 끝이 없고, 음과 양은 시작 없다

정이는 음양의 기(氣)가 서로 문지르고 서로 밀며, 해와 달이 운행하고, 더위와 추위가 오고 가고, 강유(剛柔)가 변화하고, 만물이 시작하고 끝나는 자연의 조화는 멈추거나 쉬지 않고 흐르는 과정이라고 여겼다. 그는 지적했다. "동(動)과 정(靜)은 어느 것을 끝으로 할 수가 없고, 음(陰)과 양(陽)은 어느 것을 시작으로 할 수가 없다. 도를 아는 사람이 아니라면 이를 누가 알 수 있겠는가?"[2] 비록 주돈이 역시 " 한 번 움직임과 한 번 고요함이 서로 그 뿌리가 된다"를 제시하기는 했지만, 그는 "태극이 움직여 양을 낳고 움직이지 않아 음을 낳았다"라고 말해야 했기 때문에 우주발생론과 본체론을 구분하지 않았다. 이런 우주발생론에 따르면, 음양의 발생은 하나의 시작이 있는 것처럼 보인다. 철학적으로 말하면, 정이의 주장은 본체론의 일종으로, 따라서 그에게는 동과 정, 음과 양은 시작도 없고 끝도 있을 수 없다. 우주는 하나의 원시 실재로부터 점점 변화해온 것이 아니요, 우주의 대립통일과 음양 변화는 영원히 다함이 없는 과정이다. 이 점에 근거하여 그는 노자를 비판했다. "노씨(老氏)는 허이생기(虛而生氣)라고 말했는데, 아니다. 음양(陰陽)의 개폐는 본래 선후가 없으니, 오늘 음이 있고 내일 양이 있다고 말할 수 없다. 사람에게 형체와 그림자가 있는 것과 같아서, 형체와 그림자는 동시에 있는 것이지, 오늘 형체가 있고 내일 그림자가 있다고 말할 수 없다. 있다면 한꺼번에 있는 것이다."[3] 이는 또한 음양 두 기(氣)는 선후가 없다는 말이기도

2) 《二程集·經說·易說·繫辭》: "動靜無端, 陰陽無始, 非知道者, 孰能識之!"
3) 《二程集·遺書》卷十五: "老氏言虛而生氣, 非也. 陰陽開闔, 本無先後, 不可

하니, 선후가 없다는 것은 음양 두 기가 동시에 생겨났다는 말이 아니라 음양 두 기가 영원히 존재한다는 것으로, 따라서 노자가 먼저 허무(虛無)가 있고 나중에 기가 만들어졌다는 사상을 인정한 것은 맞지 않는 것이다. 정이는 무한의 의미에서 우주의 실재와 우주의 운동을 인식해야만 비로소 '도를 안' 것으로 말할 수 있다고 생각하였다. 엥겔스 역시 "영원히 변화하고 영원히 운동하는 물질 및 그 운동과 변화의 규칙 이외에 무슨 영원한 것은 더 이상 없다."[4]라 말하였다. 정이는 운동의 불멸과 물질의 영원이란 생각에 관하여 매우 높은 변증법 사유를 체현했다.

(2) '동(動)'은 천지의 마음이다

정이는 《주역》의 사상도 계승하여, '변화'의 보편성과 영원성을 인정했다. 그는 말했다. "천지가 낳은 것은 비록 산악과 같이 견고하고 두터운 것이라 하더라도 변하지 않을 수 있는 것이 없기 때문에 '항(恒)'이란 일정함을 말하는 것이 아니다. 일정하면 항상되게 할 수 없다. 오직 때에 따라 변하고 바뀌므로 이에 상도(常道)가 되는 것이다."[5] 우주 간 모든 사물은 크고 작고를 막론하고 모두 영원한 변화와 운동 속에 있으니, 변하지 않는 어떠한 사물도 없다. 변하지 않으면 장구할 수 없으니, 우주의 영원함은 바로 끊임없는 운동과 변화 속에서 유지할 수 있는 것이다. 따라서 항(恒)하면 반드시 변하고, 변하지 않으면 항(恒)할 수 없다. 자연

道今日有陰, 明日有陽. 如人有形影, 蓋形影一時, 不可言今日有形, 明日有影, 有便齊有."

4) 《自然辯證法》, 《馬克思恩格斯選集》 제3권, 人民出版社, 2012년, 864쪽.

5) 《周易程氏傳》 卷三 《周易下經上·恆卦》: "凡天地所生之物, 雖山岳之堅厚, 未有能不變者也, 故恆非一定之謂也, 一定則不能恆矣. 唯隨時變易, 乃常道也."

계만 이런 것이 아니라 인류사회 역시 이와 같아서, 끊임없이 개혁하는 것이 있고 변화하는 것이 있고 한 것이 바로 영원한 규칙이다.

동과 정 중에서, 한편으로, 정이는 두 가지가 '서로 말미암는다'고 강조했다. 그는 "동과 정이 서로 원인이 되어 변화를 이룬다"[6]고 했다. 즉 두 가지는 상보 상성한다고 보았으니, 동과 정이 서로 의지하고, 서로 교체하고, 서로 연결되어 모든 운동 변화를 조성한다는 것이다. 다른 한편으로, 그는 '동'을 더욱 강조했다. "하나의 양이 아래로 돌아오니 바로 천지가 사물을 낳는 마음이다. 이전의 학자들은 모두 고요함으로 천지의 마음을 보는 것으로 여겼으니, 움직임의 단서가 바로 천지의 마음임을 몰랐던 것이다. 도를 아는 자가 아니면 누가 그것을 알겠는가?"[7] 여기서 '천지지심(天地之心)'은 천지를 주재하는 근본원칙을 가리킨다. 이 사상에 비추어 보면, 동정(動靜) 두 가지 중에서 정이 아니라 동이 바로 더욱 근본적인 것이고, 우주의 생생불이(生生不已)의 근본 규칙을 체현했다. 정이의 이 사상은 왕필(王弼)·공영달(孔穎達)의 역학(易學)에서 정을 천지지심(天地之心)으로 보는 생각을 반대하고, 우주 과정에서 운동의 의미를 인정한 것으로, 이론적 가치가 매우 높다.

(3) '소이연(所以然)'이 이치이다

《주역대전·계사 상》에서 "한 번 음이 되었다가 한 번 양이 되는 것을 도라고 한다"[8]고 했다. 음양의 대립통일은 우주의 영원한 규칙임을 가

---

6) 《二程集·經說·易說·繫辭》: "動靜相因而成變化."

7) 《周易程氏傳·周易上經下·復卦》: "一陽復於下, 乃天地生物之心也. 先儒皆以靜為見天地之心, 蓋不知動之端乃天地之心也. 非知道者, 孰能識之!"

8) 《周易大傳·繫辭上》: "一陰一陽之謂道."

리킨 것이다. 정이는 이 말에 다른 해석을 했다. "한 번 음이 되었다가 한 번 양이 되는 것을 도라고 한다. 도는 음양(陰陽)이 아니고, 한 번 음이 되었다가 한 번 양이 되는 이치가 도이다. 가령 (천지가) 한 번 닫히고 한 번 열리는 것을 변(變)이라 한다."[9] "음양을 떠나면 더 이상 도가 없으니, 음하고 양하게 하는 원리는 도이고 음과 양은 기(氣)이다. 기(氣)는 형이하자(形而下者)이고 도(道)는 형이상자(形而上者)이다."[10] 이는 '한 번 음이 되고 한 번 양이 되는 것을 도라고 한다[一陰一陽之謂道]'라는 말에 음양과 도(道)의 상호관계가 포함되어 있다고 본 것이다. 그는 한 번 음이 되고 한 번 양이 되는 것은 기(氣)가 끊임없이 순환하는 과정을 가리키고, 도(道)는 한 번 음이 되고 한 양이 되는 것이 열리고 닫히고 왕래하는 과정의 내재적 근거를 가리킨다고 보았다.

따라서, 한편으로, 정이는 정호와 마찬가지로, 도(道)는 음양과 떨어질 수 없다는 것과 형상(形上)과 형하(形下)는 공간상 구별되는 다른 실체가 아니라는 것을 견지했다. 다른 한편으로, 기(氣)의 왕래 운동을 강조하고 그 안에는 이와 같은 운동을 지배하는 규칙이 있어서 이것이 내재적 근거가 된다는 것을 강조했다. 이렇게 정이가 '한 번 음이 되었다가 한 번 양이 되는 이치'를 도로 해석하는 생각은 도를 두 기가 운행하는 근거와 규칙으로 삼는 것이다. 이는 <계사>라는 오래된 명제를 새로운 의미에서 이(理)와 기(氣)의 관계로 해석한 것으로, 이는 송명이학의 이론과 사유의 발전에 촉진 작용을 일으켰다.

이 사상에 근거하여 정이는, 크게는 천지로부터 작게는 초목에 이르기

---

9) 《二程集·遺書》 卷三 : "一陰一陽之謂道, 道非陰陽也, 所以一陰一陽, 道也, 如一闔一辟謂之變."

10) 《二程集·遺書》 卷十五 : "離了陰陽更無道, 所以陰陽者是道也. 陰陽, 氣也. 氣是形而下者, 道是形而上者."

까지, 모든 사물은 그 소이연(所以然)이 없는 것이 없으니, 사물의 소이연이 바로 사물의 '이(理)'이며, 인궁리(人窮理)하는 것은 바로 사물의 소이연을 끝까지 캐내려고 하는 것이라고 보았다. 이(理, 道)를 소이연으로 여기는 정이의 이런 사상은 철학사의 발전으로 볼 때, '이(理)'의 인식과 규정에 깊이 들어간 것을 드러냈다. 따라서 이론 사유적으로 의의가 있다. '소이연'은 바로 사물이 근거하는 규칙으로, 이것은 중국 전통 철학에서 '이(理)'의 여러 의미 중 하나이다.

(4) '체(體)'와 '용(用)'은 그 근원이 하나이고, 드러남과 은미함은 그 경계가 없다

장재는 도가와 불가를 비판하면서, 두 철학의 '체용수절(體用殊絕)' 논리를 반대할 것을 제시했다. 즉 장재가 보기에, 체(體)와 용(用) 사이는 자르면 안 되는, 일치하지 않는 외재 연결이라는 것이다. 정이는 이 사상을 한 걸음 더 발전시켜, 《주역정씨전》의 서문에서 특별히 지적했다. "지극히 은미한 것은 이(理)이고 뚜렷이 드러나는 것이 상(象)이다. 체(體)와 용(用)은 근원이 하나이니, 드러나는 것과 은미한 것은 간극이 없다."[11] 정이의 이 사상은 역학 자체의 의미로 말하면, 주역의 심오한 의리는 어지러이 뒤섞여 있는 괘상(卦象) 속에 존재하니, 이(理)는 형상 속에 있고, 형상을 통해 이(理)를 안다. 상(象)을 벗어나면 이(理)가 없으니, 이(理)은 상(象)의 이(理)이고, 상(象)은 이(理)의 상(象)임을 지적한 것이다.

철학으로 말하자면, 이 사상은 더욱 광범위한 의미가 있다. 정이는 말한 적이 있다. "뚜렷이 드러나는 것으로는 '사(事)' 만한 것이 없고 지극

11) 《周易程氏傳·易傳序》: "至微者, 理也; 至著者, 象也. 體用一源, 顯微無間."

히 은미한 것으로는 '이(理)' 만한 것이 없다. '사(事)'와 '이(理)'는 하나이고, 은미한 것과 드러나는 것도 한 근원이다. 옛날의 군자가 공부를 잘했다고 하는 것은 이 원리에 통달한 것일 뿐이다."[12] 이는 다시 말하면, 《주역정씨전서(周易程氏傳序)·역전서(易傳序)》에서 말한 '상(象)' 역시 모든 현상·모든 구체적 사물을 가리키는 것이다. '이(理)'는 무형무상(無形無象)하고, 미묘하여 보이지 않으니, 그래서 '미(微)'라고 하는 것이다. 구체적 사물은 드러나는 상이 분명하여 직접 감지할 수 있으니, 그래서 '저(著)'라고 한다. '이(理)'는 사물의 본질이고, 사물은 '이(理)'의 표현으로, 양자는 딱 잘라 대립하는 것이 아니고 서로 통일된 것이다.

정이가 여기서 말한 '체(體)'는 사물 내부의 심미(深微)한 원리와 근원을 가리키며, '용(用)'은 세계의 각종 현상을 가리킨다. 중국철학에서는 '체(體)'·'용(用)'이 한 쌍의 범주 사이에 제1성과 제2성의 다름이 있다. '체(體)'는 제1성이고, '용(用)'은 제2성이다. 체(體)는 용(用)을 결정하고, 용(用)은 체(體)에 의지한다. 이 점에서 말하자면, 정이의 '이체(理體)·사용(事用)'설은 유리주의(唯理主義)적 경향이 있다.

서양과 인도의 철학에서 상당히 유행하는 관점이 있으니, 현상(現象)은 허환(虛幻)되고 실재하는 것이 아니고 본체는 현상을 초월하는 진실된 존재라고 보는 것이다. 다시 말하자면, 본체는 '실체가 있으나 드러나지 않고'하고 현상은 '드러나긴 하지만 실체가 없다'는 것이다. 중국의 불교철학도 당연히 인도철학의 기본 관점을 채택했다. 그러나 중국철학의 고유 시스템은 본체와 현상이 딱 양분된다는 관점을 반대했다. 이 측면에서 보면, 정이는 이(理)를 사물의 내부 심미(深微)한 원리로 보고, 사물을 이(理)의 표현이라고 간주하고, 이(理)를 체(體)로 보고, 사(事)를

12) 《二程集·遺書》 卷二十五 : "至顯者莫如事, 至微者莫如理, 而事理一致, 微顯一源, 古之君子所謂善學者, 以其能通於此而已."

용(用)으로 보고, 체(體)와 용(用)은 통일된 것으로 여기고, 본체와 현실의 밀접한 연결을 강조하고, 체용(體用)은 모두 실재하는 것으로 여기고, 체(體)는 용(用) 속에 있고 체(體)와 용(用)은 서로 떨어지지 않는다고 보았으니, 이런 사상들은 본체와 현상에 대한 중국 고대철학의 관점을 한 걸음 나아가게 하였고, 또한 그 표현에 엄정한 경전적 형식을 갖추고 있으니, 이것은 중국철학에 공헌한 것이다.

(5) 도는 스스로 만물을 낳는다

장재의 기일원론 철학에서는, 태허(太虛)의 기(氣)가 모여서 기(氣)가 되고, 기(氣)가 모여서 만물이 되고, 만물이 흩어져서 기(氣)가 되고, 기(氣)가 흩어져서 태허(太虛)로 돌아가니, 우주 전체가 모이고 흩어지는 영원한 순환이며, 기(氣)는 우주를 구성하는 물질재료로, 단지 형태의 변화만 있을 뿐, 영원히 소멸되지 않는다고 본다. 정이가 보기에, 거시적 관점에서 말하자면, 물질과 운동은 모두 소실되지 않고, 우주에는 물질과 운동이 없던 때가 없었다. 그러나 정이가 보기에는, 우주 구성의 재료로 말하자면, 순환하지 않고 생생(生生)하고, 구체적 기(氣)는 모두 탄생과 소멸이 있다.

장재처럼 한 사물의 기(氣)는 사물이 사망한 이후 형태 변화만 있을 뿐 진정으로 소멸되는 것이 아니라고 보는 시각은 우주의 발전과 일치하기 어렵다고 정이는 여겼다. 그는 "천지의 조화는 저절로 낳고 낳아 끝이 없는 것이니 어찌 이미 사멸한 것을 다시 빌어 생겨나겠으며 이미 (無로) 돌아간 기를 조화라 할 수 있겠는가?…… 하늘의 기(氣) 역시 저절로 낳고 낳아 끝이 없는 것이다"[13]라고 했다. 이는 생(生)이 있으면

13) 《二程集·遺書》卷十五 : "天地之化, 自然生生不窮, 更何復資於既斃之形、既

사(死)가 있고, 성(盛)이 있으면 반드시 쇠(衰)가 있고, 왕(往)이 있으면 래(來)가 있다는 말이다. 우주는 본질적으로 순환하는 것이 아니라 일신하는 것이고, 생생하는 것이다. 한 사물의 사망은 이 사물의 기(氣) 역시 점차 소진하여 무에 이르는 것을 조성한다. 새로운 사물은 우주 사이 새롭게 탄생된 기(氣)가 취합하여 이루어지며, 원래 옛 사물의 기를 취합하여 다시 결집되어 조성될 리가 없다.

새로운 기는 어떻게 만들어지나? 어디서 만들어지나? 정이가 보기에, 기의 끊임없는 소진과 끊임없는 탄생은 우주 속에서 매 시각마다 발생하며 이것은 완전히 자연스러운 과정이다. 기(氣)의 끊임없는 탄생은 우주 고유의 필연성에서 근원한다. 우주의 도(道)는 바로 끊임없이 낳고 낳는 하는 근원이다. 정이는 말했다. "도는 스스로 만물을 낳는다", "도는 스스로 만물을 낳고 낳아 쉬지 않는다"[14] 그는 끊임없이 낳고 낳는 작용을 도(道)에 돌리고, 기(氣)는 끊임없이 탄생되고 또한 끊임없이 소멸한다고 보았다.

변증 유물주의 관점에서 보면, 물질 및 그 운동은 영원하고, 우주 간 영원한 물질은 무한한 각종 다른 구체적 실물 형태로 표현되며, 이들 구체적 물질 형태는 모두 일시적이다. 물질의 형태 사이는 전환할 수 있으며, 우주의 총 에너지는 증감하지 않고 영원하다. 정이는 물질과 에너지 불멸 및 그 상호 전환의 이치를 이해할 수 없었다.

(6) 만물은 궁극에 도달하면 반드시 돌아온다

정이는 사물의 운동을 한 걸음 더 나아가 토론했다. 그는 말했다. "(사

返之氣以為造化？……天之氣亦自然生生不窮."

14)《二程集·遺書》卷十五 ："道則自然生萬物", "道則自然生生不息."

물이) 굽었다 펴지고 갔다가 오는 것은 오직 이(理)일 뿐으로, …… 사물은 극에 달하면 반드시 되돌아온다[物極必返]. 그 이(理)는 이와 같아야 한다. 생(生)이 있으면 사(死)가 있고, 시작이 있으면 끝이 있다."[15] 정이는 어떠한 사물의 존재와 운동의 상태도 모두 끊임없는 변화 속에 있고, 어떠한 운동도 왕(往)만 있고 래(來)는 없을 수 없고, 굴(屈)만 있고 신(伸)이 없을 수 없다고 여겼다. 마치 밤과 낮이 교체하는 것처럼 성(盛)이 있으면 쇠(衰)가 있고, 생이 있으면 사가 있고, 왕이 있으면 래가 있어, 사물의 운동이 극점에 도달하면 필연적으로 다른 대립되는 상태에게 교체당하니, '물극필반'은 세계의 기본 법칙이다. 그는 《주역정씨전》에서 이 점을 여러 차례 말했다. 이를테면 "만물의 이치는 극에 도달하여 반드시 되돌아온다. 그러므로 태평한 것이 지극해지면 막히게 하게 되고, 비색한 것이 지극해지면 태평하게 된다. ……극에 달하여 반드시 되돌아오는 것은 변함없는 이치이다. 그러나 위태로움을 되돌려서 편안하게 하고 어지러운 것을 바꾸어 다스리게 하는 것은 반드시 굳센 양의 재질을 가진 후에만 이와 같이 할 수 있다"[16]라고 했고, 또 "사물의 이치는 지극하면 반드시 돌아오니, 가까운 일로써 밝히면 마치 사람이 동쪽으로 나아가 동쪽이 다하였을 때에는 움직이면 서쪽이고, 만약 높이 올라가 높음이 다하였을 때에는 움직이면 내려오는 것과 같다. 이미 지극하면 움직임에 반드시 돌아오게 된다"[17]라고 했고, 또 "만물은 지극한 데에 이르면 돌아오고 일은 지극한 데에 이르면 변하니, 어려움이 이미 지극

---

15) 《二程集·遺書》 卷十五 : "屈伸往來祇是理, ……物極必返, 其理須如此, 有生便有死, 有始便有終."

16) 《周易程氏傳·周易上經上·否卦》 : "物理極而必反, 故泰極則否, 否極則泰. ……極而必反, 理之常也. 然反危為安, 易亂為治, 必有陽剛之才而後能也."

17) 《周易程氏傳·周易下經上·睽卦》 : "物理極而必反, 以近明之: 如人適東, 東極矣, 動則西也. 如升高, 高極矣, 動則下也. 既極, 則動而必反也."

한 데에 이르니, 이치상 마땅히 변할 것이다"[18]라고 했다. 사물의 발전은 끊임없이 대립 면을 향하여 전환하니, 이 규칙은 사람의 의지로 전이되는 것이 아니다. 엥겔스 역시 말했다. "한 극(極)은 이미 핵 안의 것이 되어 다른 한 극 속에 존재하고, 일정한 점에 도달하면 한 극는 다른 한 극으로 전환되니, 전체 논리가 모두 단지 이들 전진하는 대립 속에서 전개된다."[19]

정이는 여기길, 사회생활에서 사람은 마땅히 물극필반의 규칙에 근거하여 자기의 행동을 결정해야 하니, 사회의 위태로움을 바꿔 편안하게 하고 혼란스러움을 바꿔 잘 다스려지게 하는 등 모두 사람이 주동성을 발휘하여 사물이 좋은 방향으로 전환하는 것을 촉성하는 것이 필요하다. 상대적으로 안정된 시대에는 충돌이 과격하지 않도록 완화하는 것에 주의를 기울여야 한다. 그는 말했다. "어질고 지혜로운 사람은 물리(物理)를 밝게 분별하여 풍성한 때를 맞이하면 허물이 장차 이를 것을 안다. 그러므로 덜어내고 억제하여 감히 가득하고 지극한 상태에 이르지 않도록 한다."[20] "성인은 왕성하려고 할 때에 반드시 경계하니, 왕성하려고 할 때에 쇠퇴할 것을 염려하면 가득차거나 궁극에 도달함을 막아서 영구함을 도모할 수 있다."[21] 다른 상황에 따라, 때로는 사람이 능동적으로 사물의 변화를 촉성시킬 것이 요구되고, 때로는 사람이 능동적으로 사물이 나쁜 방향으로 전환되는 것을 방지할 것이 요구되니, 중국철학에서

18) 《周易程氏傳 · 周易下經下 · 困卦》: "物極則反, 事極則變. 困既極矣, 理當變矣."

19) 《自然辯證法》, 《馬克思恩格斯選集》 제3권, 人民出版社, 2012년, 892쪽.

20) 《周易程氏傳 · 周易上經上 · 大有》: "賢智之人, 明辯物理, 當其方盛, 則知咎之將至, 故能損抑, 不敢至於滿極也."

21) 《周易程氏傳 · 周易上經下 · 臨卦》: "聖人為戒, 必於方盛之時. 方盛而慮衰, 則可以防其滿極, 而圖其永久."

말하는 중용이나 극단으로 가는 것을 반대하는 주장은 바로 후자 측면의 내용을 포함한 것임을 알 수 있다. 까닭에 이 주장은 어느 정도 어느 범위에서 정확하다.

(7) '이(理)'는 상대적인 것이 있다

정호와 마찬가지로, 정이 역시 대립의 보편성을 긍정했다. 그는 지적했다. "도는 둘이니 인(仁)과 불인(不仁)일 뿐이며 자연의 이치 또한 이와 같다. 도(道)는 대립하지 않는 것이 없으니, 음이 있으면 양이 있고, 선이 있으면 악이 있고, 시가 있으면 비도 있으니 하나만 있지도 않고 또한 셋만 있지도 않다."[22] 세계에는 대립 면이 없는 어떠한 사물도 없으니, 대립 면이 없는 '하나도 혹은 대립 면을 초월한 '셋'도 존재하지 않는다. 그는 또한 "이치에 반드시 상대가 있는 것은 낳고 낳는 근본이다. 위가 있으면 아래가 있고, 바탕이 있으면 꾸밈이 있으니, 하나는 홀로 서지 못하고 둘은 꾸밈이 된다. 도를 아는 자가 아니면 누가 알 수 있겠는가!"[23]라고 했다. 한 가지 현상이 있으면 그와 상반된 다른 현상이 반드시 존재하니, 대립은 보편적이고 필연적이고 또한 자연적이다. 이런 대립이 바로 생생변화(生生變化)의 근원이요, 또한 우주 변화의 기본 법칙으로, 오직 이런 법칙을 진정으로 인식한 사람만이 이런 보편적 대립을 이해할 수 있다.

---

22) 《二程集 · 遺書》 卷十五 : "道二, 仁與不仁而已, 自然理如此. 道無無對, 有陰則有陽, 有善則有惡, 有是則有非, 無一亦無三."

23) 《周易程氏傳 · 周易上經下 · 賁卦》 : "理必有對待, 生生之本也. 有上則有下, 有此則有彼, 有質則有文. 一不獨立, 二則為文. 非知道者, 孰能識之!"

(8) '성(性)'이 곧 '이(理)'이다

선진(先秦) 시대에 철학자들은 인성(人性)의 선악 문제에 대해 뜨거운 토론을 벌인 적이 있다. 맹자의 성선설(性善說)은 사람은 선험적 도덕 이성을 갖추고 있다고 강조했고, 순자의 성악론(性惡論)은 자연스러운 욕망이 사람의 본질이라고 강조했다. 이학 창시자 중 한 사람으로서 정이는 인성을 '이(理)로 규정하여, 유가의 성선론을 발전시켜서, 이론적으로 특색있는 인성 학설을 형성했다.

정이는 말했다. "성(性)이 바로 이(理)이니 이른바 이(理)가 성(性)이라고 한 것이 이것이다."[24] "성(性)이 바로 이(理)이니 이(理)는 요순(堯舜)으로부터 길가다 만나는 보통의 사람에 이르기까지 한 가지이다. 사람의 재능은 기(氣)로부터 받는 것인데, 기(氣)에는 청탁(淸濁)이 있어, 깨끗한 기를 받고 태어난 사람은 현명한 사람이 되고 탁한 기운을 받고 태어난 사람은 어리석은 사람이 된다."[25] 중국철학에서 '성(性)은 본래 인류의 본성 혹은 사물의 본질 속성을 가리킨다. '이(理)는 사물의 필연 법칙을 가리키며, 또한 사회의 도덕 원칙을 가리킨다. 정이는 성(性)이 바로 이(理)라고 보았으니, 이 사상은 사회발전의 어떤 단계의 도덕 원칙을 인류 불변의 영원한 본성으로 본 것으로, 사람은 선험적 도덕 이성을 갖추고 있다고 보았으니, 이는 도덕선험론의 일종이다. 정이는 인성은 도덕의 근본원칙일 뿐 아니라 우주의 근본 규칙이라고 보아, 이 사상은 우주의 근본 규칙과 인류의 도덕 원칙을 섞어서 하나로 한 것이다.

그러나 다른 측면에서 말하면, '성즉리야(性卽理也)'는 한 사물의 본성 혹은 본질은 또한 이 사물의 규칙이기도 하다고 여기는 것을 포함하

24) 《二程集·遺書》 卷二十二 : "性即理也, 所謂理性是也."

25) 《二程集·遺書》 卷十八 : "性即是理, 理則自堯舜至於塗人, 一也. 才稟於氣, 氣有清濁, 稟其清者為賢, 稟其濁者為愚."

고 있어, 이 사상은 이론 사유 상 의미 있는 것이다. 레닌은 말했다. "규칙과 본질은 사람이 현상에 대해서, 세계에 대해서 등등의 인식이 심화되는 것을 보여주는 것과 같은 부류(서열)의 개념으로, 혹은 좀 더 확실하게 말하자면, 동등한 정도의 개념이라 하겠다."[26] 중국 고대철학 중 많은 명제가 다층적 의미가 있으니, 오늘날 우리는 변증법적으로 분석해야 한다.

(9) 덕성의 함양은 '경(敬)'에 있고, 학문의 발전은 '치지(致知)'에 달렸다

정이가 보기에, 도덕 원칙은 또한 사람의 본성이기도 하니, 인성은 근본적으로 선한 것으로, 학습하는 방법은 자기의 본성이 완전히 드러나게 하기 위한 것으로, 이런 의미에서 성인이 되고 현인이 되는 것은 또한 자아실현을 의미하기도 한다. 사람의 자아 배양과 자아 실현 측면에서, 그는 두 가지 가장 기본적 방법이 있다고 보았으니, 그것은 바로 "학문을 통해 마음을 수양할 때에는 모름지기 경(敬)을 주로 하고, 학문에 나아감에 사물의 도리를 밝혀 앎을 지극히 해야 한다"[27]는 것이다. 이는 사람의 도덕 감정·도덕 정조(情操)·도덕 경지의 배양은 주로 일종의 주경(主敬)의 수양에 의지한다는 것을, 사람의 지식의 축적과 발전은 주로 각종 학습을 통해서라는 것을 가리킨다. 주경(主敬)은 평소의 수양의 일종으로, 모든 잡념을 배제하고 주의력을 내심에 집중시켜 마음이 방치하지 않게 하고, 일종의 경외(敬畏)의 심정을 유지하고, 아울러 인욕(人欲)의 간섭에 대하여 시시각각 맑게 깨어 있는 두뇌를 보존하는 것을

26) 《列寧全集》 제55권, 人民出版社, 1990년, 127쪽.

27) 《二程集·遺書》 卷十八 : "涵養須用敬, 進學則在致知."

가리킨다. 정이는 여기길, 주경(主敬)과 치지(致知) 둘은 가를 수 없으니, 주경(主敬)의 수양은 또한 독서명리(讀書明理)에 필요한 전제이기도 하고, 동시에 단지 주경(主敬)만 있는 수양은 충분하지 않고, 또한 반드시 격물궁리(格物窮理)를 통해야 한다고 즉 사물의 도리를 구체적으로 연구해야 한다고 보았다.

정이는 사람은 독서를 통해 이치를 깨달아야 하고 또한 덕성을 함양해야 해서 진선(眞善) 두 측면에서 동시에 진행해야 한다고 보았으니, 이는 성인이 되고 현인이 되는 데 없어서는 안되는 두 기본 길이라고 보았다.

정이는 만년에 부릉(涪陵)에서 낙양(洛陽)으로 돌아와, 하루는 이미 오래 전에 편집한 《주역정씨전》을 문인들에게 보여주자, 그의 한 제자 윤순(尹淳)이 말하기를, <역전서(易傳序)> 중의 "체용일원(體用一源), 현미무간(顯微無間)" 이 말은 "천기를 크게 드러낸 것 같다"라고 했다. 정이는 그가 요체를 볼 수 있었던 것을 칭찬하고 아울러 "나도 부득이하여 말한 것을 뿐이다"[28]라고 했다. 이렇게 보자면, 정이 본인 역시 자기의 철학은 이미 '천기'를 장악했다고 여겼다.

28) 《二程集·外書》 卷十二 : "某亦不得已而言焉耳."

27 주희(朱熹)

주희(朱熹)의 자는 원회(元晦) 또는 중회(仲晦), 호는 회암(晦庵)이다. 송 고종(高宗) 건염(建炎) 4년(1130)에 태어나, 송 영종(寧宗) 경원(慶元) 6년(1200)에 세상을 떠났다. 그의 선조는 휘주(徽州) 무원(婺源: 지금은 강서(江西)에 속함) 사람이다. 그의 부친 때부터 건양(建陽: 지금은 복건(福建)에 속함)에서 거주했으며, 그가 복건(福建) 용계(龍溪)에서 태어났기 때문에 전통적으로 그의 학파를 '민학(閩學)'이라고 한다. 주희는 송대 이학을 집대성한 사람으로, 또한 중국철학사에서 최대의 유심주의 철학자이다.

주희는 일찍부터 글을 많이 읽어서, 불가와 도가를 드나들었으며, 각종 학문에 매우 광범위한 흥미가 있었다. 기록에 따르면, 주희가 청년 시절에 진사 시험을 보러 가는데, 출발할 때 그의 부친이 그의 짐을 조사해보니, 그의 전체 행장 중에서 유일한 책이 《대혜어록(大慧語錄)》이었다고 한다. 이 책은 당시 저명한 선사(禪師)의 어록인데, 이 이야기의 자세한 내용은 아마도 더욱 고증을 해봐야 알겠지만, 청년 시절 주희가 얼마나 불교를 열심히 추구했는지 설명하기에 충분하다.

주희는 열아홉 살 때 진사에 합격하여, 나중에 천주(泉州) 동안현(同

安縣) 주부(主簿)에 임명되었다. 동안에서 돌아온 뒤, 이정(二程)의 3전 제자 이동(李侗)에게 배워, 이로부터 도학 발전의 길을 걸었다. 나중에 또 추밀원편수관(樞密院編修官)·비서성비서랑(秘書省秘書郞)을 역임했다. 그는 또한 강서(江西)의 남강(南康), 복건(福建)의 장주(漳州), 호남(湖南)의 담주(潭州: 지금의 장사(長沙))에서 최고행정장관을 지냈다. 남강에서 그는 백록동서원(白鹿洞書院)을 수리 복구했고, 장주에서 그는 행경계(行經界)를 신청했고, 담주에서 악록서원(岳麓書院)을 건축했다. 가는 곳마다 일을 하고 난 나머지 시간에 학생들을 모아 가르쳤다. 소희(紹熙) 5년(1194) 그는 부름을 받아서 수도로 들어가 환장각대제겸시강(煥章閣待制兼侍講)에 임명되었으나, 재임 기간이 매우 짧았다. 만년에 그는 당시 정치투쟁에 휘말려, 당권자로부터 관직을 삭탈당하고 서원이 파괴되었고, 그와 그의 학파는 '위학(僞學)'이라고 억울하게 일컬어져, 매우 큰 핍박을 받았다.

주희의 사회정치 사상은 군심(君心)을 바르게 하고, 기강을 세우고, 충현(忠賢)을 가까이 하고, 소인(小人)을 멀리 하고, 풍속을 바꾸고, 사회의 안 좋은 기풍을 개혁할 것을 요구한 것으로, 이것이 부국안민(富國安民)하고 중원을 회복하는 근본이라고 여겼다. 한 번은 그가 부름을 받아 수도에 들어가는데, 길에서 어떤 사람이 그에게 말하기를, 황제는 '정심성의(正心誠意)'니 뭐니 하는 것을 좋아하지 않으니, 황제를 만나면 절대 이것을 말하지 말라고 했다. 주희는 엄숙하게 대답했다. "내가 평생 배운 것이 오직 이 네 글자인데, 어찌 숨기고 다물어 우리 군주를 속이겠는가?"[1] 효종(孝宗)은 만년에 주희의 의견 역시 중시하여, 한 번은 주희가 천하의 여섯 가지 급히 해야 할 일을 논한 글을 올렸는데, 상소가 올라갔을 때 효종은 이미 침소에 들었던 터라, "밤중에 여러 번 일어나 촛불을

1) 《宋史》本傳 : "吾平生所學, 惟此四字, 豈可隱默以欺吾君乎?"

밝히며 끝까지 읽었다"[2]고 한다.

주희는 관리가 되는 것을 평소 좋아하지 않아서, 여러 번 불러도 움직이지 않고, 갖가지 이유를 들어 사양했다. 그래서 그는 진사 급제를 한 이후 50여 년 동안 "조정밖에서 벼슬을 한 것이 겨우 27년이고, 조정에 선 것은 겨우 40일이었으며"[3], 나머지 시간은 주로 복건 숭안(崇安)·건양(建陽) 일대에서 저술하고 강학했다. 그는 어렸을 때 집이 가난했고, 나중에는 관직을 아주 적게 지냈기 때문에 생활이 궁핍했다. 학생들이 원근에서 배우러 오는데, 자기가 양식을 짊어지고 왔고, 육채(肉菜)는 항상 없고, 겨우 '탈속반(脫粟飯)'일 뿐이었다. 그러나 그와 학생들은 가난한 것을 마음에 두지 않았다. 주희 일생에서 가장 큰 즐거움은 저술과 강학이었다.

주희의 저작은 매우 풍부하여, 중국철학사에서 저술의 광범성에서 그의 뒤를 따를 수 있는 다른 철학가는 거의 없다. 그의 저작 중 중요한 것으로는 《사서집주(四書集註)》《주역본의(周易本義)》《태극해의(太極解義)》《서명해의(西銘解義)》 등이 있다. 그의 강학 어록 《주자어류(朱子語類)》는 140권이고, 그밖에 《주문공문집(朱文公文集)》 120권이 있다.

(1) 이치와 사물

주희는 이정(二程) 철학 중 이치와 사물의 관계에 대한 토론을 계승하고 한 걸음 더 발전시켰다. 그는 지적했다. "형(形)이 있고 상(象)이 있는 것은 모두 기(器)이다. 그것이 기(器)가 되는 이(理)가 도(道)이다."[4] 사

2) 《宋史》 本傳 : "亟起秉燭, 讀之終篇."

3) 《宋史》 本傳 : "仕於外者僅九考, 立朝才四十日."

4) 《朱文公文集》 卷三十六 《答陸子靜》 : "凡有形有象者, 皆器也. 其所以為是器

(事)·물(物)·기(器)는 유형(有形) 유상(有象)의 것으로, 감성으로 파악할 수 있고, 이(理) 혹은 도(道)는 사물의 본질·규칙을 가리킨다.

주희는 이사(理事)에 관한 정이의 체용일원(體用一源) 사상을 한 걸음 더 발전시켰다. 그는 말했다. "이(理)의 관점에서 살펴보면 이(理)는 체(體)가 되고, 상(象)은 용(用)이 되니 이(理) 가운데 상(象)이 있으므로 이에 근원이 하나라는 것이다. 드러남과 은미함이 간극이 없다라는 것은 상(象)의 관점에서 살펴보면 상(象)은 드러나는 것이고, 이(理)는 은미한 것이니 상(象) 가운데 이(理)가 있으므로, 이에 간극이 없다고 하는 것이다."[5] 이는 사물은 현저한 것이고 이(理)는 심미(深微)한 것으로, 사물 상으로 보면, 모든 사물에는 이(理)가 있다는 말이다. 이(理)만으로 보면, 이(理)는 비록 형적(形跡)이 없지만, 그 안에는 이미 사물의 본질을 포함하고 있고, 사물 발전의 가능성을 포함하고 있다. 이것이 바로 정이가 말한 "체용일원(體用一源), 현미무간(顯微無間)"이다.

이 논리에 따르면, 사물이 아직 존재하지 않을 때, 사물의 이(理)는 미리 존재할 수 있고, 이 理가 뒤에 오는 사물의 필연적 출현과 존재를 결정한다. 정이도 본래 역시 "이가 있고 난 후에 상(象)이 있다"이라고 말한 적 있으나, 다만 정이는 아직 분명하게 말하지 않았을 뿐이다.

이와 같이 주희는 이정(二程) 철학의 기초 위에서 나아가 이사(理事)의 선후 문제를 토론했다. 그는 말했다. "만약 이(理)의 입장에서 보면, 비록 사물은 아직 있지 않지만, 그 사물의 이(理)는 이미 있으며, 그러나 또한 다만 그 이(理)만 있을 뿐, 아직 실제로 이 사물이 있는 것은 아니

之理者, 則道也."

5) 《朱文公文集》 卷十四 《答何叔京》: "自理而觀, 則理為體, 象為用, 而理中有象, 是一源也. 顯微無間者, 自象而觀, 則象為顯, 理為微, 而象中有理, 是無間也."

다."[6] "어떤 일이 있기 전에 먼저 어떤 이(理)가 있었다. 이는 아직 군신이 있기 전에 군신의 리가 있으며, 부자가 있기 전에 이미 부자의 리가 있었던 것과 같다. 이 이치는 본래 없었던 것이 아니고 다만 군신 부자가 있기를 기다려 도리를 가지고 그 속으로 들어간 것이다."[7] 이는 한 무리의 사물이 아직 탄생하지 않았을 때도 이 사물들의 규칙·법칙·원리는 이미 존재한다고 보는 것이다. 바꿔 말하자면, 모든 사물의 법칙은, 인류사회의 각종 원칙을 포함하여, 모두 영원히 존재하고 바뀌지 않는다는 것이다.

주희가 이사(理事) 선후에 관하여 토론한 것은 일반과 개별의 문제까지 미쳤다. 어떤 류(類)의 사물의 '이(理)'가 이 류(類) 사물의 공동 본질·규칙이 되어, 이 류(類) 모든 사물 속에 체현되면, 이 류(類)의 사물 중 몇몇 개별 사물에 사유(私有)되지 않고, 개별 사물의 탄생·소멸로 전이되지 않는다. 따라서, 오랫동안 이미 있는 어떤 한 류(類)의 사물의 이(理)가 이 류(類) 중 뒤에 오는 어떤 사물에 대하여 말하자면, '이치가 사물의 앞에 존재'할 수 있으니, 이것은 규칙이 보편성·일반성을 지니고 있음을 표현한 것이다. 그러나 일반은 개별을 떠나 독립적으로 존재할 수 없으니, 한 류(類) 사물은 모두 존재하지 않으며, 이것들의 이(理)도 당연히 존재할 수 없다. 주희는 한 류(類) 사물의 이(理)가 이 류(類) 중 어떤 사물에 대하여 선재성을 보았으니, 이것이 그의 공헌이라 할 수 있다. 그러나 이를 바탕으로 나아가 한 류(類) 사물의 이(理)는 이 류(類)의 사물에 앞서서 존재할 수 있다고 여겼으니, 이것은 오류에 빠진 것이

6) 《朱文公文集》 卷四十六 《答劉叔文》: "若在理上看, 則雖未有物, 而已有物之理, 然亦但有其理而已, 未嘗實有是物也."

7) 《朱子語類》 卷九十五: "未有這事, 先有這理. 如未有君臣, 已先有君臣之理; 未有父子, 已先有父子之理. 不成元無此理, 直待有君臣父子, 卻旋將道理入在裏面."

다. 주희의 사상은 비록 유심론이지만, 그러나 이사 선후에 대한 그의 토론은 사람의 인식을 심화시킨 것에 의의가 있다.

(2) '이(理)'와 '기(氣)'

주희는 우주 및 만물은 모두 '이(理)과 '기(氣)' 두 측면으로 공동 구성되었다고 보았다. 그는 말했다. "천지 사이에 이(理)가 있고 기(氣)가 있다. 이(理)란 형이상의 도(道)이고 생물(物)의 근본이다. 기(氣)란 형이하의 기(器)이고 생물을 생성하는 도구이다. 그러므로 인(人)과 물(物)이 태어나면, 반드시 이 이(理)를 받은 연후에 성(性)이 있고, 반드시 이 기(氣)를 받은 연후에 형(形)이 있다."[8] 이는 기(氣)는 모든 사물을 구성하는 재료를 가리키고, 이(理)는 사물의 본질과 규칙을 가리킨다는 말이다. 고대 그리스 철학자 아리스토텔레스의 철학에서는 우주의 구성을 형식과 질료로 나누고, 형식은 하나하나 사물이 이 사물이 되는 이(理)를 가리키고, 질료는 사물을 구성하는 재료를 가리키는 것으로 보았다. 한 네모난 사물이 네모나게 되는 이치가 있는데, 이 네모난 사물은 탁자일 수도 있고, 벽돌일 수도 있으니, 나무로 구성된 것일 수도 있고, 진흙이나 혹은 다른 어떤 재료로 구성된 것일 수도 있으니, 이것이 질료이다. 주희가 말한 이(理)와 기(氣) 이 두 측면은 또한 아리스토텔레스의 뜻과 비슷한데, 다른 것은, 아리스토텔레스가 말한 이(理)는 주로 사물의 형식·공상(共相)을 가리키고, 주희가 말한 이(理)는 주로 사물의 본질·규칙을 가리킨다는 것이다.

---

8) 《朱文公文集》卷五十八《答黃道夫》: "天地之間, 有理有氣. 理也者, 形而上之道也, 生物之本也. 氣也者, 形而下之器也, 生物之具也. 是以人物之生, 必稟此理然後有性; 必稟此氣, 然後有形."

주희는 한 걸음 나아가 이(理)와 기(氣)가 선후가 있는지 없는지 문제를 연구했다. 그는 여기기를, 현실 세계로 보면, 이(理)와 기(氣)는 분리할 수 없다. 천하에는 이(理)가 없는 기(氣)는 없고, 기(氣)가 없는 이(理)도 없다. 그러나 본원으로 들어가 보면 다르다. 그는 학생에게 다음과 같이 대답한 적이 있다. "아직 천지가 있기 이전에는 다만 이(理)만 있었을 뿐이니, 이 이치가 있고서야 비로소 이 천지가 있게 된 것이다. 만약 이 이치가 없었다면 천지 또한 없었을 것이며 사람도 없고 사물도 없어 아무 것도 싣지 못했을 것이다. 이(理)가 생기면서 기(氣)가 생겼고 두루 흐르면 만물을 길러낸 것이다."[9] 이는 이(理)가 기(氣)에 앞서서 존재했다는 것이다. 주희의 이 설에 따르면, 물질세계가 아직 존재하지 않았을 때, 그 보편적 규칙은 이미 존재했다는 것으로, 아주 뚜렷하게, 이 사상은 주희가 '이재사선' 사상에 관하여 한 걸음 나아가 우주 본원 문제까지 추론해간 필연적 결론이다. 이 결론은 주희 철학의 객관 유심주의 성질을 규정했다. 주의를 기울여야 하는 것은, 이기(理氣)·이사(理事)의 토론은 철학적 문제로 보면 모두 사물의 규칙과 사물 자체의 관계를 말한 것이고, 정신과 물질의 관계의 토론은 다르다는 것이다. 이는 또한 말하자면, 주희가 우주의 본원이라고 본 것은 일종의 관념적 실체로, 즉 단지 사람의 두뇌 속에서만 단독으로 존재할 수 있는 추상적 관념을 실체화한 것이다. 이것은 일종의 특수한 형식의 객관 유심주의로, 관념론이라고 할 수 있으며, 이것은 사유 능력을 지니고 있는 정신을 우주 본원으로 보는 유심주의와 어느 정도 구별이 된다.

주희는 만년에 이르러 이(理)가 기(氣)에 앞선다고 단정하면 해결하기 쉽지 않은 모순들이 생길 수 있다고 의식했다. 예를 들면, 이학 창시자

9) 《朱子語類》 卷一 : "未有天地之先, 畢竟也只是理, 有此理便有此天地, 若無此理便亦無天地, 無人無物, 都無該載了, 有理便有氣, 流行發育萬物."

정이는 '움직임과 고요함에는 단서가 없고, 음과 양에는 시작이 없다'를 강조했는데, 만약 이(理)가 기(氣)에 앞선다는 설에 따르면, 우주는 반드시 시작이 있어야 한다는 것이다. 주희는 만년 강학 기록 중 다음과 같은 대화가 있다. "어떤 사람이 물었다. '이(理)가 앞서고 기(氣)가 뒤처지는 것입니까?' 답하였다. '이(理)와 기(氣)는 본래 선후가 없다고 말하는 것이 맞지만 다만 밀어올리고 할 때에 이(理)가 앞서고 기(氣)가 뒤처지는 것과 비슷한 바가 있는 것과 같다."[10] 이는 이(理)와 기(氣)는 실제로는 이른바 선과 후가 없지만, 논리상 일종의 선후 관계가 있다는 말이다. 또한 이는 이(理)가 기(氣)의 '先'에 있다는 것은 논리상 선에 있다는 것을 가리키고, 시간상 선에 있는 것이 아니라는 말이다.

이기(理氣)가 시간적으로 선후가 없으면, 왜 또 양자 사이에 논리상 선후가 있다고 규정하려고 하는가? 이는 주희가 시종 이기(理氣) 양자의 지위가 평행이 아니라 이(理)가 제1성이고 기(氣)가 제2성이라고 여겼다는 것을 나타낸다.

(3) '이(理)'는 하나이되 만물에 따라 다르게 발현된다

'이일분수(理一分殊)'를 가장 먼저 제시한 것은 정이가 학생의 의문에 대답했을 때로, 주로 윤리학상 일반 원칙과 구체적 규범의 관계를 가리킨다. 주로 윤리학상 일반 원칙과 구체 규범의 관계를 가리킨다. 주희는 이 점을 계승하여 "이(理)는 오직 이것 하나일 뿐이니, 도리는 같으니, 그것이 나누어지는 것은 같지 않다. 군신에게는 군신의 이(理)가 있고, 부자에게는 부자의 이(理)가 있다"[11]고 했다. 이 역시 통일된 보편원리

10) 《朱子語類》 卷一 : "或問理在先氣在後, 曰: 理與氣本無先後之可言, 但推上去時, 卻如理在先氣在後相似."

가 다른 구체적 준칙으로 표현되고, 구체적 준칙에는 또한 보편원리가 관통되어 있음을 강조한 것이다. 그는 또 지적했다. "있는 위치가 다름에 따라, 그 이(理)의 쓰임은 하나가 아니다. 임금이 되면 인(仁)해야 하고, 신하가 되면 경(敬)해야 하고, 자식이 되면 효(孝)해야 하고, 부모가 되면 자애로워야 하니, 물물(物物)이 각각 이 이(理)를 갖추고 있으되, 물물이 각각 그 쓰임을 달리한다. 그러나 하나의 이(理)의 흐름이 아닌 것이 없다."[12] 사람은 저마다 다른 대상이 처한 상대적 지위에 따라 그 의무를 확정하고 다른 도덕 행위를 채택한다. 각종 도덕 행위에는 또한 통일된 도덕 원칙이 포함되어 있다. 다시 말하자면, 기본 도덕 원칙이 구체적으로 다른 행위규범으로 표현되니, 이것이 바로 이일분수이다.

윤리학으로부터 넓혀나가, 주희는 천하의 만사 만물은 모두 이런 일반과 개별의 이일분수 관계가 있다고 보았다. 그는 학생과 다음과 같이 문답했다. "학생이 묻기를, 작년에 선생님께서 말씀하시기를, 오직 하나의 도리일 뿐인데, 다르게 나누어진다고 하셨습니다. 나누어진다는 것은 이(理)는 오직 하나인데 그 쓰임은 다르다는 것 아니겠습니까? 임금의 인(仁), 신하의 경(敬), 자식의 효(孝), 부모의 자(慈), 백성들이 사귈 때의 신(信) 같은 것들이 이것입니까? 대답하기를, 그 체(體)가 이미 대략 다르니, 군신부자국인은 체(體)이고, 인(仁), 경(敬), 자(慈), 효(孝), 신(信)은 용(用)이다. 학생이 묻기를, 체(體)와 용(用)은 모두 다릅니까? 예컨대 이 널판지는 하나의 도리인데, 이 결은 이렇게 가고 저 결은 저렇게 간다. 예컨대 한 채의 집은 단지 하나의 도리인데, 대청이 있고 본채가 있

11) 《朱子語類》 卷六 : "理只是這一個, 道理則同, 其分不同, 君臣有君臣之理, 父子有父子之理."

12) 《朱子語類》 卷十八 : "所居之位不同, 則其理之用不一. 如為君須仁, 為臣須敬, 為子須孝, 為父須慈, 物物各具此理, 而物物各異其用, 然莫非一理之流行也."

으며, 초목은 오직 하나의 도리(桃李)이되 도(桃)가 있고 리(李)가 있는 것과 같다. 이 대중들은 오직 하나의 도리이되, 장삼(張三)이 있고 이사(李四)가 있고 이사(李四)는 장삼(張三)이 될 수 없고 장삼(張三)은 이사(李四)가 될 수 없는 것과 같다. 음양(陰陽)의 경우는 <서명>에서 이일분수를 말한 것도 역시 이와 같다."[13] 한 부류 사물은 저마다 이 부류 사물의 공통된 이(理)가 있다. 개체 사물은 달라서, 보편지리(普遍之理)가 개체 사물에서 구체적으로 표현되는 것 역시 다르다. 모든 건물은 공통된 이(理)가 있다. 그러나 건물의 이(理)는 청(廳)·당(堂) 등 다른 형식을 통하여 구체적으로 표현된다. 도(桃)와 리(李)는 모두 초목이다. 그러나 초목의 일반적 규칙의 표현은 차이가 있다. 동일한 성(性)이 차별성으로 표현되고, 잡다한 가운데 통일이 있고, 일반이 개별에 들어 있다는 것으로, 주희의 이런 사상들은 합리성이 있다.

이일분수의 사상에 근거하면, 사물의 구체적 성질·규칙은 각각 구별이 있어서, 금·목·수·화·토는 각각 이(理)가 있으며, 사람의 실천은 반드시 다른 대상 고유의 특정한 이(理)를 따라야 하니, 그렇지 않으면 실패한다. 이 입장에 서서 보면, 이른바 만물일리는 만물의 구체적 규칙이 직접 동일함을 가리키는 것이 아니라, 더욱 높은 층차에서 보면 모두 동일한 보편적 원리의 표현이면서 통일성을 갖추고 있다는 말이다. 이와 같이, 이일분수 역시 주희가 제공한 인식론과 방법론의 기초가 된다. '분

13) 《朱子語類》 卷六 : "問: 去歲聞先生曰, 只是一個道理, 其分不同. 所謂分者, 莫只是理一而其用不同? 如君之仁、臣之敬、子之孝、父之慈, 與國人交之信之類是也? 曰: 其體已略不同, 君臣父子國人是體, 仁敬慈孝與信是用. 問: 體用皆異? 曰: 如這片板, 只是一個道理, 這一路子恁地去, 那一路子恁地去. 如一所屋, 只是一個道理, 有廳有堂. 如草木, 只是一個道理, 有桃有李. 如這衆人, 只是一個道理, 有張三有李四, 李四不可為張三, 張三不可為李四. 如陰陽, 《西銘》言理一分殊, 亦是如此."

수'는 지식 누적의 필요성을 결정했다. '이일'은 관통의 가능성을 결정했다. 객관세계의 이일분수는 사람의 인식은 반드시 '분수'를 통하여 '이일'까지 상승해야 함을 결정했다.

(4) 양극단은 서로 맞닿는다

음양의 학설은 중국 고전철학 변증법 사유의 주요 이론형식의 하나로, 이 문제에 대해 많은 유물주의 사상가가 깊이 있는 논의를 드러냈을 뿐 아니라 유심주의 철학자 역시 저마다 이론적 공헌을 했다.

주희는 음양의 보편성을 매우 강조했다. 그는 지적했다. "음양(陰陽)은 어느 곳에도 없지 않으니 가로로 보나 세로로 보나 모두 볼 수 있다. 가로로 보면 왼쪽이 양이고 오른쪽이 음이며 세로로 보면 위가 양이고 아래가 음이다. 손바닥을 위로 펴면 양이 되고 아래로 뒤집으면 음이 된다. 밝은 곳을 향하면 양이 되고 밝은 곳을 등지면 음이 된다. 《정몽》에서 말하길 음양(陰陽)의 기(氣)가 순환하며 번갈아 이르고, 모였다 흩어지기를 제멋대로 하고 오르락내리락 하며 서로 구하며 왕성한 기운이 생성하며 서로 뒤섞인다. 서로 합치기도 제압하기도 하여 하나로 하려 하나 그렇게 할 수 없으니 대개 이와 같음을 일컫는 것이다."[14] 주희는 장재의 '음양양단'과 이정(二程)의 '무독유대(無獨有對)' 사상을 계승하고 아울러 음양 대립통일의 사상을 더욱 충분하게 발휘했다.

주희가 강학한 어록에서, 거의 모든 곳에서 그가 음양의 보편성을 강

14) 《朱子語類》 卷九十四 : "陰陽無處無之, 橫看豎看皆可見. 橫看則左陽而右陰, 豎看則上陽而下陰. 仰手則為陽, 覆手則為陰. 向明處為陽, 背明處為陰. 《正蒙》云陰陽之氣循環迭至, 聚散相蕩, 升降相求, 絪蘊相糅, 相兼相制, 欲一之不能, 蓋謂是也."

조한 것을 볼 수 있다. 그는 말했다. "음양건곤이 있지 않은 물(物)은 하나도 없으니, 지극히 은미하고 작은 초목금수에 이르기까지 역시 빈모음양(牝牡陰陽)이 있다."15) "우리 몸만 보더라도 안목이 트여 제대로 보기만 하면 음 아니면 양이다. 여기에 빽빽한 것은(몸과 관련된 모든 것은) 모두 다른 게 아니고 인(仁) 아니면 의(義)이며 강(剛) 아니면 유(柔)이다. 자기 자신이 앞으로 나아가려는 것은 양이고, <그러다가> 뒤로 물러나면 바로 음이며, 생각이 나면 양이고 <그 생각을> 멈추면 바로 음이다. 다르게 볼 필요가 없으니, 단지 한 번 움직이고 한 번 그치는 것이 바로 음양이다."16) "천지 사이에 음양이 아닌 것이 없으니, 한 번 움직이고 한 번 고요한 것과 한 번 말하고 한 번 침묵하는 것이 모두 음양의 이(理)이다."17) "하나의 물(物)에도 또한 각각 음양이 있으니, 예를 들면 사람의 남녀도 음양이다. 사람의 몸을 따라가 보면, 또한 각각 혈기가 있으니, 혈(血)은 음이고 기(氣)는 양이다. 예를 들면 낮과 밤 사이에서 낮은 양이고 밤은 음이다. 그런데 낮의 양은 오시(午時) 이후부터 또한 음에 속하고, 밤의 음은 자시(子時) 이후부터 또한 양에 속한다."18) 이 논술들은 통속적이고 이해하기 쉬워서 더 이상 해석할 필요가 없다.

15) 《朱子語類》 卷六十五 : "無一物不有陰陽乾坤, 至於至微至細, 草木禽獸, 亦有牝牡陰陽."

16) 《朱子語類》 卷六十五 : "只就身體上看, 才開眼, 不是陰, 便是陽, 密拶拶在這裏, 都不着得別物事. 不是仁, 便是義; 不是剛, 便是柔; 只自家要做向前, 便是陽, 才收退, 便是陰; 意思才動便是陽, 才靜便是陰. 未消別看, 只是一動一靜便是陰陽."

17) 《朱子語類》 卷六十五 : "天地之間無往而非陰陽, 一動一靜, 一語一默, 皆是陰陽之理."

18) 《朱子語類》 卷六十五 : "一物上又自各有陰陽, 如人之男女, 陰陽也. 逐人身上, 又各有這血氣, 血陰而氣陽也. 如晝夜之間, 晝陽而夜陰也. 而晝陽自午後又屬陰, 夜陰自子後又屬陽."

그는 또 지적했다. "천지의 변화는 예외없이 모든 것을 포괄하고 끝이 없이 운행한다. 그러나 그 실(實)이 되는 것은 일음일양 양단(兩端)을 벗어나지 않을 따름이다. 그 동정굴신·왕래합벽·승강부침의 성(性)은 비록 하루라도 상반하지 않은 적이 없지만 또한 하루도 서로 없을 수 없다."[19] 양(陽)은 모든 전진·상승·운동·강건·광명·유동하는 측면을 대표하고, 음(陰)은 모든 후퇴·하강·정지·유순·회암·응고하는 측면을 대표하여, 모든 사물, 크게는 천지에 이르기까지, 작게는 草木에 이르기까지, 정반(正反) 양 측면의 상호작용을 갖추지 않은 것이 없으니, 이 양 측면의 상호작용이 우주와 만물의 본성이다. 대립 면 및 그 상호작용·상호삼투에 관한 주희의 사상은 장재의 영향을 많이 받은 것이 뚜렷하다.

주희는 또한 '상대함'에 관한 이정(二程)의 토론도 발전시켰다. 그는 말했다. "일(一)은 이(二)에 상대되고, 형이상은 형이하에 상대된다. 그러나 일(一)만을 놓고 말하자면, 일(一) 속에 또한 상대되는 것이 저절로 있으니, 예를 들어 눈 앞에 사물 하나가 있으면, 뒤가 있고 앞이 있고, 위가 있고 아래가 있고, 안이 있고 밖이 있어, 둘은 또한 각자 상대가 된다. '무독필유대(無獨必有對)'라고 말하지만, 독(獨) 속에 또한 상대되는 것이 있으니, 가령 바둑판에서 길을 놓고 두 사람이 서로 상대를 할 때 바둑판의 끝은 단지 하나의 길만 있다. 만약 이에 대응하지 않으면 이 하나의 길은 360개의 길에 대응되니 이른바 하나가 만 개에 대응하는 것이고 도가 그릇에 대응하는 것이다."[20] 이는 '대(對)'는 단지 두 다른

---

19) 《朱文公文集》 卷七十六 《金華潘公集序》 : "天地之化, 包括無外, 運行無窮, 然其所以為實, 不越乎一陰一陽兩端而已. 其動靜屈伸、往來闔辟、升降浮沉之性, 雖未嘗一日不相反, 然亦不可一日而相無也."

20) 《朱子語類》 卷九十五 : "一便對二, 形而上便對形而下. 然就一言之, 一中又自有對, 且如眼前一物, 便有背有面, 有上有下, 有內有外, 二又各自為對. 雖

사물 혹은 현상의 대립만을 가리키는 것이 아니라 하나하나의 통일체 자체 속에도 모두 대립 면이 있음을 강조한 것으로, 따라서 일(一) 속에 저절로 대(對)가 있고, 독(獨) 속에 저절로 대(對)가 있다고 한 것이다. 이 사상에 따르면, 사물의 모순은 외재적 대립의 일종일 뿐 아니라 또한 내재적 대립통일의 일종이기도 하니, 이 사상은 음양 대립 사상을 뚜렷하게 앞으로 한 걸음 나아가게 했다.

주희는 지적했다. "동과 서, 상과 하, 추위와 더위, 밤과 낮, 생과 사에 이르기까지 모두 상반되고 상대되니, 천지 간 사물 중 상대되지 않는 것은 없었다."21) 상반 상대가 우주의 보편현상이라면, 또한 상반 상대는 우주의 보편 규칙임을 말해주는 것이기도 하다. 그는 지적했다. "고(高)가 있으면 하(下)가 반드시 있고, 대(大)가 있으면 소(小)가 반드시 있으니, 모두 이는 이치가 반드시 이와 같다는 것으로, 하늘이 만물을 낳을 때, 음만 홀로 있게 할 수 없어, 반드시 양이 있게 했고, 양만 홀로 있게 할 수 없어, 반드시 음이 있게 하였으니, 모두 대(對)이다. 이는 이(理)에 대한 대처가 아니고, 대가 있는 까닭은 이치가 이와 같이 합당하기 때문이다."22) 주희가 음양 대립을 얘기하는 행간에는 우주의 진리를 체득함으로 인한 일종의 흥분이 항상 넘치니, 바로 정호가 "매번 한밤중까지 생각하다가, 손이 춤추고 발이 뛰어오르는 것도 모를 정도였다"고 표현한 것과 같은 심정이다.

說'無獨必有對', 然獨中又自有對, 且如棋盤路兩兩相對, 末梢中間衹空一路, 若似無對, 然此一路對了三百六十路, 所謂一對萬, 道對器也."

21) 《朱子語類》 卷六十二 : "東之與西, 上之與下, 以至於寒暑晝夜生死皆是相反而相對也, 天地間物未嘗無相對者."

22) 《朱子語類》 卷九十五 : "有高必有下, 有大必有小, 皆是理必當如此, 如天之生物, 不能獨陰, 必有陽; 不能獨陽, 必有陰, 皆是對. 這對處不是理對, 其所以有對者, 是理合當恁地."

(5) 음과 양은 변한다

주희가 음양 대립 학설을 발전시킨 것은 그가 '교역(交易)'과 '변역(變易)'의 관념을 제시한 것에서도 표현되었다.

주희은 제시했다. "'역(易)'이란 글자에는 두 가지 뜻이 있다고 나는 생각한다. 변역(變易)이란 뜻이 있고, 교역(交易)이란 뜻이 있다."[23] '변역(變易)'은 사물의 운동 과정은 하나의 대립 면이 끊임없이 교체되는 순환과정임을 가리킨 것이고, '교역(交易)'은 사물의 구성이 모두 대립 면의 교합(交合) 및 상호작용임을 가리킨 것이다. 주희는 말했다. "음양(陰陽)은 흘러가는 것이 있고, 고정적인 것이 있다. '일동일정, 호위기근'하는 것이 바로 흘러가는 것으로, 더위와 추위가 왔다갔다 하는 것이 그것이다. '분음분양(分陰分陽), 양의립언(兩儀立焉)'하는 것이 바로 고정된 것으로, 천지 상하 사방이 그것이다. '역(易)'에 두 가지 뜻이 있으니, 하나는 변역(變易)으로, 바로 흘러가는 것이다. 하나는 교역(交易)으로, 바로 대대(對待)하는 것이다."[24] 이 사상에 근거하면, 우주 간의 대립통일은, 종(縱)의 과정으로 말하자면, 바로 밤과 낮이 교체되고 더위와 추위가 왔다갔다 하는 것이다. 이 측면에서 보면, 음양 두 기는 단지 하나의 기(氣)로, 기(氣)의 운동에 자기장의 변화같은 것이 있어, 그 과정은 하나의 음양이 교체되는 순환과정이다. 이 과정에서 양기의 운행이 극점에 도달하면 음기로 변하고, 음기의 운행이 극점에 도달하면 양기로 변한다.

우주의 대립통일을 횡(橫)의 측면에서 보면, 모든 사물, 우주 자체를

---

23) 《朱子語類》 卷六十五 : "某以為'易'字有二義: 有變易, 有交易."

24) 《朱子語類》 卷六十五 : "陰陽有個流行底, 有個定位底. '一動一靜, 互為其根', 便是流行底, 寒暑往來是也. '分陰分陽, 兩儀立焉', 便是定位底, 天地上下四方是也. '易'有兩義, 一是變易, 便是流行底; 一是交易, 便是對待底."

포함해서 모두 음양 대립의 통일체이다. 이 측면에서 보면, 동이 있으면 서가 있고, 남이 있으면 북이 있고, 남이 있으면 여가 있다. 이런 음양 대립을 정위된 것이라고 하며, 이런 대립 면은 상대적으로 고정성이 있지만 이런 대립 면은 또한 상호교합·상호작용이기도 하다는 것을 말해준다.

음양(陰陽)의 변역(變易)은 또한 유행·추행·순환이라고도 하며, 음양(陰陽)의 교역(交易)은 또한 대대·상대·정위라고도 한다. 오직 이 두 측면으로부터 동시에 음양의 학설을 이해해야 우주의 변증법을 전면적으로 파악할 수 있다고 주희는 보았다.

주희의 어록에 다음과 같은 기록이 있다. "혹자가 일(一)이기 때문에 신(神)한 것이냐고 물었다. 나는 대답했다. 일(一)은 하나의 도리로, 양단이 있으니, 용처(用處)가 다르다. 음양으로 비유하면, 음 속에 양이 있고, 양 속에 음이 있어, 양이 극에 달하면 음이 생기고, 음이 극에 달하면 양이 생기니, 그러므로 신화무궁하다."[25] 음 속에 양이 있고 양 속에 음이 있는 것은 음양(陰陽)의 교역(交易)을 가리키며, 음이 극에 달하면 양이 생기고 양이 극에 달하면 음이 생기는 것은 음양(陰陽)의 변역(變易)을 가리킨다. 바로 음양(陰陽)의 이 두 측면의 대립통일이 우주의 신묘무궁한 변화와 운동을 조성했다. 대립하면서 서로 스며들기도 하고 서로 전환되기도 한다. 따라서 고정된 대립은 경직되고 고정적이 아니며, 유행(流行)의 순환은 끊임없는 부정 속에서 운동한다. 주희는 확실히 음양을 변증법적으로 이해했다.

25) 《朱子語類》 卷九十八 : "或問一故神, 曰: 一是一個道理, 卻有兩端, 用處不同. 譬如陰陽, 陰中有陽, 陽中有陰, 陽極生陰, 陰極生陽, 所以神化無窮."

(6) '체(體)'와 '용(用)'은 상대적이면서 분리되지 않는다

이정(二程)과 마찬가지로, 주희 역시 '형이상(形而上)'과 '형이하(形而下)'의 구분을 중시했다. 그가 보기에, 모든 구체적 사물은 형이하(形而下)의 것이고, 추상적 원리·본질·규칙은 형이상(形而上)의 것이다. 주희는 말했다. "형이상의 것은 허(虛)하니, 도리이다. 형이하의 것을 채우니, 기(器)이다."[26] 허(虛)하는 형이상의 것은 감성의 구체적 존재가 아님을 나타낸다. 아리스토텔레스의 철학 중에서 '양종실체(兩種實體)'의 이론을 제시한 적이 있으니, 개체 사물은 제1실체이고 일반성 사물은 제2실체라고 여기는 것이다. 주희 철학에서는 전자는 형하의 기(器)이고 후자는 형상의 이(理)라고 여겼다. 또한 그는 양자 사이에는 체용(體用)의 구분이 있어서, 형상 형하 모두 실체 혹은 본체라고 여길 수 없다고 보았다. 예를 들면 그는 "형이상하에 있어서도 분별이 있을 수 있으니 분별한다면 이것은 체(體)요, 저것은 용(用)이라 하겠는데, 하나의 근원이라 말할 수 있다. 이것은 상(象)이고, 저것은 이(理)라고 나눌 수 있으나 이 둘은 간극이 없다고 말할 수 있다"[27]라고 했다.

중국 고대철학에서 체용(體用)의 범주는 여러 가지 뜻이 있다. 주희 역시 말했다. "지금 있는 것이 바로 체(體)이고, 나중에 생기는 것이 바로 용(用)이다. 이 몸은 체(體)이고, 움직이는 것이 바로 용(用)이다. 하늘은 체(體)이고, 만물이 이를 바탕으로 시작하는 것이 바로 용(用)이다. 땅은 체(體)이고, 만물이 이를 바탕으로 생겨나는 것이 바로 용(用)이다. 양으로 말하면, 양은 체(體)이고, 음은 용(用)이다. 음으로 말하면, 음은 체(體)이고, 양은 용(用)이다."[28] 이는 체용(體用)은 본원적인 것과 파생적

---

26) 《朱子語類》 卷七十五 : "形以上底虛, 渾是道理. 形以下底實, 便是器."

27) 《朱文公文集》 卷四十八 《答呂子約》 : "至於形而上下, 卻有分別, 須分得此是體, 彼是用, 方說得一源. 分得此是象, 彼是理, 方說得無間."

인 것, 실체와 작용으로 구분할 수 있다는 말이다. 체용(體用)이 세계를 파악하는 범주가 되면 역시 상대성이 있다. 그러나 다른 이학자와 마찬가지로, 주희 철학에서 '체(體)'는 주로 사물 안에 숨어 있어 볼 수 없는 형이상의 이(理)를 가리키며, '용(用)'은 사물에 드러난 이(理)의 각종 표현을 가리킨다.

'체용'의 규정에 관하여, 주희는 이런 사람의 원칙을 보충하는 것들을 한 걸음 나아가 제시했다. 주로 다음과 같다.

"체(體)는 하나이고 용(用)은 여럿이다."[29] 체(體)가 사물의 심미(深微)한 본질·원리라면, 그것은 일반적·보편적이다. 그런데 용(用)은 이(理)의 외재 표현으로, 필연적으로 개별적·천차만별적·구체적이다.

'체용(體用)'은 선후가 없다. 주희는 말했다. "체(體)가 있으면 용(用)이 있고, 용(用)이 있으면 체(體)가 있어, 선후를 나누어 말할 수 없다."[30] 체용(體用)은 있으면 함께 있고, 없으면 모두 없어, 양자는 발생학적 관계가 없고, 시간상 선후가 없다. 주희는 일찍이 예로 들길, 마치 귀와 듣는 동작 양자는 선후가 없는 것과 같다고 했다.

'체용(體用)'은 둘이면서 하나이다. 주희는 체용(體用)은 둘로, 두 가지라고 자주 말하였으니, 이는 체(體)와 용(用)은 동일한 대상에 두 명칭이 있는 게 아니라는 말로, 체(體)와 용(用)은 사물 객관 존재의 다른 두 측면이라는 말이다. "체(體)와 용(用)은 다르니, 어찌 둘이 아닐 수 있단 말인가."[31] 체용(體用)이 만약 본래 동일한 것이라면, '일원'과 '무간'도

---

28) 《朱子語類》 卷六 : "見在底便是體, 後來生底便是用. 此身是體, 動作處便是用. 天是體, 萬物資始處便是用. 地是體, 萬物資生處便是用. 就陽言, 則陽是體, 陰是用. 就陰言, 則陰是體, 陽是用."

29) 《朱子語類》 卷二十七 : "體一而用殊."

30) 《朱子語類》 卷七十六 : "有體則有用, 有用則有體, 不可分先後說."

31) 《朱文公文集》 卷三十三 《答呂伯恭》 : "體用自殊, 安得不為二."

말할 수 없다. 다른 측면으로, 체용(體用)은 또한 통일된 것이기도 하니, "체용(體用)은 또한 명백하게 각각 하나의 일이 아니기도 하다."[32] 이러한 의미에서 체용(體用)은 또한 일물(一物)로, 일물(一物)의 다른 측면이기도 하다.

체용(體用)은 떨어지지 않는다. 주희는 "체용(體用)이 그렇게 불리는 것은 그것이 대대(對待) 관계로써 서로 분리될 수 없기 때문이다."[33]라고 지적했다. 체용(體用)이 대립통일의 관계가 되는 것은 서로 존재의 전제가 되고, 서로 존재의 조건이 되어, 상대방을 떠나 독립적으로 존재하는 체(體)와 용(用)은 상상할 수도 없으며, 체(體) 혹은 용(用)이 되지도 않는다.

주희는 정이의 "체용일원, 현미무간"이라는 명언을 극히 추앙했다. 그는 한 걸음 나아가 말했다. "체용(體用)은 근원이 하나이고, 드러남과 은미함은 간극이 없으니, 대개 이치로 말하면 체(體)이면서 그 속에 용이 있으니 이른바 근원이 하나라는 것이다. 상(象)으로 말한다면 드러나면서도 은미함이 밖으로 나타나지 않으니 이른바 간극이 없다는 것이다."[34] 이는 체중유용(體中有用)·용중유체(用中有體)를 가지고 정이의 생각을 해석하고 발전시킨 것이다. 비록 주희의 사상은 유심주의로부터 출발했지만, 또한 체용(體用)에 대한 몇몇 변증법적 이해를 표현하기도 했다.

이밖에 주희는 또한 체용(體用)은 층차가 있다고 주장했다. 그는 말했다. "체용(體用)이 다 하지 못했을 때, 오로지 이와 같이 된다. 예를 들어, 남에서 북을 보면, 북은 북이 되고, 남은 남이 된다. 북으로 옮겨서 서면,

---

32) 《朱文公文集》 卷三十三 《答呂伯恭》: "體用亦非判然各為一事."

33) 《朱文公文集》 卷三十三 《答呂伯恭》: "體用之所以名, 政以其對待而不相離也."

34) 《朱文公文集》 卷三十 《答汪尚書》: "體用一源, 顯微無間, 蓋自理而言, 則即體而用在其中, 所謂一源也. 自象而言, 則即顯而微不能外, 所謂無間也."

북에는 또한 저절로 남북이 있다. 체용(體用)은 정해진 것이 없어, 이것의 체용(體用)은 여기에 있고, 저것의 체용(體用)은 저기에 있어, 이 도리는 무궁무진하다. ……한 층을 쌓고 또 한 층을 쌓는 것과 같을 것이다."[35] 이는 일정한 조건 아래 체(體) 혹은 용(用)은 각 측면에서 모두 한 걸음 나아가 자신으로부터 체용(體用)을 구분할 수 있으니, 이는 거의 무궁하게 하나가 둘이 되는 층차의 체계라는 말이다.

(7) '도심(道心)'과 '인심(人心)'

'이치로 감정을 조절'하고 '이처로 욕망을 절제'하는 것은 본래 공자 이래 유가 철학의 고유사상이다. 송유(宋儒)는 이상적 인격 배양을 더욱 중시하여, 도덕적 자각을 끌어올려 도덕의식이 최대한도로 사람의 행위를 지배하게 하도록 노력할 것을 요구했다. 이 목적을 위하여, 이학(理學)은 이정(二程)으로부터 시작해서《위고문상서(僞古文尚書)》중의 이른바 '인심(人心)' '도심(道心)' 문제를 대대적으로 선전 강론했다. 이 점에서 주희는 이정(二程)의 계승자이다.

주희는 인심(人心)이 알고 깨닫는 것은 그 내용에 따라 대체로 두 가지로 나눌 수 있다고 보았다. "이 마음의 신령함이 이치에서 깨닫는 것은 도심(道心)이고, 욕망에서 깨닫는 것은 인심(人心)이다."[36] "다만 이 한 마음의 지각이 이목지욕(耳目之欲)에서 하는 것은 인심(人心)이고, 지각이 의리(義理)에서 하는 것은 도심(道心)이다."[37] 이 사상에 근거하

35)《朱子語類》卷二十二 : "大抵體用無盡時, 祇管恁地移將去. 如自南而視北, 則北為北, 南為南. 移向北立, 則北中又自有南北. 體用無定, 這處體用在這裏, 那處體用在那裏, 這道理盡無窮. ……分明一層了又一層."

36)《朱文公文集》卷五十六《答鄭子上》: "此心之靈, 其覺於理者, 道心也; 其覺於欲者, 人心也."

면, 도덕 원칙에 합하는 의식은 '도심'이고, 오로지 개체의 정욕을 내용으로 하는 의식은 '인심(人心)'이다. 이는 또한 도심(道心)은 사람의 도덕의식을 가리키고, 인심(人心)은 사람의 감성적 욕념(欲念)을 가리킨다는 말이다.

사람은 왜 도심(道心)·인심(人心)이 있을 수 있는가? 주희의 해석은, 사람이 태어나면 누구나 '기(氣)'를 받아서 형체를 이루고, '이(理)를 받아서 본성을 이룬다. 각종 정욕은 혈육의 몸을 구성하는 형기(形氣)에서 근원하고, 도덕의식은 '이(理)를 내용으로 하는 사람의 본성에서 직접 피어난다. 정욕을 통제하지 않으면 불선으로 흐르니, 그러므로 '위태롭고' 도덕의식은 심령 깊은 곳에 잠겨 있으니, 그러므로 '은미하게' 된다. 주희는 이것이 바로 《위고문상서》에서 말한 "인심은 위태롭고 도심은 은미하다"의 뜻이라고 보았다. 그는 "반드시 도심(道心)으로 하여금 항상 일신지주(一身之主)가 되게 하여, 인심(人心)이 매번 그 명령을 들으면 위태로운 것은 편안해지고, 은미한 것이 뚜렷이 드러나서, 움직이고 조용히 있고 말하고 행하는 것이 저절로 지나치거나 부족한 실수가 없게 된다."[38]고 했다. 도덕의식이 개인의 모든 사상과 행위를 지배하게 하여, 개인의 정욕이 도덕 이성의 지도와 통제를 받게 해야 한다는 말이다.

사람의 실제 윤리 생활로부터 보면, 사람의 내심은 항상 감성 정욕과 도덕관념의 충돌로 뒤엉켜 있고, 도덕 활동의 기본 특징은 도덕의식으로 감성 정욕을 평가하고 절제하는 것이니, 이런 도덕 평가와 자아 통제의 심리 과정이 이학에서 말하는 도심인심설의 현실적 근거이다. 도덕의

---

37) 《朱子語類》 卷七十八 : "只是這一個心, 知覺從耳目之欲上去, 便是人心; 知覺從義理上去, 便是道心."

38) 《四書章句集註·中庸章句序》 : "必使道心常為一身之主, 而人心每聽命焉, 則危者安, 微者著, 而動靜雲為自無過不及之差矣."

기본 특징은 도덕의식 활동 중 도덕 이성으로 개체의 이기정욕을 제한하고 억눌러서, 사람이 사회통행의 규범에 복종하도록 하는 것에 있음을 강조하는 것에 있다. 정주(程朱) 이학의 도심인심설은 당시 사회등급 질서를 유지하기 위하여 도심이 인심을 주재하고 천리가 사욕을 배척할 것을 강조하여, 근대 이래 자본주의가 등급을 타파하고 개인의 이익을 추구하고 등급 제한을 받지 않을 것을 요구하는 사상과 매우 달라서, 이학이 중세기 봉건 철학이 되는 특수한 성격을 드러냈다. 그러나 다른 한 측면으로, 이학의 이 사상들은 또한 인류사회 중 사회 총체의 이익과 개체의 각종 정욕의 충돌이라는 이 기본 모순을 확실히 보았다. 이학은 확실히 봉건사회 등급제도의 각도에서 이 모순을 보여주었지만, 이학은 또한 당시 사회 조건에서 자각적으로 최대한도로 사회도덕 조절이라는 사명을 짊어졌다.

(8) 마음이 성정을 통솔한다

주희 및 기타 송명 이학가의 철학 중에서는 심성정(心性情)에 관한 이론이 매우 중요하다. 총체적으로 보면, 심성정 삼자의 기본 관계에서 주희의 주요 관점은 '마음이 성정을 아우른다'이다. 《근사록(近思錄)》 및 주희가 말한 것에 따르면, '심통성정'이라는 말은 가장 먼저 장재의 어록에서 보인다. 주희는 이것을 매우 추앙했다. 그러나 장재의 구체적 사상을 지금은 이미 알 수 없고, 나중의 송명이학에서 실제로 영향력을 발생시킨 것은 주희의 사상이다.

주희는 "마음이 성정을 아우르는데 이때 통(統)은 '겸(兼)한다'와 같다"[39]라고 했고, 또한 "성(性)은 이(理)이고, 정(情)은 용(用)이다. 심은

39) 《朱子語類》 卷九十八 : "心統性情, 統猶兼也."

성정을 아울러 이르는 것인데 성정을 아울러 말한 것은 성정을 포괄한다는 것이다"[40]라고 했다. 이 설에 따르면, 성은 심의 '체'이고, 정은 심의 '용'이며, 심은 체용(體用)의 총체를 총괄하는 것이다. 그리고 성정은 모두 단지 이 총체의 다른 측면일 뿐이다.

주희는 강조했다. "인의예지(仁義禮智)는 성(性)이고, 측은(惻隱)·수오(羞惡)·사양(辭讓)·시비(是非)는 정(情)이고, 인(仁)으로 사랑하고, 의(義)로 미워하고, 예(禮)로 사양하고, 지(智)로 아는 것은 심(心)이다. 성은 심의 이(理)이고, 정은 심의 용(用)이고, 심은 성정의 주(主)이다. 정자(程子)는 '그 체(體)를 역(易)이라고 하고, 그 이(理)를 도(道)라고 하고, 그 용(用)을 신(神)이라고 한다'고 하였으니, 바로 이것을 말한 것이다."[41] '그 체(體)를 역(易)이라고 한다'에서 '체'는 합벽변화(闔辟變化)의 총체를 가리키니, 변화의 총체 과정을 가리킨다. 정호의 '체-리-용' 방법 모델에 근거하여 사람의 의식 활동을 고찰하면, '심'은 사유 의식 활동의 총체적 범주를 표시하는 것이고, 그 내재하는 도덕의 본질은 '성(性)이고, 구체적 정감 사려는 '정'이 된다고 주희는 여겼다. 이런 시스템을 체용(體用)의 관점에서 보면, 이 시스템의 본질은 그 '체'이며, 여기서의 체(體)는 앞에서 말한 변역 유행의 총체가 아니라 시스템에 내재하는 심미한 본질과 규칙을 가리킨다. 시스템의 공용(功用)은 그것의 '용'이고, 시스템 총체는 체용을 포괄하고, 체용을 겸하여 포섭한다. 이것이 바로 '심통성정'이다. 이 구분에 근거하면, 심·성·정은 각각 확정된 대상이 있어

40) 《朱子語類》 卷二十 : "性其理, 情其用, 心者兼性情而言, 兼性情而言者, 包括乎性情也."

41) 《朱文公文集》 卷六十七 《元亨利貞說》 : "仁義禮智, 性也; 惻隱羞惡辭讓是非, 情也; 以仁愛、以義惡、以禮讓、以智知者, 心也. 性者心之理也, 情者心之用也, 心者性情之主也. 程子曰: '其體則謂之易, 其理則謂之道, 其用則謂之神. '正謂此也."

섞일 수 없다고 주희는 여겼다. 성은 현실 인식(및 情感)이 생기는 근원으로, 후자는 전자의 외재 표현이다. 정은 구체적인 것이고, 성은 어떤 일반적 원칙이다. 성정과 상대해서 말한 심은 의식 활동의 총체이다.

(9) 격물치지(格物致知)

진한(秦漢) 사이에 형성된 《예기》 안에 《대학》이라는 편이 있다. 송대의 이학가는 이 편을 추출하여 특별히 드러내서, 그것을 《논어》《맹자》와 같은 지위에 올려놓았다. 《대학》은 '격물(格物)'과 '치지(致知)'라는 두 가지 중요한 관념을 제시했다. 이학가는 이 두 기본개념으로부터 출발하여, 신유가의 인식 방법과 수양 방법을 연역해낼 수 있다고 보았다. 이 문제에서 주희와 정이는 같은 시각을 가졌다. 주희는 정이가 제시한 기본 사상을 한 걸음 더 발휘했다.

주희 철학에서 '격물'은 주로 '사물에 나아가 그것에 내재한 이치를 끝까지 캐는 것'을 가리킨다. 격물의 핵심은 궁리(窮理)이다. 궁리는 구체적 사물을 떠날 수 없고, 반드시 구체적 사물에서 사물의 이(理)를 고찰 연구해야 한다고 정주(程朱) 모두 강조했다. '치지'는 지식을 넓히고 채우는 것을 가리키니, 격물을 통하여 얻은 지식을 확충한 결과이다. 따라서 격물과 치지는 인식 과정의 다른 측면이다. 주희는 일찍이 격물과 치지의 관계를 통속적이고 형상적으로 밥을 먹는 것과 배부르게 먹는 것에 비유하여, "격물하면 치지할 수 있는 것은 마치 먹으면 배부르게 되는 것과 같다"[42]고 말했다.

격물의 과정과 대상에 관하여, 주희는 "공부 방법에 대해서는, 어떤 분은 드러난 행적에서 (이치를) 분석하셨고, 어떤 분은 은미한 사려에서

42) 《朱文公文集》 卷四十四 《答江德功》: "夫格物可以致知, 猶食所以為飽也."

(이치를) 살피셨으며, 어떤 분은 글에서 (이치를) 탐구하셨고, 어떤 분은 강론하면서 (이치를) 찾으셔서, 신심(身心)과 성정의 덕, 일상에서 지키는 인륜으로부터 천지와 귀신의 변화, 들짐승·날짐승과 초목의 적절함까지 한 사물에서 '마땅히 그러해야 해서 그만둘 수 없는 점'과 '그러해서 바꿀 수 없는 점'을 알지 못하는 경우가 없으셨다."[43]라고 했다. 이는 격물의 대상은 극히 광범위하여, 위로는 우주 본체에 이르기까지, 아래로는 풀 한 포기 나무 한 그루에 이르기까지, 그 중의 '이(理)를 모두 반드시 연구해야 한다고 주희는 보았음을 말해준다. 대상의 이런 광범성 역시 격물 도경(途徑)의 다양성을 결정했으니, 그 중 중요한 것은 책을 읽고·사물과 접촉하며·도덕을 실천하는 것이다.

'격물'이 최종적으로 도달하려는 목적은 사물의 '소당연(所當然)'과 '소이연(所以然)'을 이해하는 것으로, '소당연'은 주로 사회의 윤리 규범을 가리키고, '소이연'은 주로 사물의 본질·규칙을 가리킨다. 끊임없는 격물을 통하여 사람은 자기가 도덕이 고상하고 지식이 전면적인 성현이 되게 할 수 있다고 주희는 보았다. 이로부터 알 수 있는 것은, '격물치지'는 주희의 철학에서 '명선(明善)'의 기본 방법이기도 하고, '구지(求知)'의 근본 방법이기도 하니, 따라서 수양 방법이면서 또한 인식 방법이기도 하다.

주희가 《대학》을 주해한 것에서, 그는 전해져온 《대학》에 원래 있었던 '격물'에 대한 해석이 누락되었다고 여기고, 이에 그는 매우 심혈을 기울여 보충했다. "이른바 치지(지극한 앎을 추구하는 것)가 격물(사물을 접

43) 《大學或問》 卷二 : "若其用力之方, 則或考之事為之著, 或察之念慮之微, 或求之文字之中, 或索之講論之際. 使於身心性情之德、人倫日用之常, 以至天地鬼神之變、鳥獸草木之宜, 自其一物之中, 莫不有以見其所當然而不容已, 與其所以然而不可易者."

함)에 있다고 하는 것은 다시 말해 나의 지혜를 극진히 하려면 사물에 접하여 그 이치를 구하는 데에 있다고 하는 말이다. 대개 사람의 신령스런 마음은 지혜를 가지고 있지 않을 수 없고 천하의 사물은 이치가 없을 수 없으나 다만 이치에 있어 궁구함을 다하지 않은 게 있으므로 그 앎이 부족하게 된다. 이 때문에 대학을 처음 가르침에 있어 배우는 사람들로 하여금 가장 먼저 가르치는 것은 천하의 사물을 접함에 있어 이미 알고 있는 이치를 통해 더욱 추구하여 궁극에까지 이르도록 하는 것이니, 오래도록 힘을 써 어느 날 환하게 관통하는 경지에 이르게 되면 모든 사물의 바깥과 속, 정밀함과 거칠음이 이르지 못함이 없고 내 마음의 큰 작용이 밝지 아니함이 없게 된다."[44] '용력적루(用力積累)'와 '활연관통(豁然貫通)'은 격물 방법에 관한 정이·주희의 중요한 사상이다. 그들의 사상에 따르면, 격물의 최종 목적은 사람이 우주의 보편적 이(理)를 인식하게 하는 것이다. 이 점에 도달하려면, 천하의 만물을 하나하나 격과(格過)해야 하는가, 아니면 한 물(物)을 격(格)하기만 하면 만물의 이(理)를 파악할 수 있는가? '리일분수' 사상에 근거하면, 구체적 물리는 각각이 차별되어 있고, 동시에 또한 모두가 통일된 우주의 이(理)의 표현이기도 하다. 이로 인해 단지 한 물(物)만 나아가서 만물의 구체적 물리를 이해하는 것을 불가능하며, 또한 단지 한 물(物)만 격(格)해서 우주의 보편적 원리를 인식하는 것도 불가능하다. 오직 '오늘 한 물(物)을 격(格)하고, 내일 한 물(物)을 격(格)하는' 것이 반복적으로 누적되는 것을 통해서만 사람의 인식은 개별에서 일반으로 상승할 수 있으며, 모든 사물 사이의

44) 《四書章句集註·大學章句》: "所謂致知在格物者, 言欲致吾之知, 在即物而窮其理也. 蓋人心之靈莫不有知, 而天下之物莫不有理. 惟於理有未窮, 故其知有不盡也. 是以《大學》始教, 必使學者即凡天下之物, 莫不因其已知之理而益窮之, 以求至乎其極, 至於用力之久, 而一旦豁然貫通焉, 則衆物之表裏精粗無不到, 而吾心之全體大用無不明矣."

공통된 보편적 규칙을 점차 인식할 수 있다. 주희는 지적하기를, 마치 사람이 정상 인식 활동 중 자주 발생하는 것처럼, 외부 사물에 대해 반복 고찰 연구하는 점진적 과정을 거쳐서, 어느 단계에 이르면 사람의 사상 인식이 비약을 낳을 수 있으니, 바로 '활연관통'이다. 그의 이해에 따르면, 이것은 경험 활동에 기초하여 특수에서 보통으로 비약하는 것이다.

주희의 격물 학설은 외재 대상에 대한 고찰을 강조하고, 방법론상 지식을 학습하는 것의 중요성을 지적하는 것에 전력하여, 그의 학설에서는 인식 과정의 변증법적 내용을 받아들였을 뿐 아니라, 선명한 이성주의 정신을 드러냈다. 인식론의 노선과 원칙에서 보면, 주희는 한편으로는 사람의 내심에 본래 천부적 도덕 원칙이 있다는 것을 인정했고, 동시에 또한 인식의 직접 대상은 구체적 사물의 이(理)로, 오직 구체적 학습의 오랜 기간 누적과정을 거쳐야만 내심의 원칙이 밝게 드러나게 할 수 있다는 것을 강조했다. 그의 철학에는 유리론적(唯理論的) 선험론도 포함되어 있고, 또한 인식 과정에 관한 경험론도 포함되어 있다.

(10) 아는 것이 먼저이고 실행은 그 다음이다

중국 고대철학에서 토론한 '지행(知行)' 관계 문제는 종종 인식의 내원 문제가 아니다. 특히 유가의 경우는 그 지행(知行) 학설은 주로 도덕 지식과 도덕 실천의 관계를 토론하는 것이었다. 도덕 실천이란 이미 정해진 도덕 지식의 실행·이행을 가리킨다. 주희는 지행 관계를 논하면서 다음과 같이 말했다. "치지와 역행은 공을 들이는 것이 치우치면 안된다. …… 하지만 선후와 경중을 구분해야 하니, 선후를 따지자면 마땅히 치지를 우선으로 해야 하고, 경중을 따지자면 마땅히 역행을 중시해야 한다."[45] "지행은 항상 서로 따라야 하니, 마치 눈은 발이 없으면 갈 수 없고, 발은 눈이 없으면 볼 수 없는 것과 같다. 선후를 따지자면 지(知)가 우선이고, 경중을 따지자면 행(行)이 중요하다."[46] 주희가 말한 知가 行보다 우선한다는 것은 그 토론의 특정 문제로 말하자면, 윤리학에서 치지와 역행의 상호관계를 가리킨다. 이 사상은, 사람은 반드시 무엇이 도덕의 원칙인지 우선 이해해야 자기가 행위상 도덕에 합하게 하여 도덕인격을 성취할 수 있다는 말이다. 여기서 말하는 행(行) 혹은 역행은 사람의 모든 행위 혹은 사회실천을 모두 가리키는 것이 아니라, 단지 사람이 이해한 도덕 규범을 실천하는 것만을 가리킨다. 이 측면에서 보면, 주희의 사상은 윤리 생활의 실제에 기본적으로 부합하며, 이런 특정 의미에서 지가 행보다 앞선다고 한 것은 유심주의가 아니다.

(11) '경(敬)'을 위주로 덕성을 함양한다

송명 이학자는 모두 각자 특수한 수양 방법이 있었으니, 주희가 창도한 '주경(主敬)'의 수양 방법 역시 이학가가 심신을 수양하는 중요한 방법이었다.

주경(主敬)은 정이에게서 최초로 제시되어 "하나를 주로 하는 것을 경(敬)이라고 부른다……, 집중하여 다른 데로 가지 않는 것을 일러 오로지한다고 말한다."[47]라고 주장했고, 주희 역시 이 점을 매우 강조하여 "하나를 주로 하는 것을 경(敬)이라고 부르니 단지 이는 마음을 오로지 하여 다른 생각으로 마음이 혼란스럽지 않는 것이다."[48]라고 했다.

---

45) 《朱子語類》 卷九 : "致知力行, 用功不可偏. ……但衹要分先後輕重, 論先後當以致知為先, 論輕重當以力行為重."

46) 《朱子語類》 卷九 : "知行常相須, 如目無足不行, 足無目不見. 論先後知為先, 論輕重行為重."

47) 《二程集 · 遺書》 卷十五 : "主一之謂敬……, 無適之謂一."

48) 《朱子語類》 卷六十九 : "主一之謂敬, 只是心專一, 不以他念亂之."

'주경(主敬)'이라는 함양은 궁리 격물과 밀접한 관계가 있다고 주희는 보았다. 그는 반드시 마음이 '텅 비고 고요하며 밝고 꿰뚫는' 상태에 도달하게 해야 '사리를 분명하게 깨달을 수 있다'고 그는 주장했다. 다시 말하자면, 사물의 이치를 끝까지 캐 내어 깨달으려면, 마음이 안정집중·허정명철하게 해야 한다는 것이다. 따라서 사람은 반드시 궁리하기 전에 평소에 수양이 있어서 마음이 안정되고 이치가 밝아져야 하니, 이런 의미에서 말하자면, 주경은 궁리를 위하여 주체 측면의 조건을 준비한 것이다.

이런 '주경'의 방법은 사람들이 모든 잡념의 간섭을 배제하고 주의력을 내심에 고도로 집중하게 하도록 요구하는 것이다. 수양 중에는 마음과 감정을 욕심이 없고 담백하게하여 단 하나도 욕망하는 바가 없도록 할 것을 힘써 추구하여, 이와 같이 순수한 수양자의 경지에 도달하면, 강제에서 자여(自如)로 전환하게 되고, 심정이 장차 충분한 평온하고 고요함을 저절로 실현하고 아울러 각종 심리의 들떠 움직임을 제거할 수 있을 것이다. 의념 활동이 고도로 집중된 이런 조건에서, 일종의 특수한 심리상태에 진입한다. '주경'은 주로 일종의 심리 단련이다. 이학자가 보기에, '주경'의 수양이 있으면, 주체는 일종의 특수한 심리상태에 진입할 수 있으며, 따라서 사유의 기능을 최대한도로 발휘하여, 만사와 만물의 도리를 장악하게 된다.

주희는 아주 높은 정신수양을 이룬 철학자이며, 또한 지식이 해박한 학자이다. 그는 자연 과학 측면에도 높은 조예가 있었다. 그는 일찍이 칸트식과 유사한 성운(星雲) 가설을 제시한 바 있어서, 우리가 있는 이 천지는 일종의 기단의 운동으로부터 점차 변화하여 온 것으로, 원시의 기단은 쉬지 않고 회전 운동을 하여 이에 기단의 중앙에 모여서 덩어리를 이루는데, 이것이 바로 원시의 대지이며, 그 바깥 둘레에 있는 기(氣)가 바로 천으로, 천이 쉬지 않고 움직여야 지가 비로소 처중부동(處中不

動)할 수 있다고 생각하였다. 그는 또한 대지가 처음에 형성될 때, 수화(水火)가 중요한 작용을 했다는 것을 제시했다. 그는 주의를 기울였던 나방(螺蚌)화석과 암석 지대가 수류충식(水流沖蝕)을 받은 흔적이 있는 것에 근거하여, 지질은 변천의 과정이 있다고 단정했다. 그는 12세기에 이미 화석과 지질변천의 의미를 인식한 것이다.

주희의 철학은 중국철학 발전의 높은 봉우리를 표지한다. 내용이 풍부하고 조리가 분명한 그의 철학 체계 속에는 이성주의의 기조가 시종일관 관통하여, 이 위대한 철학자가 진심전력하여 우주의 신비를 탐구한 정신을 드러내 보여준다.

28 육구연(陸九淵)

육구연(陸九淵)의 자는 자정(子靜)으로, 송 고종(高宗) 소흥(紹興) 9년(1139)에 태어나, 송 광종(光宗) 소희(紹熙) 4년(1193)에 세상을 떠났다. 강서(江西) 무주(撫州) 금계(金溪) 사람이다. 그는 일찍이 귀계(貴溪) 상산(象山)에서 강학을 하면서 상산거사(象山居士)라고 자칭했다. 그래서 상산선생으로 세상에 일컬어지며 전해졌다. 남송 때 깊은 영향을 끼쳤던 사상가 중 하나이다.

육구연은 매우 개성이 강했다. 기록에 따르면, 소년 시절 그는 정이의 학설에 불만이었다. 그가 열 몇 살 때 독서 필기를 쓰는데, "우주가 바로 내 마음이요, 내 마음이 바로 우주이다"라고 썼다. 이는 또한 나중에 그의 철학의 종지(宗旨)가 되기도 했다.

그는 비록 일찍이 성숙한 생각을 지녔지만, 34세가 되어서야 비로소 진사 시험에 통과했다. 그 해 그가 성시(省試)에 참가했는데, 시험관이 당시 유명한 학자 여조겸(呂祖謙)이었다. 여조겸은 육구연의 답안을 읽고 처음부터 박자를 치면서 칭찬했고, 계속 끊임없이 칭찬을 하더니 동료에게 "이 답안 내용은 너무나 학문이 뛰어나니, 필시 강서 육자정의 글이 틀림없소"[1]라고 했다. 순희(淳熙) 연간에 국자정(國子正)에 임명되었고, 칙령소산정관(敕令所删定官)으로 옮겼다. 순희 13년, 선의랑(宣義郎)으로 옮기고, 개주관(改主管) 태주(台州) 숭도관(崇道觀)을 관리하는 자리로 바뀌었다. 이에 강서로 돌아가 상산(象山)에서 정사(精舍)를 짓고 강학했다. 소희(紹熙) 초년, 형문군(荊門軍)을 맡게 되어, 소희 2년 9월에 부임하였다가, 겨우 1년여 만에 임지에서 세상을 떠났다.

육구연은 좀처럼 저술 활동을 하지 않았다. 그는 기본적으로 강학을 통해서 학생들에게 영향을 끼쳤다. 그는 언사(言辭)가 날카롭고 변론에 뛰어나서, 즉석에서 논리를 펼치는 천부적 능력을 지녀서, 많은 학생들이 그의 문하에 모이도록 흡인했다. 그와 그의 형 육구령(陸九齡)이 함께 고향 금계에서 강학하여, '강서이륙(江西二陸)'이라고 합칭했다.

육구연이 학술 활동한 시기는 기본적으로 주희와 같다. 그러나 그의 학설과 주희의 학설 사이에는 상당히 큰 분기가 있다. 1175년 여름, 여조겸이 주희와 육구연 및 당시 기타 몇몇 학자들을 당시의 신주(信州) 연산(鉛山) 아호사(鵝湖寺)로 초청하여 모이게 하고, 학술의 차이를 토론했는데, 육구연이 당시 시를 한 수 지었다. "황폐한 무덤 슬픔 일으키고 종묘에서는 공경심 일어나니, 이는 사람들이 천고에도 닳지 않는 마음일세. 졸졸 흐르는 시냇물 모여 바닷물 되고, 주먹 만한 돌이 쌓여 태산을 이루네. 간이한 공부는 마침내 오래 가고 위대해지지만, 지리한 사업은 결국 부침하리라. 아래에서 위로 올라가는 길을 알려면 지금 당장 참과 거짓을 마땅히 가려야 하리."[2] 그는 자신의 학문을 오래가고 위대해지는 간이한 공부라 하고, 주희의 '격물치지' 설을 지루한 사업이라고 하여, 격렬한

1) 《陸九淵集》 卷三十六 《年譜》: "此卷超絕有學問者, 必是江西陸子靜之文."
2) 《陸九淵集》 卷二十五 《鵝湖和教授兄韻》: "墟墓興哀宗廟欽, 斯人千古不磨心. 涓流積至滄溟水, 拳石崇成泰華岑. 易簡工夫終久大, 支離事業竟浮沉. 欲知自下升高處, 真僞先須辨只今."

토론을 일으켰다. 이 '아호지회(鵝湖之會)'는 중국 철학사상 매우 유명한 사건이다. 주(朱)·육(陸)의 만년에 그들은 다시 주돈이 학설 중의 '무극(無極)' '태극(太極)' 문제로 논쟁을 벌였다. 주희와 육구연으로 대표되는 두 학파는 남송에서 가장 중요한 철학 유파이다.

새로운 인쇄본 《육구연집(陸九淵集)》에 육구연의 모든 사상 자료가 수록되어 있다.

(1) 사람에게는 모두 이 마음이 있다

송 효종(孝宗) 건도(乾道) 8년(1172) 봄, 육구연은 진사 시험에 참가하여, 사람들의 주목을 끈 그 답안에서 이렇게 말했다. "바닷가의 갈매기와 노닐고 여량의 물에서 헤엄치는 것은 사심이 없다고 말할 만하나 이를 도심(道心)이라 말할 수는 없다. 이것으로 마음을 깨끗이 씻고 물러나 내 몸을 잘 감춘다면 속세를 떠나 그 속에 빠져들 것이라 본다."[3] 여기서 '바닷가의 갈매기를 희롱하고, 여량의 물에서 헤엄치는' 것은 모두 도가에서 세속의 부귀영화를 초월하여 산림에서 자유롭게 노니는 삶을 추구하는 사상을 가리킨다. 육구연은 무심(無心)을 특징으로 하는 도가의 이런 초도덕적 정신 경지는 맞지 않다고 여겼다. 유가의 입장에서 보면, 《주역대전·계사 상》에서 말한 '성인은 이를 가지고 마음을 씻고 물러나 은밀한 곳에 숨는다'는 것이 '도심'을 주로 하는 도덕 경지를 요구하는 것이다. 이런 도덕 경지를 표준으로 하면, 도가의 초세속주의는 '과(過)'이고, 일반적 공리주의 '불급(不及)'이다.

육구연은 다음과 같이 '본심'을 논했다. "맹자가 말하였다. '마음의 기

---

3) 《陸九淵集·年譜》: "狎海上之鷗, 游呂梁之水, 可以謂之無心, 不可以謂之道心, 以是而洗心退藏, 吾見其過焉而溺矣."

능은 생각하는 것이다. 생각하면 그것을 얻고 생각하지 않으면 잃어버린다.' …… 또 말하였다. '사람이 짐승과 다른 이유는 거의 없다. 서민은 그것을 버리고 군자는 그것을 간직한다. 그것을 버린다는 것은 이 마음을 버린다는 것이다.' 그러므로 '이것을 일러 본심을 잃는 것이라 하였다. 그것을 간직하는 자는 이 마음을 보존한다는 것이다'. 까닭에 '큰 사람은 어린이의 순수한 마음을 잃지 않는다고 하였다. 사단이란 곧 이 마음이다. 하늘이 나에게 준 것이란 바로 이 마음이다. 사람이 모두 이 마음을 지니고 있으면 마음은 이 이치를 갖추고 있다.' …… 학문을 하는 사람이 귀히 여겨야 할 것은 이 이치를 끝까지 캐고자 하고 이 마음을 다하고자 하는 것이다."[4] 여기서 말한 본심은 선험적 도덕의식을 가리킨다. 육구연이 보기에, 이런 도덕의식 역시 매 개인의 심적 본래 상태이며, 그것은 어느 시대 어느 개인에게든 존재하니, 따라서 항구적이고 보편적이다.

육구연에게는 양간(楊簡)이라는 제자가 있었는데, 당시 부양현(富陽縣)의 주부(主簿)로 있었다. 육구연이 부양을 지나가는데, 양간이 "어떠한 것이 본심입니까?"라고 물었다. 육구연은 맹자가 말한 사단(四端)이 바로 본심이라고 대답했다. 양간이 또 '사단이 본심인 것은 제가 어릴 때부터 알았습니다만, 도대체 무엇이 본심입니까?'라고 물었다. 마침 어떤 부채 장수가 분쟁이 생겨서 고을 관아에 고발하여, 양간이 즉시 현청에서 옳고 그름을 판단하자, 육구연은 방금 네가 이 소송을 판결해서 "옳은 사람은 그가 옳은 것을 알고, 옳지 않은 사람은 그가 옳지 않은

---

4) 《陸九淵集·與李宰》: "孟子曰: '心之官則思, 思則得之, 不思則不得也. ' ·
·····又曰: '人之所以異於禽獸者幾希, 庶民去之, 君子存之. '去之者, 去此心也, 故曰'此之謂失其本心'. 存之者, 存此心也, 故曰'大人者不失其赤子之心'. 四端者即此心也, 天之所以與我者即此心也. 人皆有是心, 心皆具是理, 心即理也. ……所貴乎學者, 為其欲窮此理, 盡此心也."

것을 알면" 이것이 바로 너의 본심이다라 하였다. 양간은 이 말을 듣고 문득 크게 깨달았다.5)

한 번은 육구연이 자리에 앉아 있고, 그의 제자 첨부민(詹阜民)이 옆에 앉아 있었는데, 육구연이 갑자기 일어나자 첨부민도 재빨리 일어났다. 육구연이 그에게 "어찌 안배를 한 것이겠는가?"6)라고 했다. 선생님이 일어났는데 학생이 어떻게 앉아 있겠는가! 육구연의 말의 뜻은, 첨부민의 이 행동은 일종의 자연스럽게 스승을 존경하는 마음에서 나온 것으로, 어떤 외재적 강박을 거칠 필요가 없으며, 내심의 논리적 사고를 거칠 필요도 없다는 것이다. 육구연은 앉았다 일어나는 방법을 이용하여 사람마다 모두 선험적 도덕의식이 있다는 것을 첨부민에게 말해준 것이다.

육구연의 이론 및 앞의 두 이야기는 육구연 철학 중 이른바 '본심'은 실제로는 윤리학에서 말하는 양심이라는 것을 말해주는 것이라고 할 수 있다. 육구연은 사람의 양심이 완전히 학습과 사회활동에 의지하지 않는 천부적 의식이라고 보았는데, 이것은 의심할 바 없이 오류이다. 그러나 윤리생활 실제에서 보면, 성숙한 사람은 모두 자기의 양심이 있으며, 이 양심은 사회의 공인된 도덕규범과 일치한다. 다른 한편, 사회발전의 다른 시대에 일종의 '인류공동생활규칙'이 존재했으니, 이것은 인류사회가 인류사회가 되기 위한 필요조건으로, 이로 말미암아 다른 시대 사람들이 모두 공통된 도덕의식이 있을 것을 결정했다. 이 점에서 보면, 육구연의 "인개유시심(人皆有是心), 심개구시리(心皆具是理)" 학설은 사람마다 모두 양심이 있음을 긍정하고, 양심은 생활에서 중요한 작용을 발휘할 수 있다고 긍정하여, 이런 측면에서 사회 윤리 생활에 대한 그의 깊은 이해를 드러낸다.

---

5) 《陸九淵集 · 年譜》 참조.

6) 《陸九淵集 · 語錄下》 : "還用安排否?"

(2) 자기가 주재해야 한다

육구연이 한 번은 어떻게 해서 도덕이 고상한 사람이 되는가 학생과 토론을 했다. 학생이 "일찍이 감히 해야 할 일을 피하지 않았다."고 말했다. 즉 어떠한 부도덕한 행위도 하지 않았다는 것이다. 육구연이 말했다. "이 안에서 강하게 절제한 것에 불과할 뿐이니 그 안의 제압할 수 없는 것은 장래에 또한 공력을 쓰게 될 것이니 그렇게 되면 하늘이 내게 준 것을 이해하게 될 것이다."[7] 이는, 단지 도덕을 위반한 일을 하지 않도록 자기의 욕망을 억제하기만 하여, 단지 일종의 강제일 뿐으로, 도덕적 행위가 자각적 주동적 행동으로 변하게 하지는 아직 못했다는 것이다. 강제에서 자각으로 변하게 하려면, 사람마다 모두 천부적 본심을 지니고 있다는 것은 우선 이해해야 한다.

육구연이 보기에, 도덕적 경지를 높이는 열쇠는 도덕 주체의 능동성을 충분히 발휘하는 데 있다. 사람의 도덕이 완전히 선하게 되는 것은 오직 모든 사람의 자아실현으로 할 수 있을 뿐이다. 그는 개인의 심령 속에서 도덕적 자각성을 세울 것을 요구했다.

앞과 같은 입장에 기초하여, 육구연은 다음과 같이 강조했다. "이 이치를 분명하게 깨달으면 곧 이를 주재하게 되며 진실로 주인이 될 수 있으면 외물도 (그 마음을) 옮기지 못하고 사설도 미혹시키지 못할 것이다."[8] "청컨대 존형(尊兄)이 지금 자립 정좌하여 공수하여 정신을 잘 모아 스스로 주재(主宰)가 된다면 만물이 모두 내게 갖추어질 것이니 무엇이 빠진 게 있겠는가?"[9] 자주·자립은 모두 사람이 주체의 도덕적 자각

7) 《陸九淵集·語錄下》: "不過是硬制在這裏, 其間有不可制者, 如此將來亦費力, 所以要得知天之予我者."

8) 《陸九淵集·與曾宅之書》: "明得此理, 即是主宰, 真能為主, 則外物不能移, 邪說不能惑."

을 마땅히 진정으로 수립해야는 것을 가리키니, 양심(본심)이 의식의 주재가 되게 하면, 그러면 어떠한 사설 외부의 유혹도 우리를 동요하게 할 수 없다. 어떠한 권위와 경전도 추종하지 말라고 그는 강조했다. 정력을 '심행수묵(尋行數墨)'하는 것에 사용하면, 단지 사람이 '육신무주(六神無主)'하게 할 수 있을 뿐이다. 어떠한 사람도 오직 의식을 내심에 집중해야 하니, 모든 성견(成見)·경전해설·사심잡념을 배제하고 '본심'을 체험하면, 자기 내심에 본래 주재가 있음을 발견할 수 있게 된다. 오직 무조건적으로 양심이 자기의 최상의 권위가 되게 하면, 사람은 도덕이 있는 사람이 될 수 있다.

성견(成見)을 벗어날 것을 강조하고, 권위를 추종하는 것을 반대하고, 본심의 절대 권위를 강조하기 위해, 육구연은 심지어 "육경은 모두 나의 각주이다"[10]라는 구호를 제시하기까지 한다. 학생이 그에게 "선생님은 왜 책을 저술하지 않으십니까?"라고 묻자 그는 "육경이 내 저술에 주(註)를 달고 내가 육경에 주를 단다."[11]라고 대답했다. 그가 보기에, 육경은 양심 운용의 각종 예증에 대해 서술한 것에 불과하며, 사람은 다만 내심에서 양심의 주재를 진정으로 수립해야 했다. 그는 또한 "함정을 깨트리고 그물을 정탐하여 찢어버리며 뿌리째 뽑아 깨끗이 씻어내고 개연히 떨쳐 일어나 빠르고 굳세게 맹렬히 분기하며, 그물을 찢어버리고 가시덤불을 태워 없애며 더러운 못을 씻어 평평하게 한다."[12]란 실천 방법을 제시했다. 도덕 실천에서 자주 능동성의 작용을 강조한 이런 육

9) 《陸九淵集·語錄下》: "請尊兄即今自立, 正坐拱手, 收拾精神, 自作主宰, 萬物皆備於我, 有何欠闕!"

10) 《陸九淵集·語錄上》: "六經皆我註腳."

11) 《陸九淵集·語錄上》: "六經註我, 我註六經."

12) 《陸九淵集·語錄下》: "要決裂破陷阱, 窺測破個羅網, 誅鋤蕩滌, 慨然興發, 激厲奮迅, 決破羅網, 焚燒荊棘, 蕩夷污澤."

구연의 사상들은 주체의 자각 역량과 가치를 극단으로 크게 높이 올렸다. 오류의 성분만 제거하면 합리적 요소도 있다.

(3) '의(義)'와 '리(利)'의 분별

육구연은 유명한 두 제자가 있었으니, 부자연(傅子淵)·진정기(陳正己)이다. 두 사람의 대화 한 토막이 있다. 진(陳)이 물었다. "선생님은 제자를 가르칠 때 무엇을 우선시하는가?" 부(傅)가 말했다. "뜻을 잘 변론하는 것이다." 진(陳)이 물었다. "어떤 것을 변론한다는 것인가?" 부(傅)가 말했다. "의리를 변론하는 것이다." 이 말을 듣고 육구연은 말했다. "자연의 대답이 핵심을 잘 지적하였다고 할 만한다."13)

송 효종(孝宗) 순희(淳熙) 8년(1181) 봄, 육구연은 남강(南康)에 가서 당시 남강에서 태수(太守)로 지내던 주희를 찾아갔다. 주희는 남강에 있을 때 여산(廬山) 백록동서원(白鹿洞書院)을 수리 복구하였으니, 백록동서원 강석에 올라 학생들에게 《논어》 중 "군자는 의에 밝고 소인은 이에 밝다"고 말한 장을 강의하도록 육구연에게 청했다. 이 강연에서 육구연은 강연의 천재적 재능을 충분히 발휘하여, 의리지변에 대한 그의 시각을 밝혔다. 강연은 매우 성공적이었고, 청중은 매우 큰 감동을 받았으며, 좌중에는 눈물을 흘리는 사람도 있었다. 때는 이른 봄이어서, 날씨가 약간 추웠는데, 주희 역시 감동하여 땀을 흘려 부채를 부쳤다. 강연이 끝나고, 주희는 곧장 육구연에게 강연 내용을 쓰도록 청하여 《강의》라는 책으로 펴냈다(《陸九淵集·年譜》 참조). 문자로 기록된 《강의》로는 당시 통쾌하기 짝이 없던 말을 완전히 반영할 방법이 이미 없었다는 것이 유감일 뿐이다.

---

13) 《陸九淵集·語錄上》: "若子淵之對, 可謂切要."

육구연의 강연은 '의(義)' '리(利)' 문제를 둘러싸고 진행되고 발휘되었다. 그는 여기길, 모든 사람의 생각은 그의 일상 습관]에서 결정되고, 사람의 습관은 또한 그의 지향과 동기에서 결정된다. 한 사람의 지향과 동기는 의(義)에 달려 있고, 그의 습관과 관심사는 의(義)에 달려 있다. 한 사람의 지향과 동기는 리(利)에 달려 있고, 그의 소유소습 역시 리(利)에 달려 있다. 따라서 소인이 되지 않고 군자가 되려면, 먼저 반드시 자기의 '지(志)'를 검사하여, 자기의 추구와 지취가 의(義)인지 리(利)인지 봐야 한다. 바꿔서 말하면, 한 사람은 맨 먼저 반드시 자기 정신세계 중의 가치 표준을 정확하게 수립해야 한다.

육구연은 제시하길, 한 사람이 도덕 있는 사람(군자)이냐 부도덕한 사람(소인)이냐 결정하는 것은 주로 그의 표면적 행위에 있지 않고, 그의 내적 동기에 있다. 그는 예로 들어 말하기를, 한 사람이 성현의 책을 종일토록 머리 박고 공부하면, 이 행위는 보기에는 좋아 보이지만, 그러나 만약 그가 책을 읽는 주관적 동기가 단지 과거 공명만을 얻기 위해서라면, 그는 군자라고 불릴 수 없다(《陸九淵集·白鹿洞書院論語講義》 참조). 육구연이 제기한 이 예는 좌중의 적지 않은 학자의 마음의 병을 찔렀고, 그래서 청중 중 깜짝 놀라 마음이 움직이지 않은 사람이 없었다. 육구연도 나중에 말한 적이 있다. "내가 사람을 관찰함에 언행에 있지 아니하고 공과에 있지 않고 심간(心肝)을 찾아내는 데 있다."[14] 어떤 사람이 소인인가 아니면 군자인가는 주로 '뜻을 판별하는 데'에 달려 있으니, 즉 그의 사상 동기를 판별 관찰하는 것이다.

육구연은 여기기를, 아무개가 도덕적인 사람(군자)인지 아니면 부도덕한 사람(소인)인지 평가하려면, 단지 아무개의 행위의 표면적 성질에만 의거하면 안되며, 주체의 내적 동기를 반드시 고찰해야 한다. 한 사람

14) 《陸九淵集·語錄下》: "某觀人不在言行上, 不在功過上, 直截是雕出心肝."

이 도덕 원칙에서 출발하여 도덕원으로 그의 행위를 지도하면, 그는 도덕적이다. '의(義)'가 바로 도덕의 동기이고, '리(利)'가 바로 이기(利己)의 동기이다. 육구연은 여기기를, 한 동기가 도덕적이면, 필시 이기주의와 대립된다. 이는 또한 사회의 도덕 원칙은 자연 이기주의와 완전히 대립한다는 말이기도 하다. 따라서 의리지변은 한 도덕적 선택의 문제를 해결하려고 하는 것이며, 어떠한 건공리업(建功利業)의 행위를 배척하려고 하는 것이 아니다. 비유를 들자면, 부국강병 자체는 반드시 배척해야 하는 것이 결코 아니다. 유가 입장에서 말하자면, 반드시 배척해야 하는 것은 오직 이기주의적 행위 동기일 뿐이다.

육구연의 학설은 당시에도 일정한 영향이 있었다. 그러나 그가 세상을 떠난 이후 아주 오랜 기간 동안, 그가 대표했던, '심학(心學)'으로 일컬어졌던 사상은 점점 사라져갔고, 명대 중기에 이르러서야, 왕수인(王守仁)의 창도 아래 비로소 다시 활약하기 시작하여, 큰 발전을 거두었다.

29 왕수인(王守仁)

왕수인(王守仁)의 자는 백안(伯安)으로, 절강(浙江) 여요(餘姚) 사람이다. 명(明) 헌종(憲宗) 성화(成化) 8년(1472)에 태어나, 명 세종(世宗) 가정(嘉靖) 7년(1528)에 세상을 떠났다. 고향에서 양명동(陽明洞)을 지었기 때문에 세상 사람들은 양명선생(陽明先生)이라고 했다. 그는 명나라 때 가장 영향력 있는 철학자로, 명나라 때 '심학(心學)'의 대표 인물이다.

왕수인은 28세 때 진사 급제하여, 남경홍려시경(南京鴻臚寺卿)·도찰원좌첨도어사(都察院左僉都御史)·도찰원우부도어사(都察院右副都御史)·남경병부상서(南京兵部尚書) 등을 역임하였고, 신건백(新建伯)에 책봉되었다. 왕수인은 일생 동안 여러 차례 명을 받고 강남 농민폭동을 평정했다. 1519년 여름, 영왕(寧王) 주신호(朱宸濠)가 다년간 계획을 거쳐서 강서(江西)에서 반란을 일으켰다. 왕수인은 신속 대응하여, 강약이 눈에 띄게 차이나는 상황에서, 기발하고 지혜로운 전략과 탁월한 담력 및 식견으로 단 35日의 짧은 시간 안에 이 대규모 반란을 평정했다. 만년에 또 명을 받고 사주(思州)·전주(田州) 지방의 폭동을 토벌하러 갔다가 회군하는 도중에 세상을 떠났다. 당시 사람들은 그의 '재능이 문무를 겸하고', '기지대용(奇智大勇)'이 있다고 했다. 확실히 왕수인의 군공(軍功)

은 고금 유자(儒者) 중 유일할 뿐만 아니라, 전체 명나라 때 문신과 무장 중에서도 가장 두드러진 것이었다.

왕수인은 젊은 시절 호매불기(豪邁不羈)하여, 개연(慨然)하게 사방을 경략하려는 뜻이 있어, 말타기와 활쏘기에 열심이며, 병법을 정밀하게 연구하였고, 시문(詩文)에도 뛰어나 일찍부터 문명(文名)을 날렸다. 청년 시절 왕수인은 대다수 송명이학자와 마찬가지로, 그도 역시 불가와 도가를 드나들다가 공자와 맹자의 뿌리로 돌아오는 길을 걸었다. 그는 도사에게 양생인도지술(養生導引之術)을 배운 적이 있고, 승려들과 함께 참선청게(參禪聽偈)하기도 하여, 세상을 등지고 입산하려는 강렬한 뜻이 있기도 했었다. 진사에 급제한 뒤 굴곡 많은 정치 생애에 발을 디뎠다. 34세 때 그는 엄혹한 정치 상황에서 죽음을 무릅쓰고 간언하여, 조정을 쥐고 흔드는 환관 유근(劉瑾)을 반대하여, 이로 인해 곤장을 맞고 옥에 갇혀서, 귀주(貴州) 용장(龍場)으로 쫓겨가 작디 작은 역승(驛丞)을 지냈다. 이런 극도로 괴로운 환경에서 그는 밤낮으로 묵묵히 앉아서 동심인성(動心忍性)하고, 성인이 이러한 상황에 처하면 어떻게 할 것인가를 생각했다. 어느날 밤 그는 갑자기 크게 깨달아 "자기도 모르게 소리치고 팔짝 뛰어, 따르던 자들이 모두 깜짝 놀랐고", 이로 인해 정주(程朱) 학설과 완전히 다른 철학을 세웠다. 후세 사람들은 이것을 '용장오도(龍場悟道)'라고 한다. 이후 그는 비록 명 왕조 정권을 굳건히 하기 위해 여러 차례 공을 세웠지만, 여러 차례 참언과 비방을 받았다. 그는 자기의 양지(良知) 학설을 굳게 믿고, 극도로 큰 용기를 보여주었다. 그의 후반생은 비록 전쟁을 치르느라 몹시 분주하였으나 그 와중에도 여전히 제자를 널리 받아들여, 재능에 따라 교육을 하여, 당시에 커다란 영향을 끼쳤다.

왕수인의 철학을 전체적으로 말하자면 주희의 '격물치지(格物致知)' 학설에 대한 반향이었다. 그는 주희가 말한 '즉물궁리(即物窮理)'를 반대하고, 이(理)는 내심 속에 있으며, 마음을 떠나면 이(理)가 없어서, 사람은 자기의 마음을 반성해야지 외부 사물에서 찾을 필요 없다고 여겼다. 그른 이른바 '심학(心學)'을 표방했다. 그가 창도한 심학은 명 중기 봉건 통치가 나날이 부패해가고 정주 이학이 점점 강화(僵化)하는 상황에서 나타난 사상운동으로, 시대적 의미를 지니고 있다.

왕수인은 창조 정신이 풍부하여, 그의 철학은 당시 정주학파의 경원습기(經院習氣)를 벗어났고, 그는 선종 대사처럼 놀랍고 기발한 지적 방법으로 사람들을 깨닫게 할 수 있어서, 매우 감염력이 있다. 그의 사상은 용감하게 직진하는 기개가 있었고, 생기발랄한 활력이 충만했다.

왕수인의 저작은 후세 사람들이 《왕문성공전서(王文成公全書)》로 편집했다. 그 중 가장 중요한 것은 《전습록(傳習錄)》이다..

(1) 치지(致知)와 격물(格物)

청년 시대 왕수인은 주희 사상의 영향 아래 격물궁리(格物窮理)하는 공부를 한 적이 있다. 언젠가 한 번은 풀 한 포기 나무 한 그루에도 모두 이(理)가 있으니, 마땅히 모두 격(格)하여 이를 통해 점차 성인이 되어야 한다고 주희가 말한 것이 생각났다. 그래서 한 친구와 마당 앞 대나무를 대상으로, 푸른 대나무를 마주하고 꼬박 7일 동안 심사숙고를 거듭하며 '격(格)'하였다. 그러나 결국 '이(理)를 깨닫지 못했을 뿐만 아니라 두 사람은 도리어 이 때문에 피곤해서 병이 났다. 나중에 그는 용장(龍場)에서 도(道)를 깨닫고, 결론을 얻어 이(理)는 본래 물(物)에 있지 않고 사람의 마음 속에 있다고 말했다. 이를 통해 보면, 한 문제가 오랜 기간 그의 심령을 괴롭혔음을 알 수 있으니, 그건 바로 이(理)는 물(物)에 있는가 없는가이다.

왕수인은 주희가 말한 '즉물궁리(即物窮理)'는 이(理)는 물(物)에 있으며 사람은 물(物)에서 그 이(理)를 궁구(窮究)한다는 것을 의미한다고 여겼다. 왕수인이 보기에 이(理)는 마땅히 '지선(至善)'의 이(理)를 가리키는 것이니, 바로 도덕의 근본원리로, 이 근본원리가 외부 사물에 있다고 할 수는 없다는 것이다. 그는 말했다. "주자의 이른바 '격물(格物)'이라 말하는 것은, 사물에 대하여 그 이치를 연구한다는 것이다. 곧 사물에 대하여 그 이치를 연구한다고 하는 것은, 바로 여러 가지 일과 물건들 하나하나에서 그 이른바 정리(定理)라는 것을 구하는 것이다. 이는 내 마음을 가지고 여러 가지 일과 물건 중에서 이치를 구하는 것이니, 마음과 이치를 나누어 둘로 만들고 있는 것이다. 무릇 여러 가지 일과 물건들에서 이치를 구한다고 하는 것은, 마치 효의 원리를 그의 부모에게서 구한다고 하는 것과 같다. 효의 원리를 그의 부모에게서 구한다면, 곧 그 효의 원리는 과연 내 마음에 있다고 할 수 있는 것일까? 아니면 그것이 부모의 몸에 있다고 한다면 부모님 몸에 있는 것일까?"[1] 도덕 원칙은 결코 도덕 행위의 대상에 존재하지 않는다고 왕수인은 보았다. 그는 예로 들기를, 사람은 마땅히 효·제·충·신 해야 하지만, 그러나 효의 이(理)는 부모 몸에 있지 않고, 제의 이(理)는 형제 몸에 있지 않고, 충의 이(理)는 군주 몸에 있지 않고, 신의 이(理)는 친구 몸에 있지 않다. 그는 또 예를 들기를, 아기가 우물에 빠지려고 하는 것을 보면 측은지심(惻隱之心)이 일어나는데, 설마 아기 몸에 측은지리(惻隱之理)가 있다고 말할 수 있는가?

왕수인은 여기서 사람의 인륜 인식 과정과 일반 인식 과정의 구별을 제시했다. 사람이 대나무의 생장 습성·규칙을 이해하고 파악하려면 반

1) 《傳習錄中·答顧東橋書》: "朱子所謂格物云者, 在即物而窮其理. 即物窮理是就事事物物上求其所謂定理者也. 是以吾心而求理於事事物物之中, 析心與理為二矣. 夫求理於事事物物者, 如求孝之理於其親之謂也. 求孝之理於其親, 則孝之理其果在於吾之心邪, 抑果在於親之身邪?"

드시 대나무의 생장 발육을 관찰해야 하니, 사람이 대나무의 생장 규칙을 인식하는 것은 인식 대상이 된 대나무를 반영한 것이다. 그리고 윤리 인식은 주로 행위 대상 자체의 규칙을 이해하는 것이 아니라, 일정한 사회에서 사람이 특정 대상에 대해서 마땅히 채택해야 하는 행위 준칙을 확정하는 것이다. 사람이 '효'라는 이 준칙을 인식하는 것은 인식 대상이 되는 부모의 반영이라고 할 수 없고, 이 준칙 혹은 규범은 부모의 몸에 존재한다고 말할 수 없다.

그러나 도덕 인식의 내원은 사회생활과 사회실천에 있으며, 따라서 이(理)는 사람의 마음의 밖에 있으며, 마음의 이(理)는 단지 마음 밖의 이(理)에 대한 인식이다. 왕수인은 이(理)가 도덕 행위의 대상에게 있는 것이 아니라면 도덕 인식은 오직 사람의 내심에서 내원할 수밖에 없다고 보았으니, 이것은 선험도덕론이다.

근대 독일 철학자 칸트는 일찍이 '인심위자연입법(人心為自然立法)'을 말했으니, 왕수인의 심외무리설(心外無理說)은 인심은 사회를 위하여 입법한다는 것을 말한 것이라고 할 수 있다. 그러나 이 의미에서 말하자면, 양자는 방법은 다르지만 결과는 같은 것이라고 말할 수 있다.

(2) 지행합일(知行合一)

정이와 주희의 지행(知行) 학설은 지선행후(知先行後)를 주장하여, 사람은 마땅히 무엇이 도덕의 원칙인지 우선 이해하고, 따라서 이해한 것에 의거하여 행하고, 이렇게 하면 도덕이 있는 사람이 될 수 있다는 것을 강조했다. 정·주가 보기에, 사회생활에는 종종 이런 현상이 있으니, 즉 사람들은 마땅히 어떻게 해야 하는지 종종 알면서도 그렇게 하지 않는다는 것으로, 정·주는 이런 현상을 '지이불행(知而不行)'이라고 했다. 아울러 이 점을 겨냥하여 '진지(真知)'의 문제를 제시했다. 그 의미는, 도덕에 대한 참되고 절실한 이해는 보고 행동하는 것을 포함하고 있으니, 만약 알면서도 행하지 않으면 아직 진정으로 알지 않는다는 것을 나타낸 것으로, 진정으로 알면 행동에서 이탈될 리 없다는 것이다. 왕수인의 지행합일(知行合一) 사상은 한편으로는 정주의 지선행후(知先行後) 설을 반대하고, 다른 한편으로는 그들의 진지필행(真知必行) 설을 발전시킨 것이다.

《전습록 상》에 다음과 같은 내용이 있다. "내가 물었다. "예를 들어 어떤 사람이 아버지에게는 효도해야 하고 형에게는 공손해야함을 잘 아는데 도리어 효도하지 못하고 공손하지 못하다면, 이는 지(知)와 행(行)이 분명 두 가지인 것입니다." 선생께서 말씀하셨다. "이것은 이미 사욕에 의해 가려진 것이니, 지행의 본모습이 아니네. 알면서 실천하지 못하는 경우는 없으니, 알면서 실천하지 못하는 것은 그저 알지 못하는 것이라네. 성현께서 사람들에게 지행(知行)에 대해 가르치신 것은 바로 저 본모습을 편안히 여기고 회복하는 것이지 ~ " …… 나는 일찍이 '지는 행의 내용이며 행은 지의 공부이고, 지는 행의 시작이며 행은 지의 완성이다'라고 하였으니, 이해했을 때에는 그저 지만 말해도 이미 저절로 행이 있으며, 그저 행만 말해도 이미 저절로 지가 있는 것이다."[2] 왕수인은 여기기를, 정주가 말한 지이불행은 단지 진정한 지(知)가 없을 뿐이며, 행이부지(行而不知)는 진정한 행(行)이 아니다. 진정한 지(知)는 행(行)을 포괄하는 것이고, 진정한 행(行)은 지(知)를 포괄하는 것으로, 그는 이런 진정한 지(知)와 진정한 행(行)을 '지행(知行)의 본체' 즉 본래 의미

2) 《傳習錄上》: "愛曰: 如今人盡有知得父當孝、兄當弟者, 卻不能孝、不能弟, 便是知與行分明是兩件. 先生曰: 此已被私欲隔斷, 不是知行的本體了, 未有知而不行者. 知而不行, 祇是未知, 聖賢教人知行, 正是要復那本體. ……某嘗說, 知是行的主意, 行是知的工夫, 知是行之始, 行是知之成. 若會得時, 祇說一個知, 已自有行在, 祇說一個行, 已自有知在."

에서의 지행(知行)이라고 했다.

왕양명의 지행합일(知行合一) 설의 구체적 의미를 말하자면, 위선(為善)과 거악(去惡) 두 측면으로 나눌 수 있다. 한편으로, 사람이 단지 선에 대한 생각 혹은 선에 대한 이해만 있고 지선(知善)이 아직 아니라면, 선에 대한 생각을 위선(為善)의 행위로 결과가 나오게 해야만 진정한 지선이다. 다른 한편으로, 사람은 또한 뚜렷한 악랄한 행위가 있지 않아도 악을 행한 것이니, 한 오라기라도 악에 대한 생각이 있으면 악을 행한 것이다. 위선의 측면에서 말하자면, 행이 있어야 비로소 지이고, 거악의 측면에서 말하자면, 불선지념이 있기만 해도 행이다.

일반적 의미에서 말하자면, 인류 활동의 과정은 사유-행동이다. 왕수인 이전의 지행 학설은 사유를 내용으로 하는 앞 단계를 지(知라고 하고, 행위를 내용으로 하는 뒤 단계를 행(行)이라고 한다. 이에 의해 사유·심리하는 것과 신체의 외부활동·행위를 구분한다. 그러나 왕수인이 보기에, '사유(思維)-행동(行動)'하는 이 과정을 '지(知)'라고 할 수 있으며, 또한 '지(知)'라는 과정의 완성과 종결이 행위라고 할 수 있다는 것이다. 또한 이 과정을 '행(行)'이라고 할 수도 있고, 또한 사유·생각 활동을 '행(行)' 과정의 개시라고 볼 수도 있다는 것이다. 바꿔 말하자면, 행위를 '지(知)' 과정의 일부분으로 볼 수 있고, 의념 역시 '행(行)' 과정의 일부분으로 볼 수 있다는 것이다. 이렇게 왕수인의 학설에서는 지(知)와 행(行)의 규정이 서로 포함되어 있어, 그가 말한 '지(知)'에는 이전 사람이 말한 행(行)을 포괄하고 있고, 그가 말한 '행(行)'에는 이전 사람이 말한 지(知)를 포괄하고 있다. 그래서 지행합일이라고 한다.

'지행합일' 사상을 천명할 때 왕수인은 종종 일상생활의 실례를 인용하여 논증했다. 그는 제시하기를, 한 사람이 효를 안다고 말하면, 필시 이 사람은 진실로 효를 행했음을 가리킨다. 한 사람이 미(味)를 안다고 말하면, 이 사람은 반드시 입을 통해 먹어보았을 것이다. 한 사람이 길의

험이(險夷)를 안다고 말하면, 틀림없이 이 사람은 직접 지나가 보았을 것이다. 종합하면, 한 사람이 어떤 사물에 진정으로 절실하게 이해하면, 틀림없이 이 사람은 일찍이 이 사물에 대한 실천을 했던 경험이 있다. 그는 또한 제시하길, 사람의 학습과 실천 역시 서로 떨어질 수 없으니, 서예를 배우려면 반드시 붓을 쥐고 종이를 펼치고 부지런히 연습해야 하고, 말을 탄 채 활쏘기를 배우려면 반드시 활을 당기고 화살을 옆에 끼고 항상 단련해야 한다고 하였다.

왕수인의 이런 사상들은 '지(知)'는 필연적으로 '행(行)'할 수 있는 지(知)이고, '지(知)'는 실천을 한 지(知)이고, '지(知)'는 행(行)과 연결된 지(知)임을 강조한 것으로, 즉 지(知)와 행(行)의 한계가 상대적임을 주장했다. 유심적 측면을 빼면, 이런 견해 역시 지행 연결에 대한 변증법적 이해를 포함하고 있다. 사람의 행위 과정으로 보면, 이 행위들을 인도하는 사상 역시 전체 행위 과정의 시작으로 보지 않을 수 없다. 동시에, 사람의 인식으로 보면, 사람은 행동 전에 사상과 의식이 있을 뿐 아니라, 사람의 사유는 주체를 따라 실천과정에 진입하여 끊임없이 깊어지고, 사람의 인식 과정은 사유 주체의 활동일 뿐 아니라, 또한 실천 활동을 포함하고 있고, 사람의 실천 활동은 단지 외재적 행위 뿐인 것이 아니라, 주체의 사유와 연결되어 있고 아울러 심화된다. 사람의 인식은 실천과 분리해낼 방법이 없다. 그는 또한 비유를 들기를, 고과(苦瓜)의 쓴 맛을 알려면 반드시 자기가 먹어봐야 한다. 왕수인이 이렇게 인식과 실천의 상호 연결을 강조하고, 인식이 실천에 의지한 관계를 강조한 것은 비록 유물주의 인식론과는 다르지만, 이전 사람의 지행에 대한 철학 사고에 비하면 확실히 전진했다.

(3) '양지(良知)'에 도달해야 한다

《대학》이란 책은 북송 이학의 표창발양(表彰發揚)을 거쳐서, 이학 방법론의 기본 근거가 되었다. 그러나 각 학파가 《대학》의 사상 자료를 이용하여 철학 방법론을 세우는 데에는 크게 다른 점이 있다. 주희가 중시한 것은 '격물'이고, 왕수인이 중시한 것은 '치지'이다. 주희가 말한 격물은 즉물이궁리를 가리키고, 왕수인이 말한 치지는 자기의 양지(良知)를 발휘하는 것이다.

주희 철학에서 치지는 주체가 격물궁리를 진행하는 과정에서 얻은 자연적 결과이다. 왕수인은 지적했다. "치지는 후세의 학자들이 말한 자기의 지식을 채워 넓힌다는 것이 아니라 내 마음의 양지(良知)를 실현하는 것이다. 양지는 맹자가 말한 시비지심으로 사람이라면 모두 가지고 있다는 것이다. 시비지심은 생각할 필요도 없이 알고 배울 필요도 없이 능(能)하기 때문에, 양지라고 한다. 이는 하늘이 명한 성이고, 내 마음의 본체이므로, 스스로 밝고 분명하게 깨달을 수 있는 것이다. 어떤 생각이 드러나는 것은 내 마음의 양지가 스스로 알지 못하는 것이 없으니 그것이 선하지 않을 수 있겠는가? 오직 내 마음의 양지가 스스로 아니 그것이 불선할 수 있겠는가? 또한 내 마음의 양지가 스스로 아는 것이니 이는 모두 타인에게 관여할 바가 없는 것이다. 그러므로 소인이 불선한 짓을 하여 이르지 못할 데가 없는데 군자를 보고서는 반드시 슬그머니 자신의 불선한 짓을 가리고 선한 짓을 드러내는데 이 또한 양지가 스스로의 어리석은 짓을 용납하지 못하는 것을 알 수 있다."[3] 치양지(致良知)는 자기의 양지

3) 《王文成公全書 · 大學問》: "致知雲者, 非若後儒所謂充廣其知識之謂也, 致吾心之良知焉耳. 良知者, 孟子所謂是非之心, 人皆有之者也. 是非之心, 不待慮而知, 不待學而能, 是故謂之良知, 是乃天命之性, 吾心之本體, 自然靈昭明覺者也. 凡意念之發, 吾心之良知無有不自知者, 其善歟, 惟吾心之良知自知

를 충분히 관철시키는 것이다. 양지는 사람마다 지니고 있는 선험적 도덕 의식이다. 왕수인은 여기기를, 모든 사람의 마음 속에는 내재된 시비 준칙이 있으니, 시비를 판별하는 이 내재된 준칙이 바로 양지이다. 양지는 마치 내심의 관찰초(哨)와 같아서, 사람의 모든 생각을 양지가 내심에서 그것이 옳은지 아니면 옳지 않는지 알려준다. 그러나 사람들은 개인의 사욕 이해가 몰고 가는 대로 종종 양심의 호소를 돌아보지 않고 양심의 바람을 위배한다. 치양지(致良知)는 사람이 양지의 요구와 인도를 완전히 따라서, 양지와 사욕 사이에 선택을 하여, 양지가 지고무상의 절대명령이 되게 하여, 양지에 대해서 조금도 속임이 없을 것을 요구하는 것이니, 이런 사람이 도덕 있는 사람이 될 수 있다는 것이다. 왕수인은 치양지(致良知)를 유일한 수양 방법으로 삼아서, 모든 사람은 도덕적 자각성이 있다는 것을 그는 최대한 믿는다는 것을 표현했다. 그는 여기기를, 사람은 예외 없이 선으로 향하도록 이끄는 양지를 충분히 지니고 있고, 이 양지는 무슨 특별한 수양 방법을 거쳐서 발현할 필요가 없고, 그것은 시시각각 우리 내심에서 도덕 평가 역할을 맡고 있고, 열쇠는 사람이 양지가 가리키는대로 해서 양지가 진정으로 심신의 주재(主宰)가 되게 할 수 있느냐 없느냐에 있다고 그는 보았다.

육구연이 말한 '본심(本心)'과 마찬가지로, '양지' 역시 윤리학의 '양심'을 가리키나, 다만 왕수인의 학설이 육구연의 학설보다 더욱 직접적이다. 주희 학설은 사람이 독서응사하고, 지소당연(知所當然)하고, 그런 이후 행소기지(行所已知)해야 한다고 강조하고, 사람이 광범위한 격물 속에서 각종 규범 준칙을 이해하고, 나아가 보편적 '천리'를 인식하는

之; 其不善歟, 亦惟吾心之良知自知之. 是皆無所與於他人者也. 故雖小人之為不善, 既已無所不至, 然其見君子, 則必厭然掩其不善而著其善者, 是亦可以見其良知之有不容於自昧者也."

것으로 상승할 것을 요구했다. 그러나 인생에서 마주치는 환경은 다종다양하여, 각종 상황에서 마땅히 채택해야 하는 규범, 각종 특수한 상황에서의 행동 방안을 배울 방법이 없다. 최후에는 여전히 자기의 도덕 판단력에 의지해야 한다. 왕수인은 이 점을 보았다. 그는 말했다. “저 양지와 일의 절목 및 때의 변화와의 관계는 마치 각자와 그림쇠, 자로 네모 동그라미 (사물의) 장단을 재는 것과 같다. 일의 절목과 때의 변화가 예정되어 있지 않는 것은 마치 (천하 사물의) 방원장단(方圓長短-모나고 둥글고 길고 짧음)을 이루 다 헤아릴 수 없는 것과 같다. 그러므로 규구(規矩-컴퍼스와 곡자)가 진실로 잘 갖추어져 있다면 방원을 속일 수 없어 천하 사물의 방원을 이루 다 쓸 수 없을 것이다. 자가 잘 펼쳐져 있으면 장단을 속일 수 없으니 천하 사물의 장단을 이루 다 쓸 수 없을 것이다. 양지를 진실로 이르게 하였다면, 절목시변(節目時變)을 속일 수 없을 것이니 천하의 절목시변을 이루 다 쓸 수 없을 것이다.”[4] 주희와 육구연의 유명한 아호(鵝湖) 회동 변론에서, 당시 육구연은 날카로운 질문을 준비했다. 만약 반드시 독서 궁리에 의해서만 도덕준칙·성인과 현인이 되는 것을 이해할 수 있다면, 그러면 상고시대 문자가 아직 없었던 시대에 요순은 무엇에 의거하야 성현이 되었나? 왕수인의 시각 역시 같다. 그가 보기에, 주희가 말한 격물궁리는 마치 구체적 동그라미를 하나하나 그리는 것을 배우는 것과 같아서, 이렇게 하면 영원히 제대로 배울 수 없으니, 오직 컴퍼스 하나만 찾으면, 각양각색의 원을 그리라는 요구에 응할 수 있으니, 사람은 반드시 도덕의 잣대를 찾아야 하니, 그것은 모든 구체적 시비

4) 《傳習錄中·答顧東橋書》: “夫良知之於節目時變, 猶規矩尺度之於方圓長短也. 節目時變之不可預定, 猶方圓長短之不可勝窮也. 故規矩誠立, 則不可欺以方圓, 而天下之方圓不可勝用矣. 尺度誠陳, 則不可欺以長短, 而天下之長短不可勝用矣. 良知誠致, 則不可欺以節目時變, 而天下之節目時變不可勝應矣.”

를 재는 준칙으로, 이 잣대가 바로 모든 사람의 양지이다. 양지 본심은 바로 도덕률로, 그것이 이끄는 것을 따르면 성인도 되고 현인도 될 수 있다.

왕수인은 양지는 태어나면서 원래 있는 것으로 여겼으니, 이것은 도덕 선험론으로, 오류이다. 그러나 그는 사람마다 도덕적 자각성을 지니고 있고 사람마다 모두 독립사고의 능력이 있다고 긍정했다. 이것은 중요한 진보적 의의가 있다.

30 왕정상(王廷相)

왕정상(王廷相)의 자는 자형(子衡), 호는 준천(浚川)으로, 하남(河南) 의봉(儀封: 지금의 하남 난고(蘭考)) 사람이다. 명나라 헌종(憲宗) 성화(成化) 10년(1474)에 태어나, 명나라 세종(世宗) 가정(嘉靖) 23년(1544)에 세상을 떠났다.

왕정상은 '어려서 문장으로 이름이 났고', 명대 문학에서 저명한 '전칠자(前七子)' 중 한 사람이다. 홍치(弘治) 15년에 진사에 급제했고, 정덕(正德) 초년 유근(劉瑾)의 박해를 받아서 유배 갔다. 나중에 어사(御史)에 임명되었고, 만년에 파직되어 귀향했다.

왕정상은 정직강의(正直剛毅)하고, 사악한 세력과 과감하게 투쟁했다. 그는 유근에 의하여 유배 간 것 이외에도 또한 환관 료붕(廖鵬)을 반대한 것으로 인하여 체포 하옥되기도 하였다. 가정(嘉靖) 연간에 그는 엄숭(嚴嵩)이 권력을 농단하는 것을 앞장서 공격하기도 하였으니, 당시 조야의 사대부 중에서 기상과 절개가 탁월하여, 위세와 명망이 높았다.

왕정상은 송대 장재(張載)의 기일원론(氣一元論) 철학을 계승 발전시키고, 북송부터 명대까지의 이학 유심주의를 깊게 비판했다. 그는 명대 사상계에서 독립된 견해를 지닌 중요한 철학자이다.

왕정상은 박학다식하여, 천문학·음률학(音律學)에 모두 깊은 연구가 있었고, 농학(農學)·생물학에도 매우 관심이 있었다. 자연과학 지식은 그의 유물주의 사상의 내원 중 하나였다.

왕정상의 주요 철학 저작은 《아술(雅述)》과 《신언(愼言)》이다[1].

(1) 기(氣)는 조화의 실체

왕정상은 철학상 장재의 기(氣)에 관한 학설을 계승했다. 그는 매우 긍정적으로 다음과 같이 제시했다. "하늘의 내외는 모두 기(氣)이며, 땅 속 또한 기(氣)이며, 만물의 허실 모두 기(氣)이며 천지 상하로 두루 통하고 극에 달하였으니 이것이 조화의 실체이다."[2] 상천하지(上天下地)·허공과 실물 모두 기로 구성되었다는 것이다. 기는 조화의 '실체'가 되고, 전체 우주 통일의 기초이다.

물(物)의 허실(虛實)이 모두 기(氣)라는 것은 그도 역시 장재 철학 중 허공에 관한 이해를 계승하였음을 밝힌 것이다. 왕정상은 또한 여기기를, 무슨 절대적 허공은 결코 존재하지 않으며, 허공은 기를 떠나지 않고, 기는 허공을 떠나지 않으니, 기는 허공 속에 원래 있고 항구적인 물질 실재이다. 장재와 마찬가지로, 그도 '허(虛)는 기의 본연의 상태에 불과함을 인정하고, 우주 사이 만물의 생성변화를 취산(聚散)으로 설명했다. 기가 모이면 만물의 생성을 가져오고, 기(氣)가 흩어지면 그 본래 상태인 태허(太虛)로 돌아간다. 그는 강조하길, "기(氣)는 모였다 흩어지나 결코

---

1) 왕정상의 저작은 《王氏家藏集》으로 통합 편집되어, 명 가정(嘉靖) 15년에 간행되었다. 이후 왕정상의 말을 이 책에서 인용한 경우 더 이상 일일이 명기하지 않았다.

2) 《愼言·道體》: "天內外皆氣, 地中亦氣, 物虛實皆氣, 通極上下, 造化之實體也."

사라지지 않는다. 처음 비가 내리는 것은 기(氣)의 조화인데 뜨거운 불꽃을 만나면 다시 수증기가 되어 올라가 기가 된다. 초목이 처음 생겨나는 것도 기(氣)가 맺힌 것인데 뜨거운 불꽃을 만나면 변화되어 연기가 된다. 형체로 볼 때 마치 유무의 구분이 있는 듯하나, 기(氣)가 태허(太虛)로부터 나오는 것은 애초부터 조금도 줄어들지 않았다."[3]고 하였다. 물이 증발하여 기(氣)가 되고, 기(氣)가 변화하여 비가 되고, 기(氣)가 모여 풀이 되고, 불이 변화하여 다시 기(氣)로 돌아간다. "기(氣)가 태허(太虛)로 들고 나는 것은 처음부터 줄어든 적이 없다", 여기서 분명한 것은 물질의 구체적 형태는 서로 변화할 수 있지만 우주의 물질 총량은 감소할 리 없다는 것이다.

장재 철학에서 기(氣)의 본체가 되는 태허(太虛)의 기(氣)를 왕정상은 또한 '원기(元氣)'라고 했다. 그는 말했다. "도체는 무라 말할 수 없고 만물이 생성됨에 유무가 있을 뿐이다. 천지가 아직 나누어지지 않고 원기(元氣)가 뒤섞여 넘실되며 맑고 텅 비어 틈이 없으니 조화의 원기(元機)이다. 텅 비면 기(氣)가 있고, 허(虛)는 기(氣)와 떨어지지 않으며, 기(氣)도 허와 떨어지지 않으니, 오묘하여 시작하는 바도 끝나는 바도 없는 것이다. 이르는 곳을 알지 못하므로 태극이라 부르고, 상(象)을 갖출 수 없으므로 태허(太虛)라 부르니 음양(陰陽)의 밖에 태극이 있고 태허(太虛)가 있는 것이 아니다. 이기(二氣)가 감화(感化)하여 군상(群象)이 만들어지고 천지 만물이 생겨나는 것이니 특별한 실체가 있는 것이 아니다."[4] '태극'과 '태허(太虛)가 바로 '원기(元氣)'이다. '원기(元氣)'는 조화

3) 《愼言 · 道體》:"氣有聚散, 無滅息. 雨水之始, 氣化也; 得火之炎, 復蒸而為氣. 草木之生, 氣結也; 得火之灼, 復化而為煙. 以形觀之, 若有有無之分矣, 而氣之出入於太虛者, 初未嘗減也."

4) 《愼言 · 道體》: "道體不可言無、生有有無, 天地未判, 元氣混涵, 清虛無間, 造化之元機也. 有虛即有氣, 虛不離氣, 氣不離虛, 無所始、無所終之妙也. 不可

의 실체로, 그 무궁·무한한 의미에서 태극이라고 하고, 그 혼함무간(渾涵無間)·청허무형(淸虛無形)한 의미에서 태허(太虛)라고 한다.

왕정상은 나아가 우리가 직접 생존하는 이 현실 우주의 생성 이론을 제시했다. 이 우주의 각도에서 보면, '원기(元氣)'는 만물이 태어나는 원시 물질이다. '원기(元氣)'로부터 분화하여 음양의 기가 되고, 두 기(氣)의 기화(氣化) 과정에서 먼저 하늘이 만들어지고, 천(天)은 혼천설(渾天說) 이론에서 말한 것처럼, 형체가 있는 것이다. 천(天)이 있게 된 이후 또한 기(氣)가 변화하여 일(日)·성(星)·뢰(雷)·전(電)·월(月)·운(雲)·우(雨)·로(露)가 생겼고, 이에 물·불이 생겼다. 물에서 또한 수증기가 맺혀 토(土, 地)가 되었고, 땅이 있어서 금(金)·목(木)·오행(五行)의 탄생이 차례대로 이루어졌다.

이런 우주발생론에 근거하여, 그는 군신·부자·부부 모두 천지가 있고 기(氣)의 변화가 있은 이후에 있게 되었고 따라서 예(禮)·의(義) 역시 항구적인 것이 아니라 인류 사회가 있고 난 후에야 있게 되었다고 지적했다.

모든 유형의 물체는 유생유멸(有生有滅)하고, 유시유종(有始有終)하며, 원기는 우주 속에 혼연하게 가득 차서, 무형무적(無形無跡)하고, 무시무종(無始無終)하니, 원기는 우주의 실체이고 세계의 본원이다.

(2) 기(氣)의 씨앗은 정해져 있다

왕정상은 원기우주론에서 특색있는 '기종(氣種)' 설을 제시했다. 장재는 기일원론을 제시할 때 주로 기 자체가 모이고 흩어지는 것으로 우주

知其所至, 故曰太極 ; 不可以為象, 故曰太虛. 非曰陰陽之外有極有虛也. 二氣感化, 群象顯設, 天地萬物所由以生也, 非實體乎!"

간 모든 사물의 탄생과 소멸을 설명했다. 나중에 정주학파는 단지 기가 모이고 흩어지는 것만 말하는 것으로는 통일성이 어떻게 해서 차이 있는 다양성으로 표현되었는지, 똑같이 기인데 어떻게 모여서 이렇게 다른 만물이 되었는지 설명할 수 없다고 여겼다. 정주학파는 여기기를, 끝까지 돌아가 기가 모이고 흩어지는 방식을 결정하는 것이 '이(理)라고 여겼다. '이(理)는 구체적 사물의 다른 형태를 조성했다.

왕정상은 기화(氣化) 과정 중 각종 다른 사물을 형성했으며, 원시 물질 원기 속에 나중에 발전하여 각종 다른 물류가 되게 하는 '종자(種子)'를 포함하고 있기 때문이라고 보았다. 그는 태허(太虛) 원기(元氣) 속에 '천지일월만형지종개비어내(天地日月萬形之種皆備於內)'라고 보았다. 그는 말했다. "천지·수화·만물은 모두 원기로부터 변화했다. 원기 본체에 이 씨앗을 갖추고 있기 때문에, 변화하여 천지·수화·만물을 내놓을 수 있는 것이다."[5] 이는 왕정상이 현존하는 세계의 모든 사물(자연사물)은 우주의 원시 물질 안에 이미 발전의 잠재적 가능성을 갖추고 있었다고 여겼다는 것을 보여준다. 왕정상이 말한 씨앗은 고대 그리스 철학자 아낙사고라스(Anaxagoras, 대략 기원전 500 — 기원전 428)가 말한 원소(原素)도 아니고, 스웨덴 박물학자 린네(Cdrl von Linne, 1707 —1778)가 말한 물종(物種)도 아니다. 어떤 의미에서 그가 제시한 것은 일종의 우주 기인 학설이다.

우주 내 만물의 형태는 끊임없이 변화하고, 지구상의 물종(物種) 역시 끊임없이 탄생되고 진화한다. 이것은 지질연대로 계산해야 하는 장기 과정이다. 이 과정 속에는 유전이 있을 뿐 아니라 변이도 있으며, 사람이 관찰할 수 있는 변이도 종종 천만 년 이상이 필요하기도 하다. 왕정상의

5) 《內臺集·答何柏齋造化論》: "天地、水火、萬物皆從元氣而化, 蓋由元氣本體具有此種, 故能化出天地、水火、萬物."

종자설(種子說)은 생물의 유전 측면을 보았기 때문으로, 매 물종의 형상이 대대로 전해지는 것을 보고, 대량 물종이 인류 문명의 기억에서 변이가 아주 적은 것을 보고, 이로 말미암아 물종은 변하지 않는다고 추단했다. "만물은 크고 작고 부드럽고 강하여 그 재질이 각각 다르고, 소리 색깔 냄새 맛이 각각 그 성질이 다르다. 천고의 세월이 지나도 변하지 않는 것을 보면 기종(氣種)이 정해진 것이 있는 것이다. 사람은 아버지를 닮지 않으면 어머니를 닮으니, 몇 세대 후에는 필시 할아버지와 모습이 같은 자가 있을 것이다. 기종이 그 뿌리로 복귀하기 때문이다."6) 그는 물종의 인소는 원시 물질 속에서 이미 갖추어져 있다고 보았다.

(3) 이(理)는 기(氣)에 실려 있다

왕정상 철학의 두드러진 특징은 강렬한 비판성을 지니고 있다는 것이다. 그는 정주 이학의 이기관(理氣觀)을 전에 없이 깊이 비판했다. 그의 이기관계론(理氣關係論)은 이런 비판 속에서 발전한 것이다.

왕정상은 '기(氣)'는 '원기(元氣)'와 '생기(生氣)'로 나뉜다고 보았다. 원기(元氣)는 형체가 없고, 생기(生氣)는 형체가 있다. '원기(元氣)'는 장재가 말한 '태허지기'에 해당하고, '생기(生氣)'는 장재가 말한 '유기(游氣)'에 해당한다. 원기(元氣)·생기(生氣)를 막론하고 그 안에는 모두 이(理)가 갖추어져 있고, 이(理)는 기(氣) 속에 깃들어 있다. 그는 말했다. "이(理)는 기로부터 받은 것이니 기(氣)를 만들 수 있는 것이 아니다. 유자들이 이(理)가 기(氣)를 낳을 수 있다고 말하는 것은 노자가 도(道)가

6) 《愼言·道體》: "萬物鉅細柔剛, 各異其材, 聲色臭味, 各殊其性. 閱千古而不變者, 氣種之有定也. 人不肖其父則肖其母, 數世之後, 必有與祖同其體貌者, 氣種之復其本也."

천지를 낳는다고 말한 것과 같다."[7] "기(氣)란 도(道)의 본체이며. 도(道)는, 기(氣)가 만든 것이다."[8] 송유(宋儒)는 이(理)가 기(氣)를 낳을 수 있다고 여겼는데, 완전히 잘못된 것이라고 그는 지적했다. 이(理)는 기(氣)를 떠날 수 없고, 기(氣)는 우주의 유일한 실체이며, 이(理)는 기(氣)에 고유한 질서·규율·조리이다. 이(理)는 독립하여 존재하는 실체가 아니라는 것을 '재(載)'가 보여주니, 이(理)는 기(氣)를 수재(受載)하는 실체로 삼는다. 이(理) 자체는 단지 '텅 비어 드러나지 않고', 형체도 없고, 움직이거나 고요한 운동도 없다. 이런 '이(理)는 기(氣)를 생산할 수 없다. 이(理)는 허공에 매달려 독립적으로 존재할 수 없으니, 이(理)는 반드시 기(氣)를 바탕으로 하며, 기(氣)는 저절로 조리를 갖추고 있다. '원기(元氣)' 속에 원리(元理)가 있으니, '원기(元氣)'의 위나 원기보다 먼저 허무이상(虛無而象)한 이(理)가 있다고 할 수도 없다. 만약 '이(理)가 '기(氣)' 보다 먼저 있다면 노장과 구별이 없어진다. 왕정상은 이(理)는 실체가 아니어서 운동이 없고, 기(氣)가 바로 운동이 있는 실체라고 보았다. 그는 심지어 기(氣)와 이(理)의 이런 관계는 이목(耳目)이 있어서 비로소 총명이 있는 것과 같다고 그는 제시했다. 왕정상의 이런 사상들은 선명한 유물주의 입장을 보여준다.

(4) 기(氣)에는 변화가 있고, 이(理)에도 변화가 있다

정주학파의 유리론(唯理論) 철학에는 중요한 논점이 있으니, '기(氣)' 는 변동이 있고 '이(理)는 변화가 없고, '기(氣)'는 생멸이 있고 '이(理)는

7) 《愼言·道體》: "理載於氣, 非能始氣也. 世儒謂理能生氣, 即老氏道生天地矣."

8) 《愼言·五行》: "氣也者, 道之體也. 道也者, 氣之具也."

생멸이 없어서, 따라서 '이(理)는 항구적이고 변하지 않는 절대라고 보는 것이다. 쉬지 않고 변화하는 현상과 상대적으로 말하면, 규칙은 변(變) 속의 항상(恆常)으로, 안정성의 특징을 보여준다. 그러나 규칙은 항구적으로 변하지 않는 것이 아니다. 왕정상의 철학사에서의 공헌 중 하나는 그는 자각적으로 정주 이학의 인식상의 이 오류를 잡았다는 것이다.

왕정상이 보기에, 기(氣)는 우주 간의 유일한 실체로, 이(理)는 단지 기(氣)의 규칙·조리(條理)·질서(秩序)일 뿐이다. 따라서 "기(氣)에 변화가 있으니, 도(道)에도 변화가 있다. …… 기(氣)에는 영원한 것도 있고 영원하지 않은 것도 있으며, 도(道)에는 변하는 것도 있고 불변하는 것도 있다. 일(一)이면서 불변하는 것, 이는 겸할 수 없다."[9]고 하겠다. 왕정상은 만약 '기'는 끊임없이 변화하고 도(道)는 영원히 변하지 않는다고 하면, 기(氣)와 도(道)는 갈라지게 된다고 보았다. 자연계와 인류사회의 모든 현상은 영원한 변화 운동 속에 처해 있으며, 도(道)와 이(理)도 변화가 있는 것이다. 왕정상은 특별히 인류사회의 이(理)는 시대의 발전을 따라서 변화하는 것이라고 지적했다. "유자가 말했다. : 천지 간 만물 중 형체가 있는 것은 모두 해지는데 오직 이(理)만 홀로 썩지 않는다 하니 이는 태류(殆類)의 어리석은 말이다. 이(理)란 형질이 없는데 어떻게 썩을 수 있겠는가? 정실로 논한다면 읍양(揖讓, 천자의 자리를 물려줌)이 있은 후 방벌(放伐, 무도한 천자를 무력을 써서 내쫓음, 역성혁명)이 있었으며, 방벌이 있은 후에는 찬탈(簒奪)이 있었으며, 정전(井田)이 무너지면서 천맥(阡陌)이 생겨났고, 봉건제(封建制)가 무너지면서 군현제(郡縣制)가 만들어졌다. 과거에 행해진 것은 이후에 행해지지 않고 과거에 마땅했던 것은 지금에는 마땅하지 않으니 이치는 때에 따라 마땅한 것이

9) 《雅述》 上篇 : "氣有變化, 是道有變化. ……氣有常有不常, 則道有變有不變. 一而不變, 不足以該之也."

이루어지니 지나간 것은 모두 추구(芻狗, 과거 중국에서 제사 때 쓰려고 짚으로 만든 개, 제사가 지나면 버리므로 쓸모 없는 것을 비유)와 다를 바 없으니, 또한 썩거나 해지지 않겠는가?"[10] 왕정상의 이 사상은 사물의 규칙은 사물 자체의 물질 존재 조건에 의하여 결정되고, 규칙은 물질 과정의 규칙이며, 물질 과정 및 그 조건은 변화했고, 이에 상응하여 그 규칙의 내용도 변화가 발생해야 한다는 말이다. 따라서 세계의 모든 규칙은 영구불변한다고 볼 수 없으며, 규칙과 법칙에 대해서 마땅히 변화하는 변증법적 이해를 취해야 한다. 그는 이 사상을 인류사회에 응용하여, 정주 이학에 대한 비판의 적극적 의미를 직접 드러냈다. 정주 이학이 바로 인류사회 어느 발전 단계의 어느 원칙들을 우주의 항구적 규칙의 표현이라고 하기 때문이다. 왕정상은 인류사회의 각종 원칙(理)은 고정불변하는 것이 아니라 변화하고 소멸하는 것이라고 보았다. 형식으로 보면, 사물의 법칙은 한 구체적 사물처럼 태어나면서 죽음에 이르고 새로운 것이 변하여 썩지만, 그러나 다른 시대에는 다른 규범과 원칙이 있어서, 과거의 것은 한 번 가면 돌아오지 않으니, 마치 버려진 물건과 같다는 것이다. 이는 이(理)는 '때에 맞춰 적절하게 대응하는 것'이지 절대적이지 않다는 것을 말해준다. 정주 이학에 대한 왕정상의 이 비평은 매우 힘이 있는 것이다.

왕정상은 기(氣)의 변화로 말미암아 이(理)도 변화가 있을 뿐 아니라 구체적 차별을 보여준다고 여겼다. "천지지간 하나의 기(氣)가 만물을 끊임없이 낳아 항상되고 변화하니, 만물이 고르지 않다. 그러므로 기(氣)

10) 《雅述》下篇 : "儒者曰 : 天地間萬形皆有敝, 惟理獨不朽, 此殆類痴言也. 理無形質, 安得而朽 ? 以其情實論之, 揖讓之後為放伐, 放伐之後為簒奪, 井田壞而阡陌成, 封建罷而郡縣設. 行於前者不能行於後, 宜於古者不能宜於今, 理因時致宜, 逝者皆芻狗矣, 不亦朽敝乎哉 !"

가 하나이면 이(理)도 하나이고, 기(氣)가 만 개면 이(理)로 만 개이다. 세상의 유자들이 오직 이(理)가 하나인 것만 말하고 만 개인 것은 빠트리니 편협한 것이다. 하늘에는 하늘의 이치가 있고 땅에는 땅의 이치가 있으며 사람에는 사람의 이치가 있으며 어둠에는 어둠의 이치가 있으며 밝음는 밝음의 이치가 있어 각각 차별이 있는 것이다. 통털어 말한다면 이는 모두 기(氣)의 조화로, 대덕(大德)이 돈후(敦厚)하여 애초에 하나의 근원인 것이다. 나누어 말한다면 기(氣)가 온갖 방향으로 일어나 소덕(小德)이 천류(川流)하듯 하니 각각 성명(性命)을 바르게 한 것이다."[11] 이는 천지 만물은 모두 한 기(氣)가 변화한 것으로, 기(氣)는 통일적이면서 또한 차별적이며, 기(氣)가 변화하는 구체적 과정이 다름으로 말미암아 많은 다른 사물이 형성되고, 이 사물들은 비록 모두 기(氣)로 구성되지만 매 사물은 모두 자기의 구성 방식과 자기의 조리 질서가 있다는 말이다. 천·인·물은 각각 자기의 특수한 규칙이 있다. 이는 정주 이학이 통일성·보편성을 강조하는 형식 아래 우주의 자연법칙을 사회의 도덕 규범과 결부시킨 착오를 비판한 것이다. 기(氣)의 변화가 만 가지로 다르다면 이(理)가 기(氣)의 조리·규칙이 되는 것도 필연적으로 만 가지로 다르고 구체적이라고 그는 주장했다.

주희 철학은 '리일분수'를 말하여, 그의 철학에서도 비록 구체적 사물의 이(理)는 다르다는 것을 인정했지만, 그러나 주희는 그것들은 통일적이라는 것을 더욱 강조하여, 사람의 인식이 '격물궁리'를 통하여 차별 있는 '만리(萬理)'로부터 통일된 '일리(一理)'로 상승할 것을 요구했다.

11) 《雅述》 上篇 : "天地之間, 一氣生生, 而常, 而變, 萬有不齊. 故氣一則理一, 氣萬則理萬. 世儒專言理一而遺萬, 偏矣. 天有天之理, 地有地之理, 人有人之理, 物有物之理, 幽有幽之理, 明有明之理, 各各差別. 統而言之, 皆氣之化, 大德敦厚, 本始一源也. 分而言之, 氣有百昌, 小德川流, 各正性命也."

그리고 이 일리(一理)는 또한 지선의 원리로 미리 먼저 규정된 것이다. 이 방향에 따르면, 사람의 인식은 최고의 지선지리를 지향한다. 그리고 왕정상이 가리키는 방향에 따르면, 사람의 인식은 장차 구체적 사물을 향하고, 구체적 사물의 구체적 규칙을 중시한다. 구체와 분수(分殊) 차별을 중시하는 이런 방법과 원칙은 과학의 발전에 유리하다. 왕정상의 이 사상과 그 스스로가 자연 과학 연구에 종사한 것은 일정한 관계가 있다.

(5) 법은 오래 가면 피폐하고, 피폐하면 반드시 변한다

왕정상이 생활한 명나라 중엽 당시에는 정치가 부패하고, 민생이 고통에 빠져 있었다. 왕정상은 이것에 매우 깊은 관심을 가져, 사회개혁에 관한 기본 원칙을 제시했다. 바로 그가 도유변화(道有變化)·이인시의(理因時宜)를 견지한 것과 마찬가지로, 그는 법도 역시 변화한다고 보았다. "법(法)이 오래되면 반드시 폐기되니, 폐기되는 것은 반드시 변하게 되니 변화는 폐기되는 것을 구제하는 것이다. …… 말했다. 변화에도 요체가 있는가? 말했다. 천천히 해야 한다. 봄날에 (싹들은) 그것이 자라는 것을 (눈으로 직접) 볼 수 없으나 나날이 자라고 있으며, 가을에 (잎은) 점점 말라 죽어가는 것을 보지 못하지만 나날이 말라 죽어가고 있으니 점차적으로 나아간다는 뜻이 지극하다."[12] 이는 그 어떤 법도도 영원히 적용될 수는 없으며, 시대의 발전에 따라 낡은 법도는 반드시 갖가지 폐단이 드러나니, 이때에는 반드시 개혁을 진행할 필요가 있으며, 개혁을 해야만 폐단을 제거할 수 있고, 사회가 앞으로 발전하게 할 수 있다는 말이다. 왕정상은 개혁이 사회의 대규모 동란을 일으키지 않게 하려면

12) 《慎言·御民》: "法久必弊, 弊必變, 變所以救弊也. ……曰:變有要乎?曰:漸, 春不見其生而日長, 秋不見其殺而日枯, 漸之義也至矣哉."

마땅히 점진적 개혁조치를 채택하여 점진적 과정을 통하여 실현해야 한다고 보았다.

점진적 변화에 관한 왕정상의 사상은 동일한 사회제도 체계 내의 조정과 개혁으로 말하자면 주목할 가치가 있다. 왕정상도 모든 시대의 개혁이 모두 오직 점진적 변화를 통해야 한다고 여기지는 않았다. 그는 "일의 형세에는 경중이 있고, 정치를 하면 적절한 때가 있다"13)라고 지적하여, 어떤 때는 상당히 큰 격렬한 변혁을 진행할 필요가 있고, 어떤 때는 '점차적으로 변'할 필요가 있으니, 이것은 형세와 시기의 판단에서 결정되니, 형세를 정확히 판단하지 못하면, 개혁에 혼란이 발생하고, 심지어 충돌의 격화를 가져올 우려도 있다고 하였다.

왕정상은 또한 지적했다. "옛것만 고집하는 사람은 시의적절함에 실수를 하고 습속만 따르는 사람은 인습(因襲)의 고루함에 가리워진다. 법(法)만 준수하려는 사람은 개혁하는 것을 꺼리게 되니 모두 기미(機微)를 논하기에는 부족하다."14) 시대의 변화를 고려하지 않고 옛 제도 옛 학설을 고집하면, 이것은 '우(迂)'이다. 눈앞의 이익만 고려하고 멀고 긴 이익을 고려하지 않으면, 이것은 '루(陋)'이다. 옛것만 따르고 지키며 개혁의 용기가 없으면, 이것은 '인(因)'이다. 그래서 "때에 통달하지 못하고 과거에 얽매이는 것은 이는 법제(法制)에 빠진 자이니 우활(迂闊)한 것이다. 가깝고 자잘한 것만 도모하고 원대한 것을 도모하는데 어두우니 이는 공리에 빠진 자이니, 비루(鄙陋)한 것이다. 이 둘은 모두 도에 어두운 것이다."15)라고 했다. 개혁에 관한 왕정상의 이런 생각들은 귀감으로

---

13) 《慎言·御民》: "事勢有輕重, 為政有幾宜."

14) 《慎言·御民》: "執古者, 失於時宜. 徇俗者, 蔽於因陋. 守法者, 憚於更革. 舉不足以論機也."

15) 《慎言·御民》: "弗通於時而泥古, 斯困溺於法制者也, 迂. 謀近小而昧遠圖, 斯困溺於功利者也, 陋. 二者皆暗于道者也."

삼을 만한 가치가 있다.

(6) 지(知)는 생각과 견문의 만남이다

왕정상의 유물주의 인식론은 이학 유심론의 선험론을 비판하는 측면에서도 두드러진 공헌을 세웠다.

왕정상은 "만물에 있는 것은 나의 기미에 감응한 것이며 나에게 있는 것은 만물의 실질에 감응한 것이다."[16]라고 지적했다. 외재 사물은 우리의 감각을 일으키는 대상으로, 객체이다. 사람의 사유는 외물에 반응을 하며, 주체이다. 그는 또한 지적했다. "마음은 정신이 깃들어 사는 집이며 정신은 지(知)가 아는 것의 근본이다. 생각이란 신(神)이 아는 것의 오묘한 작용이다. 성인으로부터 아래로 반드시 이를 기다린 후에 아는 것이니 까닭에 신(神)이란 안의 신령스러운 것이며 견문이란 밖에서 가져온 것이다."[17] 심(心)은 사람의 사유 기관이고, 정신은 사람의 인식능력이고, 사유는 인식 활동이고, 사람의 인식능력은 인식의 내부 의거이고, 사람의 감각 기관의 견문은 인식의 외부 조건이라는 말이다. 동시에, 사유는 인식의 이성 활동이고, 감각은 인식의 감성 활동으로, 따라서 견문을 떠나면 물리(物理)를 이해할 수 없고, 사고를 떠나면 인식이 국한받게 된다고 그는 보았다. 그래서 "대저 성인과 현자가 지(知)라고 말하는 것은 생각과 견문이 만나는 것에 지나지 않는다."[18]는 것이다. 이는 또한 인식은 감성과 이성의 결합이라는 말이기도 하다.

---

16) 《雅述》 上篇 : "在物者, 感我之機 ; 在我者, 應物之實."

17) 《雅述》 上篇 : "心者, 棲神之舍 ; 神者, 知識之本 ; 思者, 神識之妙用也. 自聖人以下, 必待此而後知. 故神者在內之靈, 見聞者在外之資."

18) 《雅述》 上篇 : "夫聖賢之所以為知者, 不過思與見聞之會而已."

왕정상은 경험을 매우 중시했다. 이것은 그가 유심주의 이학의 선험론에 유력한 비판을 실행할 수 있게 했다. 중국 고전철학에서 맹자로부터 송유(宋儒)에 이르기까지, 유가의 선험주의는 모두 부모형장에 대한 아동의 감정으로 사람은 내재적 도덕의식과 도덕 감정을 지니고 있다고 설명했다. 이런 이론은 인식 상의 근거가 있으니, 그것은 바로 아기가 성장 과정에서 부모형제에 대한 친경(親敬) 감정의 탄생과 발전은 매우 자연스러운 과정이라는 것이다. 이 과정에서 인위적으로 들이붓거나 외재적으로 강제하는 것이 없으니, 이에 유가는 이 감정들이 학습과 교육에 의지하지 않는 선험적 본능이라고 인정했다. 왕정상은 감성 경험이 지식형성에 끼치는 중요한 작용을 천명할 때, 이런 전통적 성선론에 대담한 힐난을 제시했다. “어린 아이가 엄마의 뱃속에 있을 때도 스스로 먹고 마실 수 있으며, 뱃속에서 나올 때 바로 사물을 보고 소리를 들을 수 있게 되니 이것은 천성으로 아는 것이니 귀신의 조화로도 그만두게 하지 못하는 것이다. 내가 인습을 통해 알고 깨달음을 통해 알고, 잘못을 겪으며 알고 의심을 품은 후 아는 것은 모두 인도(人道)로 아는 것이다. 부모형제가 친한 것은 습관적으로 익숙해져서이다. 이는 무엇 때문인가? 부모가 아이를 낳고 다른 사람에게 길러달라고 부탁했다면 아이가 자라서 자신을 길러준 사람을 부모로 알 뿐이다. 길에서 낳아준 부모를 만나도 그들을 보기를 마치 보통 사람을 보듯 할 것이니 모욕적이기도 하고 꾸짖는 듯할 것이다, 이것이 천성의 지(知)라 할 수 있겠는가? 부자간의 친근함으로 볼 때 모든 만물 만사의 지(知)란 모두 습관에서 말미암고 깨달음에서 말미암으며 잘못을 통해, 의혹을 통해 깨닫게 되니 이는 사람의 일이지 하늘의 일이 아니다.”[19] 이는 사람의 도덕 감정은 완

19) 《雅述》 上篇 : “嬰兒在胞中自能飮食, 出胞時便能視聽, 此天性之知, 神化之不容已者. 自余因習而知, 因悟而知, 因過而知, 因疑而知, 皆人道之知也. 父

전히 사회생활에서 한 걸음 한 걸음 배양된 것으로, 한 아기가 어릴 때부터 다른 사람에게 양육되고 친부모와 조금도 접촉이 없으면, 그 아기는 친부모에게 어떤 감정도 있을 수 없다는 말이다. 그는 또한 사람의 인식 능력이 비록 천부적이라도, 감성 경험의 빙자(憑藉)가 없으면 지식을 획득할 방법이 없다고 지적했다. 왕정상은 한 번 강조하는 것에서 그치지 않았으니, 만약 한 아기를 밀실에 있도록 놓아두고 외부세계와 접촉하지 않게 하여, 자라서 성인이 되어서야 방 밖으로 나가게 하면, 그는 일용하는 것에 대해 하나도 아는 것이 없고, 천지고원·귀신유명·고금사변 등 복잡하고 심오한 일은 더더욱 알 수 없을 것이다. 사람의 지식은 사회생활 경험에 의지한다는 것을 강조하는 측면에서, 이것은 선험론 비판에 확실히 유력한 것이었다.

왕정상은 감성 경험인 견문을 중시했다. 그러나 그는 이를 따라 협소한 경험론에 빠지지 않았다. 그는 "이목의 견문을 잘 쓰면 마음을 넓힐 수 있으나 잘 쓰지 못하면 자신의 마음을 편협하게 한다."[20]라고 지적했다. 선용지(善用之)는 감각기관이 가져온 경험을 이성적 사고로 분석·감별하는 것을 잘하여, 이성이 한 걸음 더 나아가 활동하는 재료로 삼아서, 경험의 누적이 보편적 인식까지 상승하게 한다는 것이다.

왕정상은 과학정신을 갖춘 철학자였다. 그는 사물 관찰에 매우 주의를 기울여, 이미 있는 이론을 과감하게 회의하고, 시험을 통하여 검증했다. 보통 사람들은 겨울의 눈꽃은 육각형이고 봄의 눈꽃은 오각형이라고 하면서, 직접 검사해본 사람은 없었다. 오직 왕정상만이 "봄눈을 만날 때마

母兄弟之親, 亦積習稔熟然耳. 何以故? 使父母生之孩提而乞諸他人養之, 長而惟知所養者為親耳. 途而遇諸父母, 視之則常人焉耳, 可以侮, 可以詈也, 此可謂天性之知乎? 由父子之親觀之, 則諸凡萬物萬事之知, 皆因習因悟因過因疑而然, 人也, 非天也."

20) 《慎言·見聞》: "耳目之聞見, 善用之, 足以廣其心, 不善用之, 適以狹其心."

다 소매에 올려서 살펴보니 모두 육각형이 나왔다"라 하여, 그는 자기의 직접 경험으로 봄눈이 오각형이라는 설의 오류를 증명했다. 고서에서 토봉(土蜂)은 알을 낳지 않고, 상토(桑土)의 청충(青蟲)을 자기 집에 물고 들어가서 7일 이후 상충(桑蟲)이 어린 토봉(土蜂)으로 변한다고 했다. 왕정상은 집에 있을 때, 해마다 토봉(土蜂) 집을 채취하여 실험하여, 그는 관찰하기를, 토봉(土蜂)이 자기 집에 알을 하나 낳은 다음 각종 벌레로 집을 채우면 며칠 뒤 토봉이 모양을 갖추어 나오니, 벌레를 먹이로 삼아서 다 먹은 뒤 집을 뚫고 나오니, 왕정상은 "몇 년 동안 누적 관찰해도 그렇지 않은 게 없어서", 이로 인해 그는 옛 사람의 많은 설이 실제 검증을 거친 적이 없다는 결론을 얻었다. 이런 사례는 왕정상이 선명한 과학자적 태도를 지녔음을 보여준다. 어떤 의미에서 그의 철학은 바로 동시대 과학 기술 발전을 위하여 세계관과 방법론의 논증을 제공하여, 매우 중요한 위치를 지니고 있다.

31 방이지(方以智)

방이지(方以智)의 자는 밀지(密之), 호는 만공(曼公), 별호는 부산우자(浮山愚者) 등으로, 명나라 신종(神宗) 만력(萬曆) 39년(1611)에 태어나, 청나라 성조(聖祖) 강희(康熙) 10년(1671)에 세상을 떠났다. 안휘(安徽) 동성(桐城) 사람이다. 방씨(方氏) 가족은 《주역(周易)》을 연구한 전통이 있어서, 그의 이름은 《주역대전(周易大傳)·계사상(繫辭上)》의 "괘의 덕은 모남으로써 알게 되고[卦之德方以知]"에서 취했다.

방이지의 가족은 동림당(東林黨)과 깊은 관계가 있었고, 그 자신도 청년 때 복사(復社)의 정치활동에 적극 참가한 적이 있어, 친구들과 모일 때마다 함께 나랏일로 비분강개하고 오열하며 검을 뽑아 땅을 찍곤 했다. 숭정(崇禎) 때 한림검토(翰林檢討)를 맡은 적이 있고, 명나라가 망한 이후 오주(梧州)에서 출가하여, 시종일관 청나라 정부에 협력하지 않았다.

중국 전통 철학사에서 방이지는 매우 독특한 인물이다. 그가 활동한 시대는 또한 서학(西學)이 선교사를 통해 중국에 들어온 시대이기도 하다. 방이지는 몇몇 선교사와 왕래가 매우 밀접하여, 당시 들어온 서학에 매우 익숙하였으며, 그는 대담하게 "차원서위담자(借遠西為郯子)"하여 선택적으로 서양문화를 흡수해야 한다고 제시했다. 방이지는 학문이 매우 넓어, 천문·지학·산학·의학 및 전통적 경학·문학·음운학 등 다양한 분야를 광범위하게 섭렵했다. 그의 명저 《물리소식(物理小識)》은 각 분야의 대량의 지식을 수록하여, 마치 백과사전을 편집하기 위하여 작성한 필기 준비인 것처럼 보인다. 그의 저작 형식 또한 상당히 특색이 있어서, 예를 들어 《동서균(東西均)》이라는 책은 경전주석·어록휘편·심득집록·논학문답 등 전통 철학저작 체제와 완전히 달라서, 체계적이고, 완전하고, 엄밀하게 자기가 저술한 철학 저작이다. 그의 학설 역시 명유(明儒)가 윤리 심성을 중시한 낡은 투를 벗어나, 정신과 기질 면에서 서양의 이른바 철학자에 매우 접근했다.

(1) 모든 '허(虛)'를 채우고, 모든 '실(實)'을 꿰뚫다

방이지는 《주역대전·서괘》 중의 유물주의 사상을 계승하여, 세계의 모든 구체적 현상은 모두 '물(物)'이라고 보았다. 그는 "천지 사이에 가득찬 것은 모두 물(物)이다. …… 기(器)는 본래 물(物)이고, 심(心)도 하나의 물(物)이다"[1]라고 했다. 그는 천·지·인은 모두 '물(物)'이고, '물(物)'은 또한 기(氣)로 구성되었다고 보았다. 그는 "모든 물(物)은 모두 기(氣)로 이루어져 있고, 공(空)은 모두 기(氣)로 채워져 있다"[2], "허(虛)는 본래 기(氣)이고, 실물 역시 기(氣)가 엉겨서 이루어진 것이다"[3]라고 했다. 그는 모든 공간은 모두 기(氣)로 가득차 있고, 기(氣)와 공간은 분할할 수 없다고 지적했다. 별·산천·초목·동물 모두 기화(氣化)하여 응결(凝結)하여 이루어진 다른 형태이다.

1) 《物理小識·自序》: "盈天地間皆物也. ……器固物也, 心一物也."
2) 《物理小識·天類》: "一切物皆氣所為也, 空皆氣所實也."
3) 《物理小識·天類》: "虛固是氣, 實物亦氣所凝成者."

방이지는 나아가 지적했다. "기(氣)는 미세하다. 그러나 겨울에 날숨을 내쉬면 기(氣)가 연기처럼 보인다. 사람이 해가 중천에 떴을 때 서 있으면, 김이 머리 위로 올라가고, 그림자가 땅에 진다. 종을 치고 북을 치면 창틀의 종이가 모두 움직이니, 기(氣)가 바탕을 이룸을 볼 수 있다. 모든 허(虛)를 채우고 있고, 모든 실(實)을 꿰뚫고 있으니, 무엇을 어찌 더 의심하리오."4)

'충일체허(充一切虛)'는 허공 전체를 가득 채워서 끊어짐도 없고 빈틈도 없음을 가리킨다. '관일체실(貫一切實)'은 모든 유형의 실체 내부에 스며들었음을 가리키니, 이는 뚜렷하게 거시적 미시적 다른 측면에서 기(氣)는 연속으로 존재하는 물질의 일종이라는 것을 강조한 것이다. 바로 그가 기(氣)는 연속성을 지니고 있는 것이라고 이해했기 때문에 그는 수증기의 변화 뿐만 아니라 음파의 진동 전달 현상도 모두 기의 보편 존재가 되는 것으로 증명한 것이다.

(2) '물(物)'에는 규칙이 있고, '공(空)'에도 규칙이 있다

방이지의 사상은 철학적으로 여전히 기(氣)의 일원론이다. 이런 관점에 의하여 보면, 우주에는 물질을 벗어난 그 어떤 절대공간도 존재하지 않으며, 허공은 기로 가득 차 있으니, 그것은 기의 존재 형식이다. 이것은 장재 이래 기의 학설을 계승한 것이다. 이 뿐만 아니라, 그는 또 제시하기를 "일체의 사물은 모두 기가 만든 것이니, 허공은 모두 기가 채운 것이다. 만물에 규칙이 있으면 허공 또한 규칙이 있다. 이것으로 은미함

4) 《物理小識·天類》: "氣則微矣. 然冬呵出口, 其氣如煙. 人立日中, 頭上蒸歊, 影騰在地. 考鐘伐鼓, 窗櫺之紙皆動, 則氣之為質, 固可見也. 充一切虛, 貫一切實, 更何疑焉."

을 알아 털끝만큼도 어긋남이 없으면 그 규칙이 이치로 징험할 수 있을 것이다."[5] 공간이 물질성의 기로 가득 차 있으면, 물질과 공간은 필연적으로 모두 규칙이 있으니, 이 규칙들은 현상을 통하여 증명할 수 있다는 것을 알 수 있다. "물유칙(物有則), 공역유칙(空亦有則)"은 물질과 공간은 분할할 수 없으며 같은 규칙의 지배를 받는 통일성이 있는 실재라는 것을 나타낸다.

(3) 저마다 '성(性)'이 다르지만, 공통된 '성(性)'은 하나이다

통일과 차별, 공성(共性)과 개성, 이것은 유기론자(唯氣論者)가 세계의 통일성을 해설할 때 반드시 한 걸음 나아가 대답해야 하는 문제이다. 방이지는 말했다. "기(氣)가 하늘에서 운행되는 것을 오운(五運)이라 하고, 땅에서 나타나는 것을 오재(五材)라 하니, 7개의 빛나는 별은 정밀한 것이 하늘에 있으며, 그것이 땅에 흩어져 산이 되고 하천이 되며 비늘이 있는 물고기와 깃털 있는 새, 털 달린 짐승과 껍질 있는 동물과 초목과 같은 사물이 되고 소리와 색깔 냄새와 맛 등이 그 끝이 기미를 구별하게 된다. 황제가 사람을 논할 때 또한 반반으로 나누었으니 사물 저마다의 본성은 각각 구별되도록 하고 공통된 본성은 하나로 하게 하였다."[6] '독성(獨性)'은 사물 하나하나가 독특하게 가지고 있는 속성이고, '공성(公性)'은 사물이 공동으로 지니고 있는 속성을 가리킨다. 방이지는 여기기를, 천지는 광대하고, 만물은 번다한데, 그 실(實)을 탐구하여 말하자면,

---

5) 《物理小識 · 天類》: "一切物皆氣所為也, 空皆氣所實也, 物有則, 空亦有則. 以費知隱, 絲毫不爽, 其則也, 理之可徵者也."

6) 《物理小識 · 總論》: "氣行於天曰五運, 產於地曰五材, 七曜列星, 其精在天, 其散在地, 故為山為川, 為鱗羽毛介草木之物, 聲色臭味, 別其端幾. 黃帝論人, 亦以五五約之, 正謂獨性各別, 而公性則一."

모두 기의 변화의 다른 구체적 형태이다. 구체적 형태가 다른 것은 그 속성 또한 구별이 있다. 사물 하나하나는 모두 자기의 특수한 규칙성이 있다. 그러나 모든 이 구체적 형태의 사물들은 또한 한 기가 변화한 것으로, 이는 그것들이 또한 공통된 속성을 지니는 것을 결정하니, '공성즉일(公性則一)'은 만물은 통일성을 지니고 있다는 것을 나타낸다. '독성각별(獨性各別)'은 만물의 속성은 또한 서로 구별이 있음을 나타낸다.

(4) '우(宇)'에 '주(宙)'가 있고, '주'에 '우'가 있다

옛날 사람들은 '사방상하를 우(宇)라 하고, 왕고래금을 주(宙)라고 한다'라고 하였는데, 후세 사람들은 '우주(宇宙)'라고 연이어서 많이 썼으나, 우(宇)와 주(宙)의 문제를 토론한 철학자는 거의 없었다. 방이지는 우주(宇宙)의 문제에 새로운 견해를 제시했다. "추이의 집으로 탐심을 없애고, 규구(規矩)의 집으로 사물의 법칙을 판별하면 온갖 생각이 모두 갖추어져 지나간 것은 이미 지나가고 올 것은 아직 오지 않았을 것이며 지금은 또 갈 것이니 집착을 탐하여 무엇하겠는가? …… 환하게 공간의 집(宇)에 시간의 집(宙)을 보내면 우(宇) 속에 주(宙)가 있고, 주(宙) 속에 우(宇)가 있게 되어, 춘하추동이 잘 돌아가고 오방(五方)의 곁에 두루 벌여져 기회를 잘 분석하여 무리에 맞춰 대응할 것이니 누가 도망갈 수 있겠는가?"[7] 여기에서, 주(宙)는 시간을 가리키며, 그 특징은 '추이'로, 즉 끊임없이 흘러가는 것이다. 우(宇)는 공간을 가리키며, 기하학적 성질

---

7) 《物理小識 · 占候類》: "以推移之宙消貪心, 以規矩之宇辨物則, 而萬念俱畢矣, 去者已去, 來者未來, 今又逝也, 貪執何為? ……灼然宙輪於宇, 則宇中有宙, 宙中有宇, 春夏秋冬之旋輪, 即列於五方之旁羅盤, 而析幾類應, 孰能逃哉?"

을 가지고 있다. '주윤어우(宙輪於宇)'는 시간이 공간 속에서 끊임없이 흘러, 미래가 현재로 변하고 현재가 과거로 변하는 것을 가리킨다. 방이지는 공간과 시간은 분할할 수 없으니, 공간 속에 시간이 있고 시간 속에 공간이 있어, 시간과 공간은 상호 작용하고 상호 연결되며 심지어 서로 전환되기도 한다고 여겼다. 방이지의 이 사상은 매우 정밀한데, 더욱 깊이 발휘되지 못한 것이 아쉬울 뿐이다.

(5) 기(氣)·형(形)·광(光)·성(聲) 사기(四幾)

많은 자연 과학 지식을 흡수하고, 당시 서양에서 전해진 자연 과학 지식을 포괄한 이후, 방이지는 더욱 명확하게 기를 가지고 소리·빛 등 물리현상을 해석하여, 중국 고대의 유기론을 한 걸음 더 발전시켰다. 그는 "기(氣)가 응결되어 형(形)이 되며, 드러나면 빛과 소리가 되니, 아직 응결되지 않은 텅 빈 기(氣)가 더불어 비비고 요동치고 호흡한다. 그러므로 형(形)의 작용은 제 분수에 그치게 되고 광(光), 성(聲)의 작용은 늘 그 너머에 넘치게 된다. 기(氣)는 본디 빈틈이 없어 서로 번갈아가며 대응한다."[8]라고 했고, 또 "기(氣)가 응결하여 형(形)이 되고, 쌓여서 드러나 빛이 되고, 진동하여 소리가 되니 이들은 모두 기이다. 그러나 아직 응결되지 않고 드러나지 않고 진동하지 않은 기(氣)가 오히려 많으므로 대략적으로 기(氣)、 형(形)、광(光)、성(聲)을 사기(四幾)라 부르는 것이다."[9]라고 했다. 이는, 통일의 관점에서 보면, 기(氣)는 우주의 물질 기초

8) 《物理小識·天類》: "氣凝為形, 發為光聲, 猶有未凝形之空氣與之摩蕩噓吸. 故形之用止於其分, 而光聲之用常溢其余, 氣無空隙, 互相轉應也."

9) 《物理小識·天類》: "氣凝為形, 蘊發為光, 竅激為聲, 皆氣也. 而未凝未發未激之氣尚多, 故概舉氣、形、光、聲為四幾焉."

인데, 다만 기의 표현과 존재 형태로 말하면, 자연계의 물질현상은 네 가지로 나눌 수 있으니, 그게 바로 기(氣)· 형(形)·광(光)·성(聲)이다. 여기서 '형(形)'은 기(氣)가 응결되어 형성된 고정된 형체를 가리키고, '기(氣)'는 아직 응결되어 고정된 형태가 되지 않은 기(氣)를 가리킨다. '형(形)'은 고정된, 따라서 그 작용이 형체와 직접 접촉이 발생한 범위에만 한정되는 유한한 것이다. 그리고 광(光)·성(聲)·기(氣) 세 가지는 모두 연속무간(連續無間)하고, 미만충색(彌滿充塞)하여, 그 상호작용과 변화 역시 무한한 것이다. 방이지는 기(氣)가 응결하여 형체가 되고, 쌓여서 빛을 내고, 진동하여 소리를 내고, 그리고 아직 엉기지 않고 드러나지도 않으며 부딪히지도 않은 기(氣)에 이르기까지, 이것은 자연계의 네 가지 가장 기본적인 물질 존재 형태임을 강조했다. '기(幾)'는 중국철학에서 미묘한 운동의 뜻을 포함하고 있다. 방이지는 형(形)·광(光)·성(聲) 및 미응(未凝)의 기(氣)를 '사기(四幾)'라고 하였으니, 그는 기(氣)의 이 네 가지 기본 존재 상태가 또한 네 가지 기본 운동형식이기도 하다고 보았다는 말이다. 바꾸어 말하면, 그는 다른 물질현상은 물질의 다른 운동형식에 불과하고 물질과 운동은 분리할 수 없다고 추측한 것으로 보인다. 엥겔스 역시 자연계의 질의 차이는 자주 운동의 다른 형식에서 바탕한다고 지적하였으니,[10] 따라서 방이지는 이 '기(幾)'에 깊은 함의를 포함시켰다.

(6) 서로 대립하고 의존한다

방이지는 그의 철학 체계에서 그의 방법을 매우 자각적으로 관철시켰

10) 恩格斯《自然辯證法》,《馬克思恩格斯選集》 제3권, 人民出版社, 2012년, 904쪽.

으니, 그의 방법의 기본점은 대립과 통일의 상호관계를 중시하는 것이었다.

'반(反)'은 상반으로, 모순대립을 가리킨다. '인(因)'은 상성으로, 상호 의존을 가리킨다. '반인(反因)' 역시 '상반상인(相反相因)'을 가리키니, 모든 충돌하는 대립 면은 또한 동시에 서로 연접되고 서로 의존함을 가리킨다. 그는 "내가 일찍이 천지 간의 지극한 이치에 대해 말하였으니 인과 관계로 상호 대립하는 모든 사물은 (운동이) 극에 달하면 되돌아온다"[11]라고 지적했다. 방이지는 지적하길, 우주 사이에는 충돌 대립하는 현상이 보편적으로 존재하고 있으니, 주야·수화(水火)·남녀·생극(生克)·강유·청탁·명암·허실·유무·형기(形氣)·도기(道器)·진망(真妄)·순역(順逆)·안위·노일(勞逸) 등등은 모두 '상반'된 것이다. 자연계와 사람의 생활에는 충돌이 가득 차 있다. 그는 예를 들어 말하기를, 사람이 길을 걷는 것도 충돌로, 보행하는 매 한 걸음 한 걸음이 모두 취(取)하는 것이 있고 또한 버리는 것이 있다고 했다. 엥겔스는 일찍이 지적하였으니, 운동 자체는 바로 충돌이요, 간단한 기계적 위치이동 역시 충돌이다.[12] 이 점에서 방이지는 생활에 대한 그의 깊은 변증법적 관찰을 드러냈다.

'상반'된 것은 '대대'하는 것일 뿐 아니라 또한 '상인'하는 것으로, 자웅은 이형(異形)이지만 암수가 교감하고, 물은 습하고 불은 건조하지만 백성들이 써서 버리지 않고, 강한 것과 부드러운 것이 구분되나 품질을 조율하여 조화롭고 고르게 하여, 상반된 것이 동시에 또한 상성하지 않는 것이 없다. 그는 단언했다. "이른바 서로 반대되고 말미암는 것은 서로 도와주거나 극복하면서 이루는 것이다." "서로를 해치는 것도 함께 기르는 것이니 서로 어그러지는 것도 함께 가는 것이다."[13] 대립 면 관계를

11) 《東西均·反因》: "吾嘗言天地間之至理, 凡相因者皆極相反."
12) 恩格斯《反杜林論》,《馬克思恩格斯選集》 제3권, 人民出版社, 2012년, 438쪽.

오로지 절대 상호 배척하고 관계가 없는 것으로 보는 것이 이른바 형이상학의 사유 방식이다. 방이지의 사상에 따르면, 대립하는 양극은 피차 분리될 수 없으니, 그것들은 피차 대립하는 것과 마찬가지로 또한 피차 스며들고 연결되어 있다는 것이다. 대립이 대립이 되는 것은 바로 그것들이 동시에 또한 통일된 연관이 있기 때문이다. 방이지는 또한 바로 대립으로 말미암아 비로소 운동이 있고 비로소 발전이 있다고 보았다.

방이지가 보기에, 대립 면의 상반 상인은 동시에 충돌의 상호 전환을 포함하고 있다. "비 와 이슬, 서리와 눈이 내리고, 봄에는 만물이 생겨났다가 가을에는 죽는다. 길흉화복은 모두 서로 순환한다. 생사의 기틀에서 죽을 수 있는데도 살아나며 살려고 하였으나 죽기도 한다. 정(靜)하면 가라앉고 동(動)하면 뜨니, 얼음과 숯으로부터 다스려보면, 정 속에 동이 있고, 동 속에 정이 있으며, 정이 극에 달하면 반드시 동하게 되고, 동이 극에 달하면 반드시 정하게 된다. 일(一)에는 반드시 이(二)가 있고, 이(二)는 일(一)에 뿌리를 두니 천지 간의 지극히 상반된 것은 본디 일원에 같이 있는 것이 어찌 아니겠는가?"[14] 바로 마치 춘생(春生)이 추살(秋殺)로 전환되고, 추살(秋殺)이 또 춘생으로 전환되는 것과 마찬가지로, 생과 사, 길과 흉, 복과 화, 동과 정은 서로 스며들고 서로 포함하고 서로 전환되지 않는 것이 없으니, 전환을 사물 대립 면의 동일성의 중요 내용으로 보는 것, 이것이 방이지 변증법 사유의 중요한 특징이다.

"위기가 곧 편안하게 되고, 사라졌다가 곧 보존되고, 힘들다가 곧 편

---

13) 《東西均·反因》: "所謂相反相因者, 相捄相勝而相成也." "相害者乃並育也, 相悖者乃並行也."

14) 《東西均·反因》: "雨露而霜雪, 春生而秋殺. 吉凶禍福, 皆相倚伏, 生死之幾, 能死則生, 徇生則死, 靜沉動浮, 理自冰炭, 而靜中有動, 動中有靜, 靜極必動, 動極必靜, 有一必有二, 二本於一, 豈非天地間之至相反者, 本同處於一原乎哉?"

안해지고, 굽었다가 다시 펴진다."[15], '반' '인'에 관한 방이지의 사상은 노자의 변증전환론을 계승발전시키고, 변증법의 상반상성의 원리를 깊게 천명했다. 사물의 전환은 물극이반의 자연과정으로 표현될 뿐만 아니라, 인류사회에서 사람들은 이 원리를 자각적으로 운용하여 반면에서 입수하여, 위태로움에서 편안함을 추구하고, 피로함에서 편히 쉼을 구할 수 있다. 방이지의 이 사상들은 고대 변증법 대가들과 마찬가지로 자연과정에 대한 깊은 관찰과 사회생활에 대한 고도 총결에 기초하여, 매우 깊은 철학 지혜를 체현했다. 엥겔스는 지적하길, 변증법은 범주를 고정적·강사적 대립으로 보는 것이 아니라, 대립 면의 삼투와 전환을 강조하는 것으로, 변증법에서 보면, "한 극이 이미 핵(核) 안의 것이 되어 다른 한 극(極)속에 존재하여, 일정한 점에 도달하면 한 극이 다른 한 극으로 전환하니, 전체 논리는 모두 단지 이들 전진하고 있는 대립 속에서 전개되는 것이다"[16]. 유감인 것은 엥겔스가 중국 고전철학을 이해한 것이 너무 적다는 것으로, 그렇지 않다면 그는 단지 불교도와 그리스인만을 고대 변증법 사유의 대표로 제시하지는 않았을 것이다. 세계 전체가 방이지 및 기타 중국 고대 많은 변증론자들에게는 마치 헤겔에게서와 마찬가지로 "한 수의 변증법적 시"였다.

(7) 원(圓)과 삼점(三點)

방이지는 또한 한 걸음 나아가 절대와 상대의 문제를 토론했다. 모든 대립 위에는 대립을 초월하는 절대가 존재하고 있다고 그는 제시했다. 그는 말했다. "대대(對待)로 말미암는 것을 반인(反因)이라 말하고, 대대

15) 《東西均·反因》: "危之乃安, 亡之乃存, 勞之乃逸, 屈之乃伸."
16) 恩格斯《自然辯證法》,《馬克思恩格斯選集》 제3권, 人民出版社, 2012년, 892쪽.

가 없는 것을 일러 대인(大因)이라 말한다. 그러나 지금 말하는 무대대지법(無對待之法)과 일체의 대대지법(對待之法)은 반인(反因)과 서로 대가 되는 것이니 다만 한 층 더 나아간 것일 뿐이다. ……천에는 지대대지천(地對待之天)이 있고, 대대가 불가한 천도 있다. 음、양이 대대지양이 있고, 음、양에 떨어지지 않는 양도 있다. 선、악은 대대의 선도 있으며 선、악에 떨어지지 않는 선도 있다. 그러므로 말하길 : 진정한 하늘은 천、지를 통섭하며, 진정한 양은 음、양을 통섭하고, 전정한 일(일(一))은 만과 일을 아우르며, 태무는 유、무를 아우르고, 지선은 선、악을 아우른다고 말하는 것이다. '통(統)'이라는 것은, '꿴다[貫]'는 것이니. '넘어선다[超]'라 말하는 것도 가능하고, '변화한다[化]'라 말할 수도 있으며, '꽉 막혔다[塞]'라 말할 수도 있고, '없다[無]'라 말할 수도 있다. 대대 안에 무대대가 있으니, 이 무대대를 직접 보지 않을 수 없다."[17] '유대대'는 모든 상반상인하는 대립 면을 가리키고, '무대대'는 어떤 구체적인 것과도 반인 관계를 구성하지 않는 절대를 가리킨다. 여기서 말한 것에 따르면, 본체론에서 보면, 현상세계는 상반상인하는 것이고, 본체는 어떠한 대립도 초월하는 것이다. 방법론에서 보면, 각종 상대되는 인식 위에 또한 어떠한 대립도 초월하는 절대 진리가 있다. 마치 천지가 서로 대대하는데, 그러나 또한 지와 상대하지 않는 '천'도 있다. 선과 악은 서로 대대하는데, 또한 악과 대립하지 않는 '선'도 있다. 이 점은 분명히 형이상학적이다.

17) 《東西均·反因》: "因對待謂之反因, 無對待謂之大因. 然今所謂無對待之法, 與所謂一切對待之法, 亦相對反因者也, 但進一層耳. ……有天、地對待之天, 有不可對待之天. 有陰、陽對待之陽, 有不落陰、陽之陽 ; 有善、惡對待之善, 有不落善、惡之善, 故曰 : 真天統天、地, 真陽統陰、陽, 真一統萬、一, 太無統有、無, 至善統善、惡. '統'也者, '貫'也. 謂之超可也, 謂之'化'可也, 謂之'塞'可也, 謂之'無'可也. 無對待在對待中, 然不可不親見此無對待者也."

그러나 방이지는 또 여기기를, '대인(大因)'이라고 일컬어지는 대대가 없는 이 절대는 구체적 사물 밖에 존재하는 또 다른 객체가 아니며, 대대를 넘어서는 이 절대는 대대하는 모든 사물 속에 깃들어 있고, 대대하는 것을 통해 자기를 표현한다. 이는 또한 그의 이해에서 절대는 상대 속에 존재하고 관통하는 것이라는 말이다. 그는 심지어 더욱 높은 층차에서 보면, 절대의 '대인'과 상대의 '반인'은 역시 상반상인의 관계라는 것을 인정하기도 했다. 이는 절대는 어느 정도 의미에서 또한 상대적인 것이라고 말하는 것과 다름이 없다. 이 사상들 또한 절대와 상대 관계에 대한 변증법적 이해를 포함하고 있기도 하다.

무대대가 유대대를 통(統)하고 절대가 상대를 통(統)하는 이런 관계를 방이지는 또한 '원(圓)이.·.삼점(三點)'(.·.은 伊로 읽음)'을 상용하여 표시했다. '원(圓)이.·.삼점(三點)'의 아래쪽 두 점은 상반상인하는 대립 면을 표시하고, 위쪽 한 점은 통상대(統相對)하고 또한 관어상대지중(貫於相對之中)하는 절대(絕對)이다. 방이지는 .·. 세 점을 그린 것은 형상 설정에서 부득이했던 것이고, 실제에서 위의 한 점은 독립하여 존재하는 것이 아니라 아래의 두 점 속을 관통하는 것임을 강조했다.

'원(圓)이.·.삼점(三點)'이 인식 방법이 되는 의미를 강조하기 위해 방이지는 또한 통(統)·민(泯)·수(隨) 설을 제시했다. '민(泯)'은 반면의 진리를 표시하고, '수(隨)'는 정면의 진리를 표시한다. 민·수는 또한 단지 상반상인하는 상대 진리이고, 절대 진리는 '통(統)'으로, 이것은 상반하는 것을 함께 결합하고, 상대를 초월한다. 바꿔서 말하면, 그가 보기에 민·수는 인식 중의 정부 양극을 대표하여, 모두 편면성이 있고, 오직 대립하는 인식을 종합하고 관통하여, 사람은 비로소 상대에서 절대로 진입할 수 있다. 바꿔서 말하면, 방이지의 이 사상들은 한편으로는 그의 삼교합일 사상을 표현했고, 다른 한편으로는 또한 그가 절대와 상대의 관계에 대해 이전 사람보다 더욱 깊은 탐구를 했음을 보여준다.

(8) 교(交)·윤(輪)·기(幾)

방이지는 또한 '교(交)·윤(輪)·기(幾)' 관념을 제시했다. 그는 "허실이 서로 작용하며, 전후가 계속 이어지니, 허실전후를 두루 통하는 것을 관(貫)이라고 하니, 형상을 짓기 어려운 것을 꿰어 기미를 말하는 것이다."[18]라고 했고, 또한 "교(交)란 둘을 합하여 하나로 하는 것이다. 윤(輪)이란 수미가 서로 머금는 것이다. 무릇 동정(動靜)왕래하는 것은 교륜(交輪, 상호 대립 작용)하지 않는 것이 없다. 그러므로 진(眞)은 항상 기미에 통하여 합치됨을 징험할 수 있다."[19]라고 했다. '교(交)'는 모든 대립 면의 상교를 가리키니, 즉 상호작용·상호삼투이며, '윤(輪)'은 대립 면의 상호 추이, 왕복 교체, 연속 부단(不斷)을 가리킨다. 방이지가 보기에 '교'와 '윤'은 대립 면이 결합하여 연결된 통일체가 되어 쉬지 않는 운동 과정이 되게 한다.

방이지는 '기(幾)'에 더욱 주의를 기울였다. 기(幾)는 중국철학의 중요한 범주의 하나이다. 《주역대전·계사 하》에서 "지기기신호(知幾其神乎)" "기자동지미(幾者動之微)"라고 하여, 운동이 시작된 상태를 '기(幾)'라고 하는데, 철학적으로는 운동의 근원을 가리킨다. 방이지는 기(幾)를 통해 우주의 절대 본체를 인식할 수 있다고 보았다. 방이지가 보기에, 운동의 근원이 되는 '기(幾)'는 동도 아니고 정도 아니며, 허도 아니고 실도 아니며, 전도 아니고 후도 아니다. 그러나 '기(幾)'는 또한 끊임없이 그 작용을 발휘하니, 바로 이런 불식불이(不息不已)하는 '기(幾)'가 대립 면이 상교·윤속하게 한다. 방이지는 우주 전체는 바로 이렇게

---

18) 《東西均·三徵》: "交以虛實, 輪續前後, 而通虛實前後者曰貫, 貫難狀而言其幾."

19) 《東西均·三徵》: "交也者, 合二而一也 ; 輪也者, 首尾相銜也. 凡有動靜往來, 無不交輪. 則眞常貫合於幾, 可徵矣."

'교' '윤'을 경위로 한 과정에 처해 있고, 이런 항구적 과정 속에서 모든 구체적 차별을 소융(消融)하여, 사람이 이 점을 인식할 수 있다면 절대 진리를 인식한 것이라고 보았다.

방이지의 교(交)·윤(輪)·기(幾) 사상은 변증법도 있고 또한 형이상학도 있어서, 우리는 그의 형이상학을 제거하고 변증법 사유의 성과를 흡수해야 한다.

(9) '질측(質測)'과 '통기(通幾)'

전통적 중국 학술에는 다른 분류법이 있다. 방이지는 학술을 "질측(質測)" "통기(通幾)" "재리(宰理)" 세 종류로 구분했다. 그는 말했다. "적(寂, 고요함, 희노애락의 감정이 아직 드러나지 않은 상태), 감(感, 드러남, 희노애락의 감정이 이미 드러난 상태)이 쌓여 있을 때, 그것이 말미암는 곳을 깊이 살펴보면 이를 '통기(通幾)'라 말할 수 있다. 만물은 저마다의 연구를 지니고 있으니 진실로 이를 잘 살펴보면 크게는 원회(元會)로부터 작게는 초목 곤충에 이르기까지 각자의 성정을 닮고 있고 호오을 징험하며, 변화를 미루어간다. 이를 '질측(質測)'이라 말한다."[20] 또 말했다. "천지지가, 상수、율력、음성、의약의 설을 고찰하면 이들은 모두 질을 통관한 것이니 만물의 이치인 것이다. 오로지 치교(治教)로만 말한다면 '재리(宰理)'라 할 수 있다. 통기로만 말한다면 만물의 지극한 이치가 되는 것이다."[21] '질'은 구체적 실물을 가리키고, '측'은 고찰하고 연구하는

20) 《物理小識·自序》: "寂感之蘊, 深究其所自來, 是曰通幾; 物有其故, 實考究之, 大而元會, 小而草木蠢蠕, 類其性情, 徵其好惡, 推其常變, 是曰質測."

21) 《通雅》卷首三 : "考測天地之家, 象數、律歷、音聲、醫藥之說, 皆質之通者也, 皆物理也. 專言治教, 則宰理也. 專言通幾, 則所以為物之至理也."

것을 가리키고, '질측'은 모든 구체적 실물을 연구하여 그에 내재된 규칙을 이해하는 것이다. '통(通)'은 관통하는 것이고, '기(幾)'는 심오한 원리를 가리키며, '통기'는 세계 전체의 보편적이고 근본적인 원리를 연구하는 것이다. '질측'은 구체적 사물의 '고(故)'를 고구(考究)하는 것이고, '통기'는 천지 만물의 하나의 '고(故)'를 이해하고 관통하려고 하는 것이고, '재리'는 국가와 사회를 다스리는 것을 연구하는 학문을 가리킨다. 방이지가 말한 '질측지학'은 실증과학이고, '통기지학'은 철학이고, '재리지학'은 사회과학을 가리킨다는 것을 알 수 있으니, 이 분류법은 근대의 학술 구분에 매우 접근했다. 방이지는 또한 실증과학은 철학 연구의 기초라는 것을 강조하여 '질측즉장통기자야(質測即藏通幾者也)'라고 하였으며, 실증과학을 소홀히 하면 실증과학과 떨어진 철학이 공허함에 빠질 것이라고 했다. 실증과학만 중시하고 한 걸음 나아간 철학적 사고를 반대하면, 마찬가지로 폐단이 있다. 양자의 연구를 마땅히 결합해야 한다고 그는 보았다.

송명이학에서 정주 일파는 격물하여 궁리할 것을 주장하였으니, 그들이 말한 격물은 비록 사물의 이치를 구체적으로 연구하는 것을 포괄하지만, 근본적으로 말하면 자연과학 연구를 위하여 지위를 확립한 것이 아니다. 정주이학에서 구체적 사물에 대한 고찰은 천리에 대한 인식에 종속되어, 천리를 몸소 깨닫는 수단이기도 했다. 육·왕 심학에서는 구체적 사물 연구를 반대하고, 자기의 심성에서 공부하는 것을 중시했다. 방이지의 사상은 그가 이학 이외의 독립된 사상가임을 나타낸다. '질측'을 제시한 것은 자연과학이 독립된 기본 학문이 되어 존재하는 권리를 근본적으로 확립한 것으로, 자연과학을 옛 학술에서 완전히 독립시킬 것을 요구했다. 이 사상은 매우 중요한 의미를 지닌다.

방이지는 《물리소식》 총론에서 말했다. "내가 매번 소옹(邵雍)·채심(蔡瀋)으로 말미암아 효시로 삼고 하도낙서가 부절과 통합을 징험하였으며, 멀리 서양의 학문을 빌어다 담자(郯子)로 삼기도 했으며, 우왕과 주공의 본보기가 될 업적을 펴기도 했다."[22] 이는 그가 고대의 박학한 사람을 스승으로 삼아, 중국과 외국의 자연과학 지식과 다른 모든 지식을 광범위하게 흡수하여 박고통금(博古通今)하려고 한다는 뜻이다. 그의 이 몇 마디 말은 그가 지식을 절실하게 추구한다는 것을 뚜렷하게 드러냈다. 지식에 대한 그의 그런 열정과 추구, 지식을 팽개친 학설에 대한 그의 그런 증오와 멸시, 지식을 추구하여 모든 것을 돌아보지 않는 그런 용기, 만방에서 널리 채택하는 그런 원대한 가슴은 그와 거의 동시대의 영국 철학자 프란시스 베이컨(Francis Bacon, 1561-1626)을 떠올리게 하지 않을 수 없다. 결국 '인(因)·징(徵)·차(借)·신(申)'이라는 그의 호언(豪言)은 '아는 것이 힘이다'라는 장담과 더불어 새로운 과학에 대한 같은 부름을 표현했다는 것을 느끼게 한다.

22) 《物理小識》 "智每因邵蔡為嚆矢, 徵河洛之通符, 借遠西為郯子, 申禹周之矩積."(邵蔡는 邵雍·蔡濬을 가리키고, 河洛은 《河圖》·《洛書》를 가리키고, 郯子는 춘추시대 사람으로, 공자가 郯子에게 질문을 한 적이 있고, 禹周는 夏禹·周公을 가리키니, 전설에 따르면 고대 算學이 禹周와 관련이 있다고 함)

32 황종희(黃宗羲)

황종희(黃宗羲)의 자는 태충(太沖), 호는 이주(梨洲)이다. 명나라 신종(神宗) 만력(萬曆) 38년(1610)에 태어나, 청나라 강희(康熙) 34년(1695)에 세상을 떠났다. 절강(浙江) 여요(餘姚) 사람이다. 명청 교체기의 중요한 계몽사상가·철학사가·철학자이다. 황종희의 부친 황존소(黃尊素)는 저명한 동림당(東林黨) 사람으로, 환관 위충현(魏忠賢)의 '엄당(閹黨)'에게 살해당했다. 명 숭정제(崇禎帝) 주유검(朱由檢)이 즉위하자, 황종희는 도성에 들어가 억울함을 호소하고, 부친을 함정에 빠트린 원수를 쇠못으로 찔러 상해를 입혀서, 명성이 크게 떨쳤고, '엄당(閹黨)'과 투쟁하는 '복사(復社)'의 영수(領袖)가 되었다. 동림당과 복사는 모두 정직한 지식인과 사대부의 단체로, 동림당과 복사의 사람들은 서원 강학(講學) 혹은 결사(結社) 회강(會講) 형식으로 "정치를 토론하고 인물을 평가하여", 당시 통치 대권을 훔쳐 간 극도로 부패하고 시커멓던 환관 권력 집단을 상대로 용감한 영웅적 투쟁을 벌였다. 이 투쟁은 당시 중국 상품경제가 가장 발달했던 동남(東南) 지역에서 시민운동의 영향과 지지를 받았다. 명나라가 멸망한 후 청나라 군대가 관문을 들어섰을 때, 황종희는 민족적 의분에 격동하여, '세충영(世忠營)'을 조직해여 반청(反淸) 투쟁을 전개하였으며, 여러 차례 좌절에도 불구하고 굴복하지 않고 영웅적으로 용감히 싸웠다. 반청(反淸) 운동이 실패한 뒤 그는 오랜 기간 정치적 망명 생활을 하여, 사방으로 도망다녔으며, 멀리 일본까지 갔다가, 1656년에 비로소 고향으로 물러나서, 학술연구와 강학 활동에 힘썼다. 《명이대방록(明夷待訪錄)》·《맹자사설(孟子師說)》·《명유학안(明儒學案)》·《송원학안(宋元學案)》(전조망(全祖望)이 보충 완성)·《남뢰문정(南雷文定)》 등이 그가 저술한 책이다. 《명이대방록》에서 황종희는 봉건 전제주의를 깊이 비판하여, 초보적이고 비교적 명확한 민주 관념을 드러냈으니, 이것은 중국사상사에서 황종희의 탁월한 공헌이다. '명이(明夷)'는 《주역》의 한 괘로, 대지 밑에 깊이 가라앉아 엎드려 숨어 있는 광명의 불씨를 상징한다. 황종희는 이것으로 책 이름을 지어, 초기 계몽사상가로서 그의 품격을 충분히 드러냈다. 그의 사상과 저작은 근대 자산계급의 개혁과 혁명 운동에 적극적 작용을 일으켰다.

(1) 천하에서 가장 큰 해악은 군주일 뿐이다

명대(明代)는 중국 봉건 군주 전제제도가 고도로 발전한 시대로, 이런 제도의 본질이 남김없이 폭로된 시대이기도 하다. 명나라 초기에는 재상(宰相)을 폐지하여, 6부(部)가 직접 황제로부터 명을 듣도록 했다. 최고 군사 장관을 폐지하여, 군대가 직접 황제로부터 명을 듣게 했다. 중앙 각 부(部)에서 상서(尙書: 부장(部長)에 해당)와 시랑(侍郎: 부부장(副部長)에 해당)의 권력을 평등하게 하여, 서로 견제하도록 했다. 지방 각 성(省)에서는 행정·사법·군사 장관을 설치하여, 서로 통괄하지 않고, 서로 견제했다. 모든 대권을 황제가 직접 쥐고 흔드는 것을 보장하여, 권신의 출현을 방지했다. 황제가 최고 권력을 혼자서 쥐는 것을 확실하게 보장하기 위해, 명나라 초기에는 또 후비(后妃)가 정치에 대해 말하지 못하게 하고, 환관이 글자를 알지 못하게 하고 외부 관리와 내통할 수 없고, 심지어 황제가 처첩을 취하고 공주가 시집을 갈 때도 대신 집안을 찾지 못하도록 규정했다. 명 왕조가 군주 전제를 강화한 이런 조치들은 확실히 매우 효과가 있어서, 대신이나 외척이 정치를 휘두르고 지방에서 할거하는 세력이 나타나는 등의 역대에 늘 나타나던 문제를 막아서, 일정 시기까지는 황제의 절대 권위와 주씨(朱氏) 강산의 굳건함을 보장했다. 그러나 이런 제도는 황제에게 과도한 향락과 번거로움을 감당할 수 없을 정도로 엄청난 정무(政務)를 가져다주어, 오히려 황제와 천하 백성의 대립을 심화시켰을 뿐 아니라, 군신들도 대립하게 했다. 번다한 정무를 처리하고 시간을 내 향락을 즐기고 신하들을 효과적으로 제어하기 위해, 명대 황제는 환관을 중용하지 않을 수 없었다. 이들 가노(家奴)가 주도하는 특무기관에 의지하여 각급 관리를 감독 정찰하고, 환관이 조직한 궁내 기구에 의지하여 황제의 수많은 일상 업무를 대행했다. 그리고 환관은 시정의 무뢰배 출신이 많아서, 대다수가 식견이 낮고 질이 떨어져서, 일단 권력을 장악하면 온갖 비리와 악행을 저지르지 않는 것이 없었다. 그래서 환관이 정치를 주무르는 것은 극단적 군주 전제제도의 산물일 뿐만 아니라 군주 전제제도의 가장 어둡고 부패하고 무능한 형식이었다. 이런 형식 아래, 명 왕조의 정치 통치는 갈수록 전횡하고 잔인하고 포악해졌다. 황종희 개인의 가정 내에서의 참극 경험과 한민족 주권의 상실은 그에게 더욱 더 깊은 자극을 주어, 그가 정치제도 문제의 탐구에 전력하도록 했다. 그는 군주제도의 기원과 군민(君民)·군신(君臣) 관계의 역사적 변천과 법률제도의 역사적 변화를 연구하여, "천하의 가장 큰 해악은 군주일 뿐"[1]이라는 논단을 제시하였으며, 비판의 창끝을 수천 년 봉건군주 전제제도 특히 명 왕조의 극단적 군주전제 제도와 이런

1) 《明夷待訪錄·原君》: "為天下之大害者, 君而已矣."

제도의 체현인 최고 봉건 통치자 황제를 직접 겨누었다.

군주제도는 역사상 발전 변화 과정을 겪었고, 이 과정에서 군민·군신 관계와 법률에 모두 본질적 변화가 발생했다고 황종희는 보았다.

상고시대에 최초로 군주를 설립한 것은 천하를 위하여 '공리(公利)'를 일으키고 '공해(公害)'를 제거할 수 있는 사람이 있어서, "자기 하나의 이익을 이익으로 하지 않고 천하가 그 이익을 받게 하고, 자기 하나의 해악을 해악으로 하지 않고 천하가 그 해악을 제거하게"[2] 했기 때문으로, 이런 사람이 백성의 옹호를 받아서 추대되어 군주가 되었다고 황종희는 보았다. "옛날에는 천하의 백성이 주인이고 군주가 객이 되었으니 무릇 군주는 평생을 경영하였으니 바로 천하를 위해서이다."[3]. 후세의 군주는 그렇지 않아서, 그들은 "천하 이해의 권력이 모두 내게서 나오는"[4] 권력을 이용하여, 주객관 관계를 도치시켜서, 천하를 '막대한 사업'으로 보고, 상자 속의 '사물(私物)'로 보았다. 이 사업을 쟁탈하기 위해 그들은 천하 백성들이 간뇌도지(肝腦塗地)하고 골육분리(骨肉分離)하게 하는 것을 아까워하지 않고, 이 사업을 손에 넣은 이후 그들은 또 "천하의 골수를 착취하고, 천하의 자녀가 흩어지게 하여, 나 한 사람의 음락(淫樂)을 위해 바치도록 하여"[5], "평안을 얻을 땅이 천하에 없어서"[6], 이로 인해 군주가 천하의 큰 해악이 되었다. 이런 상황 아래 사람들이

2) 《明夷待訪錄·原君》: "不以一己之利為利, 而使天下受其利; 不以一己之害為害, 而使天下釋其害."

3) 《明夷待訪錄·原君》: "古者以天下為主, 君為客, 凡君之所畢世而經營者, 為天下也."

4) 《明夷待訪錄·原君》: "天下利害之權皆出於我."

5) 《明夷待訪錄·原君》: "敲剝天下之骨髓, 離散天下之子女, 以奉我一人之淫樂."

6) 《明夷待訪錄·原君》: "天下無地而得安寧."

군주를 원망하고 미워하여, 강도·원수·독부(獨夫)·도적으로 보는 것은 당연하고, 상나라 탕왕(湯王)·주나라 무왕(武王)처럼 과감하게 폭군을 몰아낸 사람은 '성인'이고, 맹자처럼 '민귀군경(民貴君輕)'을 외치고 폭군을 몰아내는 것을 긍정하는 과감한 발언은 '성인의 말'이고, 군신대의니 뭐니 하는 것은 변경할 수 없고 회피할 수 없다느니 어쩌느니 떠들어대는 사람들은 단지 식견이 협소한 '소유(小儒)'일 뿐이다.

황종희는 또한 군신의 구분은 분업의 결과라고 보아서, "천하는 커서 한 사람이 다스릴 수 있는 것이 아니기 때문에 '군공(群工)'으로 나누어 다스리게 되었다"[7]고 하였으니, '군공(群工)'은 즉 '군관(群官)'이다. 따라서 관(官)은 '분신지군(分身之君)'[8]이고, "신과 군은 각각 다르지만 사실은 같은 것이다."[9] 고대의 군신 관계는 힘을 합해 나무를 끄는 사람들의 관계와 같아, 앞에서 이끌면서 창을 하면 뒷사람들이 화답하며 같은 마음으로 힘을 합해 나무를 끌고 전진한다. 군은 단지 가장 높은 급의 관(官)일 뿐이며, 군신은 지위가 다른 두 종류 사람이 아니다. 그 때의 신하의 도리는 "군주를 위하지 않고 천하를 위하며, 한 성(姓)을 위하지 않고 만민을 위하는 것이다".[10] 그러나 진한(秦漢) 이후 상황에 근본적 변화가 발생했다. 군주는 천하를 사물로 보고, 군신(群臣) 역시 "천하 백성을 군주 주머니 속의 개인적 물건으로 보아"[11], 그들은 신은 군을 위하여 설립한 것이고, 신이 다스리는 영토의 백성은 군이 준 것이라고 여겨, 그들은 오직 군주 한 사람 한 성(姓)의 흥망을 위해서만 생각하고 만민의 즐거움과 걱정을 돌아보지 않으며, 그들은 오직 군주의 봉록만

7) 《明夷待訪錄·原臣》: "天下之大, 非一人之所能治, 而分治之以群工."
8) 《明夷待訪錄·置相》: "分身之君."
9) 《明夷待訪錄·原臣》: "臣之與君, 各異而實同."
10) 《明夷待訪錄·原臣》: "為天下, 非為君也; 為萬民, 非為一姓也."
11) 《明夷待訪錄·原臣》: "視天下人民為人君橐中之私物."

받으면 군주의 '지우(知遇)'에 감지덕지하고, 군주가 자기에게 예로 대하는지 따지지도 않고, 자신이 남의 종으로 살면서도 그것이 당연하다고 여긴다. 후세의 신하는 심지어 부모를 모시는 방식으로 군주를 모실 것을 주장하고, 군주의 이익을 위하여 생명을 희생하는 것을 아까워하지 말라고 주장한다. 황종희는 천하를 위하지 않고 만민의 고통을 경시하는 이런 신하는 사실 '군주의 종'[12]에 불과할 따름이라고 지적했다.

황종희는 또한 삼대(三代) 이상의 법률은 '천하지법'으로, 천하 백성의 물질문화 생활을 보호하기 위하여 제정한 것이라고 보았다. 그 때는 "국토에서 나오는 이익은 반드시 다 취하지 아니하였고 상 주고 벌 주는 권력이 다른 사람에게 넘어가는 것을 의아해하지 않았으며, 고귀한 것이라고 모두 조정에만 있는 것이 아니었고 비천한 것이라고 초야에 있지만도 않"[13]았다. 그 때의 법률은 아주 관대해서, 무법지법이라고 할 수 있었다. 삼대 이후의 법률은 달랐다. 이런 법률은 완전히 군주 한 사람 한 성(姓)의 사리(私利)를 보호하기 위하여 제정한 것으로, 천하를 위하는 마음은 털끝 만큼도 없었다. 이런 법은 단지 "일가(一家)의 법이지 천하의 법이 아니었다"[14]. 이런 '법(法)'은 천하를 군주의 '상자' 속에 두려고 힘써 도모하여 "이익이 아랫사람에게 남지 않고자 하였고 복은 반드시 윗사람에게만 수렴되고자 하였다. 어떤 사람을 쓰면 그가 사사로이 이익을 취할까 의심하고 또 어떤 사람을 쓰면 그 사람이 사사로운 이익을 취하는 것을 제지한다. 하나의 일을 하면 속지 않을까 염려하고 또 한 가지 일을 만들어 그가 속이려는 것을 방지한다."[15]고 했다. 이런 '법

12) 《明夷待訪錄·原臣》: "君之僕妾."

13) 《明夷待訪錄·原法》: "山澤之利不必其盡取, 刑賞之權不疑其旁落, 貴不在朝廷, 賤不在草莽也."

14) 《明夷待訪錄·原法》: "一家之法而非天下之法."

15) 《明夷待訪錄·原法》: "利不欲其遺於下, 福必欲其斂於上; 用一人焉則疑其

(法)'은 천하를 적으로 하고, 군주의 사유 천하를 보호하는 것을 목적으로 하여, '법'이 세밀해질수록 천하의 혼란이 더욱 많아져서, 시작부터 '천하를 해치는' '법이 아닌 법'[16]이었다.

황종희는 진한 이래의 군주·군민·군신 관계와 법률을 일반적으로 비판했을 뿐 아니라, 명대의 극단적 군주전제에 대해 특히 중시하여 비판했다. 그는 "명나라에 좋은 정치가 없는 것은 고황제가 승상을 폐지한 것으로부터 시작되었다"[17]고 보았다. 승상을 폐지하여, 신하의 지위를 한 걸음 더 떨어뜨리고, 군주의 권력을 높여서, "재상(宰相)제도가 이미 폐지된 후로 천자는 다시는 더불어 예를 행할 상대가 없어졌다. 마침내 천자는 백관(百官)을 설치하는 것은 자신을 섬기기 위한 것이고 자신을 잘 섬길 수 있는 사람만 현자라고 여기며, 자신을 잘 섬기지 못할 사람은 현자가 아니라고 생각하였다."[18]. 승상의 폐지는 환관이 정치를 주무르는 국면을 직접 끌어들여서, "대개 (군주의) 대권은 누군가에 의지하지 않을 수 없다. 저 궁노(환관, 宮奴)들은 재상의 권력이 땅에 떨어져 수습할 수 없음을 알고 그에 따라 법령을 만들고 자신들의 직책과 권한을 확대하고 재상으로부터 나오던 생살여탈권(生殺予奪權)을 점차로 모두 자신들에게 귀속시켰다. …… 그러므로 궁노(宮奴)가 재상의 실권을 가지게 한 것은 승상을 폐지한 것의 과오이다"[19]. 법률은 역사상 두 차례

自私, 而又用一人以制其私; 行一事焉則慮其可欺, 而又設一事以防其欺."

16) 《明夷待訪錄·原法》: "非法之法."

17) 《明夷待訪錄·置相》: "有明之無善治, 自高皇帝罷丞相始也."

18) 《明夷待訪錄·置相》: "宰相既罷, 天子更無與為禮者矣; 遂謂百官之設, 所以事我, 能事我者我賢之, 不能事我者我否之."

19) 《明夷待訪錄·置相》: "蓋大權不能無所寄; 彼宮奴者, 見宰相之政事墜地不收, 從而設為科條, 增其職掌, 生殺予奪出自宰相者, 次第而盡歸焉. ……故使宮奴有宰相之實者, 則罷丞相之過也."

변화를 겪었다고 그는 보았으니, "고금의 변화는 진(秦)에 이르러 한 번 끝을 보았고, 원(元)에 이르러 또 한 번 끝을 보아서, 이 두 차례 끝을 본 것을 겪은 이후, 옛 성왕이 측은애인(惻隱愛人)하여 경영한 것은 텅텅 비어 아무 것도 없게 되었다"[20]. 그는 또한 명 태조 주원장(朱元璋)이 맹자의 위패를 공묘(孔廟)에서 내쫓고 《맹자》라는 책 내용을 지워버린 행위에 대하여 지명하지 않은 비판을 했었다. 그는 이것은 맹자의 민귀군경과 폭군을 몰아내는 행위를 긍정한 언론이 명 태조가 "(후대의 군주는 자신을) 아버지와 같고 하늘과 같다는 빈말로 사람들이 (자신의 지위를) 염탐하는 것을 금하였던"[21] 길을 방해한다고 여겼기 때문이라고 그는 보았다.

종합하여 말하면, 황종희가 보기에, 진한(秦漢) 이전의 군주는 천하를 위한 군주이고, 신하는 천하를 위한 신하이고, 법은 천하를 위한 법이었다. 그러나 진한 이후의 군주는 천하를 사유재산으로 여겨 잔혹한 착취와 압박을 행한 군주이고, 신하는 이런 군주를 위하여 뛰어다니고 일한 종이고, 법은 이런 군주를 위하여 간가호업(看家護業, 주인을 위해 집을 지키고 일을 보호함, 곧 그 사람의 이익을 지켜줌)한 '비법지법(非法之法)'이었다. 황종희의 이런 관점들은 당연히 착오가 많이 있어서, 그는 군주제도를 포함한 모든 국가 정권은 사회가 계급으로 분열된 결과로, 계급 압박의 도구라는 것을 이해하지 못했고, 삼대 이전의 군신법(君臣法)에 대한 그의 관점은 이상화(理想化) 된 성분을 뚜렷하게 지니고 있었다. 그러나 그는 착취계급 정권이 사회 위에 능가하고 나날이 사회와 이탈되고 사회 전체를 집어삼키는 역량이 되기까지의 역사 추세를 매우

20) 《明夷待訪錄·原法》: "夫古今之變, 至秦而一盡, 至元而又一盡, 經此二盡之後, 古聖王之所惻隱愛人而經營者蕩然無具."

21) 《明夷待訪錄·原君》: "欲以如父如天之空名, 禁人之窺伺."

명확하게 지적했고, 그는 이런 추세에 대하여 강렬한 항의를 제시하였으니, 이는 매우 대단하고 보기 드문 소중한 것이다. 엥겔스는 지적하길, 국가는 "사회에서 탄생되고 그러나 또한 사회 위에 스스로 거하고 아울러 나날이 사회와 상이화해가는 역량으로"[22], 어떤 특정한 상황 하에서, 국가권력은 심지어 그것이 대표하는 그 계급의 통제를 벗어나 잠시 어떤 독립성을 취득했을 수도 있고, 심지어 "사회 전체를 크게 집어삼키거나 심지어 국가를 집어삼키는 드높은 형세로 발전했을 수도 있다"[23]. 황종희의 이론은 엥겔스가 밝힌 앞에서 말한 진리에 뚜렷하게 접근했다.

황종희가 삼대 이전의 군(君)·신(臣)·법(法)과 삼대 이후의 군·신·법을 대조한 것은 군·신·법의 슬픈 역사적 변천을 설명하기 위한 것만이 아니라, 현실 정치제도를 개혁하려는 자기의 이상을 기탁한 것이기도 했다. 그는 '군주가 주가 되고 천하가 객이 된' 현상을 바꾸어, '천하가 주가 되고 군주가 객이 된' 역사 본래의 면목을 회복하고, 주인과 종의 군신 관계를 바꾸고, 신하가 군주의 스승과 친구가 되고 군신이 힘을 합해 천하를 위하는 정치 이상을 회복시킬 것을 희망했고, 현실의 일가지법(一家之法)를 근본적으로 개혁하여, "정전·봉건·학교·졸승(卒乘)의 옛것을 회복"[24]할 것을 희망했다. 이런 희망들은, 이론적으로 보면, 실질적으로 국가권력이 사회의 위에서 능가하는 현상을 근본적으로 개혁하여 사회에 근원한 역량을 사회 돌려줄 것을 요구한 것이다. 이런 요구는 본질적으로 공상 사회주의의 성격을 지니고 있다. 황종희가 이 요구들을 실현하기 위해 제시한 일련의 구체적 조치는 명확한 초보 민주

22) 恩格斯《家庭、私有制和國家的起源》,《馬克思恩格斯選集》第4卷, 人民出版社, 2012年, 第187頁.

23) 同上, 第188頁.

24)《明夷待訪錄·原法》: "以復井田、封建、學校、卒乘之舊."

주의의 성격을 지니고 있다. 그러므로 이론적 아니면 실천적 의미를 막론하고, 황종희의 상술한 이론은 모두 중요한 의미가 있다.

(2) 천하를 다스릴 도구는 모두 학교로부터 나온다

황종희가 회복하려고 했던 '천하지법(天下之法)' 중 가장 중요한 것은 학교를 의정(議政) 기관으로 하는 것이었다. 황종희는 "학교는 인재를 기르는 곳이다. 그러나 옛날의 성왕은 그 뜻이 여기에만 있지 않았다. 천하를 다스릴 도구가 반드시 학교에서 나오게 한 연후에야 학교를 설립한 뜻이 비로소 완비되었다."[25]라고 생각했다. "천하의 도구가 모두 학교에서 나온다"는 것은 다음 네 가지를 포함한다. ① '시비(是非)'를 결정한다. 황종희는 삼대 이후 천하의 시비가 한결같이 조정에서 나왔는데 이것은 정확하지 않은 것이라고 했다. 정확한 방법은 "천자가 옳다고 여긴다고 해서 반드시 옳은 것도 아니고, 천자가 옳지 않다고 여긴다고 해서 반드시 옳지 않은 것도 아니니, 천자 역시 결국 감히 스스로 옳고 그름을 정할 수 없어서, 옳고 그름의 판단을 학교에서 공정하게 했다."[26]라 하였는데, 이는 학교가 '시비'를 결정하는 최고 기관이 되게 하라고 주장한 것이다. ② 정부를 감독한다. 경성(京城) 태학(太學)의 교장은 마땅히 대중이 추천하는 당시 태유(太儒)가 맡아야 하며 그 지위는 재상과 같아야 한다고 황종희는 말했다. 매월 초하루 황제는 태학에 가고, 재상 육경(六卿) 간의(諫議) 등 관리도 모두 수행하여 "좨주(祭酒)는 남쪽을

---

25) 《明夷待訪錄, 學校》: "學校所以養士也. 然古之聖王, 其意不僅此也. 必使治天下之具, 皆出於學校, 而後設學校之意始備."

26) 《明夷待訪錄·學校》: "天子之所是未必是, 天子之所非未必非, 天子亦遂不敢自為是非, 而公其是非於學校."

향하여 강학하고, 천자 역시 제자의 대열에 있는다. 정치에 실수가 있으면 좨주는 피하지 않고 직언한다".[27] 좨주(祭酒: 태학 교장)는 조정을 감독하고 지도하는 권력을 가진다. 군현(郡縣)의 학관(學官)은 "군현이 공적으로 논의하여, 명유(名儒)더러 이끌어달라고 부탁한다".[28] 학관은 매월 초하루·보름에 신사(紳士)와 독서인을 소집하여 대회를 열고, "학관은 강학하고, 군현 관리는 제자 대열에 있는다". 군현 관리가 정치에 실수가 있으면, 작은 것은 비평하고 지적하여 바로잡고, 큰 것은 북을 치고 대중 앞에서 선포한다. 이는 군현의 학관은 군현의 정치에 감도지도 권력이 있다는 말이다. ③ 관리를 진퇴(進退)시킨다. 황종희는 과거로 인재를 뽑는 제도를 반대하였으니, 이는 독서인이 "부귀를 얻기 위해 애를 태우니 마침내 조정의 권세와 이권으로 인해 본령이 한 번 바뀌게 되었기 때문이다."[29] 그는 학관이 우수한 학생을 선발하여 보내서 시험을 보게 하고, 합격자는 태학에 들어가 다시 시험을 보고 예부(禮部)로 보내 관직에 임명하고, "더 이상 다른 고시관을 파견하지 않을"[30] 것을 주장했다. ④ 여론을 존중한다. 학교는 '청의(清議)' 즉 맑고 바른 언론의 장소로, 학관이 여론에 어긋나면 학생은 들고 일어나 그를 파면할 권리가 있고, 군현관이 학교에서 멋대로 잘난 체하면 학생은 그를 쫓아낼 권리가 있다. 지방에서 '향음주(鄉飲酒)'를 거행하여, 나이가 많고 덕이 높은 선비와 서민을 초청하여 상좌에 앉히고, 학관과 군현관은 모두 그들의 의견을 공손하고 경건하게 의뢰해야 한다.

황종희의 이런 "반드시 천하의 도구가 모두 학교에서 나오게 해야 한

27) 《明夷待訪錄·學校》: "祭酒南面講學, 天子亦就弟子之列. 政有缺失, 祭酒直言無諱."

28) 《明夷待訪錄·學校》: "郡縣公議, 請名儒主之."

29) 《明夷待訪錄·學校》: "富貴熏心, 亦遂以朝廷之勢利一變其本領."

30) 《明夷待訪錄·學校》: "更不別遣考試官."

다"는 주장은 비록 복고의 깃발을 들었지만 사실은 완전히 새로운 것이다. 황종희가 말한 학교는 의정(議政)의 권력이 있고, 정부를 감독하는 작용이 있고, 또한 관리를 진퇴할 수 있으니, 사실상 지식인이 정권에 참여하는 기구이다. 이런 학교는 의회(議會)와 어느 정도 유사하다. 황종희가 제시한 학교의 직능을 확대하라는 학설은 중국 역사상 의회에 관한 가장 이른 발상이라는 것을 인정해야 한다. 그것은 봉건 전제 독재를 반대하고 민주제도를 고취하는 진보적 의미가 있다. 이런 학설은 또한 마땅히 학술로 정치를 인도해야지 정치로 학술을 제한하고 제압하면 안 된다는 것을 인정한 것으로, 이는 매우 귀한 사상이다.

(3) 공업도 상업도 모두 근본이다

중국 고대 사상가는 '농업을 중시하고 공상업을 억누를' 것을 주장한 경우가 많아서, 농업은 '본(本)' 즉 국계민생(國計民生)의 근본이고, 공상업은 '말(末)' 즉 국계민생의 세미말절(細微末節)이라고 여겨서, '숭본억말(崇本抑末)' 즉 행정적 수단으로 농업의 지위를 높이고 공상업의 발전을 억누를 것을 주장했다. 이런 주장은 경직(耕織)결합·자급자족의 봉건 자연경제의 반영이다. 명대 중기 이래, 공상업의 발전에 따라서, 전국 각지, 특히 동남 각 성(省)에서 새로운 계급 즉 시민계급을 형성하기 시작하여, 공상업이 발달한 도시에서는 자본주의의 싹이 나타나기 시작했다. 황종희는 지주계급 출신이었으나 그의 사상은 부분적으로 시민계급의 요구를 반영했다. 그는 중국 역사상 처음으로 '공상개본(工商皆本)'의 주장을 제시하여, 농업을 근본으로 하고 공상업을 말단으로 하는 전통 관념을 반대했다. 그는 "세상의 속된 유자들이 잘 살피지 못하고 공상을 말단이라 여기고 망령되이 논하면서 억압하였다. 생각건대 저 대장장이는 진실로 성왕이 오기를 바랐으며 상인 역시 그의 길을 걸어가기를 원하였으니 이들은 모두 국가 경제의 근본인 것이다."[31]라고 말했다. 공상업의 발전을 촉진하기 위해, 황종희는 화폐제도를 개혁하고, 시장을 정돈하고, 물가를 조정하고, 무역을 확대하여, "국경의 안에서 항상 온갖 재화가 끊임없이 유통"[32]하는 경제 번영 국면을 조성할 것을 주장했다. 이 사상은 신흥 시민계급의 요구를 반영한 것으로, 자본주의 경제 발전의 수요에 부합한다.

(4) 차라리 다섯 장정의 힘을 써서 샛길을 뚫을지언정, 한단의 흙먼지처럼 무의미한 행동을 하지는 않는다

황종희는 과거시험으로 인재를 뽑는 것을 반대하였으니, 그것은 독서인이 "부귀훈심(富貴熏心)"하여 전제군주의 분주복역(奔走服役)하는 사람이 되게 할 뿐만 아니라, 또한 그것은 학술을 위태롭게 하고, 국가를 위태롭게 하기 때문이다. 그는 말했다. "과거 공부가 유행하면서 성학이 사라졌다. 과거 공부를 하는 선비들도 자신이 하는 공부가 성인이 한 학문이 아닌 것을 알지만 다만 벼슬길에 나아가기 위해 발을 들인 것이다. 세상의 용렬하고 망령된 자들은 마침내 성설(成說)에만 집착하여 고금의 학술을 재량하고자 하였다. 한 마디 말이라도 자신의 생각에 합치되지 않는 것이 있으면 놀란 토끼눈으로 바라보며 '이것은 경전에서 벗어난 것이다. 이는 성인의 가르침을 저버린 것이다.'라고 하니 이에 육경의 전주(傳註)와 역대의 치란에 대한 평가, 인물의 장비(臧否, 선악)가 저마다 하나로 정한 설만 있게 되었다. 이런 일정지설(一定之說)이란 모두

31) 《明夷待訪錄·財計三》: "世儒不察, 以工商為末, 妄議抑之; 夫工固聖王之所欲來, 商又使其願出於途者, 蓋皆本也."

32) 《明夷待訪錄·財計二》: "封域之內, 常有千萬財用流轉無窮."

썩어빠진 논리이고 현실에 눈 먼 말이니 그 까닭을 깊이 탐구하거나 마음에서 그 증거를 취하지 못한 것이다."[33] 황종희는 왕수인의 주관 유심주의 철학의 영향을 받아서, 학설의 옳고 그름을 '마음에서 그 증거를 구'해야 한다고 보았으니, 이것은 착오이다. 그러나 그는 과거제도가 사람들로 하여금 천박하고 잘못되고 하나로 정해져 변하지 않는 학설에 만족하게 하여, 생각이 경직되는 것을 조성하고, 공맹 유학의 참된 정신이 멸망하게 하였다고 지적하였으니, 이는 매우 깊이 타당한 것이다. 황종희는 더 나아가 과거시험은 학술에 위해를 끼칠 뿐 아니라 또한 국가에 위해를 끼친다고 지적했다. 과거의 기풍에 마음이 취하여, 일반 독서인은 유가의 학문이 '경천위지' 즉 국계민생의 실제 문제를 해결하는 것임을 모르고, '이어록위구경(以語錄為究竟)'하여, 즉 정·주의 단편적 어록을 궁극의 진리로 여겨, 정·주 어록을 해석한 어록을 한두 줄 정·주 문하에 붙일 수만 있다면, 유가 학자의 대열에 낄 수 있다고 여기고, 정주의 명의를 빌려서 세상을 속이고 대중을 현혹한다. 그들은 종일토록 치국평천하니 뭐니 하는 고담준론으로 천하 사람들의 생각을 속박하고, 일단 국난이 닥치면 "아무 생각없이 입만 벌리니 마치 구름과 안개 속에 앉아 있는 듯"[34]하여, 조금의 방법도 없다.

과거제도의 심각한 폐단을 겨냥하여, 황종희는 바로잡을 방법을 제시했다.

첫 번째 방법은 '절학(絕學)' 연구를 장려하는 것으로, 과거제도 하에

33) 《南雷文案·惲仲升文集》: "舉業盛而聖學亡, 舉業之士亦知其非聖學也, 第以仕宦之途寄跡焉爾! 而世之庸妄者, 遂執其成說, 以裁量古今之學術. 有一語不與之相合者, 愕眙而視曰: '此離經也, 此背訓也. '於是六經之傳註, 歷代之治亂, 人物之臧否, 莫不各有一定之說. 此一定之說者, 皆膚論瞽言, 未嘗深求其故, 取證於心."

34) 《南雷文定後集·贈編修弁玉吳君墓志銘》: "蒙然張口, 如坐雲霧."

서 꼬르륵 꼬르륵 숨이 넘어가던 "역산·악률·측망·점후·화기·수리지류"[35]를 포함한 자연과학과 기술과학을 진흥하는 것이었다. 이런 학문들을 연구하는 사람을 일반 유생과 똑같이 대우하여, 최고 학부에 입학할 권리를 주고, 그 중 확실히 발명이 있는 사람은 다른 독서인과 마찬가지로 예부로 추천하여 관직을 수여하여 조정의 관련 기구에 가서 근무하게 할 것을 그는 주장했다. 황종희는 자기의 주장을 자기가 직접 힘써 행하여, 상술한 갖가지 '절학' 연구에 주의를 기울여, 《수시력가여(授時曆假如)》·《서력가여(西曆假如)》·《대통력추(大統曆推)》·《회력가여(回曆假如)》·《구고도설(勾股圖說)》·《개방명산(開方命算)》·《율여신의(律呂新義)》·《금수경(今水經)》·《춘추일식력(春秋日蝕曆)》·《할원팔선해(割圓八線解)》·《원해(圓解)》 등 자연과학 저작을 저술했다. 안타깝게도 이 저작들은 대부분 사라졌다. 황종희가 이렇게 '절학'을 제창할 것을 주장한 것은 당시 농업·수공업·국방사업 발전의 수요에 맞아떨어진 것으로, 그의 초보 민주적 정치사상·'공상개본'의 경제사상과 서로 빛을 비추어, 계몽적 의미가 있었다.

두 번째 방법은 학술상 자피도경(自辟途徑)을 주장하고, 사상강화를 반대한 것이다. 그는 "학문의 도(道)는 각각의 사람들이 스스로 깨달은 것을 드러내게 하는 것을 진실된 것으로 여기니 무릇 사리 분별도 제대로 하지 못한 채 남의 행동만을 따라 하는 사람은 속세의 유행만을 따르는 선비가 아니라면 먹고 살 궁리만 하는 사람이다."[36]라고 보았다. 여기

---

35) 《明夷待訪錄·取士下》: "歷算、樂律、測望、占候、火器、水利之類."

36) 《明儒學案·凡例》: "學問之道, 以各人自用得著者為真, 凡倚門傍戶, 依樣葫蘆者, 非流俗之士, 則經生之業也." '倚門傍戶'는 '대문에 기대고 창호 곁에 있다'는 뜻으로, 사리 분별이 재대로 되지 못한 상태에서 억측하는 것을 비유함. '依樣葫蘆'는 중국 송(宋)나라 때 도곡(陶穀)의 고사(故事)에서 유래하여, '본을 따서 조롱박을 그린다'라는 뜻으로, 독창성이라고는 전혀 없

서 말한 '각인자용득저자(各人自用得著者)'는 각 개인의 독창적 의견이고, '의문방호(倚門傍戶), 의양호로자(依樣葫蘆者)'는 타인의 성견(成見)을 그대로 따르는 것이다. 후자는 가치가 없으며 전자가 진정한 학문이라고 황종희는 보았다. 그는 또한 여기기를, 학술에서 '일편지견(一偏之見)' '상반지론(相反之論)'은 매우 귀한 것으로, 바로 다른 학술 관점이 있기 때문에 다양성이 있고 조화와 통일이 있는 학술을 형성할 수 있으니, 만약 '정해진 국면만 이루고자 한다면', '반드하 하나의 길에서만 나올 것이니', "(자신들의) 훌륭한 재능과 바탕을 말라비틀어진 싹과 버려진 항구로 만들어버리"[37]게 할 것이다. 이는 곧 본래 완미(完美)하고 통령(通靈)했던 마음 또한 말라죽은 새싹이나 흐름 끊긴 냇물처럼 메마르고 꽉 막히게 변하게 될 것이라는 말이다. 이에 근거하여 그는 "차라리 '다섯 장정'의 힘을 써서 작은 길을 뚫을지언정, 한단(邯鄲=춘추시대 趙의 수도)의 흙먼지처럼 목적없이 부유하는 행동을 하지 않겠다."[38]라는 학술 주장을 제시했다. '영착오정지간도(寧鑿五丁之間道)'란 불피간난(不避艱難), 자피도경(自辟途徑)을 제창한 것이다. '불가한단지야마(不假邯鄲之野馬)'는 현재 이루어져 있는 편한 길을 가는 것을 반대하는 것이다. 황종희가 '집정성국(執定成局)'을 반대하고 자피도경(自辟途徑)을 주장한 것 역시 일정 정도에서 학술사상 자유를 주장한 것이라고 할 수 있으니, 이 또한 계몽적 색채가 풍부한 사상이다.

황종희는 《명유학안(明儒學案)·동림학안(東林學案)》에서 동림(東林) 정신을 칭찬하는 말을 했다. "수십 년 사이에 용감한 자는 처자식을 불태우고 약한 자는 토실에 묻고 하여 충의(忠義)의 왕성함이 이전의 시대

이 남의 것을 그대로 모방하는 것을 비유함.

37) 《明儒學案·自序》: "使美厥靈根者化為焦芽、絕港."

38) 《明儒學案·自序》: "寧鑿五丁之間道, 不假邯鄲之野馬."

를 뛰어넘었으니 이는 동림(東林)의 유풍 여운이 있는 듯하다. 한 학당의 사우(師友)들이 차가운 바람과 뜨거운 피로 건곤(乾坤)을 씻어내네."[39] 이 '냉풍열혈(冷風熱血), 세척건곤(洗滌乾坤)' 여덟 글자는 황종희가 명청 교체기 애국 지식인을 숭고하게 평가한 것이며, 또한 자기의 위대한 포부를 투영한 것이기도 하다. 황종희를 포함한 많은 애국 정직한 지식인이 명청 교체기의 사회 동란 속에서, 혹자는 민족 독립을 지키려는 전쟁터에서 영용(英勇)하게 희생하고, 혹자는 생을 다할 때까지 민족문화의 비판·정리·선양에 힘을 기울였으니, 그들은 일강열혈(一腔熱血)을 사회 개조의 위업에 바쳤다. 황종희가 칭찬하고 직접 힘써 행한 '냉풍열혈, 세척건곤'의 정신은 우리 중화민족의 우수한 정신 전통의 하나로, 우리가 영원히 학습하고 계승하고 발양광대할 가치가 있다.

39) 《明儒學案·東林學案》: "數十年來, 勇者燔妻子, 弱者埋土室, 忠義之盛, 度越前代, 猶是東林之流風餘韻也. 一堂師友, 冷風熱血, 洗滌乾坤."

33 왕부지(王夫之)

왕부지(王夫之)의 자는 이농(而農), 호는 강재(薑齋)이다. 만년에 호남(湖南) 형양(衡陽) 석선산(石船山)에서 은거하여, 학자들은 선산선생(船山先生)이라고 했다. 명나라 신종(神宗) 만력(萬曆) 47년(1619)에 태어나, 청나라 성조(聖祖) 강희(康熙) 31년 (1692)에 세상을 떠났다. 호남 형양 사람으로, 중소지주 계층의 지식인 가정 출신이다. 왕부지가 생활했던 시대는 사회가 대규모로 흔들리고 요동쳤던 시대로, 명 왕조는 멸망하고 청 왕조는 산해관에 진입한 지 얼마 되지 않아 통치가 아직 굳건해지지 않은 시대이다. 왕부지는 일생 동안 많은 우환을 겪었다. 청년 시절 그는 명 왕조가 비바람에 흔들리는 형세를 목도하고, '행사(行社)' '광사(匡社)' '수맹(須盟)' 등에 참가하여 사회를 개혁할 뜻을 세웠다. 명나라가 망한 이후, 청나라 군대가 강남으로 곧장 남하하자, 1648년, 왕부지는 형산(衡山)에서 병사를 일으켜 청나라에 항거했고, 실패한 후 광주(廣州) 조경(肇慶)으로 후퇴하여, 남명(南明) 계왕(桂王) 주유랑(朱由榔) 정권에 투신하여, 행인사행인(行人司行人)이라는 작은 관직에 임명되었고, 권력을 농단한 간신 왕화징(王化澄) 등을 탄핵한 것으로 인하여 잔혹한 박해를 받을 뻔했다가, 위험을 벗어난 이후 여기저기 전전하며 도망하다 호남으로 돌아갔다. 1652년 이후, 그는 청 왕조의 체발령(剃髮令)에 반항하기 위해, 호남 일대에 숨어 지내면서 거의 4년 가까이 유랑 생활을 했다. 만년에는 형양 석선산록(石船山麓)에서 은거하여, 어려운 조건에서 학술 연구를 견지하여, 일생 동안 100여 종 400여 권의 저작을 남겼다.

왕부지는 명청 교체기 가장 위대한 유물주의 철학자로, 깊고 두터운 민족 감정을 지닌 인인지사(仁人志士)였다. 명나라가 망한 이후 그는 애국의 열정을 학술연구에 쏟아부어서, 중화민족 2천 년 학술사상의 총결을 통하여 미래의 민족 부흥의 이론적 기초를 세우고자 했다. 그는 북송 유물주의 철학자 장재의 사상을 계승했고, 본체론·변증법·인식론·윤리학·역사관 등 측면에서 모두 많은 빛나는 이론 명제를 제시하여, 넓고 깊은 학설 체계를 형성했다. 그는 중화민족 2천 년의 철학사상에 대하여 상당히 전면적인 이론적 총괄을 하여, 그의 몇몇 사상들은 봉건주의를 비판한 의미를 지니고 있다. 그는 중국 고대 우수 철학 유산을 집대성한 인물이기도 하고, 조기 계몽사상가이기도 하다고 할 수 있다. 청나라 문화 전제주의에 의한 두 세기 가까운 질식을 거친 이후 왕부지 저작이 전해지기 시작하여, 근대 계몽사조의 중요한 사상 원천의 하나가 되었고, 특히 그의 사회주의 사상은 19세기 말의 애국 유신 운동과 20세기 초의 만주족 배척 혁명운동에 적극적이고 광범위한 영향을 끼쳤다. 왕부지가 남긴 풍부하고 깊고 우수한 철학 유산은 여전히 우리가 발굴·정리·발양광대하길 기다리고 있다.

(1) 체(體)와 용(用)이 함께 있다

'체(體)'·'용(用)' 문제는 중국 고전철학의 핵심 문제이다. 중국 고전철학에서 말하는 체(體)·용(用)은 여러 층 의미가 있는데, 가장 중요한 것은 두 가지이다. 첫째는 '체(體)'는 실체를 가리키고 '용(用)'은 작용을 가리킨다는 것이며, 둘째는 '체(體)'는 본질(본성)을 가리키고 '용(用)'은 현상을 가리킨다는 것이다. 유물주의자는 물질적 '기(氣)'가 실체이고 사물의 본질은 객관적이고 사람의 의지로 전이할 수 없고 사물을 벗어나 독립 존재할 수 없다고 여긴다. 주관 유심주의자는 객관세계의 독립 존재를 인정하지 않고, '심(心)' 혹은 '식(識)'이 유일한 실체라고 단언한다. 몇몇 객관 유심주의자는 현상세계보다 앞선 곳에 또한 허무의 본체가 있다고 여겨서, '도(道)' 혹은 '이(理)'라고 한다. 왕부지는 '체용서유(體用胥有)'를 제시했는데, 곧 '체(體)'와 '용(用)'은 모두 객관 존재하는 명제라는 것으로, 객관세계의 독립 존재를 부인하는 주관 유심주의와 허무를 본체로 하는 객관 유심주의를 비판했다. 그는 말했다. "천하의 작용은 모두 현상이 존재하기 때문이다. 나는 작용이 있다는 것으로 그것의 본체가 있음을 알았으니 어찌 의심하겠는가? 용(用)은 공효(功效)가 있는 것이고, 체(體)는 성정이 있는 것이니, 체용(體用)이 서로 존재하면서 실(實)을 서로 주는 것이다."[1] 여기서는 현상은 객관적으로 존재한다는 것을 우선 긍정하고, 그 다음으로 현상의 실제 존재로부터 본질의 실제 존재를 추증(推證)했다. 왕부지의 저작에서 '체(體)·용(用)'은 본질과 현상의 의미 이외에 실체와 작용의 의미도 있다. 예를 들면, 그는 "체용은 서로를 포함한다. ……체(體)는 그것으로 용(用)을 부르고, 용(用)은 그것으로 체(體)를 갖춘다. …… 수레가 없다면 어떻게 타겠는가? 그릇이 없다면 어디에 담을 것인가? 그러므로 '체(體)는 그것으로 용(用)을 부른다.'고 말한 것이다. 저장하지 못하는 것은 그릇이 아니며 태우지 못하는 것은 수레가 아니다. 그러므로 '용(用)은 그것으로 체(體)를 갖춘다.'고 말하는 것이다."라고 말했다.[2] 여기서는 수레와 그릇을 '체(體)'로 보고,

1) 《周易外傳·大有》: "天下之用, 皆其有者也. 吾從其用而知其體之有, 豈待疑哉? 用有以為功效, 體有以為性情, 體用胥有而相需以實."

수레의 탈 수 있는 성질과 '그릇'의 저장할 수 있는 성질을 용(用)으로 보았다. '체(體)'는 실체를 가리키고, '용(用)'은 작용을 가리킨다. '체(體)·용(用)'은 두 층의 의미가 있기 때문에, 따라서 '체용서유' 역시 두 층의 의미가 있다. 왕부지는 '체용서유'라는 이 명제로 사물의 본질과 현상·실체와 작용은 모두 객관적으로 실재한다는 것을 강조했다. 이것은 유물주의의 근본 관점이며, 왕부지 철학의 기본 관점이기도 하며, 그는 이것으로 이 관점의 "작용으로부터 본체가 있다는 것을 알아내는" 방법(또한 "유용이득체(由用以得體)" "일관화이점득기원(日觀化而漸得其原)"으로 표현할 수도 있음,《주역외전·대유(大有)》참조)을 논증하였으니, 또한 유물주의 방법론의 중요한 원칙의 하나이기도 하여, 매우 중요한 이론적 의미를 가지고 있다.

(2) 이(理)는 기(氣)에 의존한다

이른바 이(理)·기(氣) 관계 문제는 본질·규칙과 물질존재의 관계 문제이다. 이 문제에서 왕부지는 "기(氣)는 이(理)가 의지하는 것"[3]이라는 명제를 제시했다. 이 명제의 의미는 기(氣)는 물질적 존재로, 세계의 유일한 실체라는 것이다. 이른바 이(理)는 바로 기(氣)의 본질과 운동 변화 규칙으로, 기(氣)에 의지하는 것이다. 왕부지는 말하기를, 무형의 '태허(太虛), 유형의 '만물', 청통(淸通)의 '신(神)', 중탁(重濁)의 '물(物)' 모두 태화(太和) 인온지기(絪緼之氣)의 실체를 본원으로 한다. 그는《장자정몽주(張子正蒙注)·태화(太和)》에서 "허가 되고 실이 되고, 청하고 탁하

2) 《周易外傳·繫辭上傳》: "體用相函者也. ……體以致用, 用以備體. ……無車何乘? 無器何貯? 故曰體以致用; 不貯非器, 不乘非車, 故曰用以備體."

3) 《思問錄·內篇》: "氣者, 理之依."

게 되는 것은 모두 태화 인온(絪縕)의 실체로부터 받은 것이다."[4]라고 했다. 이는 기(氣)가 세계에서 유일한 실체라는 것을 인정한 것이다. 왕부지는 또한 이기(理氣)가 '교여위체(交與為體)'한다고 제시했다. 그는 "도는 음양(陰陽)으로 체(體)를 삼고, 음양(陰陽)은 도(道)를 체(體)로 삼으니, 번갈아가며 체가 되어 마침내 자리가 비거나 혼자 이르는 도가 없게 된다."[5]라고 했다. 여기서 '도이음양위체(道以陰陽為體)'의 '체(體)'는 실체를 가리킨다. '음양이도위체(陰陽以道為體)'의 '체(體)'는 본질(본성)을 가리킨다. 이는 기(氣)는 실체이고, 이(理)는 기(氣)를 떠나 독립적으로 존재하지 못하며, 그러나 이(理)는 또한 기(氣)의 본질과 규칙이기도 하여, 기(氣)에 본래 있는 것으로, 고립하여 혼자 존재하는 이(理)는 없다는 말이다. 왕부지는 기(氣)가 유일한 실체가 된다는 전제를 견지하면서 이기(理氣)가 같이 실제 있는 것이 됨을 인정하였으니, 이는 '체용서유'의 기본 관점으로부터 뻗어나온 것이다.

(3) 천하는 도구일 뿐이다

이른바 도기(道器) 관계 문제는 규칙과 사물의 관계 문제를 가리킨다. 이 문제에서 왕부지는 '천하유기(天下惟器)'의 명제를 제시했다. 그는 말했다. "천하는 오직 그릇일 뿐이다. 도(道)는 기(器)의 도(道)이나, 기(器)를 도(道)의 기라고 할 수 없다. 도(道)가 없으면 기가 없다는 것을 사람들은 말할 수 있다. 비록 그렇지만, 기가 있으면 어찌 도(道)가 없음을 걱정하겠는가? …… 기가 없으면 도(道)가 없다는 것을 말할 수 있는 사

4) 《張子正蒙注 · 太和》: "為虛為實, 為清為濁, 皆取給於太和絪縕之實體."
5) 《周易外傳 · 咸》: "道以陰陽為體, 陰陽以道為體, 交與為體, 終無有虛懸孤致之道."

람은 드물지만, 그러나 원래 정말로 그러하다. …… 궁시(弓矢)가 없으면 사도(射道)가 없고, 거마(車馬)가 없으면 어도(御道)가 없고, 뇌례벽폐(牢醴璧幣)·종경관현(鐘磬管弦)이 없으면 예악지도(禮樂之道)가 없다."[6] 이는 세상에는 각양각색의 사물이 있고, 사물의 운동 변화는 그 규칙이 있으니, 규칙은 사물이 갖추고 있는 것이다. 우리는 단지 규칙은 사물의 규칙이라고 말할 수 있을 뿐, 사물을 규칙의 사물이라 말할 수 없다. 왜 인가? 기(器)는 실체이고 도(道)는 실체가 아니며 도(道)는 기(器)를 실체로 하기 때문이다. 왕부지는 또 말했다. "형이상의 것을 도(道)라고 하고, 형이하의 것을 기(器)라고 하며, 형(形) 하나에 통합된다."[7] "이 하나의 물(物)에 통합되어, 형이상이면 도(道)라고 하고, 형이하이면 기(器)라고 하니, 일음일양이 합하여 이루어지지 않은 것이 없다. 진기(盡器)하면 도(道)는 그 안에 있다."[8] 이는 기(器)와 도(道)는 모두 형(形)에 통일되고, 형이상의 도(道)는 형이하의 기(器)에 종속된다는 말이다. 왕부지의 이런 '천하유기' 학설은 물질과 규칙의 관계와 특수와 일반의 관계를 깊이 있게 설명한 것으로, 중국 고대 유물주의의 빛나는 사상이다.

(4) '성(誠)'은 실제로 있는 것이다

'체용서유'와 그것이 이기(理氣)·도기(道器) 관계 측면에서 지니는 의

---

6) 《周易外傳·繫辭上傳》: "天下惟器而已矣. 道者器之道, 器者不可謂之道之器也. 無其道則無其器, 人類能言之. 雖然, 苟有其器矣, 豈患無道哉? ……無其器則無其道, 人鮮能言之, 而固其誠然者也. ……未有弓矢而無射道, 未有車馬而無御道, 未有牢醴璧幣、鐘磬管弦而無禮樂之道."

7) 《周易外傳·繫辭上傳》: "形而上者謂之道, 形而下者謂之器, 統之乎一形."

8) 《思問錄, 內篇》: "統此一物, 形而上則謂之道, 形而下則謂之器, 無非一陰一陽之和而成. 盡器則道在其中矣."

미를 왕부지는 '성(誠)'의 관념을 이용하여 전체적 개괄을 했다. '성(誠)'의 의미는 여러 측면이 있다. "음양유실(陰陽有實)을 성(誠)이라고 한다"[9], "성(誠)이란 천의 실리이다"[10], "성(誠)이란 실제로 있는 것으로, 앞에 시작이 있고, 뒤에 종결이 있다. 실제로 있다는 것은 천하의 공유(公有)로, 눈이 있으면 다 같이 보고 귀가 있으면 다 같이 듣는 것이다"[11]. 실제로 있는 기(氣), 실제로 있는 이(理), 실제로 있는 체(體), 실제로 있는 용(用) 등이 모두 '성(誠)'의 내용이다. 그리고 이른바 실제로 있는 것이란 사람의 귀·눈 등의 감각기관이 모두 느껴 알 수 있는 것이다. 간단히 말하면, 성(誠)은 이기체용 등이 사람의 의지로 전이되지 않고도 사람들에 의해 인식될 수 있는 객관성을 가리키는 것이다. 왕부지는 또 말했다. "성(誠)이란 실재하는 것이다. 실제로 있고, 진실로 있는 것이다 …… 마치 물이 만물을 적시고 아래로 흘러가며 불이 불꽃을 내고 위로 치솟아 오르는 것과 같다."[12] 이는 물질세계 중의 모든 사물은 그 고유의 규칙이 있고 그 고유의 특징이 있어서, 마치 물의 본성은 '만물을 적시며 내려가고' 불의 본성은 '불꽃을 일으키며 올라가서' 확실히 그런 것과 같으니, 이것이 바로 성(誠)이라는 말이다. 이는 왕부지가 말한 '성(誠)'은 객관적 실재가 내재적 필연성을 갖추고 있는 것 즉 내재적 규칙성을 갖추고 있는 객관적 실재를 가리킨다는 것을 말해준다. 왕부지는 '성(誠)'은 '가장 높은 곳'[13] 즉 최고 범주라고 보았다. 이를 통해 왕부

---

9) 《張子正蒙注·太和》: "陰陽有實之謂誠."
10) 《張子正蒙注·乾稱下》: 誠者, 天之實理."
11) 《尚書引義.說命上》: "夫誠者實有者也, 前有所始, 後有所終也. 實有者, 天下之公有也, 有目所共見, 有耳所共聞也."
12) 《尚書引義·洪範三》: "誠也者實也, 實有之, 固有之也……若夫水之固潤固下, 火之固炎固上也."
13) 《讀四書大全說·離婁上篇》: "極頂字."

지 철학의 최후 결론은 물질세계를 객관적 규칙을 지닌 객관적 실재로 보는 것이며, 이 객관적 실재는 사람들의 감각기관이 살펴 알 수 있는 것임을 알 수 있다. 이것은 매우 깊은 유물주의 결론으로, '체용서유' 학설의 귀착지이다.

(5) 둘을 합하여 하나로 통일하는 것이 아니다

왕부지의 변증법 사상은 매우 풍부하여, 정밀한 이론이 매우 많으니, 그 중 가장 두드러진 것은 대립하는 양 끝의 통일 관계에 관한 학설이다.

왕부지는 모든 대립 면은 절대적으로 대립하는 것이 아니라 서로 스며들고 서로 전환한다고 지적했다. 그는 "천하에 싹둑 분리되어 반드시 상대되는 사물이 있는가? 하늘과 땅에서 찾아봐도 이런 것은 없다. 만물에서 찾아봐도 이런 것은 없다."[14]라고 말했다. 세상에 싹둑 분리되어 절대 대립하는 사물은 없다. 그는 또한 지적하길, 대립하는 양 측면은 서로 섞이지 않는 '대변(大辨)'도 있고 '지극히 밀접한' 연결도 있다. '대변(大辨)'은 중대한 구별이고, '지밀(至密)'은 매우 밀접한 연결이다. 하늘과 땅을 예로 들면, 하늘과 땅 사이의 경계는 미미하고도 미미하여, 심지어 머리카락 하나도 들어가지 못한다고 할 수 있다. 들어갈 수 있는 틈새가 있기만 하면 하늘이고, 쌓일 수 있는 먼지가 있기만 하면 모두 땅이기 때문에, 이렇게 하늘은 땅 속으로 들어가 도달하지 못할 깊은 곳이 없고, 땅은 하늘과의 사이로 올라가 도달하지 못할 높은 곳이 없어, 경계선을 그을 수가 없다. 동시에 하늘은 청철(淸徹)하고 땅은 영정(寧靜)하여, 그 분별이 또한 매우 뚜렷하고 반 점도 섞이는 것을 용납할

14) 《周易外傳·說卦傳》: "天下有截然分析而必相對待之物乎? 求之於天地, 無有此也; 求之於萬物, 無有此也."

수 없으니, 이는 또한 대변(大辨)이라고 할 수 있다. 하늘과 땅은 지밀(至密)의 관계도 있고 또한 대변(大辨)의 관계도 있다. 싹둑 분리될 수 없기도 하고, 합하여 하나의 사물이 될 수도 없다. 석금(昔今)·왕복(往復)·평파(平陂), 이와 같지 않은 것이 없다. 왕부지는 또한 "둘을 합하여 하나로 묶는 것이 아니다."[15]라고 지적했다. 대립하는 양 측면의 통일은 따로 하나가 양자의 끈이 되어 양자를 통일시키는 것이 아니다. 이는 또한 이른바 하나는 양 끝의 통일을 가리키는 것이지 양자를 결합하여 양자를 초월하는 절대가 아니라는 것이다. 대립하는 양 측면의 상호관계에 관한 왕부지의 분석은 깊고 명확하며, 이전 사람들이 밝히지 못한 것을 밝혔으니, 변증법의 중대 공헌이다.

(6) 음양은 태허가 미분화된 속에 갖추어져 있다

왕부지는 '태화인온지실체(太和絪縕之實體)'를 천지 만물의 본원으로 보았다. 그가 말한 '태화(太和)'는 "음양이 분화하지 않은, 두 기(氣)가 합일(合一)된"[16] 우주 본원 상태이며, 동시에 물질이 분화된 이후 상호 조화를 이룬 관계를 가리키기도 한다. 그가 말한 '인온(絪縕)'은 "두 기(氣)가 서로 들어가 감싸고 움직이는 모습"[17]을 가리킨다. 왕부지가 말한 '태화인온지실체'는 음양이 아직 분화하지 않고 고도로 통일된 원시 상태라는 것을 알 수 있다. 그러나 왕부지는 동시에 또한 지적하기를, 음양이 "하나로 합쳐져 서로 어그러지거나 해치지 않고 혼연히 간극이 없는"[18] 이런 관계는 "음양이찬(陰陽異撰)"[19]을 방해하지 않으니, 즉 음

15) 《思問錄·內篇》: "非合兩而以一為之紐也."
16) 《張子正蒙注·太和》: "陰陽未分, 二氣合一."
17) 《周易內傳·繫辭下傳》: "二氣交相入而包孕以運動之貌."

양이 각각 그 실체를 지니고 있는 것을 방해하지 않는다. 이는 또한 '태화(太和)'는 다양성의 조화 통일이지, 충돌을 포함하지 않은 단조로운 동일(同一)이 아니라는 말이기도 하다. 바로 이렇기 때문에 태화인온지기 속에는 부침·승강·동정상감(動靜相感)하는 본성이 함유되어 있고, 이 본성은 필연적으로 음양 두 기의 상호 부딪히고 상호 투쟁함을 끌어온다. 왕부지는 말했다. "기화(氣化)란 것은 기(氣)의 조화이다. 음양(陰陽)이 태허(太虛)가 아직 분화되지 않은 가운데 갖추어져, 하나는 음이 되고 하나는 양이 되며, 어떤 것은 동이 되고 어떤 것은 정이 되어, 서로 더불어 비비고 요동쳐 시기와 자리를 잘 타서 공능(功能)을 드러내어, 오행(五行) 만물이 융합하고 흐르고 멈추며, 날아오르고 물에 잠기도 움직이고 서 있고 하여, 각자 자기의 조리를 완성하여 망령됨이 없으면 만물은 만물의 도를 갖게 되고 귀신은 귀신의 도를 갖게 된다."[20] 종합하면, 태화인온지기 속에는 '음양이체(陰陽二體)'도 있고 또한 '동정이기(動靜二幾)'도 있어서, 천지 만물에서 점차 전개되는 전체 충돌을 잠재된 형식으로 포함하고 있어, 이러한 충돌의 전개가 전체 자연사를 형성했다. 이는 확실히 일종의 깊은 변증법적 사상이다.

(7) 고요함은 고요하게 움직이는 것이지 움직이지 않는 것이 아니다

동과 정의 관계 문제에서, 왕부지는 "동정(動靜)은 서로를 포함하여, 모든 변화의 근본이 된다"[21]라는 관점을 제시했다. '동정호함(動靜互

---

18) 《張子正蒙注·太和》: "合同而不相悖害, 渾淪無間."
19) 《張子正蒙注·太和》: "陰陽異撰."
20) 《張子正蒙注·太和》: "氣化者, 氣之化也. 陰陽具于太虛絪縕之中, 其一陰一陽, 或動或靜, 相與摩蕩, 乘其時位以著其功能, 五行萬物之融結流止、飛潛動植, 各自成其條理而不妄, 則物有物之道, 鬼神有鬼神之道."

涵)'이란 동정(動靜)이 상호 삼투·포함한다는 말로, "정이 동을 포함하고 있고, 동은 정을 버리지 않는다"[22]는 것이다. 그는 또한 제시하길, 운동은 절대적이고 정지는 상대적으로, 정지는 운동의 특수형식이며, "정이란 움직임이 고요한 것이지 움직이지 않는 것이 아니다."[23]이다. 이는 깊은 변증법적 관점이다.

(8) 작용은 반드시 실체를 따른다

왕부지는 객체와 주체의 관계 문제를 분석하여, 객관세계의 독립 존재 및 주체의 인식은 반드시 객체와 상응한다는 것을 명확하게 논증하여, 주관 유심주의 인식론을 깊이 있게 비판했다.

중국 고대철학에서 주체의 인식 작용을 '소이지(所以知)'라고 하고, 인식의 객관적 대상을 '소지(所知)'라고 한다. 나중에 불교 경전을 번역하면서 '능(能)' '소(所)'라는 명사가 있었으니, '능(能)'은 '능지(能知)'로, 주체의 인식 작용을 가리키고, '소(所)'는 '소지(所知)'로, 인식의 객관적 대상을 가리킨다. 불가에서는 '소지(所知)'는 '능지(能知)'를 떠나 존재할 수 없다고 여기니, 이것은 불가의 주관 유심주의이다. 이런 주관 유심주의를 왕부지는 깊이 비판했다. 그는 우선 '능' '소' 범주의 의미를 명확하게 규정했다. 그는 말했다. "어떠한 경우가 작용을 기다리는 것을 '소[所知]'라고 하고, 작용이 어떠한 상황에 행해져 기능이 발생하는 것을 '능[能知]'라 말한다. '능'과 '소'의 구분은 본디 있었던 것으로, 석씨가 구분하여 이름하였으니, 그것이 세상을 속인 것은 아니다."[24] 이를 통해 왕부

---

21) 《周易外傳·震》: "動靜互涵, 以為萬變之宗."
22) 《思問錄·外篇》: "靜即含動, 動不舍靜."
23) 《思問錄·內篇》: "靜者靜動, 非不動也."

지는 유심주의 체계에 깊이 들어가 그 유용한 사상자료를 가져오는 정신에 뛰어났다는 것을 알 수 있다. 이어서 왕부지는 '능' '소' 관계의 실질을 분석했다. 왕부지는 말했다. "대저 '능'과 '소'가 이름을 달리하는 것은 석씨가 드러낸 것인데 진실로 석씨가 처음으로 한 것은 아니다. 그가 말한 바 '능'이란 것은 용(用)이며, '소'라 말한 것은 체(體)이니, 한(漢)대(代)의 유자가 이미 언급한 것이다. …… 이른바 '능'이란 자기이고, '소'란 것은 외물이니, 《중용》에서 이미 언급한 것이다. ……실제로 이름이 정해진 것을 끌어다 쓰니 (그 의미를) 바꿀 수 없는 것이다."[25] 이는 '능·소' 관계는 실질적으로 객관 실체와 주관 작용의 관계로, '능'은 사람이 지니고 있는 주관적 능동성이라는 말이다. '소'는 사람의 인식과 실천 대상이다. 왕부지는 나아가 지적했다. "쓰임을 기다리는 것을 '소'라 하니 반드시 체(體)가 진실로 있는 것이고. 용(用)으로 용(用)을 기다리니, 공능이 있는 자를 능으로 삼을 수 있으니 용(用)이 진실로 있는 것이다."[26] 인식 작용을 기다려 인식한 외부 환경이 '소'이면, 이 '소'는 반드시 그 실체가 있다. 객관 대상의 위에 작용하여 효과가 있는 것이 '능'으로, 이 '능'은 필연적으로 그 작용이 있다. 이렇게 왕부지는 '체용서유'의 기본점에서 출발하여, '능·소' 관계 문제에 대한 그의 결론을 이끌어냈다. "체(體)가 용(用)을 기다리니, 이로 인해 능이 드러나게 된다. 용(用)이 체(體)에 사용되니 '능'은 반드시 '소'와 부합한다. 체용(體用)이

---

24) 《尚書引義.召誥無逸》: "境之俟用者曰'所', 用之加乎境而有功者曰'能'. '能' '所'之分, 夫固有之, 釋氏為分授之名, 亦非誣也."

25) 《尚書引義·召誥無逸》: "夫'能' '所'之異其名, 釋氏著之, 實非釋氏昉之也. 其所謂'能'者即用也, 所謂'所'者即體也, 漢儒之已言者也. ……所謂'能'者即己也, 所謂'所'者即物也, 《中庸》之已言者也. ……援實定名而莫之能易矣."

26) 《尚書引義.召誥無逸》: "乃以俟用者為'所', 則必實有其體. 以用乎俟用, 而可以有功者為能, 則必實有其用."

한결같이 실질에 의존하고 연고에 어긋나지 않으므로 이름과 실질이 각각 서로 딱 맞게 되는 것이다."[27] 이 결론은 주체의 인식은 개체가 일으키고 또한 반드시 객체와 부합한다는 것을 인정하여, 불가 주관 유심주의의 "소소이입능(消所以入能), 이위능위소(而謂能為所)" 즉 객체를 주관으로 귀결시키고 주관을 객관으로 하는 착오를 비판하고, 물(物)로부터 감각·사상까지 유물주의 반영론의 철학 노선을 견지했다. 이것은 왕부지가 유물주의 인식론에 끼친 중대한 공헌 중 하나이다.

(9) 매사에 임하여 이치를 끝까지 따지다

왕부지는 본체론 문제에서 '유용이득체(由用以得體)'의 방법론 원칙을 제시하고, 일반이론 문제에서 또한 '즉사이궁리(即事以窮理)'의 방법론 원칙을 제시했다. 그는 "사물에 나아가 이치를 끝까지 캐내는 것은 있어도 이치에 근거하여 사실을 제한하는 일은 없다."[28]라고 하고 또한 "내가 생각하건대 하늘에 있는 것이 곧 이치이나 이치에 집착하여 하늘을 한계지워서는 안 된다."[29]라고 했다. 왕부지가 말한 '즉물이궁리(即物以窮理)'는 사물의 실제 상황에 나아가 더욱 고찰 분석하여 사물 본질과 규칙의 인식에 도달하는 것이고, '입리이한사(立理以限事)' '집리이한천(執理以限天)'은 하나의 규칙을 설정하여 모든 실제 상황을 제한하는 것이다.

왕부지는 자연계에는 객관적 규칙이 있으니 마땅히 사물의 실제 상황

---

27) 《尚書引義.召誥無逸》: "體俟用, 則因所以發能; 用, 用乎體, 則'能'必副其'所'. 體用一依其實, 不背其故, 而名實各相稱矣."

28) 《續春秋左氏傳博議》下卷 : "有即事以窮理, 無立理以限事." 《王夫之著作選注》(湖北人民出版社, 1975년) 106쪽에서 재인용.

29) 《張子正蒙注·參兩》: "愚謂在天者即為理, 不可執理以限天."

에 근거하여 고찰 분석해야 한다고 강조하고, 일정지리(一定之理)를 고집하여 자연계의 복잡한 상황을 잘라내는 것을 반대하였으니, 이것은 유물주의 방법론의 중요한 원칙이다.

송명 시대 철학자는 '치지' '격물'의 개념을 답습하여 인식론을 말하는 경우가 많았다. 왕부지는 '격물'과 '즉물이궁리' 등을 동등하게 하여, 완전히 새로운 해석을 제시했다. 그는 말했다. "대개 사물에 나아간다는 것은 사물에 나아가 그 이치를 끝까지 캐는 것으로 바르게 관측하여 깨닫는 것이니 소옹(邵雍)과 채심(蔡瀋)의 무리와 같이 하나의 이치를 세워 만물의 이치를 끝까지 캐는 것이니 사물에 나아가는 것이 아니다."[30] '질측(質測)'은 명청 교체기 철학자 방이지(方以智)의 용어로, 이른바 '질측'은 구체적 사물에 대한 실제 관측으로, 이는 실증과학적 방법의 일종이다. 왕부지는 '질측'으로 격물과 즉사궁리를 해석하였으니, 이는 그의 인식 방법이 이미 소박 직관의 방법을 넘어섰고 또한 근대과학의 방법적 의미가 있다는 것을 말해준다. '즉사이궁리'는 왕부지 철학의 기본 특색 중 하나로, 유물주의 인식론에 대한 그의 공헌이다.

(10) 아는 것은 실행을 공으로 삼는다

'지·행' 관계의 문제는 송명 철학 중에서 중요한 문제이다. '지'는 인식이고 '행'은 행위·활동이다. '지·행' 관계의 문제는 또한 인식과 실천의 관계 문제이기도 하다. 그러나 중국의 과거의 철학에서 말한 행은 우리가 오늘날 말하는 실천의 뜻과 커다란 구별이 있다. 과거 철학에서 말한 행은 일상 활동을 가리켜 말한 것이다. 어떤 일을 판단하고, 어떤

30) 《搔首問》: "蓋格物者, 即物以窮理, 唯質測為得之, 若邵康節、蔡溪山之流, 則立一理以窮物, 非格物也."

활동을 진행하고 하는 것을 모두 행이라고 하였으며, 가장 중요한 것은 도덕 행위를 가리켰다는 것이다. 정이·주희는 '지'가 앞에 있고 '행'이 뒤에 있어서 반드시 먼저 인식이 있은 뒤에 인식에 근거하여 행동한다고 여겼다. 왕수인은 '지행합일'의 학설을 제시하여, 지행은 하나로, 나눌 수 없다고 보았다. 왕부지는 주·왕 두 파의 설을 비판하고, '행재지선(行在知先)' 명제를 핵심으로 하는 유물주의 지행 학설을 제시했다.

왕부지는 행이 먼저이고 지가 나중이라고 지적했다. 그는 《상서·설명》의 "아는 것은 어렵지 않다[知之非艱], 행하는 것이 어렵자[行之惟艱]"란 두 구절을 인용하고, 또한 공자의 "인자선난이후획(仁者先難而後獲)" 이 한 구절의 말을 인용하여, '난'이 먼저라고 여기고, "어려운 일을 반드시 먼저 해야 하니 어려운 일을 먼저 하면 쉬운 일은 하기가 쉽다."[31]라고 했다. 행은 어려운 것이므로 행이 먼저 있다는 것이다. 그는 '행난·지이(知易)'를 통해 행선지후를 논증하였는데, 이런 논증은 정확하지 않은 것이다. 그러나 그가 행이 먼저 있다고 인정한 것은 독창적 견해이다. '행선지후'는 또한 실천이 인식보다 앞서므로 실천은 인식의 기초와 내원이라는 것을 인정한 것이다. 이런 '행선지후' 설은 주희의 '지선행후' 설을 비판한 것이다.

왕부지는 또한 지와 행은 명확한 구별이 있어서 혼동하면 안된다고 지적했다. 지와 행은 서로 의존한다고 그는 말했다. 그것들은 각각의 기능이 있고 또한 각각의 효용이 있기 때문에 서로 의존한다는 것이다. 그렇다면 그것들이 서로 의존한다는 것으로부터 그것들은 반드시 분별이 있다는 것을 더욱 알게 되는 것이다. 완전히 같은 것은 서로를 위하여 쓰일 수 없으니, 오직 다른 것을 서로 빌려주어야 비로소 조화하고 일치하여 효과를 발휘할 수 있으니, 이것은 정확한 규칙이다. 지행은 각각

31) 《尚書引義·說命中二》: "艱者必先也, 先其難而易者從之易矣."

기능과 효용이 있고 또한 서로 의존한다는 것을 몰라서, 이에 왕수인의 '지행합일' 설은 세상을 기만하고 대중을 현혹할 할 수 있었다. 왕부지는 《예기 장구(章句)》 31권에서 말했다. "지행이 서로 도와 용(用)으로 삼으니. 오직 각각 공을 이루고 또한 그 효용을 이루니 까닭에 서로 도와서 서로 용(用)이 되는 것이다. 서로 돕는 것은 그것이 반드시 나누어지는 것을 아는 것이니 같다면 서로 용이 될 수 없는 것이니 돕는다는 것은 서로 화합하여 공을 이루는 것이다. 이는 정해진 이치이다. 각각이 공효(功效)가 있어 서로 돕는 것을 알지 못하고 요강 왕씨(姚江王氏)의 '지행합일'설로 핑계를 대어 세상을 미혹하는 것이다[32] 그는 또한 왕수인이 말한 '지행합일'은 사실 '이지위행(以知為行)'으로, 실질적으로 '소행이귀지(銷行以歸知)'한 것으로, 따라서 또한 행의 필요성을 완전히 부인한 것이라고 지적했다. 왕부지가 왕수인의 '지행합일'론을 비판한 것은 매우 깊으며, 급소를 정확히 맞추었다.

왕부지는 또한 지행은 선후의 구분은 있지만, 그러나 이 선후의 구분은 싹둑 둘로 갈라지는 것이 아니며, 지행은 시종 떨어지지 않는다고 지적했다. 그는 말했다. "지행의 구분을 큰 틀에서 나눈다면 의리를 강구하는 것이 지이며 일에 응하고 사물에 접하는 것을 행이라고 하겠다. (의리를) 강구하는 중에 강구할 일에 힘을 쓰면 또한 행이 되는 것이며 (사물에) 응접하는 도중에 (사물의 이치를) 살피고 생각하는 일을 그만두지 않으면 지가 되는 것이다. 이는 지와 행이 시종일관 서로 떨어지지 않는 것이니 내 마음을 잘 보존하면 지행이 있게 되고 치지를 하여도

32) "知行相資以為用. 惟其各有致功, 而亦各有其效, 故相資以互用; 則於其互相, 蓋知其必分矣. 同者不相為用, 資於者乃和同而起功, 此定理也. 不知其各有功效而相資, 於是姚江王氏'知行合一'之說, 得藉口以惑世." 北京大學 哲學系 中國哲學史教研室 編《中國哲學史》(中華書局, 1980년) 下冊 210쪽에서 재인용.

또한 지행이 있는 것이니 다시 하나의 일을 나누어 지이되 행이 아니고 행이되 지가 아니다라 할 수 없는 것이다."[33]

왕부지가 여기서 말한 '지' 안에 '행'이 있다는 것은 인식 과정 중 실천을 가리킨다. 왕부지는 예를 들어 말하기를, 격물치지의 인식 과정 안에 행이 있으니, 마치 사람이 바둑 두는 것을 배우는 것과 비슷하다. 만약 하루 종일 기보만 연구하면 또한 바둑의 사활의 오묘함을 깨달을 수 없다. 반드시 다른 사람과 바둑을 두어본 연후에야 기보 안에 있는 기보 밖의 이치를 완전히 이해할 수 있다.

왕부지는 "행은 지를 겸할 수 있으나, 지는 행을 겸할 수 없고"[34], "행필통지(行必統知)"[35]라고 했다. '행'은 '지'를 겸할 수 있다는 것은 행은 지를 포괄할 수 있다는 말이다. '지'는 '행'을 겸할 수 없다는 말은 지는 행을 포괄하지 않는다는 말이다. 왜 그런가? '지'는 반드시 행에 의지하지만, '행'은 반드시 지에 의지하지는 않기 때문이다. 행을 통해 지의 효과를 얻을 수 있지만, 지를 통해 행의 효과를 꼭 얻는 것은 아니다. 이에 지이행위공(知以行為功)의 명제를 제시했다. 그는 말했다. "지는 행을 공으로 삼지만, 행은 지를 공으로 삼지 않는다. 행하면 지의 교화를 얻을 수 있지만, 지한다고 행의 효과를 얻을 수 있는 것은 아니다."[36] 여기서 왕부지는 인식의 내원 및 인식의 진리성을 점검하는 표준 두 측

33) 《讀四書大全說·中庸》: "知行之分, 有從大段分界限者, 則如講求義理為知, 應事接物為行是也. 乃講求之中, 力其講求之事, 則亦有行矣; 應接之際, 不廢審慮之功, 則亦有知矣. 是則知行終始不相離, 存心亦有知行, 致知亦有知行, 而更不可分一事以為知而非行, 行而非知."

34) 《尚書引義·說命中二》: "行可兼知, 而知不可兼行."

35) 《讀四書大全說·衛靈公篇》: "行必統知."

36) 《尚書引義·說命中二》: "知也者, 固以行為功者也; 行也者, 不以知為功者也. 行焉可以得知之效也; 知焉未可以得行之效也."

면에서 행은 知의 기초라는 것을 논증했다. 이는 명백하게 유물주의 관점이다. '지가겸지(行可兼知)', '행필통지(行必統知)', 이것은 지와 행의 대립통일체 중에서 '행'이 주요 측면이고 지행 통일체의 기초라는 것을 인정한 것이다.

왕부지는 또한 지행이 '함께 나아가 공을 이루고' '지능일신(知能日新)'한다는 설을 제시했다. 그는 지와 행의 대립통일은 "지(知)로 말미암아 행할 바를 알고, 행으로 말미암아 행한다면 그것을 아는 것이다"[37]라는 순환 왕복 과정으로 표현된다고 보았다. 이른바 '유행이행즉지지(由行而行則知之)'는 행(行)을 통해 지(知)를 얻는다는 말이고, '유지이지소행(由知而知所行)'은 지(知)는 지소행(知所行)이라는 말이다. 행을 통해 지를 얻고, 지를 통해 지행하고, 행선지후(行先知後), 지행(知行)이 상자상용하고, 앞뒤에서 서로 촉진하고, 이것이 바로 지행이 '병진이유공'[38]한 것이다. 그리고 여기서 말한 '진(進)'은 지행이 끊임없이 발전한다는 뜻으로, '지능일신'[39]이다. 종합하면, 지행은 순환 왕복하고 끝없이 발전하는 과정이라는 것으로, 이 사상은 매우 깊다.

왕부지의 지행 학설은 깊이 있고 체계적으로, 유물주의와 변증법 정신을 관통하는 지행통일(知行統一) 학설로, 중국 고전철학 중 소박한 유물주의 지행관의 최고봉에 도달했다. 물론 왕부지의 知행 학설과 변증 유물주의적 지행통일관은 원칙적으로 구별이 있으니, 이것은 그가 말한 행은 주로 일상 활동과 도덕 행위를 가리킨 것이며 자연을 개조하고 사회를 개조하는 실천은 아니라는 것에서 주로 드러난다.

---

37) 《讀四書大全說 · 為政篇》: "由知而知所行, 由行而行則知之."
38) 《讀四書大全說 · 為政篇》: "並進而有功."
39) 《思問錄 · 內篇》: "知能日新."

(11) 야만에서 문명으로

역사관 측면에서 왕부지는 이전 사람을 뛰어넘는 많은 새로운 견해를 제시했다. 이는 우선 그는 상당히 체계적이고 깊이 있는 역사 진화 학설을 제시했다는 것에서 드러난다. 이 학설은 한비·유종원·왕정상 등의 역사 진화 사상을 계승하고 발전시켰으며, 이학 유심주의자가 선양한 역사퇴화론을 비판했다.

왕부지는 자기가 당시 상계(湘桂) 일대 소수민족 사회생활을 현지 고찰한 것에 근거하여, 역사 문헌 연구를 진행한 것과 대비하여, 문명의 화하족(華夏族)은 선사시대에 '직립의 동물' 단계와 '이적(夷狄)'과 유사한 단계를 거쳤다고 단정했다. 그는 말했다. "과거를 고찰한다는 것은 들을 수 있는 실체로 하는 것이다. 미래를 안다는 것은 미리 알 수 있는 기미(幾微)로 하는 것이다. 그러므로 내가 아는 것은 중국의 천하는, 황제 헌원씨(軒轅氏) 이전은 아마도 오랑캐(夷狄)와 같도다! 태호(太昊) 복희씨(伏羲氏) 이전은, 금수(禽獸)와 같을 것이로다! 금수는 (인간의) 바탕을 온전히 지니지 못했고, 이적은 꾸밈(文, 문화, 문명)을 제대로 갖추지 못했다. 문(文, 문화, 문명)이 갖추어지지 못하면 점차 문(文)이 없는 상황이 이를 것이니 과거의 일에 대해서는 아는 것이 없게 되고 미래에는 전할 것이 없게 되니 시비의 기준이 일관되지 못하고, 취사에도 근거가 약해져, 이른바 굶주리면 구구(呴呴)하고 배부르면 남은 것을 버려버리는 자이니, 직립하는(서서 걸어다니는) 짐승에 불과할 따름이다."[40)]

---

40) 《思問錄·外篇》: "考古者, 以可聞之實而已. 知來者, 以先見之幾而已. 故吾所知者, 中國之天下, 軒轅以前, 其猶夷狄乎! 太昊以上, 其猶禽獸乎! 禽獸不能全其質, 夷狄不能備其文. 文之不備, 漸至於無文, 則前無與識, 後無與傳, 是非無恆, 取舍無據, 所謂飢則呴呴, 飽則棄余者, 亦植立之獸而已矣." 여기에서의 質과 文은 《論語》<雍也篇>子曰, "質勝文則野 文勝質則史 文質彬彬

이 논의에서 왕부지는 인류의 선사 역사를 금수(禽獸)와 같은 '식립지수(植立之獸)' 단계와 이적(夷狄)과 같은 '야인(野人)' 단계로 명확하게 구별했을 뿐 아니라, 또한 '금수불능전기질(禽獸不能全其質)' '이적불능비기문(夷狄不能備其文)'이라는 구별의 표준을 제시했다. 왕부지는 "생(生)은 하늘이 하는 것이다. 질(質)은 인간이 가진 것이다. 문(文)은 성인이 하는 것이다."[41]라고 했고, 또한 "성인의 도(道)는 백성이 가진 바탕(감정)을 가지고 (도덕, 문명)을 보탠 것이니 문(文)보다 더 위대한 것은 없다. 문이란 성인이 의도적으로 한 것이다. 천(天)은 억지로 하는 것이 없고'[無為], 물(物)도 무위하니, 야만인(野蠻人, 비문명인)은 자신의 행위에 편안함을 느낄 뿐 의도적으로 무엇을 하지는 못한다."[42]라고 했다. 질(質)은 인류가 지니고 있는 금수와 다른 감정을 가리키며, 문(文)은 인류가 지니고 있는 감정의 기초 위에 성인이 더 보탠 것이다. 이 기준에 따르면, '식립지수'는 아직 사람이 아니다. 사람의 질을 갖추지 않았기 때문이다. 이적은 이미 사람이다. 다만 아직 원시 상태의 사람으로, 성인의 교화를 아직 받지 않았을 뿐이다. 왕부지는 인류문명의 공을 성인에게 돌렸으니, 이것은 유심사관의 일종이다. 그러나 그는 인류는 식립지수에서 기원했고 아울러 선사시대의 야만 단계를 거쳤다고 단언하였으니, 이것은 대담하고도 세상을 깜작 놀라게 하는 독창적 견해였다.

왕부지는 헌원(軒轅)이 열었던 문명사도 역시 끊임없는 발전의 추세를 보여주는 것이라고 보았다. 경제생활로 보면, 원시인은 "사생음혈(射生飲血)"했고, 수인(燧人)·신농(神農)이 "화식(火食)" "입식(粒食)"을

然後君子."에서 원용하였다고 할 수 있다.

41) 《詩廣傳》 卷三 : "生, 天也; 質, 人也; 文, 所以聖者也."

42) 《詩廣傳》 卷三 : "聖人之道, 因民之質而益焉者, 莫大乎文. 文者, 聖人之所有為也. 天無為, 物無為, 野人安於為而不能為."

시작했고, 후직(后稷) 시대에 와서 농업이 보편화되었고, 이후 "세상은 더욱 타락하고 사물은 더욱 향상"[43]하여, 물질문명이 끊임없이 향상되었다. 정신생활로 보면, 그는 여기기를, 복희(伏羲) 이전 시대 사람들은 금수와 섞여 지내고 여성은 고정된 배우자가 없었으며, 요(堯)·순(舜) 이전에는 복식(服飾)·종족(宗族)·혼인(婚姻)·상제(喪祭) 등의 제도가 없어서 "사람이 금수와 다른 점이 거의 없었고"[44], 하(夏)·상(商)·주(周) 3대의 말기에는 도덕이 상실된 국면이 나타나 공자에 이르러 "시(詩)·서(書)를 정리하고 예악을 확정하여 도술(道術)이 비로소 밝아져서"[45] 화하족의 문화·도덕 전통이 비로소 확립되기 시작했고, 당(唐)·송(宋) 이후 "임금의 교화가 미치는 지역이 만 리나 되고, 덕으로 다스리는 정치가 더욱 널리 퍼져가며, 뛰어난 인재를 이루다 헤아릴 수 없게 되었다"[46]고 하듯 모든 민족문화·도덕 수준이 대대적으로 향상되었다. 정치조직의 발전으로 보면, 하·상·주 3대 이전은 '만국분립'의 '봉건' 시대로, 이들 '국(國)'은 사실 이적의 '부락'이며, 그 '군(君)'은 당시 먼 변방 지역의 '사사(土司)' 즉 부락의 수령과 다를 바 없었고, 3대 때 경제가 발전하고 문화·도덕이 하나로 달려감에 따라 '점차 합일지세(合一之勢)가 있었고', 전국 시기의 '대변혁'을 거쳐 진(秦) 이후의 '군현(郡縣)' 시대로 발전하고, 한(漢)·당(唐)·송(宋)·명(明) 등과 같은 강성한 왕조가 나타나 결국 위대한 민족국가 형성되었다.

사회의 끊임없는 진화에 따라 정치입법제도와 윤리 도덕 규범도 한 번 만들어지면 변하지 않은 것이 아니라 끊임없이 변화했다고 왕부지는

43) 《讀通鑑論·隋文帝二》 : "世益降, 物益備."
44) 《讀通鑑論·太宗八》 : "人之異於禽獸者無幾也."
45) 《讀通鑑論·太宗八》 : "刪詩書, 定禮樂而道術始明."
46) 《宋論》 卷三 : "幅員萬里, 文治益敷, 士之秀者, 不可以殫計."

더욱 지적했다. 그는 말했다. “태고 시대에는 읍양(揖讓)의 도(道)가 없었고, 요순의 태평 시대에는 조벌(吊伐, 정벌)의 도(道)가 없었다. 한당 시대에는 오늘날의 도(道)가 없었으며 오늘날은 과거의 도 가운데 없는 것이 많다.”[47] 종합하면, 왕부지가 보기에 인류 역사는 ‘태고의 혼돈’으로부터 ‘문명’으로 그리고 문명이 나날이 새로워지는 역사였다. 이런 진화적 역사관은 17세기에는 선진적인 것이었고, 그 중 많은 구체적 논단은 지금도 여전히 과학적 가치를 지니고 있다.

(12) ‘이(理)’와 ‘세(勢)’가 합일되다

왕부지는 역사의 발전과정 속에는 필연적 발전추세가 있고, 또한 내재적 객관 규칙이 있다는 것을 인정했다. 그는 역사의 고유한 규칙과 역사의 필연적 추세는 서로 통일적이라고 보았다. 이것을 ‘이세합일(理勢合一)’이라고 한다. 왕부지는 말했다. “형세란 일의 원인이고, 일은 형세의 결과이다. 그러므로 일을 떠나서 존재하는 이치는 없고, 이치를 떠난 형세란 없다. 세(勢)에는 난이(難易)가 이(理)에는 순역(順逆)이 있는 것이다. 이치가 순리를 따르면 형세가 순탄하게 되고, 이치가 순리를 거스르면 형세가 어려워진다.”[48] 또한 말했다. “일반적으로 형세라 말하는 것은 이치를 따르고 거스르지 않는 것을 말하니 높은 곳에서 낮은 곳으로 가며 큰 것이 작은 것을 아울러 이치에서 어긋나거나 막힘을 용납하지 않는 것이니 어디를 간들 이치 아닌 것이 있겠는가? 이치와 형세를 알아

---

47) 《周易外傳·繫辭上傳》: “洪荒無揖讓之道, 唐虞無吊伐之道, 漢唐無今日之道, 則今日無他年之道者多矣.”

48) 《尙書引義·武成》: “勢者事之所因, 事者勢之所就, 故離事無理, 離理無勢. 勢之難易, 理之順逆為之也. 理順斯勢順矣, 理逆斯勢逆矣.”

물줄기가 나뉘듯 이를 둘로 나누어서는 안 될 것이다."[49]

왕부지는 또한 역사의 발전추세는 사람의 의지로 바뀌지 않으며, 그러나 인류의 역사는 또한 사람의 활동으로 형성되니, 이른바 이(理)와 세(勢)는 모두 사람을 통하여 표현된다고 했다. 그는 말했다. "하늘은 세상을 열고자 하고, 성인은 (하늘의 이치와 추세를) 이루고자 한다. 성인이 나타나지 않으면 그 당시의 임금이나 지혜와 능력을 갖춘 선비의 손을 빌어 세상을 점진적으로 열어간다."[50] 여기서의 '천'은 이세(理勢)의 통일을 가리킨다. 역사의 객관 규칙과 필연 추세는 사람의 의지로 바뀌지 않으며, 그러나 이런 객관 규칙과 필연 추세는 통상 성인을 통하여 실현해야 하며, 만약 당시 성인이 없으면 당시 군주 혹은 지력 있는 인물의 손을 빌려 길을 개척한다는 것이다. 예를 들면, 진시황이 군현제도를 건립한 것은 천하를 자기의 소유로 여기는 사심(私心)에서 나왔으나 실제 효과는 역사를 '봉건제'에서 군현제로 진입하게 하였으니, 이것이 바로 "하늘이 그의 사심을 빌어 대공을 실현한다"[51]는 것이다. 역사발전 과정 속에 객관적 규칙이 있고 규칙은 역사발전의 필연적 추세 속에 있다는 것을 인정하는 왕부지의 이런 사상은 매우 깊은 것으로, 그의 '가수(假手)' 이론은 비록 위대한 인물의 작용을 과장하는 측면이 있기는 하지만, 역시 합리적 요소가 있어서, 역사 규칙과 사람의 활동 관계를 비교적 정확하게 처리했다.

---

49) 《讀四書大全說.離婁上篇》: "凡言勢者皆順而不逆之謂也, 從高趨卑, 從大包小, 不容違阻之謂也, 夫然又安往而非理乎? 知理勢不可以兩截溝分."

50) 《讀通鑒論·武帝三》: "天欲開之, 聖人成之, 聖人不作, 則假手於時君及智力之士以啟其漸."

51) 《讀通鑒論·秦始皇》: "天假其私以行其大公."

(13) 하늘의 일을 돕고, 천명을 만들다

《주역대전》에 "재성보상천지(裁成輔相天地)"의 설이 있다. 《주역대전·상전(象傳)》에서 "천지가 서로 사귀는 것이 태(泰)이니, 임금이 그것을 본받아 천지의 도를 마름질하여 이루며, 천지의 마땅함을 도와서 백성을 돕는다."[52]라고 했고, 《주역대전·계사 상》 "천지의 조화를 본받고 두루 구비하여 허물이 없으며, 만물을 두루 이루어 빠트리지 아니하며"[53]라고 했다. 여기서 재성·보상·범위·곡성(曲成) 등은 모두 자연계를 조정한다는 뜻이다. 왕부지는 《주역대전》의 이런 사상들을 계승하여, '상천(相天)'의 설을 제시했다. "하늘을 돕는 대업을 말한다면 이를 성인에게 귀속시킬 것이다. 그가 하늘을 도울 수 없다면 하늘(이 하는 일)에 맡길 따름이다. 물고기가 헤엄치고 날짐승이 하늘을 날아올랐다 둥지로 모이는 일은 모두 하늘의 일에 맡겨진 것이다. 사람이 성인 때문에 스스로를 죽게 하지 않으니 어찌 짐승과 같이 변화한다고 할 수 있겠는가?…… 하늘이 가지고 있는 것으로 말미암아 그것을 있게 하고 하늘이 가지고 있지 않는 것으로 말미암아 그것을 없게 하면 이는 이용후생의 덕이 없어도 될 것이다. 하늘이 다스리는 것으로 말미암아 그것을 다스리고 하늘이 혼란스럽게 하는 것으로 말미암아 그것을 혼란스럽게 하면 이는 예(禮)를 따르고 의(義)를 지키는 기준이 없어도 될 것이다. …… 저 하늘이 시각 능력을 부여하였으니 이를 모두 계발한 후에야 밝게 보며 저 하늘이 청각 능력을 부여하였으니 이를 모두 계발한 후에야 밝게 들을 수 있으며 저 하늘이 사유 능력을 부여하였으니 이를 모두 계발한 후에야 예지가 있게 된다. 저 하늘이 정기(正氣)를 부여하였으니 이를 모두

52) 《周易大傳·象傳》: "天地交, 泰, 後以, 裁成天地之道, 輔相天地之宜, 以左右民."

53) 《周易大傳·繫辭上》: "範圍天地之化而不過, 曲成萬物而不遺."

계발한 후에야 강하고 곧을 수 있게 된다. (타고난 본성을) 모두 발휘할 수 있게 하는 것은 하늘의 일이지만 그것을 실현하는 것은 인간의 일이다. 사람에게는 저마다 이를 계발할 수 있는 성취 능력이 있으므로 하늘이 죽이고자 한 것도 오히려 살리는 것이고, 하늘이 어리석게 만들고자 한 것도 지혜롭게 만들며, 하늘이 없애고자 한 것도 존재하게 만들며 하늘이 혼란스럽게 하고자 한 것도 잘 다스리고자 한다."[54] '상천'은 사람의 능동성을 충분히 발휘하여 자연을 조정하고 만물을 다스리는 것이다. 왕부지는 사람의 능동적 작용을 강조하였으니, 이것은《주역대전》을 계승하여 사람의 이런 능동적 작용은 성인에게만 있는 것이 아니고, 일반 사람도 비록 성인은 아니지만 동물과는 달라서 객관을 변화시킬 수 있다고 지적하였으니, 이것은 왕부지의 독창적 견해이다.

왕부지는 또한 '조명(造命)'설을 제시했다. 당나라 때 저명한 정치가 이비(李泌)가 "군상가이조명(君相可以造命)"이라고 말한 적이 있는데, 왕부지는 이것을 더 발휘하여 말했다. "'임금과 재상은 명운을 만들 수 있다'고 한 업후(鄴侯)의 말은 위대하다. 임금과 재상을 나아가게 하여 하늘과 권력을 다투게 하는 것은 옛날의 명운을 기다린다고 말한 것과는 다르다. 명운을 만들 수 있는 사람이라야 명운을 기다릴 수 있으며 명운을 받을 수 있는 사람이라야 명운을 만들 수 있는 것이다. …… 비록

54)《續春秋左氏傳博議·吳徵百牢》: "語相天之大業, 則必舉而歸之於聖人. 乃其弗能相天與, 則任天而已矣. 魚之泳游, 禽之翔集, 皆其任天者也. 人弗敢以聖自屍, 抑豈曰同禽魚之化哉? ……天之所有因而有之, 天之所無因而無之, 則是可無厚生利用之德也; 天之所治因而治之, 天之所亂因而亂之, 則是可無秉禮守義之經也. ……夫天與之目力, 必竭而後明焉; 天與之耳力, 必竭而後聰焉; 天與之心思、, 必竭而後睿焉; 天與之正氣, 必竭而後強以貞焉. 可竭者, 天也; 竭之者, 人也. 人有可竭之成能. 故天之所死, 猶將生之; 天之所愚, 猶將哲之; 天之所無, 猶將有之; 天之所亂, 猶將治之."

그렇지만 그 말에도 문제가 있으니 오직 임금과 재상이라야만 명운을 만들 수 있다고 하나, 어찌 임금과 재상이 아니라서 명운에 관여할 수 없었던 것이겠는가? 자신을 잘 닦아 명을 기다리고 행동을 신중히 하여 명을 영원하게 하니 일개 선비라도 명운을 만들지 못하는 것은 아니다. 화복의 대소를 권력의 경중으로 볼 뿐인 것이다."55) 왕부지가 여기서 말한 '명(命)'은 국가의 치란흥망, 일반 사람의 수명의 길고 짧음, 인생 과정의 순조로움 혹은 순조롭지 않음 등이다. 이런 '명(命)'은 사실 규칙이 드러난 것이라고 왕부지는 보았다. 예를 들면, 사람은 추위를 당해도, 더위를 먹어도, 굶주려도, 너무 배불러도 병이 나니, 종합하면, 사람의 생리를 위반하면 일반적으로 병이 나게 마련이고 심각하면 죽을 수도 있는 것이다. 사람이 생장의 이치를 위배하면 쇠망의 이치에 부합하고, 그 사람은 사망을 피할 수 없다. 사람들은 사망이 행위가 생장의 이치를 위반한 결과라는 것을 모르고, 이런 현상을 모르거나 원인이 없는 천명으로 보지만, 사실 이것은 자연 규칙의 표현에 불과하다. 사람이 만약 자연 규칙을 따르고 자연 규칙을 신중히 대할 수 있다면 명 역시 자기가 장악하게 된다. 왕부지의 이런 '조명(造命)'설은 사람이 자연 규칙 앞에서 할 수 있는 게 없는 것이 아니라 사람이 자연 규칙을 존중하고 따르는 기초 위에서 주관적 능동성을 발휘하면 자기의 운명을 장악할 수 있고 또한 군주 재상이든 평민 백성이든 막론하고 자기의 운명을 장악할 수 있다고 인정한 것으로, 이는 명백하게 매우 깊은 견해이다.

왕부지의 '상천' '조명(造命)'설은 그의 철학의 기본내용 중 하나로,

55) 《讀通鑒論·德宗》: "'君相可以造命', 鄴侯之言大矣, 進君相而與天爭權, 異乎古之言俟命者矣. 乃唯能造命者而後可以俟命, 能受命者而後可以造命. ……雖然, 其言有病, 唯君相可以造命, 豈非君相而無與於命乎? 修身以俟命, 慎動以永命, 一介之士莫不有造焉. 禍福之大小, 則視乎權藉之重輕而已矣."

그의 역사 진화학설과 인생론의 이론적 초석이다.

(14) 생명을 소중히 여기고, 의리의 실천에 힘 쓰다

인생관 측면에서 왕부지는 '진생(珍生)' 설을 제시했다. '진생'은 생명을 소중히 여기는 것이다. 그는 말했다. "성인은 사람의 무리이고 사람은 생명이 있는 무리이다. 이미 이 사람이 있다면 그의 생명을 진귀하게 여기지 않을 수 없다. 살아 있다는 것은 천지의 기를 펼치는 것이니 가득 차다고 병이 되지는 않는다."[56]

왕부지의 이런 '진생' 주장은 우선 도가와 불교의 '이생위망(以生為妄)'의 관점을 겨냥한 것이다. 불교는 인생은 여몽여환(如夢如幻)하여 진실이 아니라고 여기고, 이로 인해 적멸(寂滅)을 추구한다. 도가는 '유(有)'는 형적(形跡)이고 '무(無)'는 본성이라고 여겨, 육신이 있는 것을 대환(大患)으로 여긴다. 왕부지는 '이생위망'은 불교와 도가의 소극적 염세적 인생관의 이론적 기초라고 여겼다. 이에 그는 "(인류가) 의지할 만한 것은 유(有, 실재의 세계)요, 지극히 항상된 것은 생명이다."[57]라는 명제를 제시했다. '가의자유야(可依者有也)'는 인류가 의지하여 생존하는 것은 실재한 물질세계라는 말이요, '지상자생야(至常者生也)'는 생명은 객관적 규칙을 지니고 있다는 말이다. 왕부지는 지적하길, 사람의 일생은 대지·천공(天空)·수화(水火)·속장(粟漿)을 벗어날 수 없으니 이것들은 모두 실재한 물건이다. 왕부지는 또한 지적하길, 생사는 주야고금과 같고, 식물과 같아서, 싹이 없으면 잎이 없고, 잎이 없으면 꽃이

56) 《周易外傳·臨》: "聖人者人之徒, 人者生之徒. 既已有是人矣, 則不得不珍其生. 生者所以舒天地之氣, 而不病於盈也."

57) 《周易外傳·無妄》: "可依者有也, 至常者生也."

없고, 꽃이 없으면 열매가 없고, 열매가 없으면 싹이 없다. 이는 또한 생명은 일정한 규칙이 있다는 말이기도 하다. 왕부지는 더욱 지적하길, 개체로 말하면, 사망이란 '옛것을 보내고 다시 새로운 것을 불러오는' 현상이다. 인생이 의지하는 것은 실재이고, 인류의 생명은 일정한 규칙이 있으니, 이와 같이 불교와 도가의 소극적 염세적 인생관은 잘못된 것이다.

왕부지의 '진생' 주장은 또한 송유(宋儒)의 '주정(主靜)' 학설을 겨냥한 것이기도 하다. 왕부지는 건(健)은 생의 본성이고 동(動)은 생의 기능으로, 생명을 소중히 여기려면 반드시 '건(健)'과 '동(動)'을 체현하여 '건(健)함으로써 생명의 이치를 보존하고', '동(動)함으로써 생명의 기미를 따라야'[58] 하며, 동은 또한 도덕 행위의 중추로, 만약 부동(不動)하면 도덕을 체현할 길이 없다고 보았다.

왕부지의 '진생' 설은 또한 욕망을 경시하는 것을 반대하는 의미를 지니고 있다. 정주(程朱)·육왕(陸王)은 모두 '존천리(存天理), 멸인욕(滅人欲)'을 고취하여, 음식남녀지류의 물질생활 수요를 생명을 유지하는 수준으로까지 억누를 필요가 있다고 주장했다. 왕부지는 천리는 인욕 안에 있으니, 음식남녀처럼 사람마다 공통된 욕망은 바로 천리가 있는 곳이라고 여겼다. 그는 또한 욕(欲)에 엷은 사람은 이(理)에 엷을 수 있고, 사회물질이익에 엷은 사람은 사회책임에 엷을 수 있다고 여겼다. 이것은 '존천리, 멸인욕'을 비판한 것이다.

왕부지의 '진생' 설 그리고 이와 관련 있는 '주동설(主動說)' '천리우어인욕(天理寓於人欲)' 설은 모두 봉건주의를 반대하는 계몽적 의미를 지니고 있다.

왕부지는 '무의(務義)'를 더욱 강조했다. 그는 말했다. "살아가면서 의

58) 《周易外傳·無妄》: "健以存生之理', '動以順生之幾".

를 행해야 하니 생명을 귀하게 여길 만하다. 의(義)를 실천하면서 생명을 세우니 (의롭지 못하다면) 생명은 버릴 수도 있다."[59] "사람의 도리를 세우는 것을 의(義)라 말하고, 사람의 쓰임을 만들어 내는 것을 이(利)라 한다. 의(義)에서 나와 이(利)로 들어간다면 사람의 도리가 서지 못하며, 이(利)에서 나와 (남을) 해(害)로 들어간다면 사람의 쓰임이 생겨나지 못할 것이다. …… 지혜는 이보다 더 큰 것이 없으니 의(義)에 힘쓰고 해를 멀리할 따름이다."[60] 생명의 가치는 그것이 도덕 이상의 재체(載體)라는 것에 있으니, 도덕 이상을 체현하는 생활이 소중한 것으로, 따라서 사람은 반드시 '무의(務義)' 즉 도덕 있는 생활을 하도록 노력해야 한다. 도덕 이상을 실현하기 위해서는 생명을 희생할 수도 있다. '진생'과 '무의(務義)'를 결합하면, 왕부지가 소중히 여긴 생명은 이상이 있고 도덕이 있는 생명이지 의미 없이 구차하게 살아가는 것이 아니라는 것을 알 수 있다. 왕부지가 말한 '의(義)'의 최고 원칙은 민족의 주권을 보호하는 것으로, 그의 '진생' '무의(務義)' 학설은 강렬한 애국주의 격정이 스며들어 있다. 왕부지는 만년에 생활이 매우 곤란하고 몸도 아주 좋지 않았다. 그러나 그는 '진생' '무의'하는 인생철학으로 자기를 격려하고, "육경책아개생면(六經責我開生面), 칠척종천걸활매(七尺從天乞活埋)"하여, 민족의 부흥과 황하 문명의 발양광대를 위하여 그의 투지는 꺾이지 않았고 믿음은 변하지 않아서, 극도로 완강한 의지로 일생을 보냈다. 《자제묘석(自題墓石)》에서 그는 "유월석(劉越石)의 격분을 품었으나 운명은 나의 뜻을 이루도록 하지 않았으며, 장횡거(張橫渠)의 정학(正學)을 깨우치길 바랐으나 나의 능력이 이를 이루지 못하였네. 다행히 이

59) 《尚書引義·大誥》: "生以載義, 生可貴; 義以立生, 生可舍."

60) 《尚書引義·禹貢》: "立人之道曰義, 生人之用曰利. 出義入利, 人道不立; 出利入害, 人用不生. ……智莫有 大焉也, 務義以遠害而已矣."

언덕에 온전한 몸으로 돌아와 (나라에 대한) 근심을 품고 영면할 수 있게 되었네."[61]라고 썼다. 유월석(劉越石: 서진(西晉) 말 민족지사)과 같은 격분을 품었건만, 운명은 나더러 민족 부흥의 숙지(夙志)를 실현할 길이 없게 했고, 장횡거(張橫渠)의 정학(正學)을 앙모(仰慕)하였으나 재주는 나더러 선철을 따라갈 수 없게 했네. 다행히 이 몸을 온전하게 지켜 이 묘에 장례지낼 수 있게 되었으니, 마음에 우수를 품고 영원히 여기에 잠든다는 뜻이다. 이 짧은 네 구절 명문(銘文)에 정치 학술 사상적으로 왕부지의 포부를 표현하고, 자신의 일생을 총결산했다. 두보(杜甫)는 삼국시대 걸출한 정치가 제갈량(諸葛亮)을 생각할 때 "출사미첩신서사(出師未捷身先死), 장사영웅루만금(長使英雄淚滿襟)"이라고 하였으니, 왕부지가 《자제묘석》에서 표현한 것도 바로 이와 같이 장한 뜻을 이루지 못하여 천고의 유감인 심정이었다. 이를 통해 왕부지 인격의 위대함을 보기 어렵지 않으니, 우리가 깊이 추앙할 가치가 확실히 있다.

61) 《薑齋文集·補遺》: "抱劉越石之孤憤, 而命無從致; 希張橫渠之正學, 而力不能企. 幸全歸於玆丘, 固銜恤以永世."

34 안원(顏元)

안원(顏元)의 자는 이직(易直), 호는 습재(習齋)이다. 명나라 사종(思宗) 숭정(崇禎) 8년(1635)에 태어나, 청나라 성조(聖祖) 강희(康熙) 43년(1704)에 세상을 떠났다. 하북(河北) 박야(博野) 사람이다. 안원이 어렸을 때 부친이 동북으로 종군하였고, 소년 시절 모친이 개가했고, 20세 때 가정이 소송에 휘말려 쇠락하여, 단지 '농사를 지으며' 생계를 유지했다. 그는 22세 때 의술을 배우고, 24세 때 사숙을 열어서 가르쳤고, 이후 주로 약방과 의술에 의지한 경우가 많았고, 만년에는 또한 장남서원(漳南書院)을 열었다. 안원은 농삿일에 참가하고 농민들과 매우 가까이 지내며 아울러 전문지식을 갖추었던 지식인이었다.

안원의 사상은 일생 동안 몇 차례 큰 변화를 겪었다. 소년 시절에는 연단(煉丹)을 배워서 신선이 되려고 했고, 나중에는 또 병법과 무술을 배웠다. 24세 때 육(陸)·왕(王) 어록을 읽고 존경하고 신복했다. 26세 때 정주(程朱)에게로 믿음을 돌려서, '도통감(道統龕)'을 설치하여 주공(周公)·공자(孔子)·정이(程頤)·주희(朱熹) 등을 받들고, 정주 이학을 회의하는 사람을 만나면 그는 '분연히 즉시 변론'했다. 30세 때 조모가 세상을 떠나서, 그는 주희가 편찬한 가례(家禮)를 그대로 따라서 거상

(居喪)하며 슬픔을 다하였는데, 결국 병이 나서 쓰러졌다. 직접 겪고 느낀 것을 통해 안원은 주자의 《가례》를 회의하기 시작했고, 나아가 송명이학을 격렬하게 비판하는 것으로 발전했다. 그가 세상을 떠날 때는 70세였다. 그의 제자 이공(李塨: 1659-1733)이 그의 사상을 정리 발전시켜, 나중에 안리학파(顏李學派)라고 불리게 되었다. 그들의 저작은 《안이총서(顏李叢書)》에 수록되어 있다.

철학에서 안원의 공헌은 주로 '유조(由粗)' '숭적(崇跡)' '이사물위귀(以事物為歸)'의 공리주의 사물지학(事物之學)을 제창한 것이다. 이 사물지학(事物之學)은 기일원론을 근거로 하고, '습행실천(習行實踐)'을 방법으로 하여, 국계민생(國計民生)과 관계가 밀접한 실제 학문을 집중적으로 연구하고, 신체 역행을 귀숙(歸宿)으로 삼는, 실천을 매우 중시하는 유물주의 학설의 일종이다.

(1) '조(粗)'에서 '정(精)'을 깨우치고, '적(跡)'을 높이고 '의(義)'를 행하고, 매사에서 '이(理)'를 본다

우주 본원(本原) 문제에서 안원은 "이(理)와 기(氣)가 융합하여 한 조각이 된다."[1]의 명제를 제시했다. 만물을 생성하는 재료는 기(氣)이고, 만물이 그렇게 되는 규칙은 이(理)이며, 이(理)와 기(氣)는 완전히 통일되어 분리할 수 없다고 그는 보았다. 그는 말했다. "만약 기질이 없다면 이(理)가 장차 어디로 가서 붙겠는가?"[2] 이는 기(氣)는 이(理)가 의존하는 실체이고, 이(理)는 기(氣)에 원래 있는 규칙이라는 말이다. 이기(理氣)의 통일을 안원은 '천도'라고 했다. 그는 "이(理)와 기(氣)는 모두 천

1) 《四存編 · 存性編 · 性圖》: "理氣融為一片."
2) 《四存編 · 存性編 · 棉桃喻性》: "若無氣質, 理將安附?"

도이다."[3]라고 했다. 이는 간단하고 명확한 유물주의 자연관이다.

이런 유물주의 자연관에 근거하여, 안원은 이사(理事) 관계 학설을 명확하게 제시했다. 중국고대철학에서 사(事)는 원래 사람의 활동행위를 가리키고, 물(物)은 원래 형체가 있는 구체적 물질을 가리켜서, 이로부터 뻗어나가, 분별할 수 있는 상황이 있고 볼 수 있는 형적이 있는 모든 것을 사물이라고 통칭하게 되었다. 안원이 말한 사물은 주로 '정덕·이용·후생' 삼사(三事)와 '육덕(六德)·육행(六行)·육예(六藝)' 삼물(三物) 및 '금(金)·목(木)·수(水)·화(火)·토(土)·곡(穀)' '육부(六府)'를 가리킨다. '정덕'은 단정한 도덕이고, '이용'은 각종 생산도구를 제조하여 실용에 편리하게 하는 것이다. '후생'은 요역과 부세를 경감하여, 농번기에 농민의 복역을 징발하지 않아서 백성의 물질생활을 풍요롭게 하는 것이다. '육덕'은 지(知)·인(仁)·성(聖)·의(義)·충(忠)·화(和) 여섯 가지 봉건 도덕을 가리키고, '육행(六行)'은 효(孝)·우(友)·목(睦)·인(婣, 通姻)·임(任, 負責)·휼(恤, 體恤·賙濟) 여섯 가지 품행을 가리키고, '육예(六藝)'는 예(禮)·악(樂)·사(射, 射箭)·어(御, 駕車)·서(書)·수(數) 여섯 가지 기예를 가리킨다. 종합하면, 사물은 사람의 각종 실천 활동 및 사람의 활동 대상이 되는 '천하의 만물'을 가리킨다. 이(理)는 사물의 속에서 드러나서, 사물의 밖에 존재하지 않는다고 안원은 여겼다. 따라서 우리는 작업을 진행할 때, 정·주처럼 그렇게 단지 '명리(明理)' 단계에서만 머물러 있으면, 즉 마음 속으로 생각하고, 입으로 말하고, 붓으로 쓰기만 하면 안되고, 반드시 '견리어사(見理於事)' 즉 실제 사물 속에서 규칙·준칙을 인식해야 한다. 안원이 보기에, '견리어사'할 수 있느냐 없느냐가 공자의 학문과 정주의 학문을 구별하는 열쇠이다. 그는 말했다. "사리에 이미 밝으면서도 일처리를 제대로 하지 못하는 사람이 많다. 송의 여러 선생

3) 《四存編·存學編·上太倉陸桴亭先生書》: "理氣俱是天道."

들은 사리에 밝지 못하다고 말하면서 다만 사람들에게 이치를 밝힐 것만 가르쳤다. 공자는 사람들이 일에 익숙하여 일에서 이치를 깨닫게 하였으니 상(上, 형이상, 사물의 일반규칙)하(下, 형이하, 사물의 구체적 모습)을 두루 통달할 수 있게 되었다. 이것이 공자의 학문이 (송 나라의) 정주의 학문과 구분되는 것이다."[4] 단지 도리(道理)를 알기만 하면 아직 참된 학문이 아니니, 실제 활동에 적절하게 종사할 수 있고 실제 사물에서 규칙을 발견할 수 있어야 비로소 참된 학문이요, 비로소 '철상철하(徹上徹下)'의 단계에 도달할 수 있다. '철상'은 사물의 일반적 규칙·준칙을 궁구한 것이고, '철하'는 사물의 구체적 상황을 궁진한 것이다.

'견리어사'해야 비로소 이사 관계의 통일을 진정으로 드러낼 수 있으니, 이런 통일은 또한 체용일치(體用一致)이기도 하다고 안원은 보았다. 체용일치의 체용은 바로 진체진용(真體真用)이다. 유학과 불학의 구별은 유학은 시종 '체용일치'의 원칙을 관철하고 있고, 불학이 주장하는 것은 '무용지체(無用之體)'로, 이런 무용지체는 진정한 '체(體)'가 아니라는 것에 있다고 안원은 보았다. 안원은 나아가, '용(用)'은 조잡하고 '체(體)'는 정밀하고, '용(用)'은 구체적이고 '체(體)'는 추상적으로, 송유(宋儒)의 편실(偏失)은 바로 조잡한 구체적 사물을 경시하고 정밀한 추상적 도리를 현공추구(懸空追求)하여, 표면적으로는 고심막측(高深莫測)하게 말하지만 실제적으로는 기도(歧途)로 들어선 것에 있다고 보았다. 진정한 학문은 반드시 조(粗)로부터 정(精)을 추구해야 한다. 그는 말했다. "학문이 망하게 된 것은 조잡함(구체적 사물을 통해 이치를 깨달음)을 잊었기 때문이니, 조잡함으로 말미암아 정밀함을 깨닫도록 하여야 한다.

---

4) 《四存編·存學編·性理評》: "見理已明而不能處事者多矣. 有宋諸先生便謂還是見理不明, 只教人明理. 孔子則只教人習事, 迨見理於事, 則已徹上徹下矣, 此孔子之學與程朱之學所由分也."

정치가 망한 것은 고인의 발자취를 잊었기 때문이니 고인의 발자취를 받들어 의리(義理)를 실천하도록 하여야 한다."[5] 여기서 조(粗)·적(跡)은 구체적 사물과 고성선왕(古聖先王)의 구체적 정치 조치를 가리키고, 정(精)과 의(義)는 사물의 규칙·준칙과 고성선왕의 정치 원칙을 가리킨다. '유조회정(由粗會精)'은 사물로부터 그 중의 규칙·준칙을 이해하는 것이고, '숭적행의(崇跡行義)'는 고성선왕이 나라를 다스린 구체적 조치를 중시하여 그 정치 원칙을 관철하는 것이다. 조(粗)로부터 말미암지 않으면 공자의 진정한 학문은 상실되고, 숭적(崇跡)하지 않으면 고성선왕의 정치도 상실된다.

안원의 이런 이재사중(理在事中)·견리어사(見理於事)라는 이사(理事) 관계 학설은 그의 철학의 근본 관점이다. 이것은 확실히 유물주의 사상이다. 안원의 '사물' 개념은 모든 자연현상과 사회현상을 개괄한 범주로, 통일된 물체 및 그 운동변화과정의 범주이다. 안원의 '이사물위귀(以事物為歸)'는 사물을 그 철학의 기본 범주로 하는 것이다. 이런 '사물지학(事物之學)'은 중국철학사에서의 일대 창거(創擧)로, 그것은 왕부지의 '천하유기' 설 및 대진의 "사물지리(事物之理), 필취사물부석지미(必就事物剖析至微), 이후리득(而後理得)"설과 함께 중국철학에서 활력을 지닌 조류를 구성했다. 이재사중은 규칙은 사물에 의존한다는 것을 인정했고, 견리어사는 실사구시의 사상 방법을 제시했다. 안원의 '이사' 관계 학설에도 심각한 결함이 당연히 있으니, 그가 말한 사물은 비록 범위는 넓지만 그는 정치·도덕 등 활동 및 그 대상에만 편중하고, 생산실천 및 그 대상 즉 자연계를 소홀히 했다. 그러나 그가 말한 이(理)는 규칙과 도덕 준칙을 포괄하여, 이는 이런 유물주의 '이사' 관계 학설의 과학성에

5) 《年譜》: "學之亡也, 亡其粗也; 願由粗以會其精; 政之亡也, 亡其跡也, 願崇跡以行其義."

영향을 끼쳤다.

(2) '형(形)'을 실천하여 '성(性)'을 다 이룬다

안원의 자연관은 비교적 투박하고 소략한데 그의 인생론은 상당히 정밀하고 상세하다. 안씨 인생론의 중심관은 '천형이진성(踐形以盡性)'이다. '천형'이라는 단어는 맹자에서 기원하였으니, 그 의미는 상호 연결된 두 측면을 포괄한다. 첫 번째는 형체 각 측면의 기능을 발전시켜서 각각 그 극한에 이르게 하는 것이다. 두 번째는 형체의 각 부분이 도리(道理)에 부합하지 않는 것이 없게 하는 것이다. 이 두 가지를 하면 또한 '진성' 즉 본성이 충분히 발휘된 경지에 도달한 것이라고 안원은 보았다. 안원의 학생 이공(李塨)은 안원의 이런 주장을 총결할 때 말했다. "성인의 학문은 신체를 잘 사용하여 본성을 다하는 것이다. 귀가 밝고 눈이 밝은 것은 눈과 귀의 신체적 가치를 잘 실천한 것이다. 손을 공손히 하고 발걸음은 진중하게 하는 것은 손과 발의 신체적 가치를 잘 실천한 것이다. 몸을 잘 수양하고 마음을 지혜롭게 쓰는 것은 몸과 마음의 신체적 가치를 잘 실천한 것이다. 신체적 가치가 잘 실천되면 인(仁)、의(義)、예(禮)、지(智)의 본성이 극진해진다. 오늘날의 유자들은 신체의 가치를 타락시키고 본성을 밝히려 하니, 눈과 귀는 다만 책을 읽고 암송하는 데에만 쓰일 뿐이니 이목(耳目)의 쓰임 중 6,7할이 사라진 것이다. 손은 단지 글자를 베끼는 데에만 쓰일 뿐이니 손의 쓰임 중 7,8할이 사라진 것이다. 발이 동작하는 것을 싫어하니 발의 쓰임 중 9할이 사라진 것이다. 고요히 앉아 마음을 들여다보나 몸이 일하는 것을 기뻐하지 않는다면 몸과 마음의 쓰임이 또한 9할이나 사라진 것이다. 내 몸이 이미 신체적 가치를 제대로 실천하지 않는데 본성이 무엇으로 온전할 수 있겠는가?"[6] 이 말을 통해 볼 수 있으니, '진성'을 요구하려면 반드시 형체에 최선을 다해야 하니, 진성의 방법은 '천형'에 있다고 안원은 보았다. 그리고 '천형'의 요령은 또한 '견지사(見之事)' '징저물(徵諸物)'에 있으니, 사물 속에서 습행(習行)해야 한다. 안원은 명확하게 제시했다. "나의 신체의 모든 부분은 나의 본성의 작용이다. 한 부분이 신령하지 않으면 하나의 작용이 나타나지 않는다. 천하의 만물은 나의 본성이 시행된 것이다. 하나의 사물이 그 실정과 부합되지 않으면 시행에 잘못이 생겨나게 된다. 몸과 (세상의) 사물이 한 덩어리가 되어 굴러야만 공을 이룰 수 있는 것이다."[7] 사람들의 형체를 주체로 하고 만물을 대상으로 하는 이런 '천형' 활동은 대체로 우리가 오늘날 말하는 '실천'에 해당되며, 주관견지어객관(主觀見之於客觀)하는 물질활동의 일종이다. 안원의 이러한 관점은 일종의 '형체(形體)'를 중시하고 외부 세계 사물의 발전을 향한 새로운 유위 철학을 이야기하고 있다. 이런 유위(有為) 철학은 인류 실천 활동이 일등의 중요한 가치를 지니고 있다는 것을 인정하고, 그것은 인류의 본성을 충분히 발휘하고 아울러 자연계와 사회가 합리적으로 발전하게 하는 유일한 길이라는 것을 인정하여, 사람들이 활발하고 충실한 생활을 하도록 인도하고, 정주 이학이 이(理)만 중시하고 사(事)를 중시하지 않는 것과 육왕 심학이 심(心)만 중시하고 형(形)을 중시하지 않는 것과 선명한 대조를 이룬다. 이런 인생론은 적극적 진보적 의미를 뚜렷이 지

---

6) 《顏李叢書·恕谷年譜》: "聖學踐形以盡性; 耳聰目明, 踐耳目之形也. 手恭足重, 踐手足之形也. 身修心睿, 踐身心之形也. 踐形而仁、義、禮、智之性盡矣. 今儒墮形以明性: 耳目但用於誦讀, 耳目之用去其六七; 手但用於寫字, 手之用去其七八; 足惡動作, 足之用去九; 靜坐觀心而身不喜事, 身心之用亦去九. 形既不踐, 性何由全?"

7) 《四存編·存人編·喚迷途》: "吾身之百體, 吾性之作用也; 一體不靈, 則一用不見. 天下之萬物, 吾性之措施也; 一物不稱其情, 則措施有累. 身世打成一片, 一滾做功."

니고 있다. 오늘날 우리는 실천 문제를 토론할 때, 인식론의 의미에 편중하는 경우가 많고 인생론 측면의 의미는 그다지 중시하지 않는다. 사실, 마르크스주의 철학에는 실천을 인류 생활의 본질로 보는 관점이 있다. 예를 들면 마르크스는 "사회생활 전체는 본질적으로 실천이다"[8]라고 했고, 사람의 "욕망의 대상은 그에게 의지하지 않는 대상으로 그의 밖에 존재한다. 그러나 이 대상들은 그의 필요로 하는 대상이다. 그의 본질적 역량을 드러내고 확증하는, 없어서는 안되는 중요한 대상이다. 사람은 육체적으로, 자연력이 있고, 생명이 있고, 현실적이고, 감성적이고, 상대성의 존재물이라고 하는 것은, 사람은 자기 본질로 삼는 현실적 감성적 대상 즉 자기 생명 표현의 대상이 있다고 하는 것과 같다. 혹은 사람은 오직 현실적 감성적 대상에 의지해야만 자기의 생명을 표현할 수 있다고 하는 것과 같다"[9]. 만물은 사람의 본성의 작용 대상이고, 사람은 오직 그 형체로 만물에 작용하는 '천형' 활동 속에서만 자기의 본성을 비로소 충분히 발휘할 수 있다는 형체는 사람의 본성의 작용이라는 것에 관한 안원의 학설은 방금 말한 마르크스의 논증에 매우 가깝다. 따라서, 실천을 중시한 안원의 사상을 마땅히 계승 발전시켜야 한다. 물론, 당연히 이런 사상과 마르크스 주의의 유사한 사상을 비교할 때, 우리가 잊지 말아야 할 것은 안원이 말한 '천형(踐形)'은 주로 개인의 정치적 윤리적 실천이지 자연을 개조하고 사회를 개조하는 실천이 아니라는 것이며, 따라서 비록 이론 형식은 매우 가깝지만 본질적으로 구별되어야 한다는 것이다.

안원의 '천형이진성'의 인생론 기본 관념은 통일을 형성한 인성론 기

---

8) 馬克思, 《關於費爾巴哈的提綱》, 《馬克思恩格斯選集》 제1권, 人民出版社, 2012년, 135쪽.

9) 馬克思, 《1844年經濟學哲學手稿》, 人民出版社, 2014년, 268-269쪽.

초 위에 세워진 것으로, 이런 인성론은 또한 '이기융위일편(理氣融為一片)'의 유물주의 자연관을 근거로 한 것이다. 안원은 말했다. "만물의 본성은 이는 이치가 부여한 것이다. 만물의 기질은 이는 기(氣)가 응결된 것이다. 사람은 더욱 만물 중에서 가장 순수한 것이니 …… 사람은 이미 응결된 이기(二氣)에 사덕(四德)이 갖추어져 있다."[10] 만물의 '본성'은 그것이 부여받은 기(氣)의 규칙이고, 만물의 '형체'는 음양 두 기(氣)의 응결이며, 사람은 천지의 중화지기를 얻어 태어나서, 만물 중 가장 정수로, 사람은 바로 이미 응결된 음양 두 기(氣)와 원·형·이·정 사덕(四德)이다. 이기(理氣)는 융위일편하니, 따라서 형성(形性) 역시 통일되어 분리할 수 없다. 형(形)을 떠나면, 성(性)은 의지할 곳이 없고 작용이 없어, "몸이 없으면 본성은 존재하지 않는다."[11]이다. '성(性)은 '체(體)'이고, '형(形)'은 '용(用)'으로, '성형(性形)' 관계는 마치 식물의 뿌리와 싹의 관계와 같으니, 따라서 "본성이 없으면 형체도 없다."[12]이다. 안원의 이런 '형성(形性)' 통일 학설은 자연인성론의 일종으로, 그의 자연관의 근거는 유물적이다. 그러나 그는 사회현상과 자연현상의 본질적 구별을 이해하지 못하고, 인성은 단지 인류의 자연 존재의 산물일 뿐만 아니라 또한 사회 존재의 산물이기도 하다는 것을 이해하지 못하여, 그래서 최종적으로 역사 유심주의로 귀결되었다.

'천형'을 중시한 안원의 인생론과 그가 '이사물위귀'한 기본 주장은 일치한다. 이른바 천형(踐形)에서 '형'은 물(物)이고, '천'은 사(事)로, 천형을 중시한 것은 또한 사물을 중시한 것이다. 사람의 실천 활동을 사물

10) 《四存編·存性編·性圖》: "萬物之性, 此理之賦也; 萬物之氣質, 此氣之凝也. 至於人則尤為萬物之粹, ……人者, 已凝結之二氣四德也."

11) 《四存編·存人編·喚迷途》: "舍形則無性矣."

12) 《四存編·存人編·喚迷途》: "舍性則無形矣."

의 범주 안으로 귀결시킨 것 역시 안원의 사물지학의 큰 특징이다.

(3) 격물은 손으로 직접 그 일을 하는 것이다

유가의 전적인 《대학》에 '치지재격물(致知在格物)'이라는 명제가 있으니, '격물'이 인식의 길이라고 여기는 것이다. '격'의 본뜻은 '헤아린다'의 뜻으로, 격물은 바로 이양탁물(以量度物) 즉 '물'에 대해 그 본·말·선·후를 살피고 분별하는 것이다. 나중의 사상가가 '격물'에 대해 각양각색의 해석을 하였으니, 예를 들면 한나라 때 정현(鄭玄)은 '격'을 '래(來)'로 풀이했고, 주희(朱熹)는 '격'을 '지(至)'로 풀이했고, 왕수인은 '격'을 '정(正)'으로 풀이하여, 모두 정확한 해석을 얻지 못했다. 주희·왕수인의 해석은 '치지재격물'의 철학적 의미를 왜곡하여, 그것을 유심주의 인식론 체계에 집어넣었다. 예를 들어 주희는 격물을 '지물(至物)' 즉 여물접촉(與物接觸)으로 해석하여, "사물 속에 내 마음을 두어 그 이치를 궁구한다."[13]라고 하였으니, 이런 격물 방법은 짙은 직각 성분을 지니고 있다. 왕수인은 '격물'을 사람의 주관적 의념을 단정히 하는 것으로 해석하여, 객관 외물에 대한 인식을 완전히 취소했다. 안원은 별출심재(別出心裁)하여, 완전히 새로운 해석을 제시했다. 그는 말했다. "격물의 격을, 왕문(王門)에서는 정(正)으로 풀이하고, 주문(朱門)에서는 지(至)로 풀이하고, 한유(漢儒)는 래(來)로 풀이했는데, 모두 아직 타당하지 않은 듯하다. …… 원래는 마땅히 사서(史書)의 '손으로 맹수를 치다[手格猛獸]'의 격이나, '손으로 쳐서 죽이다[手格殺之]'의 격으로 곧 손으로 치다, 주먹으로 치다, 주무르다의 뜻이니 공문(孔門)의 육예(六藝)의 가르침이 이것이다."[14] "격물은 손으로 직접 그 일을 하는 것이다.

13) 《朱子語類》 卷九十八 : "置心在物中, 究見其理."

”[15]. 격물은 바로 직접 손을 움직여서 각종 일을 하는 것이다. 이런 격물을, 안원은 또한 '익혀서 행하다', '몸으로 익혀서 실천하다'라고 했다. 모든 지식은 모두 격물·습행·실천에서 내원한다고 안원은 보았다. 그는 말했다. “《대학》의 삼강령(三綱領)과 팔조목(八條目) 등 어떤 큰 일도 어떤 번거로운 일도 모두 손을 쓰는 것으로 귀결되는 것이니 그러므로 '격물'에 있다고 말하는 것이다.”,[16] “손수 그 사물을 붙잡아 한 후에야 지식이 이른다”.[17] 지식은 실천에서 내원할 뿐 아니라, 또한 실천으로 가서 증험해야 하니, 객관 실제에 부합하는 지식이라는 것을 실천이 증명하여 치용 목적에 도달할 수 있는 지식이라고 확정해야만 참된 지식이라고 안원은 또한 여겼다. 그는 말했다. “학문이 나에게 있는지 여부는 모름지기 일에 임하면 믿을 수 있다.”[18] 예를 들면 의학서적을 숙독하였으나 병을 치료하여 사람을 구할 수 없는 사람은 의학을 안다고 애시당초 칠 수 없다. 안원은 또 여기기를, 습행은 구체적 사물을 답답실실(踏踏實實)하게 학습할 것을 요구할 뿐 아니라, 또한 거듭 반복해서 배울 것을 요구하니, 그래야만 '나와 하나가 될'할 수 있으며, 그래야만 “나의 본성과 습관이 된 행실이 완성되는 경지”[19]에 도달할 수 있다. 그는 거문고를 배우는 것을 예로 들어 말했으니, “노래에서 곡조를 깨우치고, 손가락을 놀리지 않으면”하면 이것은 단지 '학금(學琴)'이라고 할 수 있을 뿐, '습

14) 《習齋記餘》卷六 : “格物之格, 王門訓正, 朱門訓至, 漢儒訓來, 似皆未穩…… 元謂當如史書'手格猛獸'之格, '手格殺之'之格, 乃犯手捶打搓弄之義, 即孔門六藝之教是也.”

15) 《言行錄·剛峰第七》 : “格物謂犯手實做其事.”

16) 《言行錄·三代第九》 : “《大學》三綱領八條目, 何等大, 何等繁, 而總歸下手處, 乃曰在格物.”

17) 《四書正誤·大學·古之欲明明德節》 : “手格其物而後知至.”

18) 《顔元集·言行錄卷上·計第四》 : “學問有諸己與否, 須臨事方信.”

19) 《言行錄·學須第十三》 : “性與習成.”

금(習琴)'이라고 할 수 없다. '손이 마음을 따르고, 음악이 손을 따라야만' '습금'이라고 하는데, 또한 아직 '능금(能琴)'이라고 할 수 없다. '능금'의 표준은 "내 마음이 손가락을 잊고, 손가락은 현을 잊어야 하는 것"[20]이다. 따라서 인식은 '능금'의 금사(琴師)처럼 "습행을 향하여 공부를 하여"[21], 구체적 사물에 정통할 것을 요구한다. 한 사람이 만약 상하정조(精粗)에 통하지 않는 것이 없을 수 있다면 최고의 성취로, 종신토록 오직 한 재주에만 정통해도, 예를 들면 대우(大禹)는 치수에 정통했고, 고요(皐陶)는 사법(司法)에 정통하여, 그래도 성인이 되고 현인이 되어 백성에게 적지 않은 복을 줄 수 있다. 종합하면, 안원은 실천이 인식의 내원·진리의 표준·인식의 목적이라는 것을 인정하고, 한 재주에 정통한 사람의 숭고한 지위를 두드러지게 강조하였으니, 이는 중국철학사에서 일대창견(一大創見)으로, 마르크스주의의 능동적 혁명적 반영론이 출현하기 전에 안원처럼 이렇게 실천을 중시하는 인식론은 매우 보기 드문 것으로, 역시 매우 귀하지 않을 수 없다.

안원의 이른바 격물의 내용이 포괄하는 것이 아주 넓어, 몇몇 곳에서 그는 생산·과학연구와 생활 실천의 예를 들었으니, 예를 들면 그는 전문적으로 치수에 정통한 대우(大禹)를 성인으로 보았고, '천문·지지·율력·병기' 등 과학은 "만약 깊고 은미한 부분까지 철저하게 연구하려면, 모름지기 밤낮으로 연습하는 노력과 몇 년에 걸친 경험의 공"에 의한 것이지, 가만히 앉아서 독서하는 것으로 도달할 수 있는 것이 결코 아니라고 여긴 것 등이다. 그는 또한 지적하길, 예를 들면 채소는 만약 '젓가락으로 집어서 입에 집어넣지' 않으면 아무리 고명한 채소 농부라도 그것이 먹을 수 있는지 없는지 맛이 어떤지를 모른다. 그러나 안원이 편중

---

20) 《四存編·存學編·性理評》: "心與手忘, 手與弦忘."
21) 《言行錄·王次亭第十二》: "祇向習行上做工夫."

한 것은 아무래도 '공문육예' 즉 예(禮)·악(樂)·사(射)·어(御)·서(書)·수(數) 등 기예로, 그가 예로 가장 많이 든 것은 예의를 배우는 것과 음악을 배우는 것이었다. 이것은 안원의 습행학설의 시대와 계급의 한계를 보여준다. 이런 한계로 말미암아 이 학설은 실증적 자연과학을 도출하기 쉽지 않았다.

(4) 뜻을 바르게 하여 잇점을 도모하고, 도를 밝게 하여 공적을 따져 본다

한대 철학자 동중서(董仲舒)는 "그 의를 바르게 할 뿐(그 의를 바르게 하는 것이 옳을 뿐) 그 이익을 꾀하지 아니하며, 도를 밝힐 뿐 공을 헤아리지 아니한다"이라는 명제를 제시하여, 의(義)와 리(利), 도(道)와 공(功)을 완전히 분리시키고 대립시켜서, 공리주의를 반대했다. 이런 반공리사상은 송명 이학 중 정주와 육왕 두 파의 특별한 찬양을 받았다. 안원은 동중서의 관점은 정확하지 않으며, 정확한 원칙은 마땅히 "의를 바르게 하여 이익을 도모하며 도를 밝히어 공을 계산한다."[22]고 해야 한다고, 즉 마땅히 의(義)와 리(利)의 통일을 견지해야 하고 또 의리(義利)를 겸해야 한다고 보았다.

안원은 리(利)는 의(義)에 부합하는 것이 있고 의(義)에 부합하지 않는 것이 있다고 보았다. "의리(義理)에 부합하는 리(利)는 군자가 귀하게 여긴다.",[23] 의(義)에 부합하는 리(利)는 마땅히 중시해야 하고, 맹자가 반대했던 리(利)는 백성에게 세금이나 더 내게 하고 재물을 갈취하는하는 불의지재(不義之財)로, 이런 '리(利)'는 당연히 반대해야 한다. 그는

22) 《四書正誤·大學-孟獻子曰節》: "正其誼以謀其利, 明其道而計其功."
23) 《四書正誤·大學·孟獻子曰節》: "義中之利, 君子所貴."

공리(功利)를 배척하는 논조에 반박하여 말했다. "세상에 논밭을 갈고 씨를 뿌리면서 수확을 기대하지 않는 자가 있겠는가? 세상에 그물과 낚싯바늘을 드리우고 고기가 잡히기를 생각하지 않는 자가 있겠는가? 아니면 공손하게 처신하며 모욕을 당하지 않을 것을 안 바라지 않거나 관대하게 굴면서 대중들의 마음을 얻을 것을 생각하지 않겠는가? 이 '불모불계(不謀不計)'의 두 '불(不)'자는 바로 노자의 무(無), 석가의 공(空)의 뿌리이다."[24] 씨를 뿌리는데 수확을 바라지 않는 사람이 어디 있는가? 물고기를 잡는데 많이 잡는지 적게 잡는지 따지지 않는 사람이 어디 있는가? 공경을 하는데 모욕을 당하지 않기를 바라지 않는 사람이 어디 있는가? 관대하게 대하는데 민심을 얻는 것을 따지지 않는 사람이 어디 있는가? 불모리불계공(不謀利不計功) 이 두 '불(不)'은 바로 도가와 불교가 공무학설하게 된 뿌리이다. 이를 통해 안원의 겸중의리지설(兼重義利之說)이 겨냥한 것은 바로 반공리사상이라는 것을 우리는 알 수 있다.

안원은 이어서 지적했다. "우리 선생님[공자]께서는 '어려운 일을 먼저 한 뒤 성과는 나중에 나누며, 일을 먼저 하고 얻는 것을 뒤로 하며, [임금을 섬길 때는] 일을 성실히 처리하고 봉록은 나중에 챙긴다'고 하셨으니 그래야 뒤에 하는 셋에 폐단이 없게 된다. 대개 의를 바르게 하면서 곧 이익을 도모하고 도를 밝히면서 바로 공을 계산하는 것은 이는 일을 빨리하려는 것이고(欲速不達의 欲速), 싹이 빨리 자라도록 조장(揠苗助長의 조장)하는 것이다. 전혀 이익을 도모하거나 공을 헤아리지 않는 것은 이는 불가의 사설이고, 썩은 선비의 공론이다."[25] 이 말은 의리(義利)

---

24) 《言行錄·教及門第十四》: "世有耕種而不謀收穫者乎？世有荷網持鈎而不計得魚者乎？抑將恭而不望其不侮, 寬而不計其得衆乎？這'不謀不計'兩不字, 便是老無釋空之根."

25) 《言行錄·教及門第十四》: "惟吾夫子先難後獲, 先事後得, 敬事後食, 三後字無弊. 蓋正誼便謀利, 明道便計功, 是欲速, 是助長; 全不謀利計功, 是空寂, 是

문제에서 세 가지 태도를 제시했다. 첫 번째는 공자의 태도로, 선의후리(先義後利)이다. 이른바 선난후획(先難後獲), 선사후득(先事後得), 경사후식(耕事後食)의 원래 뜻은 우선 노동을 하고, 우선 진심갈력하여 군주를 위하여 일을 한 연후에 과실을 수확하고 군주의 봉록을 누리는 것을 가리킨다. 이 세 구절의 뜻은 모두 선의후리(先義後利) 즉 의리(義利)에 선후의 구분이 있으니 사람은 마땅히 우선 의(義)를 고려한 뒤에 리(利)를 고려해야 한다는 것이라고 안원은 보았다. 이런 선의후리(先義後利)의 태도는 유일한 정확한 것이라고 안원은 보았다. 두 번째는 '정의편모리(正誼便謀利), 명도편계공(明道便計功)'으로, 즉 급공근리(急功近利)이다. 이런 태도는 발묘조장(拔苗助長)하는 것으로, 욕속즉부달(欲速則不達)하니, 선의후리(先義後利)의 원칙을 위반하여 정확하지 않은 것이라고 안원은 보았다. 세 번째는 '완전히 이익을 도모하거나 공을 계산하지 않는다'이다. 이것은 불교의 이른바 공적의 사설(邪說)이요, 우부유생(迂腐儒生)의 공론으로, 극히 잘못된 것이라고 안원은 보았다.

안원의 이런 겸중의리(兼重義利) 학설은 당시에는 적극적 진보적 의미를 지닌다. 이론적으로도 안원의 학설은 비교적 성숙하고, 의(義)와 리(利)의 변증법적 관계를 비교적 정확하게 분석하고, 중의경리(重義輕利)·중리경의(重利輕義)·급공근리(急功近利) 등 단편적 주장을 바로잡고, 반공리 학설의 허위를 폭로했다.

의리(義利) 문제는 중국 고대철학에서 중요한 문제 중 하나로, 그 안에는 개인의 이익과 사회의 이익, 물질 수요와 정신 수요의 관계 문제 등이 포함되어 있고, 중요한 인생 가치 문제이기도 하고 중요한 정치이론 문제이기도 하다. 역사 경험은 우리에게 알려주니, 개인의 이익만 돌보고 사회의 이익을 돌보지 않고, 물질 수요만 따지고 정신 수요는 따지

腐儒."

지 않는 것은 정확하지 않은 것이며, 사회의 이익을 구실로 개인의 이익을 완전히 부인하고, 정신생활은 지고무상의 가치를 지니고 있다는 것을 구실로 물질 생활의 가치를 완전히 부인하는 것도 정확하지 않은 것이다. 이 두 가지 중 각각 한쪽 끝의 관점만을 가지고 인생을 지도하면 행복을 얻을 수 없고, 정치를 지도하면 필시 국가와 민족의 생존과 발전에 위해를 끼친다. 겸중의리(兼重義利)해야만 인생의 행복과 국가와 민족의 번영과 창성에 도달할 수 있다. 중국 고대에는 중리경의·중덕경력(重德輕力)의 설이 우세를 차지하여, 중화민족의 발전에 아주 큰 위해를 조성하였으니, 이와 비춰보면 안원의 겸중의리 설은 뚜렷하게 매우 소중하다. 안원이 말한 도(道)와 의(義)는 그의 시대의 특정한 계급적 내용이 있지만, 하나의 일반적 원칙으로서 겸중의리 학설은 계승하고 발전시킬 가치가 있다.

(5) 학습과 실천은 2대 8로 해야 한다

안원은 걸출한 철학자일 뿐 아니라 위대한 교육자이다. 그의 교육 사상과 교육 실천은 그의 공리주적 사물지학을 근거로 삼았고, 그의 철학 사상 역시 그의 교육 사상과 교육 실천에 생동적으로 체현되었다.

《논어》의 제1장 첫마디 말은 "학이시습지, 불역열호?"이다. 안원은 이 말이 매우 중요하다고 보아서 "공자는 책의 첫 장을 열며 제 1구에 학문의 종지를 다하였다"[26]라고 하여, '학이시습지'라는 한 마디는 공자 문하 교육의 종지(宗旨)를 완전히 말한 것이라고 보았다. 이에 의거하여 그는 "배우고 가르치는 것은 강독에 있어 10~20%의 힘만 쓰는 것이며 복습하고 실천하는 것이 80-90%이어야 한다"[27]라는 교육 주장을 제시

26) 《言行錄·學須第十三》: "孔子開章第一句道盡學宗."

하였으니, 즉 학(學)과 교(教)를 불문하고 강해와 송독에 들이는 시간은 단지 10-20%만 차지하고, 실제 조작과 실제 운용에 들이는 시간이 80-90%를 차지해야 한다는 것이다. 안원이 생각하기에 책은 읽어야 하는 것이기는 하지만, 다만 책을 읽은 것으로 충분하다고 여긴다면 이는 길 안내를 위한 책(지도)에 불과하여 그 책의 의의가 실재의 조작과 실제의 운용의 중요성에 아득히 미치지 못할 것이라고 하였다. 만약 단순히 책을 읽기만 해도 진리를 얻을 수 있다고 여긴다면 실제 상황과 천 리 떨어진 것이고, 독서 자체가 인식의 목적이라고 여긴다면 실제 상황과 만 리 떨어진 것이다. 만약 "천하 사람들이 모두 책만 읽거나 창작·저술하고 정좌하여 사·농·정·상의 일을 포기한다면"[28], 그 형세가 필시 나라는 나라가 아니고 국민은 국민이 아닌 국면을 조성하게 될 것이다. 그래서 안연은 "우리는 오직 습행을 향하여 공부해야 하고, 언어 문자에만 힘을 쏟으면 안된다"[29]고 지적했다. 안원이 독서와 실제 조작·실제 운용에 규정한 시간의 비례를 오늘날 보자면 그다지 과학적이지 않지만, 그가 실제 조작과 실제 운용이 교육의 주요 수단과 근본 목적이라고 강조한 사상은 아주 정확하다.

교육 내용에서, 안원은 각종 국계민생과 관계된 실제 지식을 위주로 할 것을 주장하고, 실제 학문을 벗어나 '성명(性命)'을 공담(空談)하는 것을 반대했다. 그는 말했다. "내가 생각해 보건대 성명의 이(理)는 말로 설명할 수 없는 것이다. 말로 설명한다고 하더라도 보통 사람은 들을 수가 없는 것이다. 설령 들었다고 하더라도 이해할 수가 없고, 설령 이해

27) 《四存編·存學編·總論諸儒講學》: "為學為教, 用力於講讀者一、二, 加功於習行者八、九."

28) 《習齋記餘九卷·駁朱子分年讀經史子集》: "天下皆讀、作、著述、靜坐, 則使人減棄士、農、丁、商之業."

29) 《言行錄·王次亭第十二》: "吾輩祗向習行上做工夫, 不可向言語文字上著力."

했다고 하더라도 실천할 수가 없는 것이다. 사람들이 함께 강(講)하고 이해하고 실천할 수 있는 것은 성명의 작용인 《시》·《서》·육예와 같은 것뿐이다. 곧 《시》·《서》·육예는 단지 자리에 앉아 강론하고 듣고만 할 것이 아니라, 한 번 강론하면 바로 가르치고 복습하며 복습 과정에 잘 모르는 것이 생기면 와서 질문하고 다시 더불어 강론하는 것이다. 강론은 유한하지만 복습하는 것은 끝이 없다."[30] 그는 또한 제시했다. "널리 배워야 하니 병·농·전·곡·수·화·공·우·천문·지리에 있어 배우지 않은 것이 없다."[31] 여기서 말한 수(水)는 관개·조운·치하(治河)·방해(防海)·수전(水戰)·빙괴저장(氷塊貯藏) 등의 학문을 가리키며, 화(火)는 분산(焚山)·소황(燒荒)·화기(火器)·화전(火戰) 등에 관한 학문을 가리키며, 공(工)은 기구를 제조하는 각종 수공업 기술을 가리키며, 우(虞)는 산림 호택 번육 초목 금수 등에 관한 학문을 가리킨다. 안원은 말년에 장남학원(漳南學院)을 운영하여, '문사' '무비' '경사' '예능' 네 과(科)를 설치하였으니, '문사(文事)' 과의 교육 내용은 예·악·서·수·천문·지리를 포함했고, '무비(武備)' 과는 손자(孫子)·오기(吳起) 등 군사가의 병법 및 공수(攻守) 영진(營陣)·수륙제전법·사어기격(射御技擊) 등을 포함했고, '경사(經史)'는 13경·역대 사(史)·제고(誥制, 황제가 발행하는 공문)·장주(章奏, 대신이 황제에게 제출하는 보고서)·시문(詩文) 등을 포함했고, '예능(藝能)'은 수학(水學)·화학(火學)·공학·상수(象數) 등 자연과학 기술 과정을 포함했다. 이런 교과과정 설치는 안원이 실제학문

30) 《四存編·存學編·總論諸儒講學》: "僕妄謂性命之理不可講也, 雖講, 人亦不能聽也; 雖聽, 人亦不能醒也; 雖醒, 人亦不能行也. 所可得而共講之、共醒之、共行之者, 性命之作用, 如《詩》、《書》、六藝而已. 即《詩》、《書》、六藝, 亦非徒列坐講聽, 要惟一講即教習, 習至難處來問, 方再與講. 講之功有限, 習之功無已."

31) 《四書正誤·中庸·博學之節》: "博學之, 則兵、農、錢、穀、水、火、工、虞、天文、地理, 無不學也."

을 제창한 사상을 체현했을 뿐 아니라 한 가지 재능에 정통할 것을 그가 강조한 것을 또한 체현했다. 실제 지식을 중시하고 각종 전문과목을 구분하여 설치한 이런 교육 사상은 계몽적 의미를 뚜렷하게 지니고 있다.

안원은 그의 학생들이 모두 경세치용하고 세상의 경영에 쓸모있고 시대의 폐단을 바로잡는 유용한 인재가 될 것을 요구했고, 그들을 '서재에 반듯하게 앉아'서 '경전을 해석하고 전의 주를 달며 문집을 편찬하여 사서를 쓰는 것을 사업으로 여기는' 문약한 서생으로 양성하는 것을 반대했다. 그는 말했다. "무릇 제자로 배우러 오는 자가 있다면 아무개에게는 예를 배우게 하고 아무개에게는 악(樂)을 아무개에게는 병법과 농사를 아무개에게는 수화와 관계된 일을 아무개에게는 수학에 예술을 겸하게 하고, 아무개에게는 기하(幾何)와 예술을 정밀하게 공부하게 할 것이니 문하에 들어온 모든 제자들이 세상의 이치에 통달한 유자가 될 것이다. …… 이렇게 되면, 오직 한 사람만 마음을 비워 아랫사람을 도와줄 뿐 아니라 군왕과 재상도 반드시 실제로 그의 쓰임을 얻게 되어 천하가 반드시 실질적으로 그의 은택을 입게 되니 인재가 일어남에 왕도가 시행되고 이단이 사라져 태평한 세상을 기약할 수 있을 것이다."[32] 특별히 주의를 기울일 만한 것은, 안원은 학생이 유덕유재(有德有才)할 것을 요구하였을 뿐 아니라 또한 체육을 매우 강조했다는 것이다. 그는 "몸을 수양하는 데에는 활동적인 실천인 습동(習動)이 가장 좋다"[33], "한 사람이 습동을 하면 한 사람의 몸이 강해지고 한 집안이 습동을 하면 한 집안이 강해지고 한 국가가 습동을 하면 한 국가가 강해지고 천하가 습동을 하

32) 《四存編·存學編·明親》: "凡弟子從游者, 則令某也學禮, 某也學樂, 某也兵農, 某也水火, 某也兼數藝, 某也尤精幾藝, 則及門皆通儒……如此, 不惟必有一人虛心以相下, 而且君相必實得其用, 天下必實被其澤, 人才既興, 王道次舉, 異端可靖, 太平可期."

33) 《言行錄·學人第五》: "養身莫善於習動."

면 온 천하가 강해진다."[34]라고 여겨, 나약하기 짝이 없어 무사나 농부가 우습게 보는 문약한 서생은 받을 수 없다고 보았다. 그가 장남서원을 운영할 때는 이미 62세였지만 여전히 "자제에게 춤을 가르치고 무거운 돌을 들어올려 힘을 강하게 기르는 법을 가르쳤다."[35]했다. 체육을 숭상하는 이런 사상과 실천은 덕을 숭상하고 힘을 숭상하지 않은 중국 고대에서 특히 만나기 어려운 귀한 것이었다.

안원의 사물지학은 정주 이학·육왕 심학과 시리즈로 볼 때 기본적으로 대립하는 것이었다. 정주(程·朱)는 이(理)를 중시하고 사(事)를 중시하지 않고, 육왕(陸·王)은 심(心)을 중시하고 형(形)을 중시하지 않았는데, 안원은 사물과 형체를 특히 중시했다. 정·주는 독서명리를 강조하고, 육·왕은 정좌명심을 강조했는데, 안원은 습행습동을 특히 강조했다. 주희·육구연은 의리(義利)를 둘로 구별하여 의(義)를 숭상하고 리(利)를 천시하였는데, 안원은 의리의 통일, 겸중의리를 강조한 것 등이다. 정주 이학·육왕 심학과 대립되는 안연의 이런 관점들은 사실상 정·주·육·왕을 비판하는 과정 속에서 형성되고 확립된 것이다.

안원은 여기길, 송명 이학은 정주파 혹은 육왕파를 막론하고 모두 공자·맹자의 진전(真傳)을 계승했다고 자명했으나, 실제로는 주공이 제창한 사물지학과 완전히 다른 길을 달려서, 하나는 지리파쇄한 전적훈고 속에 빠져서 헤어나지 못하고, 하나는 돈오의 허무 속에 가라앉아 더 이상 자각하지 못했다고 보았다. 그들은 구체적 사물에서 이탈하여 공담성리했다. 그들은 스스로 묘도(妙道)로 통조만상한다고 여겼지만, 사실은 거울 속의 꽃이요, 물 속의 달로, 아무 쓸모가 없었다. 송명 이학은

34) 《言行錄·學須第十三》: "一身動則一身強, 一家動則一家強, 一國動則一國強, 天下動則天下強."

35) 《顏李叢書·習齋年譜》: "教弟子舞, 舉石習力."

그야말로 중국역사상 훈고·청담·선종·향원 등 쓸모없는 학술을 집대성한 것이라고 안원은 여겼다. 오늘날 보기에 송명 이학에 대한 안원의 비판은 핵심을 적중한 것도 많이 있고, 편파적인 것들도 또한 있다. 송명 이학은 '형이상'의 '도(道)에 대한 연구를 중시하여, 그 결과, 한편으로 유학 이론 사유의 수준을 대대적으로 높여서 위진 이래 '유문의 담박하고, 수습하여 인재를 두지 않는' 국면을 종결시키고, 박대정심(博大精深)한 이론 체계로 불도이교(佛道二教)와 싸워 이겨서 유학이 사상문화의 우이(牛耳)를 다시 쥘 수 있게 했고, 다른 한편으로, '이사(理事)' '이기(理氣)' '심물(心物)' '심리(心理)' '성리(性理)' '도기(道器)' 등의 관계를 깊이 있게 연구 토론한 것을 통하여, 명청 교체기 왕부지·대진 등을 대표로 하는 중국 특색이 풍부한 철학 유물주의를 위하여 조건을 준비하였으니, 안원의 '이재사중(理在事中)' 설도 사실상 역시 이 철학 연구 토론들의 적극적 성과였다. 송명 이학의 근본적 실수는 모두 한결같이 철학 연구에 매달려, 경국제민의 각종 실제 학문을 경시했다는 것에 있다. 바로잡는 방법은 마땅히 철학과 각종 실제 학문 연구의 분업을 실시하여, 편파에 빠지지 않고 손을 잡고 함께 가는 것이다. 안원은 실제 학문 연구를 경시한 것이 국가 민족에 조성한 엄청난 손실을 통감하고, 실제 학문 연구를 중시할 것을 요구하였으니, 이는 정확한 것이다. 그러나 그는 이로 인해 철학을 전문적으로 연구하는 것을 부정하였으니, 이는 편파에 빠진 것이다. 청나라 때 고염무(顧炎武)·황종희(黃宗羲)·안원·대진 등의 사람들의 창도 아래 모든 학술계가 정력을 철학에서 각종 실제 학문 탐구로 방향을 돌리고, 청 왕조 문화 전제주의의 높은 압력 아래, 나아가 문헌 전적의 정리로 방향을 돌렸다. 비록 청나라 사람들도 학술상 거대한 공헌을 해냈지만, 철학 지혜가 장기간 침체되어 전진하지 못하는 대가를 치렀다. 중국 고대 철학 지혜의 발전은 대진(戴震)에 이르러 기본적으로 종결되었다.

35 대진(戴震)

대진(戴震)의 자는 신수(愼修) 또는 동원(東原)으로, 청 세종(世宗) 옹정(雍正) 원년(1723)에 태어나, 청 고종(高宗) 건륭(乾隆) 42년(1777)에 세상을 떠났다. 안휘(安徽) 휴녕(休寧: 지금은 둔계시(屯溪市)에 속함) 사람이다. 그는 소상인 가정 출신으로, 젊었을 때 부친을 따라 작은 판매업을 한 적이 있다. 중년 때 호족의 박해를 받아서, 북경(北京)·남경(南京)·양주(揚州) 일대를 다니며 10년 동안 피난 생활을 하다가, 40세 때 시험을 보아 거인(擧人)에 합격했다. 대진은 학식이 넓고 깊어, 경학(經學)·문자성운(文字聲韻)·훈고고거(訓詁考據)·천문역수(天文歷數) 등의 부문에 모두 정밀하고 조예가 깊었고, 건가박학(乾嘉樸學) 중 환학파(皖學派)의 대표 인물이다. 그러나 그는 정주 이학을 좋아하지 않아서, 회시(會試)에 여섯 차례 참가하였으나 합격하지 못하였고, 만년에야 비로소 추천을 받아서 사고전서관(四庫全書館)에서 찬수관(纂修官)을 맡아, 천문·산학·지리 등 서적을 교정했다. 그는 중국 청나라 중기 걸출한 고거학가(考據學家)·자연과학자·유물주의 사상가였다.

대진이 생활한 시대는 청 왕조가 안정되고 번영했던 시대였다. 그러나 이런 안정과 번영은 단지 봉건사회가 장차 멸망하기 전의 마지막 불꽃일 뿐이었다. 한편으로, 사회생산력 발전은 자본주의 맹아의 증가를 가져왔고, 시민계급의 투쟁이 끊임없이 발생했으며, 게다가 토지 겸병의 심화는 농민과 지주계급 갈등이 날로 더욱 격화하는 방향으로 나아가게 했고, 소규모 농민 봉기와 소작농의 조세 저항 투쟁이 여기저기에서 일어났다. 다른 한편으로, 소수민족으로 중원에 들어와 주인이 된 만주족 귀족은 줄곧 한족 지주계급에 대한 공포와 경계의 심리를 없애지 못하여, 그들은 일찌감치 이미 죽어 딱딱하게 굳어버린 정주 이학을 절대 진리로 떠받들어, 이를 통해 사람의 마음을 가두고, 동시에 문자옥을 대대적으로 일으켜, 정주 이학의 기치를 내걸고 한족 지주계급과 지식인에게 계획적으로 지극히 잔혹한 도살과 박해를 진행하여, 봉건 군주 전제제도를 극단까지 밀어부치고, 지식인을 분분(紛紛)이 고지(故紙) 더미를 파고들어 현실 문제를 감히 연구하지 못하게 하는 지경으로까지 핍박하여, '만마제암(萬馬齊喑)'의 국면을 조성했다. 대진은 바로 이와 같은 시대에 '비자유자천자(卑者幼者賤者)', 주로 한족 중하층 지주계급과 시민을 대표하여, 이미 청 왕조의 어용 도구가 된 정주 이학 및 육왕 심학에 대한 깊은 비판과 날카로운 폭로를 진행한 진보적 사상가이다.

대진은 저작이 매우 많아서, 후세 사람들이 《대씨유서(戴氏遺書)》를 편찬하였으며, 그 중 주요 철학 저작은 《대진집(戴震集) · 원선(原善)》 · 《맹자자의소증(孟子字義疏證)》이다.

대진이 세상을 떠나고 얼마 되지 않아, 그의 철학 저작은 진보사상을 지닌 몇몇 지식인에게 칭찬을 받아서, 동남 연해 지역 일대의 지식인 사이에 널리 퍼지기 시작했으며, 아울러 이 지역들의 지식계에 "주자를 비판하지 않으면 박학다식한 통인이 되지 못하며" "성인과 현인을 비난하는 데 추호도 돌아보거나 꺼리는 바가 없는" '유풍(流風)'(章學誠《朱陸篇書後》)이 조성되어, 정주파(程朱派)를 깜짝 놀라 소리치게 했다. "대씨 등이 날이 갈수록 더욱 기세 등등하여", "일시에 오중(吳中) · 휘흡(徽

歙)·금단(金壇)·양주(揚州)의 수십 여 집안이 더욱 서로 부채질하여 일어나"하여, "정주를 떠나가 그의 학통을 잇는 추세가 크게 있었다. 근대 자산계급 사상가 장태염(章太炎)·양계초(梁啟超) 역시 대진의 철학을 높이 평가하여, 그를 루소·몽테스키외에 견주기도 했다. '5·4(五四)' 운동 때에 이르러, 대진의 철학사상은 또한 공가점(孔家店, 사실상 정주이학)을 비판하는 투쟁에서 적극적 작용을 일으켰다. 사실이 보여주듯, 대진은 중국 고대 소박한 유물주의 마지막 중요 대표로, 초기 계몽사상가이기도 하다.

(1) 음이었다가 양이었다가 끊임없이 생겨나며 조리가 있다

쉬지 않고 변화하는 과정으로 우주를 보는 것이 중국 고대철학 중 변증법 사상의 기본 관점이다. 대진은 유물주의 기초 위에서 이 기본 관점을 정채롭게 발휘하여, 우주는 물질이 규칙에 맞게 쉬지 않고 끊임없이 생겨나는[生生不息] 과정이라는 것을 제시했다.

대진은 '도(道)'라는 글자의 본뜻은 변화과정을 가리킨다고 보아서 "도(道)란 쉬지 않고 변화하는 것을 말한다"[1]라고 했다. 이 과정은 음양오행의 기가 변화하는 과정으로, "도(道)는 행(行)과 같다. 기(氣)가 변화하여 널리 퍼지고, 끊임없이 낳고 낳아 쉬지 않는데, 이런 까닭에 도라고 부른다. 《역》에서 말한 한 번 음이 되고 한 번 양이 되는 것을 일러 도(道)라고 한다. 《홍범》에 오행(五行)은 …… 행 또한 도(道)의 통칭이다"[2]라고 했다. 도(道)는 물질세계의 변화과정이다. 장재는 "기(氣)로부터 변

1) 《原善》 卷上 : "道言乎化之不已也."

2) 《孟子字義疏證》 卷中 : "道猶行也. 氣化流行, 生生不息, 是故謂之道. 《易》曰一陰一陽之謂道. 《洪範》五行, ……行亦道之通稱."

화하여 도(道)라는 명칭이 생겼다"[3]고 했다. 대진은 도(道)는 기(氣)의 변화라고 보았으니, 이것은 장재의 관점과 일치한다.

기화즉도(氣化即道)의 학설에 근거하여, 대진은 "형이상자지위도, 형이하자지위기"라는 말의 새로운 해석을 내놓았다. 그는 기(氣)가 바로 '형이상'의 것으로, '형이상'이 이(理)라고 보면 안된다고 내세웠다. 그는 말했다. "온갖 사물에서의 기(氣)의 변화는 형이상과 형이하의 구분일 뿐이다. 형(形)은 온갖 사물을 이르는 것이지 기(氣)의 변화를 말하는 것이 아니다. …… 한 번 음이 되고 한 번 양이 되어 널리 흐르는 것이 그침이 없으니 대저 이를 일러 도라고 하는 것일 뿐이다."[4] 이는 기화(氣化)는 '형이상'의 것이고, 구체적 '품물(品物)'이 바로 '형이하'의 것이라는 말로, 음양 두 기가 유행불식하는 것이 바로 '형이상'의 '도(道)라는 말이다. 그는 또한 《역 대전》에서 말한 '형이상'은 '형 이전(以前)'을 가리키고, '형이하'는 '형 이후(以後)'를 가리킨다고 명확하게 지적했다. 이는 또한 응결하여 모이지 않은 음양오행의 기가 바로 '형이상'이고, 모여서 유형의 것이 된 물체의 기가 바로 '형이하'로, 형이상·형이하는 모두 물질 존재라는 말이다. 이 해석은 정주가 이(理)가 '형이상'이고 기(氣)가 '형이하'라고 한 설과 완전히 맞선다.

대진은 기화(氣化) 과정의 기본 내용은 바로 '생생(生生)'이라고 명확하게 지적했다. '생'은 '동이시출(動而時出)'[5] 즉 움직이고 변화한다는 뜻이다. 그는 "온갖 사물에서의 기의 변화를 한 마디 말로 다할 수 있으니 '(만물을) 낳고 낳는다'라 말하는 것이다."[6]라고 했다. 품물(品物)에

3) 《正蒙·太和》: "由氣化, 有道之名."

4) 《孟子字義疏證·天道》: "氣化之於品物, 則形而上下之分也. 形乃品物之謂, 非氣化之謂. ……一陰一陽流行不已, 夫是之謂道而已."

5) 《原善》 卷上 : "動而時出."

6) 《原善》 卷上 : "氣化之於品物, 可以一言盡也, 生生之謂歟!"

대한 기화(氣化)를 말하자면, 한마디 말로 개괄할 수 있으니, 바로 '생생' 이다. 기화(氣化)는 물질이 끊임없이 움직이고 변화하고 끊임없이 생산하는 과정이다.

대진은 나아가, 이 '생생불이'하는 기화(氣化) 과정은 규칙 없이 난잡하지 않고 일정한 '조리'가 있고 '질연유서(秩然有序)'하다고 제시했다. 그는 기화(氣化)와 조리의 관계를 논할 때 "생겨나고 생겨나는 것으로 말미암아 자연의 조리가 생겨나는데 …… 조리가 있어 이 때문에 생겨나고 생겨나는 것이니 조리를 진실로 잃게 되면 생생지도(生生之道)는 끊어지게 된다."[7] 생생(生生)하기 때문에, 저절로 그러한 조리가 있다. 조리가 있기 때문에 비로소 끊임없이 생생(生生)한다. 만약 조리가 없으면 혼란하고 난잡하게 되어, 그러면 생생의 과정도 계속될 수 없다. 그는 또 말했다. "생생은 기화(氣化)의 근원이며, 생생하여 조리가 있게 되는 것은 기화(氣化)가 유행하는 것이다."[8] 생생은 원(原)이고, 조리는 류(流)이며, 생생은 기초·근원이고, 조리는 생생이 드러나는 것이다. 기화(氣化)와 조리 관계에 대한 이런 해석은 뚜렷하게 유물주의적이고 변증법적이다.

이상의 사상에 대하여 대진은 하나의 명제로 개괄했다. "일음일양(一陰一陽)하니 그것이 생생하는 것이로다! 생생하여서 조리가 되는 것이로다!"[9] 여기서 일음일양(一陰一陽)은 도(道)를 가리키고, 도(道)는 음양 두 기가 쉬지 않고 운행하는 과정이고, 이 과정의 근본 상황이 생생이 조리(生生而條理)이다. 그래서 이 명제의 함의는, 우주는 물질이 규칙

7) 《孟子字義疏證·仁義禮智》: "由其生生, 有自然之條理. ……惟條理是以生生; 條理苟失, 則生生之道絕."

8) 《原善》 卷上 : "生生者化之原, 生生而條理者化之流."

9) 《原善》 卷上 : "一陰一陽, 其生生乎! 其生生而條理乎!"

있게 쉬지 않고 움직이고 변화하는 과정이라는 것이다. 이전 사람의 같은 사상과 비교하여, 대진의 이 명제의 특징은 변화과정의 규칙성을 강조했다는 것에 있다.

대진은 또한 지적하길, 기화생생(氣化生生)의 과정 속에는 또한 상대적 정지도 있으니, '식(息)'이라고 한다. 그는 "생(生)하게 되면 휴식이 있으며, 휴식이 있으면 다시 생성함이 있으니, 천지가 만물의 화생을 이루는 이유이다."[10]라고 했다. 생(生)으로부터 식(息)하고, 식으로부터 생하고, 끊임없이 연속되니, 이것이 바로 천지가 화생만물(化生萬物)하는 과정이다. 그는 예를 들어 말했다. "초목이 가지와 잎이 나고 꽃이 피고 열매를 맺으니 그것이 생명이 있음을 볼 수 있다. 희게 열매를 맺는 것은 생의 본성을 온전히 한 것이니 휴식 중임을 알 수 있다."[11] 초목은 가지가 자라고 잎이 생기고 꽃이 피고 열매를 맺으니, 이것이 생이다. 열매 속의 씨는 생기(生機)를 보전하고 있으니, 이것이 식(息)이다. 식(息)은 움직이고 변화하는 것의 잠복 상태로, 그 안에는 생(生)의 잠재능력이 포함되어 있다. 생생의 과정 속에는 생(生)과 식(息)의 대립 전환이 있으니, 이는 항구적으로 움직여서 끊이지 않고 연속되는 조건이다. 운동 변화와 정지에 대한 대진의 이런 관점은 깊은 변증법 사상이다.

왕부지는 성(誠)은 객관적 규칙성을 지닌 객관 실재, 혹은 객관 실재의 객관 규칙이라고 제시한 적이 있고, 그는 또한 정(靜)은 운동의 특수한 형식의 일종이라고 제시한 적이 있다. 대진의 시대에는 왕부지의 저작이 아직 유통되지 않았다. 대진의 상술한 사상은 표현 형식상 왕부지와 매우 달라 보이지만, 실질적으로는 같다.

---

10) 《原善》 卷上 : "生則有息, 息則有生, 天地所以成化也."

11) 《原善》 卷上 : "卉木之枝葉華實, 可以觀夫生; 果實之白, 全其生之性, 可以觀夫息."

(2) 살펴서 더 이상 분리할 수 없는 단계까지 분리하는 것이 '이(理)'다

대진은 사물의 구별을 특별히 강조하여, 사람과 만물은 모두 음양오행의 기가 모여서 이루어지는데, 어느 부분의 기를 얻느냐가 다름에 따라서 사람과 만물이 각각 구별된다고 보았다. 이에 대진은 '이(理)에 대한 새로운 해석을 제시했다.

대진은 이(理)를 말할 때 '구분(區分)'에 특별히 주의를 기울였다. 그는 이(理)가 바로 다른 사물 사이의 구분이며 또한 모든 사물이 지니고 있는 특수 규칙이라고 보았다. 그는 말했다. "이(理)는 그것을 관찰하여 미세한 것까지 반드시 구별하는 명칭이다."[12] '이(理)는 사물을 미세한 곳까지 관찰하여 반드시 구별해야 하는 명칭으로, 이 '이(理)가 바로 다른 사물 사이의 구별이다. 이(理)는 다른 사물 사이의 구분이므로 '분리(分理)'라고 한다. 분리는 또한 조리이기도 하다. 그는 또 "그것을 구분하면 각각 바꿀 수 없는 법칙이 있으니 이를 이(理)라 말한다."[13]라고 했다. 분석하면, 모든 사물은 각각 변하지 않는 규칙이 있으니, 바로 이(理)이다.

대진이 이(理)를 이렇게 해석한 것은 전면적이지는 않다. 규칙은 사물 사이의 구분으로만 표현되는 것이 아니라 또한 사물 사이의 연결로도 표현되기 때문이다. 그러나 이(理)에 관한 대진의 학설은 그래도 공헌이 있다. 이(理)를 사물 사이의 구별과 모든 사물이 지니고 있는 특수한 규칙으로 보았으니, 이것이 이(理)에 관한 대진의 학설의 특징이다.

이런 이(理)의 학설에 근거하여, 대진은 나아가 정주의 '만물일리(萬物一理)'와 이(理)는 사물을 초월하는 실체라는 설을 비판했다. 주희는

---

12) 《孟子字義疏證 · 理》: "理者, 察之而幾微必區以別之名也."
13) 《孟子字義疏證 · 理》: "分之各有其不易之則名曰理."

이(理)에 관하여 '월인만천(月印萬川)'이라는 형상적 설명을 했다. 그가 보기에, 하늘에는 달이 하나만 있는데, 모든 강물마다 물 속에 비추면, 모든 강물에서 달 하나를 볼 수 있다. 우주 전체에는 태극(太極: 가장 근본적인 理) 하나만 있고, 모든 사람 모든 사물 속에 역시 하나의 태극이 있다. 모든 강물 속의 달은 하나의 달 전체이고, 달의 일부분이 아니다. 마찬가지로, 모든 사람 모든 사물 속에 있는 태극 역시 태극 전체이지 태극의 일부분이 아니다. 이런 설은 이(理)를 사물을 초월하는 실체로 간주하고 만물이 생성 존재하는 근거로 간주하여, 정주 이학의 유심주의적 실질을 두드러지게 보여준다. 대진은 지적하기를, 모든 사물은 그 일정한 규칙이 있으니, 이것은 본래 명확한 것으로, "하늘과 땅, 사람과 사물, 일과 행위에 필연적으로 바꿀 수 없는 것은 그 이치가 지극히 밝게 드러난다."[14]이다. 그러나 정·주는 이(理)를 사물을 초월하고 있지 않은 곳이 없는 실체로 보아, "그것을 존대하면 다만 하늘과 땅, 사람과 사물, 일과 행위의 이(理)라고만 말할 것이 아니라, 그 말을 바꿔 '이(理)는 있지 않은 곳이 없다,'고 말하여 마치 사물이 있는 것처럼 본다."[15]라 했다. 이렇게 한 결과 "배우는 자들로 하여금 머리가 하얗게 되도록 찾아도 찾을 수 없게 했다"[16]. 이(理)는 사물의 조리법칙(條理法則)으로, 있지 않은 곳이 없는 분할할 수 없는 완정한 이(理)의 실체라는 것은 없다. 정주 이학에 대한 대진의 이 비판은 깊은 것이다.

---

14) 《孟子字義疏證·理》: "舉凡天地人物事為求其必然不可易, 理至明顯也."

15) 《孟子字義疏證·理》: "從而尊大之, 不徒曰天地人物事為之理, 而轉其語曰理無不在, 視之如有物焉."

16) 《孟子字義疏證·理》: "將使學者皓首茫然, 求其物不得."

(3) '심(心)'이 '이(理)'를 분별할 수 있어야 한다

심(心)과 이(理)의 관계에 관해서 대진 이전까지 주로 세 가지 설이 있었다. 장재는 "이(理)는 사람에게 있지 않고 모두 물(物)에 있다. 사람은 단지 물(物) 중의 한 물(物)일 뿐이다"[17]라고 보았다. 이(理)는 사물의 이(理)로, 사람의 마음 안에 있지 않다는 것이니, 이것은 유물주의 반영론의 관점이다. 주희는 "마음이 만리(萬理)를 포함하고 있으니 만리(萬理)는 일심(一心)에 갖추어져 있는 것이다"[18]라고 보았으니, 이것은 그의 '월인만천'의 이(理)기(氣) 관계 학설의 필연적 추론이다. 주희는 또한 심(心)이 비록 만리(萬理)를 포함하지만, 밝지 않고 어두워서, 오직 격물의 수단을 통하여 만물지리(萬物之理)를 궁진(窮盡)한 이후에야만 심(心) 속에 갖추어진 이(理)가 드러날 수 있다고 보았다. 이것은 천부관념론(天賦觀念論)과 유물주의 반영론을 섞은 설로, 기본 경향은 유심주의적 천부관념론이다. 육구연은 "심(心)이 곧 이(理)"[19]라고 보았고, 왕수인은 "심(心)의 본체는 성(性)이니 성이 곧 이(理)이다"[20]라고 보았다. 이것은 물러서지 않고 양보하지 않는 천부관념론이다. 장재의 학설은 상세한 발휘가 없이 간단하여 영향이 크지 않았다. 그러나 정(程)·주(朱) 파의 '이구어심(理具於心)' 설은 아주 큰 영향을 끼쳐서, 저명한 유물주의자들(예를 들면 나흠순(羅欽順)과 왕부지(王夫之) 등) 역시 그 영향을 받았다. 대진은 정주육왕(程朱陸王)의 유심주의를 비판하는 과정에서 유물주의 반영론의 원칙과 이(理)에 관한 그의 독특한 견해에 근거하여, 심(心) 속에는 이(理)가 없고, 심(心)은 단지 인식의 작용이 있어서

17) 《張子語錄·語錄上》: "理不在人, 皆在物, 人但物中之一物耳."
18) 《朱子語類》 卷九 : "心包萬理, 萬理具於一心."
19) 《陸九淵集·與李宰書》: "心即理."
20) 《王文成公全書·傳習錄中·答顧東橋書》: "心之體, 性也, 性即理也."

객관 사물 속의 이(理)를 인식할 수 있을 뿐이라고 명확하게 단언하였으니, 이것은 그의 커다란 이론적 공헌이다.

대진은 "맛과 소리와 색이 사물에 있으면서 나의 혈기(血氣)와 접하고, 이(理)와 의(義)는 사물에 있으면서 나의 심지(心知)와 접한다. 혈기와 심지는 저마다 갖추고 있는 기능이 있으니 입은 맛을 판별할 수 있고, 귀는 소리를 분별할 수 있으며, 눈은 색을 분별할 수 있고, 마음은 저 이치와 의리를 분별할 수 있다"[21]라고 했다. 이는 미(味)·성(聲)·색(色)은 객관적인 것이고, 이(理) 역시 객관적인 것으로, 이(理)는 심(心) 속에 있지 않으며, 다만 심(心)은 이(理)를 알 수 있을 뿐이라는 말이다. 대진은 또 말했다. "사(事)와 물(物)에 대하여 말한다면, 사(事)와 물(物) 밖에 별도의 이(理)와 의(義)가 존재하는 것이 아니다. '사물에는 반드시 그의 법칙이 있으니 그 법칙으로 그 사물을 바르게 하는 것이니 이와 같을 뿐이다. 인심에 대하여 말한다면 별도의 이치가 있어서 그것을 부여하여 마음에 갖추게 하는 것이 아니다. 마음의 신명함은 일과 사물에 대하여 모두 바뀌지 않는 법칙이 존재함을 알 수 있는데 비유하자면 빛이 있어 세상 모든 것을 비출 수 있지만 이(理)에 맞는 것은 그 빛이 강렬하여 비추는 것에 착오가 없는 것과 같다."[22] 이 말에서 "따로 이치가 있어 마음에 주어 갖추게 한 것이 아니다"라는 명제는 주희가 말한 이(理)는 "하늘에서 얻어 마음에 갖추고 있다"라는 관점과 날카롭게 대립한다.

---

21) 《孟子字義疏證》 卷上 : "味也, 聲也, 色也, 在物, 而接於我之血氣; 理義在事, 而接於我之心知. 血氣心知, 有自具之能, 口能辨味, 耳能辨聲, 目能辨色, 心能辨夫理義."

22) 《孟子字義疏證》 卷上 : "就事物言, 非事物之外別有理義也; '有物必有則', 以其'則'正其'物', 如是而已矣. 就人心言, 非別有理以予之而具於心也; 心之神明, 於事物咸足以知其不易之則, 譬有光皆能照, 而中理者, 乃其光盛, 其照不謬也."

대진은 이 말에서 이른바 '이(理)는 객관적이고 사물 속에 존재하며 마음 속에 존재하지 않는다고 강조했다. 마음이 지닌 것은 단지 신명 즉 이성 사유 능력으로, 이 능력으로 말미암아 마음은 객관 사물 속의 이(理)를 변별할 수 있다는 말이다. 대진의 이 학설은 정·주의 '이구어심'이라는 천부관념론을 부정하고, 또한 육·왕의 '심즉리(心即理)'의 천부관념론를 부정하였으니, 명확한 유물주의 반영론이다.

(4) '이(理)'는 욕망에도 있다

대진 철학에서 계몽적 색채가 가장 풍부한 것은 욕망·감정·지각을 사람의 본성으로 여기는 자연인성론(自然人性論)과 '이존어욕(理存於欲)'이라는 이욕관(理欲觀)이다.

대진은 기일원론의 관점으로 인성을 설명하려고 힘써 시도하여, 정주학파가 인성을 '의리지성(義理之性)'과 '기질지성(氣質之性)'으로 나눈 설을 반대했다. 그는 말했다. "음양(陰陽)과 오행(五行)으로 나누어져 사람과 사물이 있게 되고 사람과 사물이 각각 나누어진 바에 제한이 있어 자신의 본성을 이루는 것이다. 음양(陰陽) 오행(五行)은 도(道)의 실체이며 혈기심지는 성(性)의 실체이다. 실체가 있기 때문에 나눌 수 있으며 나누어지므로 까닭에 똑같지 않은 것이다."[23] 이것은 만물은 음양오행의 기 속에서 분리되어 나온 것으로, 사람과 만물은 각각 분리되어 받은 그 부분에 제한되기 때문에 기(氣)가 형성하는 성(性)도 다르다. 음양오행의 기(氣)는 도의 실체·실제 내용이고, 형체 지각은 성(性)의 실체·

23) 《孟子字義疏證》 卷中 : "分於陰陽五行以有人物, 而人物各限於所分以成其性. 陰陽五行, 道之實體也 ; 血氣心知, 性之實體也. 有實體, 故可分 ; 惟分也, 故不齊."

실제 내용이다. 실체가 있으면 나뉠 수 있고, 바로 나누어진 것이 있기 때문에 구별이 있다. 모든 생물은 각각 그 특수한 형체와 지각이 있으니, 이에 각 생물은 각각 그 성(性)이 있다. 인성은 세 가지 측면을 포함한다고 대진은 보았으니, 욕(欲)·정(情)·지(知)이다. "사람은 태어난 이후 욕이 있고, 정이 있고, 지가 있게 되었으니, 세 가지는 혈기심지의 자연스러운 것이다."[24]. 욕(欲)은 각양각색의 물질 수요와 정신 수요로, 예를 들면 입에는 맛있는 음식의 수요가 있고, 눈에는 풍부한 색채의 수요가 있고, 귀에는 아름답고 즐거운 소리의 수요가 있고, 코에는 좋은 향기가 나는 맛의 수요가 있고, 사지(四肢)는 편안히 쉬고자 하는 수요가 있는 것과 같다. 정은 희로애락 등 감정이다. 심지는 미추(美醜) 시비를 분별하는 능력이다. 대진이 보기에, 성(聲)·색(色)·취(臭)·미(味) 등은 형체가 의지하여 생존하는 것이고, 이런 것들에 대한 사람의 수요는 사람의 혈육지구에서 근원하니, 그래서 성(性)이다. 대진은 성선론을 주장했는데, 그러나 그가 말한 성선은 주로 사람의 지각이 다른 동물보다 높다는 것을 가리킨다. 그는 말했다. "사람이 예(禮)와 의(義)를 지니고 있어 금수와 다르니 실제로는 사람의 지각이 사물보다 크게 뛰어나기 때문에 그렇게 된 것으로 이것이 맹자가 말한 성선이다."[25] "사람이 금수와 다른 것은 비록 똑같이 정상(精爽)을 가지고 있어도 사람은 신명으로 나아갈 수 있기 때문이다."[26] 사람의 지각(知覺)이 다른 동물보다 훨씬 높아서, 미추 시비를 분별하고 예의지류(禮義之類)의 행위규범을 형성할 수 있는 것이니, 그러므로 인성은 선하다는 것이다. 대진의 관점은 비록 여전히

24) 《孟子字義疏證·才》卷下 : "人生而後有欲、有情、有知, 三者血氣心知之自然也."

25) 《孟子字義疏證》卷中 : "人以有禮義異於禽獸, 實人之知覺大遠乎物則然, 此孟子所謂性善."

26) 《孟子字義疏證·理》 : "人之異於禽獸者, 雖同有精爽, 而人能進於神明也."

추상적 인성론이지만, 그는 물질욕망과 감정의 중요성을 인정하여, '이존어욕(理存於欲)'의 진보 윤리학설의 이론적 기초가 되었으니, 일정한 긍정적 의미가 있다.

욕·정·지가 바로 인성이라는 학설에 근거하여, 대진은 송명 이학 유심주의가 고취한 '이욕지변(理欲之辨)'을 맹렬하게 비판하고 '이존어욕(理存於欲)'이라는 진보적 학설을 제시했다.

송명 이학 중의 정주학파와 육왕학파의 왕수인은 모두 천리와 인욕을 엄격하게 구분할 것을 주장했다. 천리는 바로 인(仁)·의(義)·예(禮)·지(智)이고, 인욕은 인(仁)·의(義)·예(禮)·지(智)를 등진 것이라고 그들은 여겼다. 예를 들면, 배고프면 밥을 먹으려고 하고, 목마르면 물을 마시려고 하고, 추우면 옷을 입으려고 하고, 자녀를 낳고 키우고, 대를 잇기 위하여 가정을 이루는 것은 모두 천리이다. 그러나 맛있는 음식을 추구하고, 비싸고 예쁜 복장을 추구하고, 부부의 본분을 편안히 지키지 않고 화류계를 찾아가는 것은 인욕이다. 사람은 마땅히 존천리, 멸인욕해야 한다. 이런 존리거욕(存理去欲) 설은 불교 도교 등 종교에서 고취하는 금욕주의와 어느 정도 구별이 있으니, 인류의 생존과 번식에 필수적인 최소한의 물질적 수요를 만족시키는 것을 결코 반대하지 않는다. 그러나 인류가 끊임없이 물질생활을 개선하려는 욕망을 사욕(私欲)으로 간주하여 반대하는 것은 매우 잘못된 것으로, 그 실제적 사회 효과는 비자(卑者)·천자(賤者)·유자(幼者)·약자(弱者)의 정당한 생활 욕망을 압제하는 것이다. 이런 상황은 명·청 두 시대에 이르러 더욱 극렬해졌다. 어떤 사람들은 '천하에 군주 아닌 사람 없고' '천하에 부모 아닌 사람 없다'를 고취하고, 여성의 '절열(節烈)'을 고취하고, 비자·유자·천자 특히 대다수 여성들을 무조건 존자(尊者)·장자(長者)·귀자(貴者)의 전제음위(專制淫威) 아래 두었다. 군부는 신자에 대하여 마음대로 생살여탈권을 가지고, 신자는 군부에 대하여 어떠한 거역의 뜻도 가질 수 없었다. 여성은 더욱 불쌍하여, 남편에 대하여 일률적으로 백의백순(百依百順), 종일이종(從一而終)해야 하고, 남편이 죽으면 종신토록 수절해야 했으니, 이런 도덕관념의 지배 아래, 무수한 비참한 비극이 연출되었다. 청나라 때에 이르러, 통치자는 문자옥(文字獄)을 대대적으로 일으켜, 박해받는 사람들의 시문언론(詩文言論) 중 몇마디 말을 추출하여, 송명 이학의 교조를 빌어서 마음대로 죄명을 엮어서 단련성옥(鍛煉成獄)하여, 살육(殺戮)·유방(流放)·감금(監禁)했다. 피해자는 몸이 해를 입을 뿐 아니라 또한 '명교죄인(名教罪人)'이라는 호소할 곳 없는 억울함을 짊어져야 했다.

이렇게 열악한 사회적 결과를 조성한 '이욕지변(理欲之辨)'을 겨냥하여, 대진은 "이(理)란 정(情)이 잘못되지 않은 것으로 정이 얻어지지 않고 이(理)가 얻어지는 것은 없다."[27] "지금 정이 잘못되지 않은 것으로 이(理)를 삼아 이 이(理)가 욕망 속에 존재하는 것이다"[28]라는 논리를 제시했다. 감정 욕망의 적당한 만족이 바로 이(理)이며, 이(理)는 욕(欲) 속에 있고, 욕과 대립하지 않는다는 것이다. 그는 또 말했다. "천하의 일이란 욕망으로 하여금 이를 이루게 하는 것이니 정으로 하여금 이를 달성하게 하는 것 이뿐이다. …… 자기의 욕망을 이룬 자는 이를 넓혀 타인의 욕망을 이루어주고 자기의 정을 이룬 자는 이를 넓혀 타인의 情을 이루어주는 것이다. 도덕이 성하게 되면 사람들도 하여금 욕망을 이루지 못함이 없게 하고 사람의 정이 달성되지 않을 수 없게 하니 이뿐이다."[29] 천하의 일은 욕망 감정이 적당한 만족을 얻도록 하는 것이 아닌 것이 없고, 이른바 도덕의 이상적 경지는 사람의 감정과 욕망이 모두

27) 《孟子字義疏證·理》: "理也者, 情之不爽失也; 未有情不得而理得者也."
28) 《孟子字義疏證·理》: "今以情之不爽失為理, 是理者存乎欲者也."
29) 《孟子字義疏證·才》: "天下之事, 使欲之得遂, 情之得達, 斯已矣. ……遂己之欲者, 廣之能遂人之欲; 達己之情者, 廣之能達人之情. 道德之盛, 使人之欲無不遂, 人之情無不達, 斯已矣."

적당한 만족을 얻도록 하는 것이 아닌 것이 없다. 대진의 이런 이상 경지는 계급사회에서는 당연히 단지 공상일 뿐이지만, 사람의 욕망과 감정이 모두 만족을 얻을 것을 요구하고 아울러 이 요구를 도덕의 이상적 경지로 삼은 것은 중대한 계몽적 의미를 뚜렷이 지니고 있다.

대진은 더 나아가서, 욕은 '자연'이고, 이(理)는 '필연(必然)'으로, 자연은 바로 본래의 상황이고 필연은 바로 마땅히 따라야 할 기준으로, 필연은 자연에서 나오고, 자연의 완성이라고 보았다. 그는 말했다. "욕이란 혈기의 자연이고 이 아름다운 덕을 좋아하는 것은 심지(心知)의 자연이니 이것이 맹자가 성이 선하다고 한 까닭이다. …… 혈기의 자연으로 말미암아 그것을 자세히 살펴 그것이 반드시 그러함을 알게 되면 이것을 일러 예의라 하니 ; 자연과 필연은 두 가지 일이 아니다. 자연에 나아가 (그 이치를) 끝까지 밝혀 조금의 실수라도 없다면 그것은 필연이 되는 것이다. 이와 같이 하여 그 후로 유감이 없고 이와 같이 한 후로 편안하면 이것이 자연의 법칙이 되는 것이다. 만약 자연에만 맡겨두어 실수에 빠지고 도리어 자연을 잃게 되면 자연이 아니게 된다. 그러므로 필연으로 돌아가면 바로 자연을 완성하게 되는 것이다."[30] 도덕 원칙이 감정 욕망을 조정하고 단속하는 것은 감정 욕망을 말살하기 위한 것이 아니라, 반대로 감정 욕망이 적절하고 자연스러운 만족을 얻게 하기 위한 것이다. 도덕 원칙과 감정 욕망의 관계 및 도덕 원칙의 효용에 관한 이런 학설은 진보적 의미가 있다.

대진은 송명 이학 유심주의는 이욕(理欲)을 분리하고 대립시켜, '존천

30) 《孟子字義疏證·理》: "欲者, 血氣之自然, 其好是懿德也, 心知之自然, 此孟子所以言性善. ……由血氣之自然, 而審察之以知其必然, 是之謂理禮義 ; 自然之與必然, 非二事也. 就其自然, 明之盡而無幾微之失焉, 是其必然也. 如是而後無憾, 如是而後安, 是乃自然之極則. 若任其自然而流於失, 轉喪其自然, 而非自然也 ; 故歸於必然, 適完其自然."

리, 멸인욕'을 선양하여, 완전히 '의견을 이치로 삼아 천하에 화를 만들어 낸' 것으로, 이는 이른바 "이(理)와 욕(欲)의 분별이 바로 차마하여 사람을 잔인하게 죽이는 도구가 되었다"[31]고 여겼다. 그는 존자·장자·귀자는 '이(理)를 가지고 비자·유자·천자를 책난(責難)하면, 비록 책난이 맞지 않아도 순리성장(順理成章)으로 여겨졌고, 비자·유자·천자는 '이(理)로 변호하면, 비록 일리가 있어도 역시 대역부도(大逆不道)한 것으로 여겨졌다고 말했다. 이와 같이 지위가 낮은 사람은 지위가 높은 사람 앞에서 자기가 정당한 감정·욕망을 누릴 권리를 지킬 수 없었다. 사람이 엄형준법(嚴刑峻法)에 의하여 죽어도 불쌍해하는 사람이 있는데, 이런 '이(理)에 의하여 죽으면 또한 누가 불쌍히 여긴단 말인가!' "잔혹한 관리가 법으로 사람을 죽이고 후세의 유자가 이치로 사람을 죽이니 점점 법을 버리고 이치만 논하니 죽어가는 사람들을 다시 구제할 수 없게 되도다!"[32] '이리살인(以理殺人)', 이것이 바로 '이욕지변(理欲之辨)'의 실질로, 그 잔혹성이 심지어 혹리(酷吏)가 가혹한 형벌로 사람을 죽이는 것보다 훨씬 넘어선다. 대진의 이런 "이욕지변(理欲之辨), 적성인이 잔살지구(適成忍而殘殺之具)"란 학설은 당시 통치자가 '명교(名教)' '이의(理義)'를 구실로 백성을 잔혹하게 진압하고, 문자옥을 대대적으로 일으켜서 한족 학자를 잔인하게 살해한 죄행을 폭로하여, 백성이 전제 압박에 반항한 정서를 반영하였으니, 중대한 진보적 의미가 있다.

31) 《孟子字義疏證·權》: "理欲之辨, 適成忍而殘殺之具."

32) 《戴震集·文集九·與某書》: "酷吏以法殺人, 後儒以理殺人, 浸浸乎舍法而論理, 死矣, 更無可救矣!"

| 주편 소개 |

장대년/장다이녠张岱年(1909-2004, 한족)

일명 우동/위퉁宇同, 별명 계동/지퉁季同, 허베이河北 셴현献县 사람.
중국현대철학가, 철학사가. 1933년 베이징사범대학 졸업, 칭화대학 철학과 교수, 1936년《중국철학대강中国哲学大纲》저술. 1952년 이후 베이징대학 철학과 교수, 중국문화서원 학술위원회 주석 역임. 중국사회과학원 철학연구소 겸임연구원, 중국철학사학회 회장, 중화공자연구회 회장, 칭화대학 사상문화연구소 소장 등 역임. 대표작으로《중국철학대강中国哲学大纲》,《중국윤리사상연구中国伦理思想研究》,《중국철학사사료학中国哲学史史料学》등이 있음.

| 역자 소개 |

홍승직洪承直

1962년 출생. 순천향대학교 중국학과 교수. 고려대학교 중어중문학과를 졸업하고 동대학원에서 석사와 박사학위를 받았다. 순천향대 공자아카데미 원장, 인문학진흥원장, SCH미디어랩스 학장 등을 지냈다. 각종 중국 문헌 번역에 힘쓰고 있으며, 한국인에게 적절한 중국어 문학 교육에 관심을 가지고 연구와 강의를 진행하고 있다. 심신 수련을 위해 10년 넘게 태극권을 수련했고, 태극권 보급에도 힘쓰고 있다. 저서 및 역서로『처음 읽는 논어』『처음 읽는 맹자』『처음 읽는 대학·중용』『한자어 이야기』『이탁오 평전』『중국 물질문화사』『아버지 노릇』『용재수필』『분서』『유종원집』『일본 문화를 바라보는 창 우키요에』『동아시아대륙 인류 약사略史』최근 신간 등이 있다.

서옥란徐玉蘭

1974년 출생. 연변대학교 조선언어문학학부 문학석사, 한국 조선대학교 국어국문학과 문학박사. 현재 연변대학교 신문방송학과 교수.
주요 연구영역은 미디어와 사회, 대중문화, 국제커뮤니케이션이며《매체와 대중문화》, 중국 조선족대중전파와 문화발전연구》등 저서와 다수의 학술논문을 발표하였다.

중화의 지혜

초판 인쇄 2024년 8월 5일
초판 발행 2024년 8월 14일

주　　편 | 장대년/장다이녠(张岱年)
부 주 편 | 방립천/팡리톈(方立天)
편　　찬 | 정의산/청이산(程宜山), 유소감/류샤오간(刘笑敢), 진래/천라이(陈来)
역　　자 | 홍승직, 서옥란
펴 낸 이 | 하운근
펴 낸 곳 | 學古房

주　　소 | 경기도 고양시 덕양구 통일로 140 삼송테크노밸리 A동 B224
전　　화 | (02)353-9908 편집부(02)356-9903
팩　　스 | (02)6959-8234
홈페이지 | http://hakgobang.co.kr/
전자우편 | hakgobang@naver.com
등록번호 | 제311-1994-000001호

ISBN 979-11-6995-508-9 93150

값: 53,000원

■ 파본은 교환해 드립니다.